五华年鉴

WUHUA YEARBOOK

2017

《五华年鉴》编纂委员会 编

方志出版社
Publishing House of Local Records

图书在版编目（CIP）数据

五华年鉴. 2017/《五华年鉴》编纂委员会编. ——北京：方志出版社，2017.12

ISBN 978-7-5144-2906-0

Ⅰ. ①五… Ⅱ. ①五… Ⅲ. ①五华县—2017—年鉴 Ⅳ. ①Z526.54

中国版本图书馆CIP数据核字（2017）第321962号

五华年鉴（2017）

编　　者：《五华年鉴》编纂委员会
责任编辑：罗　滔

出 版 人：冀祥德
出 版 者：方志出版社
地址 北京市朝阳区潘家园东里9号（国家方志馆4层）
邮编 100021
网址 http://www.fzph.org
发　　行：方志出版社图书经销中心
电话（010）67110500
经　　销：各地新华书店
印　　刷：梅州程江彩色印刷厂有限公司

开　　本：787×1092　1/16
印　　张：32
字　　数：727千字
版　　次：2017年12月第1版　2017年12月第1次印刷
印　　数：0001～2000册

ISBN 978-7-5144-2906-0　定价：238.00元

编辑说明

一、《五华年鉴》采用分类编辑法，在编目下设分目，分目下设条目，以条目为表现内容的基本形式。编目与分目标题使用不同字体、字号，条目标题一律以黑体字加【 】号。

二、《五华年鉴·2017》坚持以马克思列宁主义、毛泽东思想、邓小平理论、“三个代表”重要思想、科学发展观、习近平新时代中国特色社会主义思想为指导，坚持辩证唯物主义和历史唯物主义的立场、观点和方法，着重全面、系统、准确地反映五华县2016年度自然、政治、经济、文化和社会等方面的基本情况。全书设特辑、大事记、概览、政治、法治、经济、科教文体、社会生活、乡镇概况、统计资料、名录、文献选编等12个编目，约70万字。

三、本年鉴采用的文稿，均由五华县各有关单位专人撰写或提供资料，并经单位主要领导审定。统计数据采用法定计量单位，主要统计数据经供稿单位与统计部门核对。有些对应指标数据在上年卷刊出版后做了调整，本卷里不再说明，且由于统计口径不一，个别数据可能不一致，使用时应以五华县统计局《五华县统计年鉴（2016）》为准。

四、本刊配套电子版，全书内容在五华县地情网（http://www.gd-info.gov.cn/shtml/mzwuhua/index.shtml）刊载。

2016 数字五华

SHUZIWUHUA

土地面积3237.8平方公里

总户数331167户

总人口1516426人

常住人口1086795人

耕地面积4.15万公顷

地区生产总值140.2亿元

第一产业增加值31.45亿元

第二产业增加值38.75亿元

第三产业增加值70.0亿元

第一、二、三产业构成比重为（22.4：27.6：50）

人均地区生产总值12937元

全社会固定资产投资97.21亿元

社会消费品零售总额90.47亿元

外贸出口总额1.40亿美元

实际利用外资801万美元

财政一般预算收入6.9亿元

财政支出58.25亿元

国税收入5.91亿元

地税收入7.35亿元

城乡居民储蓄存款173.58亿元

职工年人均货币工资47814元

农民年人均纯收入11145元

在校学生总数215930人

卫生医技人员3544人

医院病床位3198张

2016年5月30—31日，广东省委副书记、省长朱小丹（右三）率队到河源、梅州调研精准脱贫工作。图为朱小丹到五华县郭田镇横塘村贫困户江仁振家中走访，了解家庭情况（高讯 摄）

2016年4月26日，国家水利部水土保持司副司长蒲朝勇（左二）一行到五华调研革命老区水土流失治理工作

2016年12月16日，广东出入境检验检疫局局长詹思明（左前一）率队到挂钩帮扶的五华县水寨镇中洞村开展精准扶贫工作，启动四项脱贫产业、三项民生工程等精准扶贫项目

2016年12月30日，省地税局局长吴紫骊（左二）到五华调研

2016年1月13日，省卫计委党组书记骆文智（右二）率队到潭下镇光华村和转水镇下潭村开展送温暖暨送医送药、扶贫义诊活动。

2016年2月18日，市长谭君铁（右一）率队到五华指导经济工作

2016年4月13日，广东省政协常委、经济委员会主任罗继东（左前二）一行到棉洋镇绿水村进行扶贫工作调研

2016年5月27日，广东省梅州市市委书记黄强（左二）、市长谭君铁（右二）到五华调研精准扶贫工作

2016年10月25日，市委书记谭君铁（左二）率队到五华调研和督导经济发展工作

2016年8月17日，市委副书记、代市长方利旭（左三）深入到五华调研

2016年9月14日，市委书记谭君铁（右一）到广东富胜实业有限公司调研

2016年3月9日，五华县县委书记范宜军（左一）、县长吴晖（右二）率队调研县城重点项目建设推进情况

2016年4月1日，县委书记范宜军（左二）到县扶贫局调研

2016年7月20日，县委书记范宜军（右三）调研梅蓄项目推进情况

2016年8月3日，县委书记范宜军（右二）、县长吴晖（右一）到河东镇调研城建重点项目

2016年8月9日，县委书记范宜军（左前三），县长吴晖（左后二）到执勤现场，看望慰问参加百日行动的公安干警

2016年11月11日，县长吴辉（左前二）、副县长曾光华（左一）等参加在潭下镇召开的卫生创强现场会

2016年12月28日，广东博思特厨电科技有限公司奠基

2016年1月27日，中共五华县委第十二届六次全会召开

2016年2月25日，五华县第十四届人民代表大会第六次会议在县城党政大楼大会堂隆重开幕

2016年10月18日，中国共产党五华县第十三次代表大会开幕

2016年11月16日，五华县第十五届人民代表大会第一次会议开幕

2016年2月3日，中共五华县纪委第十二届六次全会召开

2016年2月24日，县政协九届六次会议在县党政大会堂隆重开幕

2016年4月7日，全县扶贫开发工作会议召开

2016年4月7日，五华召开创建“广东省卫生强县”暨计划生育工作会议，启动“广东省卫生强县”创建工作

2016年3月15日，县委县政府召开全县基层治理暨“十大专项整治”工作会议

2016年5月26日，全县农业农村暨美丽乡村建设工作会议召开

2016年12月12日，大丰华高速公路丰顺至五华段项目开工建设

2016年3月29日，五华客天下文化旅游产业园举行奠基仪式

2016年2月，人民公园（一期）建成开放

2016年2月，琴江广场建成开放

2016年4月，建设中的五华县高级中学

2016年12月26日，兴宁至汕尾高速公路五华至陆河段项目先行工程石下枢纽开工建设

2016年8月，梅蓄项目前期工程三洞两路施工现场

五华县教育发展基金会

WUHUAXIANJIAOYUFAZHANJIJINHUI

五华县教育发展基金会是县委、县政府倡导组织和直接领导下的社会组织。2016年4月份成立五华县教育发展基金会筹备委员会。主任：范宜军（县委书记），副主任：吴晖（县长），执行主任：邓伯锦（时任县政协主席），宋学希（县委常委、县委办主任）。成员：相关单位的主要负责人。6月12日由广东省社会组织管理局核名为“五华县教育发展基金会”，8月23日由广东省民政厅正式批准成立。

五华县教育发展基金会首届组成人员合影

9月5日，中共五华县委办公室、五华县人民政府办公室发出《关于五华县教育发展基金会首届组成人员的通知》，名誉理事长由张建华（县政协原主席）担任；9月9日，县在党政综合大楼大会堂举行“五华县庆祝2016年教师节暨五华县教育发展基金会成立大会”，标志着五华县教育发展基金会正式诞生并投入运作。

五华县召开庆祝2016年教师节暨五华县教育发展基金会成立大会

五华县教育发展基金会制订了《章程》，其主要宗旨是奖教奖学，扶贫济困。特别是重奖考上清华、北大等国家重点大学的学生和指导老师。同时制订了一系列规章制度。

县委书记范宜军（左一）为杰出乡贤卓定华先生颁发捐资教育发展基金荣誉证书

2016年5月以来，五华县教育发展基金会在五华县县委、县政府（以下简称县委、县政府）的高度重视下，得到众多乡贤的鼎力支持。5月初，县委县政府下拨500万元财政资金作为教育发展基金会启动资金。在同年5月26日召开的广东省五华商会第二季度会长会议和招商座谈会上，县委县政府号召到会企业家们捐款支持成立五华县教育发展基金会，现场认捐基金达5,200万元。

县长吴辉（左一）接受杰出乡贤蔡鸿文先生教育发展基金捐款

五华县教育基金会正式成立后，县委县政府动员全县上下关心支持教育事业，捐资壮大教育发展基金。各镇、各单位迅速行动，积极发动干部职工、乡贤能人踊跃捐资支持教育发展基金会。至2016年12月31日止，共认捐教育发展基金1.3206亿元。教育发展基金会出资86.5万元资助了173位贫困学生圆梦大学；奖励高考完成目标管理奖和优胜奖共50万元。

时任县政协主席邓伯锦（左一）接受卓定华先生捐资教育发展基金

2016年3月5日，潭下镇布坪村鹰嘴桃基地举办“向春天出发——走进桃花源”文明公益活动

2016年11月27日，五华赛翡蓝宝石队获得2016年梅州市“赛翡蓝宝石球王杯”足球赛第一名

工业园区企业外景

2016年9月13日，五华县委县政府在县城开展环绕琴江河万步走活动，倡导健康生活

清水公园雕像

古大存纪念长廊落成

新农村文化俱乐部

建设中的老河道公园一角

五华县城老河道公园作为县城扩容提质的重点项目之一，一期工程已经向市

民开放，改善了县城人居环境

丰收

新桥腐竹生产现场

建设中的下坝公园

升级改造后的莲洞堤

目　　录

特　　辑

大 事 记

概　　览

政　　治

法　治

经　济

科教文体

社会生活

乡镇概况

统计资料

名　录

文献选编

特辑

五華年鑒

2017

升级改造后的水寨大道

全力加快振兴发展 全面提升治理水平 为建设“工业新城、宜居五华”而努力奋斗

——在县委十二届六次全会上的报告

中共五华县委书记　范宜军

（2016年1月27日）

一、真抓实干、破难攻坚，如期完成2015年各项工作任务

过去一年，我们按照中央和省委、市委的决策部署，认真学习贯彻习近平总书记系列重要讲话精神，突出“三大抓手”，坚守“两条底线”，全县经济社会保持平稳较快发展。全年实现生产总值126.4亿元、比增9.7%；公共财政预算收入5.6亿元、比增28.8%；固定资产投资69.9亿元、比增60%；规模以上工业增加值13.2亿元，比增15.2%。

（一）坚持抓项目、强后劲，发展基础不断夯实。

聚焦项目带动，全力实施一批打基础、利长远的重点项目，为加快振兴发展奠定了坚实基础。一是园区建设和招商引资呈现新亮点。广州番禺（五华）产业转移工业园纳入省级产业转移园管理，园区承载能力和综合效益大幅提升。全面启动河东工业区建设，征地拆迁、土规和林地调整工作以及道路、供水、供电等基础设施建设有序推进。举办第四届世界客商大会五华系列活动，成功签约、动工、竣工一批项目。开展六批次领导干部与外出乡贤企业“一对一”对接洽谈，新引进项目33个，固定资产投资124亿元。落实县领导挂钩联系服务企业制度，积极开展“暖企服务”活动，扶持企业做大做强，新增规上企业6家，万山科技和辉胜达电器获国家高新技术企业认定。二是交通基础设施建设取得新成效。汕湛、平兴高速五华段建成通车，高速公路通车里程增加至77.1公里，兴华高速五华段实现无障碍施工。大丰华高速五华至丰顺段、兴汕高速五华至陆河段前期工作有序开展。省道S120、S238、S228升级改造整合为G355、G328国道，国道通车里程增加至213.2公里。加快琴江公路水寨至锡坑段等一批道路建设。完成农村公路硬底化95.4公里。三是县城建设展现新面貌。完成莲洞堤、华兴北路升级改造和琴江广场（首期）等一批市政重点项目建设。扎实推进公园路、环城大道东延线、奥园城市综合体等一批重点项目。启动人民公园人居环境改善工程，琴江新区雏形初显。成功创建“省卫生县城”，启动“省文明县城”创建工作。四是重点项目实现新突破。68项重点项目完成年度投资计划。五华抽水蓄能电站全面动工建设。龙狮殿风电场项目获省

核准。精心编制“十三五”规划，谋划更多项目进入省、市“笼子”。

（二）坚持抓生态、增效益，生产生活条件持续改善。

筑好绿色生态屏障，推动现代农业发展。一是特色农业稳步发展。扩大优质稻、水果、茶叶等基地种植规模。加快双龙山、新丰寨等农业旅游项目建设。完成高标准基本农田建设任务。大田柿花被评为省“名特优新”农产品，新增3个省级农产品品牌，建成特色农产品展示中心。二是林业生态不断优化。成功创建“省林业生态县”。全面完成森林碳汇重点生态工程，建成一批生态景观林带和生态镇村，加快县级自然保护区和县、镇森林公园建设，森林覆盖率进一步提高。成功承办全省山林纠纷调处现场咨询会。加强森林资源管护，严厉打击破坏森林资源行为。三是农田水利设施日趋完善。完成省级水利示范县和年度中小河流综合治理任务。实施益塘水库农业水价综合改革示范工程等一批水利项目建设。扎实做好益塘、桂田水库水资源保护工程。实施了一批输变电和配网工程建设。

（三）坚持抓投入、惠民生，社会事业全面进步。

坚持小财政办大民生，把有限的资金用在刀刃上。一年来，社会民生各项事业支出43.8亿元，比增41%，占财政总支出的76.8%，关系群众切身利益的一批实际问题得到有效解决。一是文化教育事业蓬勃发展。成功创建“省教育强县”，通过“全国义务教育发展基本均衡县”验收。实验幼儿园和实验小学建成使用，高级中学、第六小学和特殊教育学校建设步伐加快。积极开展送戏下乡等文化活动。成功申报一批省级非物质文化遗产保护项目和文物保护单位。二是足球事业借势启航。全面开展足球“三进”活动，成立县青少年足球发展基金，大力推动青少年足球事业发展，五华U12足球队获全国冠军并代表国家赴瑞典参加国际青少年足球赛。梅州五华客家足球队获中乙联赛冠军，成为全国首支县级中甲球队。成功举办中国足球文化建设高峰论坛暨纪念球王李惠堂诞辰110周年学术研讨会，进一步擦亮“中国内地现代足球发源地、球王故里”名片。三是卫生计生工作稳步推进。启动中医院外科综合楼建设，加快县级公立医院改革，完成一批县、镇医疗卫生软硬件设施建设。全面完成年度计生重点工作任务。四是社会保障不断健全。认真抓好城乡劳动力技能培训和转移就业工作，社会保障覆盖面进一步扩大。建成县级救灾物资储备仓库。加大镇级敬老院改造和管理力度。抓好殡葬改革，加快公益性生态公墓建设。五是扶贫“双到”成效显著。完成新一轮103个重点帮扶村扶贫“双到”工作任务，贫困户实现稳定脱贫，村集体收入大幅增长，村容村貌发生较大变化。及早启动新时期精准扶贫前期工作。做好低收入住房困难户住房改造。

（四）坚持抓治理、促和谐，社会管理水平进一步提升。

针对重点行业、重点领域和关键环节中矛盾突出、群众反映强烈的问题，集中开展整治“黑恶势力”、非法堆放经营河砂、违法占用耕地建房和非法买卖（转让）土地、镇村生活垃圾处理等“十大专项整治”行动，城乡建设管理秩序不断规范。按照省、市基层工作任务清单，突出“十项重点工作”精准推进基层治理。深入推进“平安细胞”工程，加强社会治安综合治理和信访维稳工作，群众信访量大幅下降。一年来受理群众来信来访 875 件次，同比下降 27%，到市上访 69 批 335 人次，同比下降 36.1%和 51.5%，到省上访 52 批 141 人次，同比下降 1.9%和 42.4%。扎实开展“一村（居）一法律顾问”工作，引导群众学法、守法、用法。创新农村社会管理，积极培育发展村民理事会。严格落实安全生产“党政同责、一岗双责”制，加强重点领域和行业的安全监管。承接落实各项改革举措，增强发展活力，优化发展环境。

（五）坚持抓根本、强队伍，党的建设得到加强。

坚持问题导向，深化“四风”整治，扎实开展“三严三实”专题教育活动。实施软弱涣散村（居）党组织持续整顿三年行动计划。健全完善镇村干部实绩考核体系。做好镇领导干部驻点普遍直接联系群众工作，解决联系服务群众“最后一公里”问题。加强县委中心组理论学习，定期举办“五华学习讲坛”，增强党员干部党性修养。积极开展基层党员干部违纪违法线索集中排查，严肃查处了一批违纪违法案件。强化监督执纪问责，加大明察暗访力度，加强领导干部“八小时以外”活动监督管理，促进作风转变。

同时，大力支持县人大、政协依法履行职责，推动县人大、政协在重点工作、重点工程中发挥重要作用；推进法治建设，支持司法机关依法行使职权，不断促进司法公正；重视党管武装工作，加强双拥共建。统战、工青妇、宗教侨务、工商联、对台、史志、老干、党校、科协、文联、残联等工作迈上新台阶，服务了发展大局。

二、认真总结“十二五”实施情况，科学谋划“十三五”发展

“十三五”时期，是我县实现振兴发展、提升治理水平，全面建成小康社会的攻坚决胜时期。科学谋划好新常态下第一个五年规划至关重要。县委常委会经过深入调研、集思广益，形成了提交这次全会审议的《五华县县委“十三五”规划建议》审议稿。吴晖同志稍后将对《建议》审议稿作说明，希望大家高度重视，认真审议，提出意见，共同做好“十三五”规划的编制工作。下面，我就围绕“十三五”发展强调三点意见。

（一）谋划“十三五”发展，必须认真总结“十二五”时期的成绩和经验。

我县“十二五”规划实施情况良好，各项经济指标稳中有进，县域经济发展水平不断提高，为“十三五”时期的发展奠定了坚实基础。2015 年生产总值、公共财政预算收入、固定资产投资分别比“十一五”期末增长 48%、142.8%、297%，三次产业结构比不断优化，由“十一五”期末的 29.6：22.8：47.6 调整为 2015 年的 21.9：29.1：49。

五年来，我们大力推进交通基础设施建设，交通通达能力逐步改善。围绕强筋骨、通脉络，全力抓好高速公路建设和县内道路的升级改造。汕湛、平兴高速五华段建成通车，兴华高速五华段实现无障碍施工，大丰华高速五华至丰顺段、兴汕高速五华至陆河段纳入建设规划，高速公路从“十一五”期末的 1 条 32.5 公里增加至 3 条共 77.1 公里。完成 6 条国省道的升级改造、18 条县乡道路的新建和改造，以及 550 公里村道硬底化建设，3 条省道整合升级为 2 条国道，镇通行政村道路全部实现了硬底化，全县公路通车里程达 3247 公里，公路密度每百平方公里达 101 公里，分别比“十一五”期末增加 512 公里和 16.2 公里。

五年来，我们大力推进产业园区扩能增

效，发展后劲不断增强。在办好广州番禺（五华）产业转移工业园的基础上，拉开了河东工业区建设框架，园区道路、供水、供电、排污等基础设施日趋完善。深入实施乡贤回乡投资兴业工程，进园企业累计达到91家。2015年园区实现总产值53.2亿元、增加值11.9亿元、税收1.71亿元，分别比“十一五”期末增长3.2倍、2倍、5.5倍。

五年来，我们大力推进县城扩容提质，新型城镇化水平进一步提升。按照超前谋划、建管并重的工作思路，以打通“两江四岸八桥”等制约县城建设发展的瓶颈和关键节点为突破，全力推进县城扩容提质，努力提升新型城镇化水平。重点实施了一批市政配套设施建设和改造提升工程，启动琴江新区3平方公里起步区建设，城乡环境得到极大改善，县城建成区面积达到14.6平方公里，城镇化率由“十一五”期末的23.5%提高到31.5%。

五年来，我们大力发展社会事业，群众生活幸福指数大幅提高。新增就业人员稳步增长，劳动关系更加和谐稳定。教育事业全面进步，教育教学质量明显提升。扶贫“双到”工作成效明显，有劳动能力的贫困户全部实现脱贫，镇村面貌得到改观。完成省级水利示范县项目、农村饮水安全工程、小流域综合治理和中小型灌区改造工程，农田水利设施得到全面改善。加强医疗卫生基础设施建设，全县医疗服务水平不断提升。被确认为原中央苏区范围县。文化馆被评为国家县级一级文化馆，狮雄山秦汉遗址被列为广东省八大遗址之一。大力实施全民健身工程，建成了一批镇级文体活动场所。坚持依法治县，积极推进“平安五华”建设，社会保持和谐稳定。

五年来，我们大力推进生态文明建设，城乡人居环境持续优化。加强生态环境建设，生态环境质量总体保持平稳，有力支撑了经济社会发展。完成碳汇造林75.8万亩，完成沿江沿路绿色景观廊道、县城主要进出口绿色通道建设，森林覆盖率达70.2%，比“十一五”期末提高4个百分点。县镇村饮用水水质全面达标。

五年来，我们全面加强党的建设，干部队伍作风明显转变。坚持以党建工作为引领，着力在思想、组织和作风上下功夫，深入开展科学发展观、党的群众路线、“三严三实”专题教育等活动。扎实推进惩防体系建设，党风廉政建设和反腐败工作取得明显成效。

“十二五”时期，是我县抢抓机遇、加快发展、增强后劲的五年，是我县发展环境不断优化、人民群众得到实惠较多的五年，五年来的发展实践，我们有着深深的体会：一是必须与时俱进，抓好总体谋划、完善提升发展思路。五年来，我们结合上情和县情，针对发展过程中的短板，在历任班子打下的基础上对经济社会发展进行全面系统谋划，在县委十二届三次全会上提出了“两新两特两重点”、惠民生、促和谐、强队伍的总体工作思路，并在实践中取得明显成效。特别是去年中央和省、市提出大抓基层治理，以及市委提出建设“一区两带”的发展战略以来，我们自觉把五华的发展放在省、市范围内来审视和谋划，不断提升完善发展思路，把“全力加快振兴发展、全面提升治理水平”作为今后工作的主线，着力补齐发展过程中的短板。可以说，我县的每一步发展和每一次提升，无一不是我们坚持与时俱进、观念转变的成果，没有科学的总体谋划和明确的发展思路，就难以取得今天的发展成效。二是必须坚持“项目为王”，以项目建设拉动县域经济发展。五年来，我们紧盯项目建设，每年谋划一批涵盖交通基础设施建设、产业园区扩能增效、城区扩容提质和实体经济、民生改善等方面的重点项目，通过财政资金撬动、项目资金拉动、盘活资产促动、民营资金调动、银行资金推动等措施，强势推进项目建设，改变了城乡落后面貌。三是必须通过产业带动，统筹城乡一体化发展。五年来，我们立足现有基础和优势，明确产业发展方向，强化资源整合配套，发挥龙头带动效应，初步形成了以五金机电、制酒制药、先进装备制造、新能源等为主的工业产业体系，以优质稻、茶叶、南药、金柚、烤烟等为主的农业产业体系，以绿色生态、历史文化、农业休闲等为主的生态文化旅游产业体系。这些产业的发展，有效促进了城乡经济发展。四是必须保持艰苦创业，面对困难破难攻坚、不甘落后奋勇争先。五年来，我们面对工作条件艰苦、发展任务艰巨的现实，围绕既定的奋斗目标和发展理念，秉承五华人“硬打硬、实打实”的拼搏精神，一项一项抓谋划、一件一件抓落实，确保各项目标任务按时圆满完成。实践证明，只有艰苦奋斗、破难攻坚、奋勇争先，才能在艰苦的环境下不断谋取新发展。五是必须团结协调，凝心聚力共推发展。五年来，我们牢固树立全县“一盘棋”的思想，广大干部识大局、讲奉献，守规矩、敢担当，有效调动和发挥了全县上下参与经济社会发展的热情，推动各项事业迈上新台阶。特别是通过县域发展成效的展现，进一步凝聚起外出乡贤建设家乡的力量，形成了凝心聚力共推发展的良好局面。

同志们，“十二五”期间我们取得的每一点成绩，都离不开上级的坚强领导、离不开各级帮扶单位的大力支持、离不开历任班子打下的良好基础，更离不开全县上下和社会各界人士的共同努力。在此，我代表县委常委会表示衷心的感谢和崇高的敬意！

（二）谋划“十三五”发展，必须科学把握新常态下面临的发展形势。

谋划“十三五”发展，要正确认识新常态下的“新挑战”。我们应清醒认识到当前面临的困难和挑战。一是做大县域经济总量任重道远。虽然这几年经过全县上下的艰苦努力，经济社会发展取得了较大成效，自己与自己比有了一些进步，但经济规模偏小、产业结构不合理、财政自给能力不强、基础设施薄弱的现状仍然没有得到根本改变，在全省、全市仍然处于落后位置，必须不断优化产业结构、壮大工业经济总量、增强自身财政保障能力，进一步加快发展、实现后发赶超。二是加强基层治理任务繁重。五华县域大、人口多，城乡发展不均衡，广大农村在思想观念、管理水平、环境整治等方面还相对落后，一些突出问题长期存在，假如不出“重拳”加以整治，势必影响社会和谐稳定、制约全县经济社会发展。三是民生事业欠账大。受制于现有的经济发展水平，公共服务设施仍然比较滞后，医疗、教育、卫生等历史欠账大，群众生活水平亟待提高。

谋划“十三五”发展，要准确把握新常态下的“新机遇”。挑战总是与机遇并存，在新常态下，我们要看到面临的大好机遇。从政策层面来看，习近平总书记多次就支持苏区、老区发展作出重要指示，春华书记来梅调研时也提到，必须把建设好苏区作为省委、省政府的重要任务。作为苏区县，这无疑是重大利好信号，意味着我们在享受国家西部大开发同等优惠政策的同时，还将获得国家和省更多的倾斜和支持。同时，省委十一届五次、六次全会提出要坚定不移地推进粤东西北地区振兴发展，加大珠三角对口帮扶力度，补齐粤东西北地区发展、民生社会事业发展以及扶贫开发“三大短板”；市委六届六次全会提出建设梅兴华丰产业集聚带，全力打好交通建设、园区发展、精准脱贫“三大攻坚战”，这些都为我们振兴发展助力加油。从发展的基础来看，近年来，我们集中力量实施了一批打基础、利长远的重点项目，县内各方面的条件得到了不断改善。在现有梅河、汕湛、平兴高速（五华段）的基础上，兴华高速（含畲华支线）、大丰华高速五华至丰顺段、兴汕高速五华至陆河段将相继建成通车，至“十三五”末我县高速公路通车里程将达到200公里，龙川至梅州至龙岩高铁有望在我县设站，届时形成“四横两纵”的“两高”架构，大大缩短我们与周边发达地区的时空距离；广州番禺（五华）产业转移园效益初显，河东工业区建设步伐加快，成为助推县域经济发展的双引擎；一批重点市政公共配套设施建设强力推进，“创卫”“创文”相互促进，县城综合承载力、集聚力和辐射力不断增强。从发展的氛围来看，全县上下达成了加快发展的共识，想发展、谋发展的愿望更强、信心更足，干事创业氛围更加浓厚。特别是广大外出乡贤回乡投资兴业的意愿越来越强烈，内生动力日益强劲。因此，只要我们牢牢把握好上述这些发展机遇，就一定能在新一轮的发展中实现后发赶超。

（三）谋划“十三五”发展，必须明确发展战略和目标任务。

党的十八届五中全会提出“创新、协调、绿色、开放、共享”五大发展理念，明确了“十三五”乃至更长时期我国发展思路、发展方向和发展着力点。省委提出，“十三五”时期我们要切实把新理念贯彻落实到发展实践中，塑造我省发展新优势，努力在新常态下继续走在发展前列。市委提出，“十三五”时期我们要更新理念、补齐短板、创新驱动、优化环境、加强领导，核心是建设“一区两带”，市委黄强书记特别提出五华要聚焦产业发展、壮大县域经济、提高经济发展水平。据此，提出今后五年我县发展总体思路是：认真贯彻落实中央和省委、市委全会精神，坚持“四个全面”战略布局，践行“创新、协调、绿色、开放、共享”五大发展理念，围绕省“三个定位、两个率先”总目标和市“一区两带”的发展战略，落实粤东西北和原中央苏区两大振兴发展政策，以“全力加快振兴发展、全面提升治理水平”为主线，立足“工业新城、宜居五华”的目标定位，聚焦产业发展、壮大县域经济、守住绿水青山、增进民生福祉、加强党的领导，全力构建“一核两区三组团”的县域发展新格局，确保如期建成小康社会。

“一核”，就是加快县城中心区扩容提质步伐。包括14.6平方公里的建成区和13.5平方公里的琴江新区，围绕打造“梅州城市副中心”的定位，重点开发建设琴江新区，适度拓展至横陂、河东、转水等周边镇，着力打造商贸物流、现代化办公、商住、金融、现代服务业协调互动发展，市政基础设施完善、功能布局合理的宜居城区，为产业集聚提供全方位、综合性的城市服务。

“两区”，就是办好广州番禺（五华）产业转移工业园区（广东五华经济开发区）、加快开发河东工业区。依托县城服务功能配套，借助交通区位的改善和人力资源优势，集中策划、争取和建设一批规模大、科技含量高、带动力强的大项目、好项目，通过产业集聚为发展壮大县域经济提供强有力的引擎。产业转移工业园区重点培育发展五金机电、食品药品、家居建材和再生资源利用等主导产业，河东工业区重点培育发展先进装备制造产业。

“三组团”，就是打造县域北部、南部以及绿色能源和生态文化旅游组团。其中，北部组团主要包括华城、岐岭、潭下等周边镇，大力发展新型工业、城郊型农业和文化休闲度假旅游业，重点打造以冠华传导、环兴电力为龙头的华城电线电缆产业园，把华城镇建成“县域副中心”。南部组团主要包括安流、棉洋、周江、双华、郭田等周边镇，大力发展农产品深加工、工艺品加工、家具制造等产业，重点打造以新型建筑材料为龙头的安流工业园，把安流镇建成“县域副中心”。绿色能源和生态文化旅游组团主要包括龙村、华阳、梅林、长布等周边镇，大力发展游览观光、休闲娱乐等生态旅游业，重点打造以五华抽水蓄能电站库区为核心的绿色能源和生态旅游片区。

“一核两区三组团”的主要内涵，是以推进县城中心区扩容提质为引擎、做强做大工业经济为支撑、构建外联内畅的快速交通体系为基础，统筹县内资源，全面对接国家和省扶持苏区、老区发展的政策，推动城区与乡村、县域北部与南部、工业与生态文明均衡发展，努力建设“工业新城、宜居五华”。

构建“一核两区三组团”的县域发展新格局，立足于深厚的现实基础，既是对历届县委县政府工作思路的传承，也是结合上情和县情顺势而为的创新，特别是对“两新两特两重点”、惠民生、促和谐、强队伍工作思路的延续深化和具体细化，为推动五华加快振兴发展明确了工作重点和主攻方向。

“十三五”时期经济社会主要发展目标：经济保持中高速增长，全县生产总值达到200亿元以上，年均增长10%左右；公共财政预算收入突破10亿元，年均增长15%左右，固定资产投资达到340亿元，年均增长38%左右。产业结构更加合理，三次产业协调发展、结构比例调整为19∶32∶49，县域整体发展水平接近或达到全市中等水平。贫困人口实现整体精准脱贫，社会保障能力进一步增强，基本公共服务均等化水平进一步提高，干部队伍建设和作风建设进一步加强，社会持续和谐稳定。

为实现上述目标，我们必须做到“五个坚持，五个更加突出”：一是坚持创新发展，更加突出发展质量和效益。坚定不移走以创新驱动为核心的赶超之路，完善以企业为主体、市场为导向、产学研结合的技术创新体系，推进特色产业发展，形成经济发展的长期竞争优势。创新重点领域投融资机制，积极推广PPP模式，加强与政策性银行合作，提高重大项目直接融资比重。力争到2020年，有1个以上产值超百亿元的产业，有4家以上产值超10亿元的企业，有1家以上税收超亿元的工业企业，创建10个以上省级农业品牌。加快发展新型产业，促进传统产业与信息技术的深度融合和转型升级，鼓励发展“互联网+”，加快金融、现代物流、电子商务、文化创意等现代服务业发展。同时，进一步深化体制机制改革，为创新发展提供保障。二是坚持协调发展，更加突出城乡一体化。坚持总体规划、分类指导、以城带乡，统筹推进城乡基础设施建设。加快县城中心区建设，优化县城发展布局，争取到2020年把县城建设成为人口达30至50万的中等城市，建成区面积达35平方公里；优化资源配置，缩小城乡差距，推动基础设施、公共服务向基层延伸，加快建设一批中心镇，引领周边镇发展特色产业；以美丽乡村建设为重点，大力创建一批生态村庄。同时，加大对中国梦和社会主义核心价值观、红色文化、传统客家美德的弘扬宣传，着力提升城乡居民文明素养。三是坚持绿色发展，更加突出生态环境保护。坚持在保护中开发、开发中保护，深入实施重点林业生态工程，充分挖掘生态资源优势，大力培育发展林下经济和绿色循环、文化旅游产业，加快县、镇森林公园建设，打造一批等级较高的景区，争取到2020年建成国家级森林公园1个、特色生态旅游景区一批。加快推进污水处理、固体废弃物处理、节能减排等工作，加强饮用水保护措施，提高水源涵养能力。完善镇村垃圾转运机制体制，建立农村生活垃圾整治长效机制。四是坚持开放发展，更加突出产业帮扶和招商引资。认真把握国家推进“一带一路”建设和省加快粤东西北地区振兴发展的机遇，以广州全面加强对口帮扶为契机，立足梅州出市门户的交通区位优势，切实加强与珠三角、潮汕揭等区域在基础设施、产业投资、扶贫开发、人力资源、科教文卫等重点领域的合作，深化广州番禺合作共建产业园，全面对接周边地区，推动区域合作共赢。强化招商引资工作，加快建设乡贤信息库、对外开放招商平台，开展精准招商、产业链招商，着力引进一批重大、优质项目，培育更多经济增长点。五是坚持共享发展，更加突出改善民生福祉。集中更多财力投向民生领域，保障重点民生，着力提升群众幸福感和获得感。推动大众创业、万众创新，提高就业创业和收入水平。全面实施精准扶贫，突出产业帮扶，确保帮扶实效。推进教育文化事业发展，提高教育教学水平，实施文化惠民。创新社会管理，加强基层治理，保持社会和谐稳定。

三、突出重点，奋勇争先，全力做好2016年各项工作

2016年是“十三五”规划的开局之年，做好今年和今后一段时期的工作，要深入学习贯彻习近平总书记系列重要讲话精神，认真把握中央“四个全面”战略布局、五大发展理念，以及省委“三个定位、两个率先”、市委“一区两带”等新思想、新战略、新要求，理解好新常态怎么看、怎么干等重大理论和实践问题，做到融会贯通、领会要义、学以致用。各级领导干部要发挥好示范带头作用，切实把思想和行动统一到中央和省委、市委的决策部署上来，坚定信心、保持定力，全力加快振兴发展。

今年工作的总体要求是：以党的十八届五中全会、中央经济工作会议、省委十一届五次和六次全会、市委六届六次全会精神为指导，认真贯彻落实习近平总书记系列重要讲话精神和省委胡春华书记来梅调研讲话精神，紧紧围绕市“一区两带”发展战略，扭紧“三大抓手”、坚守“两条底线”，立足梅兴华丰产业集聚带主战场的定位，以“四横两纵”的“两高”建设为抓手，着力推进“一核两区三组团”县域发展新格局，加快建设“工业新城、宜居五华”。

要实现上述目标任务，确保“十三五”发展开好局、起好步，重点要做好以下七方面工作：

（一）全力加快梅兴华丰产业集聚带五华园区建设，发展壮大实体经济。

按照“工业新城”的发展定位，搭建好发展平台，集聚好发展要素，营造好发展氛围，努力在园区扩容、基础设施建设、招商引资和促建促产上取得新突破，加快形成产业集聚发展态势。

加快开发河东工业区。围绕“三年打基础、五年大突破、十年大发展”的目标，一边建园区、一边上项目、一边育产业，举全县之力抓好园区规划编制、土规调整、征地拆迁、基础设施建设等工作。年底前完成征地拆迁 5000 亩以上。加快推进长乐大道、首期用地板块周边道路，以及水质净化中心和 110 千伏高压变电站建设。按照建设现代园区的理念，启动综合服务中心建设，完成县人民医院油田院区、油田小学改扩建等项目。同时，保障服务 7 家先进装备制造企业建设，力争早日建成投产，增强外出乡贤回乡投资兴业的信心和决心。

办好产业转移工业园。按照省级产业转移园的目标管理、动态监测、年度考核等要求，加强服务管理，提升综合效益。积极做好政策对接，争取项目和资金支持，加快道路、供水、供电、排污等基础设施建设，提升园区承载力。鼓励支持企业增资扩产、扩大外贸进出口，争取 3 家以上企业在“新三板”挂牌上市。实施“互联网+”行动计划，扶持中小微企业加快发展，大力发展电子商务和物流配送。同时，实行“一个项目、一套方案、一名领导、一支队伍、一抓到底”的“五个一”工作机制，加大企业促建促产力度。

启动华城电线电缆产业园和安流工业园规划建设。结合区域产业基础和交通区位条件的改善，及早做好华城、安流工业园区的可研、规划和“防三抢”，启动征地拆迁工作。规划建设用地范围内的路网和供水、供电等配套设施，尽快形成开发规模。同时，依托广州番禺（五华）产业转移工业园，统筹全县工业园区申报省级产业集聚区。

加大招商引资力度。全力跟踪服务，争取签约项目尽快落地。严格落实重点招商引资项目联席会议制度，继续实施乡贤回乡投资兴业工程，选强配优专业招商队，全心、全情做好招商引资工作。结合供给侧改革，围绕主导产业的布局，突出产业链招商，开展有针对性的招商引资活动，着力引进带动能力强、功能性转移的大项目，带动上下游产业项目转移，促进产业集聚发展。

推进重点项目建设。主动对接各类扶持政策，全力争取一批事关全县经济社会长远发展的基础设施和产业发展项目，做到每年立项一批、在建一批、储备一批，增强投资拉动。扎实推进五华抽水蓄能电站项目建设，确保前期工程和安置区建设无障碍施工。启动龙狮殿风电场项目建设。

（二）全力加快城区扩容提质，提升城乡建管水平。

按照“宜居五华”的发展定位，强化规划引领，以打通“两江四岸八桥”关键节点为突破，系统谋划建设好公共服务设施，统筹推进城乡一体化发展。

加快县城综合服务功能配套。统筹布局产业项目和公共服务，促进人口集聚，提升县城品位。完成河东北堤、三坑水库公园等项目建设。谋划启动蒲丽顶文化旅游产业园、大湖堤、琴江广场（二期）、寨下坝片区初级中学和文化综合体等项目。按照“逐年建设和改造一批市政道路”的思路，完成华兴东路（首期）、蓝岭路建设，以及华兴中（南）路、华一南路等道路的升级改造。建成一批宜居示范社区和安置小区，逐步完善垃圾减量厂、农贸市场等公共服务配套设施。巩固“省卫生县城”成果，启动创建“国家卫生县城”工作，扎实推进“省文明县城”创建工作。坚持建管并重，规范城乡管理。

加快琴江新区建设。围绕“规划一步到位、建设分步实施、实现滚动发展”的思路，按照扩容提质示范区的标准，加快建成3平方公里的新区起步区。完成增塘堤（首期）、布新南路（首期）、人民公园（二期）等项目建设。按照市政道路的标准，加快推进琴江公路建设，高标准建成琴江大桥至环城大道东延线段。动工建设兴汕高速横陂出口至环城大道东延线等道路。加快推进新汽车客运站迁建，以及奥园（二期）、碧桂园（三期）等商住项目建设。

加快美丽乡村建设。按照“示范带动、突出特色、全民参与”的工作思路，整合各种资源、动员各方力量，打造“村村优美、家家创业、处处和谐、人人幸福”的美丽家园。各镇要因地制宜选择2至4个行政村进行重点打造，建成一批“望得见山、看得到水、记得住乡愁”的美丽乡村示范点。加强环境卫生综合治理，做好沿路、沿山、沿河的垃圾清理，巩固“户收集、村转运、镇处理”的垃圾集中处理模式，深入推进改水、改路、改厕、家畜污染、污水处理等专项整治，建立卫生保洁长效机制。完善镇村公共服务设施，结合乡村布局建设一批小公园、小广场、小河堤，实现一村一韵、一村一景。规范农村建房，鼓励连片开发、多村联动建设，打造具有客家建筑风格特色的村居。大力宣传社会主义核心价值观，积极开展“文明农户”、“文明家庭”、“身边好人”等评选活动，培育良好的乡风民风，引导群众崇德向善、移风易俗，凝聚起建设美丽乡村的正能量。

（三）全力加快交通基础设施建设，改善区位条件。

围绕建成外联内畅的综合交通体系，统筹推进“四横两纵”的“两高”建设和县内交通路网的提升改造，加快建成梅州乃至粤东地区西出珠三角、南下潮汕揭的交通枢纽城市。

抓好“两高”规划建设。服务保障兴华高速五华段无障碍施工，动工建设大丰华高速五华至丰顺段、兴汕高速五华至陆河段。积极跟进龙川至梅州至龙岩高铁线路走向，争取途经我县并设站。

抓好高速公路与县内主干道路的连接线建设。完成兴华高速五华互通至县城（X034）、汕湛高速华阳互通至龙村（Y304）、兴华高速梅林互通至龙村（X003）连接线建设。加快推进汕湛高速华阳互通至周江冰坎等连接线建设。积极谋划其他在建高速公路与县内主干道路的连接线。

抓好国省县道建设和升级改造。加快G355华阳至安流、X031横陂至周江等道路的升级改造。推进华城观源至狮雄山、双龙山景区公路、郭田至双华以及工业大道北延线等道路建设。

（四）发展绿色生态经济，助推农业增效农民增收。

贯彻“绿色发展”理念，围绕“农业强、农民富、农村美”的目标，大力发展绿色农业经济，因地制宜促进“农、林、水、旅”融合发展，增加农民收入，深化农村改革。

推进农业产业化。加快转变农业发展方

式，促进农业规模化、集约化和标准化经营。扩大具有五华特色的登云嶂茶园、茶亭岗金柚园、云溪圣峰油茶等特色农业基地规模，形成一批辐射带动能力强的产业示范基地。突出“一镇一品”，做精做优周江百香果、龙村云雾茶、长布大田柿花、双华板栗等一批具有乡土特色的农产品。鼓励和引导本土企业强化品牌意识，提高农产品的竞争力和影响力。加快推进农村信息基础设施建设，充分利用农产品电子商务平台，助推农业产业化经营。做好农村综合改革，稳妥开展土地承包经营权确权登记颁证工作。

推进林业生态建设。按照“造林就是造福，绿化就是美化”的思路，坚持一手抓植树造林，一手抓森林防火，做到“营造”与“封管”并重。大力实施“县城周边3万亩群山森林围城”工程，努力形成“环城”绿色生态圈，提升改善县城生态环境。巩固碳汇造林成果，加快残次林、纯松林等林相改造，提高森林质量与效益。加大县、镇森林公园和自然保护区规划建设力度，提高城乡森林覆盖率。严格落实森林防火工作责任制，以零容忍态度严厉打击引发山林火灾等破坏森林资源的人和事，保住绿水青山。

推进水利基础设施建设。把中小河流综合治理工程与美丽乡村建设有机结合起来，精心设计打造“一村一景点”，搞好水民生、营造水景观、发展水经济。完成桂田水库供水水源地保护工程。加快实施中小河流综合治理和新增病险中小型水库除险加固工程。启动镇级集中式水厂建设，扎实推进“村村通”自来水工程。做好梅江五华段治理和益塘水库引水工程前期工作。

推进特色旅游发展。做好狮雄山秦汉遗址公园、长乐古镇、寨顶巷古村落的保护开发，传承好李威光、古大存故居等历史文脉，建设好七目嶂、双龙山、天堂山等一批生态休闲旅游项目。加快推进热矿泥山庄升级改造。

（五）保障改善重点民生，提高群众获得感和幸福感。

贯彻“共享发展”理念，坚持把改善民生福祉、提高群众幸福生活指数作为出发点和落脚点，建立完善民生保障体制机制，提高基本公共服务均等化水平，让广大群众共享发展成果。

做好精准扶贫工作。作为全市精准扶贫主战场，要全面总结前两轮的帮扶成效和工作经验，继续借力帮扶单位支持，制定实施方案，因地制宜采取产业扶持、技能培训、转移就业、异地搬迁等多管齐下的方式，调动各方力量，把脱贫措施精准落实到村、到户、到人。对完全或部分丧失劳动能力的贫困人口，要纳入低保覆盖范围，提高低保标准，实现社保政策兜底脱贫。要积极探索多元化解决精准脱贫的方式方法，推进户籍制度改革、土地流转经营、改善农村人居环境、金融支持“三农”发展、深化农村集体产权制度改革，引导农民特别是贫困人口就近城镇化，确保贫困村、贫困户全面脱贫。

做好教育发展事业。放大“教育创强”效应，创建“广东省推进教育现代化先进县”，通过逐步提升教育整体水平，满足产业发展的人力资源需求，把人口大县变为人口强县。成立“五华县教育发展基金”，大力改善办学条件，完成县高级中学、县第六小学、特殊教育学校建设，加快职业技术学校建设。立足现代化办学理念，突出办学特色，重点抓好水寨中学、田家炳中学、实验学校、五华中学等学校的规范化管理，辐射带动全县教育管理水平整体提升。把加强教师队伍建设作为教育事业发展的基础性工作来抓，实施“名师”“名校长”培养工程，定期举办教师研修班，为教育均衡发展打下坚实的基础。

做好足球产业文章。围绕打响“足球之乡”品牌，着力在场地设施建设、人才队伍培育和承办品牌赛事上下功夫，以足球产业带动文化体育事业的全面发展。按中甲主场标准完成县体育场升级改造，规划建设足球训练基地和足球文化公园，抓好长布·元坑中国内地现代足球发源地和球王李惠堂故居的保护开发，筹建球王博物馆和球王文化广场，争取挂牌“中国体育博物馆现代足球分馆”。用好县青少年足球发展基金，撬动更多社会资金推动青少年足球事业发展，规划创办针对小学至初中生源的足球精英学校，为足球发展提供人才支撑。继续推进足球“三进”活动，打造“球王杯”“职工杯”、“业余杯”三大品牌赛事，争取承办高水平赛事。筹划足球文化节，大力弘扬足球文化。

做好社会保障工作。坚持保基本、兜底线、促公平、可持续方向，加快建立更加公平、更可持续的社会保障制度。实施创业促就业工程。推进计划生育服务管理改革创新，全面落实计划生育新政策。加强基层卫生综合服务能力项目建设，加快县人民医院、中医院、妇保院、康泰医院、残疾人康复中心，以及撤并后非建制镇卫生院的软硬件建设。启动民营三甲医院建设。抓好殡葬改革工作，建设一批生态公墓园。

（六）全面加强社会治理，营造和谐稳定社会环境。

牢固树立大抓基层的鲜明导向，把抓基层、打基础作为长远之计和固本之策，突出“十项重点工作”精准推进基层治理，规范城乡管理，强化安全监管，维护社会稳定，为加快振兴发展营造良好的发展氛围。

狠抓基层治理不放松。巩固拓展城乡建设管理“十大专项整治”成果。把基层治理摆在更加突出的位置，树立系统治理、综合治理、依法治理、源头治理和日常管理的理念，突出问题导向，落实镇村和职能部门的主体责任，结合驻点普遍直接联系群众工作，从管好资金、资源和资产入手，加快推进基层治理“十项重点工作”，通过落实整改、查办案件，以点带面、建章立制、堵塞漏洞，进一步规范农村基层运作。

狠抓安全生产不放松。坚决落实安全生产责任制，切实做到“党政同责、一岗双责、失职追责”，加强重点行业、重点领域的日常监管和长效治理，全力保障人民群众生命财产安全。

狠抓社会稳定不放松。深入推进“平安五华”建设，加强社会治安综合治理，加大涉黑恶违法犯罪活动打击力度，提高群众安全感。加强信访维稳形势分析研判，围绕涉及群众切身利益的重点领域和重大矛盾问题，开展排查、调处和稳控工作，以化解矛盾为导向，确保社会和谐稳定。稳妥推进各项改革措施，提高依法治县水平。

（七）贯彻从严管党治党方针，切实加强党的建设。

全面贯彻党要管党、从严治党的方针要求，不断增强党的凝聚力、政府的公信力和干部的执行力，提高党领导经济社会发展的能力，推动经济社会又好又快发展。

加强思想政治建设。认真学习习近平总书记系列重要讲话精神，增强认识新常态、适应新常态、引领新常态的理论能力、领导能力和实践能力。办好办活“五华学习讲坛”。把党校工作纳入党的建设总体安排，解决基础设施落后、基础工作薄弱等实际困难。继续以党校为阵地，抓好各级党员干部的培训学习。有效利用各种培训资源，选派干部参与培训和外派挂职锻炼，提升干部队伍综合素质。

加强作风建设。坚持群众路线，践行“三严三实”，严明政治纪律和组织纪律，抓好机关作风评议和明察暗访，加强党员干部“八小时以外”监督管理，着力整治“慵懒散奢”，优化政治生态。严格落实党委主体责任和纪委监督责任，完善督促检查、评估考核和问责机制，确保党的路线方针政策和各项决策部署落到实处。坚持把制度建设作为从严治党、源头防腐的重要抓手，突出关键环节，规范权力运行，努力形成“不想腐、不能腐、不敢腐”的长效机制。

加强干部队伍建设。坚持“以实绩说话、以德行说话、以结果说话”的用人导向，积极稳妥推进县镇换届选举工作，全力打造一支会落实、能创新，勇担当、敢破难的过硬干部队伍。大力推进乡镇干部“本地籍”工作，完成“两个30%、至少一个”的目标任务。研究制定《领导班子和领导干部分析研判暂行办法》，完善乡镇考核办法，制订出台县直单位考核办法，激发干部工作热情。把好发展党员“入口关”，持续开展软弱涣散村（居）党组织整顿工作，抓好村级干部教育培养，建立健全村干部保障激励机制，提升基层党组织的凝聚力和战斗力。

大力支持人大及其常委会依法行使职能，支持政协开展政治协商、参政议政和民主监督，支持工青妇等人民团体依照法律、章程参与社会管理和公共服务，积极做好统战、史志、档案、宗教侨务、党校、老干、科协、工商联、文联、残联、对台等工作，提高党管武装工作水平，凝聚加快振兴发展强大合力。

同志们，新的机遇摆在我们面前，新的任务落在我们肩上，新的目标引领我们开拓前进。让我们团结和带领全县人民，以更加解放的思想，更加扎实的作风，更加昂扬的斗志，凝心聚力、狠抓落实，为建设“工业新城、宜居五华”而努力奋斗！

政府工作报告

——在五华县第十四届人民代表大会第六次会议上

五华县人民政府代县长　吴晖

（2016年2月25日）

“十二五”时期工作回顾

“十二五”时期，是我县经济实力明显增强、基础设施日臻完善、城乡环境持续改善、民生事业全面发展、政府自身建设不断加强的五年。五年来，县政府认真贯彻落实党的十八大和十八届三中、四中、五中全会精神，深入学习贯彻习近平总书记系列重要讲话精神，全面落实省市决策部署，在县委的正确领导下，大力实施“两新两特两重点”、惠民生、促和谐、强队伍工作思路，积极应对复杂的经济形势，扭紧“三大抓手”，坚守“两条底线”，保障和改善民生，努力破解社会发展难题，圆满完成了“十二五”的各项目标任务。

——县域经济明显增强。全县生产总值、公共财政预算收入等主要经济指标保持两位数增速，经济实力明显增强。地区生产总值由“十一五”期末的70.5亿元增加到126.4亿元，人均地区生产总值由6,713元增加到11,841元，年均分别增长11.0%、10.3%。公共财政预算收入由“十一五”期末的2.0亿元增加到5.6亿元，年均增长25.7%。固定资产投资由“十一五”期末的11.2亿元增加到69.9亿元，年均增长44.2%。人民生活水平不断提高，城镇居民人均可支配收入由“十一五”期末的9,995元增加到17,537元，年均增长11.9%；农村居民人均可支配收入由“十一五”期末的5,411元增加到10,138元，年均增长13.4%。三次产业比重由“十一五”期末的29.6∶22.8∶47.6调整为21.9∶29.1∶49.0，第二产业比重明显提高。工业发展成效显著，累计投入9.3亿元加快园区基础设施建设，广州番禺（五华）产业转移工业园建成区面积由3.4平方公里扩大至5.2平方公里，进园企业由22家增加到91家；启动了河东工业区建设，完成了25平方公里总体规划和首期4平方公里用地的控制性详细规划编制。全县规模以上工业总产值、增加值由“十一五”期末的22.6亿元、6.9亿元分别增加到59.0亿元、13.2亿元，年均分别增长29.5%、24.5%。农业农村经济稳步发展，农业总产值由33.9亿元增加到48.1亿元，比“十一五”期末增长45.0%，年均增长8.8%；粮食总产由30.2万吨增加到32.9万吨，比“十一五”期末增长8.9%，年均增长1.8%。

——基础设施日臻完善。高速公路从“十

一五”期末的1条32.5公里增加到3条共计77.1公里。累计投入31.2亿元，建设改造6条国省道121.7公里、18条县乡道255.3公里，完成村道硬底化550公里，实现村村通硬底化。3条省道整合升级为2条国道，新增国道184.9公里。全县公路通车里程由“十一五”期末的2735公里提高到3247公里、公路密度从每百平方公里84.8公里提高到101公里。投入17.5亿元，加强水利设施建设，完成了121宗省级水利示范县项目、9宗山区中小河流治理工程，建成了县城污水处理厂，重点堤围、病险水库除险加固和县城供水管道改造、农村饮水安全、基本农田水利建设等民生水利工程有效推进。县城和各圩镇光纤宽带、4G网络信号实现全覆盖，积极推广智慧WIFI、护林e通、办公自动化等，城市管理逐步实现数字化。

——*城乡环境持续改善*。全力推进县城扩容提质，启动琴江新区3平方公里起步区建设，完成县城第三次总体规划修编，加快市政设施建设，新建城区道路5.9公里，全力打通“两江四岸八桥”，突破关键节点10个，下坝堤、澄湖堤、水中堤等7段河堤建成使用，长乐公园、狮山公园等6个公园建成开放，建成了一批农贸市场和“三位一体”环卫设施。积极开展“美丽乡村”创建活动，完成各镇总体规划编制，实施了一批圩镇改造提升工程，完善了一批农村生活垃圾处理设施。实施碳汇造林75.8万亩，森林覆盖率达70.2%，比“十一五”期末提高4.6个百分点。

——*民生事业全面发展*。每年财政用于民生领域资金占财政总支出的80%左右。投入校舍建设改造资金5.1亿元，比“十一五”增长了2倍，新建改造校舍27.9万平方米；成功创建“广东省教育强县”“全国义务教育发展基本均衡县”，实现教育强镇全覆盖。投入2.1亿元，建设改造医疗机构业务用房9.7万平方米，全面完成人口计生管理目标，卫生计生服务管理水平不断提升。有效应对“8·17”洪灾，276户全倒户全部搬进新居，49座水毁桥梁已修复重建46座。狮雄山秦汉遗址等一批文化遗产得到有效保护开发，“农家书屋”和农村公共文化电子阅览室实现全覆盖。全面完成两轮扶贫开发“双到”任务，218个重点帮扶村、27527户贫困户实现了稳定脱贫。安全生产、综治维稳形势持续好转，社会保障、环境保护、农村基层治理等社会各项事业全面进步。

——*政府自身建设不断加强*。坚持依法行政，自觉接受县人大的工作监督、县政协的民主监督，166件议案建议和123件提案全部得到办复。严格落实中央“八项规定”，大力整治办公用房、公务用车，“三公”经费逐年减少，廉政建设得到加强。深入开展党的群众路线教育实践活动和“三严三实”专题教育活动，整改“四风”和“不严不实”问题，政府效能不断提升。

2015年工作回顾

过去的一年，我们主动适应经济发展新常态，凝心聚力、攻坚克难，较好地完成了县十四届人大五次会议确定的目标任务，全县经济社会保持平稳较快发展。生产总值实现126.4亿元，比增9.7%，增速全市排名第四；公共财政预算收入5.6亿元，比增28.8%，增速位居全市第二；完成固定资产投资69.9亿元，比增60.0%，增速位居全市第一。

一、狠抓实体经济，发展实力持续增强

工业经济加快发展。深入开展“暖企”行动，落实县领导挂钩联系企业制度，扶持富胜实业、井得电机等企业加快上市步伐。积极搭建“助保贷”平台，为中小微企业放贷5,002万元。眉山水泥厂年产100万吨水泥粉磨站技改项目顺利投产。辉胜达电器、万山科技获国家高新企业认定。投资120亿元的五华抽水蓄能电站动工建设，“三洞两路”进场施工，移民安置区建设有效推进。新增6家规模以上工业企业。规模以上工业产值59.0亿元、增加值13.2亿元，分别比增17.4%、15.2%。外贸进出口总额1.9亿美元，比增15.9%；实际利用外资533万美元。全县工业总产值5亿元以上企业4家，其中辉胜达电器工业产值超10亿元。

园区扩能增效步伐加快。成功竞得1.7亿元产业园区扩能增效扶持资金。投入3.7亿元，完成广州番禺（五华）产业转移工业园征地1300亩、平整1150亩，加快推进农科所板块路网、罗湖板块路网建设，基本形成了“七纵五横”的路网。园区实现产值53.2亿元、工业增加值11.9亿元、税收1.7亿元，分别比增18.5%、20.2%、33.6%。投入1亿多元，全面启动河东工业区建设，完成征地3000亩、平整600亩，进园企业7家，长乐大道、110千伏变电站和园区主供水管网建设加快推进。成功举办第四届世界客商大会五华县系列活动，加快推进“三个一批”项目，润华肠衣、九鼎包装等12个项目签约落户，香雪制药、红木家具等17个项目动工建设，立信织造、明珠星钟表等14个项目竣工投产。大力实施“乡贤回乡投资兴业”工程，精心挑选符合产业布局的项目，落实“一对一”招商引资责任，对接联系六批次86个项目。全年引进工业项目15个，计划总投资76亿元，固定资产投资59.9亿元。

农业经济稳步发展。全县粮食播种面积83.2万亩，总产32.9万吨。收购烟叶3.7万担，新增水果、茶叶、蔬菜等连片100亩以上基地47个。创建了华城、横陂、河东、安流万亩国家级粮食高产示范片。完成3.8万亩高标准基本农田建设任务。强兴七目嶂、登云嶂云雾茶等4家企业被评为省级农业龙头企业。新增农民专业合作社87家。松岗嶂绿色生态茶园入选全省唯一的“中国三十座最美茶园”。大田柿花被评为省“名优特新”农产品，“登云金雀”绿茶、“彩云”百香果、“凤达园”赤灵芝孢子粉3个产品被评为省名牌产品。农村土地承包经营权确权登记颁证工作全面铺开。

商贸旅游快速发展。建成电子商务大厦和100个阿里巴巴“农村淘宝”村级服务站。全面开展狮雄山秦汉遗址、球王李惠堂旧居和寨顶巷古村落的保护开发工作。双龙山、新丰寨生态旅游项目建设和热矿泥山庄升级改造扎实推进。营田、湖田、龙狮殿农家乐饭店被评为“全国乡村旅游金牌农家乐”。全县旅游接待450万人次、旅游总收入31.0亿元，比增22.0%、25.0%。全县社会消费品零售总额81.5亿元，比增11.2%。

财税金融得到加强。通过PPP模式融资11.6亿元，保障了重点项目建设资金需求。预算管理体制改革深入推进，农村“三资”监管平台建成使用，财政资金项目申报得到规范。强化对重点工程、房地产行业、外出经营企业等重点税源监管，税收管理不断加强。国税组织收入3.3亿元、地税组织收入6.7亿元，分别比增13.2%、35.4%。省农村普惠金融试点县工作全面完成。全县金融机构存款余额221.3亿元、贷款余额70.2亿元，分别比年初增长 17.3%、20.7%。

二、加大投资建设，发展基础不断夯实

交通路网持续优化。汕湛、平兴高速五华段建成通车，兴华高速（含畲华支线）五华段实现无障碍施工，大丰华高速五华至丰顺段、兴汕高速五华至陆河段建设前期工作有序推进。省道 S228 线华城高速出口至河东段升级改造为一级公路。省道 S120 线东山至洋桃段和省道 S238 线周江至安流段升级改造全面完成。琴江公路水寨至锡坑段、省道 S120 线华阳至安流段、华城观源至狮雄山旅游公路、兴华高速五华互通至县城连接线、汕湛高速华阳互通至龙村连接线、县道 X003 线金坑至龙村段建设加快推进。

水利电力设施不断完善。完成省级水利示范县剩余 13 宗项目。基本完成年度山区中小河流治理工程和双华河、蕉州河治理工程。完成益塘水库农业水价综合改革示范项目，益塘水库引水工程建设前期工作稳步推进。投入 8,400 万元，建成了 176 个基建配网工程。110 千伏周江狮潭输变电工程动工建设，转水枫林输变电工程前期工作有序推进。

三、统筹城乡建设，发展环境明显改善

县城建设亮点纷呈。完成了县城中心区控制性详细规划编制。全年收储土地 55 宗 1278.9 亩，保障了重点项目建设用地需求。投入 6.3 亿元，建成了人民公园一期、琴江广场一期、街心公园、华园市场、上新市场、长乐农贸市场、城区天然气场站，完成了罗湖堤、莲洞堤、水潭东路车站段、华兴北路、河东大道、水寨大道“严管示范路”等市政项目建设改造，加快了碧桂园二期、奥园城市综合体、环城大道东延线、长乐大桥建设。成功创建“广东省卫生县城”，启动“广东省文明县城”创建工作。

镇村建设步伐加快。完成安流、华城 2 个中心镇总体规划修编。抓好华城镇幸福村居示范片建设，完成省道 S239 线华城圩镇段等一批圩镇道路改造提升工程。扎实推进岐岭、横陂等镇农民体育健身工程建设。抓好镇村生活垃圾专项整治，周江、双华等镇生活垃圾无害化处理场加快建设。

生态环境管护得到加强。全面完成森林碳汇重点生态工程 16.4 万亩建设任务和“四江”流域水源涵养林 3.3 万亩种植任务。完成森林抚育 31.7 万亩。改造提升了 31.8 公里生态景观林带。启动了水寨星湖岭、河东天云岭县级森林公园，潭下宝山嶂县级自然保护区和双华高山寨、横陂贵人嶂、梅林松桂园等 7 个镇级森林公园建设。完成 54 个乡村绿化美化工程，打造了 5 个省级示范村、3 个市级示范村。加大对破坏森林资源行为打击力度，立案查处 142 宗 151 人。成功创建“省林业生态县”。建立重点环境问题挂牌督办制度，完成 18 宗重点环境问题整治。严格落实耕地保护责任，拆除违法占用耕地建房 106 宗 27.6 亩，立案查处非法买卖土地案件 3 宗。

四、夯实底线民生，社会事业协调发展

社会保障更加有力。加大社保扩面征缴力度，“五险”收入 3.5 亿元。县人力资源市场、救灾物资储备仓库建成使用，县残疾人康复中心、革命烈士陵园、公益性生态公墓加快建设。完成潭下、周江、双华、龙村、郭田敬老院改造。

扶贫开发扎实有效。大力推进 103 个重点帮扶村扶贫开发“双到”工作，各级帮扶单位累计投入 6.8 亿元，落实村集体项目 2497 个，发展户生产项目 33948 个。重点帮扶村集体经济收入均达 5 万元以上，贫困村农民人均纯收入 8,843 元，有劳动能力贫困户 12736 户 62288 人全部实现稳定脱贫。启动了新时期精准扶贫前期工作。

教育体育事业成效显著。高级中学、县第六小学、特殊教育学校建设扎实推进。梅州五华足球队成功冲甲，五华成为全国唯一拥有中甲球队的县。五华 U12 足球队获全国冠军并代表国家赴瑞典参加国际青少年足球赛。承办了球王李惠堂诞辰 110 周年学术研讨会暨主题学术沙龙。长布元坑中国内地现代足球发源地得到有效保护。

卫生计生工作稳步推进。加快县级公立医院综合改革，抓好医疗卫生基础设施建设，县中医院外科综合楼、县妇幼保健院住院大楼建设顺利推进，完成新桥、双头等 5 间卫生院业务用房升级改造，民营三甲医院、康泰精神病院、华南医院建设前期工作有序推进。无偿献血 267 万毫升，再创新高。深入开展人口计生服务“村村行”活动，实行每月人口计生工作动态考核，年度目标任务全面完成。

社会保持平安稳定。深入开展“十大专项整治”和基层治理“十项重点工作”，“县城范围不文明送葬”行为得到有效遏制，“非法堆放经营河砂”、“非法抽取地下水”整治取得阶段性成果，社会管理水平不断提高。全县信访形势保持总体平稳，到省到市上访人数分别下降 42.4%、51.5%。“平安五华”建设扎实推进，“3+2”专项打击整治、“客都民意警务”考核均位居全市第一。严格落实安全生产“一岗双责”，继续保持“打非治违”高压态势，完成了棉洋镇火灾隐患专项整治，安全生产形势持续好转。

十件民生实事较好完成。城乡居民基础养老金标准、城乡低保标准、五保对象供养标准、残疾人生活津贴、城乡居民基本医疗保险补助标准、城乡免费义务教育中小学公用经费补助标准、义务教育阶段特殊教育学生生均公用经费、县属中等职业学校免学费补助标准等不断提高；设立县级疾病应急救助基金，实施了应急医疗救助；20 个卫生院配备了“五个一”医疗设备；培训劳动力 1.2 万人次，转移就业 1.9 万人次，新增城镇就业 5111 人；减免了 7 项户籍人口殡葬基本服务费；完成 4413 户住房困难户住房改造和 446 户棚户区改造，新建保障性住房 100 套；益塘水库、桂田水库水源水质得到有效保护；华城、安流镇污水处理设施建成试运行；县汽车客运站迁建前期工作有序推进，县城公交线路进一步优化，居住县城的 60 周岁以上老人、残疾人免费乘坐公交车，完成农村公路硬底化 95.4 公里；新水寨肉联厂建成运营，食品安全示范学校食堂建设扎实推进；“一村（社区）一法律顾问”工作全面铺开，对全县各村（居）法律工作者实行不低于每年 1 万元的补助。

其他各项事业取得新进步。荣获省“双拥模范县”称号。扎实推进不动产统一登记工作。全面规范机关事业单位财政供养人员津补贴发放，村（居）干部工资待遇得到提高。华城司法所被评为“全国模范司法所”。水寨镇府前居委被评为“广东省科普示范社区”。下坝迎灯列为省级非物质文化遗产保护项目。成功创建潭下镇金石村、郭田镇龙潭村等 10 个市级农村文化俱乐部。外事侨务、对台事务、气象、档案、方志、宗教、供销、妇女儿童、人防、打私、应急、住房公积金等各项事业取得新发展。

五、改进工作作风，行政效能全面提升

深入开展“三严三实”专题教育活动，

狠抓廉政建设，“三公”经费同比下降5.0%。完成审计项目58个，涉及金额8.2亿元。推进政府职能转变和机构改革，完成公车改革。全面完成镇级公共服务平台建设。完成商事登记“三证合一”制度改革，新登记各类市场主体4583户，比增29.9%。深入推进行政审批制度改革，清理压减事项297项，压减51.4%，进一步激活了市场活力。

各位代表！2015年成绩的取得，是全县上下共同努力的结果，离不开县委坚强领导和县人大、县政协的监督支持，得益于省市有关单位和广州市、番禺区的大力帮扶。在此，我谨代表县人民政府，向全县人民、省市属驻五华单位、驻五华部队、武警消防官兵，向所有关心和支持五华发展的海外侨胞、港澳台同胞和社会各界朋友，表示衷心的感谢并致以崇高的敬意！

各位代表！在看到成绩的同时，我们也清醒地认识到，全县经济社会发展还面临不少困难和问题：一是县域经济总量小、人均水平低。人均生产总值与小康指标相差大，如期建成小康社会任务艰巨。二是工业发展水平低。规上工业企业少，支柱产业缺乏，发展后劲不足，工业经济对生产总值的拉动力弱。三是民生保障有待提升。教育、医疗等保障水平低，保障安全稳定压力大。四是城乡发展不平衡。镇村路网等基础设施落后，圩镇公共服务配套设施不完善，南部交通亟待改善。五是服务水平有待提升。崇商重企的氛围不够浓厚，个别部门对经济发展新常态的认识不足，推动发展的办法不多，工作中仍存在不严不实的现象，等等。这些问题，我们将高度重视，采取有效措施，认真加以解决。

“十三五”时期目标任务

“十三五”时期，是我县加快振兴发展的攻坚时期。县委十二届六次全会提出的《关于制定五华县国民经济和社会发展第十三个五年规划的建议》，确定了我县“十三五”时期经济社会发展的思路。根据县委的《建议》，县政府编制了“十三五”规划纲要（草案），提请本次大会审议通过后实施。

“十三五”时期的奋斗目标是：经济保持中高速增长，至2020年，全县生产总值达到200亿元以上，年均增长10%左右；公共财政预算收入突破10亿元，年均增长15%左右；固定资产投资达到340亿元，年均增长38%左右。通过五年的努力，产业结构更加合理，三次产业协调发展、结构比重调整为17.0：33.5：49.5，县域整体发展水平接近或达到全市中等水平。贫困人口实现整体精准脱贫，社会保障能力进一步增强，基本公共服务均等化水平进一步提高，干部队伍建设和作风建设进一步加强，社会持续平安稳定。

2016年工作安排

2016年，是实施“十三五”规划的开局之年，是实施精准扶贫的第一年，做好今年的政府工作意义重大。今年政府工作的总体要求是：全面贯彻党的十八大和十八届三中、四中、五中全会精神，以及中央经济工作会议精神，深入学习贯彻习近平总书记系列重要讲话精神，贯彻落实省委十一届五次和六次全会、市委六届六次全会精神，按照县委十二届六次全会的部署，以“五大发展”

理念为引领，以“全力加快振兴发展、全面提升治理水平”为主线，扭紧“三大抓手”，大力推进“一核两区三组团”建设，聚焦产业发展、壮大县域经济、保障重点民生，全力建设“工业新城、宜居五华”。

今年经济社会发展的主要预期目标是：生产总值增长10%左右；公共财政预算收入增长15%以上；固定资产投资增长35%以上；城镇居民年人均可支配收入增长10%以上；农村居民年人均纯收入增长9%以上。

为实现上述目标要求，我们重点抓好三大方面工作：

一、突出“三大抓手”，全面推进“一核两区三组团”建设

*推进县城扩容提质。*围绕“规划一步到位、建设分步实施、实现滚动发展”的工作思路，成立琴江新区管理机构，完成琴江新区控制性详细规划编制，大力推进起步区基础设施和公共服务配套设施建设，建成增塘堤一期、布新南路一期、人民公园二期。加快建设碧桂园三期、奥园二期、汽车城、琴江新区管廊，加快县汽车客运站场迁建。继续推进县城中心区扩容提质，升级改造华兴中（南）路、华一南路，完成河东北堤、三坑水库公园、蓝岭路、富通路建设。加快推进琴江广场二期建设。巩固“广东省卫生县城”创建成果，继续加大“三位一体”环卫设施建设力度，加快建设中农批商贸城，新建扩建一批农贸市场。完善数字城市管理系统，探索城市管理新模式，全力创建“国家卫生县城”、“广东省文明县城”。

*加快产业转移园和河东工业区建设。*推进广州番禺（五华）产业转移工业园扩能增效，完成征地1500亩、平整1000亩以上，建成工业大道北延线、工业五路、工业六路、三坑路和产业转移园污水处理设施。力促航威斯、碧菲亚等5家以上企业建成投产。加快香雪制药、红木家具等项目建设。园区产值、工业增加值、税收均增长30%以上。全力加快河东工业区建设，完成征地5000亩、平整1500亩，大力推进长乐大道、华兴东路建设和供水管网铺设，动工建设水质净化中心、110千伏高压变电站，完善园区首期用地板块路网，加快园区综合服务中心、县人民医院油田院区、油田小学等配套服务项目建设改造。完成6000亩土规、林地调整，保障园区建设用地需求。大力发展先进装备制造业，力促如翼实业、富胜数字电视、富鑫通精密机械、嘉富包装机械、南方智能精机等7家企业加快建设、3家以上企业实现投产。

*统筹抓好南北部产业发展。*着力打造北部、南部以及绿色能源和生态文化旅游组团。北部大力发展新型工业、制酒制药、城郊型农业和文化休闲度假旅游业，全力加快以冠华传导、环兴电力为龙头的华城电线电缆产业园建设，完成征地1200亩，贯通园区路网，新引进企业3家以上。南部大力发展农产品深加工、现代服务业、竹木加工、家具制造等产业，启动规划面积10平方公里的安流工业园建设，征地1000亩以上。谋划以五华抽水蓄能电站库区为核心的绿色能源和生态旅游片区建设，大力发展游览观光、休闲娱乐等生态旅游业，完成五华抽水蓄能电站筹建期工程征地任务，确保项目前期工程和安置区建设无障碍施工。力促五华龙狮殿风电场动工建设。

*强力推进交通公路建设。*重点跟进双龙高铁规划线路走向，争取途经我县并设站。继续保障兴华高速（含畲华支线）五华段无

障碍施工。动工建设大丰华高速五华至丰顺段、兴汕高速五华至陆河段。规划建设县道X960线接县道X003线梧溪段，加快推进国道G355线华阳至安流段、华城观源至狮雄山旅游公路、郭田至双华公路、周江冰坎至华阳新田公路等建设改造，动工建设棉洋至七畲径公路。规划建设高速公路互通与县内公路的连接线，谋划储备一批交通公路项目。

二、坚持“五大发展”理念，全面提升经济发展能力和水平

——坚持创新发展。创新是一个地区发展的不竭源泉。五华作为全市乃至全省发展较为落后的地区，只有实施创新驱动发展战略，推进工业创新、科技创新、融资创新，才能实现经济加快振兴发展。

推进工业创新。加快广州番禺（五华）产业转移工业园和河东工业区主导产业发展，努力培育先进装备制造业成为超百亿产业，力促1家以上企业在“新三板”挂牌上市。扶持长乐烧、辉胜达电器等骨干企业转型升级。做好长乐烧酒申报为国家地理标志保护产品工作。继续落实总部经济回迁激励措施。新增8家以上规上工业企业，规上工业增加值增长20%以上。结合供给侧结构性改革，推进产业结构调整，逐步提高第二产业在三次产业中的比重。

鼓励科技创新。深入实施创新驱动发展战略，大力推进大众创业、万众创新，鼓励扶持高新技术企业及后备队伍加大技术创新投入，促进产品升级换代，培育发展国家高新技术企业2家以上，支持5家以上规上企业技术改造。动工建设科技孵化器、创客空间，加快中小微企业、电子商务产业发展和阿里巴巴“农村淘宝”网点建设，拓宽产品销售渠道。

创新融资方式。搭建和完善琴江新区、产业园区、交通基础设施建设融资平台，加强政银企担合作，主动对接社会投资，通过PPP融资模式保障琴江新区、产业转移园、河东工业区、华城电线电缆产业园、安流工业园等重点项目建设资金。完成县农信社改制。创新金融产品，发挥“助保贷”基金杠杆效应，提高存贷比，支持实体经济发展。积极做好全国农村住房财产权抵押贷款试点县工作，拓宽“三农”发展融资渠道。

——坚持协调发展。协调是解决发展不平衡问题的关键所在。我们必须统筹抓好城乡、区域、科教文卫、社会管理和其他社会事业发展，通过补齐短板化解突出矛盾，增强经济社会发展的协同性、平衡性。

统筹城乡发展。围绕县城打造成为“梅州城市副中心”的目标，强化规划引领，加快中心城区和琴江新区建设，不断完善市政公共服务设施，启动寨下坝片区初级中学、文化综合体建设，提升县城辐射带动能力。增加公交车数量和运行密度。按照将华城、安流打造成为“县域副中心”的定位，优化城镇空间布局，加快镇村规划编制，构建县城、副中心城镇和镇三级城镇体系。完成华城天然气供气站场建设，规划建设安流天然气供气站场。建立重点项目管线迁改协调机制，保障项目建设顺利推进。支持各镇创建2个以上美丽乡村示范点、建成1个以上镇级森林公园、规划建设1个农贸市场、升级改造200米以上圩镇道路。全面完成华城镇幸福村居工程建设。

推进科教文卫事业均衡发展。以水寨中学为试点，扎实抓好“广东省推进教育现代化先进县” 创建工作。规划建设县科技馆。

完成县广播电视网络整合提升、有线电视“村村通”工程和村广播全覆盖。全力推进“广东省卫生强县”创建工作，积极创建“全国农村中医药工作先进单位”，抓好县人民医院升级改造，推进文葵、小都等6间卫生院标准化改造，加快民营三甲医院、康泰精神病院、华南医院建设步伐。规划建设华城区域性养老养生基地。做好“全面二孩”政策衔接工作，完成年度人口计生目标任务。抓好长布元坑中国内地现代足球发源地和球王李惠堂旧居的保护开发，筹建球王博物馆和球王文化广场，继续推进足球“三进”活动，培育发展足球产业，擦亮“足球之乡、球王故里”品牌。

加强社会管理。做好“十大专项整治”工作，扎实开展地质灾害防治、城乡建设管理秩序、安全生产领域等专项整治工作。深入推进基层治理“十项重点工作”，以华城镇新一村、西区居委和双华镇矮畲村为示范引领，全面完成县、镇、村三级多功能服务平台建设，抓好村级服务群众代办业务工作。完善社会治安防控体系，严厉打击暴恐、盗抢等各类犯罪活动和涉黑涉恶势力，坚决预防和打击制毒犯罪，推动“平安五华”建设深入开展。加大信访积案化解力度，妥善处置各类突发事件。严格落实安全生产“一岗双责”，建成34个居委微型消防站，组建基层安全监管队伍，确保安全生产形势持续好转。

统筹其他各项事业发展。做好县镇换届工作。完成五华宾馆、干部招待所等国有集体企业转制。动工建设国防教育训练基地、县级国家综合档案馆、华城储备粮库。建成县不动产登记中心，完成不动产统一登记发证工作。加强机构编制、人事、外事侨务、对台事务、民兵兵役、宗教、气象、供销、方志、人防、打私、住房公积金等工作，进一步发展妇女儿童、老年人事业，促进社会各项事业协调发展。

——坚持绿色发展。把绿色资源优势转化为经济发展优势，做好耕山致富文章，大力推进生态林业、特色农业、文化旅游发展，实现绿色富民、绿色惠民。坚守绿色底线，转变经济发展方式，处理好发展与环境关系，实现经济社会可持续发展。

加强生态林业建设。抓好县城周边3万亩群山绿化工程，加快水寨星湖岭和河东天云岭县级森林公园建设。完成兴华高速、汕湛高速五华段生态景观林带抚育管护和景观提升工程。大力推进林业生态红线划定工作。出台党员干部、公职人员野外违规用火问责办法，实行最严格的野外火源管理措施。加强重点时段、重点地段、重点人群的森林防火巡查监管，抓好林火监测、防火通讯、林火阻隔等基础设施建设，切实提高森林火灾防控能力，确保林业生态安全。

大力发展特色农业。培育1个县域农业特色主导产品，推进60个耕山致富示范点建设，新种植水果5000亩、茶叶3000亩以上，扎实抓好棉洋绿茶、双华板栗、龙村云雾茶、周江百香果、潭下鹰嘴桃、大田柿花、茶亭岗金柚等“一镇一品”“一村一品”建设。积极推进转水、横陂、潭下等蔬菜基地建设，新增蔬菜基地面积300亩以上。建成安流、潭下烟叶工作点，启动横陂烟叶工作点建设，抓好华城西林村烟区新农村示范点建设。加快松岗嶂、新丰寨等特色休闲农业基地建设。积极培育壮大农业龙头企业，培育龙头企业10家以上、农民专业合作社50个以上。加大品牌培育创建力度，新增省级名牌农产品3个以上。基本完成农村土地承包经营权确权登记颁证工作。推进永久性基本农田布局调整，稳定耕地面积。

做活特色旅游产业。动工建设五华客天下文化旅游产业园。加快推进热矿泥温泉山庄升级改造和双龙山、七目嶂、营田农业旅游项目建设，做好狮雄山秦汉遗址公园、寨顶巷古村落保护开发，规划建设古大存纪念馆，修缮保护李威光故居，修复古驿道2条以上，打造特色旅游品牌，旅游接待量、旅游总收入均增长20%以上。

抓好环境保护。继续开展重点环境问题专项整治，严格防控企业排污行为，加大噪声污染、光污染整治和黄标车、高污染燃料锅炉淘汰力度，完成节能减排任务。加快建设县城生活垃圾减量厂、镇级污水处理设施和垃圾填埋场。抓好益塘水库、桂田水库供水水源地保护。

——坚持开放发展。开放是五华加快振兴发展的必由之路。我们必须充分发扬五华人敢闯敢拼的实干精神，坚持包容开放，转变发展观念，注重人才引进、扩大招商引资、扶持外贸企业发展，为发展注入新动力、增添新活力、拓展新空间。

加强招才引智和招商引资。大力实施人才强县战略，制定人才引进优惠政策，吸引更多优秀人才参与五华振兴发展。大力营造崇商重企的浓厚氛围，继续实施“乡贤回乡投资兴业”工程，落实“一对一”招商引资责任，突出产业链招商，争取更多优质项目投资落户。广州番禺（五华）产业转移工业园引进五金机电、医药制造等项目15个以上，落户企业累计达到100家以上，引资25亿元以上。河东工业区引进先进装备制造业及配套项目10个以上，引资30亿元以上。

扶持外贸企业发展。完善外贸企业发展奖励办法，大力培育发展出口企业，鼓励具有市场竞争力的规模企业办理自营进出口权，新增外贸进出口企业5家以上。积极帮助企业争取专项资金，重点扶持辉骏科技、创盛工贸、凸版艺彩、润华肠衣等进出口大户发展壮大，扩大重点外贸企业进出口份额，实现外贸进出口总额2亿美元以上。

——坚持共享发展。共享是发展的出发点和落脚点。我们必须在社会保障、精准扶贫、信息化和水利电力设施建设方面下功夫，大力推进公共服务均等化，着力增进人民福祉，让广大群众共享更多的改革发展成果。

加强社会保障。全面完成社会保险扩面征缴任务。充分发挥人力资源市场的作用，解决用工和就业问题。扎实做好救灾救助、双拥优抚、殡葬改革工作，建成县残疾人康复中心和革命烈士陵园，升级改造县殡仪馆，加快建设水寨大岭、河东禾尚田等镇级公益性生态公墓。

实施精准扶贫。加大扶贫攻坚力度，巩固和扩大扶贫“双到”成果，全面实施新时期92个重点帮扶村精准扶贫工作，按照“六个精准”的原则，大力实施“五个一批”工程，从产业发展、教育医疗、基础设施建设、村容村貌治理和培育新型农民等方面着手，将项目落实到村、精准到户，逐村逐户制定帮扶措施，完成年度扶贫开发任务。

加快信息化建设。推进网络信息基础设施建设，新增公共4G网络通信基站225座、基站站址357个；新增公共区域无线局域网络热点25个、无线AP点40个。全力推进“宽带中国”建设，提高光纤宽带和4G网络的覆盖率，实现60%以上的行政村光纤到户、全部行政村和主干道路覆盖 4G 网络。探索建立政务信息资源共建共享机制，推进大数据管理。大力实施“互联网+”战略，优化提升政务办公自动化，推进教育信息现代化建设，促进医疗信息资源共享，推动互联网与政务、教育、卫生、城市管理深度融合。

加快完善水利电力设施。扎实推进 16 宗山区中小河流治理工程建设。完成安流里江等 7 宗新增病险小型水库除险加固主体工程。完成 5 个镇级村村通自来水工程，启动华城、周江、华阳、长布、安流 5 宗镇级集中式水厂建设。做好梅江五华段治理和益塘水库引水工程的前期工作。严格落实“河长制”，抓好河道管理和保护。完成基建配网工程“稳增长”项目 235 个，改造台区 195 个。做好 35 千伏新桥输变电工程的前期工作，动工建设枫林输变电工程，建成狮潭输变电工程。启动新一轮农村电网升级改造，提高供电可靠性。

三、做好“十件民生实事”，全面提高政府公信力和执行力

加强政府自身建设。大力推进依法治县，自觉接受县人大及其常委会法律监督、工作监督和县政协民主监督，进一步提高议案建议和提案办理质量。坚持重大决策履行“公众参与、专家论证、风险评估、合法性审查、集体讨论决定”的程序，推进行政决策科学化、民主化、法治化。落实党风廉政建设责任制，严格执行廉洁从政各项规定。规范项目招投标、政府采购、公共资源交易行为，加强对财政资金的审计监督。狠抓重点工作、民生实事的督查落实，坚决整治懒政、怠政行为。落实“三个区分”原则，实行容错减责制度，激发干部队伍干事创业热情。建立应急联动机制，提高突发事件的应急处置能力。继续深化商事登记制度改革，全面推进“三证合一、一照一码”改革，审批事项和办结时限分别压减 40%、57%。加快权责清单编制工作，大力推进简政放权，提高行政效能。

办好十件民生实事。一是加大培训就业力度。培训劳动力 1 万人以上，转移就业 1.25 万人以上；新增城镇就业人员 4900 人以上，城镇失业人员再就业 3500 人以上，城镇调查失业率控制在 3%以内。二是提高底线民生保障水平。城乡居民基本养老保险基础养老金标准从每人每月 100 元提高到 110 元。城镇低保人均月补差水平从 375 元提高到 418 元；农村低保补助人均月补差水平从 173 元提高到 191 元。五保对象供养标准提高到上年度农村居民人均可支配收入的 60%以上。孤儿集中供养标准从每月 1,240 元提高到 1,340 元；分散供养标准从每月 760 元提高到 820 元。城乡医疗救助人均补助标准从每年 1,556 元提高到 2,178 元。三是帮扶弱势群体。将镇级残疾人专职委员列为社会公益岗位，给予每人每月 1,100 元的补贴。为重度残疾人、精神和智力残疾人缴纳城乡居民养老保险。50%以上的福利彩票公益金用于支持发展养老服务体系建设。落实事实无人抚养儿童生活津贴制度，标准为每人每月 500 元。四是优化卫生公共服务。在华城、安流各规划建设 1 家民营医院。启动迁建水寨镇卫生院，完成梅林、大田、锡坑 3 间卫生院业务用房改造。基本公共卫生服务经费标准提高到每人每年 40 元以上。为 35-64 岁城乡贫困妇女免费筛查乳腺癌、宫颈癌。五是提高医疗保障水平。城乡居民基本医疗保险补助标准从年人均 380 元提高到 410 元。城乡居民医保市内二级以上医院住院报

销比例提高10%，年度医疗费用基金支付最高限额由20万元提高到45万元。城乡居民大病保险起付标准从1.5万元降为1.2万元，年度累计6万元以下部分、报销比例从50%提高到60%，年度累计超过6万元（含）以上部分、报销比例从60%提高到70%，年度累计最高支付限额从12万元提高到15万元。提高符合计划生育政策分娩补助标准，顺产补助从700元提高到1,000元、剖宫产补助从1,000元提高到1,300元。六是实施交通惠民工程。完成琴江公路水寨至锡坑段建设和锡坑至安流段路基工程。建成兴华高速五华互通至县城连接线、汕湛高速华阳互通至龙村连接线、环城大道东延线、县道X003线金坑至龙村公路。完成农村公路硬底化100公里。七是合理配置教育资源。建成高级中学、特殊教育学校、县第六小学，加快县职业技术学校和技工学校建设。县属中等职业学校免学费补助标准从每人3,000元提高到3,500元。农村寄宿制学校生均公用经费补助标准从每生每年150元提高到200元，学前教育困难家庭幼儿生活费补助从每生每年300元提高到1,000元。将山区和农村边远地区学校教师岗位津贴政策实施对象，从义务教育学校和完全中学扩大到所有农村公办普通高中及幼儿园的在编在岗教职工，补助标准提高到人均每月不低于800元。八是改善农村生产生活条件。加快推进普惠金融“村村通”。完成3.5万亩高标准基本农田建设任务。完成中小河流治理197.2公里。全面启动镇级生活垃圾和污水处理设施建设。九是加强低收入住房困难群体住房保障。新开工建设500套保障性住房，完成432套（户）棚户区改造任务（含货币补偿）。完成2640户农村危房改造。十是实施文化体育惠民工程。建成16个市级农村文化俱乐部和一批村级文体广场。动工建设足球文化公园和足球训练基地。启动县业余体校足球场升级改造。在华城、转水、河东、横陂、安流、水寨6个镇各新建1块标准足球场。

各位代表，美好蓝图催人奋进，振兴发展任重道远。让我们在市委、市政府和县委的坚强领导下，以更加昂扬的斗志，更加务实的作风，凝心聚力，开拓进取，攻坚克难，全力加快五华振兴发展，为建设“工业新城、宜居五华”而努力奋斗！

铆足干劲加快发展 下大力气加强治理 为早日建成“工业新城、宜居五华”而努力奋斗

——在中国共产党五华县第十三次代表大会上的报告

中共五华县委书记 范宜军

（2016年10月18日）

一、过去五年的工作回顾

五年来，县委认真贯彻落实习近平总书记系列重要讲话精神和中央、省市决策部署，团结带领各级党组织和广大党员干部群众，面对困难破难攻坚、不甘落后奋勇争先，走出了一条符合五华科学发展的新路径，圆满完成了县第十二次党代会确定的各项目标任务。特别是在主要经济指标方面，五年来均保持两位数以上增速，实现逆势上扬发展态势。2015年，全县GDP总量126.93亿元，对比2010年末增长68.6%；财政预算收入5.6亿元，对比2010年末增长1.8倍；固定资产投资69.94亿元，对比2010年末增长5.2倍；规上工业增加值13.2亿元，对比2010年末增长2倍。在2015年度全市振兴发展评估考核中，排名全市第三、创历史最好成绩。今年1—9月，全县GDP总量100.9亿元、比增8.1%，增幅全市排名第二；公共财政预算收入4.55亿元、比增23.2%，增幅全市排名第二；完成固定资产投资64.1亿元、比增31.6%，增幅全市排名第三；规上工业增加值7.2亿元、比增11.8%，增幅全市排名第二。

（一）过去的五年，通过扭紧“三大抓手”，县域经济呈现良好发展态势。

工业经济取得新成效。抢抓全省推进产业园区扩能增效和市规划建设梅兴华丰产业集聚带的契机，借力广州全面加强对口帮扶，大力推进园区建设和招商引资工作。一是园区发展持续增效。将省级经济开发区的区位调整至县城工业区，与广州番禺区合作共建，在2015年获批纳入省级产业转移园管理，2016年经省考核评定为优秀产业园，获得相关政策资金扶持。五年来累计投入10.6亿元，加快征地拆迁和基础设施建设，建成区面积扩大至5.5平方公里，现有入园企业103家，其中投产73家、在建筹建30家，规模以上17家。2015年，实现产值53.2亿元、工业增加值11.9亿元、税收1.7亿元，分别比2010年末增长3.9倍、2.9倍和6.9倍，初步形成了以五金机电、食品饮料、医药制造、再生资源利用为主的特色产业。二是产业平台不断拓展。启动总规划面积25平方公里、首期4平方公里的河东工业区建

设，在加快控规、土规和林地调整工作的同时，同步推进征地拆迁、水电路讯和排污等基础设施建设，全面拉开了开发框架。同时，结合交通路网条件的改善和产业发展基础，谋划启动华城、安流两个工业园的建设。三是招商引资成绩可喜。深入实施“乡贤回归投资兴业”工程，出台招商引资奖励办法和优惠政策，强化专业招商和领导干部“一对一”招商，大力发展总部经济。五年来，共引进项目 154 个，其中 10 亿元以上项目 14 个。四是服务企业务实高效。实行县领导挂钩联系服务企业制度，加大政策扶企力度，出台股权投资、信贷补偿基金、贴息贷款等政策，五年来共落实各项政策资金 45.9 亿元扶持民营企业技改挖潜、增资扩产。

城镇建设展现新面貌。加大城乡规划建设管理力度，以城带乡改善提升人居环境。一是城乡规划科学有序。完成县城第三次总体规划修编，以及 16 个乡镇的总体规划修编、395 个村庄整治规划。做好中心城区控制性详细规划和琴江新城规划编制。二是中心城区提质升位。以打通“两江四岸八桥”等关键节点为突破口，实施了一批堤路园等重点项目建设，完善提升市政服务配套。五年来，高标准建成 7 段 12 公里的市政堤路，增加城区有效通车里程 20 公里，建成 19 万平方米的休闲公园和健身广场。三是琴江新城建设稳步推进。启动新城 3 平方公里起步区建设，加快推进足球文化公园、布新南路、综合管廊等项目，拉开了建设框架。县城规划区、建成区面积分别由 2010 年的 118 平方公里和 12.5 平方公里扩展至现在的 309 平方公里和 20 平方公里。四是镇村环境明显改观。坚持建管并重，扎实开展城乡环境综合整治，成功创建“省卫生县城”，启动“国家卫生县城”和“省文明县城”创建工作，建成一批特色美丽乡村。

基础设施建设实现新突破。扎实做好高速公路建设和县内路网优化提升，不断完善农田水利设施，为产业发展和公共服务水平的提升夯实了基础。一是“四横两纵”两高建设快速推进。汕湛、平兴高速五华段已建成通车；兴华高速（含畲华支线）五华段实现无障碍施工；大丰华高速五华至丰顺段、兴汕高速五华至陆河段前期工作已基本完成，年底可正式动工建设。“双龙”高铁已纳入国家铁路“十三五”规划，正开展实地勘察、资料收集和线路设计等工作。二是县内路网优化提升。五年来，累计投入 40.9 亿元，升级改造 18 条总长 318.7 公里的交通道路，新建 9 条共 97.9 公里的县乡道路，公路通车里程、密度分别比 2010 年增加 531 公里和 16.4 公里/百平方公里。完成村道硬底化 512 公里。三是农田水利扎实推进。重建修复 2013 年“8·17”特大洪灾毁坏的桥梁和水毁水利工程，完成省级水利建设示范县项目、农村饮水安全工程、水库灌区改造和除险加固工程。加快推进山区中小河流综合治理。四是农网通信逐步完善。升级改造农村电网，实施了一批输变电和配网工程建设。加快通信基础设施和城市管理数字化进程，城乡光纤宽带、4G 网络实现全覆盖。五是重点项目强力推进。按照“在建一批、动工一批、立项一批、储备一批”的思路，精心编制“十三五”规划。省“十二五”规划的重点项目、总投资 120 亿元的梅州（五华）抽水蓄能电站于 2015 年 9 月正式动工建设，全面启动库区大面积征地、移民安置及“三洞两路”建设工作。

（二）过去的五年，通过坚守“两条底

线”，社会事业持续健康发展。

绿色生态有了新提升。系统推进生态文明建设，实现生态建设与绿色发展协调并进。一是林业生态持续改善。全面完成“一消灭三改造”任务，启动县城周边“3 万群山森林围城”工程，新建一批生态景观林带和绿色廊道；推进县镇森林公园、自然保护区和乡村绿化美化工程，森林覆盖率提高到70.2%，比 2010 年末增加 5 个百分点。二是绿色农业加快发展。全面开展农村土地承包经营权确权登记颁证工作。完成高标准农田建设任务。扶持一批连片百亩农业种植基地，培育发展一批农业龙头企业和专业合作社。2015 年农业总产值、农村居民人均可支配收入分别比 2010 年末增长 24.8% 和87.3%。三是旅游基础不断夯实。加大旅游景点开发和配套设施建设，成功举办益塘水库荔枝节、旅游美食文化周等旅游活动。四是环境保护扎实有效。全面完成节能减排任务，推进重点环境问题专项整治和农村环境综合治理，严格项目环评审批，提高环保准入门槛。

社会事业迈上新台阶。强化基本民生保障，聚焦重点民生领域出实招、办实事，以共建共享积聚发展正能量。一是民生福祉稳步提升。坚持财政投入向民生领域倾斜。实施积极就业政策，劳动力培训转移就业取得实效。稳步扩大社保参保规模，逐年提高低保、五保、残疾、孤儿、城乡医疗救助对象等补助标准。新建改造一批养老和残疾康复机构。全面启动创建“卫生强县”工作，实施县级公立医院综合改革，提升镇级卫生院综合服务能力，支持民营医院发展。抓好殡葬改革，加快公益性生态公墓建设。圆满完成两轮扶贫“双到”工作任务，扎实推进新时期精准扶贫工作。二是教育文化跨越发展。成功创建“省教育强县”和“全国义务教育发展基本均衡县”，启动创建“广东省推进教育现代化先进县”，成立县教育发展基金。完成“新三校”建设，新增一批优质学位。成功申报为原中央苏区县。积极开展文化文物遗产保护工作，坚持送文化下乡惠民举措，荣获“广东省诗词之乡”称号。三是足球事业蓬勃发展。成功承办市七运会。积极开展足球“三进”活动，成立青少年足球发展基金，青少年足球队在省市、全国乃至国际赛事中频创佳绩。梅州五华客家足球队成功冲甲，我县成为全国唯一拥有中甲球队的县。

社会管理呈现新亮点。强化源头治理和法治观念，坚持精准施策，全力维护社会安定，全面优化发展环境。一是基层治理精准发力。集中开展整治“黑恶势力”、违法占用耕地建房和非法买卖（转让）土地、镇村生活垃圾处理等“十大专项整治”行动，规范城乡建管秩序。抓好农村集体“三资”监管平台、村级服务群众代办业务、农村干部违纪违法案件查处等基层治理“十项重点工作”，提升社会治理水平和成效。扎实开展镇领导干部驻点直联工作，打通联系服务群众“最后一公里”。开展妇联基层组织规范化建设，水寨大沙、河东东溪等村被全国妇联授予“示范村”荣誉称号。大力发展志愿服务活动。二是社会大局和谐稳定。深入推进“平安细胞”工程，加强社会治安综合治理。积极培育发展村民理事会。推进“一村一法律顾问”工作。全力化解信访积案，解决了一批群众反映强烈的热点难点问题。三是安全生产形势平稳。强化对重点领域和重点行业监管，严格落实安全生产责任，五年来没有发生较大以上安全生产事故。同时，积极承接推进各项改革举措，全面优化发展环境。

（三）过去的五年，通过强化“第一保障”，党建科学化水平得到全面提升。

牢固树立党建工作“第一保障”理念，落实全面从严治党，为加快五华发展提供坚强有力的政治保障。一是思想政治建设不断强化。扎实开展创先争优、党的群众路线、“三严三实”“两学一做”等教育活动，深入推进学习型党组织建设，认真学习习近平总书记系列重要讲话精神和党的十八大以来提出的治国理政新理念、新思想、新战略，大力宣传社会主义核心价值观。二是基层组织战斗力不断增强。创新实施“123 工程”，狠抓后备干部管理，圆满完成镇村换届工作；实施软弱涣散村（社区）党组织持续整顿三年行动计划，转化率达 100%；坚持考核考评促责任落实，制订出台镇驻村干部管理办法、县直单位和乡镇工作考核评价实施办法等制度。强化基层基础保障，把基层党建工作经费纳入财政预算，五年共筹集 3.9 亿元用于村级组织活动场所建设和提高镇村干部薪资待遇。三是干部队伍作风不断转变。强化纪律教育抓整改，开展改进机关作风专项整治活动，突出解决部分党员干部纪律松散、办事不公、铺张浪费等问题；强化廉政风险防控和廉政制度建设，扎实推进“廉洁城乡”创建工作，加强工程招投标、土地出让、国有资产处置、惠民政策落实等重点领域的风险防控和制度建设；强化监督执纪问责，开展基层党员干部违纪违法线索集中排查。加大纪律审查力度，着力解决腐败易发多发领域的突出问题，党风廉政建设和反腐败斗争取得明显成效。

与此同时，进一步巩固和发展广泛的爱国统一战线，全面落实党的民族宗教政策。重视和加强党管武装工作，抓好全民国防教育和民兵预备役建设。加强党对群团工作的领导，充分发挥人民团体的桥梁和纽带作用。民主法制建设深入推进，法治政府建设步伐明显加快，人大、政协监督职能得到充分发挥。

这些成绩的取得，是省市正确领导和关心支持的结果，是历届县领导班子团结带领广大党员干部群众艰苦奋斗的结果，也是省市属驻华单位、驻华部队、海外侨胞、港澳台同胞、外出乡亲和社会各界人士鼎力支持的结果。在此，我代表县委县政府，向所有为五华经济社会发展做出积极贡献的各级领导、同志们和朋友们，致以最衷心的感谢和崇高的敬意！

回顾过去的五年，不仅发展成果超出了预期，还为我们今后加快振兴发展积累了宝贵的经验：一是必须坚持科学谋划，用与时俱进的思路来引领发展。五年来，我们始终坚持科学发展，牢固树立“慢发展就是落后、小进步就是退步” 的忧患意识，针对发展形势的变化，不断调整工作思路，对经济社会发展进行科学系统谋划。“十二五”时期，针对发展过程中的瓶颈和困难，提出了“两新两特两重点”、惠民生、促和谐、强队伍的工作思路，推动了经济社会平稳较快发展；面对“十三五”的新常态和新形势，我们传承创新提出以“全力加快振兴发展、全面提升治理水平”为主线，努力构建“一核两区三组团”的县域发展新格局。实践证明，只有坚持解放思想、与时俱进，科学谋划发展思路，才能为五华的发展指明前行的方向。二是必须敢于破难攻坚，用较真碰硬来推进工作。五年来，我们勇于正视发展过程中的“短板”和难题，发扬“钉钉子”精神，以“踏石留印、抓铁有痕”的毅力，逐一破解了长期制约五华发展的瓶颈和问题。实践证明，只有面对困难破难攻坚、不甘落后奋勇争先，敢于“啃硬骨头”、勇于“涉险滩”，才能突破一个个关键节点，实现一个个工作目标。三是必须坚持执政为民，用惠民举措来凝聚力量。五年来，我们始终坚持把改善民生福祉放在首位，解决突出民生问题，促进民生民利普惠共享，通过实实在在的工作成效，进一步激发外出乡贤回乡投资兴业的热情和干劲。实践证明，只有听民情、顺民意、解民忧，才能充分调动起方方面面的积极性和创造性，凝聚起加快发展的正能量。四是必须加强团结协作，用共识共为来提高执行力。五年来，我们始终坚持讲奉献、敢担当，做到思想同心、目标同向、行动同步，形成了全县“一盘棋”共同抓落实的工作格局。实践证明，只有加强团结协作、统筹协调，才能形成“共识”，聚力“共为”，工作执行力才能不断提高。五是必须加强作风建设，用良好氛围来保障发展。五年来，我们始终坚持抓好基层治理，强化干部队伍作风建设，营造了积极向上的干事创业氛围。实践证明，只有锤炼出一批会落实、能创新、勇担当、敢破难的过硬干部队伍，营造良好的发展氛围，才能为振兴发展提供坚强有力的保障。

过去的五年，尽管我们加快振兴发展的愿望非常强烈，也稳打稳扎做了大量的工作，但由于受历史和现实等因素制约，仍然面临许多不容忽视的困难和问题，主要表现在：一是经济欠发达、发展水平不高仍是最突出的矛盾。经济总量小，人均 GDP 仍然处于全省、全市末位，2015 年，人均 GDP 仅为 1.17 万元，全市排名最后，与排名第一的梅江区相差 3 万多元；2015 年县级公共预算收入才刚刚突破 5 个亿，总量全市最小，仅占全市县域总量的 12.5%，实现如期建成小康社会目标压力大。特别是粤东西北和原中央苏区“两大振兴发展”政策的规划期都是以 2020 年为界限，现在还剩下三年半的时间，时间紧迫，假如我们不狠下苦功、付出更大努力，不加快推进供给侧结构性改革、保持经济中高速增长速度，就不能实现振兴发展的预定目标。二是产业集聚水平低。产业园区还处于打基础阶段，规上企业少，结构调整任务重，创新能力不足，企业面临的困难较多，2015 年工业化率还不到 30%，比全市、全省分别低 6.7、14.6 个百分点；园区土地、开发资金、人才储备等瓶颈制约仍然突出，尚未形成不可逆转的发展态势。三是城乡建管水平不高。城乡规划设计滞后，城市功能分区不合理，传统特色风貌不突出。城乡管理机制体制不完善，城镇交通秩序、市容市貌、人居环境有待进一步改善，社会不稳定因素多，基层矛盾纠纷时有发生。四是民生短板亟需补齐。农村贫困面大，还有 2.5 万户、8.7 万名贫困人口，占全市贫困人口总数的 48.2%，精准脱贫任务艰巨；优质教育资源紧缺，教育教学质量整体不高；医疗卫生整体水平离“卫生强县”目标要求差距大，公共服务水平尚不能有效满足群众需求。五是政务环境有待进一步优化。干部队伍中慢作为、不作为、庸懒散奢、吃拿卡要等现象时有发生，一些干部的发展意识淡薄，抓工作的拼劲和狠劲不足，特别是部分农村基层组织战斗堡垒作用不强。以上这些困难和问题，有待于我们在今后的工作中认真加以解决。

二、今后五年的形势与任务

各位代表，同志们！站在新起点，面对新任务，必须敢于正视存在的困难和挑战，科学判断当前面临的历史机遇，才能驾驭复杂局面，掌握工作主动权，增强工作的前瞻性、科学性和创造性。

今后五年，是五华加快发展的黄金窗口期。通过大家坚持不懈的努力，通过实施一大批打基础、利长远的重点项目，五华已初步具备加快发展的条件。一是发展基础实。随着交通、水利、电力等基础设施短板不断补齐，城市集聚力、辐射力不断增强，特别是随着“四横两纵”两高路网的贯通，快速综合交通体系逐步形成，五华将成为梅州交通区位条件最优越的地区之一，发展半径显著拓展。二是发展思路清。虽受长期贫困落后发展现状制约，但我们始终坚持不忘初心、牢记使命，以发展为第一要务，用发展的办法解决发展中的难题。特别是县委提出“工业新城、宜居五华”的发展定位和构建“一核两区三组团”的发展格局，已在全县上下达成了高度共识。三是发展氛围浓。通过开展党的群众路线、“三严三实”、“两学一做” 等教育活动以及机关作风整顿，干部作风持续转变，全县上下干事创业氛围初步形成。尤其是通过近年来发展成效的展现，广大干部群众看到了发展的希望，增强了发展的信心和决心，从不甘落后转变到破难攻坚，从破难攻坚走向了奋勇争先。全县上下人心齐、干劲足、内生动力强劲，凝聚起前所未有的强大合力。

今后五年，是五华大有可为的战略机遇期。我们必须准确判断当前发展形势，牢牢把握一切发展良机，乘势而上、迎头追赶。当前和今后一段时期的发展机遇主要有：一是后发优势凸显。国内经济继续呈现“四个没有变”的发展态势，创新驱动战略培育催生了一大批新业态，形成大众创业、万众创新格局，支撑经济持续增长的积极因素不断涌现。特别是随着供给侧结构性改革的深入推进，改革步伐加大、动力转换力度加强，改革红利进一步释放，将为我们欠发达地区后发崛起带来新的空间和机遇。二是政策红利增多。省委、省政府把推进县域经济发展作为振兴粤东西北地区的重大举措来抓，特别是省委胡春华书记到梅州调研时指出，要进一步加强穗梅两地的产业对接和共建，这必将成为我们做强工业、推动县域经济发展的助推器。同时，市委市政府规划建设的梅兴华丰产业集聚带，一揽子措施进入实质性实施阶段，五华“主战场”和“桥头堡”地位逐步凸显，将为产业集聚发展带来更广阔的空间。三是创业环境更优。近年来，中央和省纵深推进简政放权，赋予县级更大的自主权和决策权，不断提升政府效能和服务企业水平，不断优化营商环境，必将为五华加快振兴发展增添新动能。

今后五年，我县经济社会发展的指导思想是：坚持“四个全面”战略布局，践行“创新、协调、绿色、开放、共享”五大发展理念，深化运用原中央苏区和粤东西北“两大振兴发展”政策，按照省“三个定位、两个率先”总目标和市“一区两带”发展战略，以“全力加快振兴发展、全面提升治理水平”为工作主线，围绕构建“一核两区三组团”县域发展新格局，全面深化改革，聚焦产业发展，壮大县域经济，守住绿水青山，增进民生福祉，加强基层治理，落实从严治党，努力建设“工业新城、宜居五华”。

今后五年，我们的主要目标任务是：到2020年，力争地区生产总值突破200亿元大关，年均增长10%左右，人均地区生产总值实现1.86万元，年均增长9.5%左右；县级公共预算收入突破10亿元,年均增长15%左右；城乡居民人均可支配收入年均增长11%左右；工业总产值、增加值年均分别增长15%；固定资产投资年均增长38%以上。城乡一体化建设迈上新水平，“一核两区三组团”县域发展新格局基本形成，新农村建设水平不断提高。到2018年相对贫困人口增收脱贫，稳定实现“两不愁、三保障、一相当”。

三、今后五年的工作重点

今后五年，我们要全面贯彻落实习近平总书记系列重要讲话精神，以及中央和省、市各项决策部署，在过去几年成功探索实践的基础上，不忘初心、继续前行。要按照省委补齐三个短板的要求和市“一区两带”总体布局，强化“重实体、兴实业”理念，切实把经济工作重心转移到供给侧，继续以推进县城中心区扩容提质为支撑、发展壮大工业经济为引擎、构建外联内畅的快速交通体系为基础，统筹县内外资源，推动城区与乡村、县域北部与南部、工业与生态、物质文明与精神文明均衡发展，努力构建“一核两区三组团”县域发展新格局。重点要做好以下六个方面的工作：

（一）以做大“一核”为支撑，提升宜居宜业水平。

围绕打造“梅州城市副中心”的目标，按照“两轴两带、三心五片”的空间发展格局，坚持规划先行、建管并重、功能优先、集约高效的原则，抓好中心城区和琴江新城建设，提升城区综合承载和辐射带动能力，以城带乡统筹发展。

高质量推进中心城区建设。突出“宜居宜业”，着力抓好市政基础设施、公共服务配套和精细化管理，不断完善功能、提升县城品位。一要突出抓好市政基础设施建设。加快实施一批影响城区通行的交通环岛、断头路、连接线改造，完成五华大桥、琴江大桥改扩建和罗湖大桥、大坝大桥、犁滩大桥新建工程，加快推进布新路、河东北堤、大湖堤、犁滩堤等市政项目；争取海绵城市试点建设项目，推进县城地下综合管廊、防洪排涝等设施建设，夯实城区扩容提质的基础条件。二要突出抓好公共服务配套。以群众需求为导向，大力推进生态绿化、美化、亮化和休闲健身场所提升工程，加快建设琴江广场二期、三坑水库公园等项目，谋划启动犁滩湿地公园、河东下坝小区、寨下坝初级中学和文化综合体等项目，稳妥推进县城建筑垃圾消纳场和垃圾中转站、公共厕所建设，配套建设学校、商场、农贸市场，以及社区养老、医疗卫生等设施，补齐公共服务短板。三要突出抓好精细化管理。加强规划管控，实行“多规合一”。坚持建管并举，加大城区环境综合整治力度，疏堵结合遏制“六乱”行为。进一步健全城区卫生保洁县直单位包干负责制，完善市政建设综合施工制度，实行专项整治和日常管理相结合，提升市政设施、园林绿化等精细化管理水平。推进智慧城市建设，完善数字城市管理系统，加快创建“国家卫生县城”和“省文明县城”，提升市民群众文明素养和水平。

高标准开发琴江新城。坚持“规划一步到位、建设分步实施、实现滚动发展”的原则，以“五大工程”为突破，全力以赴加快新城开发建设。一要实施交通畅通工程。以

"四纵三横"的骨干路网拉开新城建设架构，加快建成琴江大道、布新南路、西外环路、联增大道、增塘堤路等主干道路，推进番禺大道、水安路的升级改造。二要实施基础设施工程。创新市政基础设施建设管理机制，加快市场化运作，鼓励和引导社会资本参与市政管理运营。统筹抓好水电气讯等地下管网和站点建设，完善污水处理和净化系统。三要实施公共服务配套工程。加快推进汽车客运站场、民营三甲医院、中小学校、滨江广场等配套设施建设，增强城市公共服务功能。四要实施商住安居工程。树立经营城市的理念，引进有实力的房地产企业参与新城开发，支持碧桂园、奥园、华圣豪庭等高档住宅区建设，完成安置区保障性住房建设，提升城区集聚力和承载力。五要实施产业支撑工程。立足3至5年的时间，建成汽车商贸城、沿河美食一条街、足球小镇等项目，启动白石洋、东延线等重要节点板块的开发建设，实现以城促产、以产兴城。

（二）以打造"两区"为引擎，发展壮大工业经济。

立足打造梅兴华丰产业集聚带的桥头堡和核心区，依托中心城区综合服务功能的提升，借助交通区位条件的改善和人力资源优势，全力办好广州番禺（五华）产业转移工业园、全力开发河东工业区，壮大工业经济总量，促进实体经济稳健发展。

全力办好产业转移工业园。围绕建设"百家投产企业、百亿产业园区"目标，深化与广州番禺的共建共享，加强产业对接、引进优质项目，打造省级优质示范园区。一要注重完善产业配套。把园区纳入县城规划管理体系，推进市政配套设施进园区，重点抓好交通路网、供水供电、排污净化、绿化亮化等基础设施和配套建设，打通园区内的断头路，启动生态工业小镇建设。二要注重培育特色产业。结合推进供给侧结构性改革，通过服务模式创新、财税资金引导、金融信贷支持、项目用地保障等措施，大力培育发展前景好的新兴产业、特色产业。实行一业一策，落实鼓励民营经济发展的政策措施，引导重点企业增资扩产、技改升级，培植一批对财政贡献大、带动能力强、起骨干和支撑作用的民营企业。创新运用"互联网+"，改造提升传统老工业品牌，扶持中小微企业发展，加快建设"小家电、红木家具、生物医药、酒水果汁、蔬菜加工"等园中园。三要注重提升服务管理。牢固树立"服务企业就是服务五华发展"的理念，落实领导干部挂钩服务企业责任，对企业重大项目落实专人亲自抓，提高服务实效。落实降低企业成本各项政策措施，为企业再投资、再创业和加强技术、产品、管理等方面创新提供便利。按照"个转企、小升规、规改股、股上市"思路，以搭建平台、助推项目、帮扶企业为着力点，力争5年内新增25家规模以上企业，培育5家以上在"新三板"挂牌、2家以上在证券市场主板、中小板、创业板挂牌交易。

全力加快开发河东工业区。围绕"三年打基础、五年大突破、十年大发展"目标，着力在建设规模、基础设施和项目引进上下功夫。一要加快要素集聚。树立现代园区管理理念，规范园区管理和运行机制。创新办园模式，拓宽融资渠道，吸引社会资金参与园区建设。强化园区用地、资金保障，依法依规高效推进征地拆迁，为项目落地搭建发展平台。二要加快基础设施建设。科学规划产业布局和功能服务配套，完成首期范围内油田大道、华兴东路、长乐大道等“三横一纵”的主干道路建设，推进油田小学、县人民医院油田院区改扩建工程，启动集中安置区、综合服务中心、商务中心和标准化厂房建设。三要加快项目落地建设。完善项目分期供地机制，优先保障重大项目供地。建立职能部门联席会商机制，统筹解决项目办证、融资、用工等问题。抓好已签约落户企业的建设，通过项目建设形成辐射带动效应，推动园区实现滚动发展。

全力抓好招商引资工作。主动加强与珠三角地区的产业对接，吸引一批带动能力强、集约化水平高、关联度大、综合效益强的项目落户园区。继续实施“乡贤回归投资兴业”工程，指定领导、组织专人，实行“一对一”“点对点”精准招商，进一步提高招商引资的质量和效益。支持企业总部经济发展，引导有资质等级以上的建筑企业、房地产企业总部回迁并做强做大。

（三）以构建“三组团”为抓手，推动城乡均衡发展。

按照“城乡一体、均衡发展”目标定位，依托镇域特色优势产业和资源禀赋，统筹推进基础设施、美丽乡村、特色旅游和生态文明建设，加快以华城工业园为重点的县域北部、以安流工业园为重点的县域南部、以梅州（五华）抽水蓄能电站库区为重点的绿色能源和生态休闲旅游片区“三组团”发展。

推进交通基础设施建设。坚持把交通建设作为产业集聚、经济发展的先行官，围绕“外联内畅、高效便捷”的目标，加快构建以“四横两纵”两高建设为骨架、干线公路为支撑、县乡道路为脉络的交通体系，争创山区交通先进县。一要保障服务高速公路建设。全力确保在建的兴华高速无障碍施工，争取大丰华高速五华至丰顺段、兴汕高速五华至陆河段尽快动工建设。激活高速公路支撑带动地方经济社会发展的作用，谋划启动8条共204.2公里的高速公路连接线建设，实现产业园区、城镇、干线道路与高速公路之间的无缝连接。积极跟进“双龙”高铁线路走向，争取靠拢县城并设站。二要优化提升干线公路通达能力。加快推进10条共228公里的国省道、10条共180公里的县乡道升级改造项目，争取将跨境出县的7条共329公里的地方公路升级为省道，畅通我县与兴宁、龙川、汕尾等“三市七县”之间的快捷通道。三要加快农村道路硬底化建设。加快贫困村中200人以上自然村道路硬底化建设，优先对农村乡道中较窄路面实施拓宽改造工程，方便村民出行。

推进美丽乡村建设。按照“因地制宜、科学规划、典型引路、全民参与”的基本原则，突出“环境保护、公共服务、文化休闲、乡风民风”等工作重点，打造一批望得见山、看得到水、记得住乡愁的美丽乡村。一要突出规划编制。按照“保持田园风光、增加现代设施、绿化村落庭院、传承优秀文化”的理念，加快规划编制，到2018年完成所有乡村规划编制工作。全面规范农村建房秩序，实现既有新房又有新村。二要突出环境卫生整治。以农村生活垃圾和污水治理为重点，每年整治20%以上的自然村。全面建立农村垃圾收运处理体系和管理长效机制，重点实施以改路、改水、改厕、改造危房和美化为主的“四改一美化”行动。三要突出基本公共服务。从群众最亟需、反映最强烈的热点问题出发，通过“以奖代补”形式引导镇村推进农村社区建设，实现小公园、小菜市场、小运动场、小医疗室、小文化站等“五小”场所全覆盖。四要突出乡土特色文化。先行打造潭下镇“五村联动桃花源”、转水镇“益塘流域·十里水乡”、郭田镇“红色文化·金色风铃”、华城镇“千年古邑·魅力华城”等新农村建设示范片区，挖掘传承具有村落个性的客家农耕、民俗风情、民间游艺等传统文化资源，建设乡土气息浓郁的美丽乡村。五要突出培育乡风民风。从转变农民生活观念和生活习惯入手，通过开展“文明农户”“文明家庭”“身边好人”“最美家庭”等评选活动，不断加强精神文明建设，引导群众践行社会主义核心价值观，营造良好的乡风民风，凝聚建设美丽乡村的正能量。

推进特色高效农业发展。坚持基础先行、产业拉动，推动特色农业规模化、产业化、现代化经营。建成一批辐射带动能力强的县级农业示范基地，培育一批有五华特色的农业行业协会和龙头企业，创新驱动推进专业镇建设。大力推进“三品一标”认证，加强农业品牌建设。实施“一镇一品”工程，打造茶叶、优质稻、油茶、柚果等具有县域特色的主导农产品，重点提升茶叶标准化生产和精深加工水平，扶持一批茶叶企业做强做大。强化农技服务、信息服务、金融服务和农产品流通、监管等体系建设，加快发展“农村淘宝”和“互联网+农业”平台，推进线上线下联动、多维立体营销。

推进林业生态建设。强化“绿水青山就是金山银山”的意识，坚持保护、修复与建设并举，厚植绿色生态优势。以创建国家重点生态功能区为契机，强化主体功能区分区管控。启动实施“公路沿线 30 万群山绿化工程”大行动，提升县域生态绿化水平。加快山水林田湖生态保护和修复，提升改造蒲丽顶森林公园，新建一批县镇森林公园、湿地公园和自然保护区。完善森林抚育质量监控体系，严格落实森林资源“五防”管护责任，完善森林防火经费投入保障机制，强化野外火源管控，提高山火防控应对能力。大力发展林下经济，引导种植经济林木，实现经济效益与生态效益的“双赢”。

推进全域旅游发展。挖掘并整合山水田园风光、红色革命旧址、名人宗祠文化等资源，推动绿色能源和生态文化旅游资源深度融合发展，提升旅游产业层次和水平。以梅州（五华）抽水蓄能电站库区为核心，辐射带动周边景点串珠成链。加快狮雄山秦汉遗址保护开发，打造广东文化遗产保护亮点工程和大遗址公园建设示范品牌。整合华城城隍庙、长乐学宫、李威光故居、宗祠文化等资源，规划打造“长乐古镇”精品旅游线路。推进热矿泥温泉山庄升级改造和寨顶巷历史文化商街等景点开发建设。

推进水电信息建设。实施“琴江水变清”五年行动计划，加大水利综合设施建设管理力度。整合山区中小河流治理项目资金，打造“一河一韵、一村一景”。健全完善河道管护长效机制，完成病险水库除险加固和重点内涝区整治，建成较为完善的农田水利灌排工程体系。加强水源地保护，推进益塘水库引水工程和镇级集中式水厂建设，实现村村通自来水。加快镇级污水处理厂建设，实现 16 个镇全覆盖。扎实推进梅州（五华）抽水蓄能电站建设，完成库区大面积征地拆迁和移民安置工作，配合做好电站运营筹备工作。实施城乡电网升级改造工程和信息基础设施建设三年行动计划。

（四）以改善民生为根本，促进社会事业全面发展。

坚持“小财政办大民生”，围绕精准扶贫、“三就一保”等重点领域，推进城乡公共服务均等化，不断提升人民群众的幸福生活指数。

抓好精准脱贫工作。注重因地制宜、分类指导，切实做到“六个精准”、实施“五个一批”。主动加强与中直、省直和广州市、梅州市相关挂钩帮扶单位的对接，积极争取各级加大财政扶贫和金融扶贫力度，重点在产业发展、基础设施建设、医疗、教育、金融等方面进行帮扶。建立健全脱贫攻坚工作考核机制，严格执行脱贫攻坚“一把手”负责制。加强脱贫攻坚政策宣传，动员全社会广泛参与扶贫，提高贫困村、贫困人口主观能动性，形成打好打赢脱贫攻坚战的强大合力。确保到 2018 年底，相对贫困人口全部实现脱贫，贫困村全部出列。

抓好社会保障工作。探索推进城镇职工和城乡居民养老保险一体化，实现养老保险关系城乡间顺畅转移接续。强化社会保险扩面征缴，实现社会保障“一卡通”全覆盖。建立城乡一体化基本医疗保险制度。完善社会救助体系，发展福利慈善事业，健全农村留守儿童、妇女、残疾人、老年人关爱服务体系，鼓励民营机构参与养老体系建设。完善公共就业服务平台建设，促进就业创业信息互通互享。建立以公租房为主要保障方式的住房保障制度。加大殡葬改革和公益性生态公墓建设力度。

抓好教育文化工作。围绕创建“广东省推进教育现代化先进县”的目标，统筹优化教育资源配置，加快建设县六小、特殊教育学校、技工学校和一批上档次、高质量的幼儿园，促进城乡教育均衡发展。放大“教育创强”效应，发挥“县教育发展基金”作用，激活社会力量支持参与教育事业，打造特色教育品牌。深化招生制度改革，设置合理入学门槛。优化师资队伍结构，加强师德师风建设，实施“名教师”“名校长”培养工程。发挥教师进修学校主阵地作用，加强教师培训基地建设。进一步发掘县内深厚的历史文化底蕴，提升文化软实力，推进新媒体融合发展，加快图文博等公共文化设施建设，实现镇村基础文化设施全覆盖。

抓好足球产业工作。实施振兴“足球之乡”十年行动计划，擦亮“足球之乡”、“球王故里”、“中国内地现代足球发源地”品牌，加快足球产业发展。大力扶持职业足球俱乐部发展，加快足球训练基地、足球文化公园、球王广场建设，引导社会力量建设一批便民足球场，争取每个乡镇建设 1 个以上标准化足球场。依托五华客家足球队中甲联赛，办好“球王杯”“职工业余联赛”“校园足球三级联赛”等特色赛事，打造一批具有五华特色的足球赛事品牌。加强体育师资力量，启动“人才培养希望工程”计划，争取建成一批足球特色学校、培育一批足球运动苗子。

抓好卫生计生工作。以创建“卫生强县”为契机，深化医药卫生体制改革，实施强基创优行动计划，落实分级诊疗制度，加强卫生人才队伍建设，建立健全城乡医疗服务体系。以县人民医院创“三甲”升级改造为抓手，提升各级医疗卫生机构综合服务能力；以镇级卫生院标准化建设和村卫生站“公建民营”建设为重点，完善基层医疗卫生机构运行机制，实现卫生服务规范化管理。积极创建“全国农村中医药工作先进县”，加快中医药事业发展。引导和鼓励社会资本参与医疗卫生建设，促进民营医疗机构发展。完善计划生育管理机制，全面提升计生服务水平。到2018年基本达到卫生强县要求，2020年基本建成卫生强县。

（五）以加强基层治理为切入点，营造和谐稳定社会环境。

全面推进依法治县，大力加强社会治理体系和治理能力建设，不断提升基层治理法治化水平。

狠抓基层治理。增强忧患意识和底线思维，注重打基础、利长远、补短板，采取更有针对性、更大力度的措施，扎实推进基层治理迈上新水平。规范发展村民理事会，完善基层群众自治制度。健全基层公共服务平台和综合信息平台，推进基层治理信息化、基层服务社会化。结合“直联制”工作，狠抓镇村干部队伍管理，完善“两代表一委员”直接联系群众工作制度。逐年开展精准治理“十项重点工作”和规范城乡建管“十大专项整治”，集中精力解决群众反映强烈的热点难点问题。加大清理留用地、土地“三乱”、被征地农民养老保障等专项治理力度。理顺“三资”管理体制，健全完善惠农涉农资金长效管理机制。

狠抓社会稳定。正确处理发展与稳定的关系，深入推进平安五华建设。加大社会矛盾化解力度，开展征地拆迁、劳资纠纷、资源开采等重点领域矛盾纠纷专项治理。建立健全群防群治和社会治安防控体系。推进镇村两级人民调解委员会规范化建设，依法规范信访秩序，强化信访维稳源头治理和积案化解，进一步控制增量、减少存量。完善公共突发事件预警和应急处理机制，提高应对突发事件和风险的能力。

狠抓安全生产。坚持“安全第一、预防为主、综合治理”方针，完善和落实安全生产责任和管理制度，加强对交通运输、建筑施工、危险化学品、食品药品流通等重点行业领域的安全监控，持续开展安全隐患大排查，坚决防范和遏制重特大安全事故的发生。

（六）以领导班子和干部队伍建设为重点，全面提升党建科学化水平。

事业发展关键在党，关键在干部。必须进一步加强和改进党的领导，提高党领导经济社会发展的能力和水平，为加快振兴发展提供坚强有力的政治保障。

强化基层基础建设。始终坚持把抓好党建作为最大的政绩，突出“书记抓、抓书记”，层层落实基层党建责任，不断夯实基层基础。完善县、镇、村三级党组织书记述职评议考核制度。加强村委会和村党委班子建设，实施“五强书记”工程，培育基层党组织带头人和基层党建示范典型。以落实“四议两公开”和“两联席”会议为抓手，不断创新和完善村级民主决策、管理、监督方式及参与机制。以精准扶贫工作为契机，积极开展城乡党组织互助、村企党组织互建以及农村党员“三带富”等活动，增强村级“造血”功能。把党校工作纳入党的建设总体安排，解决基础设施落后、基础工作薄弱等问题。建立党建经费投入稳增长机制，提升村级组织运转经费保障水平。动态排查整顿软弱涣散党组织，增强基层党组织战斗堡垒作用。

强化干部队伍建设。紧紧抓住领导干部这个“关键少数”，强化“有为方有位”意识，深化“一线”用人机制，优先提拔重用在重点项目建设、招商引资、信访维稳等方面勇于担当、善谋善成的干部，着力建设政治强、懂业务、善治理、敢担当、作风正的过硬干部队伍。重视培养高学历年轻优秀干部，出台人才引进优惠政策，吸引更多高级技术人才到五华就业。高标准完成县镇村三级换届工作，注重“一把手”队伍建设。深入开展学习型党组织建设，加大干部培训轮训力度，结合“两学一做”等专题学习教育，始终把学习习近平总书记系列重要讲话摆在党员干部理论学习培训的重要位置，围绕县域经济社会发展开展专题培训。贯彻“三个区分”原则治理“为官不为”问题，探索建立改革创新容错减责机制和干部考核评价体系，激发和保护各级干部干事创业的积极性。

强化党风廉政建设。落实全面从严治党主体责任，把纪律和规矩挺在前面，贯彻执行党内两项法规，准确把握监督执纪“四种形态”。实行“一案双查”，强化问责追责，推动“两个责任”落实。加强执纪审查工作，保持惩治腐败高压态势。深入落实中央“八项规定”精神，持之以恒纠正“四风”，加强党员干部“八小时以外”活动监督管理，努力构建新型政商关系。加强农村集体“三资”平台和公共资源交易活动的监管，深化和落实农村两违线索排查、涉农职务犯罪预防工作，抓好人事权、执法权、行政审批权和资金分配权等腐败易发多发部位的廉政风险防控。深入开展警示教育、党规党纪教育和廉洁文化教育，推进以案治本工作，努力营造风清气正的干事创业氛围。

与此同时，支持县人大及其常委会依法行使职权，支持政府开展工作，支持政协提高政治协商、民主监督和参政议政水平，支持审判机关、检察机关依法履行职责。加强党管武装工作。进一步做好老干部工作。推进统战、台侨、民宗工作，充分发挥工会、共青团、妇联等群团组织联系群众的桥梁纽带作用，团结一切可以团结的力量，调动社会各方面的积极性，形成推动加快振兴发展的强大合力。

各位代表、同志们，美好前景催人奋进，振兴发展时不我待。让我们在市委市政府的坚强领导下，进一步坚定信心和决心，铆足干劲加快发展，下大力气加强治理，为早日建成“工业新城、宜居五华”宏伟目标而努力奋斗！

附：名词解释

1. 三大抓手：指交通基础设施建设、中心城区扩容提质和产业园区扩能增效。

2. 两条底线：指生态环保和社会稳定。

3. 两江四岸八桥：“两江四岸”指琴江河、五华河及其沿河两岸；“八桥”指环城大桥、五华大桥、河口大桥、长乐大桥、华兴大桥、水寨大桥、古大存纪念大桥、琴江大桥。

4. “四横两纵”两高建设：“四横”指县域境内现有的梅河、汕湛高速和计划年底动工的大丰华五华至丰顺段、规划建设的“双龙”（龙川至梅州至龙岩）高铁；“两纵”指在建的兴华高速（含畲华支线）、计划年底动工的兴汕高速五华至陆河段。

5. 三严三实：指严以修身、严以用权、严以律己，谋事要实、创业要实、做人要实。

6. 两学一做：指学党章党规、学系列讲话，做合格党员。

7. 123 工程：指每个村（社区）培养 1 名

党支部书记后备人选，培养2名后备村级干部，培养3名入党积极分子。

8. 供给侧结构性改革：指用增量改革促存量调整，通过优化投资结构、产业结构开源疏流，在经济可持续高速增长的基础上实现经济可持续发展与人民生活水平不断提高，重点任务是去产能、去库存、去杠杆、降成本、补短板。

9. 四个没有变：指中国经济发展长期向好的基本面没有变，经济韧性好、潜力足、回旋余地大的基本特征没有变，经济持续增长的良好支撑基础和条件没有变，经济结构调整优化的前进态势没有变。

10. 四个全面：指全面建成小康社会、全面深化改革、全面依法治国、全面从严治党。

11. 三个定位、两个率先：指广东要努力成为发展中国特色社会主义的排头兵、深化改革开放的先行地、探索科学发展的试验区，率先全面建成小康社会、率先基本实现社会主义现代化。

12. 一区两带：指嘉应新区、梅兴华丰产业集聚带、梅江韩江绿色健康文化旅游产业带。

13. 两不愁、三保障、一相当：指稳定实现农村贫困人口不愁吃、不愁穿，义务教育、基本医疗和住房安全有保障，基本公共服务主要指标相当于全省平均水平。

14. 两轴两带、三心五片：两轴，指南北向城市发展轴、东西向功能联络轴。两带，指沿琴江河、五华河的滨水休闲带。三心，指一河两岸主中心，西、北两个副中心。五片，指水寨旧城区、河东居住片区、大坝居住片区、员瑾居住片区、城西工业区。

15. 多规合一：指将国民经济和社会发展规划、城乡规划、土地利用规划等多个规划整合到一个区域上，实现一个县一本规划、一张蓝图，解决现有各类规划自成体系、内容冲突、缺乏衔接等问题。

16. 互联网+：指充分发挥互联网在社会资源配置中的优化和集成作用，将互联网的创新成果深度融合于经济、社会各领域中，提升全社会的创新力和生产力，形成更广泛的以互联网为基础设施和实现工具的经济发展新形态。

17. 新三板：指针对中小微型企业的全国性的非上市股份有限公司股权交易平台。

18. 全域旅游：指在一定区域内，以旅游业为优势产业，通过对区域内经济社会资源进行全方位、系统化的优化提升，实现区域资源有机整合、产业融合发展、社会共建共享，以旅游业带动和促进经济社会协调发展的一种新的区域协调发展理念和模式。

19. 六个精准：指扶贫对象精准、项目安排精准、资金使用精准、措施到户精准、因村派人精准、脱贫成效精准。

20. 五个一批：指发展生产脱贫一批、易地扶贫搬迁脱贫一批、生态补偿脱贫一批、发展教育脱贫一批、社会保障兜底一批。

21. 三个区分：指正确区分党员干部所犯错误是明令禁止还是尚无规定，是明知故犯还是无意过失，是以权谋私还是为公为民，定性量纪做到宽严相济。

22. 容错减责：指单位或党员干部在干净干事的前提下，为推进振兴发展，大胆干事创业，积极改革创新，在先行先试过程中，因缺乏经验而出现失误或轻微违纪，本应给予追究责任而进行责任豁免，对其从轻、减轻或者免予纪律处分。

23. 四种形态：指监督执纪四种形态，包括党内关系要正常化，批评和自我批评要经常开展，让咬耳扯袖、红脸出汗成为常态；党纪轻处分和组织处理要成为大多数；对严重违纪的重处分、作出重大职务调整的应当是少数；严重违纪涉嫌违法立案审查的只能是极极少数。

政 府 工 作 报 告

——在五华县第十五届人民代表大会第一次会议上

五华县人民政府县长　吴晖

（2016 年 11 月 16 日）

过去五年工作回顾

过去五年，在县委的坚强领导下，在县人大和县政协的监督支持下，我们全面贯彻落实习近平总书记系列重要讲话精神，以及中央、省、市人民政府的各项决策部署，抢抓原中央苏区和粤东西北振兴发展“两大政策”以及广州市全面对口帮扶机遇，扭紧“三大抓手”、坚守“两条底线”，全力推进“两新两特两重点”、惠民生、促和谐、强队伍各项工作，面对“十三五”的新常态和新形势，传承创新谋划打造“一核两区三组团”县域发展新格局，迎难而上、主动作为，圆满完成了县十四届人大一次会议确定的目标任务，全县经济和社会各项事业取得了全面进步。

——五年来，我们以新型工业化为主导，县域经济持续增强

经济总量不断壮大。2015 年，全县实现地方生产总值 126.9 亿元，是 2010 年的 1.8 倍，年均递增 11.0%；产业结构不断优化，三次产业比重由 2010 年的 28.9∶24.3∶46.8 调整为 23.0∶27.4∶49.6；完成固定资产投资 69.9 亿元，是 2010 年的 6.2 倍，年均递增 44.2%；城镇居民人均可支配收入 17,537 元，是 2010 年的 1.7 倍，年均递增 11.0%；农村居民人均可支配收入 10,138 元，是 2010 年的 2.0 倍，年均递增 15.0%。在 2015 年全市振兴发展评估考核中，位列全市第三名，创历史最好成绩。

园区建设步伐加快。将县经济开发区的区位调整至县城工业区，广州番禺（五华）产业转移工业园纳入省级产业转移园管理并享受相关优惠政策。累计投入 10.6 亿元，加快园区征地拆迁、土地平整和道路、供水、供电、排污等基础设施建设，基本形成了“七纵五横”路网，建成区面积由 3.4 平方公里扩大至 5.5 平方公里，进园企业由 32 家增加到 103 家，初步形成了以五金机电、食品饮料、医药制造和再生资源利用为主的特色产业。在 2015 年度省级产业园建设管理考评中，广州番禺（五华）产业转移工业园获评起步产业园优秀等次。启动河东工业区建设，投入 2.1 亿元，完成 25 平方公里总体规划和首期 4 平方公里的控制性详细规划编制，征地拆迁和水电路讯、排污净化等基础设施建设加快推进，引进先进装备制造项目 10 个。推进华城工业园和安流工业园规划建

设，启动征地拆迁、项目引进等工作。

工业经济效益提升。深入开展“暖企”行动，落实县领导挂钩联系服务企业责任，帮助企业解决融资、用地、用工等问题。加大政策扶企力度，落实各项政策资金45.9亿元，扶持企业技术改造、增资扩产做大做强。辉胜达电器、万山土壤获“国家高新企业”认定。全县规模以上工业总产值、增加值由2010年的22.6亿元、6.9亿元增加到2015年的59.0亿元、13.2亿元，年均递增29.5%、24.5%。工业年产值5亿元以上企业4家，其中辉胜达电器工业年产值超10亿元。

招商引资成效明显。制定并落实了招商引资系列优惠政策，成功举办世界客商大会五华县系列活动，大力实施“乡贤回乡投资兴业”工程，精心挑选符合产业布局的项目，落实专业招商队和领导干部与外出乡贤“一对一”招商引资对接联系责任，积极对接产业转移，全县共引进项目170个，计划总投资685亿元，其中引进了中农批、香雪制药、红木家具产业园、客天下文化旅游产业园等投资10亿元以上的大项目14个。

财税金融稳健有序。2015年，全县一般公共预算收入实现5.6亿元，是2010年的2.8倍，年均递增22.9%；国税收入3.3亿元、地税收入6.7亿元，分别是2010年的2.1倍、3.3倍，年均分别递增16.3%、26.8%；全县金融机构存款余额221.3亿元、贷款余额70.2亿元，分别是2010年的2.4倍、2.6倍，年均分别递增18.8%、21.0%。积极搭建“助保贷”平台，为中小微企业放贷8532万元。启动农民住房财产权抵押贷款全国试点县工作。五华惠民村镇银行开业并在安流、华城设立分支机构，省农村普惠金融试点县工作全面完成，乡村金融服务站实现全覆盖。

——五年来，我们以新型城镇化为引领，城乡面貌明显改观

县城扩容提质步伐加快。完成县城第三次总体规划修编、中心城区24.9平方公里和琴江新城15.7平方公里的控制性详细规划编制，县城规划区、建成区面积分别由2010年的118平方公里和12.5平方公里拓展至309平方公里和20平方公里。启动琴江新城3平方公里起步区建设，引进碧桂园、奥园等知名企业建设了一批高档住宅小区，环城大道东延线、布新南路、新汽车客运站、足球文化公园、地下综合管廊等项目加快建设。以打通“两江四岸八桥”关键节点为突破，全力推进中心城区扩容提质，完成长乐大桥、环城大道、工业大道建设和水寨大道、河东大道等道路升级改造。员瑾堤、水中堤、罗湖堤等7段河堤建成使用，新增县城道路20多公里。长乐公园、人民公园、琴江广场一期等6个公园建成开放。改造建设了华裕、华园、前进等7个农贸市场和新水寨肉联厂，县城污水处理厂建成使用，高标准建设了一批“三位一体”环卫设施，成功创建“广东省卫生县城”，启动“国家卫生县城”和“广东省文明县城”创建工作，县城人居环境不断改善。

镇村建设扎实有效。完成各镇圩镇总体规划编制、395个村庄整治规划编制。建成华城、安流镇污水处理设施，长布、周江等镇生活垃圾处理设施建设扎实推进。大力实施镇村人居环境提升项目，重点打造了横陂镇小都村、华城镇新一村等一批美丽镇村、幸福村居，建设改造了河东镇农贸市场、华城镇环城街、郭田镇文体广场等一批圩镇市场、街道和休闲健身广场，各镇圩镇建成区面积不断扩大，城镇土地集约利用水平不断提高。

国土管理规范有序。严格落实耕地保护责任，严厉打击违法占用耕地建房行为，新

增补充耕地面积 4035 亩。大力整治非法采矿采砂行为，土地和矿产资源市场进一步规范。加快土地中期调规，抓好土地储备和用地报批，共收储土地 112 宗 6664.6 亩，报批用地 43 批次 2.3 万亩，有效保障了重点项目建设用地需求。狠抓以削坡建房整治为重点的地质灾害隐患治理，启动实施地质灾害专项整治三年行动，地质灾害隐患点逐年减少。

——五年来，我们以基础设施建设为重点，发展环境不断优化

交通公路建设强力推进。积极对接龙川至梅州至龙岩高铁、五华通用航空机场项目。汕湛、平兴高速五华段建成通车，兴华高速（含畲华支线）五华段实现无障碍施工，大丰华高速五华至丰顺段、兴汕高速五华至陆河段前期工作扎实推进，高速公路通车里程从 2010 年的 32.5 公里增加到 77.1 公里。累计投入 40.9 亿元，升级改造了交通道路 18 条共 318.7 公里，新建县乡道 9 条共 97.9 公里，完成农村公路硬底化 512 公里，实现村村通硬底化。3 条省道整合升级为 2 条国道，新增国道 184.9 公里。全县公路通车里程和公路密度分别比 2010 年增加 531 公里、16.4 公里/百平方公里。

水利电网建设快速推进。梅州史上投资最大的基建工程、总投资 120 亿元的梅州（五华）抽水蓄能电站动工建设，“三洞两路”全面进场施工，库区征地工作和两个移民安置区建设同步有序推进。龙狮殿风电场获省核准建设。配合做好益塘水库引水工程，抓好水源水质保护工作。投入 17.5 亿元加快水利建设，完成了 121 宗省级水利示范县项目、11 宗中小河流治理、43 宗小型水库除险加固、32 宗中小型水库灌区改造、101 宗农村饮水安全工程建设，治理“五沿”崩岗 122 处。投入 7.5 亿元加快电网建设，建成 2 座 35 千伏输变电工程以及 887 个基建配网工程，完成 4300 户小水电自供自管区域用户接管工作，110 千伏周江狮潭、转水枫林输变电工程建设有序推进，城乡电力供应能力不断增强。

信息基础设施加快建设。县城和各圩镇光纤宽带、4G 网络信号实现全覆盖，城市管理逐步实现数字化。全县光纤接入用户达到 5.2 万户，城市用户、农村镇区光纤接入能力分别达到 50 兆位/秒、20 兆位/秒，累计建成公众移动通信基站 1429 座，公共区域 WLAN 热点 95 个。大力发展电子商务，建成电子商务大厦和 108 个阿里巴巴“农村淘宝”村级服务站。

——五年来，我们以发展绿色富民产业为抓手，生态基础不断夯实

特色农业加快发展。完成 13.8 万亩高标准基本农田建设任务。新开垦连片百亩以上农业基地 152 个，新增农业龙头企业 30 家、农民专业合作社 548 家。松岗嶂有机茶叶专业合作社、富强农副产品专业合作社被评为“国家级示范社”。周江镇百香果协会被评为“全国先进农村专业技术协会”。培育发展省名牌农产品 11 个，大田柿花被评为省“名优特新”农产品，松岗嶂绿色生态茶园入选全省唯一的“中国三十座最美茶园”。农村土地承包经营权确权登记工作扎实推进。年均种植烤烟 1.6 万亩，收购干烟叶 4.2 万担。荣获“广东省粮食生产先进县”称号。2015 年农业总产值 50.7 亿元、粮食总产 32.4 万吨，分别比 2010 年增长 24.8%、7.3%。

生态建设得到加强。完成碳汇造林 96.8 万亩，发动社会造林 20 多万亩，打造生态景观林带 132 公里，建设绿色廊道 1.1 万亩，实施森林抚育 85.3 万亩。完成乡村绿化美化

工程建设263个。启动“县城周边3万群山森林围城”工程，水寨星湖岭、河东天云岭县级森林公园，潭下宝山嶂县级自然保护区和双华高山寨等8个镇级森林公园建设有序推进。严格落实森林防火责任制，加强防火队伍建设，狠抓野外火源管理，有效遏制了森林火灾多发态势。成功创建“广东省林业生态县”。省级以上生态公益林面积扩大至204.1万亩，全县森林覆盖率达到70.2%、比2010年提高了4.6个百分点。建立重点环境问题挂牌督办制度，完成38宗重点环境问题整治。积极开展环境质量监管，空气质量优良率、饮用水源地水质达标率均达100%。全面完成节能减排任务，淘汰落后立窑水泥企业5家和小造纸企业7家。

文化旅游稳步发展。启动狮雄山建筑遗址保护开发项目，扎实推进李威光故居、李惠堂旧居和寨顶巷古村落的保护开发工作。动工建设五华客天下文化旅游产业园，双龙山、新丰寨、鼎德信等生态旅游项目建设和热矿泥温泉山庄升级改造扎实推进。荣获“广东省诗词之乡”称号。岐岭镇被授予“中国广东客家酒镇”，转水镇被授予“省级旅游专业镇”，双华镇被评为“省休闲农业与乡村旅游示范镇”。横陂镇夏阜村和岐岭镇凤凰村被评为“中国传统村落”。长乐烧制酒工艺、下坝迎灯、锣花舞被列为省级非物质文化遗产保护项目。成功创建了安流镇蓝田村、郭田镇龙潭村等16个市级农村文化俱乐部。全县旅游接待量达到1295万人次，旅游总收入86.5亿元，分别比“十一五”期间增长5.2倍和7.1倍。

——五年来，我们以民生保障为根本，社会事业全面进步

社会保障日臻完善。坚持财政资金向民生领域倾斜，每年“十件民生实事”得到有效实施。城乡居民养老保险基础养老金、低保五保和孤儿对象补助、残疾人津补贴、基本医疗保险补助标准等不断提高，城乡困难群体实现应保尽保。完成20643户住房困难户住房改造和446户棚户区改造，新建保障性住房345套。县人力资源市场、各镇人力资源和社会保障办事大厅建成使用，全面实施“双提双带”工程，培训各类劳动力5.9万人次，转移就业8.4万人次。实行大病保险制度，实现城乡居民医疗保险全覆盖。加大社保扩面征缴力度，“五险”收入达到18.6亿元。有效应对“8·17”洪灾，264户受灾全倒户全部搬进新居，修复重建水毁桥梁46座。

教育体育亮点纷呈。投入7.6亿元改善教育教学条件，新建改造校舍27.9万平方米，高级中学、县第五小学、实验幼儿园建成使用，县第六小学、特殊教育学校、技工学校等一批教育重点项目加快建设。全县义务教育学校教师学历、体育活动场、实验室、生均校舍面积、生均图书册数、生均公用经费等办学条件达标，成功创建“广东省教育强县”和“全国义务教育发展基本均衡县”，实现“广东省教育强镇”全覆盖。设立五华县教育发展基金和青少年足球发展基金，分别募集认捐基金1.3亿元、850万元。成功承办市七运会。完成县体育场升级改造，建成县综合训练馆和各镇农民体育健身工程。足球“三进”活动扎实开展，梅州客家足球队成功冲甲，五华U12足球队获2015年“斯凯孚杯”全国冠军，承办了球王李惠堂诞辰110周年学术研讨会暨主题学术沙龙，长布元坑中国内地现代足球发源地得到有效保护开发。

卫生计生健康发展。投入29.7亿元发展卫生计生事业，大力开展县级公立医院综合改革，全面实施卫生院综合服务能力提升工

程，建设改造医疗机构业务用房 9.7 万平方米，县妇幼保健院住院大楼建成使用，县人民医院升级改造、县中医院外科综合楼建设和康泰精神病院、华南医院等民营医院建设有序推进。设立县级疾病应急救助基金。县120 公共卫生应急指挥中心投入运行。深入开展人口计生服务“村村行”活动，实施免费孕前优生健康检查，实行定点结扎和每月人口计生工作动态考核，全面完成人口计生管理目标任务。

扶贫开发成效显著。第一轮 115 个贫困村累计投入帮扶资金 8.0 亿元，落实村集体项目 947 个、户生产项目 3.1 万个，贫困村农民人均纯收入 7,078 元，村集体收入平均达 10.3 万元。第二轮 103 个贫困村累计投入帮扶资金 6.8 亿元，落实村集体项目 2900 个、户生产项目 3.4 万个，贫困村农民人均纯收入 8,843 元，村集体收入平均达 10.1 万元。两轮扶贫“双到”考核均获得省级“优秀”等次，2.5 万户 12.1 万贫困人口实现稳定脱贫。新时期精准扶贫精准脱贫攻坚工作全面启动。

各项事业协调发展。我县被确认为原中央苏区范围。荣获“省双拥模范县”称号。县文化馆被评为“国家县级一级文化馆”。长乐烧酒通过国家地理标志产品评审。村（居）办公经费和村（居）干部工资待遇大幅提高。实施了“喇叭村村响”和广播电视“户户通”工程，“农家书屋”和农村公共文化电子阅览室实现全覆盖。设立不动产登记中心，大力实施不动产统一登记工作。完成梅林、龙村等 7 间敬老院改造建设。建成县级救灾物资储备仓库。县革命烈士陵园、公益性生态公墓、残疾人康复中心建设扎实推进。华城镇入选“全国重点镇”。水寨镇府前社区、河东镇河东社区被评为“全国科普示范社区”。外事侨务、对台事务、妇女儿童、征兵、方志、气象、档案、宗教、物价、供销、人防、打私、住房公积金等社会各项事业得到全面发展。

——五年来，我们以效能政府为目标，政务环境优化提升

社会管理不断加强。扎实推进“平安五华”建设，完善社会治安防控体系，深入开展“三打两建”行动，严厉打击涉黑涉毒涉赌违法犯罪活动，2014 年、2015 年“客都民意警务”和专项打击整治考核均居全市第一。县应急平台建成运行。全力化解信访要案积案，到省进京上访批次人数逐年下降，在 2015 年省信访工作考核中被评为“通报表扬单位”。健全食品药品监管体系，设立镇级食品药品监管所。安全生产“一岗双责”有效落实，安全生产形势持续好转，没有发生较大以上安全生产事故。建成华城、安流消防中队，完成河东、转水、棉洋等镇火灾隐患专项整治。创新开展“十大专项整治”和基层治理“十项重点工作”，非法堆放经营河砂、县城范围不文明上街送葬等得到有效整治，农村集体“三资”监管、农村干部违纪违法案件查处等基层治理工作扎实开展，城乡建设管理和社会治理水平不断提高。

民主法制稳步推进。自觉接受县人大、县政协以及社会各界的监督，166 件议案和 123 件提案全部得到办复。扎实开展创先争优、党的群众路线、“三严三实”和“两学一做”等专题教育活动，加强党风廉政建设，着力整治“四风”和不严不实问题。严格落实中央“八项规定”精神，完成公车改革，全面规范机关事业单位财政供养人员津补贴发放，严控“三公”等一般性支出。强化审计监督，完成审计项目 257 个。“六五”普法深入开展，“一村（社区）一法律顾问”工作全面推进，我县被评为“全国法治宣传教育先进

县”，华城司法所被评为“全国模范司法所”。

服务效能不断提升。建成县镇村三级公共服务平台，全面实行村级服务群众代办业务，县公共服务中心进驻单位 37 个、进驻事项 379 项，受理各类事项 35 万件。加强对各镇和县直机关的绩效考核，干部作风持续好转，执行力得到加强。商事登记制度改革全面推进，各类市场主体总量达到 3.1 万户，比 2010 年增长 1.2 倍。全面完成政府部门权责清单编制工作。深入推进行政审批制度改革，清理压减行政审批事项 297 项。完成新一轮政府机构改革，政府组成部门由 26 个减为 22 个。

今年以来，我们以“全力加快振兴发展、全面提升治理水平”为主线，着力构建“一核两区三组团”县域发展新格局，全力打好“精准扶贫、产业发展、交通等基础设施建设、城区扩容提质、基层治理”五场硬仗，全县经济社会保持平稳发展态势。前三季度，全县生产总值 100.9 亿元，比增 8.1%，增速全市排名第二；一般公共预算收入 4.6 亿元，比增 23.2%，增速全市排名第二；完成固定资产投资 64.1 亿元，比增 31.6%，增速全市排名第三；规模以上工业增加值 7.2 亿元，比增 11.8%，增速全市排名第二。

各位代表！这些成绩的取得，是市委、市政府正确领导和县委统揽全局、科学决策的结果，是县人大、县政协参政议政、有力监督的结果，是各级帮扶单位、港澳台同胞、海外侨胞、在外乡贤和社会各界人士鼎力支持的结果，是中央、省、市属驻五华单位、驻五华部队、武警消防官兵和全县干部群众齐心协力、不懈奋斗的结果。在此，我谨代表县人民政府，向全县人民和所有关心支持五华发展的各级领导、同志们、朋友们，表示衷心的感谢并致以崇高的敬意！

各位代表！在肯定成绩的同时，我们也清醒地看到，政府工作还存在一些问题和不足，主要表现在：一是经济基础薄弱。全县生产总值仅占全市的 13.2%，人均 GDP 仅为全市平均水平的 53.2%，县级财政收入少，刚性支出压力大，收支矛盾仍然突出；农村贫困面大、贫困人口多，特别是在新时期精准扶贫精准脱贫工作中，全县有相对贫困户 2.4 万户 8.2 万人，占全市脱贫任务的 46.8%，精准脱贫任务艰巨。二是工业化水平低。我县第二产业比全市 36.7%的比重低 9.3 个百分点，规上工业企业少，缺乏优质大项目和龙头企业，工业主导产业不突出，园区集聚程度不高。三是城乡人居环境整治任务艰巨。城镇化率仅为 33.2%，比全市 47.8%低 14.6 个百分点，中心城区辐射带动能力有待增强；城乡交通、供水、污水处理设施和垃圾中转站等基础设施建设滞后；农村“六乱”现象严重，群众公共卫生意识亟待提高。四是社会服务均等化水平不高。全县教育文化、医疗卫生配套设施欠账大，与人民群众的期盼还有较大差距。五是行政效能仍需提升。一些干部服务意识不强、群众观念不牢、开拓创新不够，不作为、慢作为、乱作为等懒政怠政现象仍然存在。对此，我们将高度重视，采取措施，努力加以解决。

今后五年发展目标和主要任务

今后五年，是全面建成小康社会的决胜时期，也是五华加快发展的黄金窗口期、大有可为的战略机遇期，我们必须把握难得的发展机遇，主动适应新常态、勇于引领新常态，破难攻坚、锐意进取，全力推动五华加快振兴发展。

今后五年，县政府工作的总体思路是：

深入学习贯彻习近平总书记系列重要讲话精神，全面贯彻落实中央、省、市各项决策部署和县第十三次党代会精神，牢固树立和践行“五大发展理念”，围绕省“三个定位、两个率先”总目标和市“一区两带”发展战略，紧扣“全力加快振兴发展、全面提升治理水平”主线，切实把经济工作重心转到供给侧，壮大民营经济，推进改革创新，统筹城乡发展，厚植生态优势，补齐民生短板，提升政府效能，全力构建“一核两区三组团”发展新格局，努力建设“工业新城、宜居五华”。

经济社会发展的主要预期目标是：至2020年，全县生产总值年均增长10%左右，人均地区生产总值年均增长9.5%左右，一般公共预算收入年均增长15%左右，固定资产投资年均增长38%以上，工业总产值和增加值年均增长15%左右，社会消费品零售总额年均增长12%以上，城镇居民人均可支配收入和农村居民人均可支配收入年均分别增长10%和11%。三次产业结构调整为17.0∶33.5∶49.5。“一核两区三组团”格局基本形成，县域整体发展水平接近或达到全市中等水平。

为实现以上目标，我们重点抓好六方面工作：

一、以开放理念引领产业发展，在推动产业集聚上取得新突破

坚持开放发展，重实体兴实业，大力发展工业经济，优化产业布局，做大产业平台，做强产业集群，着力将五华打造为广东梅兴华丰产业集聚带的桥头堡和承接珠三角产业转移的示范区。

*筑好产业发展平台。*加强与广州市番禺区的合作共建，继续办好广州番禺（五华）产业转移工业园，完成征地5000亩、平整4000亩以上，打通园区内的断头路，启动生态工业小镇建设，完善园区供水、供电、排污和集中供热、供气等配套设施，产业园区工业产值、增加值、税收年均增长30%以上，园区承载力和产业集聚能力不断提升。加快开发河东工业区，做好土规和林地调整，争取更多用地指标，完成征地15000亩、平整8000亩以上，建成综合服务中心、水质净化中心、自来水厂、110千伏高压变电站等项目，完成县人民医院油田院区、油田中学、油田小学等配套设施改造建设，完善油田大道、华兴东路、长乐大道等园区板块路网，拉开园区建设架构。统筹抓好南北部产业发展，南部以打造安流工业园为重点，完成征地5000亩、平整3000亩以上；北部以打造华城工业园为重点，完成征地1200亩、平整1200亩，完善园区板块路网和供水、供电等基础设施。

*培育发展主导产业。*结合产业基础和资源优势，做大做强骨干企业，着力打造百家企业、百亿产业、百亿园区，促进工业集聚发展。广州番禺（五华）产业转移工业园重点打造以辉骏集团、富胜实业为主导的五金机电产业，以香雪制药、康奇力为骨干的医药制造产业，以中农批为代表的现代农副产品物流产业，以红木家具制造为重点的家居建材产业，加快建设“小家电、红木家具、生物医药、酒水果汁、蔬菜加工”等园中园。河东工业区重点抓好嘉晖盛、富鑫通等先进装备制造企业建设，规划建设自行车产业园，吸引上下游配套企业聚集，打造先进装备制造业集群。安流工业园重点发展新材料、新能源产业，华城工业园重点抓好以冠华传导为龙头的电线电缆产业发展。

*强力推进招商引资。*制订完善招商引资优惠政策，拓宽招商渠道，力促一批优势产业和优质项目落户建设。深入实施“乡贤回乡投资兴业工程”，建立乡贤企业信息库，

实行领导干部"一对一"、"点对点"精准招商。充分发挥专业招商队、商会组织和中介招商作用，强化以情招商、以商引商、产业链招商，提高招商的精准性和实效性，力争每年引资100亿元以上，其中投资超10亿元优质大项目1个以上。建设五华总部经济基地，落实总部企业落户激励措施，培育新的经济增长点。

做大做强工业经济。牢固树立"服务企业就是服务发展"理念，构建"亲""清"新型政商关系，主动帮助企业解决困难和问题，坚定企业投资发展信心。落实鼓励民营经济发展的政策措施，激活民间投资和社会资本，建设中小企业服务中心体系和网络平台体系，做大变压器、老酒、酱油、米醋等传统优势产业，力争至2020年全县中小微企业达到4000家以上。扶持进出口企业发展壮大，加大外资引进力度，力促外经贸工作回稳向好。做大做强重点骨干企业，抓好在建项目的促建促产工作，加快培育一批上市企业和规模以上工业企业，力争至2020年新增25家规模以上企业，规模以上工业总产值、增加值年均分别增长20%、18%以上。

二、以创新理念促进转型升级，在提高发展质量上取得新突破

坚持创新发展，把改革创新贯穿于经济社会发展各个领域，加快实施创新驱动，深化供给侧结构性改革和财税金融改革，敢于先行先试，勇于开拓进取，着力提高发展质量和效益。

加快创新驱动发展。大力培育创新型企业，鼓励技术创新，引导企业加大技改投入，培育发展国家高新技术企业10家以上。鼓励企业与高校、科研院所等开展产学研合作，设立研发机构。增强自主创新能力，至2020年拥有省级重点实验室和省级工程技术研发中心2家以上，争取新增"省名牌产品"8家以上、"国家级名牌产品"3家以上。推动大众创业、万众创新，完善创业投资引导机制，掀起全民创业热潮。建设启辰大数据产业园，加快电子商务产业发展和阿里巴巴"农村淘宝"网点建设。实施人才强县战略，加大科技创新型和技术实用型人才的培养引进力度，推进职业技术学校、技工学校对接产业园工作。

推进供给侧结构性改革。围绕"三去一降一补"，加快推进新旧动能转换，优化产业结构，着力提升第二产业在三次产业中的比重。坚持把补短板放在首位，围绕产业转型升级、基础设施建设、生态环境保护和民生保障等领域，谋划实施一批重点项目，提高投资的有效性。大力清理"僵尸企业"和闲置厂房。加快破除体制机制障碍，清理废止制约发展的规章制度，抓好"放、管、服"改革，降低制度性交易成本，提升投资发展"软环境"。全面落实降低企业成本的各项政策措施，引导企业改进管理模式和销售方式，提升产品质量和产出效益。

深化财税金融改革。加快培植本级财源税源，深入推进"营改增"税制改革，加强重点税源征管，堵塞税收漏洞，确保税收及时足额入库。创新投融资体制机制，发挥好融资平台公司作用，盘活闲置资源，充分利用PPP和政府向社会力量购买服务等融资模式，切实破解重点项目建设资金难题。进一步加强"政银企担"合作，加快社会信用体系建设，健全完善金融服务实体经济发展机制，扎实推进农民住房财产权抵押贷款试点工作，运用好扶贫再贷款、支农再贷款政策，全县银行金融机构存贷比提高到40%以上。深化预算体制改革，按新预算法要求编制全口径预算经费，加强专项资金使用和政府性

债务管理。

三、以协调理念统筹城乡建设，在夯实发展基础上取得新突破

坚持协调发展，加快城乡一体化进程，统筹推进城乡公共服务配套设施建设，完善交通、水利、电力、信息等基础设施，不断优化发展环境、增强发展后劲。

加快县城扩容提质。围绕打造“梅州城市副中心”的发展定位，加快琴江新城开发建设，实施环城大道东延线、布新南路、联增大道、增塘堤建设和番禺大道、水安路改造等交通畅通工程，推进地下综合管廊、琴江变电站、加油加气站、污水处理设施等市政基础设施建设，完善滨江广场、综合服务中心、三坑水库公园等公共服务配套，建成奥园、碧桂园等一批商住安居工程和汽车商贸城、沿河美食街等一批产业支撑工程，启动白石洋、东延线等重要节点板块的开发建设。大力推进中心城区建设，争取海绵城市试点建设项目，高标准建设改造河东北堤、大湖堤、犁滩堤、布新路等堤路，完成罗湖大桥、大坝大桥、犁滩大桥新建和五华大桥、琴江大桥改扩建工程，抓好县城第三小区、河东下坝小区等旧城区改造，推进寨下坝片区、犁滩片区公共设施建设。完善集贸市场、“三位一体”环卫设施等市政项目，建成县垃圾减量厂、建筑垃圾消纳场。加强城市精细化管理，完善数字城市管理系统，全力创建“国家卫生县城”、“广东省文明县城”。至2020年，县城建成区面积达35平方公里，全县城镇化率达到45%以上。

扎实推进美丽乡村建设。抓好各镇规划区范围内的控制性详细规划编制，加快行政村、自然村村庄规划编制工作。按照将华城、安流打造为“县域副中心”的定位，抓好市政道路、综合市场和商住项目建设，提升城镇化水平和质量。加强镇村生活垃圾、农村“六乱”整治和城乡建设秩序管理，实施以改路、改水、改厕、改造危房和美化为主的“四改一美化”行动，创建省级卫生镇10个、卫生村300个以上。扎实推进潭下镇“五村联动桃花源”、转水镇“益塘流域 · 十里水乡”、郭田镇“红色文化 · 金色风铃”、华城镇“千年古邑 · 魅力华城”等美丽乡村示范点建设，结合乡土特色文化，大力发展一批乡村农家游项目。加快完善镇村公共服务设施，完成镇级污水处理设施和生活垃圾无害化处理设施建设，建成镇村生活垃圾中转站52个；加快建设一批小公园、小菜市场、小运动场、小医疗室、小文化站，着力打造“一村一景、一村一韵”，确保至2018年90%以上自然村完成人居环境综合整治。大力开展“文明农户”“文明家庭”等评选活动，营造良好的乡风民风。

狠抓交通公路建设。围绕将五华打造成为山区交通成网、成型、成架构先进县的目标，计划投资160多亿元，统筹推进“四横两纵”的“两高”骨架建设和县内交通路网提升改造，规划建设五华通用航空机场。全力保障龙川至梅州至龙岩高铁五华段建设，建成兴华高速（含畲华支线）五华段、大丰华高速五华至丰顺段、兴汕高速五华至陆河段。积极谋划申报大丰华高速西延至河惠莞高速五华段项目。谋划梅河高速岐岭出口至汕湛高速华阳出口等8条共181.6公里的高速公路连接线建设，打造高速公路经济带，提升沿线区域经济和社会效益。着力打造四通八达的出县快捷通道，争取将跨县的7条共329公里地方公路升级为省道。完成琴江生态景观公路、G355线华阳至安流段等项目建设改造，升级改造国省道10条共228公里、县乡道10条共180公里。对全县18条

县道和560条乡道实施公路安全生命防护工程。加快贫困村中200人以上自然村道路硬底化建设，优先对农村公路中较窄路面实施扩宽改造工程。至2020年，全县公路通车里程达到3870公里，公路密度达120公里/百平方公里。完成新汽车客运站迁建，加快构建城乡公交一体化运营体系，到2018年实现100%行政村通客运汽车。

推进水利电力设施建设。扎实推进梅州（五华）抽水蓄能电站建设，做好移民搬迁安置工作，基本完成电站主体工程建设，配合做好电站运营筹备工作。全面完成纳入省规划的32宗山区中小河流治理工程，加快中小型水库除险加固工程和中小型灌区改造项目建设，大力实施“五沿”崩岗水土流失防治、河湖水系连通整治、河道清淤和涝区整治工程。扎实推进梅江五华段治理工程、益塘水库引水工程。完善县城供水管网和污水管网设施。投入资金6.3亿元，2018年底全面完成30宗村村通自来水工程建设，实现全县村村通自来水目标。规划建设一批水电站。加快建设龙狮殿风电场、光伏发电等能源电力项目。扎实推进新一轮农村电网升级改造，完成47个中心村电网改造工程。建成周江、转水110千伏输变电工程和新桥、双华35千伏输变电工程，加快10千伏以下基建配网工程建设，提升供电保障能力。

加快信息基础设施建设。推动公共通信管道共建共享，提升网络宽带化和应用智能水平。大力开展赣闽粤原中央苏区农村超高速无线局域网应用试点工作。扎实推进宽带骨干网提速改造、光纤到户网络及4G网络等信息基础设施建设，新增光网端口25万个、4G无线基站800个，实现全县4G网络信号全覆盖和县城、圩镇及行政村全光覆盖。推动县域无线接入项目建设，率先在人流相对集中的公共场所实现WLAN覆盖。实施“互联网+”行动计划，推广物联网、云计算、大数据示范应用，推动信息技术向制造业、农业、服务业渗透，提升城镇公共基础设施智能化水平。

四、以绿色理念实现持续发展，在生态文明建设上取得新突破

坚持绿色发展，牢固树立“绿水青山就是金山银山”理念，加强生态环境保护和土地资源管理，做好耕山致富文章，大力发展生态旅游，着力构建宜居宜业的生态环境。

提升农业发展水平。扎实推进优质稻高产示范区建设，稳定粮食生产面积。着力打造茶叶主导产业，扶持松岗嶂、登云嶂等茶叶企业做大做强，提升茶叶标准化生产和精深加工水平，新增茶叶种植3万亩以上。推进专业镇建设，做精做优周江百香果、潭下鹰嘴桃、华阳三华李、茶亭岗金柚、双华板栗、梅林菜脯、大田柿花等一批特色农产品，创建10个省级以上农业品牌，新增农业龙头企业30家以上、农民专业合作社200家以上。扩大特色农业基地规模，建成县级农业示范基地、南药生产和深加工基地，做大新丰寨、鼎德信等现代休闲农庄。建设县级病死畜禽无害化处理中心。完成安流、潭下、横陂烟叶收购点建设改造，每年种植烤烟1.2万亩，收购干烟叶3.4万担。完成农村土地承包经营权确权登记颁证工作，引导农村土地经营权有序流转。

加强生态环境保护。争取纳入国家级重点生态功能区。深入开展“绿满五华”行动，完成32.6万亩森林碳汇重点生态工程建设任务，启动实施“公路沿线30万群山绿化工程”。继续完善11个自然保护区、17个森林公园建设，规划新建1个湿地公园。建成森林防火物资储备库、扑救演练基地和培训基地，建设 2500 公里防火林带。严格落实森林资源保护发展目标责任制，实施最严格的林地保护管理措施。大力开展森林防火“严防严管严打”行动，严厉打击破坏森林资源行为。到 2020 年，新增省级以上生态公益林面积 10 万亩，森林覆盖率达到 72.8%以上。扎实开展重点环境问题整治，狠抓水环境、大气污染综合治理，加强污染物排放监管，加快淘汰落后产能，全面完成节能减排任务，至 2018 年全县环境监测各项指标均达到环保模范城市标准。

狠抓土地资源管理。完成土地中期调规，加强用地报批和土地储备工作，收储土地 1 万亩以上。完成高标准农田建设改造任务，严厉打击占用耕地建房等违规违法用地行为，规范矿产资源管理。清理闲置土地，推进节约集约用地。继续加强地质灾害防治和削坡建房整治，地质灾害隐患点每年递减 10%以上，至 2018 年全面完成 10075 处削坡建房户隐患治理。

加快生态旅游发展。重点打造以梅州（五华）抽水蓄能电站库区为核心的绿色能源和生态旅游片区，抓好七目嶂、龙狮殿、营田等生态观光旅游项目建设。加快狮雄山建筑遗址保护开发，打造广东文化遗产保护亮点工程和大遗址公园建设示范品牌。整合华城城隍庙、长乐学宫等旅游资源，打造“长乐古镇”精品旅游线路。修缮保护李威光、徐华清等名人故居。加快推进热矿泥温泉山庄升级改造和五华客天下文化旅游产业园、双龙山景区、寨顶巷历史商街等旅游项目建设。规划建设石雕工业文化产业园。争创“广东省优秀旅游县”，力争到 2020 年建成 4A 级景区 2 个，3A 级景区 5 个，实现年接待游客 900 万人次以上，旅游总收入年均增长 15%以上。

五、以共享理念致力民生改善，在增进人民福祉上取得新突破

坚持共享发展，以保障和改善民生为着力点，补齐民生发展短板，加快脱贫奔康步伐，推动科教文卫体等社会各项事业全面发展，让广大人民群众共享改革发展成果。

大力实施精准扶贫。主动加强与各级帮扶单位的对接联系，严格落实县镇村脱贫攻坚工作责任，加快形成全社会参与的扶贫大格局。整合各类扶贫资金，大力实施产业发展、劳动力就业、教育文化、基础设施建设和人居环境改善等脱贫攻坚工程，提高贫困人口的自我发展能力。加快建立覆盖农村低收入群体的大数据库，构建综合性、可持续的农村社会保障体系，落实好医疗救助、低保、五保等社会保障政策，织密织牢社会保障网。确保到 2018 年底贫困村全部出列，贫困人口全面脱贫，如期实现“两不愁三保障一相当”目标。

增强社会保障能力。扩大“五险”参保缴费覆盖面，推进机关事业单位养老保险制度改革，实现城乡居民社会养老保险全覆盖。建立社会保险综合“一站式”服务平台，实现社会保障“一卡通”全覆盖。加强就业服务，建立城乡统一的就业失业登记制度。落实城乡居民统一医保制度，完善大病保障机制。完成 500 套保障性住房建设、1274 套棚户区改造和 3.8 万户农村危房改造任务。建成县革命烈士陵园和水寨大岭、河东禾尚田、华城观源等一批镇村公益性生态公墓。抓好殡葬改革工作，完成县殡仪馆升级改造。规划建设县救助管理综合大楼，建成县残疾人康复中心、华城镇区域养老院，改造棉洋、双华、长布、转水镇敬老院。

提升卫生计生服务水平。深化医药卫生体制改革，推进县中医院、妇保院、慢病站升级改造，加快县人民医院升三甲改造建设。扶持民营医院发展，新建民营医院2家以上。推进健康五华建设，实施强基创优工程，完成镇级卫生院标准化建设和村卫生站"公建民营"建设，充实基层医疗卫生队伍，促进公共卫生服务均等化，到2018年基本达到"卫生强县"要求，2020年基本建成"卫生强县"。深入开展"全国基层中医药工作先进县"创建活动，全面推进中医药事业发展。完善突发公共卫生事件应急信息平台，健全县镇村三级疾病预防控制体系及妇幼保健体系。全面开展计生家庭养老照护试点工作。实施全面两孩政策，完善计划生育服务管理制度，提高生育质量，促进人口均衡发展。

加快发展科教文体事业。完成县第六小学、特殊教育学校、技工学校建设，规划建设新城中学。实施中小学教师素质提高工程，规划建设县教师培训基地。巩固"教育创强"成果，发挥教育发展基金作用，优化教育资源配置，提升教育信息化水平，力争2018年底成功创建"广东省推进教育现代化先进县"。利用县广播电视大学发展成人高等教育，构建全民终身学习平台。加快建设县文化馆、博物馆、图书馆、科技馆、方志馆等"多馆合一"的文化综合体。加快推进媒体融合发展，完成县广播电视网络整合提升、有线电视"户户通"工程。积极开展文化下乡、送戏下乡，推进"一村一文化中心"建设。抓好长布元坑中国内地现代足球发源地和球王李惠堂旧居保护开发，建成球王博物馆和球王文化广场。加快足球文化公园、足球训练基地建设，创办足球精英学校，完成各镇标准化公共足球场建设。推动青少年足球事业发展，加大职业足球俱乐部支持力度，大力发展足球产业，擦亮"足球之乡、球王故里"品牌。

维护社会平安稳定。扎实推进"平安五华"建设，完善治安视频监控系统，加强平安村（居）群防群治队伍管理，依法严厉打击涉黑涉恶涉毒、网络诈骗等犯罪行为。建立健全公共突发事件预防预警和应急处理机制，提高应对突发事件和风险的能力。积极预防和妥善处理社会矛盾，控制信访增量，减少信访积案存量。推进覆盖城乡居民的公共法律服务体系建设，深入开展"一村（社区）一法律顾问"工作。全面提升食品药品监管水平，保障群众饮食用药安全。严格落实安全生产"一岗双责"，深化重点行业领域专项整治，坚决防范和遏制重特大生产安全事故的发生。建设龙村、长布消防中队。持续开展规范城乡建设管理"十大专项整治"和基层治理"十项重点工作"，切实解决重点行业、重点领域和关键环节中矛盾突出、群众反映强烈的问题，促进社会平安稳定。

全面发展社会各项事业。坚持每年办好"十件民生实事"。建成国防教育训练基地、县级国家综合档案馆、华城储备粮库。规划建设中央苏区五华纪念馆。推进户籍制度改革。切实加强民族宗教、外事侨务、对台事务、民兵兵役、双拥共建、气象、档案、人防、打私、住房公积金等工作，进一步发展妇女儿童、老年人事业，推进社会各项事业全面发展。

六、以高效理念提升行政效能，在政府自身建设上取得新突破

坚持执政为民，按照"务实、高效、公正、廉政"的要求，进一步推动政府自身建设，持续转变工作作风，讲政治、重法治、善作为、守廉洁，努力建设人民满意政府。

严格依法行政。坚持重大决策、重大项目、大额资金使用等重大事项集体决策、专家咨询、社会公示、听证评估等制度。自觉接受人大的法律监督、工作监督和政协的民主监督，认真办理人大代表建议和政协委员提案。全力创建省级“法治先进县”，做好“七五”普法工作。严肃认真做好行政复议、应诉工作。加强政务信息公开，全面公布政府权责清单，树立法治政府形象。

转变政府职能。加强责任政府建设，大兴实干之风，进一步提高执行力。全面推进“一站式办理、一条龙服务”，加强县镇村公共服务平台规范化建设，完善网上办事大厅，深入开展村级服务群众代办业务活动，提升服务群众能力和水平。抓好机构和职责整合，进一步规范机构设置。推行行政事业性收费改革，规范收费项目和降低收费标准。加大简政放权力度，进一步精简行政许可事项，全面取消非行政许可审批。继续深化商事制度改革，进一步放宽市场准入。

加强廉政建设。坚持把纪律和规矩挺在前面，认真落实党风廉政建设责任制，严格执行党内法规条例，推进作风建设常态化。强化预算刚性，严控“三公”经费和一般性支出。严格审计监督，加强经济责任审计和重点项目审计，推进审计工作全覆盖。加大涉农惠农资金监管力度，深入开展农村基层“两违”线索排查，严厉打击损害群众利益的不正之风。坚持“三个区分”原则，实行容错减责制度，激发干事创业热情。加大对重点工作和民生实事的督办问责力度，大力整治不作为、慢作为、乱作为问题，切实营造风清气正的干事创业环境。

各位代表！过去的成就令人鼓舞，未来的蓝图催人奋进。在新的历史起点上，让我们在市委、市政府和县委的坚强领导下，紧紧依靠和团结全县人民，以高度的政治责任感和时不我待的紧迫感，不忘初心，继续前进，为加快振兴发展、建设“工业新城、宜居五华”而努力奋斗！

附：名词解释

1. 一核两区三组团：“一核”指加快县城中心区扩容提质步伐；“两区”指办好广州番禺（五华）产业转移工业园（广东五华经济开发区）、加快开发河东工业区；“三组团”指打造县域北部、南部以及绿色能源和生态文化旅游组团。

2. 三洞两路：指梅州（五华）抽水蓄能电站项目中的交通洞、通风洞、自流排水洞和下库右岸公路、上下库连接公路。

3. 五大发展理念：指“创新、协调、绿色、开放、共享”的发展理念。

4. 僵尸企业：指已停产、半停产、连年亏损、资不抵债，主要靠政府补贴和银行续贷维持经营的企业。

5. 营改增：是指以前缴纳营业税的应税项目改成缴纳增值税，增值税只对产品或者服务的增值部分纳税。

6. PPP：是 Public—Private—Partnership 的缩写，指政府与社会资本之间，为了合作建设城市基础设施项目，或是为了提供某种公共物品和服务，建立的一种合作关系。

7. 两高：指高速铁路和高速公路。

大事记

五華
年鑒
2017

鹰嘴桃基地扩大种植的场景

2016年五华大事记

1 月

13日，省卫计委党组书记骆文智、副巡视员王国红分别率队到潭下镇光华村和转水镇下潭村开展送温暖暨送医送药、扶贫义诊活动，并为当地群众送上节日慰问。

13—14 日，省森林资源保护和发展目标责任制考核组及省林业生态县创建验收工作组分别到五华县考核、验收 2015 年森林资源保护和发展目标责任制执行及省林业生态县创建工作。

22—24 日，五华各地出现冰冻灾害天气，因灾损失 467 万元。其中：农业受灾面积 2228 公顷，成灾 525.33 公顷，绝收面积 83.33 公顷，经济损失 436.5 万元。主要有粮食作物受灾面积 60 公顷，经济作物受灾面积 21.33 公顷，水果受灾面积 933.33 公顷，茶叶受灾面积 326.67 公顷，蔬菜受灾面积 766.67 公顷，水产业受灾面积 83.33 公顷。畜牧业总损失 30.2 万元，主要冻死大牲畜 2 头、猪 112 头、家禽 1503 羽，另有 720 头猪、4300 羽家禽因冻发病。

27日，中共五华县委第十二届六次全会在县城党政大楼大会堂召开，县委书记范宜军代表县委常委会作工作报告，代县长吴晖作《中共五华县委关于制定国民经济和社会发展第十三个五年规划的建议》稿起草说明并总结部署经济工作。会议强调全力实施“一核两区三组团”发展战略，努力实现“十三五”良好开局。

28—29 日，五华普降大暴雨，全县 16 个镇受灾，横陂、潭下、华城、转水、河东、安流等镇受灾严重，受灾人口 6.5 万人，因山体崩塌地质灾害倒塌房屋死亡人口 5 人，转移人口 0.2 万人，倒塌房屋 18 间，损毁房屋 31 间，直接经济总损失 1,300 万元，其中水利设施经济损失 800 万元。农作物：淹浸受灾面积 133.33 公顷，农作物成灾面积 33.33 公顷，因灾减产粮食 65 吨，水产养殖损失面积 110.67 公顷，数量 32 吨。水利设施：损坏堤防 2 处，长度 0.18 千米，损坏水闸 1 座，损坏水陂 12 座，损坏灌溉渠道 7.5 千米，损坏水文测站 1 个，损坏机电泵站 1 座。交通道路：损坏道路 15 条约 8.6 千米，损坏桥梁 3 座。

29 日，潭下镇龙田村鸭子田村民小组发生一宗山体崩塌地质灾害，造成 3 间砖瓦房倒塌，屋内一位 23 岁的母亲和 4 岁、1 岁半的女儿被泥土掩埋，不幸身亡。

是月，五华全面铺开农村土地确权登记，涉及 23 万户村民、3.13 万公顷土地。

△总投资 5,200 万元，全长 1.8 公里的五华莲洞堤建成通车。

2 月

3 日，中共五华县纪委第十二届六次全会在县城召开，会议传达贯彻中央和省市纪委全会精神，总结部署五华县党风廉政建设和反腐败工作。县委书记范宜军在会上强调要全力抓好党风廉政建设和反腐败工作，为加快五华振兴发展、全面提升治理水平营造良好政治生态。代县长吴晖传达中央、省、市纪委全会精神。县纪委书记梁英浩作工作报告。

5 日，五华客天下文化旅游产业园项目落户五华，规划占地面积 366.67 公顷，投资总额 50 亿元。

10 日，五华县潭下籍、中国人民解放军副军职领导李广少将到五华参观调研经济社会发展情况。

18 日，市长谭君铁率队到五华调研，强调要率先培育百亿民营企业，擦亮工业立县金字招牌。

△五华县召开创建“广东省卫生县城”工作总结暨创建“国家卫生县城”工作动员大会。

20 日，被广东省人民政府列入第六批省级非物质文化遗产保护项目的“下坝迎灯”授牌庆典大会在五华国际酒店举行。

23 日，县政府召开第二次全国地名普查工作动员会。

24—25 日，县政协九届六次会议在县党政大楼大会堂召开。县政协党组书记邓伯锦作常委会工作报告，并当选为县政协主席。

25—26 日，五华县第十四届人民代表大会第六次会议在党政大楼大会堂召开，县委书记范宜军主持开幕大会，代县长吴晖向大会作《政府工作报告》。范宜军当选为县人大常委会主任，吴晖当选为县政府县长，李伟华当选为县人大常委会副主任。

28 日，五华县体育场接受准入检查，梅州五华足球队中甲联赛主场定在县体育场。

是月，五华县人民公园（一期）竣工交付使用，向市民开放 12 万平方米绿地面积。

△琴江广场建成向群众开放，占地面积 6.3 万平方米，主要划分为入口广场区、休闲体验区和健康运动区。

△2015 年度全县 4413 户贫困户危房改造工程全部竣工。

3　月

10 日，市委常委、市纪委书记胡钛到郭田镇调研党员干部“八小时以外”活动监督管理和基层党风廉政建设工作。

15 日，县委书记范宜军、县长吴晖率队到广州番禺（五华）产业转移园现场办公，强调各级各单位要打好园区发展攻坚战。

17 日，县政府召开教育专题会议，启动“广东省推进教育现代化先进县”创建工作。

20 日，广东省五华商会二届一次会员大会在广州举行。市、县领导肖平、范宜军、吴晖等出席大会，并作招商引资推介。

29 日，“中国·五华客天下文化旅游产业园”启动仪式在水寨镇蒲丽顶省级森林公园南门广场举行。梅州市原市长魏潘尧，五华县委书记范宜军、县长吴晖、县政协主席邓伯锦等出席奠基仪式，并为项目奠基培土。

是月，五华县政府制定《信息基础设施三年建设（2015—2017 年）实施意见》，全面推动信息基础设施建设。

△首个大型石雕作品《匠魂》在长乐公园落成，整个石雕高 6 米，以花岗岩为材质，展现 3 个石匠全神贯注雕刻“五羊石雕”的情景。

△五华县足球文化公园项目举行公开招投标，并开工建设。

△安流镇、华城镇污水处理厂完成建设任务，进行调试运行。当年五华启动除水寨、河东两镇外其余 12 个镇的污水处理厂建设。

△县投入资金 900 多万元，按照“修旧如旧”原则对古大存故居进行修缮。

4 月

6 日，县委书记范宜军主持召开县城扩容提质项目建设推进会，全力推进县城扩容提质，着力打造“宜居县城、宜居五华”。

7 日，五华召开创建“广东省卫生强县”暨计划生育工作会议，启动“广东省卫生强县”创建工作。

△全县扶贫开发工作动员大会在党政大楼大会堂召开，总结和部署扶贫工作，坚决打赢精准脱贫攻坚战。

9 日，苏州工业园区工商联唯亭商会到五华县考察投资环境，共谋发展，实现双赢。

△香港五华同乡总会在香港举行第七届会董会就职典礼。受市委市政府委托，市政协主席李金元率团祝贺。

16 日，中国老区志愿者到安流镇葵樟小学开展“春季公益扶贫助学送关爱活动”，为革命老区的贫困学生送上一套多媒体教学设备，以及一批文具。

26 日，水利部水土保持司副司长蒲朝勇一行到五华县调研革命老区水土流失治理工作。

27—29 日，县委书记范宜军率队到湖南长沙县、贵州贵阳市考察，学习借鉴当地的成功经验，加快推进宜居五华建设。

5 月

5 日，五华县召开 2016 年创建农村文化俱乐部和“一村一文化广场”建设工作会议，规划到 2018 年建成 446 个村文化广场。

11 日，五华县不动产登记局挂牌成立。

26 日，广东五华商会第二季度会长会议在五华召开，广东五华商会和五华县签订总部项目落户广州番禺（五华）产业转移园的框架协议。

△五华县教育发展基金募集会议召开，五华商会会长卓定华及部分会员现场认捐 5,200 万元。

27 日，市委书记黄强、市长谭君铁率队到五华县调研扶贫开发工作，强调要做好新时期精准扶贫、精准脱贫三年攻坚工作。

28 日，第四届中国（北京）国际服务贸易交易会开幕并举行全球服务贸易峰会。五华县在展厅中设立“红色土地”“球王故里”“石匠之乡”等 9 块展板。

30—31 日，省委副书记、省长朱小丹率队到河源、梅州调研精准脱贫工作，强调精准施策打赢脱贫攻坚战。期间，朱小丹到郭田镇横塘村贫困户江仁振家中走访，了解家庭情况。

是月，五华县基层公共服务平台建设实现全县 446 个村（居）全覆盖，村级服务群众代办业务有序开展。

6 月

2 日，梅州市“七五”普法和法治文艺巡演在五华县长乐公园书卷舞台举行。

17 日，五华全面启动自然村落历史人文普查工作，全县自然村落历史人文普查动员暨业务培训会议在县党政大楼小会堂召开。

27 日，在县党政大楼大会堂举行 2016 年“广东扶贫济困日”活动启动仪式，县五套班子领导现场捐款。

28 日，县公安局首次举办“道德讲堂”，主题为“坚定理想信念，铸牢忠诚警魂”。

△ 五华县颁发首批不动产权证书。

是月，五华县博物馆举办野生动物标本展，以提高市民对生物多样性和保护野生动物的认识。动物标本主要有飞禽和哺乳两大类。

△ 广东嘉晖盛科技股份有限公司首条高清电视机生产线正式投产，是五华首条高清电视生产线。

7　月

1 日，中共五华县委老干部局、五华县文联在县老干部活动中心联合举办“纪念建党 95 周年、红军长征胜利 80 周年”书画作品展览活动。

9 日，五华县首届“长乐足球志愿杯”在县体育场闭幕。深圳市琴江文化研究会石岩联谊会捐资 30 万元支持第二届长乐足球志愿杯暨五华青少年足球技能赛和机关足球赛开展。

20 日，梅州中农批农产品批发市场有限公司项目，在五华县广州番禺（五华）产业转移园动工建设，该项目总投资 15 亿元，是粤东首家中农批项目。

30 日，五华县被广东中华诗词学会正式授予“广东省诗词之乡”荣誉称号，在县举行授牌仪式。五华继“工匠之乡”“足球之乡”“文化之乡”之后，再添“诗词之乡”新名片。

8　月

2 日，五华县凌晨起遭遇大风暴雨袭击，南部乡镇供电通讯受影响。龙村、梅林、安流等 12 个乡镇部分线路受损，影响 10 万户群众用电。

9 日，五华县公安局召开“树正气、打黑恶、化积案”百日行动动员部署大会，重点打击“黑恶”违法犯罪行为。县委书记范宜军、县长吴晖等专程到执勤现场看望慰问公安干警。

17 日，市委副书记、代市长方利旭到五华县调研，强调要全力加快振兴发展速度。

19 日，县召开城乡贫困妇女“两癌”免费筛查工作会议，全面推进“为 35—64 岁城乡贫困妇女免费筛查乳腺癌、宫颈癌”工作。

26 日，五华县教育发展基金会圆梦大学助学金暨梅州市五华商会奖学金为 274 名大学新生发放 147.1 万元助学奖学金。

28 日，五华长乐烧酒通过国家地理标志产品评审。

31 日，市委书记谭君铁率队到五华县调研新时期精准扶贫精准脱贫攻坚工作，强调各级各部门要加快推进精准扶贫，确保脱贫实效。

△县司法局举行“梅州五华普法”公众号启动仪式。

是月，五华县启动狮雄山建筑遗址保护开发工作，投入 18 亿元建设“狮雄山秦汉遗址公园”。

△五华县高级中学建成启用，该项目历时 3 年打造，投资 2.3 亿元，设有 90 个教学班，可容纳 4000 多名学生就读。

9　月

8 日，五华县首家特色茶叶品牌专卖店——广东九霖生态农业开发有限公司品牌专卖店在河东镇大兴街开业。

9 日，五华县召开庆祝 2016 年教师节暨五华县教育发展基金会成立大会，宣布五华县教育发展基金会正式成立。教育发展基金会得到广东五华商会、深圳市琴江文化研究会、梅州市五华商会等广大乡贤和社会各界的积极响应，筹得教育发展基金 1.27 亿元。

13 日，五华县委县政府在县城开展环绕琴江河万步走活动，县委书记范宜军、县委常委曾光华、县政协副主席甘飞鸿、县直机关单位部分干部职工和县城市民近 300 人参加。

22 日，全县 106 万多选民投票选举新一届人大代表。

24 日，“梅州家博会走进五华”活动在五华国际大酒店广场举行，市民可“一站式购买”家居建材。

27 日，五华成立专案组调查侵占涉农补贴资金违规行为。

28 日，五华县茶叶协会成立。

是月，长乐大桥建成通车。大桥双向四车道设计，行车时速 60 公里，桥宽 22 米，主桥 170 米，引道 1558 米，总投资 1.7 亿元。

△省道 120 线华阳至安流公路改造工程动工，路线全长 37.17 公里，路基宽 15 米。工程预算总投资 3.5 亿元。

10 月

1—7 日，五华县第四届旅游美食文化周开幕，吸引县内外 90 多家客商设点参展。

8 日，横陂镇夏阜村举行魏大斌故居（都督府）为市级文物保护单位的挂牌揭幕仪式。

18—20 日，中国共产党五华县第十三次代表大会在县城党政大楼大会堂召开。范宜军代表中国共产党五华县第十二届委员会向大会作报告。

20 日，中国共产党五华县第十三届委员会第一次全体会议召开。范宜军当选为县委书记；吴晖、傅国强当选为副书记；范宜军、吴晖、傅国强、梁英浩、钟光振、张爱芳、宋学希、曾光华、王忠泽、杨兴会、詹庆东当选为中国共产党五华县第十三届委员会常务委员。

△中国共产党五华县第十三届纪律检查委员会第一次全体会议召开。梁英浩当选为县纪委书记；钟湘衡、叶汝强当选为县纪委副书记。

20—22 日，五华遭受强台风“海马”袭击，省道 120 线横陂圩镇段被淹，交通中断，全县中小学停课。22 日，五华救灾复产全面展开，省道 120 线中断 15 小时后恢复通车。

22 日，棉洋镇平安村发生一起山地滑坡，致使 3 人被埋，经抢救 1 人生还。

25 日，市委书记谭君铁率队到五华县调研和督导经济发展工作，强调要扭紧三大抓手，夯实基层治理基础。

26 日，县举行“2011—2015 年全国法治宣传教育先进县”授牌仪式暨全县“七五”普法工作推进会。

28 日，五华县政府在党政大楼一号会议室召开 2016 年第 11 次常务会议，是县首次采用无纸化平台召开重要会议。

是月，五华在文化馆举办“红色印记——纪念建党 95 周年暨红军长征胜利 80 周年”摄影作品展。

11 月

4 日，五华县公安局治安大队原教导员曾妙龙患病离世捐出眼角膜。随后，省市新闻媒体对其感人事迹进行广泛报道，省公安厅追记曾妙龙二等功，市公安局追记曾妙龙二等功，五华县委追认曾妙龙为“全县优秀共产党员”。市县陆续在全市举行曾妙龙先进事迹巡回报告会 30 余场。

15—17 日，县政协十届一次会议在县党政大楼大会堂召开。叶天泉当选为县政协主席，徐建雄、邓秋香、胡高云、胡荣华、刘冠鹏、李炎香当选为副主席，颜定文当选为秘书长。

16—18 日，五华县第十五届人民代表大会第一次会议在县城党政大楼大会堂召开。县委书记范宜军主持大会，县长吴晖作《政府工作报告》，县人大常委会副主任李永浩作《县人大常委会工作报告》。邓伯锦当选为县人大常委会主任，吴晖当选为县人民政府县长，李伟华、曾冬云、李永浩、李清昌、温志清、张少凡当选为县人大常委会副主任，曾光华、刘敬东、温燕玲、赖勤、甘飞鸿、陈逸当选为县人民政府副县长，张晓辉当选为县人民法院院长，温汉珍当选为县人民检察院检察长。

19—21 日，2016 年全县中学生田径运动会在县体育场举行。53 间中学共 530 名运动员参赛角逐 54 个比赛项目。

20 日，香港旭日集团的员工和志愿者们到五华为当地的贫困户、低保户等困难群众赠送棉被 3000 张，总价值 36.9 万元。

12　月

1 日，县委县政府召开全县农村人居环境综合整治工作会议，动员全县上下立即开展农村人居环境综合整治。

3 日 15 时，郭田中学初一学生江美霞和同村（坪上村）的 5 个女生去青云庵游玩，江美霞不慎掉落山塘溺水，正在山塘护坡下的黄泽华下水施救，两人不幸身亡。

12 日，大丰华高速公路丰顺至五华段项目先行工程华阁枢纽立交（在五华县横陂镇华阁村）动工建设。

17 日，县委书记范宜军率队到深圳与全国政协委员、广东省客家商会会长、大百汇集团董事长温纯青交流座谈，希望商会充分发挥联系广泛以及产业资源优势，动员更多乡贤和优质项目回乡投资兴业，助推家乡发展迈上新台阶。

21 日，深圳市琴江文化研究会 2016 年度“陈国凯文学奖”颁奖仪式在县城举行。杨新乔、缪德良、陈双媚、张让兰、张利香等人获奖。

26 日，兴宁至汕尾高速公路五华至陆河段项目先行工程石下枢纽，在安流镇长江村石下自然村开工建设。

26—27 日，北京市仁爱慈善基金会工作人员一行到龙村镇第三小学和安流镇完塘小学，为在此两间学校设立的启明仁爱书院挂牌揭幕。

29 日，县政府与中国电信梅州分公司、中国移动梅州分公司、中国联通梅州分公司举行战略合作框架协议签约仪式。

是月，道光《长乐县志》校点重印发行。该志于道光二十五年（1845）由侯坤元修、温训纂，经嘉应学院原副教授丁思深几经校勘、标点和审定，原志有十八卷，校点重印后分“舆图、沿革表、职官表、选举表、舆地略、山川略、建置略、经政略、前事略、艺文略、古迹略、宦绩传、人物传（上）、人物传（下）”十卷，字数约 22 万字。

是年，五华投资 32 亿元建设 17 条公路，包括汕湛高速华阳出口至龙村镇的快速连接线Y304、X003 线金坑至龙村等县内连接线，以及国道 355 线安流至华阳段、县道 960 线等出县通道升级改造项目，总里程 245 公里。

△五华 2016 年投各类帮扶资金 2.2 亿元，帮助近 2.7 万人脱贫。

概览

五華年鑒

2017

国际大酒店

2016年五华概览

基本概况

【建置沿革】 五华史称长乐。北宋熙宁四年（1071）置县，称长乐县，县治长乐镇（今华城），归广南东路循州管辖。宋绍兴十九年（1149）迁县治于七都九龙冈（今水寨镇七都村）。元世祖至元二十九年（1292）复县治于长乐镇。明洪武属惠州，清雍正属嘉应州。民国3年（1914）易名五华，县治长乐镇改称华城，属潮循道。1949年中华人民共和国成立，属兴梅专区；1952年属粤东行政区，1954年始，县治从华城迁至水寨至今。1956年属汕头专区；1965年属梅县地区；1988年后属梅州市。

【位置面积】 五华县地处广东省东部、韩江上游，位于北纬23° 23′～24° 12′、东经115° 18′～116° 02′之间。县域版图略呈三角形。东南界丰顺、揭西、陆河，西南接东源、紫金，西北邻龙川，东北连兴宁。县境东起郭田照月岭，西止长布鸡心石，南起龙村登畲香炉山，北止华城新桥洋塘尾。东西宽71.59公里，南北长87.99公里，总面积3237.8平方公里。

【地质、地形、地貌】 五华地质较复杂，主要有侵入岩、喷出岩、砂质岩、石灰岩、花岗岩等五大类岩石构成山地、丘陵、盆地等三大地貌类型。全县山地占49.1%，丘陵占41.3%，河谷冲积平原占5.4%，盆地占4.2%。

盆地 西南东三面群峰矗立，地势逐渐由西南向东北倾斜。地形分为西部山地盆地区（北起玳瑁山，南至南琴江，西自白云嶂、七目嶂，东止马凹，包括潭下、长布、周江、华阳、横陂西部和岐岭、华城、转水的南部，横陂、安流的西部，龙村、梅林的北部）；东南山地丘陵区（梅江河谷平原以南，琴江谷地以东，包括棉洋、双华、郭田和龙村、梅林、安流、河东的一部分）；北部丘陵区（梅江和五华河谷地北部，包括岐岭和华城、转水、水寨的一部分）和中部河谷平原区（包括琴江、五华河沿岸狭长的河谷地带，和梅江五华县境河谷平原。琴江河谷平原南起梅林北部，北至河东河口，包括梅林、安流、横陂、河东、水寨大坝的一部分；五华河谷地西起蓝关，东止水寨大坝，包括岐岭、华城、转水、水寨大坝的沿河两岸；在琴江和五华河汇合处，是面积较大的水寨平原）。

山脉 境内山脉多属东北至西南走向，主要有莲花山脉、西部山峰和北部低山组成。全县有海拔千米以上的山峰31座，其中最高山峰为县西部的七目嶂（1318米）。

河流 县内河流属韩江流域琴江水系，集雨面积在10平方公里以上大小河流98条。主要河流有琴江河（古名右别溪），集雨面积2871平方公里，五华河（古曰兴宁江、县前河），集雨面积1832平方公里。两河在水寨河口相汇，东流出境经兴宁、梅县，至大埔三河坝汇合，注入韩江。

【气候、物候】 五华地处粤东丘陵地带，北回归线横跨县境南端，属亚热带季风性湿润气候，雨水丰富，夏秋温热多雨，冬季较短，开春较早，日照时间长，光能充足，农作物生长期长，一年三熟，四季宜耕。主要气象灾害有洪涝、干旱、低温霜冻、寒露风、倒春寒等。

2016年气候特点是：气温比历年平均偏高，降水偏多，日照偏少。年平均气温21.7℃，比历年平均气温偏高0.3℃；年降水量2295.8毫米，较历年平均偏多50%；年日照时数1652.7小时，比历年平均偏少11%。

【水土资源】 五华县地下水全靠降雨下渗积存而成，地下水常年为5.29亿立方米。过境年径流量13.03亿立方米。每平方公里土地水资源量为80.5万立方米，每亩耕地占有水量5212.54立方米。全县可利用水量为8.67亿立方米，其中蓄水2.68亿立方米、引水5.39亿立方米、提水0.6亿立方米。需水量5.22亿立方米，其中农业需水4.56亿立方米，工业需水0.02亿立方米，人、畜、生活需水0.64亿立方米。水力资源丰富，理论蕴藏量13.81万千瓦，可开发量9.94万千瓦。

【矿产资源】 五华矿物资源品种多。境内有各类金属矿物34种，其中含有色金属12种（钨、锡、铋、钼、铜、铅、锌、铝、钴、钛、锰、铁），贵重金属2种（金、银），稀有金属20种（镧、铈、镨、钕、钐、铕、钇、钆、铽、镝、钬、铒、铥、镱、镥、钽、铌、铍、锆、铷）；还有非金属矿物19种（石灰石、重晶石、萤石、水晶石、独居石、电气石、钾长石、云母、石墨、耐火石、石英石、玻璃石、方解石、蛭石、石棉、瓷土、稀土、煤、大理石），矿点97处。其中钨矿、钼矿达国家标准一级一类；萤石矿属世界一级品；钾长石储量和质量均居全省首位；瓷土含铝多，含铁少，储量大，质量上乘，其中尤以郭田、河东油田为最；油田矿泉水单日井涌量1662.68吨，其游离二氧化碳、偏硅酸、锶和锂含量以及矿化度均达国家《饮用天然矿泉水》（GB8537—87）标准；全县温泉有4处，开发利用3处，其中转水维龙汤湖热矿泥，经专家鉴定含有人体所需的60多种微量元素，被誉为“天下第一奇”。

【动植物资源】 五华动植物种类繁多。境内有各种兽类20多种，禽类100多种，两栖爬行类50多种，各种植物1000多种。珍稀动物有国家一级保护动物云豹、蟒蛇、五爪金龙、黄腹角雉、白颈长尾雉、鹰和国家二级保护动物穿山甲、小灵猫、大灵猫、白鹇（省鸟）等。珍贵树种有泡桐、水松、穗花杉、油椤树、落羽杉、观光木、刺桫椤、吊皮椎、山桐子、将军树、三尖杉、南方红豆杉、粘木、红椿、伯乐树、野龙眼等，其中有国家一级保护植物——桫椤，分布在省级自然保护区七目嶂区内粗石坑，群落面积较大，数量可观，有大小近百棵，其中一株高9.1米，冠幅近20多平方米，誉称“桫椤王”。优良树种主要有杉树（面积1.02万公顷，蓄积量28.92万立方米）、湿地松（面积0.65万亩，蓄积量22.42万立方米）。果树主要有妃子笑、黑叶、桂味、糯米糍品种荔枝，茶亭岗沙田柚，大田果合柿，双华板栗，棉洋桃驳果、全和杨桃、转水水晶柚、中兴冬蜜梨等。野生药材颇丰，有255个品种，经专家学者鉴定有237种，其中列为国家重点普查的143种，药用价值较高的129种。

【旅游资源】 五华历史悠久，人文积淀厚重，是世界球王李惠堂的故乡，也是原中央苏区县。境内文物古迹众多，有华城狮雄山秦汉遗址、长乐学宫、狮雄山塔、李威光故居，双华英烈庙，横陂李惠堂故居，转水荣槐楼等省级重点文物保护单位7处，县级重点文物保护单位 63 处。其中，狮雄山秦汉遗址被列为广东省“八大大遗址”之一。民间艺术斑斓，主要有木偶戏、采茶戏、竹马舞、春牛舞、花朝戏、民歌、狮舞、龙舞、八音乐班、杂耍等近 20 个群众喜闻乐见的传统文艺品种。其中提线木偶被列入全国优秀非物质文化遗产，提线木偶、竹马舞、石雕、采茶戏、锣花舞、长乐烧制酒工艺和下坝迎灯被省政府列入全省非物质文化遗产保护项目。五华土特产丰富，极具市场优势。岐岭长乐烧酒，被评为国优产品，畅销省内外；华城细核荔枝、大田柿花、棉洋桃驳果、转水红糊，历为名品；绿茶、板栗、老红酒、巴戟酒、三黄鸡、酿豆腐、特级豉油、白芒坝花生、新桥腐竹、龙村腊蔗、双华巴戟、益塘荔枝、长布土茯、茶亭冈沙田柚，以其独特的风味和功用，为世人所称道。五华还被省列为水果、南药、紫胶、烤烟生产基地，产量、质量均居全省前列。素有“工匠之乡”的美誉，造型美观的金木雕、小巧精致的竹编工艺、雄浑古典的石雕，久负盛名。五华交通便利，国道205线、广梅汕铁路穿梭而过，建成的高速公路有梅河高速、汕湛高速五华段，在建的有兴华高速和畲华支线，规划建设的有大丰华高速以及兴汕高速五华段，全县“四横两纵”的“两高”交通建设架构，外联内畅的综合交通体系正在加快形成。“山、水、泥”旅游独具特色，景点有被誉为“粤东明珠、物种宝库”的省级自然保护区七目嶂；有四季花果飘香、湖光潋滟的国家 AAA 级旅游区、国家水利风景区——益塘水库旅游区；有集休闲娱乐、农业观赏和理疗保健于一体的国家 AAA 级旅游区——汤湖热矿泥山庄等。

【行政区划】 五华县辖水寨、河东、转水、华城、岐岭、潭下、长布、周江、横陂、郭田、双华、安流、棉洋、梅林、华阳、龙村16个镇，412个村民委员会，7390个村民小组，34个居民委员会。

【民族人口】 县人多属汉族，还有蒙古族、壮族、回族、满族、瑶族、藏族、苗族、彝族、布依族、维吾尔族、侗族、土家族、白族、朝鲜族、佤族、高山族、塔吉克族等少数民族。旅居海外华侨 13 万多人，港澳台同胞 29 万多人。2016 年年末，全县总人口为 1516426 人，其中，非农人口为 455154人，农业人口为 1061272 人，人口密度为每平方公里 469 人。

表1 2016年年末五华县行政区划一览表

镇名称	村民委员会名称	村委会(个)	村民小组(个)	居委会(个)
水寨	员瑾、河尾、罗湖、犁滩、协和、良美、黄井、大岭、大布、上坝、坝美、大沙、高车、善坑、平湖、中洞、榕树、岗阳、坝心、澄湖、大湖、七都、莲洞	23	449	4
河东	走马、增塘、苑河、苑堂、澄塘、东溪、太和、沙渴、宝瑞、下村、下一、高榕、下二、黄湖、河口、牛石、赛洞、布头、礤坑、三田、桂田、蝉塘、桂岭、罗塘、林石、枫林、联岭、平东、黎塘、黄坑、平西、黄泥寨、油新、下陶、浮湖、礤新、洋坑、万华、油田、化裕、和民、大嵩、高车塘	43	555	3
转水	畲维、维龙、益塘、新丰、畲荷 、黄梅、青西、下潭、五星、青塘、长源、流洞、蛇塘、新华、新民、三源、黄龙、矮车、里塘、旱塘、枫林塘	21	425	1
华城	满堂、红星、高华、南方、兴一、城镇、董源、铁炉、葵富、兴中、新兴、高竹、万子、齐乐、维新、维西、湖田、西林、观源、塔岗、城东、黄埔、黄金、河子口、河亨、新二、新建、新四、民主、新一、新五、华安、新亨、洋田	34	1160	3
岐岭	罗经、朝阳、皇华、北源、荣贵、合水、凤凰、荣福、黄福、龙寨、联安、清溪、孔目、王化、鲁占、黄塔、塔星、龙岭、华源、荷梅、龙水、大蒲、双山、礤下、赤水	25	504	2
潭下	杞水、南华、文里、福灵、模石、竹梅、龙田、乐道、品畲、汶水、上围、光华、新田、柏洋、布坪、锡坪、大玉、百安、中村、金石	20	315	1
长布	石础、蓝塘、长生、长安、琴塘、栋岭、横江、粘坑、金华、北洋、栋新、太平、源潭、梅塘、红旗、嶂下、大客、大径、大坑、福兴、高礤、五彩、樟村、青岗、中心	25	270	2
周江	新良、甘茶、龙堵、狮潭、兰鱼、黄华、冰坎、早成、蓝坑、联太、黄布、溪口、良宁、崀头、红源、增洞、利洋、桂子、龙洞、三河、利河、中兴	22	399	2

续上表

镇名称	村民委员会名称	村委会(个)	村民小组(个)	居委会(个)
横陂	东山、新联、石下、章联、西湖、横陂、崇文、江南、超群、杨恩、红光、联长、华阁、夏阜、新寨、叶湖、近江、湖塘、长塘、增华、坑口、兴华、坝头、老楼、罗陂、东升、田布、长兴、安全、斑鱼、桐树、双联、贵人、增大、小都	35	569	3
郭田	湖华、礤下、硿南、龙潭、横塘、三坑、石团、布美、双光、郭田、坪上、蕉州	12	249	1
双华	黄径、禾沙、大陂、军营、冰塘、苏区、华拔、华南、竹山、虎石、福全、华东、公平、双华、矮畲、富美	16	254	1
安流	学园、大九、双福、吉程、樟潭、龙楼、福龙、福陂、福华、完塘、三江、低坑、洑溪、东礼、福江、半径、半田、吉水、万塘、龙中、蓝田、福西、学少、青江、葵樟、五联、楼江、里江、长江、文葵、福岭、红山、联新、双径、大和、大同、联和、丰联、胜利、上布、河沿、石门	42	789	4
棉洋	群星、荣华、洛阳、新光、中新、琴江、红星、美光、竹坑、罗城、福城、联西、美田、葵岭、黎洞、棉洋、阳光、平安、绿水、唐纯、桥江、溜砂、水湖、双璜、富强、大光	26	674	2
梅林	新成、福新、福塘、新塘、黄沙、上礤、华光、招田、三乐、尖山、金坑、梅北、梅南、梅林、琴口、优河、梅东、宣优	18	417	1
华阳	高塘、红洞、莲高、社径、太坪、叶新、小拔、坪南、华阳、华南、华新、大拔、陂坑	13	329	1
龙村	梧溪、公联、杜坑、睦贤、龙村、金龙、樟华、塘湖、三湖、洞口、大坑、湖中、宫前、潭溪、石溪、柏溪、新艳、云溪、南洞、南中、水口、水南、兴民、黄洞、营田、老田、硝芳、南口、留畲、先河、吉祥、榕溪、翻新、黄狮、登畲、大梧、下滩	37	596	3
合计	全县辖16个镇，412个村民委员会、7954个村民小组，34个居民委员会			

说明：2014年1月，原属七峰径林场管理的大光、径顶自然村增设为棉洋镇大光村

社会经济发展概况

【经济发展概况】 2016 年，全县实现生产总值 140.21 亿元，对比上年增长 9%，其中第一产业增加值 31.45 亿元、第二产业增加值 38.75 亿元、第三产业增加值 70.0 亿元，分别对比上年增长 4.2%、11.7%、9.6%。地方财政一般预算收入 6.9 亿元、全县一般公共预算总收入 65.97 亿元、全县一般公共预算支出 58.25 亿元，分别对比上年增长 24.3%、6.03%、3.3%。

【农业】 2016 年，农业产业结构调整稳步推进，促进农业产业化和现代化，使传统农业逐步向精致高效现代农业转变。全县农业总产值 56.01 亿元，对比上年增长 3.3%；农业增加值 33.17 亿元，对比上年增长 4.6%。完成 2333.33 公顷高标准基本农田建设任务。出台茶叶产业发展扶持奖励办法，成立县茶叶协会，“七畲径”绿茶、“登云嶂”黄金芽绿茶被评为省名牌农产品，松岗嶂被评为省“富硒企业生产基地”。双华镇被评为“广东省旅游休闲农业示范镇”。新增省级农业龙头企业 3 家、农民专业合作社 87 家。农村土地承包经营权确权登记颁证和第三次全国农业普查工作有序推进。横陂农业科研示范基地和松岗嶂、新丰寨、鼎德信等农业基地加快建设。

种植业　全年粮食总产量 33.13 万吨，比上年增长 2.4%。其中：稻谷 28.37 万吨，增长 1.1%；甘蔗 7836 吨，比上年增长 7.2%；烤烟 2719 吨，比上年增长 12.6%；花生产量为 8019 吨，比上年增长 5.8%；大豆产量为 3962 吨，比上年增长 4.5%。

林业　全年林业完成人工新造林 1.06 万公顷，年末森林覆盖率 70.74%，比上年提高 0.59 个百分点，林木蓄积量累计达 822 万立方米，比上年增长 5.0%。全县有自然保护区 11 个，省级森林公园 1 个，县级森林公园 2 个。

畜牧业　全年肉类总产量 5.67 万吨，比上年下降 1.4%，其中：猪肉产量 4.16 万吨，比上年下降 3.1%。生猪年末存栏 44.48 万头，比上年下降 0.7%，耕牛年末存栏 2.63 万头，比上年下降 6.41%。

水产业　全年淡水产品产量 1.88 万吨，比上年下降 3.0%。

【工业】 2016 年全县全部工业总产值 104.87 亿元，比上年增长 7.8%；完成工业增加值 30.39 亿元，比上年增长 11.6%。其中：规模以上工业企业 30 家，实现总产值 66.73 亿元，比上年增长 10.8%，实现增加值 11.91 亿元，对比上年增长 13.9%。深入开展“暖企”行动，实行县领导挂钩联系服务企业制度，帮助企业解决融资、用地、用工等问题，加快推进企业建设投产工作。嘉晖盛、天东通信、航威斯电子等 7 家企业和辉骏集团高端电子板项目实现投产，红木文化产业园、中农批一期开业，富胜实业实现“新三板”挂牌，诺德实业、博思特厨电等 10 个项目动工建设。发挥“助保贷”平台作用，为中小微企业放贷 1.23 亿元。实施新一轮工业企业技术改造，完成技改投资 21.0 亿元、比增 50.4%。富胜实业、宝汇环保获“国家高新技术企业”认定，新增 11 家规模以上工业企业，全县实现规模以上工业企业 30 家；全年规模以上工业企业实现销售收入 62.5 亿元，比增 12%。全年主要工业产品产量：

发电量2.49亿千瓦时，对比上年增长53.8%；涤纶纤维72577吨，对比上年增长11.0%；饮料、酒4418吨，对比上年增长12%；中成药6759吨，对比上年增长33.1%；家用电热器具451万台，对比上年增长11.6%。

【园区建设及招商引资】 2016年，园区扩能增效步伐加快。投入7.2亿元，加快推进园区征地拆迁、土地平整和道路、供水、供电、排污等基础设施建设。完成广州番禺（五华）产业转移工业园征地167.93公顷、平整67.33公顷，完成兴业大道、兴业一路、工业五路硬底化建设，打通工业一路、工业四横路等“断头路”。完成河东工业区征地128.13公顷，园区主干道路和供水供电等基础设施加快建设，粤台（梅州）自行车产业园规划建设有序推进。完成安流工业园征地40公顷、华城工业园征地33.33公顷，项目引进、土地平整和园区规划建设扎实推进。广州番禺（五华）产业转移工业园获评省级产业园起步园优秀等次。全年园区实现工业总产值59.2亿元、规上工业增加值11.5亿元、税收1.4亿元，分别比增11.3%、30.7%、27.3%。大力实施“乡贤回乡投资兴业”工程，精心挑选符合产业布局的项目，落实专业招商队和领导干部“一对一”对接联系责任，全年引进项目34个、计划投资97.8亿元。

【固定资产投资】 2016年，全县固定资产投资增长较快。全年完成固定资产投资97.21亿元，比上年增长39.0%。其中，交通投资32.63亿元，增长33.4%；工业投资46.0亿元，增长34.4%，其中技改投资20.96亿元，增长50.4%；房地产投资4.92亿元，下降48%；其他投资13.66亿元，增幅6.5倍。

【基础设施建设】

交通运输　2016年，五华县统筹推进“四横两纵”骨干路网建设，交通路网持续优化，区位优势不断显现。兴华高速五华段实现无障碍施工，大丰华高速丰顺至五华段、兴汕高速五华至陆河段动工建设。投入13.8亿元，加快县内路网优化提升，X031横周线、X033棉双线、郭田至双华公路、环城大道东延线、X003线金坑至龙村公路、周江冰坎至华阳新田公路等13条共180公里的县乡公路建设改造扎实推进，全力抓好G355线华阳至安流段改造和长乐大道、狮雄山旅游公路等项目建设，动工迁建县汽车客运站场。完成农村公路硬底化120公里，琴江公路水寨至锡坑段实现单边通车，兴华高速五华互通至县城连接线、汕湛高速华阳互通至龙村连接线等项目建设改造基本完成。各种运输形式竞争有序，综合运力进一步提高。各种交通运输方式完成货物周转量16.95亿吨公里，比上年增长10.4%，完成旅客周转量4.5亿人公里，比上年增长7.6%。年末，全县公路通车里程3334.47公里，比上年增加88.47公里，增长2.72%。公路密度每百平方公里由上年的100.27公里增至本年的102.99公里，比上年增加2.72公里，增长2.71%。

水利电网建设　梅州（五华）抽水蓄能电站“三洞两路”前期工程和两个移民安置区建设有序推进，启动库区大面积征地工作。龙狮殿风电场项目设计、水保报告评审等前期工作有序推进。投入4.9亿元加快水利设施建设，完成7宗病险小型水库除险加固任务和年度“五沿”崩岗水土流失治理工程，基本完成年度16宗山区中小河流治理主体工程建设，周江、华阳、长布等5宗镇级集中式水厂全面动工建设。投入电网建设资金1.4亿元，大力实施新一轮农村电网改造升级工程，完成119个中心村农村电网改造，建成208个基建配网工程。110千伏周江狮潭输变电工程加快建设。

城乡建设　完成县城水寨、河东、员瑾、大坝片区控制性详细规划和琴江新城15.7平方公里控制性详细规划编制。投入8.7亿元，加快中心城区和琴江新城市政配套设施建设，完成老河道公园、长乐大桥、公园路、华一南路、富通路等项目建设改造，奥园广场购物中心建成开业，增塘堤一期、河东北堤、琴江广场二期、华兴东路和琴江新城地下管廊、布新南路等项目加快建设，五华客天下文化旅游产业园、足球文化公园动工建设，“国家卫生县城”和“广东省文明县城”创建工作扎实推进，县城人居环境不断改善。镇村建设有序推进，全面实施农村人居环境综合整治和美丽乡村建设，重点打造转水镇“益塘流域，十里水乡”、潭下镇“五村联动桃花源”和郭田镇“红色文化，金色风铃”等美丽乡村示范点，全面启动镇村污水处理设施和生活垃圾中转站建设，进一步完善镇村生活垃圾处理设施，建成一批群众休闲健身广场，实施华城环城街、安流新兴街升级改造和横陂圩镇扩宽改造等一批街道提升改造工程。全面规范农村建房秩序，完成削坡建房边坡整治2141户，完成农村危房改造2640户。

邮电通信　扎实推进原中央苏区农村超高速无线局域网应用试点工作，县城和各圩镇光纤宽带、4G网络信号实现全覆盖，城市管理逐步实现数字化。2016年，全县城乡固定电话用户62215户，对比上年下降23.7%。全县计算机互联网用户4.14万户，对比上年下降5.2%。

【旅游业】　2016年，全县抓住城市化进程和深梅旅游线路扩展契机，启动狮雄山建筑遗址保护省市共建项目，完成李威光故居修缮，扎实推进热矿泥休闲山庄升级改造和双龙山景区、新丰寨生态旅游等项目建设，全力打造集“休闲度假、乡村旅游、客栈民宿、特色餐饮”为一体的休闲度假养生保健美丽乡村旅游，擦亮“五华客天下、球王故里、热矿泥浴”等特色旅游品牌。全年，全县旅游接待532万人次、旅游总收入37.66亿元，分别比增15.8%、16.9%。

【商贸·财税】　2016年，国内消费品市场稳定发展，全县实现社会消费品零售总额90.47亿元，对比上年增长10.7%。对外经济工作成绩显著，外贸进出口总额增长较快。全年外贸进出口总额17,941万美元，比上年下降8.2%，外贸出口总额13,951美元，下降24.2%。其中“三资”企业出口额1444万美元，增加49.3%；一般贸易出口12507万美元，对比上年下降32.7%。实际利用外资实现801万美元，增长50.3%

全县财政收入较快增长，地方一般公共预算收入实现6.9亿元，对比上年增长24.3%；地方一般公共预算支出58.25亿元，对比上年增长3.3%。深化投融资体制改革，新成立9个融资平台公司。农民住房财产权抵押贷款试点工作扎实推进。餐饮、物流、电子商务等现代服务业蓬勃发展。国内消费品市场稳定发展，全县实现社会消费品零售总额90.47亿元，对比上年增长10.7%。强化对重点工程、房地产行业、外出经营企业等重点税源监管，税收管理不断加强。国税组织收入5.91亿元、地税组织收入7.35亿元，分别对比上年增长78.9%、9.6%。落实“营改增”和各项减税降费政策，为纳税人减负1.5亿元。

【金融·保险】 2016年年末，金融业快速发展，存贷款余额实现同步较快增长。全县国家银行各项本外币存款余额245.74亿元，比上年末增长11.1%。城乡居民储蓄存款余额173.58亿元，比上年末增长9.2%。各项本外币贷款余额82.97亿元，比上年末增长18.3%。

人保、人寿保险费收入1.44亿元，对比上年增长1.4%。其中：人民保险保费收入4607.8万元，对比上年增长9.7%；人寿保险费收入9769万元，对比上年下降2.3%。

【教育·科技】 2016年，五华县顺利通过“全国义务教育发展基本均衡县”国家复查验收。启动“广东省推进教育现代化先进县”创建工作，高级中学如期建成开学，县第六小学和特殊教育学校基本建成，县技工学校建设扎实推进。设立县教育发展基金，募集认捐资金1.35亿元。教育基础设施不断完善，教育投资进一步加大，办学条件继续改善，办学质量持续稳定提高。全年教育财政拨款15.32亿元，对比上年增长10.5%。全县有各类中等专业学校2所，在校学生450人，减少59.1%；普通中学54所，在校学生72960人，减少5.4%，其中：高中学生29001人，减少8.6%；职业中学3所，在校学生2880人，比上年减少39.8%。全县共有小学160所，在校学生95973人，增长3.8%。全县适龄儿童入学率、小学毕业生升学率、初中毕业生升学率均为100%，实现与上年持平；高中毕业升学率89.9%，下降3.1个百分点。在本年高考中，全县考生人数比2016年减少801人，入省3A线以上人数达4363人，入围率为44.6%，入本科线以上人数2019人，入围率20.6%。全年完成市科学技术奖项目3个、县科学技术奖项目7个；完成五华县人民医院和五华县中医院等2家单位共6个项目的市级卫生科技立项结题验收工作；完成省级科技计划项目1个。专利申请总量250件，授权量220件。

【文化·广电】 2016年，五华县文化事业欣欣向荣，各种文化设施不断完善，广场文化丰富多彩。完成大型采茶戏《月照城乡》创作，建成村文化广场138个和农村文化俱乐部16个，完成清·道光《长乐县志》校点整理并重印出版发行。全年两个专业剧团和县文化馆一条龙业余剧团送戏下乡演出160场，放电影4932场。图书馆有藏书13.3万册，进馆读者13万人次，图书流通量13.3万册次。全县有调频广播电台1座，有线电视台1个，有线电视站8个，卫星电视地面接收站1个，有线电视用户11.3万户，广播、电视人口覆盖率98%，实现“喇叭村村响”广播系统全覆盖。

【卫计·体育】 2016年，五华县启动“广东省卫生强县”创建工作，投入2.9亿元加快医疗基础设施建设和医疗设备购置，县人民医院、县妇保院升级改造和县中医院外科综合楼、县慢病站住院大楼、县疾控中心业务用房建设有序推进，乡镇卫生院标准化改造和村卫生站公建民营建设有效实施，卫生服务能力逐步加强。郭田、棉洋、华城等3间卫生院被国家卫计委授予“群众满意的乡镇卫生院”称号。进一步完善和落实人口与计划生育目标管理责任制，深入开展计生政策宣传，实施两孩新政，全面优化计生服务，提高妇幼健康服务能力，开展计生家庭养老照护试点工作，落实流动人口双向服务管理，计生服务能力不断提升。年末，全县拥有卫生机构43个，床位3198张。各类卫生技术人员3544人，其中：执业医师1021人，增长1.2%；执业助理医师1009人。无偿献血63.24万毫升。2016年，全县总人口为1516426人，比上年增加52497人，增长3.59%。其中，常住人口为1086795人，常住人口城镇化率为34.41%，对比上年末提高1.2个百分点。在总人口中，城镇人口为455154人，占总人口30%；乡村人口为1061272人，占总人口70%。男性人口为789835人，女性为726591人，性别比为108.7%。出生率为16.36‰，比上年提高2.94个千分点；死亡率5.76‰，对比上年提高0.11‰；自然增长率10.6‰，比上年增加2.84‰。

2016年，全县积极发展足球事业，设立县青少年足球发展基金，启动新球王人才培养工程，荣获6个市级以上足球赛事冠军。认真组织中甲主场赛事，积极打造文明赛场，组建球迷协会、设立球迷服务中心，协助引导球迷和观众文明观赛；全年承办中甲赛事15场、足协杯赛事1场，吸引省内外观看球赛人数达12万人次。完成华城、横陂镇7人制和安流镇11人制标准足球场改造。全县积极开展群众性体育竞赛活动，利用重大节日或双休日在县城举办足球、篮球、乒乓球、棋类、健身竞走等大型群众活动28场次，推动全民健身运动积极发展。

【生态环境建设】 2016年，全县县级自然保护区和县镇森林公园加快建设，启动实施"县城周边3万群山森林围城"工程，完成碳汇造林1.06万公顷、森林抚育2.88万公顷，建成乡村绿化美化工程54个。年末，实现森林覆盖率70.4%，比上年提高0.59个百分点。严格落实森林防火责任制，创新开展森林防火"严防严管严打"行动和"每月一主题"活动，有效遏制森林火灾发生。加大对破坏森林资源行为打击力度，立案查处64宗48人。坚持重点环境问题县政府挂牌督办制度，完成重点环境问题整治38宗。严格落实耕地保护责任，全年立案查处国土资源违法违规行为46宗，拆除违法占地建筑172宗2.72公顷，向公安机关移送非法转让土地案件1宗，涉及金额130万元；依法对非法买卖土地行为作出《国土资源行政处罚决定书》2宗，罚没金额27.6万元。全县有环境监测站1个，环境监测人员18人；生活污水处理厂3座。加大高污染、高耗能企业监管及淘汰力度，淘汰改造高污染燃料锅炉11台，全面完成节能减排任务，空气质量优良率、饮用水源地水质达标率分别为98.6%、100%，固体废物综合利用率99.7%，全年城区空气质量优良以上347天。

【民生改善】

精准扶贫　全面启动精准扶贫精准脱贫三年攻坚工作，精准识别贫困对象，全县共核定贫困户21618户70931人。创新"互联网+扶贫"模式，抓好扶贫服务事项进驻网上办事大厅工作，扶贫管理与服务系统建设试点工作有序推进。严格落实挂村帮扶责任机制，各级帮扶单位投入扶贫资金2.2亿元，推进产业发展、培训就业、教育文化、医疗保障、住房改造和兜底扶贫，2.7万相对贫困人口顺利脱贫。

社会保障　超额完成社保扩面征缴任务。城乡居民基础养老金标准、城乡低保标准、五保对象供养标准、孤儿供养标准、城乡居民基本医疗保险补助标准、县属中等职业学校免学费补助标准、农村寄宿制学校生均公用经费补助标准、学前教育困难家庭幼儿生活费补助标准等不断提高。培训各类劳动力1.28万人次、转移就业1.29万人次、新增城镇就业 5113 人。落实事实无人抚养儿童生活津贴制度，确保 50%以上的福利彩票公益金用于支持发展养老服务体系建设。为 1.5 万名 35—64 岁城乡贫困妇女免费筛查乳腺癌、宫颈癌。建成县社保经办大厅、县劳资纠纷应急处置中心，城乡居民医保中心荣获全国人力资源社会保障系统优质服务窗口。保障房建设和棚户区改造有序推进。完成县残疾人康复中心主体工程建设，将镇残疾人专职委员纳入公益性岗位，为 1.2 万名残疾人缴纳城乡居民医疗保险和城乡居民养老保险。县革命烈士陵园、殡仪馆升级改造和水寨大岭、河东禾尚田、华城观源等一批镇级公益性生态公墓园建设有序推进。成功创建“减灾示范社区”，水寨镇公园社区被国家减灾委员会和民政部评为“全国综合减灾示范社区”。

2016 年，全县共征收社保费 8.16 亿元，参加城乡居民医疗保险人数 115.94 万人，比上年下降 4.6%。参加农村养老保险人数 43.24 万人，比上年增长 6.2%。年末，全县 28239 人参加失业保险，比增 1.5%；参加基本养老保险职工人数 32546 人，下降 25.4%；参加工伤保险人数 32521 人，比增 1.9%；有 30445 名离退休人员享受社会养老保险，比增 8.3%。全县享受最低生活保障困难群众 42669 人，其中城镇 471 人，农村 42198 人。全年发放医疗救助金 4067.34 万元救助 58406 人次。

社会管理　建成县镇村三级公共服务平台，全面实行村级服务群众代办业务，县公共服务中心受理各类事项 50 多万件，办结率 99.9%。深入推进行政审批制度改革，加大简政放权力度，全面完成政府部门权责清单编制工作。全面实施商事制度改革，新登记各类市场主体 5023 户，同比增长 24.2%。集中开展禁止露天焚烧秸秆、违法占用耕地建房和非法买卖（转让）土地等“十大专项整治”行动，城乡建设管理秩序不断规范。县镇换届选举工作圆满完成。创新开展以“打黑除恶”为重点的“百日行动”，共破现案、积案 117 宗。在全市公安机关“飓风 2016”专项打击行动中，五华县量化评价总分排名居全市第一。积极化解社会矛盾纠纷，全县信访维稳形势持续稳定，到省到市上访人数分别下降 10.9%、21.6%。深入开展“两违”线索排查，共摸排线索 634 条，立案 154 件、结案 132 件。强化重点领域审计监督，完成审计项目 49 个。“阳光厨房”建设步伐加快，食品药品安全监管水平不断提高。严格落实安全生产“一岗双责”责任，扎实推进安全生产重点行业领域治理攻坚工作，完成郭田镇火灾隐患重点地区整治，安全生产形势保持总体平稳。设立不动产登记中心，不动产统一登记发证工作稳妥推进。建成县镇电视电话会议系统和三防视频会商系统。扎实开展“一村（居）一法律顾问”工作，全面完成“六五”普法任务，启动“七五”普法工作，五华县被评为“全国法治宣传教育先进县”，华城司法所被评为“全国模范司法所”。

【人民生活】 2016 年，五华城乡居民收入进一步增加，生活水平稳步提高。居民人均可支配收入 13,478.5 元，比上年增长 8.8%，扣除价格因素，实际增长 6.4%。其中：城镇居民年人均可支配收入 18,780 元，比上年增长 7.1%，剔除价格上涨因素，实际增长 4.7%。农村居民年人均可支配收入 11,145.4 元，对比上年增长 9.9%，剔除价格因素实际增长 7.4%。

（汤国夫）

政治

五華年鑒

2017

都督府

中国共产党五华县委员会

重要会议、活动简述

1月27日，中共五华县委第十二届六次全体会议在县党政大楼大会堂召开。会议主题：深入贯彻落实中央、省委和市委全会精神，总结2015年和“十二五”工作，谋划“十三五”发展，重点部署2016年各项工作任务，进一步动员全县上下紧紧围绕“工业新城、宜居五华”目标定位，明确发展思路，抢抓发展机遇，强化发展举措，全力加快振兴发展、全面提升治理水平。县委书记范宜军代表县委常委会作工作报告并作总结讲话，县委副书记、代县长吴晖作《中共五华县委关于制定国民经济和社会发展第十三个五年规划的建议》稿起草说明并总结部署经济工作。

3月9日，县委书记范宜军、县长吴晖率队调研县城重点项目建设推进情况。范宜军、吴晖要求，各级各单位要坚持项目为主，围绕县委、县政府的决策部署，理清工作思路，制订翔实的工作方案，全力以赴抓好落实。

4月1日，县委书记范宜军到县扶贫局调研，传达省市扶贫工作会议精神，研究新一轮精准扶贫工作，强调要深入学习省市扶贫工作会议精神，进一步摸清底子、制订方案、落实责任、强化保障，为全力打好精准脱贫攻坚战起好步、开好局。

4月6日，县委书记范宜军主持召开县城扩容提质项目建设推进会，要求各级各部门要按照2016年确定扩容提质建设项目建设要求，切实落实责任，狠抓工程质量和进度，确保如期完成各项工程建设任务，全力推进县城扩容提质，着力打造“宜居县城、宜居五华”。

4月7日，五华召开创建“广东省卫生强县”暨计划生育工作会议，正式启动“广东省卫生强县”创建工作。县委书记范宜军出席会议并讲话，县长吴晖主持会议并代表县政府与棉洋镇、县公安局签订责任书，县委副书记傅国强宣读2015年度计生考评结果，县委常委、常务副县长曾光华总结分析全县卫生和计生工作，对创建工作和卫生工作进行部署。

4月7日，在党政大楼大会堂召开五华县扶贫开发工作动员大会，贯彻落实中央和省、市扶贫开发工作会议精神，总结五华县第二轮扶贫开发“双到”工作，部署新时期精准扶贫、精准脱贫工作，动员全县上下把思想和行动统一到中央和省委、市委的决策部署上来，举全县之力、集全县之智，坚决打赢精准脱贫攻坚战。

4月21日，县委书记范宜军、县长吴晖率队专题调研创建国家卫生县城和省卫生强县工作，现场了解两项工作开展情况，有针对性地解决工作推进过程中的困难和问题，加快创建步伐。

4月22日，五华召开推进“两个责任”

落实暨改进机关作风工作动员大会，贯彻落实中央、省、市关于抓党风廉政建设和作风建设部署要求。县委书记范宜军出席会议并作动员讲话，强调全县上下各级党员干部要正视问题，突出重点抓整改，扎实推进“两个责任”落实、持续加强机关作风建设，为加快振兴发展营造风清气正政务环境，提供良好作风保障。

5月5日，县委召开全县县镇领导班子换届工作会议，贯彻落实中央和省委、市委关于换届工作部署要求，对五华县镇领导班子换届工作进行动员部署。县委书记范宜军出席会议并讲话，强调要把思想和行动统一到中央和省委、市委的部署要求上来，以高度的政治责任感，抓住三项重点任务、加强组织领导、严肃换届纪律，确保圆满完成换届工作，切实选好干部、配强班子，为加快五华振兴发展提供坚强的政治和组织保证。

5月27日，市委书记黄强、市长谭君铁率队到五华县调研扶贫开发工作，强调要认真贯彻落实中央和省市关于扶贫开发工作决策部署，坚持一户一策，注重精准发力，切实做好新时期精准扶贫、精准脱贫三年攻坚工作。市委副书记叶胜坤，市委常委、秘书长彭耀新，市政府秘书长、办公室主任朱国城，以及五华县和市直相关单位负责人等参加有关调研活动。

5月30日—31日，省长朱小丹率队到河源龙川县梅东村、葛藤村，梅州五华县高车塘村、下陶村、横塘村，丰顺县璜溪村、环西村，检查指导各驻村工作队工作，并深入贫困户家中，详细了解困难群众的生产生活情况，向他们介绍广东省帮扶贫困群众的各项政策措施。强调要按照省委省政府的部署要求，扎实做好精准脱贫各项基础性工作，因地制宜、因人而异制定精准扶贫、精准脱贫规划和措施，确保脱贫攻坚开好局、起好步。

6月23日，县委书记范宜军到安流镇调研精准扶贫精准脱贫、基层治理、美丽乡村建设等经济社会发展情况，要求安流镇要抢抓机遇，谋划好发展规划，全力加快推进县域副中心城建设。

6月30日，县委书记范宜军和县委常委、县委办公室主任宋学希一起，来到挂点的水寨镇和河东镇开展“七一”慰问活动。

7月12日，县委书记范宜军率队到水寨、河东等镇检查防汛工作，了解山塘、水库、河堤等水利设施的防汛措施，强调各镇各单位要牢固树立防大汛、抗大洪、抢大险、救大灾的思想，落实防汛责任，严防死守，确保安全度汛。

7月20日，县委书记范宜军率队调研梅州（五华）抽水蓄能电站项目建设。强调各级各单位要树立责任感和紧迫感，加强统筹协调，齐心协力解决好项目建设中碰到的困难和问题，全力以赴服务项目建设。

8月10日，县委书记、县人武部党委第一书记范宜军主持召开议军会议，就五华当前征兵工作及人民武装部建设等事宜进行专题研究讨论。

8月17日，市委副书记、代市长方利旭到五华调研，并与五华县领导班子座谈交流，了解经济社会发展和各项工作推进情况，强调要坚定发展的方向和信心，落实好“两大政策”，扭紧“三大抓手”，全力加快振兴发展速度。

9月20日，县委书记范宜军率队到安流镇调研精准扶贫精准脱贫和美丽乡村建设等经济社会发展情况，强调要做好扎实基础工作，结合实际，谋划好帮扶项目，精准施策，全力打好精准扶贫精准脱贫攻坚战。

9月22日，县委书记范宜军率队到基层治理挂点的水寨镇大湖村，调研该村基层治理工作推进情况，强调要抓住村里的资源特色，打造亮点工程，在基层治理工作中创造经验，树起典型标杆，增强示范效应，带动全县基层治理工作取得新成效。

10月9日，县委书记范宜军率队到住建局，对城乡规划建设管理工作进行专题调研，强调各级各相关单位要针对城乡建设管理存在的不足，加快完善相关制度，坚持规划管控，加强宣传和执法，进一步规范城乡建管秩序，提升城乡建管水平。

10月18日，中国共产党五华县第十三次代表大会在县城党政大楼大会堂隆重开幕，县委书记范宜军向大会作报告，吴晖主持大会。

11月22日，县委书记范宜军率队到转水镇对2016年基层党建的七项重点任务落实情况进行督促检查，看望基层党员干部。强调要通过抓基层党建工作，提升基层党组织和基层党员干部的凝聚力、战斗力和向心力，促精准扶贫、美丽乡村建设、村民理事会健康运行、镇村干部有效管理等工作的落实，全面夯实振兴发展的基础。

11月23日，县委书记范宜军率队调研琴江新城建设开发推进情况。强调各级各单位要充分认识琴江新城开发建设的战略意义和重要地位，坚持科学规划，创新开发建设和管理模式，通过新城建设，提升五华新型城镇化建管水平，助推宜居五华建设。

11月24日，县委书记范宜军率队到县委党校，落实中央和省委党校工作会议精神，专题研究解决党校发展遇到的困难问题，强调要树立做好党校工作的神圣使命感，围绕县委中心工作，全面提升办学水平，为五华加快实现振兴发展培养更多优秀人才，充实更多中坚力量。

12月2日，县委书记范宜军率队到在建工地开展安全生产检查，强调各级各单位各行业要把安全挺在前面，强化监管，严查危险源和隐患点，做到安全生产责任落实到位、监管到位、巡查到位、整改到位，全力保障生产安全。

12月8日，饶平县委书记张传胜率党政代表团一行到五华参观考察，县委书记范宜军等陪同考察。双方表示，饶平和五华虽然相隔较远，但两县县情非常相似，希望今后加强交流互通，发挥各自优势，携手共谋发展。

12月12日，大丰华高速公路丰顺至五华段项目开工建设动员大会，在先行工程华阁枢纽立交（在五华县横陂镇华阁村）举行，标志着该段高速公路工程项目正式动工建设。

12月14日，县委书记范宜军率队到潭下镇和转水镇现场督查中央环保督察交办的案件整改落实情况，强调各级各单位要认真学习贯彻习近平总书记关于生态文明建设的重要讲话精神，牢固树立绿色发展理念，立行立改，强化整改措施和力量，提升整改实效。

12月17日，县委书记范宜军率队到深圳拜访广东省客家商会，并与全国政协委员、广东省客家商会会长、大百汇集团董事长温纯青交流座谈，希望商会充分发挥联系广泛以及产业资源优势，动员更多乡贤和优质项目回乡投资兴业，助推家乡发展迈上新台阶。

12 月 19 日，县委书记范宜军以一名普通党员的身份，参加了县委办秘书组党支部“讲奉献、有作为”为主题的专题组织生活会，希望县委办党员干部发挥先锋模范带头作用，在干事创业中充满激情、敢于担当、苦练本领、甘于吃亏、树立正气，在践行共产党员“讲奉献、有作为”的基本要求中，率先垂范，做出榜样。

12 月 19 日，县委书记范宜军主持召开专题会议，及时传达市委君铁书记及相关市领导对抓好督察案件落实有关指示精神，对中央环保督察组交办的案件进行集中研判。

12 月 26 日，兴宁至汕尾高速公路五华至陆河段项目先行工程石下枢纽，在五华县安流镇长江村石下自然村举行开工建设动员大会，标志着该项目正式开工建设。

12 月 27 日，县委书记范宜军主持召开专题会议，对 2016 年振兴发展考核工作进行研究，并部署 2017 年重点项目，强调要对照考核指标查缺补漏，争取更好成绩，提振发展信心；要把振兴发展考核与 2017 年工作结合起来，及早谋划及早部署，全力加快振兴发展步伐。

中共五华县委员会 2016 年度领导名录

县 委 书 记：范宜军
县委副书记：吴　晖
傅国强
县 委 常 委：范宜军
吴　晖
傅国强
叶天泉（任至 10 月）
梁英浩
钟光振
曾成奕（任至 6 月）
张爱芳
徐保宁（任至 6 月）
宋学希
曾光华
杨兴会（6 月任）
王忠泽（8 月任）
詹庆东（10 月任）
吴庆松（挂职）
吴泽桐（挂职，任至 11 月）

县委办公室工作

【简况】 2016 年，县委办公室在县委正确领导下，认真学习贯彻中央、省、市全会精神及习近平总书记系列重要讲话精神，紧紧围绕县委的各项决策部署，积极适应新形势、新任务、新要求，切实发挥参谋助手作用，全力做好“三服务”（服务领导、服务基层、服务群众）工作，确保县委机关日常工作正常运转。

【理论学习】 2016 年，县委办公室加强理论学习，采取理论中心组学习、集体学习、个人自学、交流讨论等多种形式，结合“两学一做”学习教育，认真组织学习党的十八大和十八届六中全会精神及习近平总书记系列重要讲话精神，以及省、市、县各项决策部署，做到学习最早、宣传最前、报道最先。全体干部职工主动挤时间钻研办文、办会、撰稿、接待、后勤保障等业务知识，推动知识更新，拓宽知识范围，有效增强超前思考和提前谋划能力。同时，不断丰富学习内容、改进学习方式，积极组织开展各种学习教育活动，不断提高全体干部职工的思想素质、业务水平、服务水平。

【服务工作】　一是进一步规范办公室运作。坚持把完善制度、创新机制、强化管理作为办公室工作规范化、科学化和高效化的有效手段，2016年年初制订《县委办制度汇编》，进一步规范办公室内部管理。大力推进信息化办公，倡导无纸化办公，全面启用电子公文传输系统，实现各类公文高效准确快速传达到各镇各单位。充分利用信息化平台，推行无纸化会议，有效节约行政成本，大大提高会议行政效率。根据上级有关要求，大力整顿和改进文风会风，进一步精简会议、文件，规范文件签收印发和办会程序。二是提升机关日常服务与管理。办公室各股室充分发挥职能作用，推动办文办会、来人接待、新闻报道、后勤保障等各方面工作，保障县委机关高效运转。全年拟草、制发县委文件21个、县委办公室文件159个；组织各种调研、工作会议295场次；接待中央、省、市领导202批次；向中央和省、市媒体刊发新闻稿500多篇。严格派车程序，规范公务用车日常管理，保障工作用车需求。抓好机关大院绿化、亮化、美化工程，完善更新办公室设施设备，提升办公条件和办公环境。机要、保密、值班应急等工作稳妥有序开展。全年，机关大院内无发生重大治安案件。三是统筹兼顾做好协调工作。坚持原则性与灵活性相结合，及时向领导汇报情况，听取指示、领会意图，统筹安排领导会议、调研、来人接待等工作，使领导之间的工作保持有机联系。充分发挥上传下达作用，统筹协调各镇各单位，及时传达反馈县委中心工作和各个阶段的重大决策部署，助推落实县委各项决策部署。四是主动承接落实扶贫和党建挂点工作。从政治高度，抓好精准扶贫工作，多方筹集资金10多万元，全面落实水寨镇黄井村精准扶贫包户责任，增加贫困户收入，促进贫困群众脱贫致富。积极组织开展春节前送温暖、走访慰问贫困户活动，送上慰问金、慰问品和新春祝福。扎实抓好水寨镇公园社区软弱涣散党组织整顿工作，投入资金3万元帮助社区完善办公设施设备，强化居委班子队伍建设，提升工作战斗力和凝聚力，并顺利通过考核验收。

【督查督办工作】　2016年，进一步加强对上级、县委决策部署和重点工程、会议决定事项、领导交办、批示事项的督查督办，推动县委各项决策部署落实到位。对市、县领导批示督办件，严格按照工作程序和时限要求，及时跟进，优质高效按时办结，做到件件有落实、事事有回音。健全完善督查通报机制，对年度须完成的重点工程进行“一周一督查、一周一通报”，不断增强督查工作的深入性和实效性。全年办理县委书记批示件185件，办结69件，办结率83%；市交办9件，办结8件，办结率88%；组织现场督查45余批次，下发《督办通知》50件，编印《县委县政府重点工作进展情况通报》9期、《会议决定事项落实情况通报》9期。

【政策研究】　2016年，县委办公室加强对涉及全县经济社会发展重大问题的综合分析研究，撰写涉及交通、城建、林业、水务、教育、基层治理等各方面工作的调研文章10多篇。组织党政考察团赴湖南、贵州考察学习当地城市建设先进经验，撰写高质量学习考察报告，为该县今后加快城市建设步伐提出一些可行性发展举措。认真办好《五华调研》，真实反映五华近年来的发展成果，多层面、宽领域地反映县内外经济社会发展重大问题、好的经验和做法，为领导从不同角度掌握上情、了解外情、知晓内情提供决策依据。同时，在准确掌握领导工作思想、思路的基础上，吃透上情、结合下情，撰写领导讲话文稿、上级汇报材料，切实提高文稿质量，增强文稿的思想性、针对性和指导性，全年撰写高质量文稿200多篇。

【队伍建设】 2016年，县委办公室围绕纪律教育学习月和机关作风建设活动，全面抓好《中国共产党廉洁自律准则》和《中国共产党廉洁纪律处分条例》贯彻执行，强化党风廉政建设，严格执行重大决策“必须由领导班子集体决定”的规定，切实抓好队伍建设管理。完善机关财务制度，严格财务审批程序、支出范围和权限，提高资金使用效益。严格遵守中央“八项规定”，要求全体机关干部职工保持清正廉洁、爱岗敬业、勤俭节约的工作和生活作风，注重培养健康的生活情趣，自觉抵制不良风气。全年，办公室提拨任用中层以上干部10多人，优先选拔年青有为的干部任股室主要负责人，营造人尽其才、物尽其用的良好局面。

2016年，主要有七个亮点：一是全体干部职工的学习意识和自觉性得到增强，以学促干效果较为明显；二是通过完善相关管理制度，办公室运作更加规范；三是干部职工展现出较好的精神面貌，内生动力增强，干劲冲劲更足；四是跟踪督查力度加大，成为推动县委工作的重要举措；五是干部队伍建设得到加强，实现优化一批、提拔一批良性循环；六是办公条件和环境得到优化；七是挂点扶贫工作实施一些创新举措，成为全县各单位的示范。

（吴明辉、陈国清）

县委办公室2016年度负责人名录

主　任：宋学希

副主任：廖伟军（任至4月）
李文高　薛灼龄
吴明辉
彭云洪（6月任）

党工委副书记：黄柳宗

组 织 工 作

【全县基层治理】 2016年，将基层治理工作上升为五华县加快振兴发展的“五场硬仗”之一，研究制订《县委基层治理领导小组2016年工作要点》，落实牵头单位和责任领导。强化村务财务监督管理，建立 “三资”监管平台作用和微信公众平台，聘请第三方机构对全县446个村（社区）近2年的财务收支情况进行审计；县、镇、村三级公共服务平台建成投入使用，制定出台《村级服务群众代办业务绩效考评办法（试行）》，遴选了527名代办员，全面铺开为民代办业务活动；扎实开展农村土地专项治理，着力解决了38户被征地农民的征地补偿款；落实2015年历史留用地597亩，占比196%；积极推进“平安村（社区）”创建，开展“打黑除恶”百日行动，排查收集掌握涉“黑恶”线索350条，破案289宗，打击处理822人；开展农村“两违”线索排查，排查收集线索634条。成立8个督查组，定期或不定期到各镇各单位开展督查，把基层治理工作列入各镇各单位年度工作考核内容。在县电视台开设基层治理《宣传专栏》，五华党建网设立基层治理专栏，宣传、推广基层治理工作的好经验、好做法。今年来，共播放宣传专题片24期、动态36期、政策宣传片8

期；上传网站信息30篇；编发手机短信69条；编印简报71期、会议纪要6期、上报信息42篇。

【基层党组织建设】　一是全力整顿软弱涣散党组织。精准排查出37个软弱涣散村（社区）党组织，选派工作组、“第一书记”和党建指导员驻村开展整顿工作，实行定期通报工作制度。目前，排查出的软弱涣散村（社区）党组织已基本完成整顿。二是深入开展驻点联系群众工作。县领导挂点指导一个镇、重点联系一个村（社区），全县1800多名镇干部编为446个驻点团队，开展驻点联系群众工作；县委组织部多次组织人员到镇到村督查驻村联系群众工作开展情况，电话抽查干部到岗800多人次。2016年以来，全县驻点干部在村定点接访群众20104人、分片走访上门慰问群众254724户784413人、收集群众反映问题12759件，投入资金1875万元，解决群众反映问题12179件。三是进一步扩大镇党代会年会制试点范围。指导河东、周江等6个镇为镇党代会年会试点，开展党代表提案工作，共收到意见建议73条，提案56件，圆满完成了各项试点任务。四是大力开展村级后备干部队伍建设“123”工程。全县共培养村级后备干部990名，为2017年村级换届选举工作打下良好基础。五是坚持每月通报远程教育平台开机学习情况。组织人员开展远教“百村调查”活动，开展农科专项服务活动18场次，全县平均开机率达到100%。六是积极推进“两新”组织的党建工作。扎实抓好“两个覆盖”工作，按单位、按行业、按区域认真进行摸查梳理，积极探索园区非公企业党建工作新模式，做到应建尽建，实现党的工作全覆盖。至2016年底，全县已建立“两新”组织党组织216个（其中非公企业党组织184个，社会组织党组织32个）。

【干部监督管理和教育培训】　认真落实领导干部“三书”预警告诫办法、谈心谈话、离任交接等制度，严格核查干部配偶、子女从业和房产等情况，2016年，对120名正科以上领导干部有关事项进行核查。落实经济责任审计，加强对“一把手”的监督，今年以来，委托县审计部门对22位离任党政正职领导进行经济责任审计。完善信箱、电话、信访、网络等干部监督举报平台，对提任的科级干部全部进行了公示，认真听取干部群众对干部选拔任用工作的意见建议。制订《五华县2016年干部教育培训工作方案》，创新培训方式，按照分类分级分批的原则，采取“两头在内，中间在外”培训模式，对党员干部进行大规模培训。全年累计举办专题培训班25期，参加培训5641人次；选派参加省、市调训班34期86人次（其中县处级干部11期13人次，科级干部23期73人次）；参加市中青年干部培训班2期4人。抓好全县4200多名干部的在线学习教育及协助做好春季农村行政管理大专班93名学员的学习管理。

【干部队伍建设】　一是做好县镇换届工作。制订《五华县乡镇领导班子换届考察工作方案》，分三个阶段开展换届考察工作，顺利完成对拟提拔人选的考察，至2016年9月28日，全县乡镇换届选举工作圆满完成，共选拔16名“三类人员”、52名乡镇及县直单位优秀公务员进入乡镇领导班子。严格执行干部档案任前审核制度，对担任正科级领导职务的县管干部，正科级党外干部和个别优秀的副科级党外干部的干部信息进行认真核查，配合市换届考察组做好县领导班子换届考察个别谈话推荐、会议推荐和民主测评等工作，顺利完成了县领导班子换届考察的各项工作任务。认真做好县党代会、人代会和政协会议的选举工作。选举产生了新一届县领导班子及“法、检”两长，依法依规推选县党代表369名、出席市第七次党代会代表62人、市第七届人大代表87人，市第七届政协委员9人。严肃换届纪律，在县电视台、五华党建网等媒体大力宣传中央和省市县关于换届的文件精神，营造风清气正氛围；成立4个换届风气督查组，分别开展督查工作8次以上，共召开座谈会20场，个别座谈140多人，电话抽查20多人；实行“零报告”制度，制定落实立项专办制度的工作预案，对市转发的2宗信访举报件均按时办结。二是严谨细致做好干部档案专项审核清理工作。重点审核干部的“三龄两历一身份”，对审核发现的问题及时反馈，严格按有关政策规定进行整改，目前对全县干部档案全部审核完毕，基本完成认定。抓好党员组织关系接转工作，全年接转党员1400多人。三是加强高层次人才队伍建设。全年引进16名“千人计划”高层次人才；“扬帆计划”的申报工作有序，并参加省级评选。四是抓好普法工作。设立宣传栏，利用学法用法网络平台、广东省干部培训网络学院和各种学习会加强普法学习和宣传，并组织考学测试，取得实效。

【组织部门自身建设】 严格执行中央“八项规定”，践行廉洁自律各项规定；认真抓好党风廉政建设责任制的落实，在部机关大力开展改进机关作风专项活动；结合“两学一做”学习教育，开展以“学党章强党性、讲规矩守纪律”为主题的纪律教育学习月活动。重新修订、完善36项管理制度；组织干部集中学习29次，部领导带头讲党课4次，其中县委常委、组织部部长钟光振同志先后为组织部干部职工上“换届纪律”专题教育课和《践行四讲四有，争做合格党员》的党课；组织干部职工观看换届警示教育片《镜鉴》；以党小组为单位开展谈心交心活动；发放机关作风问卷调查表，将反馈的意见作为制订整改措施的依据；在部机关大力推行“一张亲切笑脸、一句温馨问候、一杯暖心清茶、一个明确答复”的“四个一”服务准则。积极开展对双华富美村精准扶贫工作，专门安排2名干部脱产驻村负责扶贫的日常工作，2016年，组织部筹集20万多元扶贫经费，帮助贫困户购买牛、猪、鸡、鸭一批。开展党建调研活动，完善大组工网和五华党建网，编印《五华组工通讯》。积极配合创建省级文明县城、创建国家卫生县城“双创”工作，成立机构、制订方案，对牵头项目扎实推进。综治信访维稳工作，与各室签订责任书，落实首问责任机制。抓好人口与计划生育、精神文明建设、保密、档案、机关服务和后勤保障，确保机关正常运转。

（魏敏丽）

县委组织部2016年度负责人名录

部　长： 钟光振

副部长： 温献军　张祝平

严兰芳

李作华（任至4月）

钟祝莲

黄永响（4月任）

表2　2016年全县党组织、党员基本情况一览表

项目				数量（个）
党组织	基层党委	合计		22
		其中	县委	1
			局党委	3
			镇党委	16
			村党委	2
	党总支部	合计		34
		其中	县直机关、企事业单位	21
			行政村、社区居委	6
			镇机关、企事业单位	4
			“两新”组织	3

项目				数量（个）
党组织	党支部	合计		1150
		县直		362
		乡镇		788
		其中	行政村	414
			社区居委	34
			镇机关、企事业单位	201
			“两新”组织	127
			其他	12
党员	总数			46157
	其中	正式党员（人）		45733
		预备党员（人）		424
	新发展	总数（人）		350
		男（人）		278
		女（人）		72

机构编制管理

【行政审批制度改革】 根据《广东省行政许可监督管理条例》《广东省机构编制委员会办公室关于公布〈广东省行政许可事项通用目录〉（2016年版）的函》和《关于做好更新行政许可事项目录工作的通知》精神，五华县于2016年9月18日公布《五华县人民政府行政许可事项目录（2016年版）》，包括34个部门、行政许可事项316项。

【编制权责清单工作】 根据《关于在依法承担行政职能的事业单位及乡镇政府街道办事处推行权责清单制度的通知》和《关于在依法承担行政职能的事业单位及乡镇政府推行权责清单制度的通知》（华机编〔2016〕20号）精神，县政府组织开展全面推行在依法承担行政职能的事业单位及乡镇政府推行权责清单制度工作。至2016年

年底，《五华县依法承担行政职能的事业单位（含部分行政单位）权责清单》和《五华县乡镇人民政府权责清单》编制完成并予以公布。

【机构编制实名制管理】 2016年，按广东省机构编制实名制管理系统统计，五华县机关事业单位516个，其中:机关单位59个(含乡镇16个，社工委未并入政法委)，事业单位457个（其中：拟撤销驻广州办事处、驻深办、驻惠办、农业行政执法大队、农业机械安全监督管理站等5个事业单位，但因人员未划出，所以仍保留机构）。全县机构编制实名制管理在编干部职工对比上年度在编干部职工减少98人。

【控编减编】 五华县自2012年始，严格按照省、市编委下发的各类控编减编政策文件规定和要求，坚持实行机构编制“一支笔”审批制度，凡涉及管理体制变动，职能调整，机构、编制和领导职数增减，严格按照审批程序，报经机构编制委员会办公室审核后，提交机构编制委员会或党委、政府审批。未经机构编制部门审核的机构编制事项，县委、县政府不予审议。将控编减编执行情况纳入党委、政府年度目标绩效考核内容，增强机构编制纪律刚性约束。县组织部门在任用干部、调配人员时应按单位空编和职数情况办理，严禁超编进人和超职数配备领导干部。县人社部门在调配、招考录用人员时应按机关事业单位空编情况办理，严禁超编进人。县财政部门要制定政府在公益服务中更多地购买服务方案，推广养事不养人办法，减轻增编压力。2012—2016年，全县机关事业单位在职人数减少1175人。

【事业单位清理规范和事业单位分类改革】 2016年，全县事业单位457个，其中：财政核拨362个，财政核补51个，经费自理44个。县编办对全县448个事业单位进行分类，其中：行政类2个，公益性一类393个，公益性二类51个，公益性三类6个，经营服务类5个。

【推进“一门式、一网式”政府服务模式改革】 2016年，根据省、市推进一门式一网式政府服务模式改革精神，切实提升公共服务效率和质量，五华县于2016年8月23日印发《五华县人民政府办公室关于印发五华县推进一门式一网式政府服务模式改革实施方案的通知》(华府办函〔2016〕179号)，明确推进一门式一网式政府服务模式改革工作的任务、分工和措施。

【事业单位登记管理及机关群团赋码】 2016年，全县事业单位应提交年度报告279个，已提交272个，年检率97.49%。全县新设立事业单位21个，变更事业单位登记90个，注销登记事业单位1个。县编办对全县提交年度报告的272个事业单位，全部进行公开，接受社会监督。切实加强社会公众对事业单位的监督，推动事业单位登记管理工作转型升级，增强登记管理机关监管事业单位的有效性和针对性。

2016年6月，五华县启动“机关和群团”统一社会信用代码赋码发证工作，全县事业单位法人统一代码转换率95%，61个机关已申领统一社会信用代码证书。

【中文域名注册常态化建设】 2016年，全县505个党政机关和事业单位全面完成中文域名注册工作，完成率 101%（省下达任务为 500 个）；提交开办审核和资格复核工作单位 362 个，领取标识网站 286 个。

【机构编制日常管理】 2016 年，机构编制日常管理工作严格执行机构编制管理“三个一制度”（涉及机构编制审批事项，由编委及其办事机构一个部门承办，由党委、政府主管机构编制工作的领导“一支笔”签批，由编委及其办事机构一家行文）和“五不准”（不准超编进人、不准擅自设立内设机构和提高内设机构的级别、不准违反领导职数配备的有关规定、不准越权审批机构编制、不准上级业务部门干预下级的机构编制）原则，切实维护机构编制管理政策法规的严肃性和权威性。全年制发机构编制管理文件 90 个。

【机关作风建设】 2016 年，县编办认真开展“两学一做”专题教育活动，切实抓好机关纪律和干部队伍建设，做好机关统一津补贴和公车改革工作，努力营造风清气正、和谐团结、干事创业、讲奉献的良好集体。

【创文创卫工作】 2016 年，县编办根据县“双创”工作部署，落实目标责任，把创文创卫工作落到实处。一是注重宣传，号召全民参与；二是筹集资金，支持挂钩村；三是积极行动，认真做好责任区的保洁工作。

（李俊尧）

县机构编制委员会办公室 2016 年度负责人名录

主　任： 曾繁活

副主任： 古汉琴　曾维强

老干部工作

【政治待遇落实】 2016 年，县委老干部局认真落实老干部政治待遇。一是坚持向老干部通报工作制度。1 月 25 日，县委、县政府组织召开通报会，县委主要领导向老干部通报全县政治、经济社会发展情况，广泛征求老干部对县经济和社会发展的意见和建议。二是坚持走访慰问制度。坚持老干部生病住院慰问与平时走访慰问相结合。做到“病时必探”，对生病住院老干部送去慰问金和慰问品。开展对企业离休干部进行普遍走访慰问活动，对病痛较多、生活困难的企业离休干部给予医疗特困补助。坚持重大节日慰问制度。老人节前夕，抽调下属工作人员分成 4 个工作小组走访慰问县五套班子老领导、抗日入伍老干部、90 岁以上离休干部、部分离休干部及患重病老干部 100 多人，送上慰问品和慰问金。三是坚持征订报刊杂志制度。为老干部征订《南方日报》《梅州日报》《老人报》《2016 年广东省老干部政治理论读本》《秋光》等报刊杂志，为老同志送上精神粮食。

【生活待遇落实】 根据《关于对建国初期参加革命工作的部分退休干部给予适当照顾的通知》（粤组通〔2016〕28）精神，经审核对 19 名符合条件退休干部，协调财政、人社、卫生等部门，全面落实各项相关待遇，落实医疗补助 19 人次、57000 元，护理补助 1 人、900 元，事业、企业单位退休干部 7 人比对机关干部待遇每人每月提高生活补助共计 8505 元，发放各种生活补贴合计 124422 元。定期组织老干部体检制度。老人节前夕，组织县五套班子离退休干部、行政科发工资老干部和企业离休干部等百余人进行健康检查，并及时对检查结果汇总后反馈给老干部，为老干部防病治病提供科学依据。由企业离休干部管理服务中心每月向县财政局报送企业离休干部离休费表、遗属困难补助表，使企业离休干部和离休干部遗属每月能按时足额领取相关费用。为9位因病长期生活不能自理的老干部办理特殊护理费手续。协助因病去世的22位老干部家属处理善后事。

【老干部活动】 2016年3月18日，邀请梅州市人大常委会原主任周刚老领导为老干部讲授养生保健知识，200多人参加保健知识讲座，并向参会老同志赠送养生保健书籍。9月30日，县老干部局组织部分老干部到蒲里顶参加县委、县政府举办的五华县公祭烈士活动，老领导李振通代表全县离退休老干部向革命烈士纪念碑敬献花篮。

（曾贵明）

县委老干部局2016年度负责人名录

局　长：钟祝莲

副局长：周钦良（任至3月）

张文平（5月任）

关工委工作

【关工委自身建设】 2016年，全县16个镇均建立关工委组织，412个行政村建立关工委组织365个，占总数88.8%，县直机关各系统关工委全部建立，两家民营企业也建立关工委组织。县关工委对已建立的关工委组织，结合实际，逐步把关工委工作步入正常化，积极开展工作。对换届班子变动的镇，及时调整和补充人员，使关工委班子保持连续性。县关工委经常到各镇及有关村、学校关工委进行调研，帮助基层关工委，围绕“五好”努力做好工作，同时注重抓好“点”来带动“面”。全年全县各级关工委组织大部分保持稳定，工作开展比较正常，取得比较好成果。

【青少年思想道德教育】 2016年，全县各级关工委深入开展社会主义核心价值体系教育，用社会主义核心价值体系引领青少年。深入到各中小学校、社区、农村青少年中上好各类思想道德辅导课。依靠各地“五老”和辅导员队伍，切实配合教育局、学校利用各种法定节日、传统节日，以及未成年人入学、入队、入团、成人宣誓等有利时机，集中开展思想道德主题宣传教育活动或仪式，引导未成年人弘扬民族精神，增进爱国情感，提高道德修养。配合政法部门做好法制副校长聘任工作，让青少年学生在校园里更多地受到法律、法纪熏陶。配合公安局关工委做好帮教青少年“四走进”（走进社区、家庭、校园、高墙）活动，帮教失足青少年。配合文化广播新闻出版局做好文化市场监管工作和网吧监督工作，净化未成年人成长环境等。进行分期、分批集中培训，邀请县委党校讲师分别对社会主义核心价值观的形成过程、内涵及意义作详细和生动讲述，对提高镇、村和企事业单位关工委领导成员和“五老”人员对社会主义核心价值观的认识和如何帮、教青少年起到很好的作用。县各级关工委通过多种生动活泼的形式，引导中小学生和城乡创业青年，从不同群体的不同思想、不同精神的需求出发，从贴心、贴

2016 年 6 月 23 日，五华县关工委、教育局、禁毒办、妇联联合在五华县水寨中学开展禁毒宣讲教育活动

身、和贴近实际做起，积极开展 “做小梦、圆大梦”、“追梦田园”农村创业青年“中国梦”的实践活动。树立正确的世界观、人生观、价值观，着力建设中华民族共有的精神家园，推动形成奋发向上、崇德向善的强大力量进一步增强为实现“中国梦”和“个人梦”的坚强意志和信念，用自己的实践成果共筑“中国梦”，让更多青少年和青年创业者美梦成真。在突出主题教育同时，要统筹兼顾做好“经常项目”的工作，如“学雷锋、树新风”“朝阳读书活动”“三结合”校外教育、“家长学校”“法制教育”“安全进校园”等教育。各级关工委每年都在做这些“经常项目”工作，并积累丰富经验，在加强青少年思想道德教育方面发挥积极作用。

2016 年各级关工委开展各项宣讲教育活动和校外教育活动 425 场，受教育人数 19.71 万人。县关工委与教育局关工委联合成立宣讲组，到全县中小学校进行《开展社会主义核心价值观教育活动》和“四个自信”（中国特色社会主义道路自信、理论自信、制度自信、文化自信），《未成年人保护法》《6 月 25 日国际禁毒宣传》宣讲活动。县关工委单独完成宣讲 14 场，受教育学生 1.4 万多人次，完成每月最少应有一场下校开展宣讲教育活动计划。

县关工委、教育局、县委党校联合组织宣讲组，根据习总书记的重要论述，自编“四个自信”宣讲教材，邀请党校资深老师对青少年进行“四个自信”为题的专项教育宣讲活动，收到良好效果。

2016 年 11 月 7 日，五华县关工委、县教育局联合到琴江中学开展道路自信、文化自信、制度自信和理论自信宣讲报告会，图为大会现场

【开展“三百”活动】 2016 年，县关工委深入开展“三百”（百老帮百少、百小尊百老、百业助百校）活动，主动与相关部门合作，采取行之有效的办法，积极为广大青少年办实事、做好事、解难事、送温暖。组织和引导各校学生志愿者，把“尊老”侧重点放在为当地敬老院、福利院和社会孤寡老人、残疾老人、贫困老人、“空巢”老人以及爷爷奶奶和父母的关爱上，开展一些力所能及的“感恩”活动；广泛发动各行各业、各个部门、海内外乡贤、民营企业家、民间社团和社会各界热心人士，为培育下一代健康成长，再伸援手，再献爱心。继续把助校的侧重点，放在革命老区、贫困山区和农村基层薄弱学校的资助上，力所能及、有的放

矢地扶助这些学校，加强基础设施建设，改善教学条件，营造全社会崇文重教、优化育人良好氛围。12月，县关工委联合深圳市鼎智教育科技有限公司在全县中小学校举办“关注教育，爱心有我”捐赠活动，为全县83间初级中学和中心小学捐赠名师教学软件1000套（每套价值约1800元）、激光教杆笔1000套（每套价值约48元）和毛笔水写笔一批，总价值100多万元，还资助河东镇第三中心小学20名贫困学生，每人500元。

2016年5月23日，五华县关工委、妇联、教育局联合到双华镇中心小学庆祝六一儿童节暨慰问贫困学生活动，并为他们送上了现金和书包一批

2016年，按照“广东省雁洋公益基金会为帮助梅州市家庭经济困难的学生，在完成初中学业后能继续进入高中就读，用知识改变贫困学生的命运”的会议精神，对凡考上和已在就读普通高中的学生，因家庭经济困难将会影响上学的特困学生继续进行帮扶。8月23日，县关工委召开“叶剑英基金助学金”发放仪式，将资助款发放到学生手中。全年有88名在读高中贫困学生得到“叶剑英基金助学金”资助。

2016年，根据省关工委文件精神，省关工委与香江社会救基金会共同提出“香江育才计划”，对全省200名大学生进行资助，连续4年每人每年资助5,000元，帮助他们圆梦大学。五华分配到8名资助贫困大学生的指标。县关工委及时向主管领导进行汇报并召开全县关工委主任、常务副主任工作会议，对分配到五华的8名资助贫困大学生指标进行严密组织推选工作，确保使农村特困、低保、父母双方失业、家庭成员大病、久病、突遭天灾人祸造成家庭贫困的大学新生能及时得到香江社会救基金会资助，使他们能圆上大学梦并顺利完成大学学业。

【农村创业青年培训】 2016年，在培训农村创业青年工作上，各镇关工委切实主动配

2016年4月20日，县关工委主任陈耿一行到安流镇胜利村廖双羽柚果园进行调研

2016年11月7日，县关工委主任陈耿一行到转水镇三塘村农村创青年陈鉴中的“百香果园”进行实地调研

合，广泛宣传，认真动员，按培训条件积极协助选派好培训学员，为农村青年扎根农村创业发展提供精神和技术知识支撑，使他们掌握更多先进农业科技知识和先进的生产经营方式，为他们的发展提供更好平台。全年县、镇、村举办培训班 38 期、培圳人数 2660 人。其中县办培训班 3 期：分别是：全县的柚果专业培训班，板栗专业培训班，油茶专业培训班，参加培训的学员 252 人。农业局关工委积极参与对农村创业青年培训的工作，全年举办 3 期培训班。

（张宏君）

县关工委 2016 年度负责人名录

主　任：陈　耿

副主任：钟祝莲　陈锡彝

宣 传 工 作

【意识形态安全】 2016 年，县委宣传部认真抓好各级党委意识形态主体责任落实和各级党委（组）中心组及党员干部理论学习和督查。采取个人自学、集体研讨、专家授课、组织宣讲、专题调研、撰写心得、印发《学习活页》等形式推进学习活动的开展，邀请省、市专家、学者来县讲学和组织宣讲报告团深入各镇、县直各系统进行宣讲活动，把意识形态、宣传文化、广播电视等工作列入年度绩效考核内容，让广大党员、干部用科学理论武装头脑，提升理论素养，筑牢思想防线。

【营造舆论氛围】 2016 年，县委宣传部围绕中央、省重大主题以及市委、市政府和县委、县政府中心工作，营造良好舆论氛围。经常召开新闻舆情研判会、推介会和发布会，在主流媒体开辟专栏，在县域主要路口、小区、商店、办公楼、公园等显著位置，投放大量宣传广告，主动加强与《人民日报》《南方日报》《梅州日报》和网站等上级主流媒体的沟通合作，利用举办中甲联赛（五华赛区）赛事、第四届客家文博会五华展会等有利契机，大力宣传、推介五华经济社会各项事业的发展和精神风貌，传递社会正能量；抓好阵地建设，提升办台质量。全年完成广播电视升级改造，增强五华广播电视传播力、影响力和公信力；强化办报办网办新媒体工作。《五华政报》实现平稳交接，编辑出版业务从县政府办移交到县委宣传部，每月 2 期增至 3 期。《五华发布》政务微信影响力、吸引力不断增强；成立梅州市首家县级新媒体协会，并实现新媒体的有效自我监管和良性发展，协会成立至今，未出现一家推送此县负面新闻的新媒体网站。

【公共文化服务建设】 2016 年，县委宣传部公共文化服务体系建设列入县委、县政府重点工作，全年新建农村文化广场 130 个，完成“喇叭村村响”工程，全县 412 个行政村和 34 个居委文化室、农家书屋、电子阅览室、收音机、扩音喇叭一应俱全，低保人群文化消费补贴工作顺利完成。积极开展“清源”“净网”“护苗”“秋风”“固边”等五个专项行动。积极打造特色文化品牌。一批小戏、小品、音乐等作品相继问世，采茶剧精品大戏《月照城乡》如期启动。提线木偶戏、采茶戏、客家山歌等进校园、“诗词六进”“社会主义核心价值书法作品展”、歌咏比赛、“五华强音走出去”等活动深入开展。全年长乐大舞台下基层等各类文艺演出12场次。成功创建“广东省诗词之乡”。

【全力推进“创文”工作】 2016年，县委宣传部坚持高标准、严要求，抓好精神文明创建工作。开展创建“广东省文明县城”，持续抓好“六乱”整治工作，全面清除城乡不规范、不文明横幅广告，大力开展县城不文明施工、不文明上街送葬等十大专项整治行动；大力培育和践行社会主义核心价值观。在县城河堤、主干道、建筑围挡，车站、公园、工业园区等人流量集中的公共场所大力推进公益广告宣传，并以社会主义核心价值观为主题打造文化主题公园；办好全县道德讲堂，组织道德演讲、宣讲活动；积极开展“身边好人”“道德模范”“最美家庭”“最美孝心少年”典型的推荐评选，组织曾妙龙事迹报告团深入全市公安系统、各镇、县直各系统宣讲30多场；深入开展文明餐桌、文明交通、文明出行等主题活动，培育文明新风尚；高标准建设县志愿者服务总站，大力开展“志愿服务·助力创文”活动，打造具有五华特色的志愿服务品牌，积极开展志愿服务。围绕打造文明中甲赛场，引导观众文明观赛，自觉维护赛场秩序、参与卫生保洁，全力打造“文明、志愿、安全”的赛场。结合农村人居环境综合整治和精准扶贫、精准脱贫，大力推动镇村文明创建，不断培养文明乡风。

【队伍管理】 2016年，县委宣传部扎实开展“两学一做”“两个责任”、机关作风、新闻职业道德建设等教育实践活动，教育引导全县宣传文化新闻从业人员树立正确的“三观”（世界观、价值观、人生观），自觉增强“四个意识”（政治意识、大局意识、核心意识、看齐意识），提升职业道德水平。全县广大宣传思想文化工作者坚持“三贴近”（贴近实际、贴近生活、贴近群众），苦练基本功，勇于担当，在工作创新上求突破，推进全县宣传思想文化工作与全县工作良性互动、协调发展。

（办公室）

县委宣传部2016年度负责人名录

部　　长：张爱芳（任至10月）
　　　　　王忠泽（11月任）
常务副部长：谢　意
副 部 长：杨　尚　甘　平
党工委专职副书记：黄锡坤

精神文明建设

【开展广东省县级文明城市创建活动】 2016年，五华县瞄准建设“工业新城，宜居五华”目标，按照广东省县级文明城市（2016年版）测评体系要求，创新开展文明创建系列活动，通过扎实工作，各项文明创建顺利有序进行。

【群众性文明创建工作】 2016年，根据《梅州市精神文明创建活动评选表彰工作的暂行办法》《梅州市关于培育和践行社会主义核心价值观的实施意见》精神，不断加大群众性精神文明创建力度，认真抓好市、县级“文明镇”“文明村”“文明社区”“文明单位”和“文明窗口”创建工作，推荐表彰梅州市文明单位10个、文明窗口2个、文明镇2个、文明村3个、文明社区1个、先进工作者4个；开展“孝老敬亲好媳妇”“自强不息好少年”评选表彰活动、文明创建工作培训活动、“我推荐、我评选身边好人”活动、“弘扬雷锋精神、开展志愿者服务”活动。向省、市文明办报送推荐“五华县优秀共产党员曾妙龙”“见义勇为好少年黄泽华”等2个第四季度“广东好人”。

【培育和践行社会主义核心价值观】 2016年，五华积极探索用社会主义核心价值观引领社会风尚的有效途径和方法，加强社会主义核心价值观、中国梦和“讲文明树新风”公益广告宣传。以县城为中心，带动辐射全县开展社会主义核心价值观公益广告宣传，设计、制作一批优秀公益广告，在主要道路、背街小巷、机关学校围墙、建筑围挡和进入县城5个主要路口设置大型广告牌20余块，在公交车、出租车设置车体广告，在电台、电视台播放公益广告，全方位宣传社会主义核心价值观，使社会主义核心价值观的内涵和要求通俗化、明了化、大众化，把公益广告做到群众身边，使人们耳濡目染，受到熏陶，形成正能量。

【“道德讲堂”建设】 2016年，按照“试点先行，逐步铺开”思路，抓好各镇各单位道德讲堂试点建设，推进机关道德讲堂、农村道德讲堂、学校道德讲堂、企业道德讲堂和社区道德讲堂等五类道德讲堂建设，进一步规范道德讲堂的主要内容和仪式流程，形成面向基层人民群众的道德教育平台；把道德模范、身边好人、优秀志愿者等先进典型请上讲台，让身边人讲身边事，用身边事教育身边人，扩大受众面，提高影响力；组织道德讲堂主持人和宣讲员教育培训，道德讲堂观摩活动，提高道德讲堂主持人和宣讲员业务水平。至年末，有24个试点单位设立道德讲堂并开展宣讲活动，县道德讲堂总堂按照年度计划开展宣讲活动，全县形成“人人做好人，好人做好事，好事就上榜，好人有好报”社会风尚。

【社会志愿服务活动】 2016年，五华深化拓展志愿服务活动。为大力弘扬雷锋精神，普及志愿服务理念，推动学雷锋活动深入持续开展，形成以县志愿者联合会为主导，在全县营造“学习雷锋、奉献他人、提升自己”浓厚氛围。3月，开展以县直机关干部职工、志愿者到潭下镇桃花源“亲亲大自然，走进桃花源”户外徒步活动；在植树节期间，组织机关干部职工、志愿者到蒲丽顶森林公园植树活动；县医院志愿者们定期为空巢老年人免费进行量血压、测心跳等一系列检查，用真情奉献去关爱空巢老人，用有效的服务，为老人创造一个丰富多彩，健康有益的晚年生活，使老人们感受到社区的关心和温暖。县妇联、县工会、团县委成立“爱心妈妈”“关爱留守儿童”等志愿服务队，对社区内的孤困儿童进行生活照顾和亲情关爱；县团委、教育局、水寨镇志愿者协会等组织志愿者开展教育辅导志愿服务活动。

【推进未成年人思想道德建设】 2016年，在开展未成年人思想道德建设中，持续开展“做一个有道德的人”主题实践活动，开展“经典美文”诵读活动，完善学校、家庭、社会“三位一体”教育网络，为促进未成年人健康成长营造良好社会文化氛围。

（谢琼杨）

县文明办2016年度负责人名录

主　任：周惠雄

副主任：钟华清

统一战线工作

【民主政治建设】 一是圆满完成政协五华县第十届委员会委员人选的提名推荐工作。2016年6月份开展筹备工作，召开各界别以及14家综合评价单位等各种类型工作布置会、培训会、协调会等9场次。积极与组织部共同研究，并充分听取县政协党组意见，提出做好县政协第十届委员会人选推荐工作要求，制订人选请示文件和具体的工作计划，并对各阶段工作进展情况认真分析研究，碰到问题及时研究并请示县委和上级主管部门，县委书记还专门调研政协换届工作。按照县委具体要求，充分发扬民主，与各界别进行反复协商，经推荐提名、组织考察，充分酝酿，形成提名汇总名单，由组织部报请县委召开县委常委会对提名名单进行审定后，提交政协常委会协商确定。最终确定县政协十届一次会议委员人选总数为287人，其中：中共党员113人，占39.4%，党外174人，占60.6%；九届委员继续提名82人，占28.6%，新提名205人，占71.4%；妇女62人，占21.6%；港澳人士25人，占8.7%；非公有制经济代表人士94人，占32.7%；大专学历以上226人，占78.7%；平均年龄41岁。二是引导工商联做好工商联换届工作。按照选拔优秀非公有制经济人士担任工商联会长的要求，挑选一名拥护中国共产党的领导，有较高政治素质和较强社会影响力的非公有制经济代表人士担任县工商联会长，严格按照选好干部配强班子的要求，对新一届工商联班子成员进行严格审核，依时召开五华县工商联第十五次会员代表大会，圆满完成县工商届换届工作，顺利选举产生新一届工商联执委会61人，其中正主席1人、副主席27人、秘书长1人（兼）、常委18人、执委15人。三是认真开展非公有制经济代表人士综合评价工作。按照中央、省、市要求，联合14家县直单位对推荐为人大代表、政协委员人选及拟在工商联任职的非公有制经济人士开展综合评价工作，在综合评价工作中，统战部一直以高度重视，认真负责的工作态度，组织各评价单位进行综合评价的培训，研究解决综合评价工作中遇到的各种问题，为231名非公有制经济人士建立信息库，联合14家综合评价单位开展9批、206人次的综合评价工作，对人大、政协、工商联换届中非公经济代表人士人选进行严格的资格审查。四是加大对新的社会阶层中党外知识分子工作力度。全年召开4场45人次的党外副高以上职称党外知识分子座谈会，同时，联合宣传部召开新媒体从业人员代表座谈会。

【非公有制经济领域工作】 一是引导工商联积极组织开展非公经济人士理想信念教育实践活动，引导广大统战成员特别是非公有制经济人士把思想和行动统一到习近平总书记重要讲话精神上来，广泛宣传和推动落实鼓励支持引导非公有制经济发展的政策举措，注重搭建党委、政府与企业、商会沟通协商的制度化平台，切实服务民营企业转型升级，使他们真正从政策中增强获得感。二是积极引导参与"暖企"行动。2016年，县继续实施招商引资责任制考核，狠抓县领导挂钩重点企业责任制落实，巧用金融杠杆撬动和“互联网+”优势，打出扶持实体经济发展的“组合拳”。在形成的五金机电、食品饮料、医药制造、先进装备制造、新能源等为主的工业产业体系中，积极引导参与“暖企”系列活动。通过举办政银企对接会，五华县内银行业机构、担保公司和71家中小微企业，初步搭建银企互利合作金桥，促进银企合作。全年对35家企业发放助保贷，拨付专项资金用于支持9家企业进行基础设施建设、技术创新和科技研发等。三是积极推动招商引资工作。积极做好在外乡贤的信息收集和整理工作，精心挑选符合五华县产业布局的乡贤项目，落实熟悉情况的领导干部“一对一”对接联系，力争更多意向企业到县落户。充分发挥原县驻外办事机构人员和三个招商引资专业队作用，扩大招商范围，从省内延伸到省外，提高招商质量，从民营企业扩大到上市公司、国企和央企，积极与更多大型优质企业建立联系。立足珠三角地区，主动与深圳、佛山、东莞等地的客属商会、行业协会沟通联系，广泛宣传，多层面地联络参会客商，做好招商推介工作，精心谋划按季度分别到深圳、佛山、东莞等珠三角地区开展招商推介活动。四是大力推进行业商会协会建设。在梅州市五华商会顺利成立的基础上，通过积极动员非公经济人士、五华籍独资和合资兴办企业创建商会、协会等方式，努力搭建联情结谊、信息交流、资源共享的平台，确保更好地引导会员企业发挥产业优势，积极参与社会投资和项目建设，积极投身支教助学、扶贫济困等活动，共商发展，同惠桑梓。另一方面发挥行业协会自律规范作用，引导工商联认真做好规范行业协会依章程开展业务活动，建立和完善独立管理会务事务。通过引导，“五金制品行业协会”“电子商务协会”“个体劳动者协会”“私营企业协会”等都建立完善规章制度，同时积极引导行业协会制定职业道德准则、诚信自律行为等基本准则。五是动员社会能人办好光彩事业。通过引导非公有制经济人士自觉践行社会主义核心价值体系，确保非公有制经济人士能够自觉履行社会责任，积极参与光彩事业，支持县重点项目建设。2016年，在扶贫济困、兴办公益、足球事业、敬老助残、创文创卫、善待员工等方面开展活动，通过搭建活动平台，引导会员企业、外地商会积极投身光彩事业，勇于承担社会责任，多方筹资资金，新建、维修一大批乡村道路桥梁、水利工程、文化活动场地，资助一大批贫困学生和残疾人员，帮助一大批老人购买养老保险，在举办足球联赛、五华足球队冲甲等赛事中，充分展示非公有制经济人士的良好社会形象。

【港澳社团工作】　2016年，县统战部积极涵养侨力资源,建立侨务资源库。一是建立完善五华县籍旅港人员、旅港青少年情况数据库，为更好地加强交流合作，进一步培育涵养海外侨务可持续发展侨力资源服务，有针对性地开展引资、引智项目工作服务。二是认真开展五华香港青少年交流合作，依托香港五华同乡总会等旅港社团，整合该县各部门力量，全力配合，组织香港青少年回乡开展交流活动，从而不断提高香港青少年对祖国的认同感、归属感。全年接待华侨、港、澳同胞团体和个人5批211人次；受理侨界来信5件，来访9批22人次，全部给予回复或办结，办理因公出国（境）签证报批手续14批18人次。三是发动侨胞、港澳同胞热心家乡公益事业，支持家乡社会各项事业，全力推动五华加快振兴发展。如旅新西兰华侨、广东省瑞华集团有限公司董事长兼总经理卓定华捐资 300 万元五华县教育基金会，进行奖学助学。认真开展对台各项工作。扎实有效地开展对台经济、对台交往交流、对台宣传等各项工作，积极为台胞排忧、解难、办实事。同时扎实稳妥地抓好台湾农民创业园示范基地建设，努力打造五华县首位台商个体户双华镇华石养殖场，养殖场已投入 400 多万元，有 300 多头母猪，年出栏肉猪 6500 条，出售仔猪 1000 多头，收入 100 万元。台湾组团回五华交流有 4 批次 58 人，接待回乡台胞 130 多人次，咨询涉台遗产继承、涉台婚姻、因私赴台、涉台赡养收养、回大陆定居、到大陆投资、出境入台手续办理等问题 83 人次，均得到满意服务。

【民族宗教事务】 2016 年，县统战部积极开展抵御境外宗教渗透专项整治工作。调整成立境外宗教渗透专项整治工作领导小组，对县宗教组织渗透情况进行全面的摸排清理。专项工作组积极下乡调究，通过召开各类会议，针对存在问题，一一整改，取得阶段性成效。在全县范围内开展民间信仰活动调查摸底工作。全县有 100 平方米以上的民间信仰活动场所 191 间。经组织初步评定，县第三批和谐寺观教堂 16 间，报上级审定。继续巩固宗教教职人员认定备案、宗教活动场所财务监督管理两个专项工作成果，依法打击非法宗教活动，取缔非法宗教聚会点，阻止未经备案宗教教职人员在县非法传道。以宗教政策法规学习月为契机，积极开展以“教风”为主题的和谐寺观教堂创建活动，整治违法违规设立功德箱等借教敛财问题等专项工作。全面完成在全县范围内佛道教宗教活动场所进行统一标识牌挂牌工作。

（曹敏）

县委统战部 2016 年度负责人名录

部　　长：张爱芳（11 月任）
　　　　　甘飞鸿（任至 10 月）
常务副部长：李雄青（4 月任）
副 部 长：古共和　张霞英

台湾事务工作

【对台交流交往】 2016 年，台胞回五华交流有四批（次）58 人。5 月 16 日，台湾桃园市客庄聚落探研学会一行 6 人在市委台办林后玲科长、市台联会副会长缪伟荣陪同下到周江镇交流访问，做好对台接待。10 月 7—15 日，台北市五华同乡会一行 20 人在该会理事长魏保章带领下回乡恳亲、观光。全年接待回乡台胞 130 多人（次）。

【涉台调研】 2016 年，县委台办积极抓好调研工作，健全每月深入到台资企业进行一次以上的调研活动制度。及时掌握台企在生产过程中碰到的各种新情况、新问题，协助台企解决问题。同时通过调研，向上级涉台事务部门和县委、县政府及时提供信息，为各项涉台工作作出正确决策提供依据。

【做好台胞台属服务工作】 2016 年，县委台办积极为定居在县的台胞解决生产、生活中碰到的各种困难，依法维护五华台资企业及台属企业合法权益，引导和帮助其通过合法途径开展维权活动，重视做好台胞台属来信来访接访及调处工作。积极为台胞台属提供各种咨询服务，全年到县台办咨询涉台遗产继承、在台各种补偿（补助）申领、涉台婚姻、因私赴台、涉台赡养收养、回大陆定居、到大陆投资、出境入台手续办理等问题83人（次），均得到满意服务。3月8日，横陂镇锡坑老楼村台属李伯（82岁）祖孙三代4人到县委台办询问，要求继承祖辈遗留祖屋，县台办细心解释涉台政策，并提出合理化建议；对台湾宗亲张文智等人来函，反映在沿江公路建设中牵涉迁移祖坟一事，县委台办主要领导于5月4日亲赴安流镇，如实向当地党委、政府反映情况，并将政府的答复意见反馈给台胞；11月，横陂镇联长村魏叨新、魏洪浪等4人欲赴台悼念亲人，县委台办积极与台北市五华同乡会、县旅行社和县公安局出入境处等相关部门联络，协助他们办理入台和出境等相关手续。

【台湾农民创业园示范基地建设】 2016年，县委台办根据全市对台工作会议精神和市委台办主任吴寿康等人到五华调研的指示精神，认真执行“台湾农民创业园示范基地”建设标准，对坐落在双华镇的五华首位台商个体户养殖场进行认真指导，精心培育，努力打造一个示范点。该养殖场占地16.67公顷，建有猪舍1万平方米，100米沼气池2个，置有干湿分离机一台，引进优良品种，以养殖母猪为主，兼养殖肉猪，实行半机械化无公害养殖，全封闭管理。至年末，养殖场已投入资金400多万元，养畜母猪300多头。2015年出栏肉猪6500条，出售仔猪1000多头，收入100万元。

【联心联谊工作】 2016年，县委台办充分发挥台北市五华同乡会联系两地乡情、亲情、友情重要桥梁，两地交流交往、咨询、协作的重要平台作用，加强日常沟通和协作，积极发动该会支持家乡事业建设，为20名取得优异成绩的高考学生发放希望工程奖学金每人1,000元。

【精准扶贫精准脱贫工作】 2016年，县委台办高度重视新时期精准扶贫精准脱贫工作，按照县扶贫开发领导小组工作分工部署，切实做好挂点联系点长布镇大径村新时期精准扶贫精准脱贫工作。按照时间节点，做好精准识别、建档立卡、迎检等各个环节工作，筹集资金，举全力支持。

（魏新华）

县委台办2016年度负责人名录

主　任：陈德荣

副主任：汤伟平

直属机关工委工作

【简况】 2016年，县直工委在党的十八大及十八届五中、六中全会精神指引下，认真贯彻落实习近平总书记系列重要讲话精神和省、市、县委各级会议部署，紧紧围绕县委“一核两区三组团”战略目标任务，充分发挥县直机关企事业单位党组织先锋模范作用和战斗堡垒作用，坚持党要管党、从严治党原则，切实加强机关党的思想建设、组织建设和党风廉政建设，提升党建工作服务中心工作能力。

【核心价值观建设】 一是扎实开展好“两学一做”学习教育活动。按照中央、省、市政府的统一部署，根据县委“两学一做”学习教育活动要求，成立学习教育领导机构，制定“两学一做”方案，开好动员会，严格按照学习活动方案的规定和要求，组织机关党员干部集中学习 3000 多人次，召开党性教育、准则和条例教育、积极分子培训等五场专题学习会。切实把“两学一做”教育引向深入。二是研究制定党员干部理论学习计划，开展学习型党组织创建。根据县委制定的党员干部理论学习计划，结合工作实际，认真研究制定今年理论学习计划，十二个系统工委每月轮流组织一次学习会，组织机关党员干部深入学习贯彻以习近平同志为总书记的党中央治国理政新理念新思想新战略，学习《中国共产党章程》和《中国共产党廉洁自律准则》《中国共产党纪律处分条例》，学习习近平总书记系列重要讲话精神，学习十八届三中、四中、五中、六中全会精神和五大发展新理念，学习全面从严治党新理论，要求党员干部在理论学习中讲究方式创新，注重提升学习质效；坚持问题导向，破解发展难题；注重知识更新，拓宽理论视野，实现能力提升；在实际工作中系统掌握马克思主义基本理论，提升自己理论水平，自觉运用马克思主义立场观点、方法观察和解决问题，增强工作实效。三是结合县委县政府创建“国家卫生县城”和“省文明县城”中心工作，深入开展社会主义核心价值观教育。在“双创”工作中，县直机关各级党组织结合各自单位的创建内容，积极参与县城“双创”工作，在单位网站、网格化责任地段和大厅 LED 屏等公共场所，大力加强以社会主义核心价值观为主要内容的宣传教育，让广大党员干部进一步理解社会主义核心价值观深刻内涵，倡导良好家风，利用微信微博等自媒体，树立社会正气，传递社会正能量。

【组织建设】 一是把打造党建服务品牌融入中心工作，不断增强机关党建工作服务水平。工委坚持在服务中心工作中既注重打造特色鲜明、稳定性高、创新活力强的党建品牌，又注重发挥党建品牌融教育、管理、服务等党建要素为一体的促动作用，创新党建活动模式，确保党建活动取得实效。3 月，为丰富机关党员干部职工“八小时”外生活圈内容，切身感受该县美丽镇村建设新成果，县直工委和县文明办在潭下镇布坪村鹰嘴桃生产基地举办一场以“我和春天有个约会，走进桃花源”为主题的生态公益活动，组织 150 多位机关干部走进桃花源，大家赏桃花、种桃树，共享美丽镇村建设成果。为庆祝建党九十五周年，营造“为民、务实、清廉”的干事创业氛围，7 月 1 日组织各党工委专职副书记、县直正科级单位分管人事政工的负责同志以及郭田镇部分班子成员 70 多人，到该县革命老区—郭田镇开展“纪念建党九十五周年”党日户外拓展活动。参观五华县第一位共产党员——黄国良同志故居，并在故居门坪重温入党誓词；参观郭田镇“和谐美丽镇村建设示范点”之一——蕉州河小流域治理现场，领略整治后的蕉州河新貌；听、看郭田镇党委政府“八小时”以外党员干部监管工作的经验和做法。参会同志纷纷表示要结合各自单位实际，加强党员干部“八小时”以外生活圈监管工作，倡导积极、健康的休闲方式，弘扬社会正能量，进一步形成风清气正的干事创业氛围。9 月，为配合国家卫计委“健康中国行”活动开展，倡导健康生活方式，县直工委和县卫计委共同举办“每天一万步，健康我做主”主题活动。9 月 5 日下午三点，县直机关 220 多人党员干部整齐聚集于书卷广场前，县委范书记亲自扣响发令枪，并与大家一道，共同完成沿琴江两岸共 2.5 公里的行程，勉励大家开创机关干部新形象，共同倡导健康出行的生活方式，揭开了五华县“健康中国行”活动的序幕。10 月，为进一步擦亮该县“足球之乡”品牌，开创“球王故里”特色旅游，弘扬球王李惠堂拼搏、进取精神。县直工委和县体育局根据县委政府“人人参与一次足球活动”的工作部署，积极争取多方支持，开展“足球进机关”活动，组织机关干部职工观看一场以上的梅州客家队参赛的中甲比赛；组织机关的足球爱好者每周进行一场足球比赛；组织县直机关单位十四支队伍，于 12 月中旬举办机关足球联赛。二是把落实抓机关党建工作融入机关党的组织建设，不断增强机关党组织战斗力。办好专题教育培训班，全面提高机关党务干部和党员领导干部素质。举办党务干部党性教育培训班。4 月 19—22 日，县直工委在县委党校举办“县直机关党务干部党性教育专题培训班”，参训人数 40 多人。培训班特邀市、县党校的讲师，县纪委领导、县委组织部领导讲授党建理论、党建业务、党风廉政建设方面的知识。组织学员奔赴大埔县红色革命教育基地—中共南方工委旧址等接受革命传统教育。举办纪检监察干部专题学习班。10 月 21 日，举办“县直单位党的纪检监察干部学习培训会”，参训人数 40 多人。请市纪委第一纪检监察室主任谢传兰同志、市纪委信访室主任廖亿华同志作相关工作的专题辅导。通过以上培训班的专题辅导学习，引导广大党员干部们深入领会党的创新理论，正确把握当前形势任务，增强党性修养，不断提高做好党务工作的本领。抓好“三会一课”，领导干部过双重组织生活、民主评议党员，党员党性定期分析等制度的落实；从严从实规范组织生活。与县直各党工委联合开展机关党建工作专题调研，从而督促检查县直机关各级党组织“三会一课”制度落实，党员基本信息清理清查，党员党费收缴，上解情况。精准培养发展管理党员。举办入党积极分子培训班。6 月 21—24 日，县直工委举办五华县直单位入党积极分子培训班，有 120 多名学员参加培训班，聘请县委党校专家，作题为《增强党章意识，强化底线思维》《党员干部要把加强道德修养作为人生必修课》的专题辅导，学习和手抄了《中国共产党章程》，使参训人员对共产党有更深了解和认识。按计划做好年度发展党员工作。全年，县委组织部在县直机关企事业单位中计划发展党员 62 个，工委根据各党工委的党员人数和实际，严格按照“控制总量、优化结构、提高质量、发挥作用”的发展党员总要求，严把党员入口关，做好发展党员工作，并按县委组织部的要求，每季度上报发展党员人数。积极开展好纪念建党 95 周年系列庆祝活动。为纪念党的生日，讴歌党的光辉奋斗历程，工委根据县委组织部门的工作部署，本着简朴热烈的原则，精心组织多项“七一”纪念日庆典活动：召开县直机关庆“七一”暨新党员入党宣誓大会；统计县直机关有五十周年党龄的老党员，发放“五十周年党龄纪念”奖章；召开县直机关党建工作座谈会，提高机关党建工作水平；举办“廉洁火炬杯”党规党纪知识竞赛，创新学习形式，增强党建活力。

【作风廉政建设】 县直工委坚持高标准和守底线相结合，把纪律和规矩挺在前面，把加强纪律建设作为加强党风廉政建设的重要着力点，既注重规范惩戒，又引导人向善向上。要着力严明党的纪律，强化监督检查。一是认真抓好纪律教育学习活动，积极开展廉洁从政理论学习。按照县委、县纪委的统一部署，认真开展好纪教会每一个环节的活动，认真学习《中国共产党廉洁自律准则》（以下简称《条例》）和《中国共产党纪律处分条例》（以下简称《准则》）等，通过开展纪律教育学习会活动做到警钟长鸣，提高党员干部的拒腐防变能力。二是继续开展机关作风评议活动，本着对县直单位和人民群众高度负责的精神，精心设计方案，认真组织实施、客观公正地评议每一个单位，激浊扬清，对机关作风建设先进单位给予通报表彰。根据县纪委主要领导指示，机关作风评议工作首次将 16 个乡镇机关作为 D 类评议对象，接受群众和社会各界人士的评议。并采用微信公众平台开展网络投票评议活动，得到广大干部群众的积极参与，点击量过万人次，收到有效评议 3800 多份，下发的评议表格 2000 多份，收集意见建议 25 条，从而扩大群众参与度，让评议活动更加公平、公正、公开。三是开展行风政风评议和“行风热线”上线工作，推动政风行风建设。按照省直行办的统一部署和要求，对县直 24 个单位进行行风政风评议，其中对县科工商务局、县教育局、县环保局和县水务局进行重点评议，通过组织群众测评，评议团评议，均获得满意等次，收到意见和建议 8 条，评议活动收到较好成效。行风热线工作按照计划有序推进，组织招商局、邮政局、信用联社、防火办、国土资源局、三防办、民宗外事侨务局、工商和质监局、公安局、体育局、气象局、旅游局 12 个单位（部门）上线。从上线的情况看，单位（部门）都能密切配合，由单位主要负责同志走进“行风热线”专题节目栏，公布相关政府信息，解答群众咨询，受理群众投诉，听取群众批评意见和建议。顺利组织 12 期“行风热线”专题节目上线并安全播出，情况反响良好。四是为贯彻落实中央和省、市委关于推进“两个责任”落实，加强新形势下纪律作风建设的要求，进一步规范行政行为，转变工作作风，提高政务效能，树立良好形象，经县委、县政府研究部署，4—7 月，在全县各级单位开展为期 3 个月的改进机关作风专项活动。县直工委和县纪委监察局成立改进机关作风领导小组办公室，切实加强改进作风活动的领导。围绕县委范宜军书记在全县推进“两个责任”落实暨改进机关作风工作动员大会上指出的当前机关作风建设八方面突出问题，认真自查自纠，抓好整改落实，活动开展顺利进行，全县县、镇机关作风建设工作取得了明显成效。

【群团建设】 2016 年，县直机关工委强化对群团组织的政治引领，加强同工会、共青团、妇联的沟通和联系，大力开展“工人先锋号”“青年文明号”和“巾帼文明岗”等创建活动；以精准帮扶为重点，在机关实施困难党员帮扶计划，困难职工子女金秋助学计划，困难职工帮扶计划，机关女职工安康保障计划，职工医疗互助保障提升计划等，发挥党组织先锋模范、战斗堡垒作用。

【整体建设】 一是积极投身创建“国家卫生县城”和“省级文明县城”活动。根据创建国家卫生县城和省级文明县城的考核标准，结合单位实际，成立“双创”工作领导小组，下设办公室，投入财力物力，制作宣传标语、标牌，与网格化管理地段商户签订责任书 38 份，发放创卫宣传纸扇 250 把，定期和不定期巡查网格化管理地段，做到垃圾不落地，杂物不乱堆乱放，形成人人参与“双创”工作局面。二是认真落实县委县政府关于新时期精准、精准脱贫工作部署。5 月，在县委召开新时期精准扶贫工作会议后，工委及时召开动员会，按县扶贫工作部署，成立工委扶贫工作领导小组，派出联络员做好挂点村—水寨镇罗湖村的扶贫工作。半年多来，挂点扶贫队员与镇、村干部紧密配合，认真落实新时期扶贫攻坚工作，投入帮扶资金 2 万多元，确保完成挂点村 2016 年 15 户的脱贫工作任务。三是全力推进平安五华创建和社会治安综合治理工作。全年，县直工委认真贯彻县委、县政府社会治安综合治理工作暨平安五华创建工作会议精神，坚持“预防为主”的方针，深入开展平安五华创建和社会治安综合治理工作，通过工委全体成员的共同努力，2016 年全年没有发生违法违纪的人和事。在平安五华创建和综治工作中，主要做法有：一是认真学习社会治安综合治理和平安五华创建方面的文件，把创建平安五华暨社会治安综合治理工作纳入工委的重要议事日程，做到逢会必讲。二是将社会治安综合治理工作列入机关两个文明建设总体规划，做到同布署、同落实、同检查、同总结；三是明确单位一把手是综合治理工作的第一责任人，按照“属地管理”原则，做到“看好自己的门，办好自己的事，管好自己的人；四是强化对各时期社会治安综合治理的分析、预测、从思想上、工作上立足抓早、抓小、抓苗头，对出现的不稳定因素和隐患采取早发现、早处置；五是抓好人防、技防，努力营造良好治安环境。要求干部职工上下班关好门窗，注意用电用火安全、上下班注意交通安全和公车使用安全、对职工进行消防安全教育，使干部职工掌握必备的消防知识等。正是采取以上行之有效的措施，防止治安事件的发生，为干部职工创造一个良好工作、学习环境。四是树立“安全第一”观念，抓好安全生产工作。全年，在县安监局和相关安全部门指导下，县直工委认真贯彻“安全第一、预防为主、综合治理”的安全生产方针，深入落实科学发展观，牢固树立安全发展理念，全年没有发生安全生产事故。在安全生产工作中，我们做到：一是强化安全生产意识，工委始终把安全生产工作摆在工委工作的重要位置，多次会上通报全县安全生产形势，结合安全生产宣传活动，在单位上下营造浓厚的安全生产氛围 。二是落实责任，形成责任落实体系 ，单位一把手作为安全第一责任人，制定节假日值班制度，上报值班人员名单，明确值班人员责任，积极消除安全事故隐患 ，确保干部职工人身、财产和办公室财物安全。五是坚持党管武装原则，增强直属机关人武工作活力。2016 年，工委紧紧围绕“四个基本”（基本教育、基本队伍、基本制度、基本设施）建设，突破弱项，补齐短板，较好地推动人武工作向前发展。以加强基础设施建设为突破口，全力搞好武装工作。按照上级有关人民武装工作建设的各项方针、政策和指示，注重发挥机关武装部的职能作用，认真落实年度的民兵整组，集中培训、兵役登记和征兵任务。

（蔡文淮）

县直属机关工委 2016 年度负责人名录

书　记：江少林

副书记：曾利联
　　　　张政浪

保 密 工 作

【强化保密监管】 一是完善涉密计算机监管。完善涉密计算机违规监管，做到程序规范，设备优化，安全运行，确保全县党政机关涉密计算机信息绝对安全。二是加快密品销毁制度建设。要严格按照《广东省涉密载体销毁管理规定》，规范全县涉密载体销毁管理工作，做好党政机关废旧办公自动化设备、移动存储介质和“三密”文件资料销毁工作，确保涉密载体安全。三是加强网站保密监查。推广应用保密技术科研成果和检查设备，定期对所辖范围内的政府网站进行保密检查，发现问题，严肃查处，堵塞漏洞，不断提升检查水平。

【推进依法行政】 一是严格涉密工程审批和监管。严格控制涉密工程审批数量，完善审批、管理程序和各项制度。省、市保密局对祥福电子科技有限公司进行涉密资质现场复审工作，县保密局陪同协助。二是编制权责清单。根据《关于在依法承担行政职能的事业单位及乡镇政府推行权责清单制度的通知》文件精神，为进一步深化行政体制改革和转变职能，编制权责清单，摸清部门权责底数，划清权力边界，规范权力运行。三是加强文件管理。严格执行保密制度，把好“三密”文件管理关，对文件的制作、收发、传递、使用、复制、保存、销毁等环节进行规范管理。四是严肃查处泄密行为。增强保密法规执行力度，对泄密案件和保密违法行为要严格依法依规进行查处。

【加强技术防范】 一是加强网络保密管理。认真贯彻落实中办、国办《关于加强党政机关和涉密单位网络保密管理规定》和省委办、省府办实施意见。规范和完善涉密网络建设规划、预算、项目评估、验收审批等环节的保密管理。二是推进保密技术装备强制配备。严格按照省、市要求，推进保密技术专用防护系统的强制配置和使用。积极推广应用升级改造后的违规外联监管和移动存储介质管控功能新产品，逐步实现涉密计算机安全保密标准配置。三是抓好专项检查。开展重点领域保密检查，及时对各镇、县直重点涉密单位开展保密技术专项检查。按照省保密局、市保密局《关于开展机关、单位保密自查自评督查工作的通知》要求，通知各镇各单位开展部门保密自查自评工作，上报自查自评报告，对相关单位进行自查自评工作的专项督查，推动保密工作责任制落实到位。开展文件保密管理、涉密计算机管理、网络安全管理等专项检查，开展对城管、信访等系统的专项保密检查，增强防范能力。加强保密工作分类指导，进一步规范涉台、涉外、测绘、国家统一考试和涉密采购、涉密工程保密监督管理。

【强化宣传教育】 一是强化宣传。加强保密法纪和保密形势的宣传教育，大力宣传党和国家关于保密工作的方针政策,宣传保密法律法规,不断增强全社会尤其是各级领导干部、涉密人员和国家公务人员的保密意识和保密法制观念，努力营造“人人讲保密、处处防泄密”良好氛围。二是强化教育。认真组织开展学习、宣传、贯彻广东省委保密委员会、中共广东省纪律检查委员会、中共广东省委组织部三部门联合印发《广东省党政领导干部保密工作责任制实施细则》，严格按照细则相关要求，规范工作流程，强化责任追究。三是强化培训。开展保密依法行政专项培训，会同纪检监察部门联合在纪教月活动中开展保密法纪宣传教育，加强涉密人员的培训教育，提升依法保密水平。

【加强自身建设】　一是落实保密工作责任制。按照中央和省、市有关党政领导干部保密工作责任制规定要求，认真落实领导干部保密工作责任制，实行“一把手”负责制，班子成员按照分工管线，负责相关部门保密工作，坚持业务工作与保密工作同研究、同安排、同检查、同落实，做到职责明确，一级抓一级，层层抓落实，有效促进全县保密工作深入开展。二是抓好涉密人员管理。实施涉人员岗位分类确定标准，全面开展涉密人员确定工作。贯彻落实国家有关涉密人员管理的规定，逐步规范涉密人员岗前保密审查，强化涉密人员在岗、离岗和脱密期管理。三是加强保密系统队伍建设。选配保密技术人才充实保密主管部门，配齐配强保密专兼职人员。县委对保密局人员进行充实，新招募一名公务员作为保密技术人员，使我们保密系统队伍更加年轻化。

（陈勇、曹贵彬）

县保密局 2016 年度负责人名录

局　长：古坚祥（任至 4 月）

陈　勇（6 月任）

政 策 研 究

【文稿服务】　2016 年，县委政研室紧扣“全力加快振兴发展、全面提升治理水平”工作主线，围绕中心、服务大局，以“提升文稿撰写能力，提高决策服务水平”为目标，准确把握方向，深刻领会领导意图，聚焦牵动全局、影响长远的大小事情，强化对工作实践总结提炼，提高文稿的思想性、针对性和指导性，切实发挥好参谋助手作用，为县委决策提供全面、深入、细致服务。全年撰写各类汇报材料 100 多篇，会议讲话材料近 180 篇，向省、市报送材料 100 多篇。

【调查研究】　2016 年，县委政研室围绕领导、基层、群众关心热点问题，把握事关全局重点问题，紧扣经济社会发展难点问题，主动选定方向性、前瞻性、战略性调研课题，深入基层、深入一线开展调查研究，并积极协调组织各职能部门开展综合调研，全面准确掌握第一手资料，提出务实管用意见和建议，为县委决策提供可靠依据和科学参考。全年先后围绕美丽乡村建设、基层治理、环境保护、旅游产业发展、教育和医疗卫生事业等工作，走访近 30 个县直机关、16 个乡镇及 80 多个行政村进行广泛调查研究，撰写一批具有参考价值的调研文章。同时，延续《五华通讯》体察民情、交流经验、服务决策的办刊宗旨，结合县委县政府中心工作，编印以贴近基层、交流心得、服务大局为主题的《五华政研》。

【督办检查】　2016 年，县委政研室紧紧围绕县委、县政府确定的 74 项重点工作，加大督查督办力度，推动工作落实。同时，针对县委决策、会议决定事项、县委领导交办事项进行及时督查，对督办的具体问题，针对性地提出解决措施和办法，促进县委各项决策部署和领导批示、交办事项落实。全年组织参与开展专项督查活动40次；办结省、市交办督查事项 30 多件，办理县委书记批示件210多件；下发《督办通知》50份，编印《县委、县政府重点工作进展情况通报》《会议决定事项落实情况通报》共18期。

县委政策研究室2016年度负责人名录

主　任：张志军

副主任：谢龙飞

新 闻 工 作

【简介】 2016年，中共五华县委新闻办坚持围绕中心、服务大局，发挥新闻宣传舆论引导作用，深入新闻现场一线，挖掘经济社会发展呈现的好经验、好做法、好成果。先后在中央人民广播电台、新华网、南方日报、梅州日报、梅州电视台、南方网等新闻媒体发表稿件近200篇次。同时还加强与新媒体的融合发展。

【政务活动宣传报道】 2016年，根据县委主要领导日常工作安排，对县委主要领导参加或主持的调研、重要会议、外出招商引资等政务活动，全程跟踪报道，把县委主要领导的调研及会议精神，及时传递给各级各单位，为推动工作形成浓厚氛围。如：上半年4 月份随主要领导前往湖南、贵州考察当地美丽乡村建设成果，并形成学习考察报告，为五华县推进宜居五华建设建言献策。

【全面展现经济社会发展成果】 2016年，根据县委工作重点，深入新闻现场一线，采写鲜活的新闻素材，图文并茂或专题专版的形式，传递正能量，为加快县域经济振兴发展鼓与呼。如《五华全力构建“一核两区三组团”发展新格局——聚焦产业建设壮大县域经济》《建设工业新城宜居五华》《十三五GDP年均增长20%》等文章，为今后五年县域发展谋篇布局进行详细解读；《产业转移园落户企业超百家》《筑牢园区基础奏响工业发展最强音》《五华引进首个央企项目》反映五华园区建设贯彻落实省委主要领导调研视察精神取得显著成效；《产城联动建设工业新城宜居五华》全面展示五华贯彻落实粤东西北振兴发展部署，全力推动五华建设工业新城、宜居城乡奋斗历程及取得的瞩目成就；《3年统筹11亿打造健康五华》反映五华建设卫生强县、解决重大民生的决心和行动；《40年零山火回馈家园》《守护山林的安全哨所》反映五华基层干部为推进生态建设、守护青山绿水所付出的努力和取得的成效；《找准穷根子明晰路子细化方子》《五华打响精准脱贫攻坚战》《五华基本完成精准脱贫对象核查》等，反映五华全力推进脱贫攻坚、确保全面如期建成小康的决心和行动；《建设四大生态打造特色乡村》《街道变干净污河复清流》《革命老区焕发靓丽新姿》反映五华推进美丽乡村建设、加大宜居城乡建设的努力和成效；《村民理事会理出和谐村》《收回闹市门店建公共服务站》《村中矛盾纠纷内部消化》《构筑涉农贪腐防火墙》等，反映五华大抓基层治理，打通联系群众最后一公里取得的成效；《党员日抄党章300字》反映全县党员干部开展“两学一做”的精神状态；《今年投资32亿元建设17条公路》《五华琴江公路建设提速》《加快高速公路连接线建设》等反映五华加快监理成网成型交通体系、改善区位条件的全力以赴；专题策划曾妙龙先进事迹，先后在南方日报、羊城晚报、梅州日报、南方法制报等媒体进行系列报道文章近10篇（《五华硬汉去了角膜留在人间》《明眸留在人间继续守望平安》《学模范事迹做平安卫士》《追认曾妙龙为优秀共产党员》）；配合梅州日报开展文化地标大型采访报道，先后采写了李惠堂故居、长乐学宫、元坑足球发源地、狮雄山秦汉遗址等地标建筑；专题策划县十三次党代会报道《砥砺前行话变化 振兴发展看今朝》。

【及时反映灾情】 2016年，在台风“海马”来袭期间，深入受灾一线现场，及时传回受灾情况，并用温情画面展示干部职工面对灾害、守望相助的不折不饶精神。

【发挥舆论引导化解矛盾纠纷】 2016年，全力协助好南方日报、羊城晚报、梅州日报、梅州电视台来县采访报道事宜。同时充分发挥新闻舆论引导作用，先后化解郭田群众反映郭双公路建设、安流廖姓兄弟矛盾纠纷、西河市场棚户区改造征地拆迁、琴江公路建设征地拆迁等引发的上访事宜。

【全力应对突发事件】 2016年，对春节前水寨镇某汽车城爆炸案，第一时间赶赴现场了解事情真相，在事发后2小时内向社会及媒体公布事件真相，牢牢掌控舆情，并协助媒体做好跟踪采访报道；对省纪委暗访曝光的涉农贪腐典型案例，及时发声，向外发布县委县政府坚决打击涉农贪腐的决心和行动，树立县委狠抓贪腐的正面形象。

【加强与兄弟单位合作】 向五华县政府网、政报、新媒体等新闻媒体提供一大批图文资料。

（张炳锋）

县委新闻办2016年度负责人名录

主 任：张炳锋

党 校 工 作

【干部培训】 2016年,县委党校围绕县委、县政府中心工作，按照工作职责要求，发挥阵地作用，努力办好各类培训班次，扎实推进干部培训、轮训工作开展。一是全年举办主体培训班次51期，培训总人数16630人。5月10—13日，举办五华县“提升党外干部参政议政能力专题培训班”，全县各镇、县直机关单位优秀党外干部、业务骨干等65人参加培训。5月24—26日，举办全县“提升县直副科职干部政策执行力、为民服务能力专题培训班”，县直副科职干部112人参加培训班。8月23—26日，举办五华县“提升镇村干部社会主义新农村建设能力专题培训班”，县委专门成立“习近平治国理政”宣讲团，采取“送课下乡”的形式，为全县镇村干部作“提升镇村干部社会主义新农村建设能力”专题辅导，4500人参加培训。9月1—2日，举办“五华县提升组工干部业务能力专题培训班”，各镇党委副书记、组织委员、组织干事、县直系统党工委专职副书记、县直局以上单位政工人事股长130人参加培训班。10月25—26日，举办五华县“提升镇级领导班子成员社会基层治理能力专题培训班”，县委宣军书记作专题辅导，县委组织部部长、县检察院检察长分别作专题授课，各镇领导班子成员270人参加培训。11月1—2日，举办“五华县村（社区）支部书记（第一期）专题培训班”，11月29—30日，举办“五华县村（社区）支部书记（第二期）专题培训班”，全县447名基层党组织书记参加培训。12月14—16日，举办“新提拔副科职干部履职能力专题培训班”，2016年新提拔副科职干部106人参加培训。12月19—27日，采取“送课下乡”的形式，与县委宣传部联合举办“学习贯彻党的十八届六中全会精神”专题培训班，各镇机关党员干部，企事业单位党员干部，村委（居委）党支部书记、主任、干部，县直部委办局和省市属驻华单位党员干部，共1.1万多人次参加学习培训。二是和各部门配合，全年举办各类培训32期，培训总人数7320人。其中，举办1期初任公务员培训班，培训150人；举办23期全县公务员全员培训班，培训2600人；举办4期专业技术人员公需科目培训班，培训4000人；举办1期宣传干部业务培训班，培训200人；举办1期县直工委入党积极分子培训班，培训80人；举办1期安监局业务培训班，培训90人；举办1期爆破公司业务培训班，培训200人。三是党校教师到各镇各单位上党课。参与全县双创宣传，“两学一做”学习教育活动，开展国学经典进社区活动等，派出教师外出讲课90多场次。

【教学科研】 一是抓党校教学改革。3月7—11日，常务副校长张丽红和徐琴老师参加市委党校组织的全市党校系统骨干教师赴浙江市委党校业务培训班。选派老师参加“2016年全市党校系统骨干教师集体备课会”，张志强老师讲授专题课《党员干部要把加强道德修养作为人生必修课》、徐琴老师讲授专题课《做讲规矩守规矩的好干部》、曾伟文老师讲授专题课《弘扬“苏区精神”争当“四铁”干部》，均受到好评。二是抓好备课、授课环节。要求教师在认真钻研教材、吃透教材内容和重点、难点，搜集、掌握有关资料的基础上，详细写好教案，授课时要突出重点，讲清难点，理论联系实际，参加各类培训班授课老师均得到学员好评。三是积极开展科研活动。遵循“科研兴校”的原则，积极鼓励老师参加各类研讨会，全体教师积极开展科研调研工作，并积极撰写理论文章，全年专兼职教师备有各专业题课23个，撰写较高质量科研理论文章15篇，其中8篇发表在县级以上刊物，7篇发表在市以上刊物。张志强老师、钟爱娜老师分别参与市级课题研究两项，其中一项获批立项。

（黄丹华）

县委党校2016年度负责人名录

校　　长：傅国强

常务副校长：张丽红

副 校 长：陈雨新　李启智

五华县人民代表大会及其常委会

【县十四届人大六次会议】　2016 年 2 月 25—26 日，五华县第十四届人民代表大会第六次会议在县城水寨召开。会议应出席代表 324 人，出席 298 人，占代表总数 92%。非代表的县五套班子领导成员、县武装部政委，出席、列席县政协十届一次会议人员，县直部委办局和省市属驻华局以上单位主要负责人，各镇党委书记、镇长、人大副主席，高（完、职）中校长列席会议。特邀请担任过县人大常委会主任、常务副主任的老领导出席大会开幕式。大会议程：1.听取和审议《五华县人民政府工作报告》；2.审查和批准《五华县国民经济和社会发展第十三个五年规划纲要（草案）》；3.审议《五华县 2015 年国民经济和社会发展计划执行情况与 2016 年计划草案的报告》，批准《五华县 2016 年国民经济和社会发展计划》；4.审议《五华县 2015 年预算执行情况和 2016 年预算草案的报告》，批准《五华县县本级 2016 年预算》；5.听取和审议《五华县人大常委会工作报告》；6.听取和审议《五华县人民法院工作报告》；7.听取和审议《五华县人民检察院工作报告》；8.选举；9.其他。

【县十五届人大一次会议】　2016 年 11 月 16—18 日，五华县第十五届人民 代表大会第一次会议在县城水寨召开。会议应出席代表 339 人，出席 331 人，占代表总数 97%。非代表的县五套班子领导成员、县武装部政委，出席、列席县政协十届一次会议人员，县直部委办局和省市属驻华局以上单位主要负责人，各镇党委书记、镇长、人大副主席，高（完、职）中校长列席会议。特邀请担任过县人大常委会主任、常务副主任的老领导出席大会开幕式。市人大常委会副主任钟勇生率市委换届工作指导组和市委换届风气督查组一行到会指导。大会议程：1.听取和审议《五华县人民政府工作报告》；2.审议《五华县 2016 年 1—10 月国民经济和社会发展计划执行情况与 11—12 月工作设想的报告》；3.审议《五华县 2016 年 1—10 月预算执行情况和 11—12 月工作设想的报告》；4.听取和审议《五华县人大常委会工作报告》；5.听取和审议《五华县人民法院工作报告》；6.听取和审议《五华县人民检察院工作报告》；7.选举；8.其他。

【监督工作】　2016 年，县人大常委会严格贯彻实施监督法，认真制订监督计划，加强和改进人大监督工作，确保监督取得实效。

依法行使监督职权，不断增强监督实效。常委会紧紧围绕全县工作大局和人民群众普遍关注的热点难点问题，改进监督方式，加大监督力度，推动“一府两院”依法行政、公正司法。至 12 月 26 日，共召开主任会议 11 次，常委会会议 5 次，听取和审议“一府两院”专项工作报告 9 项，组织专项视察活动 3 次，作出决议决定 7 项，依法任免国家机关工作人员 29 人次、人民陪审员 7 人次。

监督依法治县工作，推进法治进程。按照依法治国基本方略，围绕县委依法治县中心工作，发挥人大在依法治县的主导作用，协助县委研究起草 2016 年依法治县工作要点，牵头组织召开县依法治县工作领导小组会议和全县依法治县工作会议，加大依法治镇、治村、治校工作力度。针对构建和谐五华和“六五”普法规划目标，督促政府及有关部门适时组织法律宣传和学法考试，努力提高广大公民尤其是各级领导干部的学法、用法自觉性。

监督重点工作，促进经济社会健康发展。一是对计划、审计和预算执行情况进行监督。县人大常委会分别听取和审议县政府计划、审计、财政工作等报告，并作出相应决议。通过严格对计划、财政预算编制和执行进行审查监督，督促政府依法理财、依法用财、依法治财，促进经济社会健康发展。二是对政府职能部门专项工作进行监督。按照监督法规定，听取和审议工商和质量技术监督、文化广电新闻出版、法院等工作报告。三是组织部分常委会组成人员进行视察监督，先后视察社区矫正、棉七公路建设、工业园区建设等工作。四是对县政府提请的《关于提请审议五华县河东北堤升级改造等项目工程建设可行性缺口补助资金列入政府年度财政预算的议案》等 7 项议案作出决议，发挥常委会决定重大事项、推动重大工作的作用。

监督信访案件，促进社会和谐稳定。常委会严格依照国家《信访条例》和《广东省各级人民代表大会常务委员会信访条例》有关规定，坚持把信访工作与监督工作、转办信访件与跟踪督办、群众上访与人大常委会“下访”、信访工作与发挥代表作用、重要信访问题处理与发挥政府职能部门作用结合起来，进一步加强信访案件的转办、答复、督办、跟踪工作。全年受理群众来信来访 220 件（次），为保障人民群众合法权益，促进社会和谐稳定作出努力。

【人事任免工作】 2016 年，常委会根据地方组织法和《广东省各级人民代表大会常务委员会人事任免办法》规定，认真贯彻落实《党政领导干部选拔任用工作条例》，严格遵循党管干部原则，做到既充分相信党委向人大常委会推荐干部，保证党委意图实现，又充分尊重人大常委会组成人员意志，严格程序，坚持任前法律学习考试制度和现场颁发任命书仪式，增强被任命人员的光荣感、责任感和使命感，提高他们依法行政和接受人大监督的自觉性。全年决定任命县法院代理院长 1 名，县检察院代理检察长 1 名，县政府副县长 1 名，接受县人大副主任 1 名，县法院院长 1 名，县检察院检察长 1 名的辞职请求，任免政府职能局局长 8 名，任免人大机关、法院、检察院干部 15 名，人民陪审员 7 名。

【代表工作】 2016 年，县人大常委会拓宽代表履职渠道。一是注重提高代表素质。采取集中培训、分组培训、以会代训、边活动边培训等方式抓好新一届代表培训工作。通过学习培训，提高对人民代表大会制度认识，明确代表权利和义务，增强履职自觉性。坚持为代表订阅《人民之声》等刊物，为代表们学习相关法律和人大业务知识创造条件。二是着力拓宽代表履职渠道。组织代表在不同层面，以不同形式参加常委会专题调研、视察法院庭审等活动；推荐代表担任行风政风监督员，拓宽代表履职渠道，支持代表参政议政；组织代表参加县政府举行的有关经济工作情况通报会，代表知情知政渠道进一步畅通。三是周密筹划代表活动。紧紧围绕发展与民生两大主题，关注大局，关注民生，精心制订代表视察活动方案。受市人大委托，7 月组织部分生活（工作）在五华的市人大代表专题调研五华河东工业区建设情况。同时，委托各镇人大组织县人大代表开展至少 1 次以上小组活动。

推进代表议案建议办理工作。县十四届人大六次会议代表提出 32 件意见建议。为办好这些议案和意见建议，及时召开交办会议，落实好承办单位，由对口联系工委每月跟踪督查办理情况。绝大部分承办单位均能做到领导重视，专人亲抓，把办理代表建议作为一项严肃的政治任务抓紧抓落实，并按时将办结情况书面答复代表。

加强与镇级人大工作的联系和指导。关注镇人大建设，坚持和完善常委会负责人联系和指导镇人大工作、镇人大专职副主席列席常委会会议制度，加强与镇人大的联系沟通，指导开展监督工作，增强镇人大工作实效。各镇人大坚持党委领导，政府支持，积极组织代表开展活动，与县人大常委会工作形成良性互动。

【常委会及其机关自身建设】 2016 年，县人大常委会坚持和完善县人大常委会中心组学习、主任会议学习、专题辅导等制度，深入学习党的十八大、十八届四中、五中、六中全会和习近平总书记系列重要讲话精神，深入开展“两学一做”专题教育活动，认真查摆存在问题，坚决整改落实，把思想和行动统一到县委决策部署上来。认真学习宪法法律、人大制度理论知识，增强推动人大制度理论和实践创新的责任感和使命感，提高依法履职能力。

坚持民主集中制，健全完善监督工作制度。常委会坚持执行《五华县人大常委会评议政府组成部门年度工作暂行办法》，组织对县发展和改革局等 23 个县政府组成部门的 2016 年度工作情况进行集中评议并通报，努力提高常委会监督“一府两院”工作效能。

坚持贯彻落实中央八项规定和县委改进作风一系列决定，加强人大机关干部职工学习教育，完善管理制度，常委会组成人员做到严于律己、勤政廉政、乐于奉献，人大工作整体水平不断提高。

（黄浩）

县人大常委会 2016 年度领导名录

主　任：范宜军（2 月任，任至 11 月）
邓伯锦（11 月任）
代主任：幸小明（任至 2 月）
副主任：李伟华（2 月任）
徐建雄（任至 11 月）
曾冬云（女）
李永浩
张群典（任至 11 月）
李清昌（11 月任）
温志清（11 月任）
张少凡（11 月任）

县人大常委会办公室负责人名录

主　任：何枢球
副主任：谢兰花　林国标

县人大常委会农村工作委员会负责人名录

主　任：魏少洲

副主任：高东贤

县人大常委会财经工作委员会负责人名录

主　任：谢运新

县人大常委会教科文卫工作委员会负责人名录

主　任：黄叨明

副主任：曾小霞

县人大常委会法律工作委员会负责人名录

主　任：冯志强（任至5月）

江锦城（5月任）

县人大常委会选举联络人事任免工作委员会负责人名录

主　任：张建城

县依法治县工作领导小组办公室负责人名录（1—6月）

主　任：魏晓斌（任至6月）

副主任：陈宏忠（任至6月）

五华县人民政府

重要会议、活动简述

1月8日，县政府召开全县民政工作会议，代县长吴晖出席会议并讲话，要求各镇各有关单位要进一步增强工作责任感，全力抓好殡葬改革和社会救助工作，确保民政工作取得新成效。

1月13日，广东省卫计委党组书记骆文智率队到五华县开展送温暖暨送医送药、扶贫义诊活动。市、县领导张丽霞、吴晖等陪同。

2月18日，市长谭君铁率队到五华县技工学校、辉骏科技集团等现场调研，并召开座谈会，要求五华率先培育百亿民营企业，擦亮工业立县金字招牌。县领导范宜军、吴晖等陪同调研。

2月25—26日，五华县第十四届人民代表大会第六次会议在县党政大楼大会堂召开。范宜军当选为县人大常委会主任，吴晖当选为县政府县长，李伟华当选为县人大常委会副主任。范宜军主持开幕大会，吴晖向大会作《五华县政府工作报告》。县人大常委会常务副主任幸小明主持闭幕大会。

3月11日，县委书记范宜军，县委副书记、县长吴晖率党政代表团到广州市番禺区开展招商引资和联系对口帮扶工作。番禺区区长何汝诚等领导班子成员，以及番禺区相关部门和镇街主要领导参加活动。

3月15日，召开全县基层治理暨“十大专项整治”工作会议，县长吴晖主持会议。县委书记范宜军出席会议并讲话，强调做到坚持落实责任、坚持依法依规、坚持建章立制、坚持示范带动，全力以赴抓好“双十”工作。

3月17日，县政府召开争创“广东省推进教育现代化先进县”工作会议，正式启动创建工作，明确2018年成功创建的目标任务。县长吴晖出席会议并对创建工作进行动员。

3月29日，五华客天下文化旅游产业园启动仪式在县城蒲丽顶省级森林公园举行，该项目正式进入开发建设程序。

4月13—14日，省政协常委、经济委员会主任罗继东一行到五华调研贫困人口相对集中地区经济发展现状。市、县领导李忠良、吴晖、邓伯锦等陪同调研。

5月4日，县政府在县党政大楼五楼1号会议室召开五华县农民住房财产权抵押贷款试点工作专题会议，县长吴晖出席会议并讲话，要求全面推进农房抵押贷款试点工作，确保于2017年底顺利完成试点工作任务。

5月26日，五华在党政大楼召开全县农业农村暨美丽乡村建设工作会议。动员部署全县上下积极做好农业农村工作，加快美丽乡村建设步伐。

5月30—31日，省委副书记、省长朱小丹率队到河源、梅州调研精准脱贫工作，强调要按照省委省政府的部署要求，扎实做好精准脱贫各项基础性工作，因地制宜、因人而异制定精准扶贫、精准脱贫规划和措施，确保脱贫攻坚开好局、起好步。期间，朱小丹冒着高温、暴雨到五华县高车塘村、下陶村、横塘村，详细了解困难群众的生产生活情况，向他们介绍当前广东省帮扶贫困群众的各项政策措施。省、市、县领导林少春、邓海光、黄强、谭君铁、范宜军、吴晖等陪同调研。

6月27日，五华举行五华县2016年“广东扶贫济困日”活动启动仪式，县五套班子和县“五大办”全体干部职工现场捐款。

7月14日，县政府在县政府党政综合大楼五楼1号会议室召开全县河道内船舶专项整治工作会议。会议要求，狠抓落实，确保在7月30日前完成整治任务。

8月4日，五华召开“十大专项整治”和“十件民生实事”工作推进会。会议要求，全县各级各单位要进一步强化思想认识，拿出有力措施，突破工作推进中碰到的瓶颈问题，做出让老百姓看得见摸得着实实在在的成效。

8月17日，市委副书记、代市长方利旭深入到五华调研，并与县领导班子座谈交流，了解经济社会发展和各项工作推进情况，强调要全力加快振兴发展速度。

9月9日，五华召开庆祝2016年教师节暨五华县教育发展基金会成立大会，宣布筹备近半年来的五华县教育发展基金会正式成立，并表彰一批优秀教师、高考大奖学校以及尊师重教个人。

9月19—20日，省委书记胡春华在梅州调研检查脱贫攻坚和产业发展情况，强调要落实精准要求，精准识别、精准施策，把脱贫攻坚工作做细做实。期间，胡春华一行深入广州番禺（五华）产业转移工业园、县人民医院等地调研考察。省、市、县领导徐少华、任学锋、邹铭、袁宝成、谭君铁、方利旭、范宜军、吴晖等陪同调研考察。

9月23日，五华召开全县森林防火暨城乡环境综合整治和美丽乡村建设工作会议。会议强调，各镇各单位要切实把思想和行动统一到县委、县政府的决策部署上来，将森林防火、城乡环境综合整治和美丽乡村建设工作抓实、抓细、抓出成效，努力营造宜居宜业发展环境。

10月25日，市委书记谭君铁率队到五华调研和督导经济发展工作，强调要始终扭紧“三大抓手”不放松，抢抓机遇补齐短板，乘势而上持续发力，确保顺利完成全年目标任务。市、县领导彭耀新、范宜军、吴晖等陪同调研。

10月26日，举行2011—2015年全国法治宣传教育先进授牌仪式暨全县“七五”普法工作推进会，回顾总结近年五华县法治工作开展情况，部署“七五”普法工作。

11月3日，县政府在转水镇召开全县地质灾害专项整治现场会，通过现场参观学习，交流工作经验，分析存在问题，对地质灾害专项整治工作进行再次部署。县长吴晖强调，要把握工作的关键，扎实推进，提高地灾防御能力。

11月11日，全县创建“卫生强县”工作现场推进会在潭下镇召开，县长吴晖强调，各镇各单位要以开展医疗卫生强基创优行动和“卫生两基示范镇”创建活动为抓手，盯紧工作重点，确保如期完成目标任务。

11月16—18日，五华县第十五届人民代表大会第一次会议在县党政大楼大会堂召开。选举产生新一届县人大常委会、县人民政府领导班子。其中，邓伯锦当选为县人大常委会主任，吴晖当选为县政府县长。县委书记范宜军主持大会，县委副书记、县长吴晖向大会作《五华县政府工作报告》。县人大常委会副主任李永浩作《五华县人大常委会工作报告》。

12月1日，召开全县农村人居环境综合整治工作会议，动员全县上下立即开展农村人居环境综合整治，向“脏乱差”宣战、向陋习宣战，以不达目的誓不休的决心打一场农村人居环境综合整治的硬仗。县长吴晖对整治工作进行部署，县委书记范宜军出席会议并讲话。

12月12日，大丰华高速公路丰顺至五华段项目开工建设，省交通厅副厅长钟健辉，市、县领导陈建青、范宜军、吴晖等参加开工活动。

12月26日，兴宁至汕尾高速公路五华至陆河段项目先行工程石下枢纽动工建设，并举行开工建设动员大会。省交通集团党委委员周玉明，市、县领导吴泽桐、范宜军等参加活动。

五华县人民政府2016年度领导名录

县　长： 吴　晖（2月任）

副县长： 曾光华

吴庆松

吴泽桐（挂任至11月）

邓秋香（任至11月）

詹庆东（任至11月）

刘敬东

温燕玲（9月任）

赖　勤

甘飞鸿（11月任）

陈　逸（11月任）

县人民政府办公室工作

【办文、办会、办事】 一是严把公文办理关，切实提高公文质量。全年发出县政府文件408件，其中华府31件、华府报59件、华府函127件、华府工纪136件、华府常纪12件、县长办公会议纪要6期、内部情况通报7件、华府案10件、华府行复决11件、华府规备字9件；办公室文件275件，其中华府办23件、华府办函242件、督办通报7件、华府办公开 3 件；收发处理传真 1100多件，处理上级来文 5300 多件；处理群众来信来访和上级批转信件329件。二是认真做好文件、材料及会场会务安排等工作。全年制订上级来人接待、调研活动等 321 个方案，组织以县政府、县府办名义召开的会议 422 场。三是认真办好每一件事。力争做好领导满意、机关满意、群众满意，有力维护县府办公室“窗口”形象。

【调研、综合、信息工作】 2016 年，县政府调研室积极开展系列专题调研，撰写好调查报告，认真起草县政府领导讲话材料；做好资料收集综合工作，加强与各镇和县直部门沟通联系，及时了解掌握各镇各部门工作动态，汇总上报给县政府领导。及时收集、综合、整理全县重要社情、民情，为领导掌握下情提供保障；对社会经济发展变化趋势进行认真分析、综合，为领导的决策提供信息服务，努力做好参谋助手。积极办好《五华政报》，全年编辑出版 23 期共刊登 1000 多篇稿件，发行 7 万多份。

【公共服务中心】 一是推进行政审批服务提速、提质、提效。公共服务中心进驻 35 个单位，104 名工作人员，全年办结事项 13125 件，除去使用国家和省垂直业务系统的数据，行政审批网上全流程办结量为 3498 件，网上办结率 88.6%。二是推进县镇村三级便民服务体系建设。全年镇网上办事站办结业务 3395 件，网上申请办结率 100%，全县 446 个村（居）均开通网上办事点。三是做好 12345 政府服务热线工作。全年受理和回复工单 361 张，按时回复率 100%。四是加快推进基层公共服务平台建设，全面完成县 16 个镇、446 个村（居）委的公共服务中心、站的建设；五是实施县公共服务中心二期建设。

【人防工作】 2016 年，县人防办认真贯彻落实《中华人民共和国人防法》，严格规范人防易地建设费的管理使用。办理人防报建 191 宗，收取人防易地建设费 987 万元，竣工验收 3 宗，验收人防地下室面积 5595 平方米。加强通信警报系统建设。更新 5 台固定防空警报器并在县城成功进行防空警报试鸣。加大行政执法力度。调整充实 8 支由 434 人组成的人防专业保障队伍，完成《五华县防空袭方案》修编工作，对建成、在建的人防工程进行抽查，对安全隐患及时排查，强化监管职能。全年抽查在建工地 21 宗并全部按要求办理人防报建手续。

【打私执法工作】 一是营造良好的打私工作氛围。印发打私工作简报9期，打私网站管理获全省打私网站排名第二名。二是扎实开展打私工作摸底调查。加强部门沟通，重点关注全县重点项目建设和冻品市场、油站油库、港货店等关键环节。三是开展专项打击应节商品走私联合行动。积极谋划并开展打击走私“国门利剑2016”、打击走私成品油“春雷2016”、打击毒品走私专项联合行动等行动。全年组织21次综合突击检查，营造良好打私执法环境，维护全县市场经济秩序。

【督查工作】 2016 年，县府办以政府中心工作、上级交办、领导批示、民生工程和会议决定事项等方面工作为重点，加强督查督办工作，认真做好县人大代表建议议案、政协委员提案的交办和跟进工作。全年办理领导批示件 259 件、人大代表建议 32 件、政协委员提案 28 件，督促落实县长办公会议、县政府常务会议纪要11次，决定事项20项，编发情况通报16期。

【信息中心工作】 一是完成县政府网站升级改版，提高安全和性能，更高效发布信息。二是开发应用县级无纸化会议系统，实现县委县政府高效、务实、节俭的会风。完成镇级视频会议系统建设，实现县、镇视频会议互联互通。积极做好政府大院网络的管理及维护工作。三是政务公开工作更规范，加大力度督促各镇各单位完善建设重点领域信息公开专栏，及时更新政府信息公开目录系统内容。

【应急管理工作】 2016年，修订编制4个县级专项应急预案，举行26场县级应急演练，举办16场应急知识宣教活动。全面实施《五华县应急管理示范区建设标准》，开展应急管理督查和突发事件风险隐患排查和整改工作。强化应急队伍建设，组建县应急管理专家组队伍。建立县镇电视电话会议系统、三防视频会商系统、护林员外勤管理系统。顺利完成县委县政府总值班室接管工作，依法、及时、妥善处置各类突发事件，提高突发公共事件应急处理水平。

【金融服务工作】 一是金融市场稳定有序。农村普惠金融“民生实事”高分通过省组织的检查验收。完成县征信中心建设，创建一批信用村、户，对评定为B级以上农户总体授信9.6亿元，实际贷款5.6亿元；建立乡村金融服务站412个，助农取款“村村通”711个，累计取款7.46万笔、4620.71万元。二是积极扶持企业发展。积极鼓励金融部门解决重点项目建设的融资需求，着力解决中小微企业融资难问题，“助保贷”发放贷款1.09亿元。三是抓好农房抵押贷款试点工作，发放贷款131笔4621万元。

县政府办公室2016年度负责人名录

主　任：谢国泉（任至9月）
　　　　陈群添（9月任）
副主任：宋国强
　　　　温　锋（任至3月）
　　　　李　权　张思伟
　　　　邓瑜文（3月任）
党工委专职副书记：邓瑜文（任至3月）
　　　　温伟雄（3月任）

民族宗教和外事侨务

【简况】 2016年,县民族宗教和外事侨务部门认真做好海外联谊工作，全年接待华侨、华人、港澳同胞和团体5批211人次；接受华侨、港澳同胞捐建兴办公益事业300万元，历年累计2.88亿元；组织发动广大宗教界人士筹集资金4万多元，开展扶贫济困活动；办理因公出国赴港澳人员14批18人次；开展和谐寺观教堂创建活动，初步评审县和谐寺观教堂16间，报上级审定。

【联心联谊】 2016年，县民族宗教和外事侨务部门先后接待到五华县访问、观光华侨、港澳同胞和团体5批211人次。2月23—24日，香港政协委员廖广铸、梁享英、李佑新、李崇斌等18人出席五华县第九届政协第六次会议；4月9—10日，县长吴晖、县政协主席邓伯锦、县委统战部部长甘飞鸿、县民族宗教和外事侨务局局长张霞英等领导出席香港五华同乡总会第七届会董就职典礼暨联欢宴会；7 月 8—10 日，香港五华同乡总会会长曾庆胆、副会长陈长有等率香港五华足球交流访问团 51 人到五华县开展足球文化交流考察活动；8 月 3—5 日，全国政协委员、新界乡议局主席刘业强，香港五华同乡总会会长曾庆胆等率香港五华同乡总会屯门甲组足球交流团 91 人到五华县开展足球文化交流活动；8 月 26 日，县长吴晖、县委统战部部长甘飞鸿、县民族宗教和外事侨务局局长张霞英等领导随梅州市组团，出席在香港会议展览中心举行的香港嘉应商会 100 周年会庆暨香港梅州总商会命名、第 61 届会董就职典礼；10 月 3—12 日，县长吴晖随梅州市代表团先后赴肯尼亚、马拉维、以色列开展为期 10 天的访问考察，促进五华与上述国家共享“一带一路”发展机遇、深化经贸交流合作、促进互利共赢；拜访华商社团领袖，通报全县经济社会发展情况；11 月 14 日，接待出席县政协会议的香港政协委员 21 人；11 月 16—25 日，县民族宗教和外事侨务局局长张霞英，随梅州市侨联组团，赴英国、德国、法国，为梅州驻英国经贸文化联络处挂牌，并开展宣传推介、文化交流、拓展侨务等工作。

【捐资引资】　2016 年，县民族宗教和外事侨务局发动侨胞、港澳同胞为支持家乡社会各项事业慷慨解囊，无私奉献，全力助推五华加快振兴发展。如旅新西兰华侨、广东省瑞华集团有限公司董事长兼总经理卓定华，为五华县教育基金会捐资 300 万元，进行奖学助学。

【为侨服务】　2016 年,县民族宗教和外事侨务局开展贫困归侨节前慰问活动，走访慰问贫困归侨 10 户，并送上慰问金、慰问品；落实本年度贫困归侨扶贫救助补助金，落实符合条件的归侨困难户 44 户、发放专项资金 15.55 万元。聘请县律师事务所律师为法律顾问，为归侨侨眷、海外侨胞提供无偿、专业的法律援助。重视做好涉宗教、涉侨、涉港澳信访维稳工作。认真开展民族宗教和外事侨务综治平安创建工作，加强矛盾纠纷排查工作调处力度，及时有效化解宗教界、侨界群众信访问题，扎实推进依法治理。全年受理侨界来信 3 件，来访 9 批 22 人次，涉及房屋拆迁、侨房、政策咨询、生活困难等问题，全部给予回复或办结。

【创建和谐寺观教堂】　2016 年，县民族宗教和外事侨务局落实本年度工作部署和全市民族宗教局长会议精神，继续以“规范、安全”为主题，深入开展和谐寺观教堂创建活动，促进宗教活动场所活动有序、安全规范。经组织初步评定五华县第三批和谐寺观教堂 16 间，报上级审定。要求各达标场所珍惜荣誉，再接再厉，加强自身建设，继续在和谐寺观教堂创建活动中发挥模范带头作用。县第三批和谐寺观教堂创建达标名单有佛教：迴龙庵、杨柳庵、县城念佛堂、永福寺、福源寺、莲池寺、天云禅寺；天主教：华东天主教堂；基督教：双头基督教会、华阳基督教会、太和基督教会、平南基督教会、长布基督教会；道教：太清宫、五显庙、公王宫。

【依法管理宗教】　2016 年,县民族宗教和外事侨务局积极开展抵御境外宗教渗透专项整治工作。根据市宗教局《关于抵御境外利用宗教进行渗透专项整治方案的通知》文件精神和要求，开展抵御境外宗教渗透专项整治行动，成立境外宗教渗透专项整治工作领导小组，制定专项整治方案，加大监管力度，对境外宗教组织和人员进行重点监管。开展民间信仰调查摸底工作。根据梅市民宗函〔2016〕33号文件精神，在全县范围内开展民间信仰活动调查摸底工作。据调查，全县100平方米以上民间信仰活动场所191间。全县民间信仰态势基本稳定，民间信仰活动正常。抓好“安全生产一岗双责”职责落实，努力营造发展的良好安全环境，做好安全生产和森林防火工作（主要涉及寺庙安全责任及寺庙周边的防山火工作），制订落实安全一岗双责的各项制度，并对照上级在各阶段的具体要求，对各宗教活动场所发出检查落实安全生产工作通知，抓好安全生产工作责任落实，加大检查、督促整改力度，彻底排查安全隐患。开展佛道教统一标识牌挂牌工作。按上级要求，在全县范围内佛道教宗教活动场所，进行统一标识牌挂牌，规范宗教活动场所，保护合法宗教活动，打击非法、假冒宗教活动，使场所主动接受社会监督，维护宗教界的良好形象，传递正能量。同时，要求各宗教场所不断加强对宗教法律法规学习，切实把宗教文化和宣传党的国家政策结合起来，爱国、爱教。结合“教风年”活动，深化教风建设，深化社会服务，为维护宗教和社会和谐贡献力量。根据《国家宗教局关于进一步推动宗教活动场所和宗教院校开立单位银行结算账户工作的通知》要求，指导全县宗教活动场所办理开立单位银行结算账户，强化县宗教活动场所财务管理。县民族宗教和外事侨务局按《梅州市民族宗教局关于全面开展宗教活动场所教职任职备案专项工作的通知》要求，继续开展宗教活动场所主要教职任职备案工作，对符合任职备案条件的进行认真审核、严格把关，切实加强对主要教职人员的管理。

（冯少达、邓浩）

县民族宗教和外事侨务局2016年度负责人名录

局　长：张霞英
副局长：古寿森
张丽阳
吴英祥

县归国华侨联合会2016年度负责人名录

主　席：古寿森
副主席：梁国平

政协五华县委员会

【县政协九届六次会议】　2016年2月23—25日，中国人民政治协商会议五华县第九届委员会第六次会议在县城召开。会议听取并审议同意《政协五华县第九届委员会常务委员会工作报告》和《提案工作报告》；听取并协商讨论《五华县人民政府工作报告》及其他报告；协商讨论《五华县国民经济和社会发展第十三个五年规划纲要》。会议对五华县一年来取得的成绩给予高度评价。会议对县政协常委会一年来的工作给予充分肯定。会议选举邓伯锦为政协五华县第九届委员会主席。

【县政协十届一次会议】　2016年11月14—17日，五华县政协第十届委员会第一次会议在县城党政大楼召开。县委书记范宜军、县长吴晖等县委、县人大、县政府、县纪委和人武部部长、法检两长参加大会开、闭幕会；历届政协主席应邀参加开幕大会。14日，委员报到；15日上午9:30时，五华县政协第十届委员会第一次会议在县城党政大楼隆重开幕；17日上午9:45时，五华县政协第十届委员会第一次会议在县城党政大楼胜利闭幕。会议听取和审议政协五华县第九届委员会常务委员会工作报告；听取和审议政协五华县第九届委员会常务委员会关于九届一次会议以来提案工作报告；列席五华县十五届人大一次会议，听取并讨论五华县人民政府工作报告及有关报告；选举政协五华县第十届委员会主席叶天泉；副主席徐建雄、邓秋香、胡高云、胡荣华、刘冠鹏、李炎香和秘书长颜定文及41名常务委员会委员；审议通过政协五华县第十届委员会第一次会议决议。

【理论学习】　2016年，按照中央和县委统一部署，深入开展“两学一做”学习教育，深入学习《中共中央关于加强和改进人大代表、政协委员有关工作的通知》。通过狠抓学习教育，推动全面从严治党向基层延伸，巩固拓展党的群众路线教育实践活动和“三严三实”专题教育成果，进一步解决党员队伍在思想、组织、作风、纪律等方面存在的问题，保持发展党的先进性和纯洁性。认真贯彻落实中发文件精神，制定实施意见，进一步提高认识，切实增强做好政协工作特别是换届选举工作的责任感和使命感。

【队伍建设】　2016年，县委高度重视县政协专委会建设，配齐各专委主任。5月13日，五华县政协九届二十一次常委会议在常委会议室召开。会议通过任命：古坚祥同志为政协五华县委员会经济委员会主任；张远平同志为政协五华县委员会科教卫体委员会主任；张维健同志为政协五华县委员会社会法制委员会主任；曾志勇同志为政协五华县委员会农业和农村工作委员会主任；甘桂源同志为政协五华县委员会港澳台侨委员会主任；李国青同志为政协五华县委员会农业和农村工作委员会副主任。进一步加强制度机制建设，进一步修订完善工作制度，不断推进政协履行职能的制度化、规范化、程序化建设，提升服务保障水平。

【民主协商】　2016年，县政协常委会坚持围绕中心、服务大局、把推动全县经济社会发展作为履职的首要任务，把握协商形式的多样性、协商时机的超前性、协商课题的资政性、协商转化的实效性，注重开好各个层次的会议。先后召开全会2次、常委会5次、主席会6次、专委会8次，开展内容丰富、形式多样的协商活动，就事关全县经济发展、民生改善、社会建设等重点热点难点问题进行协商议政、建言献策，促进五华县经济社会科学发展、和谐发展、加快发展。

【调研视察】　2016年，县政协围绕构建“一核两区三组团”县域发展新格局，聚焦“工业新城，长乐之乡”建设，围绕县委政府工作中心，分别组织委员开展园区建设和招商引资、城区扩容提质、交通公路建设、林业生态建设等视察调研活动，并召开专题调研议政，形成开展系列调研视察报告 3 篇，提出意见建议 13 条，专送有关领导和部门，得到县委、政府的肯定和政府职能部门的采纳。同时，积极配合做好上级政协领导来华调研视察活动 4 场（次）。

【提案督办】 2016 年，县政协提案委员会对收到的政协委员提案及时召开提案交办会议予以办理。县委、县政府、县政协主要领导带头领衔督办重点提案，各承办单位认真办复政协提案。提出提案的委员对提案办复结果表示满意和基本满意的均占 100%，发挥提案在服务五华经济社会发展中重要作用。对《关于加快环城车站建设，助推县城扩容提质（提案者：邓菊珍）》《建议升级改造县城华兴路（提案者：古共和等 22 人）》《关于引河水入人民公园，加快和保护人民公园湖、堤建设的建议（提案者：何伟雄）》等 3 件提案和县住房和城乡规划建设局、县交通运输局和水寨镇人民政府等 3 个承办提案的单位进行编制表彰奖励。

【民主监督】 2016 年，县政协积极发挥委员行风监督员的作用，先后为政府相关部门推荐特约监督员 16 名，组织 10 名委员对“窗口”单位进行民主评议；组织 10 名委员积极参与、见证县法院审判、执行现场评查活动和检察院检察工作，提名推荐 180 名政协委员参与县行政服务中心行风监督。委员们以不同的界别、不同的视角，认真履行民主监督职能。

【联情联谊】 2016 年，县政协积极参加港澳和珠三角等发达地区五华商会举办的联谊活动，并以此为契机，向在外乡亲通报家乡发展情况，介绍县委、县政府的发展思路和工作重点，广泛凝聚共同推动振兴发展的思想共识。依托港区五华同乡会，做好港澳台侨联络工作，拓宽港澳委员知情议政渠道，调动委员履职积极性。加强与工商联等群团组织的团结合作，邀请他们参加政协组织的重要会议和活动，为他们履行职能搭建平台。注重引导发挥宗教界人士和信教群众的积极作用，促进社会和谐稳定。注重加强与兄弟县政协的联系交往，认真学习兄弟县政协的先进工作经验。开展“下基层·访委员”活动。

【文史工作】 2016 年，县政协充分发挥文史资料“存史、资政、团结、育人”作用，修编《五华文史》丛书，汇编出版《五华政协》，打造独具特色文化作品。协助省、市政协做好史料征集工作。

（古胜奎）

县政协 2016 年度领导名录

主　席： 邓伯锦（2 月任，任至 11 月）
叶天泉（11 月任）

副主席： 李胜文（任至 11 月）
周国富（任至 11 月）
甘飞鸿（任至 11 月）
李清昌（任至 11 月）
徐建雄（11 月任）
邓秋香（11 月任）
胡高云　胡荣华
刘冠鹏（11 月任）
李炎香（11 月任）

秘书长：颜定文

县政协机关各科室委2016年度负责人名录

办公室主任：古胜奎（3月任）

联络科科长：温怀浩

文史室主任：郑　斌

经济委员会主任：古坚祥（5月任）

科教卫体委员会主任：张远平（3月任）

社会法制委员会主任：张维健（3月任）

农业和农村工作委员会主任：曾志勇（5月任）

农业和农村工作委员会副主任：李国青（3月任）

港澳台侨委员会主任：甘桂源（5月任）

中共五华县纪律检查委员会

【严明纪律】 2016年，县纪委将党风廉政建设和反腐败工作分解为33项具体任务逐一落实到责任单位和配合单位。全面落实“两个责任”，印发《五华县推进“两个责任”落实工作方案》及资料汇编，与全县88个单位党委（党组、总支、支部）签订《党风廉政建设主体责任书》，组织全县16个镇的党委书记、纪委书记进行“两个责任”知识测试；全年对32人落实责任清单情况作出责令说明，立案追究县直单位和镇党政“一把手”纪律责任9人，对落实监督责任不到位的镇纪委书记立案追责、诫勉谈话各1人，组织调整副科职以上干部3人；严明换届纪律要求，印发《关于加强换届风气监督严肃换届工作纪律的通知》，组织观看《镜鉴》电教片，严明“九个严禁”纪律，向组织部门出具廉政意见42份，涉及领导干部436名；严格把好党员领导干部“党风廉政意见回复”关，加强对遵守党章党规党纪以及中央、省委、市委和县委重大决策部署贯彻落实情况的监督检查。全年，全县查处不作为、慢作为、乱作为等问题的党员干部30人，给予党纪政纪处分30人。

【宣传教育】 2016年，县纪委开展“每月一案例”警示教育活动，先后公开通报发生在群众身边的不正之风和腐败问题典型案件12宗、制作播放警示教育专题片3个、编印勤廉履职、干事创业正面典型4个、反面典型案例5个发至各镇各单位，传播正能量，负面警示经常化；开展“每周一条规”宣教活动，每星期定期为全县副科级以上干部发送廉政短信；成立宣讲团，到全县16个镇、12个县直系统党工委开展“两个责任”、“两项法规”宣讲，推动廉政宣讲全覆盖；在《五华政报》开设长乐清风栏，在县电视台的黄金时段开展廉政公益广告展播活动，编排“八小时以外”活动监督管理为主题的小品到各镇巡演；结合岐岭镇发生的扶贫领域违纪违法案件开展以案说纪工作，10月，举办“全县镇级领导班子成员专题培训班”，由县委主要领导作专题辅导；11月，县检察院有关领导为全县村（居）委干部共438人上专题辅导课；抓好宣传报道，全县纪检监察系统干部在市级以上媒体发表反腐倡廉宣传报道文章68篇，编发《纪检监察信息》56期。

【案件查处】 2016年，县纪检监察机关受理信访举报437件（次），其中属业务范围的368件（次）；立案154件154人，同比增长23.2%，其中机关立案112件112人、同比增长45.5%；给予党纪处分145人，政纪处分16人（双重处分5人），涉及副科级以上党员干部25人；挽回经济损失200多万元。全县16个镇纪委自办案件42件42人，每个镇平均有2件以上自办案件，实现连续16年镇镇有自办案件。同时，严格落实省委“两个尊重”“三个区分开来”，为203名受到诬告、错告的党员干部澄清问题，保护广大党员干部干事创业的积极性。

【开展涉农资金核查】 2016年，全县排查出扶贫领域违纪违法线索91条，其中立案查处78件，移送司法机关处理2人，为五华打赢脱贫攻坚战提供纪律保障。从9月底至11月初，在全县开展涉农资金惠民政策落实情况“自查自纠”活动，11—12月，以横陂镇东升村入户核查为模式，在全县开展惠民政策落实情况入户核查工作，取得明显成效，得到上级纪委肯定。活动期间，排查线索43条，立案26人，拟立案7件；查实不符合农村危房改造补助资格对象127户、追回资金64户118.4万元，退出不符合条件的低保324户1132人、五保9人，核减精准扶贫户360户1575人，收缴违规发放生态公益林款50.4万元。

【机关作风、效能监察】 2016年，县纪委、监察局通过开展机关作风建设专项整治活动，全县制定机关作风建设整改方案96个，针对存在问题进行整改；对11个村（居）班子和1名镇干部的不规范行为进行谈话提醒，通报批评1人。对照省委巡视组在有关部分县（市、区）巡视提出的问题，在全县开展为期7个月的“廉政体检”活动，围绕23类重点问题开展自查自纠，让各级党员干部达到自我教育、自我整改提高的目的。全县先后组织作风暗访小组深入到16个镇、42个县直单位开展明察暗访，问责干部5人，有力推动相关工作。

【队伍建设】 2016年，县纪委、监察局结合“两学一做”，开展形式多样的学习教育活动；以“能力建设年”活动为契机，不定期组织办案人员学习办案业务知识；邀请市纪委有关室主要负责人分别作“两违”线索排查、纪律审查、信访举报工作等业务辅导，开展全县纪检监察干部专题业务学习培训5期，选送2名镇纪检干部到市纪委挂职锻炼；不断健全完善内控机制，修订完善财务管理、外出请示报告、文印管理、公文办理等相关管理制度，强化干部职工层级管理，层层压实从严教育、监督和管理队伍的责任。

（李振杰、魏志锋、刘兴文）

县纪委2016年度领导名录

书　记：梁英浩
副书记：钟湘衡
陈奋娣（任至10月）

叶汝强（10 月任）

常　委： 庞文华（任至 10 月）

温远华　陈旭良

魏宇华（10 月任）

李剑忠（10 月任）

县监察局 2016 年度负责人名录

局　长： 钟湘衡

副局长： 李军松

周　宏（11 月任）

张进友（12 月任）

县纪委监察局 2016 年度各室（组）负责人名录

办公室主任： 李振杰

第一纪检监察室主任： 廖水清

第二纪检监察室主任： 温　曦

第三纪检监察室主任： 缪家龙（12 月任）

第四纪检监察室主任： 陈汉庭（3 月任）

第五纪检监察室主任： 邓清华

案件审理室主任： 李剑忠（10 月免）

信访室主任： 孔　君（3 月任）

党风政风监督室主任： 刘惠平（12 月任）

组织宣传室负责人： 陈冬连

第一派驻纪检监察组组长： 刘应靠

第二派驻纪检监察组组长： 张群标

第三派驻纪检监察组组长： 古专标

第四派驻纪检监察组组长： 彭干军

第五派驻纪检监察组组长： 邹展强

第六派驻纪检监察组组长： 张阳春

第七派驻纪检监察组组长： 李林兴

第八派驻纪检监察组组长： 邹志军

人 民 团 体

县 总 工 会

【维护职工合法权益】 2016 年，全县各级工会切实加强维权机制建设，维护职工合法权益。一是加强厂务公开民主管理，维护职工知情权、参与权和监督权。县总工会下发《2016 年五华县厂务公开民主管理工作要点》至各基层工会，加大非公有制企业推行厂务公开民主管理工作力度，一建公司被市厂务公开协调小组评为梅州市非公企业厂务公开民主管理工作示范单位。全县国有、集体企业均 100%建立职代会和厂务公开制度，建立工会组织的非公有制企业厂务公开率达 90%，有效地推动基层民主工作。二是继续广泛开展“安康杯”竞赛活动。县总工会转发关于开展“全国职工安全卫生消防应急知识普及竞赛”和全国“安康杯”竞赛安全文化宣传活动的通知，发放安全知识教材 300 本和职工竞赛专用试卷 1200 份。组织全县 19 个企业参加全国安康杯竞赛活动，全县有 65 家企业，253 个班组，13367 人参加“安康杯”竞赛活动，提高广大职工群众安全生产技术知识，增强职工自我防护能力，维护职工安全健康权益。三是认真做好工会信访工作，维护职工合法权益。县总工会指定保障等部门热情接待来信来访，细心解答疑问，切实为职工排忧解难，做到事事有记载，件件有回复，及时有效地参与化解矛盾，维护职工队伍和社会稳定。全年受理职工来信来访4宗，解决4宗。四是做好工会律师团担任企业工会法律顾问的工作。配合省总工会制定《关于聘请工会律师团律师担任企事业工会法律顾问的工作制度》的工作，挑选两间律师事务所3名律师组成律师团担任9间上规模企业法律顾问，帮助企业工会规范动作，充分发挥工会律师团作用。五是开展调查研究，为上级工会决策提供科学依据。分别开展县台资企业发展情况和出租车行业现状调研，并形成书面材料报市总工会，为上级工会工作提供科学决策依据。六是积极参与县政府及有关部门组织的安全生产检查、安全事故调查、安全生产宣传服务咨询活动和整治非法用工打击违法犯罪专项行动，维护职工合法权益。七是依法推动企业普遍开展工资集体协商和劳资调解，维护职工经济利益。八是提高企事业单位民主管理工作水平，落实省市总工会年度培训计划。组织全县10个非公企业工会主席到市总工会参加市总举办工资集体协商指导员培训。新签企业集体合同5家，续签工资集体协商合同1家，新签行业性集体合同2家，新签区域性工资集体合同2份。

【开展送温暖活动】 2016年，全县各级工会切实发挥工会自身优势，以民生为重，加强对困难职工的人文关怀，让职工群众共享发展成果。元旦、春节期间，坚持深入基层，深入职工群众中开展调查研究，认真做好困难企业、困难职工的调查摸底工作，为开展送温暖活动提供依据。县委、县政府牵头协调有关部门筹集送温暖资金90万元分别到县城监中队、县食品公司等单位和特困职工家中进行慰问，送上慰问金。全县各级工会组织基本上对特困职工进行一次普遍的走访慰问。全县各镇各单位积极筹集资金160.3万元开展送温暖活动。其中：政府协调资金90万元，各局和基层单位自筹70.3.6万元，为3224名困难职工、26名困难劳模送去党政和工会的关怀。同时，积极开展多种形式帮扶工作。全年发放帮扶款39万元，受助对象260人，其中：发放生活救助5.5万元惠及63人；发放医疗救助9万元惠及50人；发放助学救助24.5万元惠及147人。慰问劳模32人共1.6万元；为26名市劳模、27名县劳模办理二次医保，每人95元。办理女职工安康互助保险416份，办理赔付1人共1.5万元；做好职工医疗互助保障计划和职工住院医疗综合互助保障活动的宣传发动工作，并做好参保单位的参保工作，对发生赔付参保对象给予及时有效地帮助。全年参加女职工安康互助保障计划单位有9家，其中新参保单位14家，参保职工270人。续保单位5家，参保职工281人。参加住院医疗综合互助保障单位40家，参保职工2417人。参加住院津贴单位9家参保职工185人。参加职工医疗甲单位4家，参保职工76人。至本年末，全县为21家单位51人办理住院医疗综合互助保障赔付，合计资金9.14万元。与广东康奇力药业股份有限公司联合开展夏日送清凉慰问活动，发放清凉食品价值7万多元，慰问一线职工2000多人。各基层工会根据自身实际做好夏季高温天气职工劳动保护工作，有效预防和控制中暑及各类安全事故的发生，保障职工在生产过程中的身体健康和生命安全。按照上级“精准扶贫”有关要求积极主动与挂钩村进行联系，有针对性地开展挂钩帮扶工作，全年筹集资金 6 万元帮助挂钩发展有关项目。

【开展劳动竞赛】 2016 年，全县各级工会紧紧围绕发展第一要务，团结动员广大职工广泛开展“当好主力军、建功‘十三五’、和谐奔小康”竞赛活动，继续推进职工群众性经济技术创新工程深入发展。全县各行各业的广大职工充分发挥聪明才智和积极性、创造性，积极参加以提高企业经济效益、优化五华投资环境、扩大招商引资等为主要内容的竞赛活动。通过开展劳动竞赛，一大批技术尖子和标兵脱颖而出，在广大职工中掀起学习新技术、掌握新技能的热潮，有效地发挥工人阶级在经济社会建设中的主力军作用。开展劳模评选活动。五华汽车运输公司被省总工会评为广东省“五一劳动奖状”，广东辉胜达有限公司研发实验中心被评为广东省“工人先锋号”，张春梅劳模创新工作室被市总评为梅州市劳模创新工作室，红山然农业发展公司被省总工会评为广东省职工创新示范基地。同时，积极弘扬劳模精神，组织全县各级劳模代表到市委礼堂参加梅州市庆“五一”国际劳动节表彰会，组织部分全国、省市劳模参加疗养活动，组织 5 名全国劳模，43 名省劳模到县人民医院体检。在县电视台积极宣传有关劳模先进事迹，并将他们的先进事迹上送市电视台宣传，使之成为激励广大职工投身改革和经济建设的强大动力和加强社会主义物质文明和精神文明建设的有效手段。

【工会固本强基工程】 2016 年，县总工会按照“组织起来，切实维权”工作方针和“两个普遍”目标要求，认真开展“广普查、深组建、全覆盖”活动。全县新建基层工会数 16 家（其中非公有制企业 6 家，机关事业单位 5 家，在建工程企业 5 家）。大力推进“农民工入会集中行动”。县总工会研究制订“农民工入会集中行动攻坚战”方案，对农民工情况进行全面摸底。全县农民工人数约 3.8 万人，主要由大龄男性农民和家庭主妇组成，主要集中在建筑、快递、专业合作组织、园区等行业。县总工会联合住建、人社、农业、工商部门共同推进农民工入会工作落实，规范建立工会组织，吸引更多的农民工入会。全年有 2556 名农民工入会。做好基层工会民主选举。按照《广东省基层工会民主选举工作实施办法（试行）》的要求，至年末，基层工会民主换届有 65 家，其中非公有制企业有 37 家，机关事业单位 28 家。广泛开展“工会组织亮牌子工会主席亮身份”工作。全县 100 人以上企业 40 家，有 13 家企业开展“双亮”活动，其中 7 家作为示范点单位。各级工会女职工工作不断发展，女职工维权机制不断加强，在实施“女职工建功立业工程”和“女职工素质提升工程”方面取得明显成效。广东兴安医药有限公司女工委主任钟巧英被省总评为广东省建功立业女能手，五华县汽车运输公司客运站被市总评为梅州市女职工文明岗，并受到省市总工会的表彰奖励。工会财务工作不断加强，顺利完成工会经费收解任务。加强工会经费和财产管理审查监督。积极支持广大职工参与各种有益文体活动。投入资金 6 万多元支持广大干部职工开展各种有益文体活动。落实“三个到位”扎实推进创卫工作。

（李慧珠）

县总工会2016年度负责人名录

主　席：徐建雄（任至11月）

副主席：胡育灵（4月任）

江裕珍　黄仪鹏

共青团五华县委员会

【基层团组织建设】 2016年，共青团五华县委员会着力夯实基层团组织建设，扎实做好镇（街）团组织格局创新工作，落实市县两级两万元团工作经费，将乡镇团工作经费纳入县财政预算范畴，召开五华县乡镇团工作会议暨志愿乡村工作动员会，采取“项目+资金”形式，由乡镇团委向团县委申报志愿活动项目，团县委审核通过后直接下拨活动经费，确保乡镇团工作“人员、经费、活动”三保障，促进乡镇团的工作活力。同时，加强直属团组织，全县有镇直属团组织366个，覆盖团员8661人。创新联系青年方法。通过开展读书交流、青年论坛、亲青访企、“1+100”联系青年、志愿服务、青年联谊等活动形式强化青年干部学习。积极推广新媒体应用，利用微信公众号等新媒体平台打造掌上共青团，组织开展线上、线下活动，强化团属宣传阵地，进一步拓宽青年诉求渠道，更好服务联系青年。团县委自主运营微信公众平台“五华青年”开设志愿者注册、青年之声等专栏。

【丰富青少年活动】 2016年，共青团五华县委员会开展第三届“亲青绿色五华”公益植树活动，公开招募150多组400多位以家庭为组合的志愿者参加种植“青年志愿林”；联合县移动公司、县信用联社、县体育局举办第三届“移动信合杯”五四篮球邀请赛，丰富青年文体生活；联合县教育局、县体育局举办2016年五华县“体彩杯”中小学生篮球、羽毛球赛。同时，积极开展学雷锋志愿服务月活动，动员全县青少年开展“邻里守望”、助人为乐等爱心公益活动。联合交警、企业在各中小学开展交通知识进校园、“青少年公益科普——机器人展览”等活动十多场次，丰富青少年业余活动，促进青少年全面健康发展。

【志愿服务事业】 2016年，全县志愿者在各级党委政府的正确领导和爱心企业、乡贤支持下积极开展各项志愿服务活动，服务形式逐渐多样化、品牌化。五华县志愿者联合会被省文明委评为“广东省最佳志愿服务组织”，是梅州市唯一获此殊荣的志愿服务组织。县志愿者联合会还被评为“广东省志愿服务铜奖”，被梅州市评为“最佳志愿服务组织”。获评“梅州市最佳志愿服务项目”的“党徽暖童心”党员志愿者关爱留守儿童活动列入全国民政部关爱务工子女活动项目。“医药下乡”志愿服务活动、“中学生志愿乡村活动”被列入广东省“益苗计划”扶持，同时被评为“梅州市最佳志愿服务项目”。至年末，全县注册志愿者2.98万人，为广东省四星、五星志愿者24人，占全市1/4。孔清泉、张南标还被评为梅州市“最美志愿者”。

【贫困学生资助】 2016年，共青团五华县委员深入开展贫困助学和帮扶特困青年工作。做好“五华县教育发展基金会圆梦大学助学金”、“梅州市扶助特困学生上大学”等工作，通过对贫困大学生摸底调查和走访，全年获得五华县教育发展基金会圆梦大学助学金的县内大学贫困生173人，每人5000元；获得“梅州市扶助特困学生上大学”扶助资金的贫困大学生107名，每人6000元。发动梅州市东方屹、国酒茅台等爱心企业资助20多名贫困大学生四年学费。发动社会爱心人士、爱心企业筹资帮助“烧伤女孩曾文敏”等特困青少年家庭。

【学校团队建设】 一是加强青少年思想引领。充分利用“五四”、清明、“六一”、“七一”等节日，依托学校团队开展社会主义核心价值观宣传学习。通过“团干上团课”形式开展价值观教育。积极树立青少年榜样，引导青少年向舍己救人好学生黄泽华、英勇缉毒民警陈伟恒、自强不息好少年何俊涛等青少年榜样学习。鼓励辖区内少先队创新活动载体，积极开展“红领巾相约中国梦”“红领巾爱心压岁钱”“一元捐”、纪念少先队建队日、“少年心向党 唱响中国梦”新队员入队仪式等活动。全年开展各项活动百余场次，进一步培育少先队员德智体美全面发展。二是加强队伍培训、表彰。借助全市团队工作会议和县少先队工作会议平台，对县各级少先队辅导员进行系统化培训，从而提高少先队辅导员工作能力。同时，以少先队建队日为契机，通过集体推荐，对优秀少先队辅导员进行表彰，增强少队工作者归属感、荣誉感及责任感。全年有三名少先队辅导员荣获“梅州市模范少先队辅导员”称号。三是加强团队阵地建设。新建希望家园2家。全县有省、市、县三级希望家园53家，遍及全县16个乡镇。发挥希望家园的阵地作用，组织辖内少先队组织开展“幸福手拉手”红领巾牵手行动、关爱留守儿童、慰问特困学生和“传承雷锋精神共建长乐家园”学雷锋等活动。县第二小学还被团省委、省少工委评为“广东省红领巾示范学校”。

【新媒体运用】 2016年，共青团五华县委员通过下发文件、召开会议、组织培训等一系列有效措施扩大共青团工作影响，安排专人管理团县委网站、五华共青团QQ群、五华县志愿者联合会网站、五华县志愿者活动信息管理系统、“幸福五华—共青在线”官方微博、“五华青年”微信公众平台等新媒体，打造掌上共青团。动员青少年积极参与到五华共青团工作大讨论中，吸引和凝聚更多青少年的关注和加入，有效促进团工作顺利开展。

（林雪懿、周裕）

团县委2016年度负责人名录

书　记： 黎辉文

副书记： 杨　文

林雪懿

县妇女联合会

【统筹协调城乡妇女事业发展】 2016年，县妇联分别联合县人社局、中小企业局、关工委等部门举办1期妇女电商培训班、4期新型职业女农民培训班、10期家政服务员（月嫂）免费培训班和1期柚果研讨班，累计培训妇女群众500多人次，推荐就业200余人。联合县人社局开展“春风行动”系列活动，举办专场招聘会，发放政策宣传材料5000多份，成功介绍妇女就业260多人。深化巾帼文明岗创建，激励各行各业妇女立足岗位、建功成才。电信公司五华分公司综合班、移动公司五华分公司华城营业厅被评为广东省“巾帼文明岗”。以示范创建为主线，带动农村妇女在新农村建设中实现新发展。华阳镇珍贵林木种植基地被评为广东省巾帼林；五华县彩云百香果专业合作社被认定为“全国巾帼脱贫示范基地”；五华县俊丰园蔬菜种植专业合作社、梅州市凤达园种植专业合作社被命名为梅州市巾帼扶贫创业示范基地。

【提高妇女儿童文明程度】 2016年，县妇联广泛动员城乡妇女参与环境卫生同创同治活动，助推县创建“国家级卫生县城”“广东省文明县城”。组织开展“创文明县城　展巾帼风采”系列宣传活动；组织开展“母亲好好学习，孩子天天向上”亲子诵读活动，激发家长孩子诵读中华经典的热情；开展健康教育宣传和环境卫生创建活动。利用“五华妇女”政务微信平台，广泛宣传2015年度“最美家庭”、五好文明家庭、优秀书香之家的典型事例。在全县范围内开展“自强不息好少年”“孝老敬亲好媳妇”“最美家庭”“五好文明家庭”“优秀书香之家”等评选表彰和“平安家庭”等特色家庭创建活动，积极传承夫妻和睦、尊老爱幼、科学教子、勤俭持家、邻里互助的家庭美德。岐岭镇王化村钟胜会、陈裕香家庭被评为第十一届广东“十大优秀书香之家”；水寨镇曾小莲、华城镇张志娴、安流镇朱梅被评为梅州市“孝老敬亲好媳妇”；甘柳嫦、周振锋、何俊涛被评为梅州市“自强不息好少年”。评选出县“孝老敬亲好媳妇”“自强不息好少年”各10名。在机关事业单位党员干部中广泛开展“清廉修身、廉洁齐家”家风建设教育活动，以良好家风促进党风政风、滋养社风民风。

【打造维权坚强阵地】 2016年，县妇联依托妇女之家，紧扣“三八”妇女节、“6·26”禁毒日等重要节点，广泛开展法治宣传。举办“向家庭暴力说‘不’”普法宣传、“珍爱生命　远离毒品”禁毒宣传教育等活动，各镇妇联联合镇司法所举办20多期《反家庭暴力法》宣传培训班，进一步提高妇女干部群众的反家暴能力和反家暴法知晓率。水寨镇大沙村被评为2015年度广东省“平安家庭”创建活动示范村（社区）。县妇联还耐心细致做好信访维稳工作，及时收集妇女群众反映的热点难点诉求，累计受理群众来信、来电、来访50件次，调处率达100%，做到件件有回音，事事有答复。

【优化妇女儿童发展环境】 2016年，县妇联认真做好迎接国家、省、市“两纲”中期评估督导和评估“回头看”工作，较好地完成全县妇女儿童发展规划2015年度统计监测评估工作，各领域主要目标总体进展顺利，妇女儿童事业取得长足发展。开展“实施全面两孩·关爱妇幼健康”宣传义诊、五华县第二十六次“全国助残日”义诊等活动。争取市、县两级财政项目经费支持260万元，做好“民生十件实事”之为35—64岁城乡贫困妇女免费筛查乳腺癌、宫颈癌，惠及全县14680名城乡贫困妇女。争取上级4万元援助2户单亲特困母亲家庭兴建安居房。到河东镇联岭村、五华残疾人康复医院、双华镇中心小学慰问困境、残障儿童110多名，发放慰问金2万多元；争取“叶剑英助学基金”14万元资助140名家庭经济困难学生；开展“爱心父母”牵手困境儿童结对活动，资助220人19.09万元；招募7名爱心父母结对帮扶联岭村困境儿童26人；争取2016

年壹基金温暖包项目为 50 名困境儿童送上温暖。助推北京市仁爱慈善基金会在龙村镇第三小学和安流镇完塘小学设立启明仁爱书院，改善农村教育教学环境。做好安流镇完塘村、双华镇矮畲村“留守儿童之家示范点”建设工作，促进形成关爱留守儿童健康成长的社会氛围。

【强化自身建设】 2016 年，县妇联深入推进学习型党组织建设，认真学习习近平总书记系列重要讲话精神和党的十八大以来提出的治国理政新理念、新思想、新战略，扎实开展创先争优、“两学一做”等教育活动；强化纪律教育抓整改，开展落实“两个责任”暨改进机关作风专项整治活动，干部队伍作风明显转变；加强业务知识的学习培训，提高为妇女群众办实事、做好事能力，努力形成人心思进、群策群力、干事创业的良好工作氛围，以良好的精神状态和务实的工作作风创造妇联工作新业绩。深入调研全县妇联系统组织建设情况，探索开展村（社区）妇代会改建妇联工作，深化妇联基层组织建设暨“妇女之家”示范点建设，顺利通过省级第二期“妇女之家”示范点项目评估验收工作。积极探索建立“网上妇女之家”，设立“五华妇女”微信公众号，建立网络评论员、网络宣传队伍。加强对妇儿类社会组织的政治引领、示范带动、联系服务，广泛凝聚社会力量服务妇女儿童。

（县妇联办公室）

县妇联 2016 年度负责人名录

主　席： 张玉珍

副主席： 陈兰婷（6 月任）

何嘉璐（12 月任）

县工商业联合会

【理想信念教育实践活动】 2016 年，县工商联组织引导全县非公有制经济人士和工商联干部认真学习领会党的十八大历次全会、习近平总书记系列讲话、省委十一届历次全会、市第七次党代会、县第十三次党代会精神，学习、贯彻落实习近平总书记在民建、工商联界委员联组会上的重要讲话精神。组织开展非公有制经济人士理想信念教育实践活动，广泛宣传和推动落实鼓励支持引导非公有制经济发展的政策举措，搭建党委、政府与企业、商会沟通协商的制度化平台，切实服务民营企业转型升级。建立党政领导班子成员、职能部门一把手、统战部门干部与非公有制企业和非公经济人士一对一联系机制，主动做好思想引导工作。通过深入谈心交流解疑释惑、增进共识，找准结合点，牵线搭桥，加强服务，做好非公有制经济代表人士的服务和引导。加大宣传和表彰力度，树立典型，引导非公有制经济人士依法治企、依法经营、依法维权，加快转型升级。

【积极参与“暖企”行动】 2016 年，县工商联按照“服务企业”就是服务五华经济发展的理念，围绕梅州市“一区两带”发展战略，落实粤东西北和原中央苏区两大振兴发展政策，以“全力加快振兴发展、全面提升治理水平”为主线，立足“工业新城、宜居五华”的目标定位，聚焦产业发展、壮大县域经济、守住绿水青山、增进民生福祉、加强党的领导，全力构建“一核两区三组团”的县域发展新格局，在实施招商引资责任制考核，狠抓县领导挂钩重点企业责任制落实的同时，巧用金融杠杆撬动和“互联网+”优势，打出扶持实体经济发展的“组合拳”。县工商联积极参与县政府的“暖企”系列活动，举办政银企对接会，搭建“政银企合作”互利金桥，积极探索破解民营企业融资难题，助力实体经济，促进地方经济和金融事业互惠互利、共同发展。积极开展“引智强企”，助推企业“强身健体”、转型升级的“暖企行动”，借助国家级专业技术机构的人才、技术及检测资源等优势，全面提升企业管理水平和产品质量。

【大力推进行业商会协会建设】 2016年，县工商联一方面在梅州市五华商会顺利成立的基础上，积极动员五华非公有制经济人士、五华籍独资和合资兴办企业的自然人以一定地域、一定行业创建商会、协会，致力于搭建联情结谊、信息交流、资源共享的平台，更好地引导会员企业发挥产业优势，积极参与社会投资和项目建设，积极投身支教助学、扶贫济困等活动，共商发展，同惠桑梓。另一方面发挥行业协会自律规范作用，会同主管部门认真做好规范行业协会依章程开展业务活动，独立管理会务事务。“五金制品行业协会”“电子商务协会”“个体劳动者协会”“私营企业协会”等都建立一些相关制度，包括民主选举、会员大会、理事会、监事会、财务管理、印章文件管理等制度，积极引导行业协会制定职业道德准则、诚信自律行为等基本准则，这些协会对会员执业状况、纳税状况、财务管理状况以及人民群众的信誉评价等都有登记管理。

【动员社会能人办好光彩事业】 2015年，县工商联积极引导全县非公有制经济人士自觉践行社会主义核心价值体系，自觉履行社会责任，积极参与光彩事业，支持县重点项目建设。通过搭建活动平台，引导会员企业、外地商会积极投身扶贫济困、捐资助学、修路修桥等光彩事业，承担社会责任，促成五华足球队成功冲甲、成功举办主场多项足球赛事，展示非公有制经济人士良好社会形象。

【调研和宣传报道工作】 2016年，县工商联按照省、市工商联的工作部署，认真细致地开展各项有关非公有制经济企业的调查研究，完成上报《民营经济企业调查问卷》《民营企业社会责任调查问卷》《广东民营企业社会责任年度报告》《统战工作向商会组织有效覆盖问题研究调查问卷》《制造业民营企业发展状况调查问卷》《关于促进民间投资第三方评估调查问卷》《“万企帮万村”精准扶贫普查工作》《关于开展年轻一代非公有制经济人士调查问卷》《五华县非公经济发展调研情况汇报》9项相关调研工作。同时，为做好非公有制经济人士、非公有制企业“两个健康”的宣传报道工作，认真撰写调研情况汇报、通讯、信息16篇，分别报送省、市工商联或刊登在《五华统战信息》《五华政报》《梅州日报》《五华通讯》等刊物。同时，加强与公安、检察、法院等司法部门的沟通协作，为民营企业寻求司法保障，为地方经济发展服务。

【密切配合县委县政府中心工作】 2016年，县工商联密切配合县委、县政府中心工作，认真学习县委十二届六次全会和第十三次党代会精神和县委、县政府出台的各项文件精神，扎实开展“两个责任落实”暨转变机关作风和“两学一做”活动，结合实际成立相应领导机构，制订实施方案，围绕各个时期的重点工作把工作落到实处。一是在森林防火期间，按照县要求，带领工商联干部深入到挂点的葵樟村抓好宣传、巡查，确保全村无山火发生。二是在创文创卫工作中，在工商企业界和指定保洁区域树立宣传牌、宣传栏，积极宣传创文创卫目的、意义和具体做法，确保创文创卫工作顺利开展。三是在精准扶贫工作中，按照中央和省、市、县要求，对重新安排的精准扶贫挂点冰坎村及时做好对接、动员、入户核查工作，根据该村实际，制订精准扶贫实施方案和贫困户脱贫计划。认真规划 62 户贫困户实现产业规划帮扶计划，确保脱贫。2016 年，五华非公经济人士中，有 130 人担任县政协委员，占总委员数 287 人的 45%；有 56 人担任县人大代表，其中担任县人大常委会常委 5 人，占总代表数 341 人的 17%，从而非公经济人士有序参与政治渠道畅通，委员、代表提出提案、议案、建议涌跃，为有效非公经济人士参政议政提供保障。

【抓好换届工作】 2016 年是县工商联换届之年，县工商联切实按照《中共广东省委办公厅转发〈省委统战部关于工商联（总商会）2016 年市、县（市、区）换届工作的意见〉的通知》精神，周密安排，规范程序，有序推进换届各项工作，依法依规物色、推荐新一届工商联班子成员，对非公有制经济人士认真进行个人和企业信息的采集录入，经 15 个县直相关部门综合评价后，分别报市委统战部、县委、县委统战部进行严格审核，依时召开五华县工商联第十五次会员代表大会，顺利选举产生新一届工商联执委会 61 人，其中正主席 1 人，副主席 27 人，秘书长 1 人（兼），常委 18 人，执委 15 人。

【党风廉政建设】 2016 年，县工商联坚决贯彻落实上级关于党风廉政建设的部署，严格履行《党风廉政建设责任制》，坚持贯彻民主集中制，工作中实行集体领导和分工负责相结合，把开好民主生活会作为交流沟通思想、增进班子成员团结信任、增强班子凝聚力和向心力的有效方式，把工作职责和党风廉政建设紧密结合起来，一起研究分析，一起落实责任，一起督促检查，一起考核评比。落实全面从严治党主体责任，把纪律和规矩挺在前面，加强纪律教育学习，坚决贯彻执行党内两项法规，推动“两个责任”落实。深入落实中央“八项规定”精神，持之以恒纠正“四风”，深入开展警示教育、党规党纪教育和廉洁文化教育，推进以案治本工作，努力营造风清气正的干事创业氛围。

（黄文象）

县工商联 2016 年度负责人名录

主　　席： 周国富

常务副主席： 李剑文

副 主 席： 曾崇辉　曾　钧
陈桂雄　张志宗
戴伟权　高　淞
李耀民　邹国业
邓华添　黄　海
李景友　邓玉宏
周志荣　张金连
郑文喜　周国雄
胡裕标　黄勇军
李才群　胡进发
李冬梅　宋伟东

周彩添　李　然
张　英　温万源

文　联

【简况】 2016年，县文联在市文联和县委宣传部直接指导下，认真学习贯彻习近平总书记关于文艺工作座谈会重要讲话精神，开展“两学一做”、“三严三实”，努力克服人手少、经费缺等困难，以高度的责任感和自觉性团结带领广大文艺家投身于“创文创卫”和“文化强县”等各项建设中，有效地促进县文艺事业的繁荣和发展，抓好品牌建设，抓好活动宣传，抓好文化惠民，抓好内外交流，不断提升县文化软实力，树立县“文化之乡”光荣形象，让文联工作迈上新台阶。

【文艺活动】 2016年，县文联开展形式多样的文艺活动。编辑出版2016年度《长乐文艺》杂志（季刊）。以杂志专题板块的形式，围绕县委中心工作，积极开展“美丽乡村”“双创”“卫生计生”等宣传活动。举办首届“长乐杯”新春楹联大奖赛。抓好创建“文明县城、卫生县城”的宣传工作,与县委宣传部、县文明办等单位联合举办“双创从我做起”主题征文比赛活动。抓好创建“美丽乡村”的宣传工作。做好郭田镇坪上村、河东镇高榕村、水寨镇七都村等三个地方的省级古村落申报工作，迎接省专家组验收。扎实开展“诗词六进”活动。1月，五华县被授予“广东省中华诗词之乡”荣誉称号，华阳中学、县第三小学被授予“广东省诗教先进单位”荣誉称号。7月31日，在县委宣传部会议室举行授牌座谈会。县作家协会、五华诗社、五华楹联学会、硬笔书协一行多人，应香港硬笔书画协会李南会长邀请，出席参加香港硬笔书画协会成立二十周年暨会员书画作品展开幕仪式，展出作品100多件。县文联、诗社一行多人，参加嘉应诗社召开罗滨诗词研讨会暨端午雅集活动。7月12日，县文联罗俊峰、诗社古从新等5人前往梅县南口镇参加“麓湖山赋”征文颁奖暨梅州市第15次百人诗会活动。县作家组织在长布镇开展“文明行，庆“六一”——童谣进校园活动”。11月12日，在水寨中学举行“广东省文学进校园”活动。作家周西篱、魏宇文、游文君及客家文学院院长李凤婵参加活动，魏宇文作“散文的魅力——散文的欣赏与创作”，游文君作“诗意的营造及诗歌的创作”的课题讲座。县作家协会会员及

“广东省中华诗词之乡”授牌座谈会（2016年7月，张炳锋摄）

“陈国凯文学奖”颁奖仪式（2016年12月21日，罗俊峰摄）

水寨中学文学爱好师生300人参加活动。开展参与“陈国凯文学奖”活动。由深圳市琴江文化研究会创办的“陈国凯文学奖”活动启动。颁奖仪式于12月21日在中共五华县委宣传部会议室举行。县硬协组织“弘扬社会主义核心价值观书法作品展”进军营、进校园、进社区活动20场，参观人次1万多人。县硬协组织教育系统书法骨干教师培训16期200人次。组织大赛活动，举办“客都天润杯”五华硬笔书法大赛、“文明杯”硬笔书法大赛、五华县中小学生硬笔书法大赛。组织外出交流、讲学。组织会员与香港硬笔书画会、大埔县书协、平远县书协、佛山市硬协、台山市书协、东莞市硬协开展书法交流活动，在深圳市宝安区、东莞市的6所中小学校举办硬笔书法讲座。组织学生、会员参加全国硬笔书法大赛，8月20日，11名中小学生参加“中国好字帖”杯全国现场大赛荣获特等奖、金奖、银奖，张中建荣获优秀指导教师奖；9月10日，8名学生参加“粤港澳中小学生硬笔书法大赛”，戴金辉老师荣获优秀指导教师奖；60多名学生参加梅州市中小学生硬笔书法大赛获奖，居全市第一名。组织参加广东省“大沥杯”硬笔书法大赛，张中建作品获奖，徐方海等16人作品入展。积极组织会员参加省、市书法展览，黄法权、张中建、徐方法、何水清书法作品入展梅州市纪念红军长征80周年书画展；张伯如、张中建书法作品入展梅州市清河风书法作品展；张伯如、黄法权、张中建、徐方海、曾长文、黄祝君、古子青等10人书法作品入展梅州市书法作品联展；11月5日，彭强、曾长文书法作品入展广东省新人新作展。组织会员进农村、进企业送书法、送春联活动。春节期间，组织会员多人在县政府广场、唐街为群众送春联共11场，送出春联约3000对；9月11日，会员黄法权、张中建、徐方海、黄竹君、黄敬德、宋家祥在水寨镇黄湖村，为群众赠送书法作品100多幅；9月23日，黄法权、张中建、曾长文、徐方海为客家明珠假日酒店赠送书法作品30多幅；10月16日，黄法权、张中建、宋家祥、徐方海、黄敬德在河东镇第一小学，赠送书法作品80多幅。组织县美协部分会员与兴宁美协部分会员一同到五华梅林金坑村写生。组织县美协参加梅州市画抗战老活动，作品并被收藏。为庆祝建党95周年，组织县美协部分会员到革命老区郭田龙潭村写生。组织县美协会员到梅林镇进行美术支教活动。组织县美协部分会员10幅写生作品参加市美协举办的全市优秀写生作品展活动。县老年摄协开展长乐五华摄影比赛，会员曾小文摄影作品获得1张一等奖，4张优秀奖。县老年摄协组织会员参加5月份在兴宁市举行的“宜居兴宁摄影大奖赛”。县摄协组织举办新春嘉年华年会活动暨“五华一日拍”摄影比赛。县摄协组织举办“贺岁杯”足球摄影比赛。县摄协组织举办“潭下桃花醉春风”摄影比赛。县摄协组织举办“红色印记——纪念建党95周年暨红军长征胜利80周年”摄影展赛。县摄协组织部分会员参加河北坝上、川西、江西井冈山、广西三江县采风活动，以及到梅州市兴宁、大埔、丰顺等地采风创作。10月30日，广州番禺第十届星海艺术节上，在市桥文化中心举办五华“强”音彭强作品音乐会。

【出版刊物】　2016年，县文联出版《长乐文艺》4期；作协出版《五华作家》2期、《客家儿童》2期，下属长布镇文学创作协会出版《石榴花》4 期。诗社出版《琴江诗苑》1 期。楹联学会出版《长乐联苑》2 期。

【作品发表、展演及获奖】 县作协主席缪德良创作的歌词《家乡的七目嶂》获“唱响中国——2016 首届大型音乐展演盛典”获金牌作品奖、《客家儿童爱劳动》获梅州市“首届客家童谣节——十佳童谣”奖,《家乡的七目嶂”（歌词创作）获 2016 年深圳琴江文化研究会“陈国凯文学奖”一等奖。缪德良获梅州市文艺工作者先进个人称号，荣获文学创作扶持奖励金、广东省文艺志愿者先进个人称号。张让兰散文故事集《神童阿骚古》获“广东省第七届民间文艺著作奖和优秀奖”、2016 年深圳市琴江文化研究会“陈国凯文学奖”二等奖。张利香小说《岔道》获贵州日报“廉政征文”（文朝荣杯）二等奖并获 2016 年“陈国凯文学奖三等奖。古从新《麓湖山赋》获梅州日报征文二等奖、戏剧《荷花枕》获梅州市创作三等奖。陈双媚《成功的秘诀》获广东省戏剧创作二等奖并获 2016 年“陈国凯文学奖”（戏剧类）一等奖、梅州市戏剧创作一等奖，相声《好象在哪里见过》获梅州市曲艺类创作三等奖。杨新乔《当代警世歌》（节录）获北京《伟人颂典》编委会金奖和 2016 年深圳市琴江文化研究会“陈国凯文学奖”一等奖(文学类）。县文联罗俊峰《五华“双创”赋》获县“双创从我做起”主题征文比赛一等奖，同时通过《五华发布》官方微信平台发表诗词多首，赞美五华城乡新貌。徐水宏获五华县首届“长乐杯”新春楹联比赛一等奖。诗社社员在《梅州日报》、《岭南诗歌报》等市级以上刊物发表诗词作品 80 多首。县民协会员全年在县以上累计发表文学作品 138 篇（首）次。其中发表较多的是：张让兰 50 篇（首）次、廖宏义 28 篇（首）次、黄富陶 18 篇（首）次。罗俊峰在县级以上刊物发表诗联作品 26 篇（幅）。组织学生、书协会员参加全国硬笔书法大赛，8 月 20 日，11 名中小学生参加“中国好字帖”杯全国现场大赛荣获特等奖、金奖、银奖，张中建荣获优秀指导教师奖；9 月 10 日，8 名学生参加“粤港澳中小学生硬笔书法大赛”，戴金辉老师荣获优秀指导教师奖；60 多名学生参加梅州市中小学生硬笔书法大赛获奖，居全市第一名。广东硬笔书协权威大赛“大沥杯”全省硬笔书法大赛中，张中建作品获奖，徐方海等 16 人作品入展。书协会员参加省、市书法展览，黄法权、张中建、徐方法、何水清书法作品入展梅州市纪念红军长征 80 周年书画展；张伯如、张中建书法作品入展梅州市清河风书法作品展；张伯如、黄法权、张中建、徐方海、曾长文、黄祝君、古子青等 10 人书法作品入展梅州市书法作品联展；11 月 5 日，彭强、曾长文书法作品入展广东省新人新作展。五华美协会员巫淑娟（女）老师的剪纸作品《生生不息》，2016 年 10 月，入选“第二届广东省剪纸艺术作品展”。摄协会员参加北京摄影函授学院广东校区第 27 期学习，其中，温剑锋获三等奖，李锦友获 2 项优秀奖。吴耀东、吴祖坤、翁国剑获中国摄影报“摄影大篷车”下基层“广州寻梦天下”站优秀奖；陈伟中、翁国剑获广东省摄协“摄影大蓬车”优秀奖，吴耀东作品入选“北京摄影函授学院 30 周年校庆师生大展”，钟能振获北京摄影函授学院 30 周年校庆“广州一日拍”三等奖，林自雄、钟秋良获“寻梦天下”摄影俱乐部月赛优秀奖，张伟国获广东省“红色印记”摄影展览优秀奖，张忠宏获梅州市“嘉应茗茶”三等奖。长乐五华摄影比赛中，老年摄协会员曾小文摄影作品获得一张一等奖，四张优秀奖。县举办“红色印记—纪念建党 95 周年暨长征胜利 80 周年”摄影大赛中，魏伟入选二等奖一幅，曾小文入选一等奖一幅。

【出版专著情况】 缪德良《童谣一百首——小浪花》单书单号，15 万字，由中国文联出版社出版。宋添贵《基建兵之歌》，15 万字，由中国文联出版社出版。杨希乔诗词集《壶边拾韵》，10 万字，花城出版社出版发行，全国新华书店经销。

【加入上级协会】 2016 年，吴耀东加入中国摄影家协会。陈伟中、翁国剑加入广东省摄影家协会。

（罗俊峰）

县文联 2016 年度负责人名录

主　　席： 谢　意

专职副主席： 张小玲（注：2016 年 7 月—12 月，副主任科员罗俊峰临时主持县文联办公室、《长乐文艺》编辑部日常工作）

法治

五華年鑒

2017

金石一角

政法委及综治

【简况】 2016年，县社会治安综合治理委员会办公室、县维护稳定工作领导小组办公室、县委防范和处理邪教问题领导小组办公室与县委政法委员会机关合署；县社会工作委员会与县委政法委一个机构、两块牌子；县依法治县工作领导小组更名为县委全面依法治县工作领导小组，领导小组办公室设在县委政法委机关，上述机构实行一体化运作。县委政法委机关设9个内设机构，分别是办公室（与政法网办合署）、政治工作室（与系统党工委办公室合署）、综合协调与调研舆情室、一室、二室、三室、四室、法治监督室、依法治县工作室。现有在职职工22人，其中公务员19人，工勤人员3人；离退休人员14人。中共五华县政法系统工作委员会负责公安局党委、检察院党总支、法院党总支、政法委机关党支部、司法局党支部的党建工作。2016年年末，政法系统党工委辖党委1个，党总支2个，党支部38个，党员总数825人。

【维护社会稳定】 2016年，县委维稳办贯彻落实上级有关维稳工作会议精神，始终把维稳工作作为一项重要政治任务抓紧抓好抓落实。一是深入开展政治安全“5+2”专项整治，建立完善的社会稳定风险评估机制。二是将维稳综治责任落实到单位和具体人，把维稳工作纳入各镇、各单位领导班子的任期目标责任制、维稳综治考评、当地经济发展总体规划。三是健全完善研判联席会议制度、社会矛盾纠纷定期排查调处月报告制度、信息通报制度、领导包案责任制度、督查督办制度和信访维稳工作责任追究实施办法等规章制度，建立完善的处置群体性事件和暴力犯罪事件应急预案，强化应急处置组织指挥机构，加强专业性和综合性演练，提高各单位、部门协同作战能力。四是完善县、镇、村三级情报信息汇总平台，及时对维稳情报信息进行汇总分析和综合研判，并形成每月报表和综合分析材料，为党委政府提供内幕性、预警性和深层次情报，并在决策时提出切实可行的解决办法。五是不断扩大维稳工作队伍，2016年年末，全县维稳工作联络员有552名（其中县级91名，镇级16名，村级445名），维稳工作触角进一步延伸。

3月15日，市社会治安综合治理暨平安建设考评组到五华县考评，县委常委、政法委书记叶天泉及“五部委”主要负责人参加考评汇报会

【社会治安综合治理暨平安建设】 2016年，县综治办紧紧围绕打造“平安五华”，构建和谐社会目标，继续扎实推进社会治安综合治理和创建平安五华工作，一是强化问题导向，突出工作重点，抓住关键环节，深入推进社会治安防控体系建设，全面提升动态化、信息化条件下社会治安治理能力，并取得社会治安防控体系建设考核全市排名第二的优异成绩。二是把开展社会矛盾纠纷排查调处工作列入综治工作考评，实行“一票否决权”制，对调处不及时，方法不正确，导致矛盾纠纷激化或引发群体性事件的相关责任单位、责任人要追究责任。三是深入开展社会矛盾排查化解工作，坚持县每月一次、镇半月一次、村（居）委10天一次，重点围绕企业转制、征地拆迁、环境污染、退伍兵等存在的可能影响社会稳定问题开展扎实有效的工作。四是依托县、镇两级综治信访维稳中心平台，积极发挥人民调解员作用（全县现有县级首席人民调解员5名，镇级首席人民调解员51名，村级首席人民调解员509名），形成对社会矛盾纠纷统一受理、集中梳理、归口管理、依法调处、限期办结的工作格局，全年调处案件3207宗、成功调处3177宗，防止群体性械斗9宗、民转刑案件36宗、群体性上访78宗。五是全面实施严重精神障碍患者排查和救治救助工作，为落实监护责任、减少社会不稳定安全隐患奠定基础。六是加大创建“平安五华”宣传力度，积极协调县广播电视台制作平安创建专题栏目，对教育、卫计等10个单位经验做法进行跟踪、报道，以先进促后进。全年投入大额资金在全县各镇树立“平安村（居）”大型宣传牌14块，中小型宣传牌46块；联合各镇综治、司法所发放宣传围裙1600条，公开信5万张、宣传卡片5万张、折页宣传画5000张。七是稳步推进“平安细胞”创建工作，全县有14个镇42个村（居）达到县级创建标准，15间中小学达到市级安全文明校园，4间县管医院达到县级“平安医院”，群众安全感和对政法工作满意度显著提升。

【防邪反邪】 2016年，县610办继续强化源头管控，打防并举，全力做好防范和处理邪教工作。一是加强反邪教警示教育宣传阵地建设，扎实推进无邪教示范镇村创建工作，双华镇成功申报全省无邪教创建示范镇，双华镇矮畲村、河东镇增塘村、转水镇畲柯村成功申报全国无邪教创建示范村，水寨镇大沙村、员瑾村成功申报全省无邪教创建示范村。二是加大对“法轮功”“全能神”等邪教组织的防范打击力度，全年依法查处邪教案件4宗，抓获邪教人员6人（其中2人被判处有期徒刑6年），查获收缴反宣品及作案工具一批，有效震慑涉邪人员违法犯罪活动。

【执法督查】 2016年，县委政法委积极履行执法督查职责，强化工作措施。一是通过到政法各部门召开座谈会，抽查案件卷宗，走访县人大、政协、纪委等，切实加强对政法各单位执法执纪行为的检查监督。二是结合纪律教育学习月、“两学一做”等专题教育活动，组织政法干警认真学习《广东省规范司法人员与当事人、律师、特殊关系人、中介组织接触交往行为的实施细则》，不断提升政法干警规范执法水平。三是切实抓好《领导干部干预司法活动、插手具体案件处理的记录、通报和责任追究规定》的贯彻落实，认真开展机关统计工作，定期向上级政法机关报告工作进展情况，不断促进政法各部门严格、公正、文明执法。全年未发生领导干部干预司法活动、插手具体案件处理的记录。四是组织开展专项行动贯彻落实《最高人民法院、最高人民检察院、公安部、司法部关于开展集中清理判处实刑罪犯未执行刑罚专项活动的通知》文件精神，清理纠正五华县1宗1人。五是加强涉法涉诉信访工作，积极化解社会矛盾。全年接待涉法涉诉群众来信来访等55批人次，受理涉法涉诉件128件，结案101件，转办、督办信访件7件，案件研判协调会3场次。

【党建工作】　2016年，县政法系统党工委充分发挥职能作用，领导政法各级党组织积极开展党建各项工作，全面贯彻落实从严治党精神，坚持以党建带队建。一是指导政法各级党组织和广大党员结合“三严三实”“两学一做”专题教育学习活动，认真学习党章党规以及习近平同志系列重要讲话精神，坚持不懈地用中国特色社会主义理论体系武装头脑，坚定理想信念，强化党性观念，确保政法队伍始终保持忠诚可靠的政治本色。二是指导政法各级党组织切实加强党的组织建设。2016年，政法系统38个基层党支部进行换届选举，把党性坚强、有责任有担当的党员干部推荐选配到班子，形成38支结构合理、富有战斗力的支委班子。三是指导政法各单位切实加强党风廉政建设，主动实施对党员特别是党员领导干部监督，

督促各单位抓好“三重一大”制度落实。为提高党员干部拒腐防变能力，2016年3月，党工委专门在政法系统举办一期《预防职务犯罪专题讲座》，推动本系统党员干部依法廉洁履职，远离职务犯罪。四是组织各党组

9月13日，在政法委五楼会议室召开政法系统党代表会议选举县第十三次党代会代表（左四为县委常委、政法委书记叶天泉）

织积极发挥先锋模范作用。筹资40多万元参与“县城三万亩森林围城”植树造林活动，完成12万元“扶贫济困捐款”目标，多次组织队伍参与县城长乐公园防洪清淤工作等。五是督促指导政法各党组织完成好基层党建七项工作任务。

【法学工作】　2016年，法学会积极做好会员管理和干部能力提升工作，订阅省法学会《法治社会》刊物发放至每位会员，选派法学会秘书长参加省法学会举办的法学会干部高级研修班。为进一步加快依法治县进程，深化“法治五华”“平安五华”建设，法学会组织开展“弘扬法治理念，建设法治五华”为主题的征文活动，从征集的11篇稿件中，评选出2篇为推进法治五华建设提出有益建议的优秀稿件。同时，法学会紧紧围绕法治先进县目标，以“法治六个一”活动为载体，在全县范围内开展法治宣传教育活动，有效推动法律进机关、进乡村、进社区、进学校、进企业、进单位。

（彭文娟）

县委政法委2016年度负责人名录

书　记：叶天泉（任至10月）

傅国强（11 月任）

副书记： 赖　勤

毛嘉鹏（任至 3 月）

张晓辉（3 月任）

黄明仰（任至 5 月）

甘桂源　龙谨平

曾焕章　彭思鹏

政法委委员： 黄永响（任至 3 月）

刘锐锋（3 月任）

曾患鑫　廖素媚

系统党工委专职副书记： 廖素媚

县综治办 2016 年度负责人名录

主　任： 甘桂源（任至 4 月）

副主任： 陈汉强　曾少廉

县“610”办 2016 年度负责人名录

主　任： 曾焕章

副主任： 朱幼雄　邹林茂

县维稳办 2016 年度负责人名录

副主任： 黄国雄

法 治 政 府

【行政规范性文件的草拟、审查、修改】 2016 年，县政府法制局在县重点项目建设、城市规划、工业园区建设、公路建设、土地储备管理、教育管理、招商引资、环境保护、安全管理、河道管理、城市建设等方面草拟、审查、修改县政府及其部门的文件合同等 313 件（其中上报市政府备案的规范性文件 11 件）。重点把好出台规范性文件的政策法律、程序及技术关，努力提高文件质量，确保规范性文件合法、适当、可行；严格按照规范性文件备案工作要求，对符合《梅州市规范性文件制定程序规定》的规范性文件，能及时报送梅州市人民政府备案，做到上报材料齐全、规范。

【行政复议、行政应诉】 2016 年，县政府受理不服镇级政府、县级部委办局作出具体行政行为而申请行政复议案件 17 宗（其中山林、土地纠纷案件占 90%），立案 17 宗，审结 15 宗，（其中维持 12 宗，撤销 2 宗，确认违法 1 宗）。同时，受县政府和有关部门的委托，县法制局参加一审、二审法院行政应诉案件 16 宗，经审结 11 宗，维持 10 宗，确认违法 1 宗，审结维持率 91%。保护当事人合法权益，畅通行政复议渠道。

【行政经济法律服务】 2016 年，县政府法制局紧紧围绕县委、县政府“一核两区三组团”工作，服从和服务于“工业新城、宜居五华”建设总目标，当好政府在法律事务方面的参谋及助手。积极参与到县重点工程项目相关工作，特别是琴江新城建设、工业园区建设、梅州抽水蓄能电站项目建设、招商引资、高速公路建设、旅游开发等相关文书审查及指导签订合同等工作。参与广州番禺（五华）产业转移工业园污水处理厂 BOT 为主项目特许经营、五华蒲丽顶文化旅游产业园项目、东方红水库山林库面及电站承包合同、广东五华县生活垃圾无害化处理减量厂建设合作项目、足球文化公园（第一期）体育馆等文书起草、修改、审查工作从始至终把好法律关，为推进项目顺利开展起到法律保障作用。认真配合相关职能部门，为招商引资工作排忧解难，努力提供法律服务，对县培育发展支接型产业、增加新经济增长点起到积极作用。琴江新城建设碰到问题、责任单位碰到相关法律问题等，局领导与有关部门人员深入第一线，调查了解，排忧解难。

【行政执法监督检查】 2016年度，根据工作部署县政府出台《五华县社会公示制度》，并结合《五华县依法行政考评暂行办法》(华府办〔2013〕70号)《2014年五华县依法行政考评实施方案》，按照实施方案要求，在县依法行政考评领导小组领导下，对各镇人民政府、县直属各部门2016年度依法行政工作进行考核。

【协调、指导、调处纠纷案件】 2016年，县法制局继续探讨完善行政复议与行政诉讼、信访工作衔接机制，加强部门协调配合，积极化解行政争议和维护社会稳定。全年接待群众来访80多人次，来信2件，对提出的有关问题，用政策、法律耐心向他们做好解释工作，赢得当事群众对政府的理解和支持，为构建社会和谐发挥应有的作用。县政府法制局积极参与处理信访案件的突出问题，在调查了解案件事实基础上，注重把握好政策、法律关，努力为领导决策提供优质的法律服务。协助信访局做好复杂疑难纠纷案件等问题，经法制部门参与研究后，6宗复杂疑难的信访案件均能按法律途径得到解决，有效缓解信访案件矛盾的激化，为维护社会稳定发挥职能作用，得到县委、县政府领导充分肯定。

【申领、换发广东省人民政府行政执法证和人大议案、建议及政协提案的督办、协办】 2016年，五华县教育局、五华县民政局、五华县司法局申请开通办理执法证平台，全县有48个执法单位开通申请执法证平台。严格把关，依法办理行政执法证。按照相关法律法规的规定，行政执法工作人员必须持证执法。在审核上报办理行政执法证材料时，逐个审查，严格把关，逐级上报，依法办理行政执法证，从未出现无权执法的工作人员持有行政执法证现象。对议案、建议和提案的办理和答复能做到件件有着落，事事有回音，较好地提高办理质量，代表、委员对办理结果的满意率有显著提高。

【法制队伍建设】 2016年4月，钟文嘉由转水镇人民政府党政办通过遴选调入五华县人民政府法制局工作。5月，甘伟红任五华县人民政府法制局副局长，试用期一年。9月，法制局在广东省公务员考试中录取2名，分别是肇庆学院法学专业毕业的张秋玲和海南大学法学专业毕业的谢文彬。11月份县政府常务会议审议通过，选聘3名县政府兼职法律顾问。

【依法行政考核评价】 2016年梅州市依法行政工作检查中，五华县食品药品监督局和五华县农业局被抽查，在考核各项综合指标中，五华县人民政府依法行政排名为良好等次。

【党建工作】　一是结合“两学一做”，加强学习，适应新常态。坚持每周集中学习至少一次的制度。认真学习党的十八大、十八届五、六中全会及习近平总书记系列讲话精神、《中共中央关于全面推进依法治国若干重大问题的决定》《国务院关于加强法治政府建设的意见》《国务院关于加强市县政府依法行政的决定》、党章和新修订的法律、法规、规章等。通过学习，干部监督依法行政能力及综合素质均得到提高，为进一步转变政府职能，全面推进依法行政，加快法治政府进程，加强执法监督，努力提高依法行政工作水平，有效促进社会各项事业健康、有序发展，为“一核两区三组团”工作、建设“工业新城、宜居五华”发挥应有作用。二是加强队伍建设，积极抓好党建工作。2016年年初，编制内工作人员仅有4名。随着法治政府建设的深入开展，法制工作任务越来越繁重，出现法制工作任务与工作人员不相匹配问题。为解决这个问题，县政府法制局积极主动向县委县政府领导请示汇报，取得领导重视，从乡镇公开遴选1名、全省统招公务员2名及机关调进1名人员，使工作人员增至8名，与工作任务基本相适应。为提高新进人员业务水平，采用分批次派人到市局相关部门跟班学习。

局党支部领导扎实抓好党建工作，充分发挥党支部战斗保垒作用，积极开展“争先创优”活动，落实党支部廉政建设主体责任，认真执行“三会一课”和“三重一大”制度，积极抓好党员教育管理及党费收缴等工作。

（李文）

县法制局2016年度负责人名录

局　长：陈兆祥

副局长：甘伟红（2016年4月始，试用期一年）

公　安

【简况】　2016年，县公安机关以深入贯彻落实“党的十八大”和十八届四中、五中、六中全会精神为抓手，以中央“四个全面”战略布局理念和习近平总书记系列重要讲话精神为统领，按照“抓班子，带队伍，促工作，保平安”要求，扎实开展“三严三实”“两学一做”“鞭策庸懒撒，提升执行力”等主题学习教育活动，全面推进从严治党、从严治警工作；牢牢把握全面建成小康社会总要求，紧紧围绕“平安建设”“法治建设”总体目标，扎实做好维稳、打击、防范、管理、服务等各项工作，积极服务全县“一核两区三组团”发展新格局，推动全县社会治安创新发展的新跨越，取得“飓风2016”专项行动、“四项建设”考核均为全市第一和社会治安防控体系、“一长四必”新机制建设考核全市第二的优异成绩，在市对县禁毒工作考核中获得全市第一名，在2016年县委、县政府年度工作考核中取得优秀等次，县人大对各单位评议中取得优秀等次，作风建设被评为全县先进单位，在省厅委托第三方机构问卷调查中“公众安全感”获得省、市第一名。

【维护社会稳定】 2016年，县公安机关牢固树立“维稳是第一要务”理念，主动顺应新常态下“平安建设”、法治维稳建设的新形势新要求，以健全完善维稳机制建设为重点，扎实做好反恐维稳、矛盾纠纷化解、应急处突、网络安全管理、社会面巡防、重大活动节日的安保等各项工作，确保全县社会大局平稳有序。一是维稳工作更加有力。紧密结合国保工作实际，深入开展“清源断腿2016”专项打击整治工作，加强阵地控制，成功破获涉法轮功、“实际神”邪教活动案件4宗，抓获犯罪嫌疑人6人，缴获涉案电脑2台、打印机1台，邪教资料书籍400多本，邪教“法轮功”身份符5406张。同时，围绕“两会”、党的十八届六中全会、G20峰会和春节等重大节日及敏感期的社会维稳重点，强化情报预警、狠抓源头稳控，畅通情报信息报送渠道，建立灵敏、高效的情报信息运行机制，积极服务全县改革发展稳定，全年搜集各类情报信息1125条，综合上报各类情报信息221期，为党委、政府提供预警性、内幕性信息65条。二是虚拟社会管控更加到位。坚持不断完善情报信息网络建设，继续建立健全舆情研判分析和重大舆情快速反应机制，密切关注网上网下舆情动态，牢牢掌握舆情应对主动权，及时发现、引导、封堵和查处各类有害信息及网络谣言，成功查处网民“零零阿漆”在网上发布《广东梅州五华县发生严重土地征收冲突事件》秒拍视频散布谣言的“3·12”寻衅滋事案等涉网案件63宗，排查掌握网络信息2563条，成功处置不稳定事件6起，通过报刊、电视、广播、网络等媒体辟谣25次。三是矛盾纠纷排查化解更加及时。紧紧围绕全县重点项目建设、治安热点、民生焦点等问题和重点，以开展“信访积案化解”大攻坚“百日行动”为推手，继续深入开展矛盾纠纷“大排查、大调处、大化解”工作，及时化解各类矛盾纠纷、信访问题，积极消除影响稳定的各类不安定因素，妥善调处群众矛盾纠纷1236起；依法依时办结初信初访案件97起，实现息诉罢访94起，成功化解李月赞被伤害上访等疑难信访案件36宗；司法救助5起。四是反恐处突、巡防管控等工作更加有效。积极履行反暴恐和社会巡防工作主导职责，不断健全和完善反恐处突应急预案，强化反恐情报搜集和线索核查，强化反恐实战演练、警情测试和处置效能，强化动中备勤、定点巡防等工作，进一步提升防范和反恐处突应急工作成效，全年平息群体性矛盾纠纷281起，成功处置各类群体性事件43起，圆满完成中甲足球联赛安保赛事、第四届美食文化节等各类大型活动安保及各项临时勤务工作39场。

【严打整治】 2016年，全县公安机关紧紧围绕“发案下降、八类严重暴力案件稳中有降”工作目标，以推进“一长四必”机制建设为抓手，坚持问题导向，创新打击模式，以“打黑除恶、禁毒、扫黄禁赌、打盗抢、电信诈骗”等工作为重点，扎实推进“飓风2016”“断流2016”“雷霆扫毒”“社会治安突出问题整治”、县“十大专项整治”等一系列打击整治行动，严厉打击各类违法犯罪，积极优化社会治安环境。一是创新打击工作新机制。实行在县境内跨区域打击黄赌毒、涉枪车犯罪和缉拿逃犯机制，科学运行考核月排名通报、重大案件破案倒逼机制，着力提高各警种、部门对信息资源的自主利用，积极提升打击效能。二是以“命案”侦破为龙头，严厉打击严重犯罪活动。一方面是，围绕全县各个时期社会治安的特点和规律，始终把侦破命案工作作为全局的龙头工作放在心上、抓在手上，坚持命案攻坚标准不降、劲头不松、力度不减，按照“五长必到现场”的要求，压实责任，不断健全完善快速反应工作机制，把侦破命案整体工作效能充分体现在“快”字上，坚持重兵精兵投入、快侦快破，如在“9·13”长布镇张振祥故意杀人案侦破过程中，做到出警快、锁定快、围堵快、抓捕快，仅用2小时快速破获该案。另一方面，严格遵循、运行侦查破案工作机制，高度重视技术侦查协同作战，着力做好“破现行、攻积案、缉逃犯、打流窜”各项工作，成功侦破“1·08”李国山等人系列盗窃案、“5·20”蒙面持械入室抢劫案、“11·09”吴有国等人团伙盗窃案等一大批性质恶劣、影响较大的案件。全年全县立刑事案件1354宗破929宗，抓获作案成员1069人，逮捕357人、起诉565人，其中破获盗抢案件593宗、打掉“双抢双盗”团伙13个38人，命案7宗全破；抓获在逃人员311人。三是“零容忍”禁毒扫赌，全面净化社会风气。针对当县山多地广、废弃厂矿和场所多，毒、赌违法犯罪时有反弹等实际情况，全面加强宣传教育、巡查整治、查处打击等工作，成功查获龙村镇“1·24”制毒案、“10·12”戴天佑等人聚众赌博案等一批毒赌案件。全年查处吸毒人员514人，其中强戒150人、刑拘41人、逮捕34人，查获各类毒品（K粉、冰毒）258.92千克；开展禁毒知识宣传教育活动160多场次，接受联合咨询9.3万多人次，派发禁毒宣传资料15.8万多份，收到群众举报涉毒线索141条；查处涉黄赌案件392宗，抓获547人，行政拘留386人，刑事拘留128人，逮捕78人；缴获并销毁老虎机等赌博机53台及其他赌博工具一批。四是严打“电信诈骗”和金融领域犯罪。始终把损失巨大、危害严重、影响恶劣以及党委、政府和群众关注的“电信诈骗”、严重经济犯罪案件作为主攻目标，强化警种协同作战、跨区域作战，认真投入，科学经营，全力组织破案攻坚，千里追踪、跨省抓捕侦破了“7·15”涉电信诈骗团伙案和邓伯均非法吸收公众存款190余万、戴辉云非法集资诈骗3,000多万元等一批重大案件，坚决维护县信用体系、市场经济体系建设的良好发展局面，全年抓获涉“电诈”犯罪嫌疑人27人，刑事拘留27人、逮捕19人、起诉25人；破获金融领域违法犯罪案件9宗，抓获逃犯8人，逮捕2人；其他经济类案件立15宗破15宗，逮捕6人，取保候审9人，移送起诉15人，为群众挽回经济损失500多万元。五是扎实开展“百日行动”，严打涉“黑恶”违法犯罪。根据社会治安实际，在8月2日至11月10日主动组织开展以“打黑除恶”为重点、代号为“净土”的“百日行动”，取得显著成效。“百日行动”期间，全县破现案、积案110宗，抓获涉“黑恶”嫌疑人748名，其中刑事拘留247人、行政拘留224人、行政罚款277人，打掉涉“黑恶”团伙11个；收缴枪支46支、管制刀具103把；查扣各类假牌、套牌、报废违法车辆298辆；全年立涉“黑恶”案件358宗破308宗，打击处理1157人，其中行政拘留 477 人、刑事拘留 380 人、逮捕 243 人，打掉涉“黑恶”团伙 26 个。

【平安建设】 2016 年，全县公安机关紧紧围绕“平安创建”工作目标，狠抓各项基层基础工作不放松，进一步拓展群防群治力量和职能，全面推动社会治安防控体系建设新进程。一是继续推进基层群防群治建设。立足长远，科学规划，从提高经费保障和机制建设入手，继续推进基层“六员合一”（宣传员、信息员、治安员、调解员、服务员、安全员）的“群防群治队伍”建设，以打造“多村联动式、小区管理式、看家护院式”三种类型 5 个“示范点”带动全县的方式，推动全县 446 支“群防群治服务队”的升级完善，有效推动警务触角延伸，邻里互相守望、邻村联动巡防的格局逐步形成。二是推进平安视频监控系统建设和云端警务建设。进一步完善指挥中心、巡警、派出所、治安卡口等各个节点的治安防控运作机制，扎实推进云端警务配套基础设施建设，通过省厅转移支付购置 100 台移动警务通（含安全卡）、PDA，手持身份证检测仪；投入 80 多万元对县局机关、刑侦楼、网警楼、交警大楼局域网进行规范化改造；新增社会治安视频高清摄像头 170 个、Wi-Fi 卡口 200 个，完成全部视频监控点经纬度采集和标注工作。三是有效强化社会面的巡防管控。按照科学规范运行的要求，从保障“人员、装备、经费”等方面着手，在岐岭镇罗经、棉洋镇桥江设立市际、县际治安卡点，全面增强治安防控条线上的效能。同时，充分依托移动警务平台，在县城城区运行“三点两线两区”社会治安巡防工作，着力增强社会面管控力度和频率，全力挤压违法犯罪空间，遏制街面违法犯罪的频发势头，增强群众安全感。

【交通管理】 2016 年，县公安机关以加强基层基础建设为着力点，增设交警长布中队，扎实推进 16 个镇的交管办和 412 个村、34 个居委会劝导站建设，加强道路交通安全源头管理，及时消除各类交通安全隐患，积极开展“十大整治”、农村地区交通违法行为、摩托车专项整治等专项整治行动，提升道路交通秩序管控和对交通违法犯罪行为的打击整治效能，维护全县道路交通畅通有序。全年查处各类交通违法行为 95994 起，查扣各类机动车 9952 辆，查处超限超载大货车 180 辆；发生道路交通事故 4566 起，受伤 1941 人，死亡 27 人，四项指数同比宗数上升 12.36%、死亡人数减少 10%、受伤人数增加 14.15%、财产损失减少 38.81%，未发生较大以上道路交通事故。

【消防管理】 2016 年，县公安机关牢固树立“实干、进取、突破、超越”理念，大力加强公共消防基础设施建设水平，增设龙村、长布两个专职消防队，继续加强消防安全“网格化”管理各项工作，积极为全县经济社会建设创造良好的消防安全环境，成功处置河东镇“5·1”门坪塌方救援、工业园“10·16”厂房火灾、兴宁“11·15”跨区域增援行动等急难险重任务，实现队伍管理和社会面火灾形势“双稳定”工作目标。全年检查企业场厂、公共场所等单位 324 家（次），发现火灾隐患 107 处，限期整改 107 处，发出火灾隐患整改通知书 57 份。

【治安管理】 2016 年，县公安机关继续扎实开展“缉枪治爆”“护校安园”“社会治安突出问题整治”等专项行动及对重点区域安全检查工作，加强对易发案场所、行业的管理力度，及时组织整治，严格规范行业、场所的管理，着力控制和挤压违法犯罪空间，确保全县社会公共环境更加安全和谐。全年检查、排查各类场所、单位、行业22904间处（次），排查整改隐患426项，发出整改通知书426份；检查网吧350多间次，处罚违规经营网吧9间次；收缴非法枪支216支、仿真枪64把、子弹1569发，雷管135枚、黑火药1.5公斤，管制刀具2207把。

【指挥中心工作】 2016年，县公安机关以强化指挥勤务系统运转为抓手，坚持注重情报预警、快速反应、及时处置原则，不断规范“110”警务指挥和基层接处警工作，积极服务全警履行执法执勤和打击防控职责。全年“110”报警台接报有效警情53537起，其中刑事警情2099起、治安警情2320起、交通事故9087起、求助咨询8386起、举报1422起，其它警情30223起；视频监控中心为各办案单位提供视频资料查阅325次，通过视频抓获犯罪嫌疑人18名，直接或简接破获案件36宗；通过大情报平台红色预警抓获在逃人员79人，“四色”预警管控重点人员动态3955人次，日常管控重点人员6326人次。

【监所管理】 2016年，县公安机关紧紧围绕“监所安全稳定”这一中心，始终把确保监所安全放在各项工作首位，全面贯彻落实监所管理的各项工作要求及管理制度，强化各项安全防范措施，克服异地羁押实际困难，积极服务各执法办案部门开展打击破案工作，扎实推进管理机制创新和深挖犯罪工作，最大限度地预防各类事故的发生，确保监所管理工作安全、和谐、稳定运行。全年看守所收押867人，处理出所598人，现关押269人；行拘所收拘各类违法人员922人；监所部门通过教育宣传活动获取有价值检举线索44条，扩破案件各类案件25宗，抓获犯罪嫌疑人2人。

【窗口服务】 2016年，全县公安机关窗口服务部门全面深入贯彻中央关于“改进工作作风、密切联系群众”八项规定，严格执行《公安机关窗口单位服务规定》，按照减少环节、便捷高效、方便群众的要求，新增投入使用“24小时服务大厅”，为群众提供更为清晰、便捷的服务，积极做好行政许可和公共服务事项标准编制工作，全力推动“一门式一网式”政府服务模式改革工作，进一步提升窗口服务工作效率和质量。全年受理承办驾驶证、机动车注册入户和检验等交警车管业务35727本（辆）次，处理交通违法95994起，接受群众查询3.8万多起；受理承办居民身份证、入户等户政各项业务29.25万多人（张）次；受理审批出入境各项业务76589人次，录入法定不准出境人员报备信息135条，国家工作人员报备信息356条，清理并遣送“三非外国人”6名。

（朱 腾）

县公安局2016年度负责人名录

局 长：赖 勤
政 委：曾患鑫
党委专职副书记：曾幸辉
副 局 长：刘柏青 汤岸辉
张治标 古新华
张长安
纪委书记：陈幼文
党委委员：曾国辉 陈克彪
冯云开 张炳忠

检 察

【简况】 2016年，五华县检察院紧紧围绕五华经济社会发展大局，忠实履行宪法和法律赋予的职责，着力强化法律监督、强化自身监督、强化业务建设、强化队伍建设，各项检察工作继续保持良好势头，为推进加快五华振兴发展提供有力的司法保障。全年工作呈现出如下几个特点：一是围绕“平安五华”建设，依法打击各类刑事犯罪，加大查办职务犯罪案件力度，深入开展职务犯罪预防工作，执法办案工作有新成效；二是围绕公平正义，切实加强诉讼监督，切实加强监管场所和民事行政检察监督工作，切实发挥控申窗口职能作用，法律监督工作有新的进展；三是围绕阳光检务工作，扎实规范司法行为专项整治工作，检察公信力有新提升；四是围绕抓纪律抓制度，加强班子建设，积极开展检察业务培训，抓好日常制度管理，加强文化育检建设，做好从优待检工作，队伍整体素质有新提高。

【刑事检察】 2016年，县检察院受理公安机关提请逮捕案件301件515人，经审查后批准逮捕265件344人，受理移送审查起诉443件603人，经审查，提起公诉案件408件548人。不批准逮捕118件171人、不起诉10件11人。批准逮捕毒品犯罪案件20件33人、侵财犯罪案件54件78人，依法办理范某丹等8人特大非法制造毒品案和林某标等17人特大电信诈骗案。

【反贪工作】 2016年，县检察院受理贪污贿赂职务犯罪案件线索7件，立案侦查7件18人，立案人数比去年上升12.5%，为国家挽回经济损失220多万元。

【反渎职侵权工作】 2016年，县检察院受理渎职侵权犯罪线索9件，初查5件5人，立案5件5人，其中滥用职权罪1件1人，玩忽职守罪4件4人,副科级干部2件2人。

【民事行政检察】 2016年，县检察院接访群众来信来访60批80人次；受理民事执行监督案件11件，其中支持监督决定9件，不支持监督决定2件，发出检察建议书11份；受理督促履职案件2件，向相关单位发出检察建议书1份；受理审判程序中审判人员违法行为的案件1件，不服一审生效民事判决1件，向法院发出检察建议书1份；开展息诉案件工作5件；见证法院执行案件3件；协助市院办案2件；排查公益诉讼案件线索6件，虚假诉讼案件线索1宗。

【监所检察】 2016年，县检察院开展监管场所安全防范检查，对监管改造场所安全防范设施检查12次，消除安全隐患2件，参加狱情分析会12次，联席会议2次，配合清仓检查 12 次。加强对羁押期限监督，预防超期羁押 8 件 8 人。核查看守所出入人员档案 1200 多份，核查刑事案件诉讼期限 657 件次，依法向办案单位提前告知催办案件 8 件 8 人。全年向五华县公安局发出羁押必要性建议书 17 份，均被采纳。监督看守所将 189 名罪犯安全投送监狱执行刑罚。

【控告申诉检察】 2016 年，县检察院受理群众来信来访 273 件，检察长接访 24 次，接待群众 13 批 35 人次;加强司法救助工作，办理刑事被害人救助案件 4 件 4 人，救助金额 4 万元。受理刑事案件 3 件，其中，立案复查 2 件，审查结案 1 件。

【职务犯罪预防】 2016 年，县检察院发出检察建议书 12 份；开展预防调查 6 次，受理行贿档案查询 3100 多次，开展警示教育 38 场次、预防宣传活动 4 场次，受教育人数 3500 多人。

【案件管理】 2016 年，县检察院受理分流各类案件 791 件 1184 人，结案移送 780 件 1155 人，接收赃证款物 962 件，发出口头办案期限预警 15 次，接待律师阅卷 42 件、群众查询 105 人次。

【信息、调研、宣传工作】 2016 年，县检察院编发信息 72 期，简报 8 期，动态 49 期，在各级新闻媒体发稿 246 篇，其中国家级 35 篇，省级 78 篇，市级 45 篇。开通“两微一端”，提高五华检察的公信力和亲和力。

【派驻检察室工作】 加强与所在镇有关部门的协作配合，助推基层法治建设和社会治理创新，开展廉洁宣传 28 场次，加强行政执法和刑事执法监督，监督公安派出所依法办案 5 次，对人民法庭的审判活动监督 2 次，受理群众来信来访 86 件，接受咨询 110 人次，参与调处化解各类矛盾纠纷 16 件。

【未成年人检察工作】 2016 年，成立未成年人检察工作办公室，出台未成人司法保护措施，严惩侵害未成人犯罪。批捕侵害未成年人案件 11 件 7 人，起诉 10 件 10 人；不批捕涉罪未成年人 7 件 10 人，有效保护未成年人健康成长。

【荣誉】 2016 年 4 月 7 日，五华县检察院被广东省扶贫开发领导小组评为 2013—2015 年扶贫开发“双到”优秀单位。2016 年 10 月 11 日，五华县检察院反渎局副局长、渎侦科科长钟贤标被梅州市检察院记个人嘉奖一次。2016 年 12 月 22 日，五华县检察院案件管理科被梅州市检察院评为梅州市检察机关案件管理文明接待岗位。

（温灵）

县检察院 2016 年度负责人名录

检 察 长： 黄明仰（任至 4 月）
温汉珍（5 月代任，12 月任）
副检察长： 彭　宙　曾添香
李培军（兼反贪局长，任至9月）
张碧波（兼反贪局长，11 月任）
党组成员： 李镜波　蔡仕强（11 月任）
李永强（11 月任）

法 院

【刑事审判】 2016年，县法院坚持罪刑法定和罪刑相适应原则，严格把握宽严相济刑事政策，该严则严，当宽则宽，罚当其罪。全年受理各类刑事案件401件527人，审结400件525人，收结案数同比分别下降19.6%和18.3%，结案率99.8%。坚持贯彻宽严相济的刑事政策，对犯罪情节轻微、社会危害性不大的216名罪犯依法适用缓刑等非监禁刑罚。对未成年人实施“教育、感化、挽救”方针，努力实现法律效果和社会效果的统一，对8名未成年人依法适用非监禁刑罚，非监禁刑适用率23.53%。

【民商审判】 2016年，县法院坚持“当判则判、能调则调”原则，充分发挥司法能动作用，以“案结事了”为目标，妥善处理化解各种民商事纠纷。全年受理各类民商事案件1897件，同比增加104件，上升5.8%；审结1861件，同比增加198件，上升11.9%；结案率98.1%，同比上升5.3%。坚持“能调则调”原则，充分运用调解手段化解纠纷，调解结案424件，撤诉613件，调解撤诉率56.3%。提高审判效率，实施繁简分流机制，对事实清楚、争议不大的1504件案件依法适用简易程序，简易程序适用率80.8%。

【行政审判】 2016年，县法院坚持以“事实为依据，以法律为准绳”审查行政行为合法性，公正、及时审理行政案件解决行政争议，既依法保护公民、法人和其他组织的合法权益，又监督行政机关依法行使职权。全年受理各类行政案件17件，同比减少1件，下降5.6%；审结17件，同比减少1件，下降5.6%，结案率100%。坚持监督与支持并重原则，依法当判则判，判决结案13件，判决适用率76.5%。

【执行工作】 2016年，县法院努力适应新常态，积极破解新问题，开展夏季执行大会战、“双清双战”等活动，充分利用“总对总”执行联控平台，向“老赖”和执行难宣战，执行标的到位率49.32%，同比上升36.38%，执行标的到位金额5,567万多元，最大限度保障当事人合法权益。积极开展执行案款集中清理工作，清理发放111件274万多元。继续完善失信被执行人黑名单制度，将207名被执行人纳入全国失信被执行人系统，在官方网站、微信、微博和电视台设立曝光台，将有能力履行而拒不履行的141名失信被执行人列入黑名单予以曝光，有力推进社会信用体系建设。全年受理各类执行案件496件，同比减少91件，下降15.5%；执结487件，同比减少85件，下降14.9%，执结率98.2%。

【立案信访】 2016年，县法院积极践行司法为民，完善诉讼服务中心建设，以原二楼立案大厅和信访大厅为基础，新增便民服务室、诉前联调室等便民空间，配置案件信息查询机，更新POS机缴费系统，一个系统化、信息化、标准化、社会化的诉讼服务中心初步建设完成，群众在立案之初就能切身感受到法院的司法文明。全年处理各类来信33件，接待群众来访66人次，为10名当事人办理缓减免交诉讼费1.49万元。

（甘焕东、徐冰琪）

县人民法院2016年度负责人名录

院　长：毛嘉鹏（任至3月）
张晓辉（11月任）
代院长：张晓辉（3月任，任至11月）
副院长：张国渊　曾伟平　孔建明

司法行政

【**普法宣传教育**】 2016年，县司法局全面启动“七五”普法工作。根据中央和省“七五”普法规划，结合五华实际，制定《县委宣传部、县司法局关于在全县公民中开展法治宣传教育的第七个五年规划(2016—2020年)》。贯彻执行“谁执法谁普法”责任制，把国家工作人员特别是领导干部模范尊法学法守法用法作为关键，制定《五华县“谁执法谁普法”责任制方案》《关于落实五华县各级国家机关“谁执法谁普法”普法责任清单》和《五华县国家工作人员学法用法制度》。部门联动开展普法宣传，结合特殊时段和节点，组织协调配合有关部门利用“3·8”妇女维权周、“3·15”消费者权益保护日、“4·15”国家安全教育日、“6·26”国际禁毒日、“12·4”国家宪法日等活动，开展各类重点突出、针对性强的集中法制宣传活动。加强全民法治素养培养。一是搞好“三类”人群学法用法宣传，做好对国家工作人员、学生、企业和外来务工人员的学法用法宣传教育工作。二是搞好送戏下乡活动。联系县采茶剧团，编排群众喜闻乐见、具有教育意义的节目。三是发挥短信、微信、媒体三大平台作用。每周定时定量给全县副科以上干部发送法律法规知识短信，开通“梅州五华普法”微信公众号，成立信息办公室负责内容发布和局域网站、办事平台信息维护，确保每天推送两至三条与广大群众息息相关的法律法规消息。利用“梅州五华普法”微信公众号开展“最美普法人”票选活动。与《五华政报》、五华电视台等合作开设法治文化宣传专栏，为推进基层依法治理营造良好的法治氛围。四是“无缝对接”做好服刑人员法治宣传教育。县司法局连续四年率队到河源监狱、武江监狱、英德监狱、北江监狱、揭阳监狱等地开展五华籍服刑人员教育帮教及法治宣传活动，开创梅州市法治宣传教育进监狱工作先河。

【**法治先进县创建**】 2016年，县司法局按照中央、省、市法治县（市、区）建设工作部署，大力推动“法治先进县”创建。成立法治创建工作领导小组，在司法局专门设立五华县“法治先进县”创建工作办公室。印发《五华县 2016 年“法治先进县”创建活动实施方案》，并于 6 月 1 日召开创建活动推进会。10 月 26 日，举行“2011—2015 年全国法治宣传教育”授牌仪式暨召开全县“七五”普法推进会。同时，由创建工作领导小组牵头，由县委办、县政府办负责，成立县督查组，先后多次深入到各镇各单位督查创建工作的落实情况，掀起全县创建“法治先进县”工作的热潮。全力推进法治文化阵地建设。打造“三园三基地三走廊”“一江二堤”“法治文化一条街”等法治文化宣传阵地。拓展新的普法阵地，如在长乐公园、街心公园、水寨镇、华城镇、周江镇、潭下镇、华阳镇等地打造普法基地。另外，采取以点带面的形式，积极开展“法治文化建设示范点”创建活动，通过抓好县、镇、村、企业等四类单位示范点带动全县创建法治阵地的热潮。

【人民调解】 2016 年，县司法局努力构建县、镇、村三级矛盾纠纷排查机制。由县人民调解指挥中心负责全县矛盾纠纷排查的指导、研判工作；乡镇以司法所为核心，负责本区域内矛盾纠纷排查的指导、分析工作；村级则以全县 446 个村级调解组织为依托，开展全面集中排查。调整充实人民调解、行政调解、司法调解协调联动领导小组，加强“三调”联动机制；协助做好信访维稳工作，协调解决国金华府和金岸华府部分住户入住后引起的矛盾纠纷、华城镇兴一村两兄弟的土地纠纷等。加强人民调解员专业化培训。结合实际，以乡镇为单位，邀请市普法宣讲团在全县 16 个乡镇开展镇、村（社区）及其企事业单位的人民调解员业务培训，加强调解技能实训，有效提升人民调解员整体素质。全年县司法所调处 3207 宗案件，调处成功 3177 宗案件，防止民转刑案件 36 宗，防止群体性上访 78 宗,防止群体性械斗 9 宗。

【社区矫正、安置帮教】 2016 年，县司法局进一步加强社区矫正指挥中心建设，新建立集报到室、训诫室、宣告室、社矫办公室、心理矫治室、监控室、档案室、学习教育会议室等多功能为一体的约 300 平米社区矫正管理中心，并在原有基础上升级办公设施。同时，为切实落实“两个八小时”工作，创新教育管理方式，邀请县检察院，联合各镇政府在全县十六个乡镇依次组织开展社区服刑人员集中教育暨公益性劳动活动；建立手机定位网络监控系统和人脸识别系统，加大违法违纪处罚力度，从而进一步加强对社区矫正对象的管理。至 2016 年，累计接收社区服刑人员 2511 人，依法解除社区矫正 1824 人，在矫社区服刑人员 687 人，处罚违纪违规人员 8 人，其中警告处分 6 人，撤销缓刑 1 人，对暂予监外执行罪犯收监执行 1 人；全年接收刑释解教人员 820 名，安置 820 名，其中重点帮教对象 62 人，达到有效稳控重点管理人群目标。

【律师、公证、法援工作】 2016 年，县司法局大力发挥“一村（社区）一法律顾问”作用，积极宣传与人民群众生产生活息息相关的法律法规。每个季度召开一次针对性较强的村级法制讲座，内容包括反家庭暴力、村民自治法、土地纠纷、人民调解和婚姻家庭等；是年，县司法局出资 10 万多元对全县 225 个村公示牌、宣传栏等进行更新，加大宣传力度。加强制度建设，出台《进一步加强一村（社区）一法律顾问管理规定》及其《补充规定》，实行律师进村工作向县局公律股微信报告制度；出台《关于加强村（社区）法律顾问参与化解基层矛盾纠纷工作的通知》，谋划农村涉法涉诉案件、疑难信访案件律师挂钩责任制，并加大律师对社矫人员的训诫和培训力度，配合所在镇村（社区），抓好法治咨询宣传活动，使律师进村（居）工作得到进一步深化。全年挂村法律顾问接受法律咨询 6409 人次，举办法制讲座 1810 场，受教育 56191 人次、培训调解员 361 场 3330 人次，协助调解纠纷 328 宗，提供法律意见 938 次。在公证工作方面，积极组织法律服务团队主动积极参与县委县政府重大项目建设，为“一核两区三组团”发展战略服务；拓宽法律服务领域，依法加强招投标、拍卖领域的监督，并协助完善劳动、工商、农资仲裁机制等。全年办结各类公证 1419 件，接待来访 1800 多人次，发放公证业务宣传单 1000 多份。在法律援助工作方面，推进软件和硬件规范化建设。设立法律服务咨询专线电话，并逐步完善网络 12348 司法行政公共服务平台，安装服务大厅叫号服务系统和触摸查询一体化智能系统，进一步方便群众办事。完善申请和受理审查工作制度，设立援务公开栏，改进案件指派工作制度和实行“首问责任制”和“岗位职责制”，进一步推动法援工作规范化。对农民工、残疾人、老年人、妇女儿童、低保户等重点弱势群体尽可能做到应援尽援，依法维护弱势群体的合法权益。全年接待来访群众 3982 人次，接受群众电话咨询 3661 个，办理法律援助案件 215 件（包括刑事 48 宗，民事 69 宗，非诉讼案件 98 宗）。

【司法队伍建设】 一是结合全县推进“两个责任”落实暨改进机关作风工作动员大会精神和《五华县改进机关作风工作方案》要求，制定《五华县司法局改进机关作风整改措施》《五华县司法局党组议事规则》、《五华县司法局局长办公会议制度》等；结合司法局工作实际，制定《五华县司法局开展谈话提醒构建抓早抓小工作机制方案》，采取“咬耳扯袖”“红脸出汗”两种方式进行谈话提醒；新修订考勤和请销假制度、双休日和节假日值班制度、财务管理等一系列制度，实现机关内部管理的制度化、规范化。二是结合“两学一做”学习教育活动、纪律教育学习月的开展，通过丰富学习内容、学习方式、召开组织生活会，大力加强党风廉政建设的宣传教育，努力建设一支信念坚定、敢于担当、清正廉洁的司法行政队伍。三是采取激励机制，为干部的成长进步创造条件、提供机会、增添动力；积极培育法律专业人才，给予司考通过者一次性适当资金奖励，力争三年时间再增加专业人才 10 人。

（张欢）

县司法局 2016 年度负责人名录

局　长：黄永响（任至 3 月）
刘锐锋（3 月任）

副局长：谢炳泉　吕淑萍　周洪杰

军 事

【政治工作】 一是严密组织“坚决服从改革大局，忠实履行职能使命”专题教育活动。1月27日至29日，组织实施“动员辅导、学习讨论、对照检查、整改提高”四个阶段活动，组织干部集中学习《习近平和军队重要论述选编（二）》和上级下发的教育资料、解放军报刊登改革篇幅文章等。组织召开组织生活会，所有干部从“五查五看”进行深入对照检查，主动曝光问题，“扫除”思想“雾霾”，进一步提升干部队伍大局意识，增强责任意识，端正思想觉悟，强化纪律观念，牢固奉献意识。二是组织开展改革强军主题教育和“学党章党规、学系列讲话，做合格党员”学习教育活动。4月中旬，人武部党委研究制定两项重大教育的具体方案和计划，成立领导机构，并将方案上报分区备案。4月22日至29日，集中干部职工学习上级下发的必读书籍和报刊文章，并组织参加5次专题授课辅导。7月21日，人武部党委组织召开“三严三实”专题民主生活会，会议以践行“三严三实”要求，塑造新一代“四有”革命军人和“四讲四有”合格党员，进一步加强党委班子建设为主题，班子成员重点对照7个方面进行深刻的自我剖析和对照检查，制订切实可行的整改措施，并向分区党委上报民主生活会专题情况报告，将会议情况和分区首长指示及时通报本级机关和基层武装部。三是组织国防教育进学校暨征兵宣传、现场报名活动。5月上旬，开始筹划征兵宣传工作，并给各镇下发加强征兵宣传工作的通知。5月中旬，到水寨中学、田家炳中学进行征兵政策进校园和现场报名参军活动，并且到皇华中学、五华中学、横陂中学等高中进行巡回宣传。四是组织县委常委专题议军会议。8月上旬，积极协调县委召开县委常委专题议军会，传达学习省委议军会主要精神，政治委员杨兴会就征兵工作情况、人武部办公指挥用房建设、专武干部有关工作等问题进行专题汇报。

【军事工作】 一是训练水平有明显进步。4月18日至29日，组织进行轻舟分队普训，参训32人。后根据新队员较多和训练效果等实际情况，在5月3日至6日补训4天，通过训练，每名轻舟队员熟练掌握冲锋舟驾驶技能。5月16日至20日，参加军分区组织的轻舟分队骨干集训考核，五华县轻舟分队取得个人技能第二名、第三名，综合排名第四的成绩。10月17日至21日，组织专武干部骨干到分区参加第二期专武干部专题培训班。11月28日至12月10日，组织森林防火分队进行强化训练（共67人，其中林业局教练员5人，常驻应急分队30人，各镇森林防火骨干32人），提高抢险救灾能力，防火期间，应急分队完成森林扑火任务3次。二是民兵整组和兵役登记工作进一步规范。3 月 3 日，组织召开民兵整组和兵役登记工作动员部署会，明确民兵整组工作和兵役登记工作的标准、要求和完成时限，并组织一期业务培训，使专武干部熟悉了解民兵整组重点内容、关键环节及上级政策要求以及兵役登记系统操作和具体登记流程，为下一步有效展开整组工作和兵役登记工作打下良好基础。4 月初，对各基层单位整组情况和兵役登记工作进展情况进行逐一检查，对少数单位存在标准比较低、编组欠合理、台账不齐全、器材不规整以及兵役登记进展偏慢等问题，都当面指出问题，要求立即整改，基层四个基本建设水平进一步提高。10 月下旬，根据省军区和市征兵办《关于抓紧做好 18 周岁男性公民兵役登记工作的通知》精神，组织各乡镇武装部对五华县 18 周岁男性公民进行兵役登记，完成 15171 人的兵役登记工作，完成率 91.8%，顺利完成上级下达的指标任务。三是征兵工作质量有较大提升。征兵期间，对体检站进行更加严格的管理，对体检医生提出更高要求，分别与各镇签定征兵责任书，提升征兵工作秩序。适龄青年网上报名 1606 人，其中大学生报名 258 人，占总人数 16%，高中、中职学历报名 1104 人,占总人数 68.7%，参加体检 1056 人，体检政审双合格 314 人，应征入伍 302 人（含 2 名女青年），其中大学生 73 人，占 24.2%，高中、中职学历 201 人，占 66.6%，初中学历 28 人。

【双拥共建】　2016 年，县人武部根据县委县政府扶贫开发工作部署安排，与潭下镇蓝田村结成帮扶对子。人武部扶贫开发“双到”领导小组成员多次到蓝田村调研，挨家挨户上门了解贫困户情况，收集整理贫困户家庭现状、致贫原因，共商扶贫开发对策，对贫困村贫困户建立帮扶台账；在调研基础上，结合省军区新一轮扶贫工作通知精神和贫困（村）户实际，研究制定五华县人武部新一轮扶贫开发“规划到户责任到人”实施方案，明确帮扶对象、目标任务、工作原则、帮扶措施、保障措施、完成时限和负责人员，加强跟进指导，掌握工作进度，切实做到任务到人、责任到人、有序展开。春节和国家扶贫日前夕，组织对帮扶的潭下镇金石村进行慰问，给贫困户送去大米、食用油，赠送慰问金。班子成员和水寨中学 1 名优秀贫困学生结成“一对一”助学对子，向助学学生赠送 1000 元助学金。

【后勤工作】　一是坚持党委理财，严格做好预算编制工作，严控经费使用管理，把好财务关。严格按照省军区后财[2016]2 号文件精神，根据通知新要求，结合单位实际，突出重点，厉行节约严管控，确保 80%以上财力用于军事斗争准备和解决基层实际问题，严格控制行政消耗开支，全面提高预算执行率。5 月上旬，军分区后勤部组织进行财务清查“回头看”活动。采取先自查自纠形式，由分区后勤部汇总清查过程中存在的问题，逐一进行整改并对整改成效进行讲评通报。8 月中旬，省军区财务检查组对县人武部财务工作进行全面检查。针对检查组指出的问题，财务部门按要求进行整改，并严格落实军分区《关于加强人武部经费管理的通知》。二是按照梅州市“平远”正规化建设现场会明确的各县市（区）达标任务，积极协调地方政府相关部门，积极推进人武部办公指挥用房建设。2015 年 12 月，民兵应急分队队员办公、住宿用房经五华县房屋安全鉴定中心鉴定为 D 级（整栋危房），鉴定意见为停止使用。2016 年 8 月 16 日，县委常委专题议军会议决定，全面启动县国防教育训练基地建设和应急应战指挥中心建设，采取政府代建模式，确保项目按军地相关规定组织实施。县住建、国土等相关部门协助人武部做好用地手续完善工作。县政府委托转水镇政府对国防教育训练基地拟用地块进行前期征地工作。县住建局牵头对人武部机关营区办公指挥用房进行前期规划、设计等工作。三是组织国民经济和交通战备动员潜力数据调查，积极推进后勤综合保障队建设。6 月份，组织县发改、科工商务管理、教育等 17 个局及经动办、交战办对县国民经济和交通战备动员潜力数据进行调查统计，并按要求将统计数据上报至市经动办和交战办。结合国防动员潜力数据调查工作，按照《广东省地级以上市、县（市、区）后勤综合保障群（队）建设规范（试行）》要求，组建县后勤综合保障队。四是加强营院、车辆、人员安全管控。针对营房老旧问题，定期对营区内用电线路进行检修，全年排除用电安全隐患 4 起，升级改造用电线路 3 次。在主营区大门新安装视频监控终端一台，新增视频监控摄像头 4 处，对老旧失控摄像监控点进行维修和更新。严格控制车辆使用管理，坚决落实车辆使用由主官审批制度，并定期组织司机人员进行安全教育、定期对所属车辆进行安全隐患检查和维修，确保车辆性能完好。

县武装部 2016 年度负责人名录

部　　长：徐保宁

政治委员：杨兴会

经济

五華年鑑

2017

矿泥浴

综 合 管 理

计划和物价管理

【计划编制】 2016年，五华县发展和改革局根据省、市、县政府决策部署，结合职责职能抓好年度计划编制。《五华县国民经济和社会发展第十三个五年规划纲要（草案）》经县十四届人大六次会议审议通过，县政府印发实施。发改部门围绕建设“工业新城、宜居五华”，积极落实市委、市政府“一区两带”发展战略和县构建“一核两区三组团”县域发展新格局，编制完成《五华县构建“一核两区三组团”三年行动计划（2016—2018）年》，经县委、县政府会议审议通过，并向社会公开发布“十三五”规划纲要。在认真做好调查、分析、研究的基础上，形成《五华县2016年国民经济和社会发展计划执行情况与2017年计划草案的报告》（征求意见稿），广泛征求各部位各部门意见。进一步做好《关于进一步加快粤东西北地区发展的决定》《赣闽粤原中央苏区振兴发展规划》及梅兴华丰产业聚集带工作。完成生态控制线规划、中心城区28.96平方公里及琴江新城15.74平方公里的控制性详细规划、新型城镇化规划及三旧改造专项规划，加快编制“十三五”近期建设规划及消防专项规划。

【固定资产投资管理】 2016年，县发展和改革局围绕国家产业规划、市场需求，扭紧“三大抓手”，坚守“两条底线”、紧扣振兴发展主线，落实原中央苏区和促进粤东西北振兴发展“两大政策”，注重与国家和省市重大项目的对接，充分发掘五华县资源优势，力争以充分的项目储备在国家和省、市专项资金安排上得到更大份额。积极与北京中铁设计咨询集团有限公司沟通衔接，重点关注“双龙”（龙川至龙岩）高铁规划线路走向，积极争取在县境内设高铁站；多次到国家省发改委汇报工作，积极争取将五华县纳入国家级重点生态功能区；认真做好项目储备工作，将180项重点项目列入国家重点项目储备库和三年滚动计划中，总投资629.66亿元。加强对重点项目的监督、管理，及时协调解决项目建设进展中遇到的困难和问题，使项目尽快实施，发挥效益。全年列入重点项目94项，总投资463.25亿元，其中正式计划项目77项，总投资397.11亿元，年度投资计划71.50亿元，实际完成投资80.77亿元，完成投资计划113%。梅州（五华）抽水蓄能电站完成投资3.6亿元，完成年度投资计划128%，中农批项目完成投资5亿元，完成年度投资计划498%。

【争取项目资金】 2016年，县发展和改革局用好用活“两大政策”，把争取项目和资金作为工作的重中之重，及时掌握项目投资信息，有重点、有针对性地筛选项目，组织项目上报，争取上级更多项目资金投入到五华县，推动县域经济社会的发展。全年争取到中央项目资金 5,569 万元，其中：中医院 2,000 万元、国电电力龙狮殿风电场节能减排资金 1,000 万元。还联合其他部门向中央和省积极争取项目、资金支持各项建设。结合实际，积极谋划，争取更多项目进入中央和省政策笼子，确保重点建设项目持续推进；做大做强主导产业，抓好银企合作、金融合作等项目的跟进落实，鼓励民间资本采用 PPP 模式参与重点项目建设，扩大民间投资规模，激发投资活力。主动与农发行、国开行做好对接工作，用足用活政策性银行政策支持，争取更多项目获得国家专项建设基金支持和优惠贷款。同时做好市对县 2015 年振兴发展考核工作，五华县在 2015 年全市 8 个县（市、区）振兴发展考核中排名第三，振兴发展成效明显。

【规范和简化办事程序】 2016 年，县发展和改革局深入学习贯彻习总书记的系列重要讲话精神和中央、省、市、县政府的有关文件精神，不断加强干部队伍建设和机关作风建设，把思想和行动统一到县委、县政府正确决策上来。扎实开展“三严三实”专题教育活动，上好党课，确保不出现干部不作为、乱作为问题。规范和简化办事程序，增强服务意识，提高办事效能。全年依法办理项目立项审批 198 个、总投资 625,751 万元，项目备案 41 个、总投资 46,973.8 万元，所有办结项目实现无投诉、无违法违规现象。扎实开展公车改革工作，参改单位 75 个，涉改车辆 507 辆，实际保留 347 辆，完成公务用车标识化喷涂 347 辆；公开拍卖车改车辆 45 辆，拍出 29 辆，成交金额 195.12 万元。车改工作按要求基本完成。

【物价调控与管理】 2016 年，县发展和改革局围绕县委、县政府“两新两特两重点”、惠民生、促和谐、强队伍的发展思路，充分发挥价格杠杆作用，促进经济结构调整和经济有效增长。一是认真做好粮、油、肉等 31 项重要商品市场价格的监测、监管，及时掌握市场价格动态，确保价格基本平稳。二是以办好“稳价惠民”为抓手，大力推进和完善蔬菜大棚、冷藏设施、平价商店“三项建设”，全年争取上级“三项建设”扶持资金 225 万元。三是调整县管理道天燃气价格，居民用气价格下调到 4.6 元/m^3。四是按省市部署，扎实开展县城及重点镇污水处理费调整工作，召开价格听证会，根据听证代表的意见建议，起草《污水处理费实施方案》，报县政府批准实施。五是扎实开展农产品早晚稻、烤烟、生猪和肉鸡等农产品成本收益调查，为上级制定农产品价格政策提供决策依据。

【收费管理】 2016 年，县发展和改革局做好清费治乱减负工作，规范行政机关、事业单位的收费行为，加强事中事后监管工作，减轻企业和群众负担。清理规范行政审批中介服务项目和涉企行政事业性、经营服务性收费目录清单，并做好上网公示工作。深化医药卫生体制改革，充分发挥公立医院的公益性和主体作用，进一步推进县级公立医院医疗服务价格综合改革试点工作，切实落实 3 家县级公立医院综合改革医疗服务价格，充分发挥公立医院的公益性和主体作用，经请示上级价格主管部门同意，适时调整诊查费等 4 大项 31 小项价格，对县人民医院、县中医医院、县妇幼保健院的医疗服务价格实现动态管理。

【物价监督检查】 2016年，县发展和改革局抓好专项检查、涉企收费检查、市场巡查，确保市场价格稳定。重点开展对2013年至2014年中央和省级政府投资项目专项稽察整改复查工作、重点对2015年以来中央预算内投资项目开展稽察、以节日市场巡查为主的价格检查、电力和医疗服务价格专项检查、规范以商品和服务价格（收费）为主的专项整治工作；认真做好整合建立统一的公共资源交易平台工作；规范餐饮行业的价格公示，对全县107间酒店、宾馆、餐厅等下发提醒告诫书107份，对2014年以来中央预算内投资项目、省投资项目和相关重点项目35个、61项次进行稽查。积极稳妥受理价格举报投诉，对群众的投诉举报坚持热情服务、严格执法，做到事事有回音，件件有落实，至年末，受理价格举报投诉27宗，办理“12345”热线等各级转办举报投诉9宗，责令11个单位纠正价格或收费违规行为，清退违规收费3宗，清退金额13.1万元。

【价格认证服务】 2016年，县发展和改革局根据《价格认定规定》，公平、公正开展涉案财产价格认定业务，为公、检、法、司和行政执法部门提供准确的价格依据，积极做好价格认证服务，为政府改革和国有资产处置提供价格依据。全年有价格认证评估案件1311宗，价格鉴定总金额4391.1万元。

（周威恒）

县发展改革局2016年度负责人名录

局　长：钟冠寰

副局长：温钦想　李　明　赖爱云

汤汉高　廖建平　李裕强

计划系统专职副书记：张建勋

工商行政管理和质量技术监督

【促进各类市场主体健康发展】 2016年，县工商和质量技术监督局继续深化以“先照后证”为主要内容的商事制度改革，于3月1日起施行《广东省商事登记条例》，固化前期商事制度改革成果，为进一步深化商事制度改革保驾护航。于10月1日起启动“五证合一、一照一码”登记制度改革，进一步简化登记手续，提高企业办事效率。于11月1日起，推开个体工商户营业执照和税务登记证“两证整合”，核发加载统一社会信用代码营业执照。至年底，全县市场主体总数达到35512户，同比增长15.8%，有效促进大众创业万众创新，激发经济发展动力，为五华经济社会发展注入新活力。

【信息公示及公示信息抽查】 2016年，县工商和质量技术监督局树立“共享即监管、公示即监管”监管理念，广渠道、多举措推进市场主体年报工作。全年有2.88万户（次）市场主体报送公示2015年度年度报告，年报公示率93%。对1007户（次）市场主体开展企业即时信息抽查、出资信息定向抽查、企业年报抽查、个体工商户和农民专业合作社年报抽查等。因未进行年报被列入经营异常名录的市场主体796户，被标记为经营异常状态个体工商户1363户。

【查处违法违章经济案件】 2016年，县工商和质量技术监督局系统查处各类违法违章案件520宗，罚没入库150.07万元，执法办案工作在全市工商系统中排名第一。其中，查处反不正当竞争案件17宗，罚没入库10.3万元；查处特种设备案件3宗，罚没入库2.7万元；查处网络违法案件8宗，罚没入库5万元；查处商标侵权32宗，罚没入库12.92万元；查处广告违法案件24宗，罚没入库5.28万元。

【无照经营综合治理和强化企业安全生产】 2016年，县工商和质量技术监督局于9月中旬开展为期三个半月的查处无照经营专项整治行动，清查无照经营户数138户，引导办照48户，立案查处无照经营案件90宗，发出行政指导通知书138份。加大对成品油市场等涉安涉危行业及商场、超市、宾馆等人员密集场所的安全隐患排查力度，全年排查并整改各类安全隐患182处。

【特种设备安全监察】 2016年，县工商和质量技术监督局借力“十大专项整治”，摸清全县特种设备底数，对91家单位111台特种设备进行安全隐患整改（其中，有72家85台特种设备办理注册使用登记，纳入正常管理，有19家26台起重机械改为3吨以下），强制报废停用特种设备13家14台，拆除擅自安装、使用存在重大安全隐患简易升降机20家20台，查封擅自安装、使用存在重大安全隐患简易升降机2家2台，立案查处违法违规安装、使用特种设备案件3宗，罚没入库2.7万元。

【质量监督管理】 2016年，县工商和质量技术监督局推荐广东井得电机有限公司参加省名牌评审；协助“大田柿花”“七畲径茶”申报地理标志保护产品，获省质监局立项审批；协助“长乐烧酒”成功申报地理标志产品保护，填补五华县获得国家地理标志产品保护空白。对全县工业产品生产企业进行调查摸底，有28家企业生产的产品符合省质监局调查摸底生产工业产品条件。对作业本、校服、水泥、混凝土5批产品进行抽检，合格率80%。在首届市对县质量强县工作考核中，五华县质量工作获得B级考核等次。

【标准化建设】 2016年，县工商和质量技术监督局协助11家企业新办商品条码、25家企业续展商品条码。发动企业在国家标准委企业产品标准信息公共服务平台公开企业产品标准。对广东康奇力公司企业、鑫华铁塔、客属酒业3家取得“标准化良好行为企业”证书的企业做好跟踪服务工作。指导、帮助五华县眉山水泥有限公司成功申报获得采标证书。对全县农业龙头企业进行调查摸底，发动、协助、指导五华登云嶂云雾茶叶有限公司申报省级农业标准化示范区。

【计量监督管理】 2016年，县工商和质量技术监督局协助平南加油站、华城加油站等9家企业通过三级计量保证体系确认。指导广东井得电机、富胜和客属酒业通过二级计量保证体系现场验收。协助客联酒业、元生堂酒业申报二级计量保证体系。做好红木产品公共服务检测中心筹建工作；检测各类计量器具3902台（件），减免检定费用54.65万元。有力推动企业建立和完善计量保证体系。

【消费者权益保护】 2016年，县工商和质量技术监督局在“3·15”期间，深入开展“新消费 我做主”年主题活动，并举办消费者投诉、咨询和服务活动现场会，接受消费者咨询近300人次，向消费者派发宣传资料3000多份。公开销毁假冒伪劣商品250多公斤，总货值15万多元。全年消委会、12315投诉举报中心办公室接受消费者投诉

2016年3月15日，在县府广场举行“新消费 我做主”年主题宣传咨询活动

案件75宗，解决75宗，解决率100%，为消费者挽回经济损失4.81万元。深入推进12315“五进”规范化建设，按照“该建应建100%”建站目标，在符合建站条件和要求的企业、商场、超市、市场、景区100%建立“消费维权服务站”42个，积极引导经营者履行消费维权社会责任，改善消费环境。

（卢乃彪、廖萍娇）

县工商和质监局2016年度负责人名录

局　长：傅培强

副局长：魏洪群　刘万群　古盛森　江辉林　李志中

国土资源管理

【简况】 2016年，五华县国土资源管理工作紧紧围绕县委、县政府的总体部署和要求，抓住粤东西北和原中央苏区两大振兴政策以及“丰华兴梅产业集聚带”建设的机遇，以保一方经济发展为己任，把保障发展作为国土资源管理重中之重工作来抓，充分发挥敢于创新，敢于改革，敢于碰硬精神，严格履责，主动作为，努力提升资源保障和管理服务水平，国土资源管理各项工作得到稳步有效推进。

【用地报批】 2016年，全县整理上报农地转用及征地报批6个批次，540.14公顷。

【土地收储】 2016年，全县收储土地42宗、面积43.25公顷，办理国有土地使用权网上拍卖44宗，面积42.51公顷，成交价款49,642.19万元。

【土地出让】 2016年，全县办理国有土地使用权交易2486宗，其中：转让2293宗、面积38053.28平方米，划拨土地补办土地出让193宗、面积7627.57平方米，补交土地出让金1,869.1633万元。

【规划调整】 2016年，县国土资源管理局按照上级国土资源部门要求，完善划定成果，并根据上报的验收成果对新划入的基本农田进行县级初验，以及对新列入的基本农田签订基本农田保护责任书，设立基本农田保护标志牌，于2016年7月将最终的划定成果上报梅州国土资源局和农业局，梅州市验收组进行验收。

【“三旧”改造】 2016年，全县实施“三旧”（旧城镇、旧厂房、旧村庄）改造项目6个，面积为11.72公顷。上报省厅批准申请入库“三旧”改造项目4个，面积8.33公顷，用途为商业住宅。

【地籍管理】 2016年，在正式颁发不动产统一登记证书以前，全县颁发土地使用证1636本，其中初始登记428宗，变更登记318宗；商品房分摊转让714本，集体土地使用证176本；办理抵押登记28宗。投入425.7万元，完成五华县水寨、河东二镇的农村地籍调查试点工作。

【不动产统一登记】 五华县于2016年6月28日，正式实施全县不动产统一登记。全年颁发不动产权证书1528份和不动产登记证明968份。

【耕地保护】 2016年，全县耕地保有量面积达到41433.33公顷，其中基本农田面积达到36506.67公顷，均高于2020年规划期末的耕地保有量和基本农田保护任务，耕地保护责任目标落实较好。

【矿产资源监管】 2016年，五华县办理采矿权协议出让1宗，挂牌出让2宗，收取采矿权价款264.64万元。全县85个已关闭取缔的稀土矿点均未有非法偷采的现象。

【地质灾害防治】 2016年，五华县争取上级专项资金支持项目4个、567万元，用以安流五福中学、河东高车小学等地质灾害治理。全县完成削坡建房边坡整治2141处、中小学校边坡风险点整治18处。制定《五华县地质灾害专项整治三年行动实施方案（2016—2018年）》，通过三年行动，消除存量风险隐患，夯实防控基础，建立有效防范地质灾害的长效机制。

【执法监察】 2016年，五华县立案查处国土资源违法违规行为46宗，罚款220多万元。拆除违法占地建筑172宗，拆除建筑占地面积2.722公顷，复耕复种面积1.2公顷；清理违法占耕填土135宗、面积2.57公顷，复耕3.814公顷。向县公安局移送非法转让0.78公顷土地案件1宗，涉及金额130万元。依法对非法买卖土地行为作出《国土资源行政处罚决定书》2宗，罚没金额27.6万元。

【历史遗留问题清理】 五华县在2015年度完成39.87公顷历史遗留问题的基础上，2016年度落实解决17.03公顷，合计已解决56.9公顷，占总任务数78.06%，超额完成市下达的任务。

【机关作风建设】 2016年，县国土资源管理局将纪教月活动和机关作风整顿活动有机结合起来，围绕五华县委、县政府提出的八大作风问题，采取多种形式积极组织干部职工查找自身存在的作风问题，努力改进思想观念，改进工作方法，提升工作效率，改进服务手段，改进自身要求，改进协调能力，重点抓住查问题、改问题两个环节，做到边查边改，扎实推进工作。

（严鹏）

县国土资源管理局2016年度负责人名录

局　长：曾清华
副局长：邓庆扬　李定华
温浪文　张惠明
执法监察大队大队长、党组成员：
叶朝阳（任至7月）
宋恩育（9月任）
纪检组长、党组成员：张育鑫

县征地和土地储备中心主任、党组成员：张建国

审　计

【简况】　2016年，五华县审计局有干部、职工16人，内设有人秘股、财政金融审计股、行政事业审计股、经济责任审计股、经贸审计股、固定资产投资审计股，下设事业单位绩效审计所。局长、党组书记田爱平，副局长、党组成员陈朝霞、魏松才、曾海强，总审计师、党组成员江琼新。完成本年度审计项目49个，查出违规资金10,080万元（处理上缴财政334万元），管理不规范资金242,773万元，移送处理事项2件。

【预算执行审计】　2016年，县审计局对2015年度县本级预算执行和其他财政收支情况进行审计，并依法依规处理本级预算执行中的各种违规行为及纠正不规范问题。一是财政部门代编预算规模较大，2015年度，由财政局各业务部门代编预算支出达17.09亿元，占年初整体预算30.03亿元的56.91%；二是县本级无预算安排支出累计2.90亿元；三是财政资金管理方面，将财政资金违规转出专户进行保值增值。经审计，城乡居民基本医疗保险财政资金专户将专户资金9,000万元转至五华县农村信用社、惠民村镇银行。未按国库集中支付规定拨付资金。审计发现，2015年，县财政局未按规定将交通公路建设资金直接支付到工程建设施工账户，而是拨付到县交通局、县公路局实有资金银行账户，合计金额3.88亿元。

【经济责任审计】　2016年，县审计局对34个党政机关、事业及国有企业单位的主要领导干部40人进行任期（其中：任中7个，离任33个）经济责任审计。查出违规金额816万元，处理上缴财政238万元，提出审计建议60条。对水寨镇、安流镇、周江镇、华阳镇、梅林镇、河东镇等6个镇的书记、镇长开展同步审计，探索镇委书记和镇长各自应承担的经济责任，建立权责对等的制约和监督机制，规范权力运行。

【政府投资项目审计】　2016年，县审计局分别对五华县琴江河水寨大桥至华兴大桥一河两岸霓虹灯景观工程项目、五华大桥至华强学校路段及罗湖堤、莲洞堤路灯升级改造工程项目、五华县城沿江两岸部分建筑、大桥、公园路灯升级改造工程等项目进行审计，对审计发现的问题，及时向县委、县政府主要领导专题汇报。

【民生资金审计】　2016年，县审计局对署定项目五华县2015年保障性安居工程的计划、投资、建设、分配、运营等情况进行跟综审计，并对2014年度棉洋、长布、周江、安流等4个镇高标准基本农田建设资金进行审计，对各项专项资金使用管理中存在的问题，提出相关审计建议，提高专项资金使用效益。

【县政府交办项目审计】　2016年，县审计局对五华县人民政府驻广州办事处2013年3月至2016年4月财政财务收支情况、五华县城新中学2014年6月至2016年9月财政财务收支情况、五华县干部招待所2013年1月至2016年4月财政财务收支及资产负债

情况、广东省五华宾馆的财政财务收支及资产负债情况进行审计。对五华县干部招待所、广东省五华宾馆违规发放津贴补贴行为问题，发出移送处理书（华审经贸移〔2016〕1号），移送县纪委、监察部门处理。将审计结果如实出具审计报告，为县委、县政府提供决策依据。

【协助上级审计机关及县直相关部门工作】 2016年，县审计局抽调业务人员3人，协助省审计厅对丰顺县农村危房改造补助对象抽查任务。受市审计局委托，完成中共五华县委原常委、纪律检查委员会书记杨斌宗任期经济责任审计、中共五华县委原常委、组织部长赖志侃任期经济责任审计任务。抽调4个业务骨干，协助市审计局完成兴宁市黄槐镇党委书记、镇长异地同步审计任务。抽调业务骨干1人，配合市审计局完成全国医疗保险基金审计任务。抽调业务骨干1人，配合市审计局对五华县2014—2015年林业四项专项资金审计。抽调2人，配合县住建局、县财政局、县民政局等单位对五华县农村危房改造对象户进行核查验收。

（张番卡）

县审计局2016年度负责人名录

局　　长：田爱平

副 局 长：陈朝霞　魏松才　曾海强

总审计师：江琼新

统 计 管 理

【统计执法检查、统计法制建设】 2016年，县统计部门根据省、市统计局《关于开展统计执法检查的通知》精神，结合实际，在全县开展一年一度统计执法大检查。深入开展国务院新修订、颁布的《统计法》和广东省细化的《广东省统计法实施条例》宣传、贯彻，加大新《统计法》及《条例》宣传，并就全县机关、事业、企业单位分类，在自查基础上按一定比例各自抽取共8个单位进行统计执法检查；根据全县“六五”普法的工作要求，制定《2016年度统计普法计划》；积极开展《广东省统计法律事务告知办法》工作，对全县“四上”企业使用《统计法律事务告知书》。全年结合统计业务培训及各种会议共举办统计法制培训班10期，增强全县各级领导干部和统计人员的法律意识。

【统计从业人员继续教育培训及专业技术资格考试】 2016年，县统计部门根据省统计局、人社厅及市统计局、人社局有关《通知》精神要求，结合实际，对各镇、省市驻华单位，县属各有关机关，社会团体、企事业单位统计在职从业人员进行继续教育培训，就《统计法》及统计专业技术资格考试工作进行宣传、动员、部署。通过《统计法》和统计人员统计业务知识系统学习、继续教育培训，提高统计人员知法、守法的自觉性和对统计工作重要性认识，提高统计人员业务水平，为确保统计数据质量，提供法律保障和坚实的业务支撑。并于9月份组织参加全国统一的统计从业资格考试。

【全国第三次农业普查】 2016年,根据《全国农业普查条例》有关规定，国务院决定开展第三次全国农业普查。县政府于3月成立五华县第三次全国农业普查领导小组，各镇也相应成立第三次全国农业普查领导机构，并在全体调查人员共同努力下，按时、按质圆满完成各阶段的工作任务。

【抽样调查】 2016年，县统计部门完成2015年各项统计年报和2016年各专业统计定期报表，认真完成上级布置的各项专项统计调查任务：农业专业开展粮食产量调查和6个镇70户的主要禽畜监测调查和生猪调出大县15个样本点300户生猪调查；住户专业开展13个点130户城乡住户抽样调查；工业专业对工业价格调查、企业景气调查、规模以下企业成本与费用调查、规模以下工业抽样调查、能源统计调查和基本单位调查；商业专业开展对限额以下企业和个体户抽样调查；县人口调查队完成人口和劳动力调查工作，为各级党政对抓好人口与计划生育工作目标提出合理化建议。通过各项专项调查，弥补全面统计报表不足，提高统计数据质量。

【纳入联网直报78家企业的日常管理】 从2011年下半年开始，根据国家统计局统一部署，规模以上工业，资质以上建筑业，房地产开发经营企业，限额以上批发、零售、住宿、餐饮业及重点服务业必须在企业一套表系统进行联网直报。按照上级要求部署，县统计部门高度重视，分批分专业进行业务培训，确保企业统计人员全面掌握操作流程。在日常工作中，各专业人员加强与企业统计人员的沟通联系，及时帮助解决碰到的各种问题，确保78家企业都能按时、按质上报数据。

【统计服务】 2016年，县统计部门为各级党政领导、有关部门、社会各界及社会公众提供大量统计信息。搜集整理、编辑出版《2015年五华县统计年鉴》；及时发布《五华县关于2015年国民经济和社会发展的统计公报》。不定期出版《五华统计》信息刊物共28期；每月定期编印《工业总产值统计表》、《五华县统计月报》和《全县主要经济指标完成情况统计表》。及时、准确、全面搜集整理统计资料、统计数据，为县委、县政府进行科学的宏观经济规划提供决策依据和参谋作用，有效发挥统计的信息、咨询、监督整体功能，对促进国民经济和社会发展起到积极推动作用。

（魏益平）

县统计局2016年度负责人名录

局　长：何红球
副局长：魏广彝　邓小坚
庄旭源（3月任）
人口调查队队长：庄旭源（任至2月）
党组成员：古伟良（11月任）

食品药品监督管理

【“四品一械”监管】 2016年，全县辖区内有“四品一械”（食品、药品、保健食品、化妆品及医疗器械）监管对象9020家，其中食品生产加工100家，食品经营单位6789家（含餐饮服务环节1457家）；药品生产单位2家，药品批发企业3家，药品经营单位321家；化妆品生产经营单位894家，医疗机构705家；医疗器械生产经营单位206家。

【抽样检测】 2016年，县食品药品监管局以科学手段扎实开展食品药品抽样送检工作。全年对药品监抽样检验128批次，检出不合格药品44批次，药品监督抽验靶向命中率 34.4%；对化妆品抽检 9 批次，医疗器械抽检 3 批次，保健食品抽检 10 批，经检验全部合格；全年对肉及肉制品、水产品、蔬菜、食用油及米面制品等五大类食用农产品抽检 240 批次，经检验全部合格；对餐饮环节各类食品抽检 46 批次，经检验全部合格。对华园市场、上新市场、前进市场、华裕市场、河东农贸市场等 5 家农贸市场开展食用农产品每天 10 批次抽检，共抽检 7640 批次，蔬菜类不合格数 12 批次，合格率为 99.83%。蔬菜类不合格产品数 17.70 公斤，全部进行现场销毁，并启动溯源程序。

【学习培训】 2016 年，县食品药品监管局组织初级食品安全员培训 1 期，中级食品安全员培训 3 期、继续教育培训 3 期、农村宴席厨师培训 3 期以及全县药学技术人员和企业质量管理员继续教育培训班 3 期共计 552 家餐饮服务单位、552 名从业人员参会，发放培训资料 552 套，培训考核及格率达 100%。同时，组织干部职工法律法规专项培训班 2 期。

【综合协调】 2016 年，县食品药品监管局以开展“食品安全宣传周”、“安全生产月”等宣传活动为契机，大力宣传新《食品安全法》等法律法规，通过召开会议、印发宣传资料、悬挂横幅、张贴标语、网络平台发短信等各种方式开展食品质量安全宣传。全年出动人员约 6000 人次，发放各类食品安全法律法规宣传资料近 2 万份，张贴宣传资料 3800 份，接受群众咨询超过 3000 人次；夯实部门监管责任、企业主体责任、和属地管理“三大责任”，加强食品安全监管；强化风险监测，完善食品安全应急体系建设，完善修订《五华县食品安全事件应急预案》，成立食品安全事件应急小组，组织协调农业、畜牧、公安、工商、卫计等相关部门处理好各类食品安全突发事件，并在 4 月 7 日开展一次全县范围的食品安全应急演练。

【行政审批】 2016 年，县食品药品监管局根据“一门式一网式”审批工作要求，提供药品经营许可证、食品经营许可证、食品小作坊登记证申办、补办等 13 个许可事项的标准流程，全年办理行政审批事项 1275 件（其中食品流通许可 665 件，餐饮服务许可 574 件，药品经营许可 36 件）行政审批工作实现行政受理“零推诿”、服务方式“零距离”、服务流程“零差错”、服务结果“零投诉”，获得办事群从一致好评，窗口被评为 2016 年度文明窗口，窗口工作人员 2 次被评为“服务之星”。

【集体餐饮监管】 2016 年，县食品药品监管局为强化学校集体食堂食品安全工作，牵头召开 2016 年五华县学校食品安全工作会议，全县中小学校长、幼儿园园长、分管食品安全副校长、食堂承包方、教育局和食品药监部门相关工作人员 350 多人参加会议。通报五华学校食品安全工作情况，明确指出学校食堂存在问题。要求集体食堂主要责任人、责任领导、食品安全管理员、承包人及投诉电话上墙公示，并将学校食堂监管责任落实到具体的执法人员身上，实现“网中有格，人在格上，事在网中”。同时按照《梅州市农村宴席食品安全管理办法（试行）》要求，各派出机构分别对辖区内农村宴席厨师进行农村宴席厨师食品安全专项培训，培训考核合格的发放农村宴席厨师证，要求就餐人数 50 人以上的报当地村（居）委，并按照要求做好风险提示和防控；100 人以上的报镇食品安全办公室，食品药监部门派专人现场监管并提前介入。全年食品药监部门指导农村宴席 67 宗，未发生一宗农村宴席食品安全事故。

【阳光厨房】 2016 年，县食品药品监管局积极推进“阳光厨房”工程建设，全力推进全县范围内餐饮服务单位实现阳光厨房全覆盖。37 家 100 人以上的县机关、企事业单位食堂建成视频监控式明厨亮灶。县城 800 多家餐饮服务单位实现 50%以上透明式或视频监控式的阳光厨房。

【稽查打假】 2016 年，县食品药品监管局以“四个最严”为指导，通过“清源行动”“雷霆行动”“蓝剑行动”等专项行动和日常监管相结合保障人民群众饮食用药安全。全年出动执法人员 12000 余人次，检查门店、企业 6500 余间次，立案 121 宗，结案 121 宗，移送公安机关案件 2 宗，涉案货值 571016 元，罚没款 261397 元。

【机关建设】 2016 年，县食品药品监管局根据县委推进“两个责任”落实暨改进机关作风工作和“两学一做”要求，进一步改进机关工作作风，强化宗旨意识和法纪意识，加强干部队伍建设，切实解决机关干部在思想作风、学风、工作作风、领导作风、生活作风和工作纪律等方面存在的突出问题，进一步转变机关作风，坚定理想信念，改善服务质量，增强工作能力和综合素质，明确工作职责，工作效率明显提高，被评为“机关作风先进单位”和精神文明建设先进单位。

【示范街建设】 2016 年，县食品药品监管局根据《关于印发五华县打造创建国家卫生县城示范点实施意见的通知》（华创卫〔2016〕6 号）文件要求和标准，针对实际制定实施方案，根据行业标准，逐一进行改造，结合“阳光厨房”建设，使其符合创国卫相符。要求创卫区域内的餐饮服务单位在加工经营场所内全部悬挂灭蝇灯，在完善“三防”设施中，进一步提升防蚊蝇等害措施。把水寨镇交通路打造成小餐饮示范街。经排查，水寨镇交通路正街共有食品经营单位 22 家，其中餐饮服务单位 18 家，糕点店 1 家，冷饮店 1 家，烧腊 1 家；量化分级等级为 B 级的餐饮服务单位有 22 家。示范街内的食品经营单位食品经营许可证、从业人员健康证持证率、量化分级实行率均达到 100%，10 月 26 日，顺利通过县创卫办的考评和验收。

（曾祥发　魏叔琴）

县食品药品监督管理局 2016 年度负责人名录

局　　长：曾召辉
副 局 长：曾洪波（11 月任）
叶朝阳（7 月任）
张载良（任至 3 月）
赖俊香（任至 6 月）
党组成员：曾祥发

建设 · 环保

城市规划建设

【县城规划】 2016 年，县住建局坚持以县城总体规划为统领，不断健全完善各类专项规划，组织完成《县城水寨、河东、员瑾、大坝片区控制性详细规划》《琴江新城控制性详细规划》《新型城镇化规划》《三旧改造专项规划》和《生态控制线保护规划》，扎实推进《“十三五”近期建设规划》和《消防专项规划》编制工作。积极配合县重点项目建设，完成华兴东路、布新南路、河东北堤等市政道路建设规划编制。协助做好产业园区、移民安置点、棚户区改造、足球训练馆等的控规、详规和测绘工作。全年，累计完成园区、医疗、学校、商住楼等各类测绘面积 253.63 公顷、规划面积 120.78 公顷，完成市政道路及综合管线测量 23.83 千米。

【县城建设】 2016 年，县住建局承担长乐大桥、公园路、人民公园二期、蓝岭路（大岭路）、富通路、河东北堤、华兴东路、琴江公园等 8 个重点项目建设任务。年初，该局积极谋划推动项目建设，将任务分解落实到各分管领导和具体部门，以目标倒逼责任落实，以工期倒排进度，围绕县委、县政府年初工作目标任务，加强与征拆、管线部门沟通联系，急征拆部门之所急，做到分工不分家，增强大局意识，提前介入，积极配合，主动协助和承担项目征地拆迁和管线迁移等工作任务，确保县委、县政府各项决策部署落到实处，推动该局负责的县重点建设项目顺利推进。其中：长乐大桥，桥梁总长 170 米，宽 22 米，引道长 1558 米，总造价约 1.79 亿元，该项目从 2013 年 10 月份动工建设，2016 年国庆前建成通车；公园路升级改造，全长约 2100 米，包括完善道路设施、路面铺设沥青、安装路灯、绿化等建设内容，总投资约 5,100 多万元，工程于 2015 年 7 月份动工，2016 年国庆节前建成通车；蓝岭路（大岭路），蓝岭路全长约 360 米，道路红线 18 米，大岭路长度约 312 米，道路红线为 18 米，工程总造价约 1,448.9 万元，大岭路已完成总工程量 53%；富通路，道路全长 176 米，工程造价约 212 万元，已完成总工程量 89%；人民公园，面积约 21.27 公顷（含水域面积 11.55 公顷），总投资约 8,600 多万元，分两期进行建设，2016 年国庆节前全面建成投入使用；河东北堤，全长 3487 米、路幅宽 20 米，设计双向四车道，总投资约 1.7 亿元，其中工程建安投资约 1.47 亿元。采取 PPP 模式进行建设，工期两年。工程建设内容包含防洪堤和堤面市政工程。已完成总工程量 10%。华兴东路，全长约 4450 米，道路红线宽 24 米至 40 米，投资约 2.56 亿元。工程建设内容包含道路、桥梁、管线、照明、绿化、交通标志等。工期两年，已完成《项目（PPP 模式）合同》签订工作；琴江公园。

面积约 7.5 万平方米，投资约 6,000 万元。工程建设内容包含道路、灯光、绿化及休闲活动设施等。已完成总工程量 20%。至 2016 年年底，全县城镇化率 34.41%。

【规划管理】 2016 年，县住建局严格执行县规委会审批制度，全年组织召开规划评审会 3 场、审查项目 93 个，从源头上加强对重点地段、重点项目的审查把关，不断提高县城规划建设水平。研究制订《进一步加强县城规划建设管理工作通知》，加大规划宣传力度，加强县城新建道路和公园广场等周边用地的规划控制，严格规范私人违法建房和征拆部门随意安置行为。加大工程建设项目管理力度，深入开展房地产开发中擅自变更规划的专项治理工作，及时发现并处置一批超规划建设行为，切实维护规划的严肃性和权威性。全年开展专项检查 8 次，发出整改通知书 14 份，曝光典型案件 9 例。

工程建设管理

【简况】 2016 年，全县完成规划报建项目 397 个，建筑面积 80.6 万平方米，投资 15.6 亿元（其中，公建项目 150 个，建筑面积 73.5 万平方米，投资 15 亿元）；施工报建项目 86 个，建筑面积 44.7 万平方米，造价 8.9 亿元；工程档案预验收项目 46 个；竣工验收备案项目 43 个，建筑面积 25.9 万平方米，造价 3.1 亿元。

【建筑市场】 2016 年，县建设工程交易中心积极筹措资金更新完善招标场所录像监控设备，提高建设工程招投标透明度。认真组织学习招投标法律法规，严格规范办事程序，不断优化有形建筑市场环境。全年完成进场交易项目 127 项，交易金额 170 亿元，应进场率和公开招标率均达 100%。

【建筑质量和安全】 2016 年，县住建局按照“谁分管、谁负责”原则，狠抓市政项目、建筑施工、消防安全管理，进一步推动安全生产“一岗双责、党政同责、齐抓共管”责任体系的落实。组织开展安全生产月、质量月和五一、国庆、元旦、春节等重大节日前安全生产大检查活动。认真落实安全生产动态管理办法，扎实抓好每月安全隐患排查治理工作，确保建筑行业安全生产年度工作目标任务全面顺利完成。全年，该局安全生产工作多次代表全县接受省市检查，并获得好评。全年抽查在建项目 120 项/次，排查安全隐患 115 条，发出整改通知书 85 份，整改意见 332 条，应整改问题基本得到整改落实。积极鼓励引导施工企业开展工地“创优”工作，是年五华二建公司承建的中医院综合大楼、残疾人康复中心被评为省、市“双优”工地。

【文明施工管理】 2016 年，县住建局按照县委、县政府继续开展县城在建工地施工专项整治统一部署，认真研究制订“集中整治”工作方案，从各成员单位抽调工作人员成立市政工程整治组、房建工程整治组、园区建设整治组、私人建房整治组、工地运输车辆整治组等 5 个工作组，集中时间，集中力量，对工地围挡、场内建筑材料堆放、洗车槽设置、场地硬底化、运输车辆密闭装置等方面存在不文明施工行为进行重点整治，并取得明显成效，得到县委、县政府的充分认可，通过县政府组织的专项考核验收。全年，组织专项检查20多次，出动人员100多人/次，受检项目60个，发出整改通知书19份，整改意见80条；督促沿街建筑工地实行砌墙围挡22宗，拆除不规范围挡15宗；督促挂设安全防护网25宗，搬迁和清理乱堆放建筑材料260多宗，查处工程车辆运载无遮挡、扬尘、洒漏等50多宗。

【工程计价管理】 2016年，县造价管理部门认真落实工程量清单计价办法，严格工程造价的审核把关，不断提升工程造价管理水平。积极配合做好县城咸水坜安置房、公园路等重点建设项目估价、预算和招标代理等工作。全年，完成送审项目67个，送审造价3.1亿元，核减造价2,478.1万元，核减率7.9%。

【勘察设计市场】 2016年，勘察设计单位严格执行《建设工程勘察设计管理条例》、《建设工程质量管理条例》等法规和强制性条文，科学设计，力求精品，确保设计制图标准达到规范要求，有力提高该县建筑设计水平。全年，完成建筑设计项目56个，建筑面积18.6万平方米。

村镇建设

【村镇规划编制】 2016年，住建局完成棉洋镇的总体规划修编工作和华城、周江等8所乡镇卫生院，以及横陂小学、蒲江中学等13间中小学校的规划测量。加快安流、华城镇的污水处理和垃圾处理设施建设步伐。加强农村危房改造业务指导，根据实际情况和碰到的问题，及时研究制订《关于加强农村危房改造管理工作的通知》《五华县农村危房改造验收工作方案》和《五华县农村危房改造工作责任追究办法》等系列工作制度，切实加强该县农村危房改造对象选定、核查验收、资金发放等环节的监督管理，妥善处置岐岭镇联安村、黄福村在农村危房改造工作中发生的优情厚友等违法违纪问题。全年，全县农村危房改造任务数2640户，年末全部开工，竣工1600户，发放资金239户、790.45万元。加强农村建房秩序管理，制订印发《五华县规范农村建房管理实施细则》，明确各镇和相关部门工作职责，形成打击违法建设的浓厚氛围，有力遏制农村未批先建、乱搭乱建行为。全年，完成村镇报建项目105个，建筑面积16.8万平方米，投资2.5亿元（其中：公建项目41个，报建面积14.9万平方米，报建投资2.3亿元）。

【镇村垃圾整治】 2016年，县住建局结合县委、县政府关于开展农村人居环境综合整治的决策部署和“1+N”文件精神，坚持把农村生活垃圾收集处理工作作为推进镇村生活垃圾专项整治的重要抓手，结合实际，先后研究制订《五华县农村生活垃圾收集处理工作三年行动方案》《实施细则》和《验收标准》，不断丰富镇村生活垃圾专项整治内容和活动载体，落实镇村生活垃圾处理经费保障，完善垃圾处理设施，建立一套切实可行的收集转运处理长效机制。加强业务指导和检查，组织对国、省、县道两旁、圩镇、河道、房前屋后的垃圾清运处理情况进行重点督查，及时发现问题并督促整改，有效遏制镇村生活垃圾“脏乱差”现象，城乡文明程度明显提升，并顺利通过市城乡环境综合整治2次测评考核验收。至年末，全县投入人力46487人（次），出动车辆6115台（次），投入资金约4,113万元，清理垃圾36.3万吨。

【城乡建设管理秩序整治】 2016年，县住建局切实加大城乡规划建设法律法规的宣传力度，充分利用电视、网站等媒体，采取制作专题、张贴标语、悬挂横幅等方式，努力向社会群众宣传相关项目开发和私人建房办理程序和手续，做到深入人心，家喻户晓。同时，组织深入各镇开展违章建筑调查摸底工作，召开成员单位联席会议研究解决整治过程中碰到的困难和问题，针对县镇村特别是县城规划区新建道路周边私人违法建房现象突出问题，加强与管辖镇和县国土、城管等相关部门的沟通协调，及时研究制订和修订完善一批管理规定，在制度层面上给予强力保障，确保该县城乡建设管理秩序持续稳步好转。

建　筑　业

【简况】 2016年，全县有本地建筑施工企业30家，其中：一级3家、二级7家、三级20家。以一建、二建公司为龙头的建筑施工企业，紧跟市场改革形势，克服困难，大胆探索，锐意进取，立足县内，拓展县外，有力促进公司业务、经营效益稳步发展。全年，完成建安总产值13亿多元，创税达1亿多元（含县外税收），再创历史新高，为县域经济振兴发展作出积极贡献。其他施工企业均保持稳步发展态势。

房 地 产 业

【简况】 至2016年年末，全县有房地产开发企业49家，其中：三级6家、四级25家、暂定18家。

2016年，县住建局认真贯彻执行房地产法律法规，加强开发企业资质审核把关，及时上报房地产市场开发经营情况，努力促进房地产业健康发展。全年，审核项目12幢，建筑面积15.5万平方米，投资4.6亿元，待售商品房面积20万平方米，均价4500元/平方米。同时，大力抓好住宅小区综合验收工作，督促建设单位完善小区配套设施，维护业主合法权益，有力改善市民居住环境。

（陈绍师）

【住房保障建设】 2016年，县房管部门围绕市下达五华县的住房保障任务：一是抓项目推进。完成2016年新开工保障性住房可行性研究、环评、立项、土地划拨、工程勘查、设计、施工EPC总承包和监理发包等工作，完成投资69.2万元；完成安流镇水街保障性住房和咸水坜安置区保障性住房（二期）竣工验收，竣工套数200套，面积8293平方米，完成投资731.5万元。完成352套棚户区改造可行性研究、环评、立项、土地出让、工程监理和工程勘查、设计、施工EPC总承包发包工作，当前进入基坑支护工程施工，完成投资1871万元；加大棚户区改造货币化安置力度，完成101户棚户区货币化补偿任务，补偿金额2,079万元；配套基础设施建设项目完成挡土墙、北侧道路、横一路、纵一路硬底化，完成投资265.2万元；完成70户廉租住房租赁补贴任务，发放租赁补贴资金8.4万元。二是抓资金筹集。积极向中央争取保障性住房和棚户区改造资金262万元，向省争取保障性住房专项资金300万元，向县财政申请咸水坜安置区征拆费用1,000万元，新华市场棚户区升级改造征拆费用 1,500 万元，西河市场棚户区升级改造征拆费用 1,000 万元，有效缓解资金紧张局面。三是抓分配入住管理。提请县政府出台《五华县经济开发区咸水坜安置区公共租赁住房分配方案》和《五华县安流镇水街公共租赁住房分配方案》政策文件，为确保分配结果公平公正、阳光透明，县房管部门及时将保障房分配政策、分配对象、分配房源、分配程序、分配过程、分配结果和退出信息，在局门户网站中予以公示，对后续实行动态管理，对经调查不再符合公共租赁住房保障条件的和承租规定的租赁户，予以清退。对咸水坜安置区保障性住房（一期）100 套进行报名申请。

【直管公房管理】 2016 年，县房管部门充分发挥“管、修、收”三大职能作用：一是抓好公房日常管理工作。为配合河东寨顶巷古村落改造，对河东老街 85 户 103 间租住户进行腾退；通过法律途径抓好梅林镇大直街公房租赁户欠租催缴，追回欠租 1.05 万元。二是抓好公房的维修工作。规范公房维修程序，按照先急后缓原则做好公房维修管理工作，全年拆除危旧公房 437 平方米，维修公房 1000 多平方米，维修金额 6.02 万元。全年收缴房租 283 万元，公共租赁住房房租收入 12.8 万元。

【房地产权产籍管理】 2016 年，县房管部门根据县政府《通知》（华府〔2016〕16 号），6 月 28 日起全县正式实施不动产权登记，加强与县不动产登记中心的沟通协调，做好业务衔接。按照《房屋登记办法》和《房地产登记技术规程》等规定，全年办理房地产初始确权审批 2663 份，面积 40.2 万平方米，其中私人建房 119 份，面积 4.4 万平方米，单位建房 98 份，面积 6.6 万平方米，商品房 2446 份，面积 29.3 万平方米；办理房地产抵押登记审批 2935 份，面积 63.7 万平方米，其中现房登记审批 1508 份，面积 45.5 万平方米，预告登记审批 1427 份，面积 18.2 万平方米；向不动产登记中心移交档案 1355 份，整理档案 1581 卷，查询档案 93358 次，出具无房产证明 3918 份。根据《五华县农民住房财产权抵押贷款试点工作实施方案（试行）》（华府办函〔2016〕62 号），起草《五华县农村房地产估价规范》《五华县农房登记办法》《五华县农房抵押管理办法》《五华县农民住房财产权证办理流程和要求》，在不动产权确权登记、抵押物价值评估、抵押物确权登记流程，抵押物转移登记等方面进行积极探索，并于 12 月 13 日向每个建制镇派驻两个工作人员专门受理农房办证。全县受理农房办证 644 份，现场房屋测绘 92 份。

【房地产市场监督管理】 2016 年，县房管部门开展房地产市场专项检查。根据市住建局关于《规范房地产开发企业经营行为维护房地产市场秩序专项整治工作方案》要求，会同县住建局对全县房地产开发企业开发商品房有无发布虚假房源信息、有无按商品房预售管理规定违规销售等九个方面进行专项检查，发出整改通知书 25 份。加强商品房预售管理，严格按规定核发预售许可证，规范销售行为。全年核发许可证 23 份，预售面积 30.3 万平方米，预售套数 1769 套。抓好房地产交易，全年办理房地产交易 2114 宗，交易面积 30.3 万平方米；其中一手房交易 1532 宗，面积 20.7 万平方米，存量房（二手房）交易 582 宗，面积 9.6 万平方米；抓好房地产评估，完成交易评估 576 宗，面积 12.4 万平方米，其中课税评估 232 宗，面积 0.86 万平方米；完成抵押评估 3250 宗。

【房屋测绘管理】 2016 年，县房管部门成立五华县华房房屋测绘有限公司，严格按照房屋测绘规范，做好不动产权登记预售和确权测绘、电子绘图、出具房产分户图等。争取上级有关部门支持，添置先进测绘设备，充实工作人员，完成房屋与土地测绘落宗落幢的衔接工作，大大提高测绘工作效率。积极配合新华市场、西河市场、河东寨顶巷、琴江新城足球文化公园等县重点工作房屋拆迁测绘工作。全年完成测绘 1190 宗，测绘面积 70.2 万平方米。

【房屋安全管理】 2016 年，县房管部门全方位履行房屋安全监管职能。在房屋安全鉴定方面，严格按照房屋安全鉴定受理程序和鉴定标准出具房屋安全鉴定报告，全年出具鉴定报告 131 宗，面积 11.7 万平方米。在白蚁防治方面，全年完成新建房屋白蚁预防 41 宗，面积 84.5 万平方米，原有房屋保治 22 宗，面积 2 万平方米。在物业管理方面，以“双创”、示范小区、平安小区创建为契机，不断加强日常监督管理，协调解决群众来信来访工作，切实为各居民小区提供良好居住环境。

【县重点项目建设】 2016 年，县房管部门认真做好县重点项目建设。一是抓好“双创”工作。围绕“双创”工作计划。加大“双创”宣传力度，每季度定期更新“双创”宣传栏内容；坚持每周五卫生日制度，抓好卫生责任地段、管理网格化责任地段、县城居民小区和单位推进工作，全年投入资金 11.5 万元，发放宣传资料 1000 多份，更新宣传栏 320 块，海报 80 份，安装 LED 显示屏 2 个。全年收到督查通知书 16 份,落实整改 16 宗。2016 年，由县房管部门管辖的鸿云花园被梅州市评为精神文明建设先进社区。二是抓好精准扶贫工作。按照中央、省、市、县有关要求，扎实开展驻村工作，精心谋划推进扶贫项目，安排 56 名局机关干部职工结对帮扶 89 户贫困户，筹集帮扶资金 11.4 万元制作宣传标识和村容村貌整治等，对群众实施生产帮扶、智力帮扶、购买农村医疗保险等惠民实事，村容村貌明显改善，挂钩帮扶工作取得阶段性成效。全年 43 户 101 人实现脱贫，占贫困户总数 49%。投入资金 14 万元，转化棉洋镇美光村软弱涣散党组织建设。三是抓好房屋拆迁工作。完成新华市场 157 户租赁户租赁补偿和市场主楼拆除，支付补偿金额 640.9 万元；完成市场周边农田及附着物摸底调查、测量和认定工作。完成西河市场水寨镇畜牧站、粤华茶叶有限公司搬迁腾退、原工商局门店租赁户、套房临租户共 11 户租赁补偿和拆除工作，支付补偿金额 159.3 万元。完成咸水坜安置区 42.86 亩板块 27 户 20 亩水田、畲地货币补偿，支付补偿金额 74.7 万元。

（温善法）

县住建局 2016 年度负责人名录

局　长：周铁伟

副局长：邓菊香　严彩忠

戴俊贤（任至 6 月）

张载良（11 月任）

系统党工委副书记：罗远辉

纪检组长： 黄伟靖

总工程师： 李　波

县房管局2016年度负责人名录

局　长： 李少基

副局长： 张乃清　曾松林　李海昌

城市综合管理

【简况】 2016年7月11日，经五华县机构编制委员会批准（华机编〔2016〕44号）同意“五华县公共事业服务中心”更名为“五华县城市综合管理局”。属公益一类事业单位，内设6个股室，核定事业编制24名。下设6个公益性事业单位,核定事业编制217名。

【市容管控保持新常态】 2016年，县城综局积极开展专项整治工作，提升县城文明形象。负责（牵头）专项整治有三项：一是市容环境专项整治。将市容环境整治贯穿于日常管理中，重点做好乱搭乱建、乱停乱放、乱摆乱卖整治和城市环境卫生、整洁、靓丽工作。二是农贸市场、三位一体、公厕建设（建设大坝市场）。结合创建“国家卫生县城”要求，新建设大坝市场投入使用，县城有6个农贸市场（华园市场、上新市场、前进市场、华裕市场、长乐农贸市场、大坝市场）和1个农产品批发市场投入使用。三是燃气安全专项整治。不定期召开燃气企业负责人会议，要求各燃气企业要高度意识到此次专项整治的重要性和必要性，严格按照规范标准，开展细致的自查自纠，发现隐患及时整改；特别是对销售点设置，要按燃气规划进行重新按标准进行布局，对从业人员应进行上岗培训，不断开展联合整治，促进燃气安全生产工作，增强安全意识，确保安全生产。

【工程建设推进新进展】 2016年，县城综局承担重点任务有五项：一是华兴中南路升级改造工程。完成水寨派出所到农村信用社段的树木迁移和扩宽路面的砼铺筑工作，进行华兴南路水沟的清淤和修建、铺设路沿石工作。二是华一南路升级改造工程。该工程已竣工通车。三是工业一路升级改造工程。完成南边部分新砼路面的铺筑和南边水沟的清淤和修建工作。四是科技街、华茂街、法新巷升级改造工程。完成总工程量约93%。下一步将完成沥青路面的铺装。五是镇村生活垃圾中转站（四位一体）建设。PPP实施方案通过政府常务会。财政承受能力报告、物有所值、规划和环评初步意见、立项和政府采购审批等工作已完成，下一步委托代理机构编制相关招标文件并进行挂网。

【扎实推进各项基本工作】 一是精准扶贫。根据县委、县政府统一部署，该局负责华城镇新五村的精准扶贫工作。该局高度重视，专门落实一位人事股副股长驻村开展帮扶工作，该村建档立卡帮扶贫困62户、121人，通过争取上级部门支持和单位自筹等形式加大资金投入，累计投入帮扶资金12万多元。2016年拟退出贫困户47户计84人，并于2016年12月15日进行第一次公示，完成30%脱贫任务。二是综治信访维稳、平安建设。该局指定政策法规股做好群众的来人来访协调处理和解析，积极做好网上信访协调处理及回复工作。全年接访56件（其中来人来访30件，网上信访26件，处理完成网上信访21件，正在协调处理信访5件）。三是安全生产工作。认真贯彻落实上级主要领导有关安全生产的指示、批示等文件精神，按时上报有关资料，抓好安全生产，确保生产安全。全年，安全生产事故为零。四是“双创”工作。成立局主要领导为组长、副局长为副组长、各股室负责人及下属单位主要负责人为成员的“创文”“创卫”领导小组，并定期召开会议，对“双创”问题进行研判；制订“创文”“创卫”实施方案、层层压实任务；打造主题公园，将长乐公园打造成“社会主义核心价值观与法治文化”主题公园；落实周末卫生日制度、网格化管理工作、控烟及健康教育宣传、病媒生物防治工作等。五是普法工作。积极做好 2016 年普法工作落实。按照上级文件要求，完善好普法领导小组机构；完善好 2016 年普法工作；做好该局及下属单位征订《梅州市普法读本》和组织学习工作。六是积极开展“两学一做”学习教育活动和机关作风建设。以“学党章强党性、讲规矩守纪律”为主题，围绕“两学一做”深入开展党性宗旨教育、党规党纪教育、优良作风教育，唤醒党员干部党章党规党纪意识，教育引导党员干部在任何岗位、任何地方、任何时候、任何情况下都铭记党员身份，守住纪律和规矩底线，真抓实干，开拓创新，不断开展改进机关作风专项整治活动，突出解决部分党员干部纪律松散、办事不公、铺张浪费等问题；强化廉政风险防控和廉政制度建设，加强对重点工程招投标等重点领域的风险防控和制度建设。扎实推进“廉洁城乡”创建和推进城市管理事业稳定发展。

（詹喜赞）

县城市综合管理局 2016 年度负责人名录

局　长：张雄辉

副局长：曾永辉　丁金浪　缪千军

环 境 保 护

【建设项目环境管理】 2016 年，县环保部门按照《环境影响评价法》和《广东省建设项目环境保护管理条例》有关规定，认真履行环保前置审批权职责，坚持发展经济和保护环境并重，严格把关，防止重污染企业进入五华。对已经审批的项目，加强建设期监管，坚持执行“三同时”（同时设计、同时施工、同时投产使用）制度的落实，把住环保设施竣工验收关，有效地控制了新污染源的产生。全年审批建设项目环境影响评价项目 220 个，其中环境影响报告书 4 个，环境影响报告表 94 个，环境影响登记表 122 个。

【主要污染物总量减排】 2016 年，环保局根据梅州市政府下达的主要污染物总量减排任务，按照区域、属地、部门管理原则，把治污减排各项工作目标和任务分解到各部门、各单位，充分发挥各部门职能作用，形成齐抓共管、各司其职环保工作机制。按期完成安流、华城中心镇生活污水处理厂建设任务。其他 12 个镇的生活污水处理厂计划投入 1.6 亿元以 PPP 模式打包建设，正加快推进规划选址、环境影响评价、征地和土地平整、可研、设计等工作。

【加强环境执法和信访调处】 2016 年，县环保部门组织开展环保专项行动，打击环境违法行为，维护群众环境权益。全年出动执法人员 1626 人次，检查企业 408 家次，发出《行政执法责令改正通知书》36 份，责令限期整改企业 12 家，立案查处违法企业 4 家，处罚金额 7.25 万元。现场检查污染防治设施208次，设施165台（套），运转率100%，达标率98%；现场检查建设项目65次，建设项目竣工验收31家。受理环境污染投诉案件375宗，查处理污染纠纷375宗，调处率100%。

【扎实推进污染防治】 2016年，县环保部门联合畜牧、农业等部门对全县规模化禽畜养殖业加强监管，对15家规模化养殖畜禽养殖场废水进行治理。对全县持有放射源单位、产生固体废物、危险废物的单位加强监督检查，确保环境安全。严格按照《广东省排污许可证使用管理条例》规定，严把排污许可证的发放和年审关。全年新办排污许可证27份，变更7份，换证58份。健全机动车环保标志分类管理制度，加大机动车排气污染整治力度，强制淘汰黄标车和老旧车。全年淘汰黄标车、老旧车846辆，核发环保标志20374份，其中黄标230份，绿标20144份。

【十大重点环境问题专项整治】 2016年，五华县参照市政府的做法，建立每季度定期研究通报重点环境保护问题制度，要求各镇和各单位对所管辖的区域和行业存在的重点环境问题进行认真排查，并对重点环境问题排查整治情况进行汇总，筛选出本季度十大重点环境保护问题提交县政府常务会议研究，会议通过后实行挂牌督办，限时办结。全年完成专项整治项目38宗，取得较好效果。

【露天焚烧秸秆专项整治】 2016年，开展禁止露天焚烧秸秆专项整治是县政府部署的十大专项整治工作之一。县环保局作为牵头单位，制定《2016年五华县禁止露天焚烧秸秆工作方案》上报县政府审批后印发到各部门，县政府印发《五华县人民政府关于在全县范围内禁止露天焚烧秸秆的通告》，明确各镇作为秸秆禁烧工作的责任主体，要求各镇制定工作方案，与各村签订禁止露天焚烧秸秆责任书，明确具体责任人。在夏秋两季农作物收割期间，县环保局成立督查组和巡查组，分片包干，到各乡镇巡查，确保工作落到实处。全年发放宣传资料62850份，出动执法人员1685人次，对各镇生活垃圾、秸秆焚烧等进行巡查和宣传引导，禁止露天焚烧秸秆专项整治工作取得一定成效。

【环境监测】 2016年，县环境监测站环境监测能力和环境信息能力建设大幅度提升，县城环境空气自动监测站进行更新建设，对县城空气质量实行24小时在线监测，城区环境空气质量保持优良。认证监测项目83项。全年获得各类有效监测数据7158个，为全县环境决策和污染治理提供准确、可靠的依据。

（刘湘源、李丹娜）

县环保局2016年度负责人名录

局　长：张伟强

副局长：李锡泉　黄远华

刘丽霞（水寨镇挂职副书记）

科工商务管理

综 述

【简况】 2016年，县科工商务管理局深入贯彻落学习近平总书记系列重要论述和省委胡春华书记来梅调研讲话精神，抢抓原中央苏区、粤东西北地区两大振兴发展政策机遇，按照市委、市政府“一区两带六组团”部署要求，主动融入“广东梅兴华丰”产业集聚带建设，紧紧围绕打造“工业新城、宜居五华”的战略目标，全力构建“一核两区三组团”县域发展新格局，借力广州市和番禺区对口帮扶，主动适应经济发展新常态，积极争取政策、项目和资金支持，有力促进县工业经济振兴发展。全年30家规模以上工业企业实现工业总产值66.73亿元、工业增加值11.91亿元，同比增长10.8%和13.9%。其中，呈正增长21家，增长20%以上12家，因统计口径调整，健和包装、天力通信2家企业不再在五华县填报。全年新增嘉晖盛、天东通信、云岐圣峰、立信印染、诺华实业、裕友照明、李尚文石场、煌辉工贸、鸿屹混凝土、自来水公司、晶铠科技11家规模以上工业企业。

科 技 业 务

【省、市专业镇申报】 2016年，县科工商务管理局实施“一镇一策”规划，不断推动地区产业化升级，提升特色产业竞争力，形成区域品牌，有效促进专业镇建设，组织指导潭下镇和华城镇分别做好申报广东省油茶技术创新专业镇及广东省生态农业技术创新专业镇认定的材料准备、组织申报、网上审核提交等各项工作。6月初通过专家评审论证、网站公示等程序，最后潭下和华城两镇被认定为广东省技术创新专业镇。

【省科技计划项目申报】 2016年，县科工商务管理局结合实际，积极调研，按时向上级申报土壤调理剂（重金属钝化剂）、梅州市松岗嶂生态茶园林下资源培育与高值化利用关键技术研究及其示范、潭下油茶专业镇创新能力培育与创新环境建设、粤东小微企业孵化器服务平台和华城镇农业电商虚拟孵化器构建及应用推广等5个项目，同时积极引导其他科技部门、工农企业等单位，为经济发展进行公关，推动科技创新。省级科技计划项目《五华县电子商务技术人才培训与支持》获得立项批复资金30万元。

【科技平台建设】 2016年，县科工商务管理局深入实施创新驱动发展战略，大力培育发展高新技术企业，协助广东富胜实业有限公司、广东宝汇环保科技有限公司申报国家高新企业认定和培育入库，2家企业均成功被省认定为国家技术高新企业。协助广东万山土壤修复技术有限公司做好申报2016年广东省工程技术研究中心认定的准备材料、组织申报、网上审核及送达材料等各项工作，积极指导广东万山土壤修复技术有限公司做好申报市工程技术研究中心认定等有关工作，该公司于10月份被市认定为“梅州市工程技术研究中心”。

【科技进步奖项目评审】 2016年，县科工商务管理局认真做好科技进步奖评审工作，全年被市授予市科学技术奖项目三等奖3项（工业类1项、农业类2项），完成县科学技术奖项目评审7项（一等奖2项、二等奖2项、三等奖3项）。

科普活动

【科学普及】 2016年，县科工商务管理局采取多种形式扎实开展科普工作，组织开展“科技、文化、卫生”三下乡和“科技进步活动月”“全国科普活动日”等活动，组织全县各学会、研究会、科普示范基地、科普示范社区开展科技下乡、科技咨询、科普讲坛、专家科普讲座、广场科普、科技进校园等活动7场次。全年投入科普活动经费5.5万元，发放科普书籍、资料、挂图约2.25万本（份/幅），推广新技术新品种4个，参与科普活动人数和科普惠及人数约10万人。借助政务网、电视台、五华政报等媒体平台广泛开展科普宣传报道，大力营造“人人学科技，户户讲科普”良好氛围。

【青少年科技教育】 2016年，县科工商务管理局积极组织参加第32届梅州市青少年科技创新大赛暨梅州市第2届中小学创客创作大赛，收集、推荐作品31副（个）参与市、省、国家评选。联合广东科学馆、梅州市科协、市科技馆、县教育局在县水寨镇第一小学、河东镇第一小学开展“播撒科学种子、实现创新梦想”提升青少年科学素质行动，2500多名师生参加。

【基层科普行动计划】 2016年，县科工商务管理局积极实施“社区科普益民计划”，对全县社区、农技协会、科普示范基地进行摸底调查后，组织选送，参加全国、省、市评选，促进全县农村科普示范基地、农技协会、农业龙头企业和现代农业产业体系建设，为新农村建设做出应有的努力。华城镇西区社区被广东省科学技术协会、广东省精神文明建设委员会办公室、广东省科学技术厅联合命名为第六批广东省科普示范社区。

【知识产权】 2016年，县科工商务管理局精心组织“4·26世界知识产权日活动”，采取发放资料，街头设咨询点，开设培训班，设讲座等多种形式，积极开展法制宣传教育，进一步提高全社会对知识产权法律法规认知度，增强知识产权法律意识和观念，努力提高全体公民知识产权法律知识，营造浓厚的知识产权法制氛围。通过解读国家、省、市对专利的奖励措施，引导企业和公众积极申报专利，推进专利创造提质增速，创造性开展专利运用工作。同时组织执法人员、企事业单位积极参加上级知识产权及专利行政执法实践等业务培训3场。广泛宣传侵权假冒犯罪活动和社会危害性，严厉打击侵权假冒专利违法行为，检查超市和门店36家，查处假冒专利案件1宗。全县专利申请总量

309件，授权总量222件，分别比上年增加39.19%、47.02%。其中，发明专利申请量25件，授权3件。

科技服务

【网络信息中心管理】 2016年，县科工商务管理局围绕党和政府的路线、方针、政策、法律法规，加大网络上宣传、贯彻、推广和普及，规范管理、运行和维护金科网（县科工商务管理局市、县门户网站），全年实现网上综合信息公开发布672条，对比上年度信息量增加20%。推进政府信息网上公开工作，推进政府重点领域信息网上公开和办公电子政务化和办公软件正版化工作。

【地震测防】 2016年，县科协和地震办利用“5·12国家防灾减灾日”，以“减少灾害风险，建设安全城市”为主题，与县城镇中学400多名师生共同举办科普进校园——防震避震知识宣传讲座，提高师生地震风险防范意识、防震避震应急处置能力。同时还为师生们分发《地震应急救护知识》《急救科普知识》《南方洪涝灾害指南》《防震减灾科普知识》等小册子1850多份。定期到观测点检查，加强水寨、安流、华城、郭田、周江、岐岭等6个地震观测点建设，加强防震抗震测防，为震情汇商提供依据。

【白蚁防治】 2016年，县科工商务管理局做好业务技术培训，普及白蚁防治知识，开展建筑、古树、树木白蚁危害情况测试普查，建立分户和综合档案，促进白蚁防治工作深入开展。

工业企业

【工业企业发展】 2016年，县科工商务管理局围绕全年目标任务，深入开展暖企服务行动，通过深化政策帮扶、合力帮扶、服务帮扶，健全完善领导挂钩联系企业制度，落实领导和股室挂钩联系重点企业责任制度，扶持生产企业通过增资扩产、转型升级、股权投资、机器人应用，加快工业企业发展。全力推进富胜实业、井得电机、辉骏科技、宝汇环保等龙头企业完善“新三板”挂牌上市准备工作。全年新增开展技术改造规模以上工业企业6家，其中5,000万以上3家；新增规模以上工业企业开展“机器换人”1家。

【产业园区集聚】 2016年，县科工商务管理局立足广东梅兴华丰产业集聚带主战场目标定位，抢抓粤东西北和原中央苏区振兴发展两大政策机遇，竭力承接珠三角产业转移。广州番禺（五华）产业转移工业园初步形成五金机电、汽车配件、制酒、制药、再生资源利用、红木家具等产业集聚，在2015年度省产业园区建设管理考核评价工作中获得“优秀”等次。河东工业区与广梅产业园的产业对接，形成以富胜数字电视、富鑫通智能装备、宇航精机、嘉富包装机械、如翼高端五金等先进装备制造业并兼顾其它产业。全年全县完成工业投资46亿元，其中完成技术改造投资20.96亿元，同比增加34.4%、50.4%。协助企业申报省、市、县各级股权投资、设备更新、机器换人等各类专项资金项目30多个共计1.6亿余元，其中富胜实业数字电视产业园项目、辉骏集团微小型 SMD 部件贴装（SMT）生产项目申请省财政资金实施股权投资项目资金合计 8,800 万元。

【节能降耗】 2016 年，县科工商务管理局围绕节能降耗任务，强化节能管理，开展节能专项监察，完善企业能耗监督管理及考核制度，组织举办节能知识暨电机能效提升培训班；积极组织广州番禺（五华）产业转移工业园申报列入循环化改造试点园区，成功入选 2017 年广东省节能降耗专题项目库；对眉山水泥、康奇力等企业开展节能专项监察；动员永艺餐具更换淘汰落后电机 75 台共 559.1 千瓦。全年全县单位 GDP 能耗 0.4072 吨标煤/万元、单位工业增加值能耗 0.1433 吨标煤/万元，分别比上年下降 2.3%、18.73%。协助 5 家企业申报 2016 年梅州市节能减排财政政策综合示范项目，获得 4900 万元补助资金。

【信息化建设】 2016 年，县科工商务管理局围绕落实网络优势再造、流量经营突破、全业务运营、企业管理等目标，全县信息基础设施建设不断完善。通信基础设施全年累计投资 22,643 万元，铺设光缆线路长度 4101 公里，光纤接入用户 2.8 万户，光纤入户行政村 344 个，公众移动通信基站 1134 座，基站站址 295 个，公共区域 WLAN 热点累计 34 个，无线访问接入点（AP）累计 163 个。原中央苏区农村超高速无线局域网应用试点工作扎实推进，县城和各圩镇光纤宽带、4G 网络信号实现全覆盖，城市管理逐步实现数字化。

商 贸 服 务

【外贸进出口】 2016 年，县科工商务管理局以招商引资为抓手，积极推进供给侧结构性改革，大力开拓国内外市场，突出做大总量，狠抓责任落实，确保外资外贸工作稳定发展。全县外贸进出口总值 17941 万美元，对比上年减少 8.22%；合同利用外资 4329 万美元，对比上年减少 22.64%；实际利用外资 801 万美元，对比上年增长 50.28%。

【商贸流通】 2016 年，县科工商务管理局加快贯彻内贸流通创新推动供给侧结构性改革会议精神，规范拍卖、典当、汽车流通行业等市场流通秩序。组织参加京交会 2016 世界客商一带一路经贸文化论坛梅州代表团会展活动，展示长乐烧系列产品、海宴酒系列产品、松岗嶂茶等产品，推介五华文化旅游特色产品，取得良好的社会反响。组织辉胜达、润华肠衣等企业参加广交会，抢抓订单，积极开拓国际市场。结合县域商贸发展实际，拿出五华商贸发展蓝图，积极筹划《五华商业网点规划编制》工作。加快推进农村淘宝项目建设，吸引国内外电商到五华开展电子商务运营、在线交易、物流配送等专项服务活动，打通由县城到农村的物流和信息通道。积极联系电商企业做好五华产品进入溯源平台。全年全县社会消费品零售总额完成 90.47 亿元，对比上年增长 10.7%。

【成品油市场】 2016 年，县科工商务管理局积极履行成品油安全监管职能，加强安全专项检查。指导加油站做好 2015 年度年审各项材料的上报工作；查处非法储藏成品油行为 1 宗；联合工商质监局、安监局、公安局、交通运输局、打私办、发改局、财政局等部门及当地镇人民政府、镇工商所、镇派出所、镇安监办等开展为期 2 个月的整治非法运输、经营、储存成品油行动。全年各级累计行动 46 次，出动执法人员 645 人次，执法车辆 166 辆次，检查加油站、点（个）69 个，依法取缔 12 个非法储油加油点，没收约 0.18 吨汽油，处理 2 个油罐，没收一批储存、销售成品油的胶桶、油桶等售卖设备工具，有效地消除安全隐患，进一步规范成品油经营市场经营秩序，整治工作起到良好效果。

职 能 监 管

【安全生产】 2016 年，县科工商务管理局认真做好民爆企业经营资质年审工作，组织参与中石化梅州石油分公司五华水寨加油站、中国石油天然气股份有限公司广东梅州五华顺通加油站、梅州市兆安民爆公司五华分公司应急演练活动。组织与下属各间企业签订 2016 年《安全生产责任书》与《消防安全工作目标管理责任书》，完善 2016 年安全生产应急救援预案；着重对下属 2 间矿山炸药的购买、储备、使用、报废回收、放爆时间、爆破工证件等进行逐一登记、排查，认真落实安全生产责任制，认真检查事故易发的重点场所、要害部位、关键环节、不留死角、不走过场，确保矿区安全。

【其他各项工作】 2016 年，县科工商务管理局圆满完成县委下达的扶持整顿软弱涣散基层党组织、精准扶贫、“双创”和精神文明建设等工作。一是完成岐岭镇塔星村软弱涣散基层党组织整顿工作，协助建设村委办公楼、村卫生站、老人活动中心、等建设的规划重建工作，村容村貌得到根本治理转变，村级工作逐步走上制度化、规范化、组织化轨道。二是做好岐岭镇龙水村、龙岭村精准扶贫工作，在深入掌握村情、扶贫对象情况的基础上，探索采取“农户+基地+产业”模式，结合“一村一策、一户一法、一村一品”方略，制定以“种植柚子、烤烟为主导，发展种植及特色养殖，完善基础设施，改善居住环境，各项社会事业齐头并进”的脱贫规划。全年精准扶贫工作投入 29 万余元，通过养鸡、养牛等养殖方式，龙水、龙岭村脱贫 92 户 278 人。全年累计为挂扶两个贫困村拨付资金 29 万元（龙岭村 11 万元、龙水村 18 万元）。三是扎实开展“创文”、“创卫”工作，全年投入“双创”资金 12 万余元，在规定地段河东中油 BP 加油站装饰道德文化墙 15 米；在县城工业园区树立大型“中国梦”文化宣传牌；在市容环境卫生网格化地段分发卫生、文明宣传画册 3 次、2500 多份；并与街道两旁的单位、商店、住户签订“门前三包”责任书；开通政务微信平台宣传创建成效，确保创建活动有序推进。对网格化责任地段、卫生保洁区、局管辖居民小区多次进行专项卫生整治，“双创”工作取得一定的成效。在整顿软弱涣散基层党组织工作和精神文明建设工作中被县评为“先进单位”，在五华县 2016 年县直单位工作考核中获得“优秀”等次。

重点行业发展

【五金机电】 2016 年，全县主要有辉胜达、辉骏科技、冠华传导、环兴电力、富胜实业、庆瑞实业、航威斯电子、中奥实业、杰成通信、永艺餐具、仁隆电子、爱时达、鸿益实业、源瑞电子等 14 家规模以上五金电器制造企业。2016 年，辉胜达产值 16.36 亿元，对比上年增长 17.2%，纳税 1,768.4 万元；辉骏科技产值 6.29 亿元，对比上年增长 1,708.1%，纳税 174.5 万元；冠华传导产值 4.78 亿元，对比上年增长 30.3%，纳税 29.2 万元；环兴电力产值 3.50 亿元，对比上年增长 23.3%，纳税 49.5 万元；富胜实业产值 2.42 亿元，对比上年增长 19.8%，纳税 381.2 万元；庆瑞实业产值 1 亿元，对比上年减少 40.5%，纳税 45 万元；航威斯电子产值 9,569.7 万元，对比上年增长 264.7%，纳税 308 万元；中奥实业产值 9,184.4 万元，对比上年减少 11.6%，纳税 153 万元；杰成通信产值 6,388.3 万元，对比上年增长 21.4%，纳税 111 万元；永艺餐具产值 5,903.0 万元，对比上年减少 23.4%，纳税 242 万元；仁隆电子产值 4,487.3 万元，对比上年增长 4%，纳税 639.1 万元；爱时达产值 4,287.3 万元，对比上年增长 101.8%，纳税 194 万元；鸿益实业产值 2,882.8 万元，对比上年增长 6.6%，纳税 18 万元；源瑞电子产值 2,444.2 万元，对比上年减少 27.1%，纳税 29.6 万元。

【汽车配件】 2016 年，全县主要有广东井得电机有限公司、梅州华扬汽车配件有限公司等汽车配件制造企业。井得电机全年产值 9745.0 万元，对比上年增长 12.8%，纳税 634.7 万元；华扬汽配全年产值 1.3 亿元，对比上年增长 2.4%，纳税 22.9 万元。

【制酒】 2016 年，全县主要有广东长乐烧酒业股份有限公司、广东海宴酒业有限公司、梅州市客联酒业有限公司、梅州市神农酒业有限公司、梅州市五稻酒业有限公司、五华县元生堂酒业有限公司、五华县客属酒业有限公司、五华县溢群酒业有限公司、五华县华东酒厂等 9 家；以生产米香型白酒为主，主要以长乐烧酒业为龙头，以海宴、客属、客联、元生堂、溢群等为骨干。长乐烧酒业全年完成产值 9,980.6 万元。对比上年减少 0.5%，纳税 334 万元。

【制药】 2016 年，全县主要以康奇力药业为龙头，以康和药业为骨干，南药生产基地形成雏形，利用该市各县适合种中草药资源，逐步与科研单位合作研发生物制药，延长产业链。康奇力全年完成产值 7.5 亿元，对比上年增长 29.2%，纳税 371 万元；康和药业完成产值 3,001.3 万元，对比上年减少 8.0%，纳税 77.6 万元。香雪制药等一批优质项目正在加快建设。

【再生资源利用】 2016 年，全县主要有宝汇环保、恒辉工贸、康力新能源、梅州（五华）抽水蓄能水电站和风电开发等项目，主要分布在龙村镇和县城工业区。五华县大力发展新能源及再生资源业，一是加快重点项目建设。充分利用国家鼓励新能源发展的产业政策，以推进抽水蓄能水电站建设、国电电力风电项目、华润电力新能源开发等为重点，加快地热资源开发利用，推进新能源产业快速发展。二是创办再生资源产业园。加大可再生资源回收利用项目招商引资力度，引进一批可再生资源优质项目，大力发展可再生资源回收利用产业。加强对重点企业技术改造的扶持力度，扩宽宝汇环保、恒辉工贸、康力新能源等资源综合利用和废品再生利用产业链。支持宝汇环保上市，企业规模实现“绿色产业”升级，全年实现产值8.2亿元，对比上年增长7.8%，纳税53.2万元。

【红木家具】 2016年。五华红木文化产业园落户于广州番禺（五华）产业转移工业园，项目由多位五华乡贤企业家合资兴建，包括东成红木、大中堂、大唐、雍博堂、东莞东成、水雨轩、一品居、水一坊、天匠坊、匠王、传天匠、东华轩等知名红木家具企业。项目全部建成投产后，预计能引进珠三角地区红木家具生产企业100多家，致力打造整个粤东至粤闽赣地区大体量的红木家具批发集散地和厂家直销基地。五华红木文化产业园坚持以“诚信建设”为核心，将产业园塑造为“诚信高地”，建设一个全真品红木文化产业园区。

【先进装备制造业】 2016年，全县形成以富胜数字电视为龙头，富鑫通智能装备、宇航精机、嘉富包装机械、如翼实业等企业为骨干的先进装备制造业并兼顾其它产业，逐步落实粤台（梅州）自行车产业园落户工作，并建设技术研究中心。

（古淑灵、邹伟强）

县科工商务管理局2016年度负责人名录

党组书记、局长： 刘冠鹏（任至12月）
黄国标（12月任）

科协主席、党组副书记、副局长：
周志浩

党组成员、副局长： 廖旭标　曾晓东
胡伟雄　缪伯腾
翁凯荣　黄燕珍

系统党工委专职副书记： 古永元

党组成员： 温颂英

中小企业（民营经济）

【简况】 2016年，县中小企业局深入贯彻落实中央和省、市、县委决策部署，以加快五华经济建设发展步伐，以建设“工业新城，宜居五华”为总目标，全力推进中小企业各项工作，确保全县中小微企业主要经济指标达到预期目标，至年末，全县累计发展民营经济单位34551个，比上年新增3381个，同比增长10.85%，其中：私营企业2747家，对比去年同期增长22.93%；个体工商户累计达到31015家，同比增长12.75%；农民专业合作组织789个，同比增长12%。全县规模以上工业企业为32家，产值66.7亿元，同比增长为10.8%；增加值11.9亿元，同比增长为13.9%。

【推进人才培训服务，提高人才素质】 一是成功举办“五华县中小企业电商实操技能培训班”“五华县‘阳光送贷行动520’”“五华县‘机器换人’暨智能制造暨对接交流会”“五华县中小微企业财税大讲堂”“五华县农村淘宝启航班”“五华县县域电商报告会暨农产品上行专题培训班”“五华县农村电商‘卧虎藏龙’培训班”等专项服务和素质提升活动达22场次，受益企业300多家，近1800多人次，提高中小企业管理团队整体素质；二是组织相关单位、企业到北京网库信息、神州数码信息公司、广州市高新技术创业服务中心、阿里巴巴（中国）软件有限公司开展学习考察活动，组织参加工业和信息化部举办的“创业创新辅导能力提升暨

创业辅导师培训班”“广东省服务能力培训班”“梅州市电子信息产业发展转型与创新研修班”“2016 梅州市电商成果展暨消费促进月活动启动仪式”“梅州市商业模式、低成本创新论坛”的学习培训等 10 场次，有效提升服务机构的能力；三是积极组织中小企业服务中心工作人员参加国家、省、市服务机构素质能力提升培训班 6 场次，提高中小微企业、电商企业和农村淘宝村级服务站合伙人及自身现代企业管理水平、市场开拓及电子商务应用能力水平。四是引导五华县农商企业咨询服务中心积极开展各种技能培训班 10 期，参加培训 600 人次，为五华经济社会建设输送新鲜血液。

【推动职能作用发挥，力促中小企业发展取得新成效】　一是拓宽融资渠道，缓解融资难题，全力推动“助保贷”业务开展。全年发放贷款企业 20 家、合计金额 12,272 万元，是全市放款额最多的县。推荐广东创盛工贸、广东华鼎新维设计工程等 2 家企业纳入梅州市信贷风险补偿基金重点中小微企业池。引导广东客都天润生态科技股份有限公司完成企业股改和新三版上市的前期各项工作，协助广东亚细亚农垦资源股份有限公司、五华登云嶂云雾茶叶有限公司、梅州市新发五谷虫草鸡养殖有限公司获得广州股权交易中心颁发的“注册展示证书”。二是会同县财政局完成 2015 年度县中小微企业发展专项资金项目的组织申报和评审工作，促成全县 27 个项目获得县财政专项资金 400 万元扶持。三是抓好招商引资工作。加强连心联宜活动，成功引进广东根基投资管理有限公司，计划总投资 1.2 亿元，建设“五华科技创业创新孵化基地”项目。为进一步加快电商发展步伐，打破束缚电商发展的瓶颈和“智慧五华”建设，牵头促成县政府组成的考察组赴北京对《中国网库集团》《神州数码信息服务有限公司》和浙江乌镇“第三届世界互联网大会分会——中国县域特色产业互联网成果发布会”、阿里巴巴（中国）软件有限公司进行学习考察。通过与中国网库多次的沟通协商后，完成《合作建设“中国米香型白酒、客家娘酒产业集群电子商务基地”的项目规划方案》和《中国米香型白酒、客家娘酒产业电子商务基地项目合作协议书》起草、征求意见、法制合法性审查和县政府常务会议审议工作，并于 2016 年 12 月 28 日与北京网库集团签订合作协议书。

【大力抓好电商发展，推动实体经济发展适应新常态】　一是加大力度，全力抓好《五华县电子商务产业示范园》《五华县“阿里巴巴”农村淘宝项目》建设。2016 年，新引进入驻电商大厦企业 17 家，清理退孵企业 12 家；新招募农村淘宝合伙人 24 个，进一步加快五华县电子商务产业示范园和阿里巴巴“农村淘宝”项目建设步伐。引进入驻服务机构和电商企业达 43 家，其中投入运营 42 家。通过线下线上互动、平台在线下单形式，全年形成线上交易额达 1.4 亿元。二是依托“互联网+”等新技术、新模式构建广泛创新平台，孵化和培养创新型企业，开展大众创业、万众创新的科技创业服务和指导培训，跨境电子商务，大力扶持中小微企业拓宽发展空间、扩大产品销售渠道，促进转型升级和创新发展，加快企业上市、上规步伐，全面提升企业竞争力；三是统筹引领电子商务，特别是引进阿里巴巴（中国）软件有限公司，加快推进农村淘宝项目建设，打通由县城到农村的物流和信息通道，让农民足不出户就可以通过电子商务平台将农产品卖出去，并买到价廉物美的日用品、农资产品等，改变农民传统的生活方式。全年完成110个“农村淘宝”村级服务站的建设，并全部投入运营阶段，全年在线交易达63.17万单、金额6741.34万元，取得稳居广东省“农村淘宝”村站建设最多和广东省村淘交易额第一的县域好成绩；四是构建企业形象宣传、产品展示平台。设有总面积达900多平方米的产品展示厅二个和LED企业形象宣传演播厅一个，产品展示厅设有工业产品、土特产、酒类产品和O2O模式网上汽车4个展示区，入驻参展企业可达50家以上，展示产品500多个规格（型号）品种。为中小微企业形象宣传及产品展示，对外扩大正面影响，打通产品销售渠道发挥积极促进作用。五是通过线上线下互动，大力推动农产品上行。全年通过农村淘宝、微商上行交易的土特产达70万斤以上，同时，华城镇葵富、满堂二个村的农村淘宝合伙人（店小二）还把新桥腐竹、客家娘酒（炙老酒）推上阿里巴巴淘宝网—村花云云的全国头条。

【聚焦政策向导作用，强化服务功能发力企业促成长】 2016年，县中小企业局进一步拓宽思路，借力各种优势资源，努力做好服务工作，积极为企业争取各级财政专项资金加大对县中小微企业发展的扶持力度。一是协助五华明达实业有限公司编撰《五华县科技创新创业孵化基地》申报材料，并成功获得“2016年梅州市节能减排财政政策综合示范典型示范项目资金1,000万元；促成县中小企业局成功申报并获得2016年省财政新增扶持中小微企业信贷风险补偿资金项目345万元。二是协助五华县巽昇实业有限公司完成2016年梅州市节能减排财政政策综合示范典型示范项目的预申报工作；三是积极推动五华县农村信用合作联社尽快出台“电商贷”金融产品，以缓解电商企业资金短缺困难。

【精准扶贫精准脱贫和整顿软弱涣散基层党组织】 2016年，县中小企业局专门抽调精干力量脱产驻村，局长还经常下到挂点村进行检查督促，并与当地镇驻村工作组和村两委班子共商精准扶贫精准脱贫和整顿软弱涣散基层党组织各项工作措施的落实。同时，为加快精准扶贫精准脱贫和整顿软弱涣散基层党组织工作的顺利推进，在经费紧张的情况下，首期挤出10.48万元作为支持驻点村开展精准扶贫精准脱贫宣传广告牌制作、支持软弱涣散基层党组织和其他各项工作的启动经费，其中：支持精准扶贫精准脱贫梅林镇梅南村5.2万元、岐岭镇荣贵村1.5万元、河东镇三田村0.68万元，支持软弱涣散基层党组织岐岭镇礤下村1.3万元、梅林镇福塘村1.8万元，作为解决该村合作医疗服务站迁建等群众争议的突出问题的启动资金。整顿软弱涣散基层党组织各项工作通过验收，圆满完成县委县政府下达的任务目标。

（黄燕华）

县中小企业局（民营经济发展服务局）2016年度负责人名录

局　长：邹国东（任至6月）
　　　　赖俊香（6月任）
副局长：刘汉南
　　　　李伟东
　　　　钟定云

对 外 经 济

广东五华经济开发区

【简况】 广东五华经济开发区位于五华县城西部，是由国家发改委等四部委核准的省级经济开发区，主要与广州市番禺区合作共建广州番禺（五华）产业转移工业园。该园区总规划面积 20 平方公里，首期计划开发 12.2 平方公里，累计投入 10 亿多元。至 2016 年年末，建成区面积扩大至 5.6 平方公里，形成“七纵五横”道路架构网络，供水供电、排污净化等基础设施不断完善，承载能力和综合效益大幅提升。进园企业累计 103 家（建成投产 74 家、在建 10 家、筹建 19 家，规上企业 22 家），用工人数 9600 人，初步形成五金机电、食品饮料、医药制造、家居建材、再生资源利用等主导产业。全年实现工业总产值 59.2 亿元、工业增加值 13.1 亿元、工业税收 1.4 亿元，分别比增 11.3%、10.1%、27.3%。

河东工业区是广东梅兴华丰产业集聚带的重要组成部分，地处兴华高速畲江支线中段，距离五华县城中心城区 3 公里，距广州（梅州）产业转移园约 14 公里，距规划的梅汕高铁畲江站 10 分钟车程。该园区规划总面积 25 平方公里，首期 4 平方公里。2015 年全面启动首期规划建设，总共投入 2.3 亿多元，加快征拆（至 2016 年年末，完成征地 333.33 公顷、平整 70 公顷）、土规、林地调整工作，以及供水供电、交通路网、排污净化、综合服务中心、医院、学校等基础设施和配套服务项目建设，全面拉开开发架构。至 2016 年年末，完成 25 平方公里总规和首期 12.2 平方公里用地的控制性详规编制，长乐大道完成 2.5 公里路基平整。河东工业区重点培育发展先进装备制造业和自行车产业。富胜实业、富鑫通精密机械、宇航精机科技、嘉富包装机械、如翼实业等 9 个项目签约落户。区内规划面积 133.33 公顷的粤台梅州自行车产业园全面开发建设，完成修建性规划方案编制，积极开展征地拆迁、用地平整和招商引资工作。河东工业区规划建设，对扩大县城中心城区范围、促进产业集聚发展、实现产城联动具有重要意义。

2016 年，园区管理部门紧紧围绕梅州市“一区两带六组团”和五华县“一核两区三组团” 规划建设工作部署，以打造梅兴华丰产业集聚带主站场和和核心区为目标，深化运用中央和省促进原中央苏区和粤东西北地区振兴发展政策，借珠三角地区产业转移、广州梅州产业对口帮扶契机，全力加快建成广州番禺（五华）产业转移工业园，全面开发河东工业区。广州番禺（五华）产业转移工业园获省、市 2015 年度园区建设管理考核优秀等次，名列全省起步园首位；成功争取省产业园区扩能增效招商选资专项资金 2,000 万元；利用产业转移园污水处理厂项目获得中央预算内专项建设资金 650 万元；获批“广东省循环化改造试点园区”。河东工业区开发建设成效受市委市政府高度肯定，由市委市政府指定在河东工业区规划建设粤台（梅州）自行车产业园；同时，利用河东工业区水质净化中心项目，成功争取市节能减排资金 1,000 万元。产业园区提质增效各项工作成效明显。

【园区经济】 2016 年，广州番禺（五华）产业转移工业园新动工企业 11 家（含河东工业区 1 家），新投产企业 7 家，实现工业总产值 59.2 亿元，工业增加值 13.1 亿元，工业税收 1.4 亿元，分别比增 11.3%、10.1%、27.3%；园区 17 家规上企业实现工业产值 52 亿元，工业增加值 11.5 亿元，全口径税收 0.98 亿元，分别比增 31.85%、30.69%、16.6%，并实现新增 6 家上规企业，吸纳用工 9600 人。围绕省、市下达园区年度目标任务，广州番禺（五华）产业转移工业园全力加快项目落户建设、企业培育发展等工作，奋力争先进位，争创省产业园优秀示范园区。全年完成工业固定资产投资 21.1 亿元，其中设备投资完成 3.8 亿元，对比省、市对五华县园区工业固定资产投资 10 亿元的目标任务，省、市目标任务完成率为 211%，实现规模以上工业增加值增速为 26.5%，达到市 25%的目标要求；实现全口径税收 1.4 亿元，比增 30%，园区全年顺利完成省市目标任务，力争取省、市园区考核优秀等次。

【园区建设】 2016 年，园区管理部门通过财政自筹、融资、公私合作、政府购买服务、申报省级产业园和园区基础设施建设竞争性扶持资金等多种方式，加快园区基础设施建设。全年投入园区建设资金 7.20 亿元（其中河东工业区投入 1.80 亿元），用于征地拆迁、用地平整以及完善园区道路、供水、供电等配套基础设施。园区用地集约方面，全年集约土地 296.06 公顷，平整用地 70 公顷，其中广州番禺（五华）产业转移工业园全年完成征地 167.93 公顷、平整土地 70 公顷；河东工业区全年完成征地 128.13 公顷。园区基础设施建设方面，进一步完善广州番禺（五华）产业转移园道路市政基础设施建设，完成兴业大道、工业五路硬底化建设，打通工业一路、工业四横路、工业二横路南段、三坑路东段等“断头路”路径，全力推进工业六路、兴业一路、兴业一横路、兴业二横路等市政道路工程；转移园污水处理厂和污水管网加快施工建设；有序推进园区绿化和亮化、高压线迁改等基础设施建设，园区基础设施进一步完善，承载能力大幅提升。创新建园模式方面，推动河东工业区采用政府购买服务的方式引入社会力量参与园区基础设施建设，以解决园区建设资金压力问题，河东工业区综合服务中心、起步区路网、B1 至 B4 板块基地土石方平整工程加快推进。

【园区招商】 2016 年，园区管理部门围绕园区主导产业，加强产业链招商，深入实施“乡贤回乡投资兴业工程”，积极探索利用中介机构招商和协会招商主动承接珠三角产业转移，通过党政领导带头招商、招商专业队外派招商、鼓励社会人士、产业协会、中介机构招商等手段，引进香雪制药、精诚电子、嘉晖盛等一批完善产业链条，提升产业层次项目，规划建设总部经济板块、生物医药产业园、红木产业园、再生资源产业园等园中园，有效推动园区主导产业集聚发展。广州番禺（五华）产业转移工业园引进南凌电器等项目 13 个，其中投资超亿元项目 7 个，计划投资总额 17.98 亿元，进园企业达到 103 家，建成投产企业有 73 家，在建筹建企业 30 家。河东工业区新签约引进中深工业等 2 个项目，计划投资总额 1.6 亿元，河东工业区入园企业达 9 家。

【园区管理】 2016 年，园区管理部门强化园区规范运行管理，全面建立和完善企业供地、报批报建、产值、税收、用工、用水、用电、安全生产、环境保护等管理台账，落实园区在建企业建设投产要求，对在建企业厂房、征地、基础设施等工程建设进度实行每周一汇报。同时，全面清理园区闲置用地、严格执行入园企业“双控”措施，园区集约用地水平不断提高。全年新入园企业平均投资强度全部 300 万元/亩以上，产值、税收等主要经济指标增速均 10%以上。园区建设在强力推进中高效运作，多管齐下中出效益。加强园区综合治理。园区积极开展创文、创国卫、平安创建工作，强化园区综合治理。成立园区创文工作机构，扎实开展创文宣传工作，为园区 20 多家重点企业制做创文宣传栏和宣传牌。加强园区环境综合整治，扎实开展环境卫生整治、文明施工专项整治以及抢建乱建综合整治工作，每周定期组织人员开展园区环境卫生整治，督促施工工地、企业全面做到施工工地有围挡、运输车辆不撒漏等，定期开展组织违法建筑拆除行动，园区社会风气、环境面貌、建设秩序大为改观。加强园区环境保护、安全生产、综治维稳等管理，扎实开展园区安全生产大检查、环境保护综合整治、治安巡查等工作，园区创业发展环境进一步优化。

【园区谋划】 2016 年，园区管理部门围绕构建“一核两区三组团”县域发展格局，全力谋划广州番禺（五华）产业转移工业园区和河东工业区“两区”建设发展，完善广州番禺（五华）产业转移工业园路网规划以及总部经济板块规划，完成河东工业区总体规划和控制性详细规划、综合服务中心修建性详细规划以及粤台（梅州）自行车产业园初步规划，通过科学合理规划指导园区开发建设，实施园区道路、供水、供电、排污、治污、综合配套等一批重点项目。

【园区服务】 2016 年，园区管理部门制定园区创优服务品牌方案，全力打造园区六星级、101 分服务品牌。完善县党政领导、县直部门、园区管委会三层挂点联系服务企业制度，对企业服务实行周走访、月协调，全力帮助企业协调解决建设生产过程中碰到的资金、用工等问题。围绕提供一站式服务，对园区企业规划报建、立项环评等事项提供全程代办服务。全年，通过投融资平台对园区辉骏集团、如翼实业、富翊达进行投资，帮助企业解决 9,000 万元资金问题，同时，县财政扶持华阳包装、辉骏科技、明鑫生物等 5 家技术创新、基础设施建设扶持资金 1,440 万元，有效解决园区企业资金紧张问题。此外，帮助香雪制药、中农批、大汇实业等企业完善立项环评、规划报建、国土办证等手续，有效保障园区企业项目建设。

（张育光　陈冬海）

广东五华经济开发区管理委员会 2016 年度负责人名录

主　任：赖伟胜

副主任：胡志明　钟军　李柳明
何志辉（挂职）

党工委专职副书记：陈裕杰（任至 3 月）

招商引资和经济合作

【招商引资成效】 2016 年，五华县新签约落户项目 34 个（比去年增加 2 个），计划总投资 97.8 亿元，计划固定资产投资 89.6 亿元。其中工业项目 16 个，计划投资 26.6 亿元；农业项目 11 个，计划投资 5.76 亿元；商贸、服务类项目 5 个，计划投资 13 亿元；旅游、房地产项目 2 个，计划投资 52.5 亿元。计划投资 10 亿元以上重点项目 1 个，为五华客天下文化旅游产业园项目。

（温伟）

县招商和经济合作局 2016 年度负责人名录

局　长：陈群添（任至 9 月）
彭国阵（9 月任）

副局长：魏　青
曾奋凌

交　通　运　输

交通建设与管理

【高速公路建设】 2016 年，县交通运输局协调配合高速公路建设部门做好相关工作。其中：兴华高速五华境内全长 76.49 公里，途经转水、水寨、河东、横陂、安流、梅林等 6 个镇 53 个行政村，工程总投资 66.6 亿元，开工后累计投入 42.5 亿元（其中 2016 年投资 23.92 亿元），占总投资 63.85%。大丰华高速（五华段）于 2016 年 12 月 12 日动工，全长 40.89 公里，五华县境内约 26.46 公里，途经郭田、河东、横陂等 3 个镇 14 个行政村，全线采用双向四车道高速公路技术标准，设计速度 100 公里/小时，工程总投资约 40 亿元，红线内征地面积约为 190.07 公顷。兴宁至汕尾高速公路五华至陆河段全长 25 公里，途经安流、棉洋等 2 个镇 16 个行政村，工程总投资约 30 亿元，全线采用双向四车道高速公路技术标准，设计速度 100 公里/小时，完成线路采录工作，并积极做好防“三抢”工作及前期各项工作。

【县养公路建设】 2016 年，县交通运输局着力抓好交通重点项目建设，不断加强领导，加大投入，全力以赴打好交通建设大会战。全年投入公路建设资金 12.31 亿多元，扎实推进琴江生态景观大道（琴江公路）31.5 公里、周江冰坎至华阳新田公路 22.6 公里、兴华高速五华互通至县城连接线（进城大道）2.6 公里、环城大道至琴江公路（东延线）2.46 公里、汕湛高速华阳互通至龙村连接线（Y304 线金龙公路）8.4 公里、工业大道至罗湖堤新建工程（北延线）1.09 公里、X033 棉双线改造工程（二期）20.01 公里、X003 线金坑至龙村段二级公路改造工程 18.4 公里、兴华高速横陂出口至东延线（琴江四路）1.33 公里、县道 X031 横周线横陂至周江段 28.96 公里、郭田至双华段公路 14.1 公里、棉七线 18.9 公里、枫林至平安寺公路 6.03 公里工程建设。

【汽车客运站场迁建】　2016 年，县交通运输局动工迁建汽车客运站场，按一级站场标准建设，开工后累计投入资金 2,500 多万元，基本完成土石方搬迁，计划 2017 年底完成第一期（站场、停车场、保养场、办公大楼等）建设任务。

【公路水毁抢修复】　2016 年，受持续强降雨影响和多次台风袭击，造成 X030 清潭线等 22 条线路交通中断，X012 水布线、X032 河梅线等 20 多条线路水毁严重，累计损失 2100 多万元。灾情发生后，县交通运输局采取有力措施，积极开展抢修复工作，在短时间内使受灾线路恢复通车。全年投入水毁抢修复资金 2700 多万元，积极争取上级补助资金，将 X032 河梅线和 X012 水布线 2 个重点水毁工程项目列入省公路局补助计划。

【县养公路养护管理】　2016 年，县交通运输局坚持“建设是发展、养护也是发展”工作理念，遵循“安、畅、洁、绿”养护方针，强化养护管理，提升养护管理质量。重点抓 X960 华龙线和 X030 清潭线共 26 公里绿色廊道建设。全年投入资金 190 多万元种植大叶紫薇、秋枫、红花紫荆等乔木 3800 株，双荚槐、红绒球等灌木 12000 株,草皮、蟛蜞菊 6.2 万平方米，同时结合美丽乡村创建工作，投入资金近 80 万元，升级改造 X034 水烂线五星至益塘段 13 公里绿色廊道，补种大叶紫薇、紫荆花近 1000 株,双夹槐、红绒球等灌木 1 万多株，在益塘村和流洞村新建两个集公路文化宣传和旅游休闲为一体的公路驿站（公路休闲点）。继续开展“农村公路管理养护年”活动，将乡道 Y271 上东线列入示范路创建计划，派出技术人员驻点管理，完善公路附属设施和绿化木种植工作，路政人员加强路况巡查，及时清理路障、查处破坏公路绿化等违法行为，砌筑水沟 1.2 公里，挖补、加宽路面约 3000 平方米，培育、平整路肩 4.8 公里；种植秋枫、红花紫荆等乔木 500 多株，双荚槐等灌木 3000 多株，蟛蜞菊 7500 平方米，投入资金 70 多万元。

【县养公路路政管理】　2016 年，县交通运输局积极充利用电视、横额标语、宣传车、座谈会、派发宣传资料等形式对公路法律法规进行宣传，提高人民群众的护路爱路意识。同时，切实加强执法检查力度，全年上路巡查 1200 多人次，出动挖掘机 190 台班、东风车 300 台班，清理路障 300 多处 4000 多平方米，拆除违章广告 500 多块，纠正并处罚各类路政违章 180 多宗，有效保护路产路权，使公路实现畅、安、洁、美。

【运力与运量】　2016 年，全县有营运客车 207 辆，客位 8332 座；营运货车 831 辆，核载 3685 吨。全年公路运输完成旅客运输量 483 万人，旅客周转量 45754 万人公里，完成货物运输量 1400 万吨，货物周转量 16954

万吨公里。

【综合行政执法】　2016 年,县交通运输局加大对运输市场监控和管理力度，全年出动执法人员 7660 人次,出动执法车辆 1858 辆次，查处违法超限车辆 142 辆、非法营运车辆 11 辆、其他道路运输违规经营行为 148 宗，受理路政违章案件 11 宗，罚款总额 139.88 万元，有效维护全县道路运输市场秩序。

【交通行业安全管理】　2016 年，县交通运输局坚持把交通行业安全生产工作放在突出位置，按照“安全第一、预防为主、综合治理”方针，以贯彻实施《安全生产法》为主线，以建立安全生产长效管理机制为目标，以防范重特大事故为重点，进一步加强交通行业安全管理。继续深入开展“安全生产年”活动，认真落实安全生产责任制，层层签订行业安全生产责任书，修订完善各级管理制度和应急预案。严格把好道路旅客运输安全、危货运输安全、营运车辆的安全例检等准入关，利用 GPS 等现代化车辆监控设备，对客运车辆进行动态管理。组织执法人员在全县范围内开展安全生产大检查，强化安全生产基础管理，着力构建安全生产长效机制，保证交通行业安全有序、健康发展。

【“双创”工作】　2016 年，县交通运输局加大“双创”宣传力度，组织单位人员发放“双创”宣传品 3000 多份，投入 4 万多元制作 50 米长“讲文明树新风”系列公益广告宣传墙、4m×8m 的大型户外公益宣传广告，在网格化路段制作“双创”宣传牌 6 个，对全县小客车、出租车、公交车、候车亭统一制作宣传标语和宣传牌，局机关大院制作“双创”宣传牌 2 个，悬挂宣传展挂 2 张，张贴“双创”标语 28 条，更新宣传栏 3 期。

【精准扶贫】　2016 年，县交通运输局深入到挂点村（棉阳镇大光村、塘纯村、双璜村，安流镇伏溪村，华城镇黄蒲村）实地调查了解，帮助解决具体问题。全年投入 100 万多元，协助挂点村装修村址 1 个，修建活动广场 1 个，安装路灯约 1 公里，购置环保车一部，设置宣传牌 48 块，在村道两边种植花木近 3000 株、草皮 300 平方米，在危险路段设置钢护栏 1185 米。

（李孟飞　张威）

县交通运输局 2016 年度负责人名单

局　　长：邹志轩
副 局 长：刘南文　陈军华　李志勇
党组成员：钟云辉　邓朝阳　李雪辉
曾志中

公路建设养护管理

【公路建设】　2016 年，县公路局认真落实粤东西北和原中央苏区振兴“两大政策”，扭紧“三大抓手”，坚持以“一核二区三组团”发展战略为工作指引、以“对外快速联通，对内全面畅通”为发展目标，加快公路升级改造，进一步提高国、省道通行能力和运载能力。累计投入 1.24 多亿元用于公路建设，全力推进 G355（S120）线升级改造建设、新建长乐大道和狮雄山旅游公路建设。全年完成横陂圩、夏阜圩、锡坑圩的扩宽路面改造；完成 S239 线华城万梓段路面挖补工程及 S120 线油田段扫尾工程；完成 S120 线河东圩镇至再新段公路改造工程按二级公路技术指标竣工验收，线路全长12.78公里，设计时速60公里。

【公路养护】 2016年，县公路局按照交通部公路养护工作“十六字”方针总体要求，高度重视公路养护工作，积极争取项目和资金，全年投入2260多万元用于公路养护，有效提升路况水平。购置4台扫路车，更新一批养护工程车，提高公路养护工作效率；将华城养护中心建设成“文明养护中心”；认真做好道路防汛抢险修复和日常养护工作，完成S238线、S239线等9个重点水毁项目工程；修复完成S120线金坑段、S120线横陂圩镇段、S228线油田段等路面容易积水的路段；完成蓝田桥、华城大桥危桥加固工程；迎省检准备工作中，认真完善各项设施设备，完成4处安保工程和完善标志标线；完成清扫路面、清除垃圾、割除路肩草、疏通淤塞水沟、修复坏烂路面、刷白修剪路树、清理塌方等日常养护任务；干部职工直勤率94%、出勤率101%，路面优良率86%。

S228线文明养护中心（图/林国标）

【公路绿化】 2016年，县公路局全面推进公路绿化建设。按照县委县政府创建国家卫生县城和广东省县级文明城市要求，合理设计和制定公路绿化方案，加大投入，科学管理,选取耐干旱，耐寒冷，观赏性好，经济实惠，后期养护成本低树种，组织机关干部职工在S120线文葵段义务植种乔木1000多株，补种植香樟、紫荆花、黄槐等乔木2000多株，补种植夹竹桃、双夹槐等灌木4000多株，植草皮3.3万平方米；认真做好森林防火工作，制作5条固定防火宣传标语、购置一批防火灭火工具。确保管养公路宜植路段绿化率100%，为群众出行营造舒适和美的交通环境。

S228线文明公路休闲点转水段（图/林国标）

【公路路政管理】 2016年，县公路局根据上级关于加强普通干线公路路域环境整治统一部署，加强路政宣传、提高路政管理服务水平、突出抓好路域环境整治，努力营造畅通安全的交通公路环境。一是加大路政管理宣传力度，利用公路护墙印制宣传标语10条，设置大型公路法规宣传广告牌5块，发放公路法规和管理条例的宣传资料5000多份，通过电视、网络等新闻媒体和宣传车上路宣讲、深入沙石料场宣传公路污染源的危害性等多种形式，让群众充分了解公路法规，提高爱路护路意识。二是为提高路政管理水平、服务能力和工作效率，组织路政人员2批9人（次）参加省市举办的业务培训。三是全年组织6次由县公路局牵头，工商、国土、交通行政综合执法局、城监大队、应急大队、交警大队和当地镇村参加的联合执法行动。坚持每天上路巡查，敢于严抓严管，坚决遏制乱摆乱卖、乱堆乱放、乱搭乱建等“六乱”行为。全年路政部门上路巡查257天3084人次，清理路障1435立方米，整治污染公路车辆129辆次，拆除违章广告标牌110块（条幅广告509条），拆除违章建筑6处约500平方米，移交综合执法局处理案件37宗，发出违法行为告知书37份，审理路政许可16宗，有效保护路产路权。

【公路安全生产】 2016年，县公路局坚持“安全第一，预防为主，综合治理”方针，落实安全生产“一岗双责”制度，积极抓好安全生产宣传教育、安全生产检查和安全生产治理工作，深入开展“安全生产年”深入年的活动，制订“安全生产月”活动方案，签订《安全生产责任书》40份，每季度召开班组安全生产例会，制作悬挂安全标语横幅10条，组织安全检查30次；投入150多万元对50处路段、桥梁进行安全隐患整治，投入13万元购置、更新灭火器材，投入3万元购置示警锥500多个和养护作业施工牌50个，全年未发生安全生产事故。

【综治工作】 2016年，县公路局通过加强综治宣传建立长效机制，投入10多万元在G205线、S228线、S120线等主干线公路设置综治信访、法律法规、安全生产和平安建设宣传栏14块。全年调处办结各类来信来访件134件（次），办结率100%，承办市局交办信访件4宗，县信访局转办信访件6宗，梅州民声和五华民声转办来信来电反映投诉件28宗，本单位群众来信、来电、来访96件（次），努力把矛盾化解在本地、本单位，保障公路事业和谐发展。

【工会工作】 2016年，县公路局局工会充分发挥服务基层、服务大局职能作用，积极争取市局工会支持。一是组织“三八”妇女节登山活动和元旦文娱体育活动；参加市局工会组织气功八段锦比赛，荣获全市集体第二名。二是争取市总工会拨款7万多元完善职工乒乓球活动室和健身房，投入3万多元筹建职工书屋，进一步完善职工之家建设。三是争取市总工会补助单亲困难职工2人1,000元，补助重病困难职工1人（次）2,000元，补助困难职工33人（次）共1.65万元。四是开展金秋助学活动，争取市县总工会对2名考上大学，家庭困难的职工子女每人补助1,500元；局工会对2名考上大学本科职工子女每人补助5,000元；4名考上大专的每人补助3,000元。五是关心职工疾苦，建立伤病探访制度，对因工负伤或患病住院职工，及时组织慰问，全年慰问住院职工74人（次），慰问金额4万多元。

【精准扶贫】 2016年，县公路局根据省、市、县扶贫开发工作要求，积极做好“扶贫双到”工作，全年投入24万多元扶贫专项经费，改善挂点帮扶华阳镇华南村“两委”办公条件，并与凤达赤灵芝公司联合成立合作社，采取“公司＋合作社＋基地＋农户”模式动员贫困户种植赤灵芝，提供全程技术指导，力争早日实现脱贫致富；

投入 8 万多元帮助挂点的华阳镇陂坑村整顿软弱涣散党组织和解决民生实事。

【创文创卫】 2016 年，县公路局围绕县委县政府“创建国家卫生县城”和“创建广东省县级文明城市”总体部署，制定实施方案。一是每星期五下午组织机关干部职工和横陂道班职工对网格化管理责任区进行卫生大扫除；二是会同城监等相关单位对沿线占道经营、乱堆乱放、乱摆卖现象进行三次突击大行动整治，清除违章占道堆放物品一批；三是积极做好挂点的七都村济美、西山、新建三个村民小组的保洁净化工作。全年累计投入资金 65 万元，清理垃圾 1.014 万立方米，发放宣传资料 1 万份，圆满完成上级下达的创文创卫工作任务。

【党建党廉】 2016 年，县公路局积极抓好党建工作和党风廉政建设。一是鼓励普通党员走上讲台为全体党员上党课 3 人次，充分激励各党支部和广大党员发挥战斗堡垒和先锋模范作用，转正预备党员 1 名，发展党员 1 名。二是落实“两个责任”，第一责任人与班子成员签订廉政建设责任书 7 份，班子成员与部门负责人签订廉政建设责任书 15 份。三是深入开展抓早抓小谈话提醒活动，开展谈话提醒活动 8 次，有效保障党组对干部的日常教育和管理，将全面从严治党落到实处。四是将 3 个公路建设工程被列入“同步预防工程”，对工程建设各个环节进行全程监督。

（曾耿兴、林国标、陈进群、张国兴）

县公路局 2016 年度负责人名录

党组书记、局长：何伟雄
党组副书记、总工程师：游展航
党组成员、副局长：吴汉聪　钟　锋　曾泗庆
党组成员：谢永佑　杨木良　李超权

国有汽车运输

【简况】 2016 年，五华汽车运输有限公司发出班车 102440 班次，运送旅客 680431 人次，客运周转量 32347 万人公里，总行驶里程 2233 万公里，实现营收 6460.3 万元、利润 1306.2 万元，国有资产实现增值保值。推行优化运力、开通微信购票平台、增设自助取票机和乡镇电脑联网售票点、不断完善各站场服务设施设备等便民措施，服务水平有较大提升。被广东省总工会授予“广东省五一劳动奖状”、被广东省工商行政管理局评为“连续十八年‘守合同重信用企业’”称号。

五华汽车运输有限公司 2016 年度负责人名录

党总支书记、董事长、总经理：钟鸣荣
工会主席：钟鸣荣
常务副总经理、董事：刘旭根
副总经理、董事：张东海　张治军　罗美源

邮政·通信

邮　政

【简况】　2016年，中国邮政集团公司广东省五华县分公司紧紧围绕省邮政分公司“三大战略”、“六大机制”、“六量齐升”经营战略，精准施策，强化执行，严格管理，加强履职，提升服务，取得较好发展成绩。全县实现业务收入8185.34万元，同比增长13.87%；实现全年度代理金融“零”案件、无重大安全责任事故、无重大服务质量媒体曝光事件管理目标。

【发展多元化经营，拓宽企业效益渠道】一是创新金融，量质并举促转型。金融业务是邮政的支柱业务、吃饭业务。2016年，面对复杂多变的金融市场，五华县分公司全力推进代理金融转型发展，以客户为中心，以增量增收为目标，重点抓好余额和保险业务，推进网点客户结构、业务结构、增长方式的全面转型，实现五华邮政金融业务量质并重发展。至年末，五华邮银余额规模达到45.23亿元。金融业务创收7171.98万元，同比增长13.95%。二是夯实邮务，稳步推进谋突破。邮务业务是邮政传统业务、品牌业务。五华县分公司邮务类各项生产经营工作以全年计划为目标，以求真务实抓经营、脚踏实地抓发展为着力点，以项目营销为抓手，以组织营销团队进行劳动竞赛为办法，呈现许多工作亮点，实现持续健康发展。全年五华邮政邮务类业务实现创收935.37万元，同比增长15.41%。三是拓建农村电商渠道，助力邮政“一体两翼”腾飞。农村电商项目邮政集团经营发展重要战略。2016年，根据省、市分公司的指导意见和统一部署，五华县分公司投入大量建点专项费用和运营费用，全面开展电商铺设工作。至年末，建立202个农村电商点，覆盖全县所有乡镇，且所有电商点均投入使用进销存系统。五华县分公司对于农村电商助力邮政“一体两翼”战略意义积极思考，努力探索一条“农村电商+中国邮政”县域特色发展之路。在寄递翼方面，2016年中秋前期，五华县农村电商借助蜜柚上市契机，利用邮惠宝平台及其他邮政资源，与五华茶亭岗柚农合作，实施农产品进城，在网上成功销售1000件蜜柚。充分证明邮政农村电商助力寄递翼可发展之路。在金融翼方面，部分电商点叠加助农取款功能，并定期开展会员日活动。真正实现村民可以在农村电商点进行网购、缴费、充值、取款等“五不出村”目标。真正实现客户、商户与邮政三方共赢。

【践行普惠金融，服务县域助力民生】2016年，五华县邮政分公司始终秉持着“人嫌细微，我宁繁琐”精神，恪守“普之城乡，惠之于民”承诺，扎根农村，深耕三农，支持五华农村经济发展，服务广大群众，努力成为普惠金融推动者和引领者。一是开通特殊绿色服务通道。五华县邮政分公司承担养老代发和残疾补助代发等项目，多接触老弱伤残人群。针对客户因身体原因切实无法到现场亲自办理、确认签名情况，开通绿色服务通道，由两名或两名以上网点人员亲自到其家中确认办理事实。不仅体现邮政服务人性化，同时也方便特殊人群，维护客户利益。二是全面开展自助终端助农取款工作。切实解决山区百姓取款难问题，做好“最后一公里”服务，特别在撤乡并镇的中兴、大田、桥江、新桥、小都、硝芳、丁畲、油田、郭田等地区，不断加大助农取款点建设，至 11 月底，累计建立 278 个助农取款点，有效地提高农村金融服务范围，给农民群众带来极大便利。

【深化内控管理，筑牢风险防线】 2016 年，五华县邮政分公司全面加强案件防控、落实案防责任，扎实开展“内控达标年”活动。一是坚持开展网点案件防控宣贯学习教育活动和夜间突击检查活动。每季度定期利用夜间时间由县分公司主管领导带队分组分片到网点进行宣贯教育，对员工现场进行季度网点检查存在问题通报和案件防控宣贯。同时，每季度不定期开展夜间突击检查活动，检查业务库及网点值守情况。二是全面加强“十禁令”的宣贯和执行考核力度。以季度宣贯、风控会、联席会、传媒视频、集中培训等多种方式对员工（包括：金融从业人员与非金融从业人员）100%宣贯到位。同时，与全县每位金融从业人员 100%签订《员工十条禁领知晓承诺书》，并把“员工行为十条禁令”作为员工每月必学与县分公司每月必查内容，加大该项学习教育方面的考核力度。三是持续开展专项检查与常规检查活动。全年度五华县邮政分公司按照先后开展春节、“五一”“国庆节”等重要节日突击检查活动和“两个加强、两个遏制”专项检查回头看、案件风险排查、汇兑业务专项检查、理财 POS 业务专项检查、代理销售业务、锁定制度“章戳管理、密钥管理、代销业务管理”“2 期网点关键环节重点检查及高频问题集中整治”等专项检查活动。通过分时间节点、业务种类、重点管控等项目来达到合规经营的管控效果。

【提升服务品质，树立邮政良好形象】 2016 年，五华县邮政分公司把对外服务工作要求提高到以服务促发展的高度来对待，把改善服务作为企业经营的重要举措。5 月份以来，五华县邮政分公司全面启动服务品质提升项目，聘请广州信源公司老师进行网点环境改造和人员服务培训。县分公司还成立内部服务品质提升小组，根据外聘老师的教学方式和流程，结合五华邮政网点实际情况，对网点自行组织服务品质提升培训，并对培训效果持续固化。经过培训的支局都能够统一使用“晨会七步曲”、“大堂七步曲”、“柜面七步曲”和“投诉处理七步曲”，使得员工朝气蓬勃，服务营销更有目标；大堂摆设改头换面，营造舒适服务环境；柜面工作效率不断提高，柜员客户识别与营销能力不断增强；网点整体工作质量加强，客户恢复信赖感。

（钟萍萍）

中国邮政集团公司广东省五华县分公司 2016 年度负责人名录

总 经 理：李伟鑫

副总经理：李中军　张道雄

中国邮政储蓄银行股份有限公司五华县支行 2016 年度负责人名录

行　长：张向川

广东省邮政速递物流有限公司五华县分公司 2016 年度负责人名录

经　理：邱裕洪

电 信 通 信

【基础网络建设】 2016 年，五华电信按照国家“宽带中国”发展战略，投资 1800 万元，用于宽带骨干网提速改造及光纤到户网络建设，全年新增光网端口 5.4 万，累计光网端口容量到达 12 万个，基本实现县城及 16 个乡镇圩镇区域、383 个行政村的光纤宽带全覆盖，可为全县大部分家庭用户提供网速高达 100M光纤宽带接入服务，让“宽带中国”、信息惠民走进千万家庭。全年完成无线网及其配套工程投资 493 万元。新增 29 个 4G无线基站，实现县城及乡镇圩区域、高速、国道、省道沿线 4G网络信号 100%覆盖，农村区域覆盖率达 60%，使无线网络覆盖和通信业务质量得到进一步提升，城乡用户共享天翼高速 4G网络。

【公共服务信息化建设】 2016 年，五华电信聚焦以优质信息化服务助力地方经济跨越式发展，尽力支撑党政部门、职能单位、教育行业和中小企业的信息化需求，提升服务。一是切实履行社会责任，助力“创卫”、“平安五华”等项目实施。完善并大力建设平安项目，打造平安城市。全年投资 534 万元恢复因美丽城市、卫生城市、道路规划等原因临时拆除的图像恢复，并新建 170 路视频、8 路卡口，累计开通 726 路图像视频，打造平安五华。全力配合市政工程、高速公路建设、公路改造，做好管线迁移，积极争取省、市公司支持。投入 2097 万元配合五华外环路新建管道项目、五华莲洞堤至外环路主干道新建管道项目、进城大道管线迁移、安流至华阳管线迁移、县城华兴南路管线迁移、县城工业一路管线迁移、横陂圩镇（包含横陂圩、锡坑圩、下阜圩）改造管线迁移、周江至华阳公路管线迁移、双华至郭田公路管线迁移、华转水矮车河道创卫美丽镇村建设。二是实施“互联网+”信息化战略，积极推进信息化应用项目。“互联网+政务”方面：完成五华县科工商务局、检察院等单位的办公OA系统，进一步提升日常办文办会、业务信息上传下达效率，通过互联网信息化工具，降低日常行政成本。加快林业局护林项目终端换代升级，依托护林员外勤管理系统，加强护林队伍管理，更好地服务于森林资源管理和护林防火工作。完成五华村村响广播系统建设，构建基层组织宣传教育工作网络，全力打造“工业新城，宜居五华”基层治理广播宣传新平台。“互联网+教育”方面：以兴华中学为教育信息化试点学校，积极推动“三通两平台”、教育OA办公系统、教育视频会议系统等建设，把兴华中学打造成信息化示范学校，同时加快推进全县各中小学教育城域网接入带宽提速、校园微信公众号使用等工作，全面提升全县教育信息化应用水平。三是为行业客户项目提供优质光纤专线和组网专线。为五华丽斯卡顿酒店项目、潭下鑫隆矿业项目、惠民村镇银行等 163 个新增光纤业务和 25 个搬迁项目工作，开通光纤专线 40 条、组网专线 16 条，电信光纤专线速度快、安全、稳定及服务好，为行业单位提供专业网络支撑，得到客户肯定和好评。

【客户服务】 2016年，五华电信落实“宽带降价提速”政策。为客户提供物美价优的优质信息化服务。针对宽带用户实行多种优惠套餐，分别对固话、移动、电信电视用户月费用平均降低30%，对宽带用户费用平均降低40%，全面实施光纤网络建设、替代铜缆，为用户提供升级 100M宽带。全面实现政企业务七天开通制。尽最快速度开通业务，为客户提供优质的信息化服务。完成五华丽斯卡顿酒店等163个新增光纤业务和25个搬迁项目工作。实现政企客户业务0投诉，七天开通率达 100%。实行政企客户专项走访服务工作。为有效体现中国电信“树品牌、强服务、讲价值”，每月计划走访政府部门、金融、企业等政企客户，走访140多户政企客户，获得客户较高评价。

【网络安全高效运营】 2016年，五华电信坚持落实网络应急预案、强化日常通信应急演练，扎实做好网络安全评估，持续做好网络设备安全隐患排查整改，确保网络安全运行，特别是党、政、军、三防等部门通信高效安全运行。

【绿色企业建设】 2016年，五华电信通过网络优化、设备下电改造等节能技术，比上年同期节约用电 16 万元，同比下降 10%，逐步推进传统交换缩容和其它老旧通信设备缩容及对空闲机架下电，全年完成三个交换局和 15 个AXE10 远端模块局、1 个S1240AG封装点（良美接入网）设备、20个AD节点设备的关停下电工作，每月可节电约16105.62度，有效进行节能减排、降本增效明显。

（郑颂花、陈怡园）

中国电信股份有限公司五华分公司 2016 年度负责人名录

总 经 理：李志宏（任至6月）
彭福彬（6月任）
副总经理：陈伟伟
古育辉（任至6月）
吴水胜（6月任）

移 动 通 信

【简况】 中国移动通信集团广东有限公司五华分公司（五华移动）是中国移动通信集团广东有限公司所属的县级分公司，全面负责中国移动通信集团广东有限公司数字移动电话网在五华县经营与建设，负责中国移动通信在五华范围内的移动电话通信业务，以及信息网络软硬件方面的专门服务，包括IP电话及互联网接入服务，从事移动通信、IP电话和互联网等网络设计、建设、维修以及与之相关的系统集成、计算、技术开发、技术服务、设备销售及出租。2016年，该公司紧紧围绕县委、县政府工作重心及省市公司工作思路，扎实开展各项工作，全面推动市场、信息、网络和管理的协调发展。是年，五华移动获得广东移动“先进县区分公司”、广东省“守合同重信用企业”（连续十五年）荣誉称号，五华移动华一路营业厅获得“广东省青年文明号”荣誉称号。

【业务发展】 2016年，五华移动积极响应国务院“宽带中国”战略，将更多光纤宽带资源投入农村，通过“装宽带送话费”等措施大幅降低宽带资费，移动宽带用户规模快速增长，移动宽带用户数超4万。4G客户规模增长迅速，4G渗透率超过55%，流量增幅比超过200%，全市第一。深化政企合作，与五华县人民政府签署《推进五华县信息基础设施建设示范县与4G产业发展，提升五华县“互联网+”信息化服务水平战略合作框架协议》，全力推进“宽带中国”示范县建设。全力配合五华县委县政府对原有政务OA系统进行升级优化，增加政务OA系统APP手机客户端移动办公，进一步加快全县电子政务建设和应用步伐，提高各单位办公自动化和信息化水平。

【信息基础设施建设】 2016年，五华移动加大4G网络建设，推动4G网络广度和深度覆盖，全年4G新建站点349个，累计建成4G基站752个，4G网络建设规模为全市最大、历年最多，基本覆盖各镇行政村和部分重点自然村，实现4G网络村村通。加快光纤宽带建设，全县覆盖用户总数达16.5万，覆盖率超50%。开展网络黑点专项整治与优化工作，夯实网络基础，通过规划新增11个2G宏站和35个直放站，成功解决网络黑点46个。

【党建工作及社会责任】 2016年，五华移动扎实推动党建工作开展，设立党团知识学习室，制定学习计划、党员积分管理办法，并通过反腐倡廉教育活动、纪律教育学习月活动、支部书记上党课、专题学习等方式加大廉洁警示教育，并通过邮件、短信、文化墙等宣传方式营造风清气正的氛围，推动企业健康发展。高度重视精准扶贫工作，多措并举推动帮扶工作落到实处。一是开展一对一结对帮扶，加强对贫困户的走访慰问，深入了解贫苦户的基本情况，帮助贫困户制定脱贫目标和路线，争取早日脱贫致富。二是专门为老田村开通宽带建设绿色通道，快速完成宽带建设工程，使广大村民快速使用上廉价、高速的移动光纤宽带，同时对符合条件的贫困户免费安装宽带和电视，对非贫困户安装宽带实行优惠减免，还让偏远的贫困村也能享受到信息化带来的便利，有44户村民安装使用上移动光纤宽带。三是优化完善老田村网络信号，专门对老田村投资建设1个4G基站和2个直放站，确保老田村网络信号畅通。四是重视老田村基础设施建设，开展老田村亮化工程建设和健身器材建设。

（钟秀容）

中国移动通信集团广东有限公司五华分公司2016年度负责人名录

总　经　理：黄伟华

副 总 经 理：李波勇

总经理助理：中国亮

联 通 通 信

【简况】 中国联合网络通信有限公司五华县分公司（简称五华联通）是中国联合网络通信有限公司梅州市分公司（简称梅州联通）在五华的分支机构，负责中国联通在五华地区的综合电信业务经营、通信网络规划建设和网络运行维护工作。2016年，五华联通认真履行央企政治、经济与社会责任，紧紧围绕“互联网+”行动计划、宽带中国、提速降费等国家战略部署，全力加快4G和全光网络建设，4G网络覆盖能力大幅。2015

年12月21日，梅州联通率先与梅州市人民政府签订推进“互联网+”战略合作框架协议，随后陆续与八个县（市、区）政府签订“互联网+”战略合作协议，积极推动“互联网+”在梅州经济社会各领域的战略合作和创新应用，并在政务、企业、楼宇、金融及教育信息化等方面取得突破性发展。

【网络建设】 2016年，五华联通在中国联通梅州市分公司统一部署下，强力推进4G网建设，重点完善核心城区、县城及主要乡镇区域的4G信号覆盖，同时对主干道路和重要旅游景点进行4G信号覆盖，重点区域网速可达370M。五华联通计划在三年内完成五华宽带互联网基础枢纽设施建设，基本实现五华城区及重点镇区光网全覆盖，建成城乡全覆盖的150M高速4G网络，城区中心实现300M高速覆盖，努力打造互联网+建设主力军形象。

【宽带发展】 2016年，五华联通紧紧围绕国家“宽带中国”战略，以人民群众的利益需求作导航，加大投入精准建设宽带网络；多渠道合作驱动宽带业务的发展，联通宽带业务快速普及各乡镇，全面推动城乡协调的宽带建设和服务，客户满意率大幅提高。五华联通宽带业务实现规模化发展，网格化管理，系统化服务；新增宽带用户与去年同比增长50%，更多五华乡镇家庭宽带享受到联通宽带的贴心服务。

【信息化发展】 2016年，五华联通在各级政府部门大力支持下，以专用网络、专用平台和专用的解决方案，为政府、行业、企业提供产业互联网顶层设计、解决方案、集成实施、运营推广服务。梅州联通2012年自建立本地云计算平台，承载省内外90多家单位300多项应用，承建智慧水利、数字城管、电子教学、电子商务、医疗急救、安防监控等众多信息化项目。广东联通建设国际级的物联网平台，为广东各行业提供全开放接口、全生命周期管理以及全自助服务平台能力；同时，启用坐落于东莞松山湖的联通华南云数据中心，在IDC运营、数据中心建设、云计算平台、行业云定制等四大方面具有独特的服务能力优势。梅州联通以智慧城市平台和物联网平台为基础，实现超过1800个连接。

【客户服务】 2016年，中国联通更专注于客户舒心体验，在原有“卓越沃服务”基础上不断升级和创新，推出更多便捷服务手段和舒心的消费体验，为客户提供“沃4G+不仅更快，体验更舒心”优质服务新感觉，打造“卓越服务新感觉”：

尊贵服务“12道风味”诠释“味觉”新感觉：2016年为钻金银客户提供免押金开通国际漫游、10010热线优先接入、紧急开机、免费补卡、营业厅业务优先办理、节日双倍信用额度、免打扰、发票邮寄8项专享服务；进一步扩大客户规模，由原钻金银升级为星级客户服务体系，客户只要在网满6个月以上即可参评星级。在服务上，为星级客户准备生日当天电话免费、一对一通信顾问定制服务、一号百通联通客户专享通信外优惠、爆款手机优先订购4项升级尊享服务。5星客户还可享受生日当天国内电话免费打服务，尊享量身定制的终端、套餐、流量和辅导关怀专属通信顾问服务。

摸得着的贴心流量服务诠释“触觉”新

感觉：全新推出 5 元包 1GB、10 元包 3GB 的 3G 流量加油包以及本地 5G 流量王，满足不同客户流量使用需求。同时，配合流量使用，还推出手机营业厅、微信、短信等多个互联网自助渠道，可按天、周自主定制流量消费情况提醒服务。推进微信服务号建设，开展专业化运营，实现包含查询（查流量、查账单等）、缴费充值、流量包订购等在内的多项服务功能。

370Mbps 极速网络诠释“视觉”新感觉：2016 年，在核心区域，“沃 4G+”网络采用双载波技术优势，峰值速率下行超过 370Mbps，上行超过 70Mbps。370Mbps 的网速对客户来说，意味着真正高清即时移动互联网时代已经来临。客户下载一部 2GB 高清电影只需 1 分钟，而上传一段 10MB 文件将实现“秒传”网络传输体验。全程流畅观看高清视频不卡顿，畅享极速网络新体验不再是个传说。

通话清晰自然的高清语音诠释“听觉”新感觉：率先全网开通高清语音通话功能，手机通话将获得如 CD 质感的全新体验，客户通话品质获得大幅提升。VoWiFi 是对传统电信服务模式的颠覆，通过 4G 与 WiFi 无缝切换，完美解决室内覆盖问题。

（钟碧云）

中国联合网络通信有限公司五华县分公司 2016 年度负责人名录

总经理：汪成龙

农 业

农 村 工 作

【简况】 2016 年，县农业部门认真贯彻落实中央和省、市、县农业农村工作会议精神，积极践行“五大发展”理念，转变发展方式，扎实做好稳定传统产业、突出主导产业、培育特色品牌、打造特色休闲园区工作，促进农业增效、农民增收、农村发展。全县农业总产值 55.1 亿元，农村居民人均可支配收入 11,145.4 元，分别比增 4.4%、9.9%。

【粮食生产】 2016 年，县农业部门继续实行粮食生产责任制，扎实推进农业“三项补贴”政策改革，大力推广良种良法，积极开展办点示范，及时开展救灾复产，确保粮食播种面积稳中有增，粮食品种结构不断优化。按照上级工作部署，从 2016 年起，进行农业“三项补贴”改革，将农作物良种补贴、种粮农民直补和农资综合补贴（简称农业“三项补贴”）调整合并为农业支持保护补贴，政策目标调整为支持耕地地力保护和粮食适度规模经营。县农业部门联合县财政部门，做好 2016 年耕地地力保护补贴面积核实、统计、补贴网系统录入和资金兑付工

2016 年 9 月 1 日，省农业厅副厅长黄斌明（右三）到五华县调研和考察水稻高效高产创建、农业机械化发展、现代农业“五位一体”示范基地项目建设、茶叶产业发展等情况（摄影：李展彬）

作。全县粮食作物播种面积 55585.2 公顷，比上年播种面积增加 651.4 公顷，比增 1.2%，其中全年水稻播种面积 46371.73 公顷，比上年面积增加 219.13 公顷，比增 0.5%。全县推广杂交水稻播种面积 40806.67 公顷，占水稻播种总面积 88%，优质稻种植面积 37100 公顷，占水稻播种总面积的 80%，超级稻种植面积 21793.33 公顷，占水稻总面积的 47%，良种覆盖率达 96%。县农业部门分别在横陂镇联长村，河东镇黄湖村，安流镇蓝田村举办 3 个超级稻千亩高产示范片，每个示范片设立 1 个百亩核心示范区，辐射带动全县水稻生产均衡发展。及时开展救灾复产。受“海马”台风影响，农作物受灾严重，特别是水稻，出现大面积倒伏，全县水稻受损失面积达 9313.33 公顷。晚稻受灾严重，粮食生产对比去年略有减少。2016 年粮食总产 32.46 万吨，对比去年减少 1015 吨，减产 0.31%；其中水稻总产 278568 吨，对比去年减少 2039 吨，减产 0.73%。县农业部门及时制定《关于切实做好农业救灾复产工作的紧急通知》和《关于做好水稻受灾理赔工作的通知》，落实具体责任和措施，大力抓好救灾复产和水稻受灾理赔工作，减小灾害损失。

【特色农业】 一是茶叶主导产业有新成效。按照县委、县政府“打造一个县域农业特色主导产品”思路，通过“四个强化”，扎实开展茶叶主导品牌培育打造。强化政策扶持。制定出台《五华县 2016—2018 年推进茶叶产业发展扶持奖励办法》，每年统筹安排 400 万元，扶持奖励茶叶基地建设、品牌创建、精深加工、经营主体培育等，助推茶叶产业发展。强化技术指导。印发《五华县农业局推进茶叶产业发展工作方案》，落实领导挂镇、干部挂户责任，扎实推进茶叶产业发展。编印发放《五华县茶叶产业发展及栽培、加工技术宣传推广图册》2000 本。强化品牌推介。积极发动组织茶叶企业参加茶博会、交易会、展销会，不断强化茶叶特色品牌宣传推介，全年组织 11 家（次）茶叶企业参加各类推介会，其中在省农博会中福善楼种养专业合作社与广东珠江电缆厂签订数百万元订单，在番禺茶博会中五华绿茶获得高度好评，并在《番禺日报》以“五华茶叶香飘番禺”为题,对其进行大篇幅报道。同时在五华县城设立九霖生态农业和松岗嶂两家茶叶品牌专卖店，提高特色茶叶品牌知名度和市场占有率。强化抱团发展。成立五华县茶叶协会，加强全县茶企、茶农的组织联合，凝心聚力，共同推进五华茶叶产业发展。五华茶叶协会有 33 家会员单位，58 个个人会员。全年新增茶叶种植 353.33 公顷，全县茶叶种植面积达 1731.2 公顷，预计总产 1623 吨，比增 1.56%。二是特色农业产业有新发展。巩固提升老基地，开发建设新基地发展思路，落实发放耕山致富扶持奖励资金，加强宣传发动，加大招商引资，特色农业面积不断发展。落实发放奖励资金。积极做好 2015 年发展特色休闲高效农业及耕山致富发展扶持奖励基地的核实调查和扶持奖励资金发放工作，共计发放 2015 年度扶持奖励资金 483.17 万元，其中新建水果、茶叶、南药、蔬菜连片 100 亩以上基地 46 个，新增特色水产养殖基地 9 个。水果面积不断扩大。继续扩大金柚、鹰嘴桃、板栗等特色水果种植面积。引导鼓励企业、合作社、种植大户引进优良品种，扩大水果种植面积，全年新增种植水果 346.67 公顷，全县水果种植面积达 16926.67 公顷，预计总产 83495 吨，比增 3%。大力发展特色水产养殖。着力调整优化渔业产业结构，新引进赤眼鳟、鸭嘴鱼等进行养殖推广 14.87 公顷，加大机械化养殖和健康示范养殖技术的推广应用，水产养殖业持续发展。2016 年实施的山区流水养鳅等四种模式养殖试验推广项目荣获梅州市科技进步三等奖。全县水产养殖面积 3000 公顷，其中特色养殖面积 366.67 公顷，预测水产品总产量可达 1.95 万吨，产值 2 亿元。

【农业基础】 2016 年，农业生产条件有新改善。积极实施项目带动战略，加快续建、在建、新建农业项目的实施，不断改善农业生产条件，夯实农业发展基础。一是扎实抓好高标准农田建设项目。2015 年度在横陂镇 17 个村建设 944.07 公顷高标准基本农田项目，总投资 2,025 万元，完成建设任务 90%。2016 年度在龙村镇 17 个村建设 1088 公顷高标准基本农田项目，总投资 2448 万元，完成规划测设，准备招投标工作。二是大力推广农业适用机械。2016 年使用补贴资金 154 万元，补贴机具 1153 台（套），受益农户 1074 户，提高农业机械化水平，全县拥有农机总动力 26.23 万千瓦，机耕率 96%，机收率 83%，机插率 8.91%，综合机械化水平 65.97%。三是扎实抓好秸秆还田和综合利用。县农业部门结合农时季节，大力推广秸秆机械化粉碎还田和腐熟剂快腐还田技术。全年引进稻秆回田旋耕机 10 台，作业面积 626.67 多公顷；调拨腐秆剂 95.8 吨，推广稻秆快腐还田面积达 2200 多公顷。四是继续加强农村能源建设。新建户用沼气池 66 个，验收并发放补助 63,360 元。完成梅州市农业局下达的 6 个农产品产地土壤重金属“省控点”的布设、采样、送样、建档等工作。

【农业产业化】 2016 年，农业产业化水平有新提升。按照扶大、扶优、扶强的原则，加大农业龙头企业、农民专业合作社、家庭农场等新型经营主体的培育发展力度，鼓励现代农业经营主体规范化建设，发展壮大实力，增强辐射带动能力，提高农业产业化经营水平。一是加强农业龙头企业培育发展。广东大天然农业有限公司、广东亚细亚农垦资源股份有限公司、五华新丰寨实业有限公司等 3 家企业被评为省级重点农业龙头企业；梅州市俊丰园农业发展有限公司、五华县天峰山农林发展有限公司、梅州市天东生态农牧有限公司、五华县运兴农业发展有限公司、梅州市利源实业有限公司等 5 家企业被评为市级重点农业龙头企业；梅州市益龙生态农业发展有限公司、五华县枫华农业发展有限司、五华县润兴金花茶有限公司等 11 家被评为县级重点农业龙头企业。全县农业龙头企业总数 76 家，其中省级 12 家、市级 23 家、县级 41 家。二是大力发展农民专业合作社。新增发展农民专业合作社 86 家，全县合作社总数789家，其中国家级示范社2家，省级示范社22家、市级30家，县级23家；新增注册成立家庭农场19家，总数达64家。三是大力做好旅游休闲农业。五华县营田农业发展有限公司、双华镇先后被评为广东省旅游休闲农业示范点和旅游休闲农业示范镇。申报梅州市松岗嶂绿色生态茶园为省级休闲农业旅游示范点。

2016年3月8日，县长吴晖到五华县特色农产品展示中心调研（摄影：李展彬）

【品牌建设】 2016年，农产品品牌有新突破。引导企业树立现代经营理念，规范企业管理，提高产品品质，鼓励企业、合作社积极开展“三品”认证，培育创建特色农业品牌。一是积极开展“三品”认证。组织4家企业进行无公害农产品复查换证，4家企业（其中渔业企业1家）开展首次认证，申报面积288.78公顷。全县累计获得无公害农产品、渔产品生产企业31家，产品总数38个，认证面积1096.02公顷。福善楼种养专业合作社茶叶通过食品生产许可“SC”认证。二是加强名牌产品培育。松岗嶂被评为“富硒企业生产基地”。“七畲径”绿茶（单枞茶）、“登云嶂”黄金芽绿茶被评为广东省名牌农产品。“七畲径”绿茶获评广东省第二届“十大名牌”系列农产品和第二届亚太茶茗大赛金奖。“云岐圣峰”金梅春绿茶被评为梅州市十大优质茶。培育创建茶叶、大米、柿花、腐竹、赤灵芝等省级名牌产品11个。三是申报地理标志性农产品。“长乐烧”获评国家地理标志产品，大田柿花和七畲径茶叶申报国家地理标志性农产品通过省级初审，正进行国家级评审认定中。

【农业服务】 2016年，社会化服务有新优化。积极实施科技兴农战略，加大农业科技培训力度，加强农业安全生产监管，农业社会化服务水平不断提升。一是加强科技兴农服务。积极实施科技兴农战略，重点抓好实施基层农技推广体系改革与建设补助项目和新型职业农民培育工程，依靠农业科技创新，推进现代农业发展。建立科技示范户290户、科技试验示范基地9个，举办各种培训班、现场会46场次，培训农民技术员、种植大户4800多人次，印发技术资料15600多份，印发病虫情报7期，病虫警报2期，合计7000份。二是加大农业综合执法力度。重点开展农资打假、农业投入品执法监督、农机安全监理和渔业安全生产等专项行动。全年出动执法人员252人次，检查农资经营门店297间次，检查农资产品346个，检查农产品种植基地12个次，查处农资违法案件1起，依法罚没1.1176万元。切实加强拖拉机专项整治活动，与各镇农业服务中心、农机专业合作社、农机手等签订责任书共884份。结合“十大专项整治”工作部署，加强与交警部门联合执法，检查拖拉机21台，查处变形拖拉机5台，查处未按时年检拖拉机18台，签发责令整改通知书21份。

开展渔船安全大检查及打私打非专项行动 2 次，缴获非法捕捞工具一批。三是加强农产品质量安全监管。加强农产品质量安全检测，全年对全县较具规模蔬菜生产基地、附城农贸市场、超市抽取 2738 个蔬菜样品进行农残定性检测，合格率为 99.1%，对比去年同期提高 1 个百分点；水果抽检合格率 100%；水产品抽检合格率 100%。四是扎实抓好渔政安全监管。扎实开展渔船信息化清查，对在册渔船进行信息化管理，分别对船主信息、渔船信息进行拍照上传审核，防止渔船的套牌；完成 2016 年度船东互保工作，全部渔船主均购买船东互保，互保率达 100%；通过“一卡通”发放 2015 年度柴油补助 47 万元；开展 2016 年度增殖放流活动，在人民公园放流鱼苗 5 万多尾。五是扎实做好安全生产工作。坚持“一岗双责”，扎实开展“安全生产宣传月”、“消防知识专题讲座”等宣传活动，扎实做好安全隐患排查和整改工作。全年排查较大隐患 11 宗，各相关部门投入 16 万元，整改隐患 10 宗，尚有一宗正在整改中，全年未发生农业安全生产事故。六是扎实做好便民服务工作。在县行政服务中心，县农业部门办事窗口被评为“文明窗口”，工作人员多次被评为“服务之星”。

【农村工作】 2016 年，农业农村发展有新活力。以农村土地确权登记颁证工作为抓手，深入推进农村综合改革，不断激发农村发展活力。一是扎实推进农村土地确权工作。在土地确权工作开展中，坚持强化责任、强化举措、强化稳妥、强化督导等“四强化”举措，积极稳妥推进农村土地确权工作，实现群众到县及以上“零上访”。土地确权工作全面进入底图制作及外业调查阶段，完成外业测绘 1.77 公顷，约占全县需测绘面积的 51%。二是一事一议项目顺利实施。2016 年在全县实施 69 个项目，筹集资金 4653.75 万元，其中省以上资金 1241 万元，市县配套、村集体自筹、社会捐赠等资金 3257.6 多万元，受益人口达 11 万多人，完成并验收项目 31 个。计划申报 2017 年项目 152 个，筹集资金 15448.5 万元，其中申报省以上资金 4119.6 万元。

【其他各项工作】 2016 年，各项工作任务有新进展。坚持树立全局“一盘棋”的思想，统筹抓好基地建设、精准扶贫、创文创卫、涉农维稳等各项工作，制定工作措施，落实具体责任，确保了各项工作有序推进。一是基地建设顺利推进。扎实抓好横陂科研示范基地、松岗嶂、新丰寨、鼎德信等特色休闲农业基地建设扎实推进。农科所、渔苗场一期建设全面完成，二期建设项目完成招投标，准备进场施工。根据县政府要求，示范农场人员精简分流工作积极开展，29 名一线生产职工全部完成分流安置，办公场所搬迁建设完成立项，准备招投标。二是扎实抓好扶贫工作。按照新时期精准扶贫精准脱贫工作要求和部署，制定农业产业三年攻坚实施方案和对带动贫困户脱贫农业龙头企业、专业合作组织奖励措施，结合实际，通过产业帮扶、技术帮扶、入企帮扶等多种措施，精准扶贫精准脱贫工作取得较好的效果。同时扎实做好驻村扶贫和软弱涣散党组织整顿工作，对贫困户建立“一户一策”，进行结对帮扶。全年投入 14.12 万元用于村委会改造、贫困户发展农业生产、森林防火等工作。拟投入 355 万元，在金龙、南中村发展茶叶产业基地和基础设施建设。三是加强涉农维稳工作。深入推进涉农维稳工作，加强农村不稳定因素排查和化解，妥善处理涉农不稳定案件，大力做好信访维稳工作，妥善处理各类信访信件 10 宗，全年未发生重大上访事件。四是积极开展“双创”工作。围绕县委、县政府创建“国家卫生县城”“广东省文明县城”的工作部署和责任分工，积极开展“双创”工作，全年制作悬挂“双创”横额标语 16 条、宣传栏 28 个。全面加强办公楼范围内的卫生保洁，坚持做好卫生责任区农贸街和四个居民小区内的清洁卫生；积极开展创文工作，完成员瑾堤公益广告张贴，开展以“立足平凡 绽放光彩”的道德讲堂宣讲活动。

【队伍建设】 2016 年，机关作风建设有新气象。干事创业，关键在班子和干部队伍。面对新常态下更高更严的要求，大力抓好干部队伍建设、全面提升执政能力，为促进三农发展提供坚强有力的政治保障。一是加强专题教育。通过深入开展“两学一做”学习教育活动、机关作风整治、纪律教育学习月、民主评议政风行风等活动，扎实抓好干部职工理论学习教育、党风廉政教育，增强了干部职工的宗旨意识、服务意识，提高服务“三农”的积极性和主动性，营造思想统一、步调一致的良好工作氛围。二是落实督查警醒。严格按照开展谈话提醒构建抓早抓小工作机制的要求部署，认真落实谈话督查警醒。组织、人事部门开展谈话提醒 61 人次，有效促使党员干部强化纪律意识，严守纪律底线，促进党员干部健康成长，营造清正廉洁的氛围。三是健全完善制度。进一步细化落实领导班子党风廉政建设责任制，结合新常态下的新要求、新问题、新工作，健全完善权责清单、农机购置补贴工作责任追究制度、项目管理制度，调整误餐补助等开支标准等，堵塞管理上的漏洞，形成用制度管人、管事、管物、管工程的长效机制。

（幸娜　钟颖琼）

县农业局 2016 年度负责人名录

局　长： 徐德兴

副局长： 温妙初　唐妙坤　陈荣辉　魏华中　张育彬

系统党工委副书记： 张奎导

党组成员： 彭彩红　曾坤华　张天荣　温展开

畜　牧　业

【简况】 2016 年，县畜牧兽医局围绕打造“工业新城，宜居五华”目标定位，扎实抓好动物疫病防控、畜产品质量安全、畜牧业生产发展、惠农政策落实、生猪屠宰管理、精准扶贫、广东省县级文明城市创建、国家卫生县城创建和“两学一做”专题教育等工作，全县未发生高致病性禽流感等重大动物疫情和畜产品质量安全事故，保障全县畜牧业健康稳步发展和社会公共卫生安全。全县生猪饲养量 100.37 万头，存栏 44.48 万头，出栏 55.89 万头；能繁母猪存栏 4.21 万头；牛饲养量 8.49 万头；羊饲养量 2.54 万只；兔饲养量 47.2 万只；家禽饲养量 829.3 万只。肉类总产量 5.67 万吨，畜牧业产值 15.76 亿元。

【重大动物疫病防控】 2016 年，县畜牧兽医局按照省、市、县有关重大动物疫病防控工作部署和县政府办公室《关于做好五华县

2016年动物防疫工作的通知》(华府办函〔2016〕15号)要求，切实加强对各镇做好动物防疫工作协调和业务技术指导。组织人员对春、秋两季畜牧兽医工作进行督查，并对督查过程中发现的问题提出整改意见。全年组织发放强制免疫用猪瘟疫苗115万头份、口蹄疫疫苗61万毫升、高致病性禽流感疫苗612万毫升、高致病性猪蓝耳病疫苗92.6万头份、小反刍兽疫疫苗7000头份，开展免疫抗体效果监测840份。

【疫情监测】 2016年，县畜牧兽医局积极开展疫情监测预警，密切掌握疫病动态，按时按质完成省、市下达五华县动物疫情监测任务2010份，接受农业部农产品监测中心抽查检测。其中禽流感425份，鸡新城疫425份，猪瘟320份，猪口蹄疫320份，高致病性猪蓝耳病320份，羊小反刍兽疫血清、病原学拭子各100份。检测结果均合格。

【应急演练】 2016年4月28日，县畜牧兽医局联合水寨镇政府在罗湖村(县城红木产业园)进行重大动物疫情应急现场实地演练。通过应急演练，进一步提高突发疫情应急处置能力，确保人民群众身体健康和公共卫生安全。

【惠农政策落实】 2016年，县畜牧兽医局加强对2014年度6个生猪标准化规模场建设项目的监督管理，督促项目实施单位严格按照实施方案要求尽快完成建设任务。积极开展政策性生猪保险工作，全年全县生猪保险参保户191户，参保生猪14.57万头，有效化解农户养殖风险。

【畜产品质量安全】 2016年，县畜牧兽医局加强生猪产地、屠宰检疫工作规范化管理监督和“瘦肉精”等违禁药物排查抽检工作，开展假兽药查处活动、农资打假专项治理、放心农资宣传、生鲜奶专项整治和食品安全宣传周等专项行动。全年组织实施产地检疫生猪70.1万头、牛0.87万头、羊0.63万头、家禽663.34万羽；屠宰检疫生猪18.6万头；“瘦肉精”养殖环节抽检1.43万头生猪，屠宰环节抽检1.76万份，检测结果均为阴性；出动762人次，监督检查生猪屠宰场、规模养殖场89个次，兽药饲料门店87家次，发放宣传资料5800份。积极做好养殖环节病死畜禽无害化处理工作。全年养殖环节无害化处理病死生猪2859头、屠宰环节无害化处理病死生猪550头。

【畜牧业生产发展】 2016年，县畜牧兽医局积极推广黄牛冷精配种技术和生猪人工授精技术，大力发展饲养三元杂瘦肉型猪，推广饲养黑白花乳牛、西门塔尔牛与本地黄牛杂交牛，以及发展五华三黄鸡等特色畜牧产业，提高养殖效益。加强畜牧业安全生产和防台风暴雨、防寒防冻工作。出动200多人次，发放宣传资料300多份，签订安全生产责任书70多份，有效防范安全事故发生。大力推广生态、绿色养殖，通过印发宣传资料、举办技术培训班等形式，普及环境保护知识，实施治污工程，完成市下达6家规模养殖场污染减排任务。抓好环保创模工作，结合部门职责，积极协助环保部门做好畜牧业领域环保工作，确保通过考核达标。

【生猪屠宰管理】 2016年，县畜牧兽医局加强《生猪屠宰条例》宣传贯彻，积极开展

"扫雷"行动，坚决打击私屠滥宰。出动136人次，参与整治生猪屠宰活动，取缔私宰点3个；10月25日，与县食品药品监督管理局、长布镇政府组织联合执法，在长布镇查处一起涉案人员较多、数量较大的经营销售私宰鲜猪肉和变质冰冻肉案件，有效打击和震慑此类违法活动。督促屠宰企业严格落实安全生产"一岗双责"制度，加强屠宰场制度建设，完善屠宰场设施设备，确保不出现安全生产事故。完成五华县水寨肉联厂和16间小型屠宰场定点屠宰资格的复核认定工作，通过市复核验收。

【国家卫生县城创建】　2016年，县畜牧兽医局根据五华县创建国家卫生县城要求，结合实际，扎实推进"创国卫"工作。投入1万多元用于健康教育宣传、病媒生物防制、网格化责任地段管理、农贸市场整治、安全文明小区建设，以及支持莲洞村旭日、红日村民小组创国卫等工作，确保如期实现国家卫生县城目标。与水寨镇华新路网格化责任地段49家商铺签订"门前三包"责任书，与64位干部职工签订《五华县畜牧兽医局干部职工创卫行为规范承诺书》。申请县政府收回大坝屠宰场，无偿用作于大坝农贸市场停车场建设工作。

【广东省县级文明城市创建】　2016年，县畜牧兽医局成立以局长任组长的创文工作领导小组，制定并组织实施创文实施方案和2016年度创文工作计划。组织干部职工集中学习习近平总书记系列重要讲话及上级文件、政策，广泛开展社会主义核心价值体系学习教育，坚持把社会主义核心价值体系贯穿到干部职工教育以及日常工作学习生活中，融入精神文明建设全过程。投入6000多元，完成70米公益宣传图画、更新制作宣传栏4个次，并利用彩铃、短信等形式加强宣传。

【精准扶贫】　2016年，县畜牧兽医局严格按照中央、省、市、县部署和要求，精心组织，创新举措，主打"准、实"，扎实推进长布镇高福村、栋岭村精准扶贫精准脱贫工作。协助筹集资金40多万元，用于美丽乡村建设、贫困户畜禽养殖项目启动资金、高福村500米村道硬底化、桥梁护栏、水圳陂头、公厕等建设。通过帮扶，高福村12户26人、栋岭村25户53人实现稳定脱贫，分别占贫困人口30.5%、31%。

【依法治牧】　2016年，县畜牧兽医局加强畜牧业法律法规学习、宣传、教育，认真落实"谁执法谁普法"责任制，扎实推进"法治先进县"创建工作。对动物防疫条件合格证、兽药经营许可证审核等进一步简化流程，提高服务质量和水平。制定畜牧局权责清单事项235项，规范权责，确保依法行政、依法治牧。

【机关作风建设】　2016年，县畜牧兽医局认真制定并落实《五华县畜牧兽医局开展改进机关作风建设专项整治活动实施方案》，扎实开展改进机关作风建设专项整治活动。全年收集机关作风方面存在问题、意见8条，形成分析对照检查材料54篇，制定整改措施8条，完成整改项目8个，健全完善制度6个，与干部职工签订《作风建设责任书》49份。通过专项整治，坚决纠正不作为、乱作为行为，全面提升工作效能，重新树立畜牧队伍新形象。

（宋玉胜）

县畜牧兽医局2016年度负责人名录

局　　长：张景铮

副 局 长：郭崇明

张载良（3月任，任至11月）

党组成员：曾献涛

扶 贫 开 发

【简况】 2016年，县委农办（扶贫开发局）切实做好新时期精准扶贫精准脱贫工作、中央专项彩票公益金扶持革命老区小型公益项目建设、新农村建设、老区建设、“大禹杯”项目。

【精准扶贫 精准脱贫】 2016年，五华县有92个省定贫困村，各级帮扶单位82个，其中省（中）直帮扶单位12个，广州市（含番禺区）帮扶单位60个，梅州市直帮扶单位9个；县直帮扶单位102个，分别挂扶分散贫困户比较集中的109个村，剩下211村落实16个镇镇村干部帮扶。从县直单位中选派31名副科级干部到广州市部分帮扶村任第一书记。同时，抽调171人，成立16个乡镇帮扶工作组。全县16个镇、412个村均实现扶贫工作队全覆盖。全年，通过实施文化教育、转移就业、医疗救助、兜底保障和危房改造等帮扶措施，完成10652户26986贫困人口的脱贫任务，占贫困人口总数38.09%。

2016年，省、市和帮扶市到五华县的资金2.91亿元，其中省财政1.98亿元，市财政3,574万元，广州市财政5,688万元，五华县按照资金使用计划下拨各镇近2.2亿元。打造“互联网+扶贫”新模式，进驻网上办事大厅部门36个，进驻服务事项502个，其中镇级服务事项27个，村级服务事项6个。

【农村综合改革】 2016年，五华县土地确权有序推进。完成外业调查1.77万公顷，占全县需调查面积51%，逐步进入底图制作及外业调查阶段。深化推进集体林权改革，完成林地确权登记颁证37宗，面积489.57公顷。农村集体“三资”管理服务平台建设步伐加快，建成村级站点412个，以村务公开栏方式公开交易信息的行政村达100%。平台建立以来交易203宗6,308万元。强化村务财务监管，通过网上公开招标的方式，聘请两家会计师事务所，对全县16个镇412个经联社和34个居委会从2014年1月至2015年12月的财务收支情况进行审计，全面完成村级财务审计工作。

【新农村建设】 2016年，新农村建设工作稳步推进，农村人居环境不断改善，完成1060个自然村的新农村规划编制工作，完成7宗小型水库除险加固工程，9宗小流域治理工程全面完工，启动10宗村村通自来水工程建设，12宗镇级污水处理设施建设完成可研报告编制，可实施工程招投标；完成乡村绿化美化工程建设54个，其中省级示范村3个，全县建成华城、安流、棉洋3个乡镇污水处理厂。

【老区建设】 2016年，五华县安排扶持老区发展专项资金39万元，其中河东镇黄湖村村道修复加固6万元，水寨镇大湖村文化活动中心建设9万元，长布镇中心村村道修复加固9万元，长布镇五彩村村道修复加固9万元，龙村镇石溪村村道硬底化6万元。

2014年中央专项彩票公益金扶持革命老区小型公益项目（梅林镇梅林村、双华镇矮畲村、郭田镇郭田村）全部完工，项目完成专项资金投资1000万元，完成村道硬底化3条共7公里，加固拦水坡及新建拦水坡各2座，修建“三面光”排灌渠道7条共14公里。

【“大禹杯”项目】 2016年，县委农办（扶贫开发局）积极争取省“大禹杯”专项资金竞争性项目110万元，分别用于转水镇里塘村、横陂镇杨恩村和棉洋镇镇平安村3个村的山水田林路综合治理。转水镇里塘村、横陂镇杨恩村项目完工并通过验收。

【幸福村居项目】 2016年，县委农办（扶贫开发局）积极争取上级专项资金1,000万元，统筹县级资金219万元，共计投资1,219万元，完成华城镇城镇村幸福村居项目工程建设，项目总规模占地面积4.4万平方米，其中绿化面积3000平方米，水域面积2.3万米。

县委农办（扶贫开发局）2016年负责人名录

主　任（局　长）：朱建芳

副主任（副局长）：吉瑞旖　陈宗书

林　业

【简况】 2016年，县林业部门认真做好各项工作，顺利完成各项任务，达到预期目标。森林蓄积量由2015年783.13万立方米增至822.06万立方米，年增长5%；森林覆盖率由2015年70.15%增加到70.74%。生态环境日益改善，森林资源发展态势更加良好，保障机制进一步健全。

【重点生态工程建设】 一是全面完成2016年森林碳汇重点生态工程和森林抚育任务。完成2016年森林碳汇重点生态工程任务1.06万公顷，其中省财政投资造林4333.33公顷，社会和地方财政配套造林3933.33公顷，封山育林2333.33公顷；完成森林抚育任务2.88万公顷，其中2015年中央森林抚育补贴任务1.29万公顷，2016年省级森林碳汇林抚育任务1.59万公顷。二是实施县城周边三万群山森林围城工程。按照县委县政府部署，从2016年起，用3年时间对县城周边三万群山的林分质量进行高标准改造提升。对县城周边三万群山进行科学规划、分类管理，将533.33公顷林相好的有林地划为全封山管护，对1400公顷林相较差的疏残林地进行补植抚育，对66.67公顷无林地进行全造林，并计划进行连续2年抚育，争取在2018年实现新造阔叶树平均高度达到3米以上，县城周边群山郁闭成林，形成美丽的森林围城景观。三是稳步推进森林公园规划建设。制订《五华县森林公园规划建设实施方案》，投入资金2,150多万元，完成4个镇级森林公园可行性报告编制、总体规划和立项报批。同时，进一步加强对原有森林公园、湿地公园规划建设的指导完善工作。四是大力建设生态景观林带。全面完成2016年生态景观林带完善提升任务46公里，建设面积74.03公顷，并全面落实专业管护人员，加强巡逻管护，确保生态景观林带得到有效保护。五是推进乡村绿化美化。筹资200万元，购买40万株地径1.3厘米以上、苗高

1.3 米以上的两年生袋苗，送到全县各镇，支持村庄绿化和镇级森林公园建设；完成乡村绿化美化工程建设 54 个，其中省级示范村 3 个（郭田镇郭田村、龙村镇梧溪村、水口村）。六是大力发动义务植树。发动全县60 多万人次参与义务植树 200 多万株，种植面积 2 万多亩；发动全县十二大系统及河东镇、国土资源局自筹资金 150 多万元，抚育补植面积 100 多公顷。

【森林资源保护管理】 一是狠抓森林防火。严格落实省、市、县关于森林防火有关要求，创造性地开展工作，实现清明期间森林火灾“零”发生，取得历史性突破。落实“党政同责、一岗双责、齐抓共管”工作机制和森林防火“网格化”管理制度；认真实施森林防火“十四个一”宣传方案；投入 697.7 万元，加强森林防火宣传和购置扑火器械、个人防护装备和建设省森林重点火险综合治理项目，投入 1250 万元，做好中央苏区梅州西片（五华县）森林火灾高风险区综合治理工程建设项目的规划设计；分别在潭下、水寨、转水、双华、梅林等镇开展 6 场大型森林防火应急扑火演练；从 10 月份起，在全县开展森林防火严防严管严打（简称“三严”）专项行动和每月一主题活动；实行每天火情“零报告”、野外违规用火周报告、每月主题活动督查通报、每月县政府常务会议专题研判森林防火工作等制度，确保森林防火工作取得实效。二是严厉打击各种破坏森林资源行为。充分发挥林政执法队伍和森林公安分局职能作用，开展“打击破坏野生动物资源违法犯罪”“打击破坏林地资源违法犯罪”“红线行动”“开展严厉打击涉林违法犯罪”等一系列专项行动，全力打击涉林违法犯罪活动，维护林区社会治安稳定，保护森林资源安全。全年受理各类森林案件 64 宗，其中立刑事案件 21 宗，判刑 3 人，取保候审 2 人；治安案件 10 起，行政拘留 10 人；行政案件 33 起，查处 33 起，处理 33 人次，行政罚款 93.95 万元。处理年前刑事案件 6 宗，判刑 6 人。三是加强林地保护管理。严把各类需征占用林地建设项目审核关，全年受理林地报批 21 宗，面积543.4 公顷（8151 亩），蓄积 1.05 万立方米，收取森林植被费 6051.9 万元，其中上报国家林业局审批 1 宗，蓄积 8487.1 立方米，面积 302.5 公顷（4537.5 亩），收取森林植被恢复费 1877.8 万元；上报省林业厅 20 宗，面积 240.9 公顷（3613.5 亩），蓄积 2007 立方米，收取森林植被恢复费 4174.1 万元。四是顺利通过全国森林资源保护管理检查。各部门联动、上下一心，做好各项准备工作，全力配合国家森林资源保护管理检查小组完成检查工作。五是规范森林采伐及木材流通管理。坚持《森林法》规定用材林消耗量低于生长量的采伐原则，严格控制森林采伐量，不断推进林木采伐管理制度改革。加强木材流通监督管理。全年在河子口木检站、安流木检站及流动木检站检查车辆 449 次，查验木材 6192.3 立方米，半成品 3770 立方米，依法查处违规运输木材 209.89 立方米，木材变价款 6.53 万元，罚款 7,000 元。六是做好以薇甘菊、松材线虫病为主的森林病虫害防治工作，积极开展野生动植物保护工作。

【发展林业产业】 2016 年，县林业部门切实加快森林旅游发展规划示范基地申报工作步伐，做好产业发展规划编制；做好 2015

年林业产业与产品年鉴数据库建立和信息收集填报工作，认真落实造林补贴试点工作，调动全社会植树造林积极性；向上级争取蒲丽顶森林公园林区公路建设经费30万元；做好油茶示范林建设项目的工作，把发展油茶产业作为调整林业产业结构、打造绿色经济、增加林农收入的重要举措来抓，全年种植经济油茶约7333.33公顷，主要分布在潭下镇、周江镇、横陂镇、华城镇、棉洋镇、梅林镇和龙村镇。

【完善林改工作】 一是继续做好林地林权改革工作。按照林地确权登记办证程序，大力推进集体林权改革工作，全年完成林地确权登记办证37宗，面积489.57公顷，其中：公司（企业）16宗326.11公顷；个人承包山10宗145.11公顷；个人自留山11宗18.35公顷。二是健全森林资源产权交易机制。逐步完善森林资源交易平台，健全交易运行机制，全年办理林地流转28宗，涉及林地面积1778.31公顷，办理林权抵押贷款4宗，涉及资金2,628.8万元。三是扎实推进国有林场改革工作。借助鸿图嶂林场被列为全国"国有林场改革监测样本林场"契机，积极争取县委县政府及上级林业主管部门支持，全面加快国有鸿图嶂林场改革步伐。

【山林纠纷调处】 2016年，县林业部门以"定纷止争，案清人和"为目标，及时采取有效措施化解山林权属纠纷，力促林区社会和谐、稳定。全年调处山林权属纠纷案件4宗。同时，做好信访维稳工作，全年接受来信来访、民声热线等案件87宗，其中来信来访66宗、民声热线21宗，答复77宗，成功调处10宗。

（张涛、刘向东）

县林业局2016年度负责人名录

局　长： 龙谨平（任至12月）

副局长： 张新辉　张锦清　林锦森　张育中

县公安局森林分局局长： 李志环

党组成员： 李建斌　万仕林

水　务

【简况】 2016年，县水务部门紧紧围绕上级大力加强基础设施建设和快速推进县城扩容提质的契机，以山区中小河流治理、村村通自来水、县城河堤升级改造为重点，累计完成水利建设投资4.9亿元，同比去年增加18%。

【"三防"工作】 2016年，全县平均降雨量2256毫米，为五华历史之最，而且时空分布不均，暴雨频现，其中3月中旬、10月下旬分别受强对流天气和台风"海马"影响，琴江河流域出现超警戒水位，局部地区发生洪涝和山洪地质灾害，全县因灾损失达2.8亿元。灾后，各级各部门迅速开展救灾复产，加快水毁工程修复，全力降低灾害损失。由水务部门投入300多万元组织实施的河东镇布头河堤、浮湖水闸等应急抢险工程基本完工。县"三防"办积极组织防汛抗洪抢修应急演练，举办"三防"业务知识培训班，筹资购置一大批"三防"物资下沉基层镇村，显著提高全县抗洪抢险保障能力。

【县城水利项目】 2016年，总投资6,460

万元的县城罗湖堤升级改造工程完工投入使用，成为县城又一条交通主干线，配套建设的罗湖河畔公园同步建成向市民开放。总投资 8,700 多万元的增塘堤升级改造工程扎实推进，控制性工程—上坝电站引桥完成桥墩施工和主梁架设，河堤基础和堤身混凝土挡墙完成总工程量 90%，路面土方回填、管沟工程按计划进行。人民公园至上坝堤雨污分流整治项目完成工程招投标和施工合同签订。县城至工业园区红木产业园的供水管网建设工程基本完工。

【山区中小河流治理】 2015 年度 9 宗治理工程全面完工验收，结合美丽乡村打造的矮车河流域、小都河崇文村段、五华河华城圩镇段等示范点建设初见成效。2016 年度 16 宗项目全面开工建设，累计完成工程投资 2.5 亿元，占计划总投资 61%，总体进度较快的有周江河河口段、蕉州河（河口段）、新田河、中兴河、硝芳河、潭下河（上游段）、鹤市河（岐岭镇段）等 7 宗工程。

【村村通自来水工程】 2016 年，总投资 8.46 亿元的全县村村通自来水工程正式启动，累计完成投资约 6000 万元，其中河东镇油田片、水寨镇大坝片全面完工，华阳镇、周江镇中兴片、周江片、转水镇等项目开工建设，长布蒲江片、大田片、双华镇、华城镇等项目完成招投标并开展开工准备工作。棉洋镇、安流镇项目组织招投标，龙村镇、潭下镇、岐岭镇双头片 3 宗项目正在编制初步设计报告。

【其他水利项目建设同步推进】 2016 年，里江、洪湖等 7 宗小型水库除险加固工程全面完工，其中 5 宗完成竣工验收。历时 4 年实施的省级水利示范县 119 宗项目进入收尾阶段，除 2 宗中型灌区、1 宗排涝泵站、2 宗内涝区整治项目未完成建设任务外，其余 114 宗项目基本完工。完成安流、华城、棉洋等 3 个镇的“五沿”崩岗综合治理一期工程，治理崩岗 18 个。移民后期扶持项目扎实推进，潭下移民新村完成主体工程建设。镇级污水处理设施及配套管网 PPP 项目稳步推进，项目公司招标完成。益塘水库引水工程前期工作有序推进，项目可行性报告和水资源论证技术审查工作完成。

【依法治水】 一是重抓河道采砂管理。全面完成 2016 年度可采区招投标，11 个可采区成功招标出让，收取招标出让金 2,592 万元、税费 673 万元。持续加强河道采砂源头管理，狠抓持证砂场管理，有效遏制非法采砂，河道采砂秩序有所好转，全年累计发出停业整顿通知书 8 份，扣除履约保证金 50.76 万元，暂扣非法采砂作业工具 26 台（套），移送公安机关处理 6 人。二是强抓河道专项整治。大力开展全县河道内船舶、河道内违法建筑物专项整治，共吊离无证船舶 83 艘、建设系缆桩 37 个，拆除违法占河建筑物 44 处、5900 多平方米，查处非法倒土入河案 3 宗，确保河道行洪和桥梁安全。三是狠抓其他涉水执法。深入推进“法治先进县”创建工作，全面加强水利行政许可、行政审批等依法行政工作，全年办理取水许可手续 78 宗、水土保持方案合格证 8 宗。进一步加大非法堆放经营河砂、县城地下水专项整治力度，扎实做好水土保持预防监督、小水电站监督检查、水利工程安全生产大检查等工作，维护正常水事秩序，确保水利工程安全和水务行业生产安全。

【水利行业管理】 2016 年,县水务部门落实最严格水资源管理有关制度，顺利完成桂田、益塘水库水源水质保护工程，积极向省申报水系连通整治储备项目。深入开展“水利管理年”和“水利质量年”活动，加强勘察设计、工程监理、质量监督、建设程序、资金使用等关键环节监管，确保工程安全、资金安全。建立健全“河长制”为核心的中小河流治理建后管护和考核评价机制，稳步推进小型水利工程管理体制改革。县机电排灌管理总站整体转制工作进入实施阶段。污水处理工作稳步推进，全年完成县城污水处理量 1491 万吨，超额完成年度减排任务。供水工作正常有序，县自来水总公司售水量达到 1246 万立方米，同比增加 11.3%，县水保站供水收入增幅较大。局属电站发电量超过 7700 万度，比 2015 年大幅增加 188%，益塘、睦贤等电站发电量均创历史记录。水库旅游工作稳步发展，益塘水库新建门楼落成使用，依托锡坑水库建设的双龙山旅游区初具规模。

【水务队伍建设】 2016 年，县水务部门组织号召全系统认真学习贯彻党的十八届六中全会精神，牢固树立“四个意识”（政治、大局、核心、看齐），坚定维护习近平同志为核心的党中央权威，坚持把纪律和规矩挺在前面，思想政治建设不断强化，党建科学化水平不断提高。通过举办党员诵读、知识竞赛等形式，深化“两学一做”专题学习教育效果。加强党务政务信息公开，规范项目招投标，强化涉农资金监管。进一步落实党风廉政建设责任制，严格执行廉洁从政各项规定，严格执行中央八项规定，切实提高廉政风险防控能力。积极开展政风行风评议工作，着力整治庸政懒政行为，转变工作作风，推动县委县政府各项重点工作和民生实事的有效落实。

【其他工作】 2016 年，县水务部门全面落实“一岗双责”制度，安全生产形势持续好转。挂钩精准帮扶龙村镇石溪村、潭溪村工作开局良好，创文、创卫工作扎实推进。工青妇工作取得新成效，职工工会制度不断健全完善，局足球队喜获全县机关杯足球赛第 3 名，篮球队首次参与全县业余联赛。精神文明建设、计划生育、水利宣传等工作取得新进展。

（陈勇　徐安诺）

县水务局 2016 年度负责人名录

局　　长：张少凡
副 局 长：张德祥
李国青（任至 3 月）
黄敬阳　蔡　文
曾志青（3 月任）
总工程师：何定标
党组成员：刘兴华

供　电

【简况】 2016 年，县供电局结合自身企业实际，围绕“一核两区三组团”发展新格局，紧紧依靠广大干部和职工，狠抓工作落实，为实现“十三五”良好开局，创建国内先进供电企业目标打下坚实基础。全年累计完成购电量 7.69 亿千瓦时，同比增加 10.57%；完成售电量 7.15 亿千瓦时，同比增加 11.30%；完成供电成本 2.91 亿元，同比增加 19.14%；实现净收入 4 亿元，同比 10.17%；利润总额 56.79 万元，同比增加利润 6359.72 万元，资产负债率为 153.53%。线损率为 6.98%，同比下降 0.61 个百分点，当年电费回收率为 100%。综合电压合格率 99.556%，同比降低 0.237 个百分点；用户平均停电时间为 30.5 小时，同比增加 24.34 小时。至年末，实现连续安全生产 1827 天。

【安全生产管理】　2016 年，县供电局坚持“安全第一、预防为主、综合治理”方针，把人身安全风险管控作为重中之重，夯实安全生产基础，做好各项安全工作。开展形式多样的专项活动促安全生产，突出检查输配电线路交叉跨越铁路、高速公路的隐患排查治理情况。加强施工现场监督，狠抓防外力破坏、消防、交通安全管理，严肃查处各类违章行为，加大违章考核力度，加强电网运行监控，认真做好迎峰度夏和防风防汛工作。组织完成中压线路新旧 GIS 单线图核对工作，做好 GIS 系统双轨运行工作，以及配网图实一致工作。配电设施安健环标识专项整治工作有序推进。提前做好县城周边乡镇禁放孔明灯宣传工作，多次深入基层，向河东油田漂湖村、礤下村及水寨大坝梓皋村民说明燃放孔明灯危害，有效保护途经五华县 500kV 输电线路健康运行。认真做好输配电设施隐患排查与整改工作，加强主、配网缺陷管理，严格按照消缺要求完成整改，全年发现主网 132 个缺陷，处理 128 个，消缺率 97%；发现配网 180 个缺陷，处理 120 个，消缺率为 67%。加强日常巡视工作，通过加装过电压保护器、线路避雷器、检查配变接地电阻是否合格并及时整改等措施降低因雷击引起线路故障跳闸次数。加大竹木障碍清理力度，要求对线行左右 5 米内的竹木进行清除，确保线路健康运行。全县电网最高负荷 194MW，通过及时解负荷情况，合理安排电网运行方式，最大限度地满足社会用电需求，保证电力供应。严格落实各项保供电工作要求和措施，圆满完成春节、中高考、国庆保供电及政府部门重要公务会议、大型活动等多项保供电任务。成功应对台风“妮妲”、“海马”抢修复电工作，确保安全形势继续保持平稳。

【电网建设与改造】　2016 年，县供电局加强政企合作，积极主动与政府签订 2016 年推进电网建设目标责任书，大力推进新一轮农网改造升级工作，编制供电所一所一册和中心村一村一方案，完善“十三五”规划库修编，构造五华县电网建设蓝图。全年完成基建配网工程财务决算 182 个项目（含业扩配套项目），总投资 7,332.99 万元。完成 110kV 狮潭、枫林输变电工程青苗补偿及开工前相关工作，以及 110kV 油田#1 变电站和 35kV 新桥变电站选址选线。其中，转水所“10kV 竹头塘#2 公变及竹头塘公变台区改造工程”中心村示范典型被指定为粤东片交流学习项目。

【优质服务】　2016 年，县供电局加强电费回收力度，大力推进用户签订银行代扣、微信、惠农通缴费等业务，为用户缴交电费提供便利，举办 22 场村民“村电共建”活动，进一步提高非现金缴费率和减轻营业厅收费压力，实现电费回收率 100%。严格执行广东电网公司业扩投资界面延伸工作要求，落实供电服务“最后一公里”工作。明确规范营销领域责任清单“八必须”及业扩领域负面清单“十严禁”。积极推进“95598 热线、广东电网微信号、广东电网网（掌）上营业厅”等远程渠道，实现远程报装比例为 66.53%。全力配合计量中心组织检定人员参与各类计量物资校验。全年完成 6.5 万只单相电能表、9000 只三相电能表和 60 台计量箱等集中校验工作，为县智能电表轮换保证电表供应数量。加快智能电表投资建设，重点推进低压集抄项目建设，完成 66535 户智能电表和 77369 户低压集中抄表，实现费控电表覆盖率从 0%提升到 16.61%；低压集抄覆盖率从 0%提升到 24.95%。全面承接处理 95598 下发工单，全年受理工单 19181 宗，办结率和回访率均达到 100%。积极配合县委县政府做好兴华高速、畲华高速、琴江新区、景观公路、进城大道、香雪板块、县城工业园区、丰华产业聚集带、河东工业区、X003 线梅林金坑至龙村金龙、龙村宫背至华阳、红木产业园、人民公园等市、县重点工程及城市扩容提质等工程所涉及 220 千伏及以下输、配电线路及设施迁改，保障政府重点工程建设有序推进。

【党建工作】 2016 年，县供电局深入推进“三严三实”，认真开展批评和自我批评，全面落实班子和班子成员查摆问题整改。完善党建工作联系点制度，党委成员每年深入联系点不少于 4 次，指导解决党建工作中重点难点问题，将联系示范点好的做法进行推广应用。全体党员主动对标“四讲四有”，围绕“三对照两检查”开展专题讨论，对标《南网总纲》找差距、挖潜力，做到以学促改，以做促学。紧盯节假日关键节点进行及时提醒，针对性开展明查暗访 9 批次，主动开展“四风”问题整治情况“回头看”，着力夯实纪律作风效能建设。以“暖心工程”建设为切入点，重点解决员工食堂、休息室升级改造等生活问题，实现 12 个基层站所食堂、淋浴室全覆盖、休息室优化配置目标，增强员工获得感与归属感。启动新时期精准扶贫精准脱贫工作，配合广东电网公司扶贫工作组开展对横陂西湖村及县供电局负责的扶贫点河东油田村、平西村等扶贫点的精准扶贫和精准脱贫工作，第二轮扶贫开发“双到”工作扎实有序推进。

【企业发展】 2016 年，县供电局积极贯彻落实上级“一体化”发展战略，主动作为、深挖潜力，将精益化思想融入管理，编制完成“十三五”改革发展规划，系统谋划企业未来五年发展重点、举措和整体布局。科学运用发展战略实施工具推进精益化管理，推进“安全、规划、降损、信息化、党建党廉和作风建设”，积极探索精益管理之路，实现安全生产、规划建设、市场营销、人力资源、财务管理、物资管理和信息化等七个领域“两个全覆盖”目标。强化信息化与企业发展融合深度，资产、营销、人资（含培评）、财务系统、GIS 平台单轨上线，核心业务全部通过系统闭环运转，各项业务和数据实现平稳过渡。积极开展结构性缺员治理专项行动，重点解决涉及安全生产、经营领域关键专业和生产一线岗位的结构性缺员问题，其中，调剂超员人数 29 人，补充缺员人数 52 人，16 名毕业生全部补充到生产一线岗位，促进人员合理有序流动。通过激励与约束机制并举，收入分配持续向一线和边远地区倾斜，打通偏远供电所定期轮换机制等，总体上盘活全局人力资源。顺利完成 2016 年度专业技术岗位和技能岗位人员组（竞）聘上岗工作，通过组竞聘和调配 26 人，轮岗 7 人，实现跨地区、跨专业人员平衡调剂，进一步促进人员平衡配置。积极参加广东电网公司安全生产领域领导干部大练兵大比武，有 6 人获得团队一等奖的好成绩，员工技能素质进一步提高。

（刘炽辉）

广东电网梅州五华供电局 2016 年度负责人名录

局　长：曾建文

副局长：谢伟才　何新奎　曾向平　李焕标　田康

气　　象

【气候概况】 2016 年气候特点是：气温比历年平均偏高，降水偏多，日照偏少。

气温　年平均气温 21.7℃，比历年平均气温偏高 0.3℃。年极端最高气温 38.6℃，出现日期在 7 月 29 日；年极端最低气温 -1.1℃，出现日期在 1 月 25 日。1—3 月、8 月和 11 月气温偏低，其中 2 月气温偏低 2.5℃，3 月气温偏低 1.4℃，8 月气温偏低 0.7℃。

降水　年降水量 2295.8 毫米，较历年平均偏多 50%，其中汛期（4—9 月）降水量 1170.7 毫米，占全年降水量的 51%，其他月份占全年降水量的 49%。降水分布不均匀，1 月、3 月、10 月和 11 月降水量偏多，其中 1 月偏多 622%，3 月偏多 176%，10 月偏多 414%，11 月偏多 264%。

日照　年日照时数 1652.7 小时，比历年平均偏少 11%。1—4 月、8—11 月日照时数偏少，其中 1 月、4 月、8—11 月日照时数分别比历年平均偏少 20%～70%；5—7 月和 12 月日照时数偏多，分别比历年平均偏多 10%～40%。

台风　全年有 4 个台风和 1 个热带低压影响广东，其中强台风“海马”是 10 月下旬以后登陆广东的最强台风。

【防灾减灾】 2016 年，五华县气象局继续加强部门联动，做好防灾减灾和公共安全气象保障工作。与电视台联合建立预警信号快速播发机制，有效传播气象预警信息，避免或减少因气象灾害造成的损失。台风“海马”期间，首次与教育局联合启动停课机制。联合县科工商务管理局、安监局等部门，组织在全县范围内开展危险化学品、易燃易爆场所等重点单位气象灾害防御暨防雷安全专项检查。9 月开展五华县农村雷电灾害隐患排查工作，建立隐患台账，制定整改计划，逐步改善农村防雷安全状况。五华县气象局新建及升级改造自动气象站，逐步建成布局合理、规范统一、质量可靠、运行稳定、保障有力的自动气象观测站网，提高综合观测水平。

【气象服务】 2016 年，县气象局认真履行职责，毫不松懈地加强气象灾害的监测预警，全力做好气象预报服务工作，积极开展地质灾害气象预警信息发布、农业气象月报、台风暴雨停课机制等工作，圆满完成春运、春播期及汛期的气象服务工作。制作 64 期《重大气象信息快（专）报》，为县委、县政府科学决策提供依据。加强与国土资源局合作，全面开展好地质灾害预警信息的发布工作。全年发布地质灾害预警短信 116 次，短信受众 910032 人次。与农业局联合制作《农业气象月报》12 期，为家庭农场、专业大户、农民合作社、产业化龙头企业等四大新型经营主体提供直通式气象服务。全年发布预警信号 145 次，其中台风白色预警信号 4 次、蓝色预警信号 4 次、黄色预警信号 1 次；高温黄色预警信号 9 次、橙色预警信号 2 次；暴雨黄色预警信号 19 次、橙色预警信号 18 次、红色预警信号 1 次；寒冷黄色预警信号 8 次、橙色预警信号 5 次、红色预警信号 1 次；森林火险黄色 9 次、橙色预警信号 2 次；雷雨大风蓝色预警信号 49 次、黄色预警信号 1 次；大雾黄色预警信号 3 次，橙色预警信号 6 次、红色预警信号 1 次；冰雹橙色预警信号 2 次。

（黄媚）

县气象局 2016 年度负责人名录

副 局 长：钟美英（主持全面工作）

烤 烟 生 产

【简况】 2016 年，县烤烟生产部门认真贯彻落实国家、省、市局各项决策部署，坚守计划红线，严控种植规模、优化种植布局，保持烟叶生产平稳健康发展。全县落实种烟镇 12 个，种烟村 79 个，种植户 253 户，种植面积 827.33 公顷。全县户均种植面积 3.27 公顷，植烟面积 2 公顷以上专业户 170 户，面积 770.33 公顷，占总种植面积 93%，比去年增加约 6 个百分点，烟叶种植集约化、规模化程度进一步提升，烟叶种植布局得到进一步优化。

【科技兴烟】 2016 年，县烤烟生产部门围绕“合理有效延长烟叶大田生育时间、提高成熟度、增加干物质积累、改善烟叶品质”生产技术方针，制订和落实年度烟叶生产技术方案，全面推行标准化生产和 GAP 管理。一是加强技术培训，在育苗、备耕、中耕培土、植保、优化结构、采摘烘烤、分级扎把等各关键环节组织举办多种形式的全县烟农培训会，累计培训 897 人次。各烟叶工作点按要求在各环节组织对本辖区农户进行百分百培训。二是狠抓技术措施落实，以强化督察考评为抓手、以开展“比学赶帮超”活动为动力，分片划区落实挂点人员，为每户烟农各生产环节提供上门技术指导服务，大大提高各项标准化技术措施的落实到位率。三是抓好烟蚜茧蜂防治蚜虫技术推广。2016 年，五华县按照市、县工作实施方案，依托南雄烟科所在华城镇西林村及河东烟叶工作点建设 2 个烟蚜茧蜂繁蜂点，繁育僵蚜烟苗 950 盘，组建合作社放蜂队伍 5 支，于 4 月份在各站种植面积相对集中连片地段实行放蜂，推广面积 662.2 公顷，为减少烟农化学农药使用、提高烟叶质量安全、实现节约资源型、环境友好型烟草农业、促进烟叶生产绿色协调可持续发展发挥积极意义，并取得一定经济和社会效益。四是进一步加强示范片建设，全县设立县、站两级优质烟叶生产示范片 5 个、面积 72.33 公顷。示范片在机耕育苗、平衡施肥、地膜覆盖、移栽规格、大田管理、采摘烘烤等一系列环节，坚持高标准、严要求，发挥示范带头作用，以点带面，引导烟农改变过去重产量、轻质量思想观念，树立起精细化管理、向质量要效益、以特色求发展的正确理念，推进烟叶生产技术、管理水平及烟叶质量特色转变提升。

【专业化服务】 2016年，县烤烟生产部门为建设资源节约型、环境友好型烟叶生产体系，实现烟叶生产与生态保护协调发展，按照“烟草组织、烟农捡拾、网点收集、合作社参与、企业回收”工作思路，依托烟农综合服务合作社，积极开展地膜回收工作。合作社组建地膜回收服务队伍，根据烟叶区域布局和地膜使用量，科学设置村级回收网点26个，镇级回收网点10个，落实烟农田间地膜清除面积682公顷，占总使用面积82.44%，合作社地膜回收面积465.33公顷，占总使用面积56.24%，回收废膜重量27109.44公斤，由供应商统一进行回收处理。切实把烟农综合服务专业合作社作为烟叶生产服务主体进行培育和指导。全年合作社提供专业化育苗、机耕服务面积827.33公顷、专业化植保服务面积96.87公顷、专业化烘烤、分级服务面积129.4公顷。

【烟叶收购】 2016年，全县收购烟叶1719.47吨，完成计划合同数量的99.68%，其中：上等烟976.68吨，占56.8%；中等烟692.87吨，占40.30%；下低等烟49.92吨，占2.90%；上部叶比例占36.50%、中部叶比例占48.76%、下部叶比例占13.52%；收购烟叶等级及部位比例符合质量要求和烟叶生产实际情况。收购资金4483.42万元，均价1303.72元/担，亩产值3612.75元/亩，户均产值17.72万元。烟叶调拨各卷烟厂数量1719.2吨，其中：调拨广东中烟1469.2吨、深圳卷烟厂250吨。

（周裕标）

县烤烟办2016年度负责人名录

主　任：曾国清

副主任：张俊杰　邓炼中

蓄　能　办

【移民安置实施方案】 2016年，县蓄能办在完成县直各相关单位、镇和村对梅州（五华）抽水蓄能电站项目移民安置实施方案征求意见基础上，于11月3日启动移民安置实施方案进村入户宣传工作，抽调县直相关单位业务骨干共35人于11月3日至4日进行移民业务培训，11月7日正式进村入户宣传实施方案，同时还组织工作人员到广州、惠州、中山、珠海、河源、陆河等地召开外出人员座谈会，征求库区外出人员的意见。

【执行征地补偿30倍情况】 2016年，县蓄能办与调峰调频发电公司多次沟通协调，积极对接省、市有关部门，双方最终明确梅州（五华）抽水蓄能电站项目征地补偿倍数参照高陂枢纽工程征地补偿倍数30倍执行。依据11月1日《广东省移民工作局关于梅州（五华）抽水蓄能电站征地补偿标准有关问题的函》关于省移民工作局要求调峰调频发电公司“加强省、市相关职能部门及地方政府沟通协调，尽快按程序申报变更或概算调整手续”的要求，五华县将积极配合调峰调频发电公司做好征地补偿30倍上报送审工作。

【梅州（五华）抽水蓄能电站项目启动库区大面积征地】 据初步统计，从2016年5月开展库区大面积征地以来，完成土地丈量56.52公顷。截至12月底，累计征地156.03公顷，完成241座地坟迁移，已下拨相关征地费用2470万元。项目建设过程中，涉及

2016 年 4 月 22 日省水利厅水库移民工作局局长黄华（右三）、副局长王胜端（左一）到梅州抽水蓄能电站三坑安置点视察

的林木砍伐、征收补偿、临时安置、公墓山建设正在有序开展，征地能满足项目建设用地需求，保障“三洞两路”工程建设的有序推进。

【龙狮殿风电场项目列入省 2016 年重点建设项目计划】 2016 年 3 月 8 日，龙狮殿风电场项目列入省 2016 年重点建设项目计划《广东省 2016 年重点建设项目计划》。

【龙狮殿风电场项目取得中国国电集团投资决策批复】 2016 年 5 月 4 日，龙狮殿风电场项目取得中国国电集团投资决策批复《关于同意投资建设青海都兰诺木洪一期、湖南苏仙五盖山、山西阳高下深井一期、广东五华龙狮殿风电项目的批复》。

（周勇）

县蓄能办2016年度负责人名录

主　任：古伟炎

副主任：古子春

2016 年 7 月 7 日县长吴晖（左三）到梅州抽水蓄能电站现场调研

2016 年 7 月 20 日县委书记范宜军（左三）到梅州抽水蓄能电站现场调研

国 内 贸 易

供销合作社

【简况】 县供销合作社机关肩负着政府赋予的指导、协调、监督、服务、培训等职能，下辖福华供销百货、华保再生资源、农资有限公司、烟花爆竹专营公司及基层供销社19个，中心基层社2个。全系统在职干部职工1031人。2016年，县供销社深入贯彻落实党的十八届五中、六中全会、《中共中央国务院关于深化供销合作社综合改革的决定》及省实施意见精神，以习近平总书记对供销社工作的重要批示精神为指针，坚持发展为第一要务，锐意改革增活力，创新经营谋发展，围绕“服务三农”的思路，积极开展组建农民专业合作社的建设工作，打造“四大网络”在促进农业增效、农民增收、农村繁荣，保持经济平稳较快发展工作中取得一定成效。各项经济指标完成呈平稳增长态势。2016年完成商品总购进62,322万元，对比上年增长10%；其中：农副产品购进15,411万元，对比上年增长 254%；完成商品总销售69,503万元，对比上年增长4%；其中：农业生产资料销售29,834万元，对比上年增长19%；完成利润57万元，对比上年增长21%。超额完成省、市社下达的各项经济指标。

【农产品电子商务平台建设】 2016年，县供销合作社继续推进农产品电子商务平台建设，进一步提升服务“三农”水平。积极发动基层社和社有企业扩展服务领域，培育和发展电子商务企业。4月，五华县供销社与梅州中农批农产品批发市场有限公司开展电子商务示范县创建工作，签订战略合作协议书。扎实推进全系统电子商务平台建设，加快电子商务网络对接，切实做好与“供销e家”全国电商平台对接，共同打造“网上供销合作社”。拓展五华农产品销售，让广大农民足不出户就能从现代流通中受益，切实解决农民“卖难”问题，提升服务“三农”水平。

【打造经营服务平台】 2016年，县供销合作社继续推进“新网工程”建设，加强联合合作，构建现代流通网络和经营服务综合平台，服务城乡群众。首先，加大发展农资经营建设力度。其次，加强各经营网点的进货渠道监管，杜绝假冒伪劣产品进入门店，发现问题立即整改，并对承包或者挂靠供销社经营的企业进行全面清理，彻底清除挂靠供销社门店5间，做到彻底与供销社脱钩。

【高起点高标准组建农民专业合作社】 2016年，县供销合作社通过共同出资、共创品牌、共享利益等方式，高起点高标准领办一批管理民主、制度健全、带动能力强的农民专业合作社，有效对接惠农政策。全年新组建农民专业合作社 4 家。积极申报农民专业合作社省级示范社，2016 年被评为 2015 年度省级示范社 2 家。加强对专业合作社的产权联结、项目扶持、业务指导、综合服务等方式，指导农民专业合作社对接国家扶持政策，强化供销社的科学耕山致富带动能力。

【基层社改造建设】 2016 年，县供销合作社加强基层社改造建设，打造社区综合服务中心。供销社原有旧的商业设施极不能适应新型城镇化要求，县供销合作社对供销社的旧房旧站进行改造提升。棉洋供销社率先把原有旧办公楼拆除进行升级改造为“棉洋供销社综合服务中心”。升级改造后的服务中心为两层建筑，面积 250 多平方米。周江供销社将原来 340 平方米旅社旧房公开拍卖，拍卖款项用于改建周江供销社农资服务中心，11 月底拆除旧房并开始进场施工。棉洋、周江两个服务中心的建成，将为做好服务“三农”奠定基础，并更好地发挥服务“三农”重要作用。

【其他工作任务】 一是扎实抓好“双创”工作。县委县政府提出 2017 年底实现五华县城创建国家级卫生县城和省级文明县城的目标，并将任务分解到相关镇和县部委办局。县供销合作社把“双创”工作当作一项重要工作来抓，投入 9,120 元添置工具、树立宣传牌、印刷宣传资料，清理卫生死角，清除病媒生物，聘请卫生保洁员。县社牵头组织小院一栋民房修建好一个排水系统，并协调环卫部门落实华建街网格化管理，解决垃圾堆放和垃圾桶配置等问题；每星期五下午组织县社和公司干部职工清理打扫西河街卫生责任区和县社大院的环境卫生，较好完成“双创”工作任务。二是筹资约 3 万多元精准扶贫支持帮助岐岭镇罗经村、并派专人负责驻村扶贫工作，完成各项精准扶贫工作任务。三是筹资 2 万多元完成县委县政府下达的造林绿化工作任务。

（魏洪伟）

县供销社 2016 年度负责人名录

主　任：李载斌

副主任：温寿聪　魏洪伟

粮食储备管理

【落实粮食安全责任】 2016 年，县粮食局按照粮食安全政府责任制考核有关要求，进一步强化粮食供应保障和质量安全事故应急处置能力，于 12 月 12 日开展粮食供应保障和质量安全事故应急培训和模拟演练，进一步提高对粮食应急工作重要性的认识，锻炼粮食应急队伍，检验粮食应急预案实用性和可操作性。高度重视安全生产管理，落实安全生产管理主体责任，抓好安全生产和消

2016 年 12 月 12 日，五华县召开 2016 年粮食供应保障和质量安全事故应急培训和模拟演练（李志华摄）

防安全教育，严格遵守安全生产规章制度，遵照各项操作规程，明确消防安全责任区，责任到人，实现粮食安全生产。

【粮食仓库建设】　2016 年，为改变五华县粮食仓库建设滞后的不利局面，在原华城粮所新建粮食储备库。新建仓容 2.5 万吨仓库，项目总规划用地面积 1.38 万多平方米,总建筑面积5000多平方米,项目投资3,500万元。

【粮食轮换收储】　2016 年，县粮食局到吉林、江西等地学习考察，通过采取加强市场调查、落实措施和严把粮食质量关等措施，全力推进轮换和增储任务落实。按时按质按量完成县级储备粮油轮换收储任务，确保 2016 年县级储备粮食任务全面落实。

【粮食储备管理】　2016 年,县粮食局严格执行《梅州市地方储备粮管理办法》《五华县粮油仓储企业规范化管理规章制度汇编》

2016 年 9 月 30 日，省粮食局林善为副局长到五华县调研粮食储备仓库建设情况（李志华摄）

和《储粮安全“一岗双责”》等规章制度，以制度管理员工，提高粮油仓储企业规范化管理水平。多方面积极筹措资金，不断改善横陂粮库办公和储粮条件，安装库区视频远程监控，争取中央资金 29 万元对危仓进行维修，投入 30 多万元更新储粮设备，提升储备库安全储粮的功能。依靠科技进步，积极应用“双低”储粮、“熏蒸压线槽密闭线”、机械通风、电子测温、环流熏蒸等技术，提高粮食品质，减轻保管员劳动强度，节约保管费用，提高仓储效益。储备粮油做到专仓储存、专人保管、专账记载，账、卡、牌、簿和上报报表使用登记规范，库存账务规范，达到“一符、三专、四落实”管理要求。精心组织春秋两季粮油安全普查，通过省、市粮食局多次检查鉴定：五华县库存储备粮油账务管理规范、准确，达到账账相符，账实相符，确保储备粮油“储得进、管得好、调得动、用得上”。

【军粮供应】　2016 年，五华县军供粮油质量达到安全标准，财务制度健全，按时保质保量完成军供粮油供应任务，得到驻华部队的好评。

2016 年 5 月 6 日，冯志强局长到粮食仓库检查指导工作（李志华摄）

【粮食窗口管理】　2016 年，县粮食局按照县行政服务中心窗口管理工作要求，在县行政服务中心的粮食窗口管理规范，达到网上办理效果。

（李志华）

县粮食局2016年度负责人名录

局　　长：曾志勇（任至4月）
　　　　　冯志强（4月任）
副 局 长：陈春光
　　　　　朱　江
党组成员：饶建华
　　　　　张秋霞

烟 草 专 营

【简况】 2016年，五华县烟草专卖局（分公司）围绕省局（公司）"保八争九"目标和市局（公司）"11234"工作要求，坚持稳中求进总基调，以"两学一做"学习教育为引领，以"比学赶帮超"活动为动力，扎实抓好各项工作落实。全年，五华县烟草专卖局（分公司）实现销售总额9.34亿元，实现毛利2.75亿元，实现利润2.15亿元，分别同比增长1.95%、6.46%、8.15%。

【烟叶生产】 2016年，五华县烟草专卖局（分公司）坚守红线，优化布局，稳定烟叶种植规模，种植面积落实到12个镇、79个村，与253户烟农签订烤烟种植收购电子合同，合同种植面积827.33公顷。加强技术服务指导，实行标准化生产；加强示范片建设，充分发挥以点带面作用，推进各项技术措施落实。做好地膜清理回收及优化结构工作，改善烟叶等级结构，提升烟叶质量水平，实现烟叶生产与生态保护协调；抓好烟蚜茧蜂防治蚜虫技术推广工作。全县建设2个烟蚜茧蜂繁蜂点，繁育僵蚜烟苗950盘，组建合作社放蜂队伍5支，推广面积662.2公顷；加强烟农综合服务专业合作社建设。合作社提供专业化育苗、机耕服务面积827.33公顷、专业化植保服务面积96.86公顷、专业化烘烤、分级服务面积129.4公顷；推进烟叶生产基础设施建设，进一步完善综合配套设施。全年度烟基建设项目148件，补贴资金概算547.06万元，包括：新建密集式烤房127座、新建机耕道路1条480米、购置烟草农用机械20台（套）。抓好烟叶收购工作，全县收购烟叶34389.36担（其中：上等烟19533.53担，占56.8%；中等烟13857.44担，占40.30%；下低等烟998.39担，占2.90%；上部叶比例占36.50%、中部叶比例占48.76%、下部叶比例占13.52%；），收购资金4483.42万元，均价1303.72元/担，完成收购计划任务。

【卷烟营销】 2016年，五华县烟草专卖局（分公司）采取有效措施，努力促进卷烟销售平稳增长。以提升重点品牌结构为重点，狠抓品牌培育潜力。1—12月份累计销售重点品牌卷烟15.32亿支，占总销量的89.18%，同比增长2.85%；创新省产双喜品牌的培育新思路，巩固省产双喜三类卷烟销量，大力提升省产双喜一二类烟特别是五叶神一类卷烟培育水平。1—12月份省产双喜品牌总销量9.21亿支，占卷烟总销量53.63%；省产双喜一二类卷烟销量1.61亿支，占省产双喜品牌总销量17.46%；加强现代卷烟零售终端建设，提升终端运营管理水平；加强对客户的经营指导，把好等级测评关，发挥专销结合作用，抓规范经营工作；加强卷烟配送安全管理各项工作，确保卷烟配送工作规范、安全运行。全年累计销售卷烟 17.18 亿支，完成年度计划 100%，同比增长 2.31%；实现卷烟销售收入（含税）9.86 亿元，同比增长 2.82%；实现销售毛利 2.47 亿元，同比增长 8.78%；实现单箱销售收入（含税）28691.77 元/箱，同比增长 0.50%。

【专卖管理】 一是加大宣传力度，营造良好烟草专卖执法氛围。全年出动宣传车辆 36 辆次，人员 205 人次，发放宣传单 3900 多份，举办现场咨询会 1 次。二是强化部门协作，保持卷烟打假打私打非高压态势。成立五华县公安、烟草联合执法办公室，定期或不定期地联合公安等部门对废旧厂矿、货运站等进行排查检查，严厉打击涉烟违法活动。主动联合公安交警等部门，以路查路堵为突破口，大力查办大案要案。强化对国道 205 等交通枢纽持续有效监控，实现对非法运输活动有效打击。三是抓好日常市场管理。在推进分类管理，落实商事登记改革后续监管工作基础上，突出对春节、中秋国庆等重点时段、违法活动易发、高发等重点地区专项清理整治。四是加强证件管理工作，严把市场主体关。在依法依规依程序制定及实施《五华县烟草制品零售点合理布局规划》基础上，投入 2.75 万元完善政务服务窗口建设，依法依规开展行政许可。至年末，全县持证零售户 2563 户，其中新办 88 户，变更 76 户，延续 320 户，歇业 222 户，注销 70 户。五是加强“两烟”生产经营各环节监管力度，提升“两烟”生产经营规范水平。全县查处各类涉烟违法案件 539 宗，涉案卷烟 713.48 万支（其中：假烟 44.22 万支，走私烟 19.31 万支，非烟 649.95 万支），涉案金额 256.04 万元，罚款 30.51 万元。

（江钦飞）

县烟草专卖局（分公司）2016 年度负责人名录

局长（经理）：温思胜

副局长：江锦扬

副经理：何茂科　李远东

盐　业

【盐政法规宣传】 2016 年，五华县盐务局（公司）狠抓盐政法规和食盐加碘防治碘缺乏宣传。5 月 13 日，县政府办、棉洋镇、卫计局、食品药品监督管理局、教育局、科工商务局、县广播电视台、县盐务局、县疾病预防控制中心等 9 个相关单位部门,在棉洋镇人民政府门口开展以“坚持科学补碘，建设健康中国”为主题的“五华县第二十三届防治碘缺乏病日活动”。活动内容：图片展，为群众解答缺碘的危害和如何科学补碘防治碘缺乏病，为群众介绍如何辨别真假碘盐的知识，碘盐常识短信宣传，派发宣传小单张、盐罐、环保袋和张贴宣传海报等。活动派发碘盐常识宣传小单 5000 多份、宣传海报 200 多张、宣传小册子 500 多本、《致广大市民的一封信》500 张、盐罐 72 个、环保袋 200 个、各类加碘食盐 800 包，现场咨询人数约 1600 人次，出动宣传车 12 车次，悬挂主题宣传横额 7 条。通过此次宣传活动，五华人民群众对防治碘缺乏病有了进一步认识。

【食盐市场整治】 2016 年，五华县盐务局（公司）坚持抓市场监管一刻不放松原则，大力整顿和规范食盐市场秩序，认真做好食盐市场调查，切实进行巡查访销，制订整治工作方案，明确任务要求，争取市、县各有关部门支持，部署开展市场整治行动。全年查获涉盐案件5宗，结案5宗，查获违法盐产品1384.5公斤。

（林欢东）

县盐务局（盐业公司）2016年度负责人名录

局　长（经　理）：曾伟南

副局长（副经理）：林欢东

财政·税收

财　政

【简况】 2016年，全县财政工作积极落实县委、县政府各项工作部署，围绕建设“工业新城、宜居五华”总目标，扭紧“三大抓手”，坚守“两条底线”，全力推进“一核两区三组团”建设，狠抓收入征管，强化支出管理，加大重点项目建设投入，切实保障和改善民生，加强财政资金监管，深化财税体制改革，增强财政保障能力，财政运行积极稳健，全面完成财政各项工作任务。县本级一般公共预算收入6.9亿元，为年度预算的108.05%，对比上年增长24.26%；全县一般公共预算总收入65.97亿元，对比上年增长6.03%；全县一般公共预算支出58.76亿元，对比上年增长2.96%。全县一般公共预算支出加上解支出、安排预算稳定调节基金和债券还本支出，支出总计61.69亿元。收支相抵，年终滚存结余4.28亿元，其中上级追加专款结转下年支出4.28亿元。

【强征管拓财源，财政收入来源建立新渠道】 一是强化财税收入征管。县财政部门围绕“营改增”政策改革方向，积极加强与国税、地税等部门沟通协调，主动介入税收征管工作，着力加强对重点行业、重点企业和重大建设项目税收征管，挖掘增收潜力。全年县本级税收收入完成5.03亿元，对比上年增长20.39%。其中，国税局完成税收收入1.24亿元，对比上年增长65.71%；地税局完成税收收入3.79亿元，对比上年增长10.49%。全年非税收入完成1.88亿元，对比上年增长35.97%。二是积极争取上级财政支持。抢抓原中央苏区县和省振兴粤东西北地区发展战略两大政策，及时分析把握财政资金分配方向，积极争取上级支持。通过反映财政运行特殊困难，向上争取一次性财力补助4570万元、协调发展奖补资金1.61亿元、新增政府债券转贷资金2.91亿元。2016年，一般性转移支付和可支配财力对比上年增加1.85亿元。三是融资工作取得扎实成效。主动适应经济发展新常态，全力推进PPP项目建设，积极开展政府与社会资本合作，加大对公共服务设施建设领域投入。鼓励和引导社会资本参与投资规模大、建设周期长的公共服务领域项目的投资、建设、运营。全年落地融资项目12个，共融资28.51亿元（含向金融部门及其他部门融资7.73亿元）；储备项目 33 个，涉及投资总额 56.1 亿元。四是提高土地出让收益。全力保障土地收储经费，发挥土地资产性作用潜力，加强对土地市场宏观调控，促进土地集约利用，提高政府土地出让收益。全年筹集 1.31 亿元收储土地 49 宗面积 56.96 公顷；出让土地 46 宗面积 45.05 公顷；全年实现土地出让收入 5 亿元。

【抓项目促发展，县域经济发展突出新抓手】 一是持续加大投入工业园区建设。坚持工业立县发展战略，大力支持工业园区建设。全年拨付 7.2 亿元进一步完善园区基础设施，发挥产业集聚效应，实现产业集群发展。推动广州番禺（五华）产业转移工业园完成征地 167.93 公顷，平整土地 67.33 公顷；支持河东工业区完成征地 128.13 公顷。完成兴业大道、兴业一路、工业五路硬底化建设，打通工业一路、工业四横路等园区道路，扎实推进园区绿化、亮化、高压线迁改、排污等基础设施建设；全面启动河东工业区规划建设工作。二是全力保障县城扩容提质建设。建立城市发展多元化投资模式，以城市基础设施项目和民生公益项目为依托，聚集产业要素，保障和推动县城扩容提质建设。拨付 1.33 亿元用于琴江新城征地拆迁和基础设施建设；拨付 5,174 万元用于老河道公园建设；拨付 3,717 万元用于客天下（蒲丽顶）文化旅游产业园项目征地补偿等；拨付 6,317 万元用于打通完善公园路；拨付 3,426 万元用于生活垃圾无害化处理厂建设；拨付 1,000 万元用于打通工业大道至罗湖堤路段；拨付 1.14 亿元用于完善城市基础设施和市政工程。全年在县城扩容提质建设方面投入 8.69 亿元，有效加强县城基础设施建设，城市面貌得到提升。三是支持完善交通基础设施。以构建“内联外通”快速交通网为目标，加大资金投入，完善交通公路基础设施。投入 3.8 亿元用于琴江生态景观大道建设工程；投入 1 亿元用于兴华高速五华互通至县城连接线（进城大道）建设；拨付 7,000 万元用于环城大道建设；投入 2,500 万元用于周江冰坎至华阳新田公路征地补偿。全年在交通公路建设方面共投入 13.8 亿元，交通路网体系不断优化。四是扶持企业转型升级发展。健全扶持企业发展体系，发挥财政性资金引导功能，着力加强生财培财建设。拨付 400 万元用于扶持奖励规模以上企业增资扩产项目；拨付 400 万元用于专项扶持中小微企业发展；全年拨付扶持企业发展资金 2.54 亿元。大力推进助保贷工作，破解企业融资难问题，引导金融机构累计发放贷款 1.23 亿元。探索开展股权投资，推荐 2 家企业成功申报市级 8,536 万元股权投资，县级安排 8,900 万元对 4 家企业实行股权投资。积极协助企业向上争取项目资金，成功申报节能减排财政政策综合示范项目 9 个，争取中央节能减排专项补助 7,114 万元，推动企业技术升级改造。五是全力落实重点工作推进资金。积极筹集资金，保障各项重点工作有效推进。拨付 1.31 亿元用于土地储备工作；拨付 2,424 万元用于机电排灌管理总站转制安置；拨付 895 万元用于示范农场精简分流安置；拨付 788 万元用于镇级考核奖补；拨付 694 万元用于“无山火镇村”创建活动；拨付 1727 万元用于“双创”工作。全年拨付重点工作推进保障资金 3.52 亿元。

【倾财力惠民生，社会保障水平得到新提升】 一是社会保障水平不断提高。底线民生保障方面：拨付 1.77 亿元用于提高城乡基础养老金，将标准从每人每月100元提高至110元，惠及全县136993人。提高困难群体补助标准方面：拨付1.24亿元将城镇、农村低保对象每月人均补差提高至419元、191元，惠及全县低保对象1.46万户43552人；拨付2,839万元把五保供养标准提高至上年度农村居民人均可支配收入的60%以上，月人均提高50元；拨付664万元将孤儿集中供养和分散供养补助标准分别提高至1340元和820元；拨付3,168万元用于残疾人贫困生活津贴和重度残疾人护理补贴，惠及20840人；拨付3,887万元将医疗救助标准从人均1,556元提高至2,178元，惠及5940人次。做好就业培训方面：拨付就业培训资金693万元，转移就业1.29万人、新增城镇就业5113人，城镇失业人员再就业3568人，城镇调查失业率为2.43%。社保扩面征缴方面：全年征收社保费8.16亿元，其中一次性趸缴人数10263人，缴费收入3.96亿元。二是教育文体设施设备不断改善。拨付1382万元用于保障实现高级中学征地拆迁等费用，高级中学如期建成开学；拨付5,240万元用于建设足球文化公园，夯实足球运动发展基础；拨付650万元加快推进特殊教育学校建设工作；拨付815万元将县体育场升级改造成为中甲客家队主场；拨付467万元升级改造县体育学校足球场。三是强农惠农资金投入持续加大。“三农”工作取得明显成效。拨付1.85亿元加快推进琴江河安流段等16宗中小河流治理工程，涉及河长197.2公里；农业基础设施建设日趋完善，投入8,500万元用于高标准基本农田建设项目；拨付4,500万元用于发展农业特色产业，提升农业现代化装备，推动现代农业园区建设；拨付9,500万元用于县城周边3万亩群山绿化、县级森林公园建设和生态景观提升等工程，加强林业生态建设；贯彻落实中央、省、市新时期精准扶贫精准脱贫会议精神，制定《五华县精准扶贫开发资金筹集和使用监管办法》，投入资金2.25亿元扎实推进新时期精准扶贫攻坚工作；发放惠农补贴资金1.12亿元，并将所有惠农补贴资金发放前均在县人民政府和财政局网站进行公示，广泛接受社会监督，并通过“一卡通”进行直接发放，推动惠农补贴政策落到实处。四是医疗卫生服务不断优化。全年拨付2017万元用于基层卫生院业务用房建设，支持“卫生创强”工作。拨付4,843万元用于全县开展健康教育、预防接种等12项免费公共卫生保健服务，惠及城乡群众107.63万人，保障基本公共卫生服务开展。拨付260万元为全县城乡35至64周岁贫困妇女1.46万人免费筛查乳腺癌、宫颈癌，保障妇女健康。拨付6.30亿元提高居民医保住院报销比例，减轻群众看病负担，惠及患者281226人次。

【强监督严监管，资金使用效益取得新成效】　一是农村“三资”管理加强。通过网上公开招标的方式，引进第三方力量，完成全县村级财务审计工作，并专门形成审计报告进行反馈，全面落实整改，全力推进和强化村级财务监管。创新村级财务公开，以镇村微信公众号为平台，将“三资”方面的重大事项或决议、每月的收益及收益分配表、收入支出情况公布表和资产负债表通过微信公众号向基层群众公开，建立“三资”信息公开快捷新途径。结合和谐美丽镇村建设和创文工作，在全县各村进行增设公开村级财务等信息的公开栏。投入6,800万元推进基层公共服务平台建设，全县16个镇446

个村（社区）基本实现“一站式”办事功能。通过县、镇两级培训，加强对镇村干部、财会以及相关工作人员业务知识培训，分别举行各镇代理会计、经联社社长及报账员培训共6期约400人。二是财政管理力度不断增强。国库集中支付力度扩大。全年国库集中支付资金40.85亿元，对比上年增长13.49%。严格政府采购规程，加强日常监管，全年政府采购预算27.47亿元，实际采购额26.01亿元，节约资金1.46亿元，节约率5.31%。预结算审核严格把关，主动跟进县重点项目工程建设，加强工程预结算审核评审，严把资金拨付关。全年审核工程项目562个，送审造价14.94亿元，其中：预算项目196个，送审造价7.61亿元，核减5,000万元，核减率6.57%；结算项目366个，送审造价7.33亿元，核减6,500万元，核减率8.87%。“三公”经费严格管控，组织开展津补贴、会议费、公务用车费用等专项检查，严格控制“三公”经费支出，确保“三公”经费只减不增。2016年，全县“三公”经费、会议费等公用经费支出3,404万元，同比压减8%。

（谢运洪）

县财政局2016年度负责人名录

局　长： 张　裕

副局长： 曾胜良　曾小强

李红兰

系统党工委副书记： 谢广春

国　税

【简况】 2016年，全县国税系统在上级局和地方党政的正确领导下，以党的十八大及其历次全会精神和习近平总书记系列重要讲话精神为指导，以建设“工业新城、宜居五华”为目标，在统筹兼顾各项税收工作基础上，突出抓好党建工作、组织收入、绩效管理、征管体制改革、纳税服务、队伍建设、党风廉政建设等重点工作，税收各项工作均取得一定成效。为服务五华绿色的经济崛起做出积极贡献。

【税收收入】 2016年，县国税局针对全县税源结构单一，税源底子薄弱，税收增长点少，税收收入基数不断加大，完成税收收入任务压力相当大的严峻形势，召开多场以抓收入为主题的党组会和局务（扩大）会议，分析形势，共商大计。局领导多次深入企业调研，挖掘税源增长点。全局干部职工凝心聚智，迎难而上，强化收入计划管理、收入分析预测、重点税源监控和稽查职能作用。通过有效的抓收入措施，全年全县国税系统组织税收入库59,108万元，超额完成市局和县委政府下达的税收收入任务，为建设“工业新城、宜居五华”，实现五华绿色经济崛起做出积极贡献。

【税收征管】 一是抓好绩效管理。把绩效管理工作作为税收各项工作的总抓手，切实抓早抓紧抓实。制订制度体系、制订指标体系、实行过程管理、召开绩效讲评会议，举办绩效培训、做好个人绩效管理工作等。实施绩效管理工作，使干部队伍活力全面激发，促进税收工作持续改进。2016年度，被市局评为“优秀”等次。二是推进“营改增”扩围等改革。5月1日凌晨该县开出第一张增值税普通发票、第一张增值税电子发票，是全市覆盖票种最全面、开票数量最多的县。6月3日，第一个纳税申报期试点纳税人顺利实现首期纳税申报，“营改增”各项工作正在有序进行，全面推动“营改增”在五华顺利落地。三是推进深化征管体制改革，倾力打造省国地税合作县级示范县。推进深化征管体制改革，深入开展国地税合作，在整合服务、稽查联动、联合绩效等方面积极探索、先试先行，倾力打造富有五华特色的省国地税合作县级示范区。四是抓好法治税务示范基地建设。县国税局对照《广东省国税系统省级法治税务示范基地建设评估标准》，总结2015年开展的法治税务示范基地建设工作经验与不足，拾漏补遗，完善相关资料，成功获得“2016年广东省国税系统第二批省级法治税务示范基地”称号。五是推进税收风险管理。完善风险管理机构职能调整和人员配置。对各类风险应对任务，实施有针对性的差别管理，通过利用人机交互，案头分析和实地核查相结合等应对手段，围绕风险疑点进行精准核查，提升风险应对工作水平。全年，在风险管理系统推送任务178条，入库税款1,202万元，入库滞纳金罚款 28 万元。应对总局十五批风险任务，通过风险应对完成11户次，有问题8户次，查补入库税款41.77万元。六是抓好纳税评估。开展对批发和零售行业增值税专项纳税评估增值税纳税评估情况，纳税评估11户，有问题5户，进项转出税额148.78万元，补缴增值税及滞纳金4.39万元，企业所得税及滞纳金0.03万元，合计153.17万元。开展对成品油（气）、钢材、运输服务购进金额占销售额的比例超过10%且抵扣税额超过50万元的一般纳税人专项评估，筛选出2015年度增值税一般纳税人成品油（气）、钢材、运输服务购进金额占销售额的比例超过10%且抵扣税额超过50万元的一般纳税人26户作为评估对象，补缴增值税4.08万元，进项税额转出112.35万元。七是推进信息化建设。深入实施“互联网+税务”行动计划，加强信息化建设统筹管理。全系统提前全面成功上线数字人事信息系统，为干部考核科学化奠定坚实的基础。切实抓好增值税发票系统升级版推行工作，大力推行增值税电子普通发票。

【优质服务】 一是及时上线运行电子税务局。按照省市局工作要求，做好培训及组织数据清理等工作，保证及时上线运行电子税务局，对涉税事项、电子化办理流程、涉税业务功能实现全部覆盖。全年电子税务局实名认证1989户纳税人，办理3000多笔业务，缴纳税款900多万元，有效缓解前台业务压力，初步达到“足不出户、轻松办税”的效果。二是拓展纳税服务内涵，优化办税服务体验。继续深入开展“便民办税春风行动”，深化纳税服务综合管理系统应用，加强对纳税服务的集成管控。全面落实纳税服务规范，加强办税服务厅管理和建设，严格落实好各项服务制度，继续擦亮“五星级办税服务厅”品牌。优化预约办税服务，拓展预约服务范围，有效引导纳税人错峰办税。加强纳税信用管理，健全银税合作机制，共享纳税信用评价结果。三是认真落实小微企业优惠政策。2016 年符合条件的小型微利企业748户，享受优惠企业220户，减免税额83.3万元，小型微利企业优惠政策的落实，为小微企业的发展壮大提供资金支持，对支持地方经济发展、促进改善就业、维护社会稳定等方面发挥不可替代的作用。

【党廉建设】 一是切实履行好党组的“主

体责任”。坚持“党组统一领导、主要领导负总责、分管领导分工负责、相关部门各负其责，纪检监察部门组织协调，依靠群众支持和参与”的党廉建设领导体制，坚持落实好党组主体责任和班长第一责任人责任，亲自部署、亲自谋划、亲自抓督导落实。二是切实强化廉政教育。认真学习贯彻新修订的《中国共产党廉政自律准则》《中国共产党纪律处分条列》和中纪委十八届六中全会精神。深入开展全员警示教育和“清廉尚学”读书活动。邀请省税务学院副校长孙维彬为全体在职人员作题为《坚守税务职业道德，严明各种纪律规矩》的专题讲座，强化纪律意识、规矩意识，始终把纪律和规矩挺在前面，做到防微杜渐，慎独慎微。三是切实加大监督和执纪问责工作力度。做好省局巡视延伸检查整改，制订巡视整改方案，认真落实整改，将存在问题全部整改完毕，逐条逐项消号，见事见人对责追究，通过此次巡视延伸检查，促进各项工作进一步制度化、规范化。充分发挥税收执法监察信息系统作用，对税收执法风险防御系统（RED 系统）运行情况进行分析指导，避免多触发风险点，确保 RED 系统顺利运行，使税收执法权和管理权得到进一步规范，最终实现降低执法风险，防范腐败行为发生目的。抓好两权监督，对疑点问题进行分析研究，真正把“两权”监督落到实处。

【党建工作】 2016 年，全县国税系统深入学习贯彻落实十八届六中全会精神，进一步牢固树立起“四个意识”，树立起风清气正的党风政风。县国税局连续 14 年被县委县政府评为“机关作风建设先进单位”。一是全面加强党建工作。高度重视党建工作，把党建工作摆在首要位置。年初，制定政治理论学习计划和党组中心组学习计划，坚持领导干部带头学习制度，党组中心组坚持每月集中学习的制度，坚持每月集中一次党员、干部职工进行政治理论学习。坚持“三会一课”工作制度。坚持党组书记及班子成员参加所在支部的组织生活会并为党员干部亲自上党课。加强党员教育，充分发挥党组战斗堡垒作用和党员的先锋模范作用。二是全力以赴开展好“两学一做”的学习教育活动。扎实地开展“两学一做”学习教育活动，召开学习教育动员大会，制订学习方案，制定“两学一做”学习教育工作计划，采取灵活的学习方法，提高学习效能，认真开展“学党章，学系列讲话”、“手抄党章”的学习活动，组织党员上“两学一做”专题党课。提高党员干部的党性修养。三是深入推进国税文化建设。扩大“石文化”覆盖面，让文化标识处处可见，文化理念时时可触摸。抓好规章制度的落实，将制度执行情况检查纳入督查督办重点内容。建立完善行为文化规范，规范干部的行政管理行为、税收执法行为、纳税服务行为和日常生活行为。拓展文化内涵，结合绩效管理的全面推进，积极研究探索绩效文化建设。（魏伟强）

县国税局 2016 年度负责人名录

局　　长：黄泗清

副 局 长：江荣中　蓝永红
叶小明　杨新坤

纪检组长：陈汉球

表3 2016年度五华县国税纳税前50名企业名录一览表

序号	企业名称	法人代表	纳税额（万元）
1	五华县农村信用合作联社	丘海明	6053
2	广东烟草梅州市有限公司五华县分公司	温思胜	4247
3	广东电网梅州五华供电局	曾建文	1750
4	广东利通建设集团有限公司	彭利业	1577
5	五华县鸿晟工程有限公司	钟旭爱	1388
6	广东辉胜达电器股份有限公司	古必文	1346
7	凸版艺彩印刷（梅州）有限公司	朱海雁	1157
8	广东五华一建工程有限公司	曾炽宏	931
9	广东五华二建工程有限公司	曾庆平	813
10	五华奥园广场有限公司	尹立鹏	639
11	仁隆电子（梅州）有限公司	林雪华	604
12	广东井得电机有限公司	黄明智	578
13	梅州茂达工艺有限公司	胡宇峰	463
14	中国移动通信集团广东有限公司五华分公司	黄伟华	460
15	五华县金泰房地产有限公司	陈周粦	438
16	龙川兴莱鞋业有限公司五华分公司	陈育秋	413
17	梅州市鸿云房地产开发有限公司	李福权	355
18	中国石化销售有限公司广东梅州五华石油分公司	刘胜凯	351
19	五华龙永盛建筑材料有限公司	龙桂莲	305
20	梅州市航威斯电子有限公司	李文清	302
21	广东富胜实业股份有限公司	李云凤	296
22	广东新晋炜房地产开发有限公司	魏晋平	293
23	广东国沅建设工程有限公司	罗国芳	285
24	广东坤田医药有限公司	王斯平	263
25	广东省路桥建设发展有限公司汕湛分公司（五华龙村）	刘卫平	258
26	五华合江水电站	谢接新	250
27	广东康奇力药业股份有限公司	戴源发	246
28	广东新钢金属材料有限公司	彭锡钦	231

续表3

序号	企业名称	法人代表	纳税额（万元）
29	广东长乐烧酒业股份有限公司	卓定华	227
30	梅州晶铠科技有限公司	杨思维	216
31	五华县永艺餐具制造有限公司	施文艺	210
32	五华爱时达钟表有限公司	刘松明	194
33	丰华玩具（五华）有限公司	李福泉	173
34	梅州市裕福工艺有限公司	陈其翩	170
35	梅州市粤运汽车运输有限公司五华客运分公司	钟鸣荣	170
36	广东省五华县梅恒实业发展有限公司	古庚端	166
37	广东长乐酒业有限公司	卓定华	160
38	五华县长安实业发展有限公司	李胜文	159
39	五华中奥实业有限公司	李金仓	153
40	广东省五华县益塘水库管理处	刘德方	153
41	中国农业银行股份有限公司五华县支行	徐建雄	152
42	广东兴安医药有限公司	胡清花	151
43	广东庆瑞实业有限公司	李佳芝	151
44	广东广业石油天然气有限公司棉洋北加油站	曹洪俊	148
45	五华县安宝盛房地产开发有限公司	李仁安	147
46	五华县国付实业有限公司	张伟伟	147
47	中国工商银行股份有限公司五华支行	何基炎	146
48	五华上坝水电站有限公司	周云花	132
49	五华县天力通信设备有限公司	李百田	119
50	五华县润华肠衣有限公司	张定初	113

说明：此表由县国税局提供。

地 税

【税费收入】 2016年，五华县地税局组织税费收入15.95亿元，同比增收5.27亿元，增长49.34%。一是全力组织税收收入。全年税收收入7.35亿元，同比增收6,448万元，增长9.61%，剔除“营改增”影响可比增长40.83%。其中：中央级收入完成1.5亿元，同比增收1,121万元，增长8.09%；省级收入完成2.05亿元，同比增收1,492万元，增长7.86%；市县级收入完成3.81亿元，同比增收 3,835 万元，增长 11.19%，剔除“营改增”影响可比增长 39.35%。二是抓好社会保险费等收入。全年社会保险费等规费收入 8.6 亿元，同比增收 4.63 亿元，增长 116.49%。其中：社会保险费收入 8.2 亿元，同比增收 4.55 亿元，增长 126.10%；教育附加、地方教育附加等其他规费收入 4,319 万元，同比增收 723 万元，增长 20.11%。

【税收征管】 2016 年，县地税局坚持以“法治、规范”抓好税收管理，提升征管质效。一是强化税源分析管理。全面测算分税种、分行业、分地区税源潜力，科学制定收入预期计划，强化数据分析，保证总收入、级次收入与时间进度保持平衡。二是抓紧抓实重点行业税收管理。在第一、二季度，组织开展房地产、建安行业专项清查和纳税辅导，排查营业税风险，入库营业税 1.80 亿元。三是大力拓展地方税源，小税种成为税收增长新亮点。“营改增”后将工作重点转移到加强财产行为税管理，加强契税管理，征收契税 5,597 万元，同比增收 18.66%；大力开展 2016 年度房产税、土地使用税清查征收，征收房产税、土地使用税 3,037 万元，同比增长 51.54%。四是加强第三方涉税信息利用。全年利用 1592 条涉税信息实现税收收入 2.53 亿元。五是强化纳税评估作用。通过纳税评估，补缴入库税款 5,599 万元，评估收入对比上年增加 588 万元，占全年税收收入 7.61%。

【纳税服务】 2016 年，县地税局继续深入开展“便民办税春风行动”，深入落实纳税服务规范。一是国地税合作驶入快车道。全面落实完成国地税基本合作事项 33 项、创新合作事项 9 项，合作成效得到县委、县政府主要领导肯定批示。与县国税局建成潭下、华城 2 个联合办税大厅，在 4 个办税厅互设办事窗口，共同进驻县政府政务大厅，实现“进一家门，办两家事”。二是加强纳税信用建设。与县国税局联合评定 624 户纳税人的纳税信用等级；与县“两建办”认真落实守信激励工作，编制 2 宗典型案例；对 205 位提名为县人大、县政协代表的非公有制纳税人做好信用等级评定结果运用。三是加强日常纳税服务工作。抓好《纳服规范》（2.1 版）贯彻落实，进一步规范纳税服务提高办税效率；抓好办税厅管理提升窗口服务质量；抓好电子税务局、微信办税等宣传和辅导，大力推广“互联网+税务”；抓好税收优惠政策宣传落实，确保纳税人应享尽享优惠。

【队伍建设】 2016 年，县地税局严管善待抓好队伍建设，队伍管理由粗放式向精细化迈步，提升队伍素质和活力。一是积极推进岗位练兵，以练促升。全年举办 14 期培训班，参训干部达 1182 人次；选派 23 人参加市局岗位业务比武，2 人被评为市级岗位能手。二是加强地税文化建设，深化文明创建。广泛引导鼓励干部职工参与文化活动，《长乐税语》参与度与关注度不断提高，队伍向心力和凝聚力得到加强，县地税局被评为梅州市精神文明建设先进单位。三是以“两学一做”学习教育的深入开展推进机关党建。在 OA 系统发布 50 期的“两学一做”学习专栏，拓宽学习渠道；通过网络考试、知识竞赛、演讲比赛等丰富学习形式，巩固学习成效；通过细化党建工作考核标准，强化“三会一课”制度落实，加强党支部、党小组建设，切实把从严治党的要求落实在基层党建工作中，党组织的战斗堡垒在税收工作中进一步发挥。

（刘浪辉）

县地税局2016年度负责人名录

局　　长：梁伟强

副 局 长：魏强方　胡国荣　李玉平

纪检组长：肖元兴

总经济师：张远辉

党组成员：魏云苑

表4　**2016年度五华县地方纳税前50名企业名录一览表**

序号	企业名称	法人代表	纳税额（万元）
1	广东五华二建工程有限公司	曾庆平	4934
2	广东新晋炜房地产开发有限公司	魏晋平	3916
3	广东五华一建工程有限公司	曾炽宏	3643
4	五华奥园广场有限公司	尹立鹏	3587
5	五华县地方公路管理总站	李志勇	3285
6	五华县长安实业发展有限公司	李胜文	2106
7	广东烟草梅州市有限公司五华县分公司	温思胜	2056
8	五华县征地和土地储备中心	张建国	1939
9	五华县农村信用合作联社	丘海明	1660
10	广东国沅建设工程有限公司	罗国芳	1540
11	五华县金泰房地产有限公司	陈周粦	1437
12	中国南方电网有限责任公司调峰调频发电公司	梁周	1356
13	五华县水泥厂	黄天利	1238
14	五华县碧桂园房地产开发有限公司	杨文杰	1106
15	五华碧桂园置业有限公司	杨文杰	909
16	广东开元实业有限公司	邹罕	880
17	梅州市鸿云房地产开发有限公司	李福权	834
18	广东省长大公路工程有限公司	刘刚亮	745
19	五华县安宝盛房地产开发有限公司	李仁安	675
20	汕头市潮阳建筑工程总公司五华分公司	陈少怀	614
21	广东五华经济开发区管理委员会	赖伟胜	606
22	五华县长乐建筑工程公司	钟定华	568
23	广东冠粤路桥有限公司	周继求	556

续表 4

序号	企业名称	法人代表	纳税额（万元）
24	梅州辉达房地产开发有限公司	李森辉	549
25	梅州中农批农产品批发市场有限公司	邵永兴	541
26	广东井得电机有限公司	黄明智	528
27	梅州胜华房地产开发有限公司	周辉权	511
28	五华永新安建筑工程劳务有限公司	李胜东	499
29	中铁十二局集团有限公司	宋津喜	486
30	五华县产业园区建设投资开发有限公司	邓广生	440
31	广东省蕉岭县建筑工程公司五华分公司	魏晋平	440
32	广东辉胜达电器股份有限公司	古必文	422
33	五华县华城建筑工程公司	魏少强	409
34	梅州华侨房地产开发有限公司	李乃文	377
35	中国人民财产保险股份有限公司五华支公司	陈腾	370
36	中交第二公路工程局有限公司	杜会民	359
37	梅州市天翔建设工程有限公司	万健明	325
38	五华县林山实业发展有限公司	李汉林	324
39	中铁大桥局集团有限公司	刘自明	322
40	五华县琴江新城开发建设投资有限公司	李元平	311
41	广东利通建设集团有限公司	彭利业	303
42	中国农业银行股份有限公司五华县支行	徐建雄	301
43	梅州市华宏水利水电工程有限公司	张汉松	298
44	五华长顺劳务分包工程有限公司	翁世强	298
45	广东电网梅州五华供电局	曾建文	283
46	中国太平洋财产保险股份有限公司梅州市五华支公司	李华辉	266
47	五华县华源电力发展有限公司	徐卫廷	264
48	广东省五华县城镇建筑工程公司	李金松	251
49	广东省五华县水务局	陈炳章	247
50	广东省路桥建设发展有限公司汕湛分公司	王安福	241

说明：此表由县地税局提供。

金融·保险·证券

中国人民银行五华县支行

【简况】 2016年，中国人民银行五华县支行利用农房抵押贷款试点县工作和“两学一做”学习教育活动的契机，充分发挥引导和协调职能，认真贯彻落实稳健的货币政策，做细金融管理，做大金融服务，推进金融改革，推动金融创新，大力促进地方经济发展，各项工作取得较好成绩。至年末，各项存款余额245.74亿元，比年初增长11.07%。各项贷款余额83.00亿元,比年初增长18.26%。存贷比33.77%，比年初增长2.05个百分点。

【稳步推进农村金融基础设施建设】 一是以创建“金融生态示范县”和“普惠金融试验区”为契机，以创建信用村（镇）为突破口，以建立完善电子化农户信用档案和信用评价系统为重点，大力推进农村信用体系建设，开展信用户（村、镇）创建活动，实行利率、额度、审批“三倾斜”，充分发挥信用的正向激励作用。以里江村、红山村为模式，在辖区内大力推动金融服务示范村建设，完成全县411个乡村金融服务站升级改造。二是利用已有银行卡助农取款服务点，搭载邮政集团“村邮乐购”电商平台，将农村电商、邮政快递及相关代理业务融入到助农取款点，打造“助农取款+农村电商”新模式，实现农民金融不出村、购物不出村、销售不出村、寄递不出村。全年整合完成140个助农取款点。

【扎实开展金融普惠工作】 一是积极组织业务骨干到学校、企业、乡镇开展金融知识宣传，全年组织32场次，发放各种宣传资料3.5万多份，解答咨询2.5万多人次，促成在基层乡镇国债发行零突破。二是积极争取上级金融机构到五华开展金融知识宣讲活动，在国际大酒店举办“国家外汇政策法规暨跨境人民币业务知识巡回宣讲”活动，帮助银行业和涉外企业及时了解外汇管理和跨境人民币新政策，提升企业经营水平和汇率风险防范能力。三是积极开展农房抵押贷款试点县宣传工作，多次在地方政府部门、金融机构、乡镇、村委等部门召开推广工作会议，在县广播电视台设立专栏宣传农房抵押贷款相关知识。四是通过开展“健行乐、展风采；金融雨、惠民生”金融知识送山村健步走活动，把健步走和基础金融知识普及结合起来，向村民发放金融知识宣传资料，解答村民疑惑。五是做实精准扶贫工作，指派张远飏副行长为梅林镇上礤村精准扶贫专职人员、张桂芳副股级干部为河东镇枫林村精准扶贫专职人员，在人、财、物上大力支持精准扶贫工作。

【多措并举维护金融稳定】 一是进一步加强金融稳定工作协调机制建设，强化与监管机构和县金融办的工作协调，进一步完善例会交流和信息共享制度。二是建立覆盖银行、保险、证券机构的金融稳定工作信息员制度，密切与各金融机构及金融市场主体的日常联系，使金融风险监测关口前移、触角前伸。在各金融机构及每个基层网点设立金融稳定信息员，加强对金融外部风险的监控，重点做好对投资公司、担保公司、非法集资等高危机构和高风险领域的动态监测和预判。三是密切关注经济金融运行趋势和宏观政策对县域经济的影响，加强对货币信贷运行中各种苗头性问题的监测分析。完善辖区金融机构流动性变动情况监测分析体系，及时掌握金融机构流动性变化状况，密切关注金融机构头寸变化、流动性缺口和市场融资情况，做好银行业、保险业、证券业风险监测和报告工作，专门对金融市场、房地产市场、地方政府融资平台等重点领域的风险监测评估。四是加强辖区法人金融机构稳健性和风险状况的定量分析，完善金融机构风险预警指标和监测指标体系，高度关注资本充足率、资产质量、盈利能力、市场风险敏感性等指标，积极探索建立预警、防范和处置机制，进一步增强化解风险和处理金融突发事件的能力。五是贯彻落实重大事项报告制度和各项应急预案演练，切实将系统性、苗头性的风险消除的于萌芽状态。六是以互联网交易风险和伪卡欺诈交易风险为风口，成立联合整治支付结算重大违法犯罪办公室，开展整治非法买卖银行卡信息专项行动。七是以考核、检查为入口，力促金融机构合规经营。开展人民币反假鉴伪实操考核，开展人民币收付业务、征信业务、金融统计业务现场检查和移动金融和金融 IC 卡受理环境安全和标准符合性进行专项抽查。八是以安全为本，做实社会管理综合治理暨平安金融创建工作，与金融机构负责人签订责任书，明确创建目标，落实相关责任。

【大力推动金融服务地方经济发展】 一是通过强窗口指导，促进有效信贷投放。通过召开金融工作会议、行长联席会议、信贷形势分析会、央行政策宣讲会等形式，全面解读央行稳健货币政策的内涵，合理引导社会舆论和市场预期，形成有利于货币政策执行的外部环境，较好地运用货币政策工具引导金融机构加强惠民金融结合，进一步完善机制、创新手段，着力支持实体经济发展。围绕县委、县政府提出的建设“工业新城，长乐之乡”的目标，连续 3 次召开“政、银、企、担对接会”，全力支持企业，签订信贷意向合同。全年对地方法人金融机构发放扶贫再贷款 3 笔共 1.123 亿元。二是通过多方协调，积极推进农房抵押贷款试点工作。制定《五华县农民住房财产权抵押试点工作实施方案》，成立农房抵押贷款领导小组，组织召开 6 场推进会，推动政府部门出台《五华县农村宅基地使用权和房屋所有权抵押登记管理办法》《五华县农民住房财产权价值评估办法》《五华县农民住房财产权抵押处置办法》《五华县农房登记办法（试行）》《五华县农房抵押管理办法（试行）》，引导金融机构出台农民住房财产权抵押配套政策，对农房抵押范围、准入条件、价值确认、贷款办理流程等进行规范，促成财政局出资 1,000 万元人民币设立“五华县农房抵押贷款风险补偿基金”，向县政府提交《关于减轻农民办理不动产权证相关费用的请示》，对相应的 27 项税费提出减免建议。全年发放农房抵押贷款 131 笔，金额 4,621.7 万元，有力地支持农村经济的发展。

【加强内部管理】　一是扎实开展“两学一做”学习教育活动，把党的思想政治建设抓在日常，严在经常，教育引导党员尊崇党章、遵守党规，以习近平总书记系列重要讲话精神武装头脑、指导实践、推动工作。二是开展执法证自查管理工作，规范执法人员执法行为。三是开展党费收缴倒查和补缴工作“回头看”，确保党费足额收缴和规范化管理。四是开展“违规发放薪酬补贴”专项整治工作，对 2013 年以来违反规定发放薪酬补贴行为全面自查和整改。五是加强党风廉政建设、作风建设和干部队伍建设，形成“一把手”负总责、逐级负责、一级抓一级、层层抓落实的良好工作格局。

（徐高煌）

中国人民银行五华县支行 2016 年度负责人名录

行　长：邓诗康

副行长：曾国兴　刘树新　张远飚

中国农业发展银行五华县支行

【简况】　2016 年，中国农业发展银行五华县支行深入贯彻党的十八大和十八届三中、四中、五中、六中全会及中央经济工作会议、农村工作会议、扶贫开发工作会议等重要会议精神，深入开展“两学一做”学习教育活动，坚持“农”字当头、大力支持地方经济发展。同时，扎实抓好基础管理，防范风险谋发展，着力提高队伍整体素质，取得较好经营业绩和工作成效。至年末，各项贷款余额 5.94 亿元，比年初增加 4.35 亿元，增幅 272.53%，日均贷款余额 4.38 亿元，比年初增加 2.85 亿元，增幅 185.5%；存款余额 3.90 亿元，比年初增加 2.6 亿元，增幅 199.37%，日均存款余额 2.56 亿元，比年初增加 8,220 万元，增幅 47.32%；实现账面利润 1,149 万元，同比增加 568 万元，支行全年实现安全无事故。

【大力支持地方储备粮轮换和新增工作，积极营销地方政府主导的新农村建设和水利建设项目以及农发重点建设基金】　2016 年，中国农业发展银行五华县支行准确把握信贷政策，巩固发展政策性储备业务，继续做好储备粮轮换和新增工作，累计发放县级储备粮贷款 3,863 万元，轮换和新增稻谷 13169 吨。以新农村建设、水利建设和农发重点建设基金为营销重点，筛选出扶持农村新型城镇化建设重点项目。在上级行的指导以及五华县委县政府积极配合下，该行支持农村新型城镇化建设工作取得初步成效。至年末，成功申报 PSL 水利建设项目贷款 5 亿元，用于五华县村村通自来水工程，成功发放首笔贷款 2,000 万元；成功申报农发重点建设基金 9,340 万元，用于村村通自来水工程；上报省分行 1.35 亿元土地整治项目贷款。投入农发重点建设基金 5,000 万元，专项用于棚户区改造工程建设项目；发放 5 亿元新农村建设贷款，用于县城及周边乡镇土地整治项目。

【完成支行业务岗位聘任工作】　2016 年，中国农业发展银行五华县支行根据《梅州市分行县（市）支行执行业务经理（执行专员）一级业务岗位竞聘工作方案》要求，开展执行业务经理（执行专员）一级业务岗位竞聘工作。通过各项竞聘程序，三名符合聘任条件的同志竞聘到执行业务经理一级岗位，体现多劳多得分配原则，进一步拓宽员工职业晋升通道。

【强化信贷基础管理，全面防控信贷风险】一是严格落实“五个关口”“八个环节”和“十条底线”管理要求，做好粮食收储管理工作，同时加强项目贷款担保管理和风险监测工作，严把贷款审查关，对新营销项目贷款抵押担保物进行现场核查和对送审材料进行认真审查，严格押品价值评估。二是切实加强贷后监管工作。认真开展企业贷款跟踪管理和贷款基础信息核查，严格按照有关管理办法定期开展贷款专项检查，监督贷款资金专款专用，防范贷款违规操作风险，防范和化解信贷风险。三是做好贷后管理年活动。根据相关文件要求，按时按质完成CM2006系统内的授信后管理，同时上传的附件包括且不限于粮食库存情况、抵押品现场核查照片等。贷后管理中涉及的客户基本情况检查、风险预警信息、流动资金贷款检查、客户贷款担保、项目贷款情况、贷后检查综合评价等。

【做好反洗钱、反假货币、诚信文化教育、货币金融知识等宣传工作】 2016年，中国农业发展银行五华县支行组织全行干部职工学习有关制度和业务操作规程，开展以反洗钱法规为主要内容的业务知识培训学习，设立反洗钱宣传专柜，悬挂宣传横额、散发反洗钱宣传资料等。开展消费者权益保护日诚信文化教育主题活动，开展反洗钱、反假货币、货币金融知识等宣传工作。

【积极开展“两学一做”专题教育活动】 中国农业发展银行五华县支行按照中央部署和总行《中国农业发展银行开展“两学一做”专题教育实施方案》要求，切实抓好学习教育，结合实际，统一制订《五华县支行“两学一做”学习教育工作计划表》《五华县支行“两学一做”学习安排表》，明确学习教育工作安排和主要学习内容、要求和重点解决的问题。“两学一做”集中学习计划表，报市分行党委组织部备案。为保证学习教育时间和效果，采取中心组学习研讨、支部全体党员集中学习和党员个人自学相结合，班子成员专题党课辅导相结合、文件资料学习和教育基地现场参观学习相结合等多种形式，统筹安排时间进行学习交流。全年开展专题学习34次，专题学习讨论支部委员作中心发言5次，专题学习讨论党员谈学习体会7次。通过学党章党规、学系列讲话、做合格党员，采取围绕专题学习讨论、创新方式讲党课、召开党支部专题组织生活会、开展民主评议党员等方式，推动全行每一名党员干部立足岗位、建功立业，充分发挥先锋模范作用，补缴2008年至2016年党费21046元。

（邹尚明）

中国农业发展银行五华县支行2016年度负责人名录

行　长：邓良生

副行长：丘瑞和

农业银行五华县支行

【简况】 2016年，中国农业银行股份有限公司五华县支行紧跟县委、县政府战略步伐，贯彻落实管党治党根本任务，以服务地方经济为己任，围绕上级行工作部署，坚持以市场为导向，抓牢核心业务，稳中求进，着力抓好县委政府重点工程建设、中小微企业金融服务、基础设施项目建设、三农业务、个体经营创业、民生金融服务等重点工作，全力推动地方经济与自身经营同步发展。一是加强政府项目拓展。支行围绕县委、县政府加大发展重点项目的战略决策，加大对县重点项目抽水蓄能电站、周华公路、高级中学及中小微企业等重点项目、重点企业帐户管理维护、项目贷款、征地代发等方面金融服务，通过精心部署，全力开办中小企业信贷风险金补偿贷款、政府购买服务贷款，实现该项业务梅州市农行“零”的突破，同时100%完成县委政府计划。二是创新服务中小微企业。支行党委紧跟县委、县政府步伐，把握经济新形势、新发展，班子成员深入产业集聚区和工业园区，全方位培养全能型人员，发掘客户新的金融需求，大胆创新发放支行首笔全口径跨境融资业务和境内外资金互融互通，为企业打通境内外融资渠道、节约成本，并实现全市农行该项业务“零”突破。同时精准服务出口企业，国际业务各项指标 100%完成计划，成为梅州农行唯一全部超额完成计划的支行。三是服务私营企业发展。支行党委抓大不放小，加强业务品种和操作技巧培训，鼓励员工上门服务个体工商户，宣传存、贷款、分期、信用卡等业务相关金融知识，为客户量身定做理财方案，努力服务客户做强做大个人资产。四是倾力满足居民增长需求。农行围绕居民需求变化，主动调整服务方向，合理使用有限人力资源，从个人住房贷款、网捷贷、薪资贷、房联贷、汽车分期、车位分期、信用卡等方面全力满足居民居住、出行、消费等需求。五是全力服务县域蓝海市场。创新拓展“三农”业务。2015 年底，五华县获批农民住房财产权抵押贷款试点县。2016 年初，支行紧跟县委政府和上级行部署，迅速成立专项工作小组，组织人力实地摸底调研农村房屋财产权颁证、相关抵押等配套政策制定、流转交易平台建立等情况，指定专人与政府专项推动小组对接，积极寻找合适的贷款主体，确定试点对象，率先发放全省农行首笔农民住房财产权抵押贷款。加强“金穗惠农通”服务点管理。支行专门成立“惠农通”领导小组，抽调专人服务全县 16 个乡镇布放的 348 个（梅州农行数量第一）金融服务点管理，全方位、全覆盖服务边远乡村居民。加强自助渠道建设。全年在转水新开设一家金融“便利店”、在碧桂园新增设二台自助设备、在安流新购置营业网点一个，并充分发挥设备总量同业第一优势，全力改善金融服务环境。六是积极履行社会职责。开展精准扶贫工作。党委书记承担党建主体责任，履行扶贫攻坚“一把手”负责制，抽调业务骨干专职驻点，制定一对一帮扶，有序推进“精准扶贫、精准脱贫”决策部署、政策举措。严格按县委政府要求开展“创文”“创卫”活动。开展各类宣传活动。结合上级行“6 个走进”营销活动，积极开展金惠惠农通、金融知识进万家、金融消费者权益日、反假币、个人征信报告、金融知识进校园等宣传活动，及时将上级政府和上级行的政策、精神传达到广大群众，有效提高和维护金融市场的稳定。

至年末，五华县农行各项存款余额 35.69 亿元，实现日均增量 60919 万元；各项贷款余额 12.44 亿元，比年初增 2.6 亿元；实现中收 2120 万元；全年纳税 2342 万元,其中缴纳地方税收 308 万元,实现全年安全运营无事故，在省农行内控综合评定中，继续获得一类行标准；荣获农总行“中国农业银行五一劳动奖状”荣誉称号；支行党委被省行评为“先进基层党组织”、荣获全省农行精神文明建设工作先进单位。

（刘彩红）

农业银行五华县支行 2016 年负责人名录

行　长：徐建雄

副行长：黄　健　黄明霞　徐文浩

中国工商银行五华支行

【简况】 2016 年，中国工商银行五华支行认真贯彻落实总、省行工作要求,加快转型升级,按照分行“三个确保、六大抓手”要求，充分调动全行员工积极性，努力完成经营目标，取得一定成绩。一是人民币各项日均存款余额 117.64 亿元,比年初净增 9,543 万元，任务完成率为 1108%，系统内排名第 4 位。二是各项贷款余额 11.4 亿元，比年初增加 2.14 亿元，任务完成率为 61%，系统内排名第 1 位，同业排名第 1 名。三是中间业务收入 939 万元，同比下降 83 万元，任务完成率 71%，系统内排名第 5 名。四是拨备前利润 4,834 万元，时序任务完成率为 96.7%，比去年同期增加 516 万元,同比增长率为 11.9%。人均拨备前利润达到 173 万，比增 13 万元。系统内排名第 3 名。五是资产质量控制良好，不良贷款额和不良贷款率呈现双下降。不良贷款余额 219.82 万元,较年初下降约 4.5 万元，不良贷款率由年初的 0.33%下降为 0.19%。全年实现安全运营、平安无事故。在核算质量方面呈现向好趋势，资产质量平稳发展。

【各项核心业务稳定增长】 2016 年，中国工商银行五华支行各项日均存款稳定步增长，超额完成时序进度计划，日均存款增量在同业中的份额较上年有所提升，特别是宁华高速公路、五华抽水蓄能 2 个项目的施工单位带动公司存款为支行日均存款增长带来较大贡献。

【信贷结构优化】 2016 年，中国工商银行五华支行信贷投放平稳，贷款投放均衡发展，公司贷款、个人贷款同步发展，日均贷款增量按计划进度投放。特别是个人住房贷款得到有效推动，比年初新增 5,898 万元，并储备一批按揭楼盘，扭转被动局面。

（何基炎）

中国工商银行五华支行 2016 年度负责人名录

行　长：何基炎

副行长：彭云标

中国银行五华支行

【简况】 2016 年，中国银行五华支行紧紧围绕总行“担当社会责任，做最好的银行”发展战略和省行“系统最大且最好的一级分行”发展目标部署，按照“三比三看三提高”工作要求，五华支行明确经营思路，夯实发展基础，紧跟分行党委步伐，开拓进取，扎实推动各项业务的发展，整体经营业绩和市场竞争力得到有效提升。通过支行全体干部员工认真贯彻落实省行和分行各项工作部署，开拓创新，积极进取，扎实推动各项业务发展，经营管理取得较好业绩。人民币两项存款余额为 16.88 亿元，比 2015 年年初增长 6.06 亿元；各外币汇总折合美元存款余额 150 万美元，对比年初增长 20 万美元。人民币零售贷款余额1.46亿元，今年新增投放2965万元，完成全年1.45亿元任务20.5%。贷款按五级分类正常类贷款余额1.45亿元，不良贷款余额40万元，不良率为0.27%。案件防范和安全保卫工作落实，全年未发生一宗经济案件和安全责任事故。

（李锐锋）

中国银行五华支行2016年度主要负责人名录

行　长：韩　晓

副行长：李生茂　张志润　曾　林

中国建设银行股份有限公司五华支行

【简况】 2016年，中国建设银行股份有限公司五华支行以党的十八大和十八届二中、三中、四中、五中、六中全会精神为指导，紧紧围绕“三个确保、三个明显”工作目标，以科学发展观和“四个全面”发展战略统领全局，坚持“抓基础、创和谐、筑安全、促发展”，持续提升综合服务能力和价值创造力，全力促进各项业务持续健康发展。全年实现经营安全目标和业务发展目标。价值创造力不断增强，全年实现账面净利润4143万元，与上年基本持平；实现中间业务收入625万元，同比增加117万元，增长18.7%。负债业务持续发展，一般性存款余额21.12亿元，比年初增长1.73亿元，其中，企业存款余额11.86亿元，个人存款余额9.26亿元。资产业务快速发展，全年信贷投放总量2.3亿元，比年初新增1.1亿元，实现资产业务快速发展。在市分行2016年度KPI考核中取得排名第三的好成绩。同时，创新产品和服务大力支持地方经济和中小微企业发展，全力做好扶贫挂钩村和创建“国家卫生县城”“广东省文明县城”工作。

（曾汉忠）

中国建设银行股份有限公司五华支行2016年度负责人名录

行　长：陈志君（任至3月）

黄均荣（3月任）

副行长：曾伟军（9月任）

五华惠民村镇银行

【简况】 2016年，五华惠民村镇银行按照发起行战略部署，牢固树立现代商业银行经营理念，坚持“支农支小”市场定位，以打造社区精品银行为目标，突出风险控制、结构调整和机制创新三大重点，夯实思想、内控、客户、管理、网点五大基础，在全体员工共同努力下，管理水平得到有效提升，五华惠民村镇银行主体业务有较好发展，盈利水平得到提高。

至年末，各项存款余额5.65亿元，比年初增加1.5亿元，增幅达到36%，其中储蓄存款余额1.36亿元，较年初增长0.76亿元，占比从14%提高到24%。各项贷款余额3.64亿元，比年初增加8641万元，增幅达到31%。其中法人客户贷款余额1,898万元，比年初增加590万元；个人客户贷款余额3.45亿元，比年初增加8,051万元。业务收入3,394.80万元，增幅达到99%，实现拨备前利润903.16万元，拨备后利润409.05万元，净利润315.26万元。

（何婷婷）

五华惠民村镇银行2016年度负责人名录

行　长：郭广平

副行长：王　成　王　洋
袁海峰　魏尚坤

五华县农村信用合作联社

【完善法人治理，发挥战略引航作用】 2016年，五华县农村信用合作联社结合法人治理架构要求，充分发挥党的领导核心作用。开展学习实践和下乡调研，理清工作思路，找准经营发展突破口，制定科学合理的中期发展规划，明确经营管理、改革发展方向。“三会一层”高效运行。根据实际情况，设立监事会办公室，对“三会一层”下设委员会职责和议事规则进行相应调整，进一步完善法人治理组织架构。严格按照社章规定，充分授权，充分履责，保证科学决策，发挥各个组织架构的相互制衡监督作用，促进民主、团结。

【优化精细管理，扎实推进转型升级】 一是配合省联社网点转型升级部署，结合办公楼现状，与五华奥园广场有限公司签订购楼协议，在奥园广场定向购置一栋营业大楼，打造全金融服务综合体。二是在梅州市农合机构中率先上线自助发卡机、效率银行项目，提高业务办理效率，提升客户体验，推促网点转型升级。三是电子商业汇票业务顺利上线。企业足不出户即可完成票据在全国流转，有效降低票据被克隆、变造、伪造以及丢失、损毁等风险，大大提升票据流转效率，降低人力和财务成本。四是为应对利率市场化，发挥内部资金转移定价的效能，8月，FTP系统成功上线。五是作为首批试点建设绩效系统的五华县农村信用合作联社，经过前期的系统建设、数据核对、试运行及数据反馈与再核对，绩效管理系统成功上线。2016年，五华县农村信用合作联社荣获省联社2016年度深化改革转型升级奖、金融服务创新奖三等奖、普惠金融贡献奖；贷款远程审批项目被省联社评为金融服务创新奖；被梅州办事处评为绩效系统建设和推广应用先进单位，赖运华副主任获绩效系统建设先进个人。

【提升品牌形象，各项存款大幅增长】 2016年，五华县农村信用合作联社开展多维度宣传，增进客户对业务和服务认识，提升品牌形象，推促各项存款大幅增长。一是开展户外室内相结合的广告宣传，还与消防、创文、创卫等开展品牌形象建设推广。二是开展金融知识服务送乡村、进校园、进企业活动，开展定点上门业务推广活动。三是以商户联合、客户互动等形式，收集市场、客户意见，增强业务市场效应。四是冠名五华县首届“农信杯”广场舞大赛、“农信杯”象棋比赛、老年人协会户外活动、“梅州乡镇足球贺岁杯”等。参与公益活动，多领域开展企业文化推广。五是通过电视、网络、报刊杂志等渠道，开展媒体宣传。上线微信服务平台，开通微信银行，开展网络宣传，并为客户提供更方便快捷的金融服务。六是狠抓网点服务的检查、督促，大力改善服务环境，努力提升服务水平，以优质的服务提升品牌形象。至年末，各项存款余额83.95亿元，比年初增加9.23亿元，增长率12.35%，位居县域金融机构首位。

【践行普惠金融，普及百姓惠及民生】 2016年，五华县农村信用合作联社积极改善农村金融服务环境，深入推进普惠金融建设，助力民生。进一步加强村级合作，落实基础金融服务“村村通”工作，完善“三资”平台管理建设，加强金融服务站建设，推进信用镇村、信用户建设。加强服务设施建设，延伸普惠基础金融服务触觉。继续加强163个助农取款点的沟通、维护、建设。至年末，累计发生取款交易3.45万笔，取款金额2,207.62万元，受惠群众达5.79万人次。新增POS机206台，新增布放自助设备10台，总量达99台，为城乡居民提供覆盖区域广、受益人群多的自助银行基础金融服务。贯彻落实供给侧改革降成本方案，全年取消26项收费项目，降低22项收费项目标准,减费让利客户达76万元。加强宣传，积极研究，大力推进农房抵押贷款试点工作。深入开展金融知识、金融新产品的推广应用，让现代金融服务的便利应用更广泛更普及。结合农村群众关切的反假货币、防电信诈骗等热点问题，开展贴心服务。全年成功拦截27起电信诈骗，挽回客户经济损失19.57万元。

【着重营销拓展，中间业务全面发展】 2016年，五华县农村信用合作联社坚持多元化发展思路，不断加大新业务的创新，推行全员营销拓展，中间业务得到全面发展。整合优化拓展部门。7月，在原个人银行部基础上新成立业务拓展部，负责存贷款资产和负债业务的整体营销组织，以及电子银行和中间业务的条线管理与营销推广等工作。重视业务培训学习,有效提升员工素质。全年组织开展POS刷卡手续费调整协议换签、代理保险业务知识、中间业务考核方案分析等20多场专题培训。开展战略合作，增强整体实力。相继与五华奥园广场有限公司、粤东农批有限公司、广电网络、县扶贫局签订战略合作协议，扩大业务合作领域。加大考核激励措施，全力拓展业务市场，将业务考核量化到岗到人，充分体现“多劳多得、业绩说话”。创新中间业务渠道，不断丰富产品种类。创新鲜特汇上架渠道，开通粤信通无线POS业务，顺利上线POS非接功能；增加保险合作机构，新开办代理车险业务，增加代理浦发银行理财。

【狠抓信贷治理，资产质量稳步提升】 一是认真贯彻国家信贷投放指导意见及相关政策规定，明确市场定位，突出“支农支小”，全力支持县域经济发展。全年向人民银行争取扶贫再贷款9,000万元。二是继续推进远程审批工作，缩短贷款审批报送的时间和距离，提升贷款审批效率。三是根据市场、客户需要，创新信贷产品。全年推出车位贷、装修贷、园丁贷、企业精英贷、农房贷等信贷产品。四是结合新时期精准扶贫精准脱贫工作，创新扶贫小额信贷，助推金融扶贫。五是深入落实省联社从严治贷的要求，进一步规范办贷程序，从严落实信贷管理制度，强化信贷业务排查和责任追究，打造“阳光信贷”，提高信贷资产质量，防化信贷风险。六是采取名单制专门清收、认领清收、诉讼保全、以物抵债等方式，积极化解不良，强打不良攻坚战。至年末，涉农贷款余额34.20亿元，对比年初净增50万元；小微企业贷款余额21.85亿元，小微企业贷款户数达4695户，不良贷款余额1.37亿元，占比3.37%。

【努力增收节支，经营利润稳步提升】 2016年，五华县农村信用合作联社继续加强财务核算管理，落实“八项规定”，严格执行省联社费用管理、财税管理有关规定，严格控制各类费用列支范围。狠抓主营业务收入。通过加强按月收息考核，努力盘活存量信贷资产，确保主营业务收入应收尽收。努力发展交易对手，拓宽资金运营渠道，增加资金运营品种，大力吸收外部资金，增加运营收入。当年新增同业授信交易对手 11 家，合计交易对手达 42 家。至年末，资金运营规模达 51.66 亿元，资金运营总收入 1.78 亿元，居全市前列；实现经营利润 1.71 万元，创下历史新高。

【落实从严治党，抓党建促业务发展】 一是按省联社党委要求，顺利完成党委、纪委及党支部换届选举工作，专设一名专职党务工作人员，强化党建工作。二是联社纪委积极发挥党内监督作用，贯彻落实好中央“八项规定”“三严三实”“两学一做”等部署，将改进工作作风与党风廉政建设、案件防控工作有机结合，引导党员干部筑牢拒腐防变的思想道德防线。三是深入开展“两学一做”活动。党委领导成员、支部书记先学一步，并自觉带头讲好党课、带头学习研讨、带头查摆问题、带头整改落实，以实际行动为全体党员干部作出表率，带领广大党员形成“深学实做”的生动局面。四是针对党员多样化学习需求，制定详细学习计划，将党性教育和工作实际相结合，依托“三会一课”等党的组织生活制度，充分开展党员互学互比活动。同时，注重学习方式的创新，在常规学习基础上，充分运用现代网络通讯设备组织全辖党员学习，利用内外网、广东农信在线学习平台、视频教学、QQ 群、微信平台等，加强党员学习教育。五是完成党费补缴工作。26 个党支部完成党费收缴工作专项检查。六是强化队伍建设。为 2 名预备党员转正，发展 2 名积极分子为预备党员。

【狠抓案件防控，实现合规稳健经营】 2016 年，五华县农村信用合作联社落实案防举措，搭建合规发展体系。班子成员分片挂点督促，实行一级抓一级，层层签订案防责任书；完善制度流程建设，规范合同文本签订。继续聘任兼职合规经理，对各项制度、规章及执行进行合规审核。10 月 26 日，组织辖内网点推荐的 47 名员工进行“合规伴我行”知识竞赛。对符合条件的 73 名中层人员进行离任审计。开展纪律教育学习月活动，举办党纪政纪法纪教育培训班和“崇德尚善，敬业爱岗”道德讲堂教育活动，开展谈话提醒构建抓早抓小工作机制，组织开展党员“党内两项法规”知识测试。加强内控监督检查和风险排查。全年组织开展员工异常行为排查、案件防控专项检查、“两个加强、两个遏制”回头看等 12 项专项检查。制定安全生产工作意见，层层签订安全目标等各种责任书，落实全辖的安全责任制；完善安全设施，加速现代金融安防建设。被梅州市公安局、五华县公安局评为“2016 年度内部治安保卫先进集体”，杨旭华、李练武获“2016 年度内部治安保卫先进个人”称号。

【加强企业文化，推促改革发展】 一是积极参与县委县政府组织开展的创建国家卫生城市、省文明城市建设，做好挂钩责任区的环境卫生工作，联合开展创文宣传工作。二是联合体育局、广播电视台、工会、文广新局，相继开展庆“三八”趣味运动会、青春奉献演讲比赛、广场舞大赛、同城足球邀请赛等企业文化活动。三是认真落实精准扶贫精准脱贫工作。积极做好周江早成村的挂钩帮扶工作；配合省联社开展河东镇高车塘村精准扶贫精准脱贫工作。四是组织员工开展“扶贫济困日”捐款、义务献血等社会公益活动。同时，继续发挥关爱基金的作用，关爱疾苦员工，为49名困难员工发放33.95万元。五是积极开展争先创优活动，大力弘扬传递正能量。业务拓展部经理黄杰华被省联社党委评为优秀共产党员；团总支被五华县团县委评为2015—2016年度“五华县五四红旗团支部”，团委副书记谢能铃获评2015—2016年度“五华县优秀共青团干部”，城镇信用社陈金辉获评2015—2016年度“五华县优秀共青团员”。

【坚持以人为本，发挥人力资源效能】 2016年，五华县农村信用合作联社坚持以人为本，始终把强班子、带队伍作为从严治社、从严治军首要工作来抓，不断加大员工培训力度，切实提高员工综合素质，夯实长期稳健发展的人才队伍。抓好教育培训工作，提高员工队伍整体素质，举办相关岗位培训30多期。公开招聘10名本科学历新员工，保证新生力量的质量，为员工队伍注入新鲜血液。狠抓四项制度落实。全年实施轮岗换岗163人，强制休假31人。做好人力资本管理系统员工信息的收集与导入，促进人力资本管理精细化、规范化、系统化。

（李颂锋）

五华县农村信用合作联社2016年度负责人名录

理事长： 丘海明

主　任： 张　信

监事长： 杨旭华

副主任： 赖运华　李颂锋

中国人寿保险股份有限公司五华县支公司

【业务发展】 2016年，中国人寿保险股份有限公司五华县支公司以市场为向导，坚持发展业务和充实队伍“两手抓”，切实贯彻省市公司“以队伍建设为本，以客户经营为载体，以个险为重、队伍为本、干部为先”16字方针，深化改革创新，使管理水平迈上新台阶，综合指标完成和整体创费等工作实现总体平稳较快发展。全年实现年度自营保费总收入9,769万元，长险首年3,998万元，长险首年标保656万元，首年期交1,547万元，十年期交814万元，短期险620万元，其中短期意外险445万元，续期业务5,138万元。自营保费对比上年同期下降2.2%。公司全年总体经营平顺、队伍稳定。

【内部管理】 2016年，中国人寿保险股份有限公司五华县支公司认真落实风险管控，保障企业和谐发展。把员工思想政治工作与各项内控管理制度的落实紧密结合起来，确保全年无案件和重大责任事故发生。领导带头加强作风廉政建设，强化治本抓源头，按人民银行要求积极做好反洗钱工作，强化单证管理，严格用印审批，大力推行转账收、付费，努力做到在业务过程中零现金收付管控。优化人员配置，逐步建立适应市场发展和竞争需求的人力架构体系。

【客户服务】 2016年，中国人寿保险股份有限公司五华县支公司秉持“服务到永久”客户服务理念，统筹提升从承保、保全、理赔等各个服务环节，实行岗位责任制，加强岗位技能培训，并积极投身志愿者服务等公益活动，扩大宣传影响力，提升客户满意度。全年处理各类案件 1134 宗，保险业务支出 7,357.9 万元（不含退保金），其中满期给付 6,520.5 万元，年金给付 278.1 万元，赔款支出 106.8 元，医疗给付 106.2 万元，死亡给付 346.3 万元，退保金 2031 万元。

（廖李华）

中国人寿保险股份有限公司五华县支公司 2016 年度负责人名录

总 经 理：姚铠漳（任至 10 月）
刘东彬（10 月任）
副总经理：李振军（任至 4 月）
经理协理：李东桦（11 月任）

中国人民财产保险股份有限公司五华支公司

【简况】 2016 年，中国人民财产保险股份有限公司五华支公司经营的险种主要有：机动车辆险类、财产险类、责任险类、意外伤害险类、短期健康险类和政策性业务等险种 40 多个。是五华县唯一的国有控股财产类县正科级保险公司。内设经理室、副经理室、综合部、业务一部、业务二部、业务三部、业务四部等部门 7 个，下设水寨营销服务部、华城营业部、安流营业部，人员含总版、地方版、劳务派件、聘用的卫生保洁和安保、营销员等 41 人。该公司以科学发展观为统领，以总公司新发展战略为指引，紧扣“发展业务为中心，提高效益为核心，合规经营为主线”的工作主基调，狠抓各项工作完善和落实。全年，实现收取保费 4,607.8 万元，其中车险 2,837.6 万元，非车险 1,770.2 万元（政策性业务 1,486 万元），为受灾企业和保户支付赔款 1,485.5 万元简单赔付率 32.24%，上缴税款 198.5 万元，为受灾保户起到经济补偿作用，为五华山区经济建设，落实县委县政府”三年打基础，五年大提速，强势推进经济社会跨越式发展”和“工业立县，教育为先，民生为重，和谐五华”，打造“工业之城，长乐之乡”为山区人民奔康致富作出应有贡献。

2016 年公司经营主要呈现以下特点：业务持续健康稳定发展，服务水平不断得到提升，业务质量持续向好，赔付率逐年逐步稳定，政策性业务稳步向好发展。

（张健华）

中国人民财产保险股份有限公司五华支公司 2016 年度负责人名录

经　　理：陈　腾
副 经 理：罗夭伦
经理助理：钟广宁　朱龙辉

安信证券梅州五华证券营业部

【简况】 2016 年，安信证券梅州五华营业部以提升服务为导向，坚持守法经营，团结协作、积极进取，继续保持稳健的经营业绩。全年证券交易额为 474.39 亿元，缴纳当地税收 148.96 万元。

【全面发展各项业务】 2016 年，安信证券梅州五华营业部认真做好新业务的宣传和办理工作，高度重视投资顾问、融资融券业务，同时确保新三板、港股、ETF 套利、手机证券、个股期权、港股通等各项业务稳步发展。进一步丰富产品体系，加大债券、基金、理财产品推广力度，促进营业部业务从交易通道向综合理财服务转型。

【创新金融服务，推进普惠金融发展】 2016年，安信证券梅州五华营业部依托与各商业银行、农村信用社、邮储银行的合作，在各大乡镇金融网点建立联系点，利用互联网，创新服务农村金融方式，推进金融产品、金融服务和金融知识深入农村，实现和现有客户及潜在客户最广泛的沟通与联系，让广大市民进一步了解证券市场，倡导理性投资。

【秉承服务创造价值，提高品牌知名度】 2016年，安信证券梅州五华证券营业部自成立以来，始终坚持“为客户提供高效服务、为员工搭建广阔发展平台”经营理念，稳健经营，合规运作，不断提升专业能力，大力推广投资顾问业务，依托投资顾问产品，进一步提升营业部咨询服务水平，完善客户分级服务体系，提高客户满意度，通过形式多样的风险教育和宣传，引导客户树立正确的投资理念，进行合理资产配置，增强风险抵抗能力，实现证券投资资产的保值增值。

【普法宣传教育和反洗钱工作】 一是始终坚持合规经营底线，严格遵守证券从业规范，严格按照监管部门、公司要求开展营业部日常各项工作，保障各项工作顺利开展，全年无有效投诉，无信息安全、消防等事故；二是深刻领会人民银行对于反洗钱工作要求，认真履行反洗钱工作职能，勤勉尽责，对大额资金进出严格监管、分析，及时按要求报告人民银行；严格身份证的识别管理，按照要求告知客户办理身份证更新业务；贯彻落实五华县人民银行各项宣传要求，做好金融知识、投资者教育等宣传工作。

（李苏）

安信证券股份有限公司梅州五华证券营业部2016年度负责人名录

总经理：李华文

旅 游 业

【简况】 2016年，县旅游部门认真贯彻“创新、协调、绿色、开放、共享”五大发展理念，全面落实粤东西北和原中央苏区两大振兴发展政策，以及市委“一区两带”和县委“一核两区三组团”发展战略，紧紧围绕打造“梅州城市副中心”发展定位，以擦亮“五华客天下、球王故里、热矿泥浴、秦汉城址”等特色旅游品牌为目标，主动对接梅江韩江绿色健康文化旅游产业带规划建设、深入挖掘“长乐古镇”历史文化底蕴，加快名人故居、古建筑、红色旅游的保护性规划开发，全力打造集“休闲度假、乡村旅游、客栈民宿、特色餐饮”为一体的休闲保健养生度假旅游目的地建设，以创建梅州旅游休闲示范城市为动力，全面推进五华特色文化旅游产业加快发展。积极推进文化旅游重点项目建设，加强旅游安全质量监管，强化旅游宣传推介和招商引资，推动“旅游+互联网”建设，举办旅游节庆活动，积极参加“创国家卫生县城”和“创广东省文明县城”活动，开展新时期精准扶贫精准脱贫挂村工作。全年实现旅游接待 532.4 万人次，旅游总收入 37.7 亿元，分别比去年同期增长 15.8%和 16.9%，并实现旅游安全质量无事故无投诉。

【旅游重点项目开发建设】　2016 年，县旅游部门按照县委、县政府要求，积极推进文化旅游重点项目建设。一是落实“乡贤回归工程”。广东瑞华集团正式收购接管五华热矿泥温泉山庄，拟投入 6.5 亿元，把热矿泥温泉山庄升级改造为国家 4A 级旅游景区。广东瑞华集团年内完成热矿泥温泉山庄升级改造总体规划，投入 5,000 多万元对山庄原有部分设施进行升级改造，梅河高速五华出口至热矿泥旅游专线公路建成通车。二是由广东鸿艺集团拟投资 50 亿元分期打造五华客天下文化旅游产业园，于 3 月 29 日举行开工仪式。按广东鸿艺集团的规划设想：首期工程将投入 11.5 亿元首先打造一个集休闲、体育、养生、娱乐于一体的国家 4A 级旅游景区。至年底，该项目完成项目的总体规划设计，推进征地拆迁和前期基础设施局部工程建设。三是加快省、市、县旅游重点项目建设。省旅游重点项目双龙山旅游景区超额完成年度投资计划。建造景区休闲步行道、环湖道路等 10 多公里；建造木屋别墅 6 幢；完成供电高压电缆、通讯、供水管网延伸铺设，新建 3 个供水池；完成景区门楼建设；新建景区旅游厕所 2 座以及其他旅游基础设施建设。市旅游重点建设项目龙狮殿农业生态观光旅游项目完成年度投资计划。完成进园大道扩宽 10 多公里；种植高山优质云雾茶 1300 多亩；完成 300 多亩的“高山天湖”整理并投放鱼苗 30 万尾；完成茶叶加工生产线基础工程整理；种植鹰嘴桃、樱花走廊 18 公里；繁殖野生香猪 200 多头。县旅游重点建设项目营田三市生态园完成年度投资计划。主要进行景区内农庄的升级改造；新建旅游厕所 1 座；完成景区内生态吸氧园建设；完成进园公路 6 公里和民宿的改扩建。四是组织业务人员指导五华县旅游企业申报 2016 年旅游厕所扶贫项目，通过积极申报，五华县获得省、市、县财政补助的旅游厕所新建 7 座、改扩建 6 座（其中省补新建和改扩建各 1 座，市、县补助新建 6 座、改扩建 5 座），并督促和指导旅游厕所建设单位按照标准和时间节点完成建设任务。联合财政部门对 2015 年度旅游厕所扶贫项目进行验收评审，经评审验收合格的旅游厕所按照市、县、业主分别 30%、40%、30%的经费标准核定补助。

【旅游专题调研】　2016 年，围绕乡村旅游发展和旅游重点工作，省、市、县旅游部门积极开展调研活动。5 月 25 日，市政协叶解春副主席带队到五华开展“推进梅江韩江绿色健康文化旅游产业带规划建设”专题调研；6 月 12 日，广州市番禺区科技工业商务和信息产业化局、广州市番禺区旅游局调研组一行到五华县考察、调研文化旅游特色产业；6 月 14 日，吴晖县长率领县直相关单位主要负责人到双龙山旅游景区建设现场调研；6 月 27 日，深圳市南湾街道商会一行 18 人到五华参观考察特色文化旅游产业；11 月 7 日，广东省旅游行业精准扶贫工作调研组到华城镇城镇村、潭下镇布坪村、转水镇新丰寨现代农旅生态园调研新时期精准扶贫工作；11 月 8 日，县委常委詹庆东率领县直相关部门负责人调研热矿泥温泉山庄升级改造、新丰寨现代农旅游项目。12 月 19 日，局领导带领相关人员调研精准扶贫精准脱贫挂钩村华城镇胡田村，了解精准扶贫精准脱贫工作推进情况和胡田村乡村旅游发展的规划建设情况；围绕 2016 年县委、县政府重点工作目标“修复两条以上古驿道”。旅游部门组织相关人员与县文广新局联合开展全县范围古驿道调查，通过对比选出龙村镇塘湖村阿里山凹古驿道和华城镇黄埔村长乐古驿道作为修复项目，邀请武汉大冶市景苑园林仿古建筑工程有限公司规划设计人员，对两条古驿道进行前期勘探和概念规划设计，并专题向县政府请示；组织相关人员通过调研制订《五华县旅游构建“文化旅游特色产业三年行动计划”》《五华县大力发展乡村休闲度假旅游产业三年行动计划实施方案》《五华县旅游局关于推进旅游行业精准扶贫精准脱贫三年攻坚的实施方案》等。

【旅游行业管理】 2016 年，县旅游部门狠抓安全监管和日常管理工作，全力提升服务质量和接待能力。坚持“一岗双责”，抓严抓实旅游安全工作和旅游质量监管工作，与旅游企业签订安全生产责任书，定期开展安全检查、巡查，落实节假日全天候值班制度，组织企业开展“安全生产月”活动和安全知识培训、竞赛活动，不断提高旅游从业人员的安全意识和防范能力。切实做好旅游质量监督，及时查处旅游投诉和旅游违规案件，全年未发生旅游安全质量违规或投诉案件。积极开展旅游技能培训，全年选送 100 多次人参加省、市组织的各类学习培训活动。做好旅游调查统计工作，开展全县旅游接待设施和客栈民宿的普查工作，协助组织导游员资格的报考和导游证 IC 卡年审工作。

【旅游宣传推介】 2016 年，县旅游部门围绕“政府主导，企业运行”模式，积极组织主要旅游企业省、市、县联动旅游宣传营销推介活动。组织县内旅游企业开展“5·19”中国旅游日宣传咨询活动；组织分管旅游宣传营销工作领导和主要景区营销人员参加市旅游局组织的省内外旅游客源地宣传推介活动 120 多人次；动员和带领旅游企业到五华旅游主要客源地广州珠三角地区、潮汕揭地区、以及江西赣州、福建龙岩等地开展宣传推介和市场营销活动；组织相关镇、村干部、旅游企业管理人员参加广东省旅游局在梅州市举办“全域旅游”讲座培训班学习。10 月 1—7 日，县旅游部门在县城“印象唐街”举办“五华县第四届旅游美食文化周活动”。来自国内外美食和本地特色美食近 100 家商户前来设摊摆档，活动期间吸引市民 10 多万人次参与品尝购买，市场交易额达 500 多万元。与户外运动协会共同推出“游五华山水文化，品客家特色美食”自驾游活动，吸引 30 多部自驾车 100 多人报名参加；动员和组织旅游系统干部职工投入五华“创建广东省文明县城”和“创建国家卫生县城”活动；抽调精干人员参加新时期精准扶贫精准脱贫三年攻坚工作，全力协助支持华城镇湖田村按上级要求的时间节点，全力推进新时期精准精准扶贫精准脱贫各项任务。

（温巧麟）

县旅游局 2016 年度负责人名单

局　长：张国标

副局长：刘展明　魏　芳

科教文体

五華年鑒

2017

长乐学宫

社 会 科 学

党史研究

【编撰《中国共产党五华地方历史》二卷(简称《二卷》)】 《二卷》的编撰工作始于2012年，4年多来，五华县委党史研究室始终把它作为重中之重的工作来扎实推进。2016年，县委党史研究室根据省、市党史部门工作部署和要求，坚持高标准、严要求，全力以赴按照计划推进编纂各项工作。编写组成员在完成初稿撰写工作基础上，通过进一步查找档案、报刊、文献及采访当事人等形式，对初稿进行查漏补缺，充实完善，继续对征集的史料内容认真整理和归纳提升，组织撰写人员对初稿进行互改、补充、完善，保证史料更准确、内容更充实。根据梅州市委党史室的调研反馈，五华《二卷》编撰质量和进度得到上级业务部门的充分认可。

【编辑《广东中央苏区历史》丛书(五华卷)】 2013年7月23日，中共中央党史研究室确认五华县在土地革命战争时期属于中央苏区范围。2016年，五华县委党史研究室根据省委党史研究室2014年4月10日在梅州召开的编纂《广东中央苏区历史》丛书工作会议精神要求，继续广泛征集大量佐证材料和历史文物史料，对编辑初稿进一步修改补充完善，并按省委党史研究室审稿过程中提出的修改意见和建议做好修改充实，确保丛书编纂质量。忠实地把五华属于原中央苏区范围的有关历史记录下来，让苏区革命精神薪火相传，也更好地让广大党员干部和群众了解这段光辉历史。

【征编出版党史丛书】 2016年，五华县委党史研究室编写出版党史征研丛书3部，分别是《五华县中央苏区历史资料读本》(5月出版发行)、《五华革命遗址概览》(7月出版发行)、《红军长征五华人物志》(10月出版发行)。3部党史丛书总字数达15万字，收集珍贵历史、革命遗址图片达150多幅，全面展示五华苏区人民艰难困苦的革命斗争历程，充分发挥党史丛书资政育人教化作用。

【积极完成其它各项任务】 2016年，县委党史研究室组织人员，专门做好党史资料收集和整理工作，通过报刊、文件、资料、新闻等渠道收录年内党史大事、要事，积累党史资料；积极向梅州市委党史研究室汇报，争取革命旧址、纪念设施修缮市级财政资金170万元，其中修缮古大存故居50万元、优行乡农民协会旧址（德公祠）120万元；加强信息收集、宣传和上报，按市的要求，按时按质完成向市、省党史部门报送相关党史信息资料；为有关部门提供纪念中国共产党成立95周年活动和红军长征胜利80周年活动所需的史料；与五华县摄影家协会联合举办纪念建党95周年和红军长征胜利80周年摄影展；按省要求认真做好中央苏区文献资料数据库工作；做好为上级提供五华抗日英烈名录工作；接待长征红军开国中将曾国华亲属子女回乡寻祖工作。

（邹菲菲）

县委党史研究室2016年度负责人名录

主　任：古江南（3月任）

副主任：谢伟贤　黄焕坤

编 史 修 志

【年鉴编纂和地方志年报资料收集】 2016年初，对年鉴和地方志年报资料组稿工作进行研究和部署,县委办、县府办发出《关于做好2015年度地方志资料年报收集和〈五华年鉴〉（2016）组稿工作的通知》。县方志办组织人员采取用电话、电子邮件、QQ等多种方式向全县110多个承编单位征集文字和图片资料。同时组织人员对稿件进行认真审改，对地方志资料年报进行整理、归类，安排专柜专室进行妥善保管。《五华年鉴》（2016）按时全面完成资料审改，由方志出版社正式出版，在国内外公开出版。全书有58.2万字，彩页有50多个页面，系统全面地反映2015年度全县经济、社会、文化等各方面发展的新情况、新变化。根据省、市《广东年鉴（2016）》《梅州年鉴（2016）》的组稿工作通知，按照省、市要求和编写大纲，及时研究、制定和布置编纂工作计划，落实撰稿人员，明确任务分工；按时按质完成上级组稿任务。报送材料1.8万字，上送图片20多幅。

【旧志校点】 2016年10月，清道光二十五年（1845）由侯坤元修、温训纂的《长乐县志》几经校勘审定重印出版发行。该志印数3000册，是继2015年民国《五华县志》校点并重印出版发行之后的第二部旧志。道光《长乐县志》原志分“舆图、沿革、职官、选举、舆地、山川、建置、经政、前事、艺文、古迹、宦绩、人物”共十八卷，为繁体字竖排版。此次校点重版，在保持旧版本原貌的基础上对字句进行校勘、标点，改用通用规范简化字横排版印行，分“舆图、沿革表、职官表、选举表、舆地略、山川略、建置略、经政略、前事略、艺文略、古迹略、宦绩传、人物传（上）、人物传（下）”共十卷，字数约22万字。该校点本阅读起来，简明快捷，更具可读性。与道光前的旧志不同的是，道光《长乐县志》增加“图、表、略、传”四类。特别值得一提的是“舆图”用地图来图示，“职官”用表格来表示，“宦绩”“人物”两类以“传记”形式来表述,内容和形式都有新突破。其中出现的“采访册”，是当时的编纂人员通过现场实际采访新增的内容,更体现其价值所在。道光《长乐县志》校点本重印发行，是五华地方志工作的又一重大成果，也是研究长乐（五华）清朝时期政治、经济、社会、文化等方面的重要文献典籍,具有较高的应用和收藏价值。

【地方志资源开发与利用】 做好自然村落历史人文普查工作。县政府于2016年6月17日召开自然村落历史人文普查工作动员会，成立由分管县领导任组长的普查工作领导小组，全面启动全县16个镇412个行政村的自然村历史人文普查工作。印发工作方案，建立党委、政府领导，地方志办牵头，相关部门参与，镇为主体的工作机制。一是加强具体业务培训，各镇、村召开各级动员及培训推进会 40 多场次，动员及培训普查员 1300 多人次；二是抓示范带动。各镇选定一个以上的自然村进行认真普查、深入挖掘历史人文资料，规范表格资料填写，以此作为该镇示范，带动全镇乃至全县普查工作加快推进。三是分类指导。采取先易后难、先进促后进办法，逐镇逐村推进，普查工作有序推进。

做好资政、服务社会工作。主动为全县各级各部门提供有关五华社会经济发展、地理环境、自然资源等方面地情资料及咨询服务。如为县交通部门对大丰华高速公路和双龙高铁的规划测设提供地情材料；帮助长乐烧酒业申报国家地理标志产品，帮助七畲径茶叶和大田柿花开展广东省级地理标志产品申报。

是参与、指导有关镇村和部门编纂出版地情书籍。如参与、指导横陂镇《夏阜村志》编纂、审稿，该志于 2016 年 3 月出版；参与五华县旅游局邀请的知名作家曾敏儿采写的《行知五华》一书编审校核，该书于 2016 年 5 月出版；完成上坝历史名人文化主题公园规划展示方案设计和入录人物筛选论证及文字内容审改把关等工作；配合县民政局做好地名区划普查工作。

《读志明邑札记》出版。该书是旧志校点开发成果，由丁思深副教授撰写，于 2016 年 7 月经广东省人民政府地方志办公室资助，由广东人民出版社公开出版发行。

【地情网站维护和更新】 2016 年，县方志办聘请网络信息专业人员担任五华县地情网站的信息员，专门负责网站建设和日常维护管理。网站主页按照服务功能分设“走进五华、县情动态、方志动态、志鉴博览、大事记、理论研究、信息公开、通知公告”等 8 个一级栏目，设有“乡镇概况、建置沿革、行政区划、自然资源、名胜古迹、民俗风情、五华人物、传统工艺、名优产品、风物传说” 10 个二级栏目。至年末，入库地情文献书籍 30 部（册），其中综合志书 2 部，旧志 2 部，年鉴 18 期，地情书籍 8 册，视频 21 部（时长 176 分钟），地情、时政信息 1400 余条，入库字数达 1500 多万字，网站访问量近 180 万人次，在全市同类网站中点击率排名第二，为社会各界提供便捷的地情信息服务。

县方志办 2016 年度负责人名录

主　任： 古江南（任至 3 月）
彭国阵（6 月任，任至 9 月）

副主任： 江连辉
黄培邦（6 月任）

档 案 管 理

【档案馆藏】 2016 年，县档案局进馆档案 1108 卷，进馆资料 38 册。全馆有馆藏全宗 108 个，馆藏档案 45863 卷、79018 件，另有资料 7180 册，非纸质档案 1888 张（合）；全引目录单份总数为 530 本。

【档案开发利用】 2016 年，县档案局开展现行文件利用和档案资料开发工作。全年接收 57 份现行文件。电脑著录文件级条目数 373767 条，案卷级条目数 18916 条；全年提供利用档案 489 卷、213 件，218 人/次，现行文件利用 363 份、245 人/次。

【档案管理】 2016年，全县机关、企事业单位普遍建立综合档案室，各单位达标升级次数达153个/次。其中省特级23个（次），省一级5个（次），省二级125个（次）。2016年，县档案局馆组织业务骨干指导协助县经信局建立文书档案、县法制局建立文书档案和专门档案等，使其能按照标准化、规范化进行整理、立卷、归档。

（巫秀梅）

县档案局（馆）2016年度负责人名录

局（馆）长： 古秀文

副局（馆）长： 古建和

杨伟沧

教 育

综 述

2016年，全县有各类学校623所，其中：幼儿园174所，完全小学160所，教学点229个，初级中学34所，九年制学校8所，完全中学9所，高级中学3所，中职学校5所，特殊学校1所。全县有学生215930人，其中：幼儿园43544人，小学95973人，初中43959人，高中29001人，中职3330人，特殊学校123人。全县有教师13164人，其中：幼儿园1569人，小学5358人，初中3988人，高中2079人，中职141人，特殊教育29人。（以上数据均含民办学校）

2016年，全县教育工作主要成效：

【"争先"工作有条不紊地推进】 按照省、市要求，2016年五华县启动争创"广东省推进教育现代化先进县"工作（简称"争先"工作）。"争先"工作是2016年乃至今后几年教育工作抓手。3月17日召开全县"争先"工作启动会议，"争先"工作有条不紊地推进。一是分层召开专题工作会议，制订印发"争先"《工作方案》和《规划表》，细化工作任务，明确工作职责。二是组织测算全县"争先"工作总经费，约需投入资金6.96亿元。三是制定提升教师学历的政策措施，决定"争先"期间教师学历提升经费由县财政、学校、个人三方共同分担，县财政负责60%，学校负责20%，个人负责20%，2600多名教师报名提升学历。四是落实"争先"工作月报制，全面掌握"争先"工作进度。是年顺利通过"基本均衡县"国家复查验收，顺利通过国家基础教育质量监测检查。

【学校安全工作成效突出】 2016年，全县教育系统高度重视安全工作，把学校安全工作放在第一位，认真贯彻落实上级安全工作精神，切实加强中小学安全工作管理，多措并举保障全县师生安全。干扰学校正常教学秩序事件和在校学生犯罪率均为零，学生安全事故特别是溺水死亡事故继续减少，特别是在暑假和国庆长假期间，全县学生无一人因溺水死亡或因交通事故死亡，学校安全工作取得突出成效。

【教学质量稳中有升】 2016年，通过推进素质教育、开展特色办学、加强教学质量监测、分片举办各学段教学开放周、树立教育教学标杆等措施，全县教学质量稳中有升。高考方面：第一批本科入围人数170人；第二批本科入围人数2019人，比增0.8%；省三A线以上入围人数4363人，比增1.2%；有8人次单科成绩进入全市前50名。中考方面：全县700分以上154人，最高分760分，高出去年15.5分；入东山中学线362人，比去年增加18人；入曾宪梓中学线550人。

【德育工作成效明显】 全县各校德育工作务实，措施到位，校园“三风”（校风、教风、学风）良好，尊师重教氛围浓厚，敬业爱岗蔚然成风，在校学生违法犯罪率控制在目标范围内。是年，组织530名班主任到县参加“心理健康C证培训”；评出优秀教育工作者县级20名、市级10名，评出优秀班主任县级50名、市级10名；评出优秀学生干部、三好学生、优秀团员县级797名、市级532名，评出省级三好学生2名。

【“普九”“普高”成果得到巩固提高】 注重“三个到位”（宣传到位、措施到位、施教到位），狠抓“防流控流”工作，“普九”“普高”成果得到巩固和提高。2016—2017学年，全县小学适龄儿童入学率100%，年巩固率100%；初中阶段适龄少年入学率100%，年巩固率99.65%；高中阶段教育毛入学率93.5%。

【教育重点项目建设成绩显著】 一是县高级中学建成使用。总投资3亿多元、历时3年的县高级中学于8月底基本建成，9月1日正式开学使用。学校占地面积13.87公顷，建筑面积7.5万平方米，可容纳4500名学生就读。二是特殊教育学校建设快速推进。学校新址选在原矮车中学，规划在校学生300人、27个班，校园占地面积26128平方米，校舍建筑面积10953平方米，总投资3980万元。宿舍楼、教学楼、康复活动楼等主体工程正在施工。三是县第六小学（华强学校）主体工程及配套工程建设进展顺利。县第六小学在华强学校校址上扩建，建设规模为2000人、40个教学班，总投资1,700万元。

【平安“两考”管理目标全面实现】 按照省考试院和市考试中心工作要求，认真执行国家、省、市招生考试政策法规，精心组织考试，不断完善管理措施，狠抓考试制度落实，营造良好的考风考纪，圆满完成2016年高考、中考和高二学生学业水平考试工作任务，全面实现平安高考、平安中考招生考试工作管理目标。

【加强队伍建设】 认真抓好三支队伍（教师队伍、校长队伍、机关队伍）建设。要求教师要有敬业精神和奉献精神，要立德树人，做学生成长的良师益友。要求校长用心管理学校，全心提升质量。要求机关干部改进机关作风，提高服务质量。专门召开局机关干部作风建设工作会议，邀请县政法委领导到局机关给干部职工上课，明确机关干部作风建设新要求，着力完善考勤制度、文件材料上报制度、领导干部廉洁自律制度等。认真抓好教师培训工作，不断增强育人责任和提高育人能力。

【合理整合县城学校】 鉴于县城学校大班

额现象严重，2016年秋季对县城学校进行一次较大规模的布局调整。实验学校高中部、城镇中学高中部和城新中学撤并到新办的高级中学；兴华中学整体搬迁至实验学校，与原实验学校初中部合并；县第三小学整体搬迁至兴华中学，原县第三小学校址改造成长乐幼儿园，明年长乐幼儿园划归县示范幼儿园管辖；拟将城镇中学打造成县城第三所重点初级中学。

【顺利成立五华县教育发展基金会】 2016年，在县委、县政府高度重视和社会各界共同努力下，在教师节期间顺利成立五华县教育发展基金会。县教育发展基金筹集，得到广东省五华商会、深圳琴江文化研究会、梅州市五华商会及广大企业家、五华乡贤、社会各界的鼎力支持、解囊响应。基金认捐总额1.33亿元，到账金额2,500多万元。教育发展基金主要用于奖教奖学，帮扶困难学生和培训教师，提升教育质量，培养优秀人才。

【精准扶贫工作扎实有效】 一是贫困学生得到精准扶助。做好全县贫困学生的建档立卡和“两免一补”工作，受建档立卡的贫困学生有11475人，确保全县贫困学生一个不漏上得起学。二是挂钩帮扶村面貌有较大改变。全力做好精准扶贫、精准脱贫挂钩帮扶工作，筹资近40万元助挂钩帮扶梅东村修建一段硬底化村道，制作美丽乡村宣传牌，购置村垃圾桶及完善村其他卫生设施，奖励11户贫困家庭中的优秀学子等；投入2万多元慰问39户贫困户。

同时，认真抓好创文、创卫和森林防火工作，着力做好教育宣传工作，不断加强和完善教育系统办公自动化（OA系统）功能，提高教育信息化水平和工作效率，做好五华教育信息网和五华教育微信公众号正面宣传工作。认真落实省政府教育民生实事建设工作，抓好教育督导工作，抓好党建工作，做好“梅州民声”相关工作。抓好语言文字工作，抓好工会、妇女工作，进一步规范普通中小学教材教辅征订发行工作。

主要存在问题和困难：

一是县城学校仍然存在大班额现象，安全隐患大。二是该县南北教育差距大，山区学校与县城学校师资力量不均衡，办学质量差距大。三是教师工作积极性偏低，特别是受山区教师岗位津贴的影响，县城教师的工作积极性不高，直接影响教学质量的提升。四是学校安全管理存在薄弱环节。由于五华学校点多面广，部分职能部门对学生安全问题不够重视，与教育部门齐抓共管意识不强、力度不够，存在交通安全、校外食品安全以及校园周边网吧、桌球室众多等问题，给学校安全管理带来较大压力。

普通中小学教育

【德育工作】 一是重视德育队伍建设。定期召开中小学德育和安全应急工作会议，提高学校德育骨干的业务水平。加强中小学班主任队伍建设，要求各校有计划召开班主任工作研讨会，提高班主任管理能力。建立激励机制，自下而上评选优秀德育工作者和优秀班主任，给予表彰和奖励，调动工作积极性。二是重视思想道德教育。组织评选“阅读之星”、读好书交流会、观看优秀影片和纪念重大节日等活动，对学生进行正面思想道德教育。充分发挥县综合实践活动教育基地职能作用，使学生真正接受教育。着力抓好学校文化走廊、黑板报等文化园地，使学生在优美校园环境中得到潜移默化的教育。三是重视法制教育。要求各校把普法工作列入学校工作计划，认真推行聘任“法制副校长”制度，举办专题性普法讲座及法制教育讲座，让学生知法守法。向各校下发法制挂图和资料，开展坚决抵制邪教、“六合彩”“黑网吧”以及远离毒品等活动。充分发挥学校、家庭、社会“三结合”教育网络作用，采取有效办法，强化督促检查，狠抓后进生转化和农村留守学生的教育工作。

【教学工作】 一是抓高中特色办学。要求有条件的高（完）中开展特色办学，打造学校品牌，培养特长人才。例如，鼓励琴江中学办好美术学科，横陂中学办好体育学科，安流中学办好音乐、美术学科等。二是抓县级教改开放周活动。小学组上期在县直南山小学、南片棉洋镇中心小学、中片双华镇中心小学、北片华城镇中心小学，下期在县三小、华阳镇一小、横陂镇一小、长布镇一小举办教改开放周活动。初中组于 10 月份在萃文中学、新新中学举办教改开放周活动。高中组于 11 月份在高级中学举行教改开放周活动。三是抓毕业班教学工作指导。坚持“常规打基础，创新求发展”教学思路，加强对全县中小学毕业班指导力度。高考和中考的每个考试科目均召开 2 次以上学科教研会，各学科骨干教师开复习观摩课，交流复习备考经验，提出教学和备考意见，提高备考质量。认真做好小学毕业水平测试和普通班质量教学抽测工作。四是抓好教研科研工作。努力营造教研氛围。要求各校以教研组为依托，认真开展“理论学习、集体备课、主题教研、反思交流”校本教研活动。加强对教育科研课题指导和管理。建立课题初审、立项、中期检查、结题验收、成果申报制度，定期开展科研成果交流。继续开展年度论文评比活动，市、县教改积极分子从课题实验的优秀教师中选出。五是抓教学质量监控。全力抓好幼儿园、小学、初中和高中四级教学质量，实施量化管理，加强质量监控。5 月下旬，对全县小学普通班教学质量进行抽测。7 月上旬，以“五统一”（统一报名、统一命题、统一考试、统一网上评卷、统一统计成绩）评价体制对全县小学六年级进行毕业水平检测。六是开展网上晒课活动。按照上级教育部门“一师一优课，一课一名师”教学工作要求，积极开展网上晒课活动。全年全县晒课 3442 节，其中：部优 7 节、省优 19 节、市优 55 节、县优 155 节，有效地提高广大教师信息技术应用及教育教学能力。七是组织人员到蕉岭县考察学习教育教学管理经验。11 月上旬，由教育局局长李作华带队，组织局党组成员、股室长及水寨中学、田家炳中学、高级中学校长等 23 人到蕉岭县教育局、蕉岭中学考察学习教育教学管理经验。

【文体卫活动】 一是重视体育活动。以比赛为抓手，不断增强学生身体素质。举办中小学生男子篮球、跆拳道、围棋锦标赛，开展校园足球三级联赛。11 月中下旬在县体育场成功举办全县中学生田径运动会，12 月中旬举办全县小学生足球技能大赛。同时，全力做好 2017 年市八运会学校体育组运动员集训工作。体育工作成绩突出，在全市足球传统项目学校比赛中，县第一小学荣获梅州市冠军；在全市“禁毒杯”校园足球比赛中，华东中学荣获梅州市冠军。二是重视文艺活动。积极协助宣传部做好 2017 年春节团拜晚会准备工作，做好百歌颂中华合唱比赛和歌手大赛工作。三是做好学校卫生防疫和食堂食品安全工作。联合卫生部门和食品药品监督管理局，对学校卫生防疫和食品安全工作加强监督指导，开展食品安全专项检查，签订学校卫生安全工作目标责任书，层层落实管理责任，保证各校食堂不发生食物中毒事件及不爆发传染病，保障师生身体健康和生命安全。

【财务管理】 2016 年，县教育局对学校财会人员特别是新上岗的会计进行一对一的业务培训，使他们尽快掌握中小学会计业务知识，提高业务水平。组织中小学校会计进行了教育事业统计和教育基础数据库业务知识培训。认真做好义务教育阶段公用经费和贫困家庭子女“二免一补”经费的申报、发放工作，做好高中助学金发放。严格执行“收支两条线”，使中小学校各项收费管理体制得到较好落实。严格开展学校审计工作，全年开展内部审计项目 50 项，其中创强专项资金审计 22 项、财政财务收支审计 17 项、经济责任审计 11 项，审计金额 2.47 亿元，提交审计报告 50 篇，提出审计意见和建议 55 条，纠正财务处理不当资金 733 万元。

【制度建设及队伍管理】 一是完善管理制度。制订《五华县中小学校长管理办法》，对校长进行制度化、规范化管理。修订完善《五华县中小学校机构设置和领导干部配备选拔任用的规定（修订）》，推进干部选拔工作的科学化、民主化、制度化，深化学校领导班子建设，提高工作凝聚力。二是加强师资培训。制订出台《五华县中小学（幼儿园）教师学历提升工程实施方案（2016—2020 年）》，鼓励学历未达标教师提升学历。组织校长、教师参加相关培训和继续教育。全年组织中小学校长、中职学校校长省级培训 12 人，中小学校长“提升工程”管理培训 150 人，小学校长北师大高研班学习 18 人。组织专业技术人员公需科目培训 6180 人，小学教师信息提升工程培训 3944 人，中小学教师省级培训项目培养对象 28 人，省级乡村优秀教师跟岗学习 7 人，其它各级各类教师培训共 475 人。三是抓好职称改革工作。完成四次教师职称评聘情况调查，做好高级职称评委库人员的推荐及中级、初级职称评委库人员组建工作，初步制订县深化中小学教师职称制度改革实施方案，基本完成全县 1330 名教师的职称评审工作（高级职称 239、中级职称 866、初级职称 225）。四是抓好各项人事工作。做好教育局机关公务员招聘、管理、培训工作，抓好档案室各项业务工作，规范干部人事档案管理。认真履行人口与计生综合治理工作目标管理责任部门职责要求，精心组织教育系统计生干部职工学习计生新政，提高业务水平。公开招聘 85 名新教师，做好正常人事调配工作。开展教师资格认定工作，为 300 多人认定教师资格。五是做好原民代教师自查工作。按照省教育厅、省财政厅和省人力资源和社会保障厅《关于开展原民办教师和原代课教师自查工作的通知》（粤教师〔2016〕11 号）文件精神，成立五华县原民办教师和原代课教师自查认定工作领导小组，认真部署工作任务，严格落实相关政策，全力维护社会稳定。据统计，原民代教师总数为 10765 人。

其他教育

【职业教育】 2016年，经过积极宣传和精心组织，职校招生工作成效大：职校招生580人，完成计划数100%；输送到外县市就读中职学校学生6910人，完成计划数100%。各所职校防流控流和学校内部管理工作得到进一步督促和强化。职业教育经费充实，全年筹措职教资金133万元，完善职业学校的设施设备。

【成人和社区教育】 2016年，充分发挥镇、村成人技校的主阵地作用，大力发展成人和社区教育。全年，全县举办各类专业技术班363班次，参加学习101983人次，这些技术骨干充分发挥示范作用，推动农村经济不断发展。

【幼儿教育】 抓实全县幼儿园的管理工作，重点清理整顿民办幼儿园。组织县实验幼儿园、示范幼儿园的相关领导教师到省参加学前教育教研工作研修活动。开展学前教育工作专项检查，重点检查114所民办幼儿园，开展"倾听孩子，共同成长"为主题的全县幼教征文活动。2016至2017学年度，全县3至6周岁幼儿入园率95%。

表彰奖励

【简况】 2016年度，获得高考大奖学校：田家炳中学、琴江中学、皇华中学、萃文中学、棉洋中学；高考优胜奖学校：水寨中学、田家炳中学、琴江中学、横陂中学、皇华中学、萃文中学、龙村中学、棉洋中学；高考前5名初中生源学校：实验学校、兴华中学、华新中学、华东中学、皇华中学；高考最大增幅奖镇、学校：潭下镇、周江镇，五华中学、琴江中学、棉洋中学；高考前20名村：龙村镇大坑村、水寨镇大布村、华城镇城镇村、水寨镇员瑾村、梅林镇梅林村、河东镇澄塘村、龙村镇硝芳村、梅林镇新塘村、河东镇油田村、水寨镇犁滩村、龙村镇龙村村、河东镇林石村、水寨镇善坑村、水寨镇大沙村、周江镇兰鱼村、岐岭镇罗经村、水寨镇西河居委、安流镇双径村、岐岭镇清溪村、华城镇城东村。

先进学校17所：华城镇中心小学、棉洋镇中心小学、河东镇中心小学、双华中学、华东中学、华阳中学、兴华中学、梓皋学校、硝芳中学、太坪学校、华民中学、华西中学、安流中学、田家炳中学、琴江中学、南山小学、县示范幼儿园。

表扬学校17所：水寨镇中心小学、周江镇中心小学、长布镇中心小学、华新中学、端本中学、郭田学校、桥江中学、洞口中学、转水中学、潭江中学、小都中学、河口中学、五华中学、皇华中学、萃文中学、县第二小学、特殊教育学校。

（胡旭明）

县教育局2016年度负责人名录

局　　长：曾勇辉（任至3月）
　　　　　李作华（3月任）
副 局 长：李国柱　黄云新
　　　　　曾宪猛　甘森华
党组成员：李玉琪

表5 2016年五华县普通高考文科总分前50名学生一览表

名次	姓名	报名点	总分	名次	姓名	报名点	总分
1	杨碧丹	五华县水寨中学	563	26	李彩富	五华县水寨中学	513
2	周小雪	五华县水寨中学	546	27	甘玲娇	五华县水寨中学	512
3	黄果璇	五华县水寨中学	545	27	古春霞	五华县水寨中学	511
4	周锦鹏	五华县水寨中学	544	27	宋明宇	五华县水寨中学	510
5	李秀红	五华县水寨中学	539	30	朱舒琳	五华县水寨中学	510
6	魏崇生	五华县水寨中学	536	30	李彭珊	五华县水寨中学	509
7	刘锦鸣	五华县水寨中学	533	30	谢翠柔	五华县实验学校	502
8	陈美娟	五华县水寨中学	531	33	薛园园	五华县水寨中学	502
8	邓小梅	五华县水寨中学	530	33	邓佳琳	五华县水寨中学	502
8	廖梦婷	五华县水寨中学	528	35	江凯业	五华县水寨中学	502
11	陈寅方	五华县水寨中学	527	35	涂嘉燕	五华县水寨中学	501
11	汤俊林	五华县水寨中学	526	35	廖　琳	五华县水寨中学	501
13	李秀清	五华县水寨中学	525	35	古玉婷	五华县水寨中学	499
14	钟志鹏	五华县水寨中学	523	39	刘丽环	五华县水寨中学	499
14	魏文艳	五华县水寨中学	523	40	黄秀华	五华县水寨中学	498
16	胡斐雯	五华县水寨中学	522	40	李　静	五华县实验学校	498
17	温明静	五华县水寨中学	521	40	黄薏蓓	五华县皇华中学	495
18	廖满花	五华县水寨中学	520	40	李紫叶	五华县水寨中学	495
18	魏婷婷	五华县田家炳中学	519	44	甘敏	五华县田家炳中学	495
20	甘妙敏	五华县水寨中学	519	44	黄丽玲	五华县琴江中学	494
21	李丽婷	五华县水寨中学	518	46	钟琳琳	五华县水寨中学	494
22	刘怡佩	五华县水寨中学	517	46	郑清兰	五华县水寨中学	493
22	张意梅	五华县水寨中学	517	48	刘　婷	五华县水寨中学	492
22	蓝　惠	五华县水寨中学	516	48	李丽梅	五华县水寨中学	492
25	魏钰兰	五华县水寨中学	515	50	谢秀静	五华县水寨中学	491

表6 2016年五华县普通高考理科总分前50名学生一览表

名次	姓名	报名点	总分	名次	姓名	报名点	总分
1	李定鹏	五华县水寨中学	594	25	廖志森	五华县水寨中学	544
2	李林荣	五华县田家炳中学	584	27	曾　洵	五华县水寨中学	539
3	钟嘉荣	五华县水寨中学	580	27	朱云峰	五华县水寨中学	539
4	谢文丽	五华县水寨中学	567	27	李云涛	五华县水寨中学	538
5	廖建威	五华县水寨中学	567	27	张献涛	五华县水寨中学	538
6	陈勇杰	五华县水寨中学	562	27	黄文康	五华县水寨中学	537
7	曾文钊	五华县水寨中学	561	32	翁思贤	五华县水寨中学	537
7	李鉴涛	五华县水寨中学	561	32	陈丽珊	五华县田家炳中学	536
9	徐钒锋	五华县水寨中学	561	34	赖惠彬	五华县水寨中学	536
10	钟利军	五华县水寨中学	553	34	蔡碧娟	五华县水寨中学	536
10	宋学佳	五华县水寨中学	553	34	黄国猛	五华县水寨中学	536
12	钟宇健	五华县水寨中学	553	34	张汇丰	五华县水寨中学	535
12	何　涵	五华县皇华中学	552	38	曾佰兴	五华县水寨中学	535
14	陈贤湘	五华县水寨中学	552	39	古柏岳	五华县田家炳中学	534
14	马　钰	五华县水寨中学	551	39	叶钊君	五华县水寨中学	534
16	罗　彬	五华县田家炳中学	550	41	江秀萍	五华县水寨中学	533
16	温育其	五华县水寨中学	550	41	温小花	五华县水寨中学	532
18	钟尉芳	五华县水寨中学	549	41	刘兆森	五华县水寨中学	531
19	谢怡婷	五华县水寨中学	549	41	张勇鑫	五华县水寨中学	531
19	赵深辉	五华县田家炳中学	549	41	徐益淦	五华县水寨中学	531
19	罗　锴	五华县五华中学	547	46	徐晓敏	五华县水寨中学	530
22	黄文发	五华县水寨中学	546	46	古勇彬	五华县水寨中学	530
22	张俊钦	五华县水寨中学	545	48	古谢放	五华县田家炳中学	530
22	张丽娜	五华县水寨中学	545	48	李柳锦	五华县水寨中学	529
25	温展威	五华县水寨中学	544	48	张文勇	五华县水寨中学	529

广播电视大学

【**教师队伍建设**】 2016年，县广播电视大学加强教师队伍建设，重视师资培训，鼓励青年教师参与学历进修，发表学术论文等。学校有教职工12人，其中副教授职称1人，中级职称1人，初级职称1人，外聘教师50人（有高级职称12人）。

【**多元化办学**】 2016年，县广播电视大学继续拓宽办学思路，办学方向朝多元化发展。为适应新形势发展，更好服务五华社会经济发展，重点与奥鹏教育、华师网络学院联合办学，针对地方人才资源发展趋势，有针对性开设本、专科专业，开设有行政管理类、财经类、教育类、法律类、医学类、建筑类等30多个文理专业，在校学生3126人。

【**招生工作**】 2016年，县广播电视大学充分挥多年累积的办学优势，充分调动本校师生及外聘教师的积极性，超额完成招生任务，全年招生1993人。

【**教学设施改善**】 2016年，县广播电视大学在原有基础上不断完善教学设施，增加学生用的电脑12台；教职工的办公电脑全部更新；完善网络主控机房设备；加强学校网站建设，由100M升级到500M光纤，较好地满足现代远程教育的需要；在每个教室安装空调，改善办学条件。

【**规范教学管理**】 2016年，县广播电视大学坚持上课教师、班主任、学生到位签名制度。继续强化教学过程管理，重点抓好辅导环节、作业环节、实践环节管理，特别是加强对形成性作业检查力度，对不按时交作业的均给予成绩不及格处理。抓好学生网上听课、作业、学习活动。规范网络听课学习管理，完善相关规定。抓考风考纪，聘请县纪委有关人员作巡视员，严肃考风考纪，基本制止违纪作弊现象，学生考试成绩通过率98%。抓好毕业班学生毕业实践及论文指导工作，学生论文通过率100%。

【**精准扶贫和整顿软弱涣散**】 2016年，县广播电视大学根据华城镇葵富村党组织软弱涣散情况和兴中村扶贫情况，专门派出工作能力较强的教务室主任万剑辉担任驻村第一书记，学校党支部书记黄炎权每月都到挂点村指导两村党建或扶贫工作。同时，学校党支部了解到葵富村在美丽乡村建设中的实际困难后，经支委会研究决定，拨出5,000元给葵富村作为森林防火工作经费，拨出2,000元扶助葵富村孤儿曾某某，拨出20万元作为葵富村党建工作经费和莲花塘升级改造经费；拨出25万元给兴中村作为改造路灯经费、1.5万元作为扶贫工作经费、9,000元为资助贫困户子女读书经费，做扶贫广告经费1.4万元。在“七一”期间分别慰问两个村的困难党员，慰问金每人200元。学校对两个村的总投入49.58万元。

【**“创卫”“创文”工作**】 2016年，县广播电视大学积极参与创建国家卫生县城和广东省文明县城。一是大力营造创卫氛围，制作宣传横幅，悬挂于园新路醒目处，各办公室摆放禁烟标志（识）；在电大网络平台上创设创卫创文意见留言等，在园新路附近居民区的醒目处张贴创卫创文知识宣传栏；

二是加大创卫创文资金投入。投入 2,000 多元购置灭鼠、灭蚊设施、药品；积极创建文明校园，在校园内制作创卫创文宣传专栏，制作 14 个广告牌挂在办公楼每一层楼，营造良好校园文化；三是加强街道及路面清扫活动。学校每周五下午 4 点开始对学校所包地段进行大扫除。学校聘请园新路的两位环卫工人负责清理学校卫生责任区（园新路段）的牛皮癣和乱贴的小广告，以保证卫生保洁区整洁干净。

（魏广山）

电大 2016 年度负责人名单录

校　长：黄炎权（3 月任）

副校长：周松盛

文化·传媒

文　化

【简况】 2016 年，全县有图书馆、文化馆、博物馆、五华县采茶戏演艺有限公司、提线木偶传习所、华文电影有限公司、五华县狮雄山秦汉遗址管理处、长乐学宫管理所各 1 个，镇文教体服务中心 16 个，各类社会文化娱乐场所 111 家（含网吧、歌舞娱乐场所、电子游艺室），新闻出版企业 63 家（含音像制品书报刊门店、印刷业等）。

【广场文化】 2016 年，县文广新局结合每月“长乐大舞台”群众文艺演出和重大节日文艺活动，在县文化广场举办文艺活动演出 15 场次，在县城长乐公园、上坝公园、老河道公园、居民小区等公共活动场所，固定活跃着健身舞、扇子舞、太极拳等 20 多支表演队伍，对倡导市民健康文明的生活方式起到积极作用。全年送戏下乡 440 多场，送影下乡 6530 多场。

【民间艺术】 2016 年，县文广新局积极做好非物质文化遗产保护工作。对省级保护项目“下坝迎灯”进行保护单位审核。组织专业人员积极下乡调研“客家擂茶”，并收集相关资料，做好非遗申报准备工作。8 月份完成“竹马舞”非物质文化遗产保护资金，省级非保项目代表性传承人传承经费和“采茶戏”非物质文化遗产传承基地申报工作。组织五华民间山歌手参加梅州市原生态客家山歌（五华版腔）录制工作，完成长布山歌、华城山歌、水寨山歌、安流山歌、上山山歌、𥕢盐头山歌、龙村山歌、岐岭山歌、周江山歌、桥江山歌等录制工作，完善五华客家山歌音视频档案，促进五华客家山歌的传承和发展。组织非遗专家工作小组在中秋期间到棉洋平安村搜集县级非保项目“坐刀轿”资料，拍录一批珍贵视频、图片资料并入档保存。组织开展“客家山歌”进校园传承教学活动。

【文化活动和群文辅导】 2016 年 4 月，县文广新局协助梅州市书协、五华县书协和五华县文联举办“文明五华，翰墨飘香”书法作品展——2016 梅州市书法作品巡展 · 五华展区。5 月，组织辅导五华县南山小学节目《雾霾，雾霾，你真坏》到兴宁市熙和客乡文化旅游产业园参加梅州市“首届客家童谣节”展演比赛，荣获“十佳童谣”奖。6 月，协助五华县硬笔书法协会举办全县“双创”硬笔书法大赛。组织五华歌手、安流中学合唱团赴市参加梅州市第十二届“百歌颂中华”歌唱比赛，并荣获歌手独唱银奖和合唱铜奖。其中独唱女歌手吴苑桦将代表梅州参加广东省第十二届“百歌颂中华”歌手大赛。10 月，举办五华县“红色印记——纪念建党 95 周年暨红军长征胜利 80 周年”摄影作品展。组织番禺区星海艺术节系列活动——五华“强”音彭强作品音乐会，演出活动取得圆满成功。11 月，组织“竹马舞”表演队伍参加 2016 广东（佛山）非物质文化遗产周暨佛山秋色民俗活动巡游活动。12 月，举办五华县群众广场舞大赛。积极做好群文培训工作，选派辅导干部下乡到河东、郭田、长布、岐岭、周江、潭下、双华、转水等镇和科教系统党工委文艺队伍进行文艺培训，培训人数达 600 多人，辅导培训内容包括唱歌、舞蹈、小品、曲艺等。组织辅导干部到县第二小学开展葫芦丝免费培训活动，培训人数 30 人。免费开放太极培训人数 280 多人，拉丁舞培训人数 700 多人，器乐培训人数 300 多人，书法培训人数 200 多人。组织竹马舞培训人数 31 人，锣花舞培训人数 24 人。

【基层文化设施建设】 2016 年，县文广新局进一步完善镇村公共文化基础设施，全县 412 个行政村和 34 个居委均设立有村文化室，农家书屋、电子阅览室等一应俱全。全年新建农村文化广场 130 个，其中河东镇、华城镇建成文体广场示范点，河口村建成综合性文化服务中心示范点。并不断做好农家书屋的书籍补充、村文化室各种文化娱乐器材的添置工作，充分保障群众的基本文化权益。

【图书事业】 2016 年，县图书馆每周开放 56 小时，周六、周日、节假日均不休息。全年新增入藏图书 31650 万册，其中征集地方文献 78 册；接待读者 131394 人次，其中阅览 80673 人次，借阅 89592 人次，咨询 585 人次，免费办证 4900 人。读者活动 6 次 1500 多人次，培训活动 4 次 600 人次。建立流动图书馆 7 个，送书下基层 7000 余册。

【文博事业】 2016 年，县博物馆认真做好博物馆免费开放工作，全年举办 4 个临时展览，参观人数约 8 万人次，为全县的中小学生开展第二课堂教育和爱国主义教育提供场所。成功申报棉洋坑口刘氏宗祠、华城新一戴氏宗祠（桂园围）、长布元坑足球旧址为梅州市重点文物保护单位。

【社会文化市场】 2016 年，县文广新局按照省、市“扫黄打非”工作要求，先后开展“秋风”“清源”“净网”“固边”“护苗”五个专项行动，出动执法检查人员 3900 余人次，检查音像制品、书报刊、印刷复制、网吧、歌舞娱乐场所等文化经营企业 2000 余家次，认真落实文化市场安全生产和消防安全管理工作，为五华县营造一个健康、平稳、有序的社会文化环境。

【提线木偶传习所】 2016年4月，提线木偶传习所应印尼三语学校协会和马来西亚马中国际文化促进会的邀请，传习所所长李新贤率领李红霞、李伟平、李静娴等人于4月5日至14日，赴印尼日惹、巴厘、马来西亚吉打，举行中国国家非物质文化遗产项目——五华提线木偶巡演、交流、授课活动，并取得圆满成功，顺利完成省委宣传部部署的“文化走出去”任务。5月11日，配合梅州电视台摄制组拍摄五华县人文历史宣传片内容，展现五华国家级非物质文化遗产的独特魅力。5月31日，应邀参加深圳市福田区举办的非物质文化遗产成果进校园、社区展演活动。6月1日，配合广东电视台拍摄《千年古韵中华客家山歌纪录片》。9月27日，配合拍摄由国家卫生和计划生育委员会流动人口司组织拍摄反映我国流动人口工作发展的电视纪录片《世纪大迁徙》。

【采茶戏演艺有限公司】 2016年10月，采茶戏演艺有限公司参加番禺星海艺术节系列活之“五华强音－彭强作品音乐会”，得到番禺文广新局的高度赞扬和社会各届的欢迎。11月，参加省文化厅举办的《粤戏越精彩》戏曲交流演出，并组织业务骨干进行观摩学习。创作、排演话剧小品《百善孝为先》《过年》，歌伴舞《锦绣前程》，舞蹈《美丽中国更美丽》，现代舞《纳西情歌》，大型抗战题材舞蹈《地道战》等。聘请采茶老前辈悉心指导，复排采茶传统戏《吹鼓手招亲》《试妻》，复排非遗节目《锣花舞》《竹马舞》等。全力打造采茶精品大戏《月照城乡》，在经济困难的情况下，多方筹集资金打造大戏《月照城乡》，大戏在8月份开始上排练场，于年底进行合成。

（陈碧敏）

县文化广电新闻出版局2016年度负责人名录

局　长：曾勇辉

副局长：郑越兴　彭强　魏俊林

广 播 电 视

【简况】 五华县广播电视台，是五华县主流宣传媒体，现有电台、电视台各一座。内设七个机构，包括办公室、总编室、新闻中心、信息技术中心、传输播控中心、广播电台、影视专题中心。华乐传媒广告有限公司是台下属独资国有企业，广告经营收入全额上缴财政。全台有干部职工67人。2016年度，认真履行广播电视职责，坚持抓好三大重点工作。一是把握正确舆论导向，抓好广播电视宣传工作。二是抓好广告经营管理，为广播电视发展提供保障。三是抓好安全播出和队伍建设，全力完成年初确立各项任务。全年，电视台播出新闻稿件1130条，对比2015年同期增加2.1%；电视台播出新闻稿件1360条，对比2015年同期增加4.3%；其中被上级台采用256条。

【坚持新闻立台，提升服务水平】 2016年，县广播电视台以贯彻落实党的十八大以来党中央全会精神和习近平总书记一系列重要讲话精神为核心任务，围绕构建“一核两区三组团”县城发展新格局，建设“工业新城、宜居五华”决策部署，加大广播电视宣传工作力度，深入推进广播电视事业建设，服务五华经济社会发展。一是围绕中心，新闻宣传上新水平。按照广播电视“三贴近”原则，坚持正确宣传舆论导向，努力改进新闻宣传形式，积极推进电视节目创新发展，不断提高广播电视新闻质量。通过时政新闻《五华新闻》、专题栏目《今日五华》，制作宣传片等形式，营造浓厚的建设“工业新城、宜居五华”干事创业氛围。重点抓好学习贯彻习近平总书记重要讲话精神、贯彻十八届六中全会精神、两学一做、社会主义核心价值观等学习教育活动，县委十二届六次全会、县人大十五届一次会议，县政协九届六次会议、县委十三届党代会、县人大十五届一次会议、县政协十届一次会议、乡镇党委政府换届等五华县重大政治活动。二是关注民生，舆论监督有新突破。围绕如何加快建设“工业新城、宜居五华”，构建“一核两区三组团”发展新格局，以及如何加快推进五华县 87 项重点工作、十项民生工程、创建国家级卫生县城，加强城乡人居环境整治等中心工作，做好新闻策划，曝光一批不作为、慢作为、乱作为人和事，推动全县干部工作作风转变。充分发挥基层电视台优势，增强服务意识，持续关注民生，及时反映群众热点难点问题，促成问题解决，架设党委政府、县职能单位与群众沟通的桥梁。

【抓好升级改版，提升传播能力】 2016 年，在县委县政府大力支持下，投入 400 多万元，对电视台进行升级改版。邀请梅州市电视台专门为县电视台量身打造一套升级改版方案，同时安排专门团队负责指导，重点从管理体制、队伍建设、节目建设、基础设施建设、网站和新媒体建设等方面入手，全力抓好广播电视升级改版。一是完善制度建设。在原有管理制度基础上，广泛征求干部群众意见建议，结合实际，采用干部群众意见 5 条，进一步完善台内部管理制度、财务管理制度、用车、考勤、聘用人员管理办法等方面的管理制度，强化管理，激励干部职工的工作积极性，努力形成主动干事创业良好氛围。二是抓好队伍建设。调整任命各室（中心）主任副主任，解决“台网分离”后遗留问题。坚持公开、平等、竞争、择优原则，于 4 月份面向社会公开招聘 10 名大专、本科生，其中 2 名播音，6 名编辑记者、2 名技术制作（专科），充实到一线岗位。自 2016 年 6 月起选派 4 批 12 人次到市台跟班学习；邀请市台电视播音、新闻采访、电视摄像、广告营销制作等 4 批专业人士到电视台培训专业知识和技能，培训 100 多人次。三是加强节目建设。改进《五华新闻》版面设置。树立头条新闻意识。新闻关注重大政策、重要经济、重要民生，注重权威和导向性。改进领导公务活动新闻报道，减少会议新闻内容，加大民生实事新闻策划报道。改进节目编排。首先将专题类节目整体打包，重新命名为《今日五华》，安排在新闻后播出。从 8 月份起，分别向广州电视台、湖南中天传媒公司和兴宁红星有限公司新购置电视连续剧、纪实片、客家山歌三档节目，安排晚上和下午播出，满足不同收视人群需求。改进主持人形象。邀请梅州广播电视台主持人对《五华新闻》主持人播音风格、基调和形象重新进行定位。《五华新闻》采用双播方式。改进频道包装，公开征集新台标，于 8 月 15 日正式启用。邀请市电视台技术制作人员专门定制本台形象宣传片、呼号宣传、各栏目片头片尾片花，塑造五华广播电视荧屏新形象。四是更新硬件设备。增购 3 套 SONYX280

摄像机，2套SONGα7S摄像机，一套广播级非编网络设备，一套广播级数字码流播出系统。新建虚拟演播室。升级五个办公室、添置23台电脑，改善办公条件，缓解一线采编人员工作硬件装备紧缺问题。五是加快媒体融合。电视台于7月上旬开通微信公众号，至2016年底，实现关注近7000人。改进五华电视网，增加今日头条、要闻、新闻即时报、拍客等内容，每天即时播放各镇各地发生的事情。11月份，电视台与梅州电视台合作开通“五华直播”平台，实现《五华新闻》无线梅州同步直播。

【整合各方资源，提高广告创收能力】 2016年，县广播电视台坚持统一思想，明确任务，团结协作，认真做好广告业务工作，满足客户需求，及时改进广告策划方案。坚持以市场为导向，以营销为手段，定期对新老客户常回访，听取对广告宣传建议与意见，对不同时段、不同节目收视群体，策划制定合适的广告投放方案。利用“山歌剧场”引进广东润生药业冠名，达到双赢效果。根据行业、产品等差别，加强策划活动，把活动转化为节目。把植入式广告与节目内容融合在一起，寻找和培育新经济增长点。严格按照新《广告法》规定管理业务。清理整顿一批药品、保健食品等不符合法律法规的药品广告专题节目。通过行业资源整合，突出房地产、汽车销售、医疗卫生等行业的广告宣传，使2016年度广告创收达到210多万元。

【压实工作责任，广播电视安全播出】 2016年，县广播电视台高度重视广播电视安全播出工作，把广播电视安全播出工作纳入重要议事日程，周密部署，把握重点，确保广播电视安全优质播出。一是严格执行党的宣传纪律。按照上级提出“预防为主，完善措施，健全制度，落实责任，确保安全”工作要求，积极组织相关人员开展党的宣传纪律专题学习，提高人员素质和觉悟，确保关键岗位不出问题。二是严格落实工作责任。与相关部门签订安全播出责任书，做到层层分解任务，细化工作职责，量化工作任务，真正把安全播出工作落实到岗，把工作责任落实到人。三是加强安全防范工作。在重要敏感时间节点，认真制定安全播出实施方案和应急预案，认真排查设施、设备存在的安全隐患，加强安全保卫和技术防范管理，并由主要领导亲自带班，增加值班力量，确保值班人员24小时在岗。全年传输播控中心做到365天不脱岗不脱人，无重大安全播出事故。

【党风廉政建设】 2016年，县广播电视台始终把党风廉政建设工作与广播电视工作同部署、同落实、同检查、同考核，健全完善相关内部管理制度，促使党员干部作风明显转变。一是抓责任落实。做好党风廉政建设工作部署安排，与各室（中心）主任签订《党风廉政建设责任书》，实行“一岗双责”，把党风廉政建设各项工作任务与广播电视业务工作一起层层分解落实到具体责任人。二是抓制度建设。根据中央“八项规定”和县委政府规定要求，按照廉洁、勤俭、务实原则开展各项工作。三是抓作风建设。组织党员和干部职工认真学习《中国共产党章程》《中国共产党党内监督条例》《党员廉洁自律准则》《关于新形势下党内政治生活的若干准则》等党内法规，找准作风建设中存在的突出问题，引导和教育党员干部职工树立新理念，适应新常态，遵守纪律，执行各项规章制度。

【**履行职责，推动事业发展**】　2016 年，县广播电视台围绕县委、县政府安全生产工作目标，抓好安全生产，切实履行创安工作成员单位的职责，加大安全生产工作宣传。一是按照“预防为主、加强监管、落实责任”指导方针，认真开展安全生产隐患大排查，主动落实整改措施，确保安全。二是抓好综治维稳和平安建设工作。定期播放全县治安警情和案件信息，以及黄赌毒等危害警示教育宣传片，着力宣传群治联防的好人好事。三是抓好精准扶贫工作。专派工作组帮助精准扶贫工作挂点村郭田镇三坑村，针对该村 25 户贫困户的具体情况，制定切实可行的新时期精准扶贫三年规划和 2016 年度帮扶计划，指定 25 位党员干部进行“一对一”帮扶责任人，并建立帮扶卡，指导贫困户积极发展生产，增加收入。全年电视台支持三坑村 10 多万元，主要用于村道硬底化、村级卫生站建设、奖励优秀学生、改善村办公条件、贫困户保险、贫困户发展生产等项目。

（周彩梅）

县广播电视台 2016 年度负责人名录

台　长：李林权（任至 4 月）
廖伟军（4 月任）

副台长：巫文清　周裕标
张让权

体　育

【**群众体育**】　2016 年，县体育部门认真执行党的体育工作方针，全面贯彻落实国务院颁布《全民健身条例》，多渠道筹集体育资金，广泛组织全县群众开展体育活动和全民健身运动，举办各种形式的群众体育活动，全力推动全民健身运动开展。主要活动有：2 月举办春节第十六届“球王杯”足球赛；元宵节篮球赛、“协和辉杯”足球邀请赛，举行第一届“农批杯”中国象棋比赛；3 月举办庆祝“三八节”系列活动；举办梅州市 2016 年新年粤赣闽 11 县（市、区）气排球邀请赛；5 月举办庆“五一、五四移动信合杯”篮球赛，组队参加梅州市“跃速杯”五四青年足球赛获第二名；6 月举行首届超百骑行活动，8 月 8 日举办千人同台共舞全民健身活动，组队参加梅州市“谁是棋王”全民争霸赛荣获冠军，组织 32 个单位 1000 多人参加国民体质监测，9 月举办“华源电力

足球文化公园新体育场施工现场

杯”羽毛球赛，10月举办机关足球联赛，11月组队参加梅州市“赛翡蓝宝石杯”足球赛并获得冠军；12月举办“东方屹杯”篮球友谊赛。

【业余训练】 2016年，县体育部门以备战2017年梅州市第八届运动会为抓手，提高竞技体育水平。着重抓好组队训练工作。组成足球队、篮球队、田径队、乒乓球队、羽毛球队、跆拳道等16个运动队（其中男、女足球共6个队），340多运动员进行集训。

加强体校建设管理工作，坚持体教结合，创新办学形式，采取集中训练，加强在训运动员管理。改善体校基础设施建设，对五华体校足球场进行升级改造，做好体育苗子选材输送工作，2016年上半年输送到市、省、国家级集训队员20多人。设立五华县青少年足球发展基金，募集捐款850万元，实施新球王人才培养，选拔10人为足球苗子到富力足球学校深造；实施新球王足球人才希望工程计划，并寻找乡贤一对一帮扶家庭较困难的10个孩子到梅县富力学校深造5年，圆足球梦。

竞赛成绩突出。梅州五华体校U13男子足球队代表梅州参加2016年广东省足球协会五人制联赛荣获少年组冠军；五华体校队参加第二届“福田杯”深港澳足球赛并获得冠军；女子足球05—06年龄组参加梅州市“体彩大乐透杯”青少年足球锦标赛获女子丙组第一名；男子足球05—06年龄组和07—08年龄组参加山东“鲁能杯”全国少年足球邀请赛均获小组第二名；男子足球01—02年龄组参加省联赛获第五名；梅州五华U11男子足球队参加“我爱足球”中国民间足球争霸赛广东省赛区获第三名；男子足球04—05年龄组参加省锦标赛获第六名；女子足球01—02年龄组参加省联赛获第五名，参加梅州市“体彩大乐透杯”青少年足球锦标赛获女子甲组第二名；女子足球03—04年龄组参加省联赛获第六名，参加梅州市“体彩大乐透杯”青少年足球锦标赛获女子乙组第一名；五华男子足球06—07年龄组荣获梅州市“体彩大乐透杯”足球锦标赛男子丙组冠军。

五华体校U13男子足球队获广东省足球协会五人制联赛冠军

【体育产业】 2016年，县体育部门紧紧抓住国家出台《加快发展体育产业的指导意见》和五华县转方式调结构的重要机遇，整合体育系统各类资源优势，以体育彩票业、健身服务业、竞赛表演业、体育旅游业为主攻方向，初步建立起结构合理、规范发展的体育产业体系。体育彩票是体育产业龙头，抓紧抓实，凸显成效。全年销售体彩2,100多万元，超额完成市体彩管理中心下达任务。

（李高文）

县体育局2016年度负责人名录

局　　长：廖焕雄

副 局 长：廖新辉　曾经纬　李国华

党组成员：李汉平

社会生活

五華
年鑒

2017

双龙山

民政工作

民政工作

【民生实事及重点工作】 2016年，由县民政部门承担负责的三项民生实事全面完成。一是完成低保、“五保”和孤儿的提标工作。城镇低保月人均补差从375元提高到419元，农村低保月人均补差从173元提高到191元；集中供养“五保”对象标准从650元/月提高到700元/月，分散供养“五保”对象标准从500元/月提高到550元/月；集中供养孤儿标准从1,240元/月提高到1,340元/月；分散供养孤儿标准从760元/月提高到820元/月。二是提高医疗救助水平。城乡医疗救助人均补助标准从1,556元提高到2,178元。三是落实事实无人抚养儿童生活津贴制度，全县有事实无人抚养儿童287人，每人每月发放500元基本生活保障金。三项重点工作较好落实。革命烈士陵园建设扎实推进;抓好殡葬改革，升级改造县殡仪馆；水寨大岭、河东禾尚田、华城观源等一批公益性生态公墓园建设有序进行。

【社会救助】 2016年，县民政部门结合精准扶贫、精准脱贫工作实际，积极发挥职能作用，着重从精准识别低保、“五保”对象着手，进一步加大低保、“五保”核查力度，努力打造阳光低保、“五保”。全年新增低保对象1209户、6593人，退出低保对象8142户、25997人，全县有低保对象14600户、43676人（其中：农村低保对象14240户、43192人，城镇低保对象360户、484人）。新增“五保”对象450人，取消“五保”对象476人，全县有“五保”对象4194人（其中：集中供养333人，分散供养3861人）。基本实现动态管理下的“应保尽保、应退尽退”。坚持每季度把享受城乡低保救助名单、农村“五保”供养名单在县政府公众网站，民政局网站，各镇人民政府网站进行公示，并同时在各镇政务公开栏和村务公开栏进行长期张贴公示，接受群众监督。扎实做好医疗救助。全年发放医疗救助资金4067.34万元，救助58406人次（其中帮助低保、“五保”、孤儿缴纳城乡居民医保参保费759.195万元惠及50613人);发放临时救助资金154.21万元，救助615人次。

【救灾济困】 2016年，受强台风和强降雨影响，造成局部山地滑坡，部分民房倒塌受损。全县受灾人口17.94万人，直接经济损失14591万元；死亡11人，紧急转移安置71人；全倒户23户，严重倒损户35户。灾害发生后，县民政部门下拨全倒户重建家园补助资金99万元、严重倒损户维修经费7万元、应急期生活救助资金1.77万元、过渡期生活救助11.682万元；下拨冬春荒救助款265万元，救助群众18214人次，使重灾户及个别特困户、“五保户”稳渡冬春荒和灾荒。全年农房统保理赔326户86.275万元，帮助农房受损户修复房屋，把灾害损失减少到最低限度。11月，与香港旭日集团沟通联系，向低保户、“五保户”捐赠棉被300床。成功创建“减灾示范社区”。12月，水寨镇公园社区被国家减灾委员会和民政部评为“全国综合减灾示范社区”。认真做好“防灾减灾日”宣传活动和慈善工作，为115例患者办理申报资助手续；开展“广东扶贫济困日”活动，筹集资金445.63万元。

【“双拥”、优抚、安置】 2016年，县民政部门全面落实优抚政策。按政策提高各类优抚对象抚恤、生活补助标准；帮助重点优抚对象解决“三难”（医疗难、住房难、生活难）问题；为4400多名优抚对象购买城乡居民医保，落实优抚对象医疗“一站式”服务，支付医疗补助125万元，为115户困难优抚对象实施大病救助23万元。印发《五华县民政局预防和处置大规模集体上访和群体性事件应急工作预案》，认真做好涉军群体来访息访工作，耐心细致地听取相关诉求，依据政策给予详细地解释和答复，稳控思想情绪，促进社会稳定。举行“烈士纪念日”公祭活动。做好退役士兵接待安置工作，接收退役士兵311名,符合政府安排工作条件的退役士官8名（其中：6名服役满12年的转业士官，2名未选择自主就业的城镇复员士官），发放自主就业城乡退役士兵一次性补助金、转业士官待安排工作期间最低生活补助经费、三等功补助金和错发补发经费合计581.12万元；完成符合政策安排的8名退役士官安置工作。积极联系县内外6家名优企业到五华县招聘退役士兵，应聘人次200人，上岗人数50人。做好退役士兵职业技能培训。全年参加短期培训（驾驶）退役士兵34名，参加两年职业培训退役士兵153名。

【基层政权和社区建设】 2016年6月，县民政部门投入资金15万元，对全县16个镇3000人以上的50个村，在人群比较密集的地方增设一个标准较高的党务、村务公开栏作为试点；8月，投入资金282万元，对其余396个村（居）增设一个标准较高的村（居）务公开栏。通过全面规范和升级改造村务公开栏，扩大公开面，使群众更好地了解和掌握村务公开内容，有效监督村（居）务公开工作开展情况。同时，围绕基层治理负责牵头落实的两项工作任务（即：规范农村资产管理、加强村务监督委员会建设）认真抓好落实，做到有组织机构，工作任务有专人负责落实，确保基层治理工作有序开展，顺利推进。

【社会行政事务管理】 2016年，县民政部门加大殡改宣传力度，提高遗体火化率。以“殡改宣传活动月”为契机，广泛宣传殡改政策，特别是免除七项殡葬基本服务费惠民政策，先后印发10000份殡改宣传资料，制作100块2米×3米规格的殡改宣传牌，出动殡改宣传车50辆次，悬挂横额560条，使群众了解殡改政策，更好地支持殡改工作，推进县殡改事业全面协调发展。全年完成遗体火化4138具，比增10.4%。做好孤儿生活保障。县民政部门严把孤儿申请的审核审批关，按时足额发放孤儿基本生活保障金。全县有孤儿637人，其中：分散供养孤儿605人，集中供养孤儿32人。落实残疾人“二项”补贴。严把残疾人“二项”补贴入口和发放关，坚持由镇把关，县残联审核，县民政审定的原则，做到不漏人，不重发。全年落实一、二级重残护理补贴11117人，困难残疾人生活补贴9723人。完成“三留”人员调查摸底。全县有留守儿童8502人，留守老人9285人，留守妇女4105人。依法依规做好收养、救助、婚姻登记、养老托老工作。全年办理收养登记5人，接收安置弃童2人，救助流浪乞讨人员855人，办理结婚登记14084对，离婚登记2375对，华福中心先后入院居住老人138人次。

【区划地名】 2016年，做好五华县第二次全国地名普查工作，普查任务完成70%；完成梅河线（五华段）行政区域界线联合检查工作。

【民间组织】 2016年，全县有社会团体90个，民办非企业单位31个。

【福彩中心】 全年销售福利彩票1550万元；完成中福在线视频销售厅从水潭路到沿江中路的迁移工作。

【老龄工作】 2016年年末，全县有百岁老人90人，80~99岁高龄老人25718人。县民政部门按时足额为百岁老人每人每月发放200元长寿保健金，为80～99岁高龄老人每人每年发放100元高龄津贴，为全县80周岁以上高龄老人及44063名60～79周岁困难老人购买老年人意外伤害综合保险。

【精准扶贫 精准脱贫】 健全完善农村低保、医疗救助、临时救助、重特大病救助、受灾人员救助、困难儿童救助等制度。不断提高低保、“五保”、孤儿供养标准，努力做到“应保尽保、应退尽退”。努力提高困难对象的救助水平，防止困难群众因病、因灾返贫。认真开展挂点村——转水镇青塘村的精准扶贫、精准脱贫工作，坚持“四看”“五优先”“六进”“七不进”原则，精准识别贫困对象，该村有贫困户73户229人，引导贫困户大力发展养殖业，并从就业、智力帮扶等方面给予帮助；投入资金4万元，升级改造青塘村委会的办公和服务设施，配套一批办公设备，投入资金5万元用于该村和谐美丽镇村建设。

【双创工作】 县民政部门认真履行周末卫生制度，每周五下午组织干部职工到卫生责任区进行清扫保洁；定期到卫生网格化责任地段进行巡查、加强整治工作，杜绝“六乱”现象。围绕“创文”工作职责，做好未成年人、老年人、妇女儿童保护，社区民主建设与管理，慈善捐助和社会救助体系建设工作。

（张志豪）

县民政局2016年度负责人名录

局　　长： 刘旭伦（任至12月）
江锦城（12月任）

副 局 长： 邓志荣　周鉴贤
李奕南

党组成员： 李石翠　宋敬通
李清兰

经县民政局核实，至 2016 年 12 月止，全县有百岁以上（含百岁）老人有 90 人，其中男 15 人，女 75 人。基本情况表列如下：

表 7 2016 年五华县百岁（含百岁）老人统计表

序号	镇 村	姓 名	出生年月	性别	年龄
1	水寨良美	李亚锦	1909–11	女	107
2	水寨平湖	邓兆新	1915–01	女	101
3	水寨坝心	刘传娣	1912–07	女	104
4	水寨上坝	李运容	1916–07	女	100
5	水寨莲洞	邓妙华	1916–11	男	100
6	河东平南	陈亚君	1914–02	女	102
7	河东平西	李亚春	1912–05	女	104
8	河东布头	古五娣	1907–05	女	109
9	河东三田	廖华香	1911–12	女	105
10	河东河口	李亚拾	1913–02	女	103
11	河东桂田	李亚雀	1915–07	女	101
12	河东增塘	李法乃	1915–09	男	101
13	河东高车	谢丁来	1915–08	女	101
14	河东高车	张五妹	1916–07	女	100
15	河东增塘	丘福娣	1916–10	女	100
16	转水青塘	何亚英	1914–05	女	102
17	转水黄龙	朱凤珍	1916–01	女	100
18	华城塔岗	曾月英	1912–05	女	104
19	华城塔岗	钟亚兰	1912–08	女	104
20	华城维西	叶思英	1914–08	女	102
21	华城新一	高思添	1914–11	女	102
22	华城新兴	赖为娣	1915–01	女	101
23	华城黄埔	叶亚六	1915–07	女	101
24	华城维西	黄凤英	1915–11	女	101
25	华城黄金	冯亚满	1916–07	女	100
26	华城高坑	汤妙娣	1916–08	女	100
27	华城新五	钟玉娣	1916–11	女	100
28	岐岭凤凰	林云卿	1916–06	女	100

续表 7

序号	镇　村	姓　名	出生年月	性别	年龄
29	岐岭龙水	钟进达	1915-06	男	101
30	岐岭荣福	钟泗娣	1916-07	女	100
31	岐岭华源	张亚添	1916-08	女	100
32	长布粘坑	张亚珍	1913-08	女	103
33	潭下金石	曾亚源	1912-01	女	104
34	潭下布坪	张泗招	1912-12	女	104
35	潭下百安	李东英	1914-05	女	102
36	潭下百安	黄运华	1916-01	男	100
37	潭下大玉	李贤英	1915-12	女	101
38	潭下锡坪	周六	1916-10	女	100
39	横陂夏阜	魏亚运	1912-02	女	104
40	横陂华阁	黄东娇	1911-05	女	105
41	横陂锡坑	李汉祥	1915-01	男	101
42	横陂东山	周莲英	1915-11	女	101
43	横陂长岭	李就英	1916-08	女	100
44	横陂叶湖	范亚二	1916-10	女	100
45	郭田蕉州	张添英	1914-01	女	102
46	郭田新坑	黄来姐	1916-08	女	100
47	郭田南山	巫亚四	1916-09	女	100
48	双华黄径	张亚二	1905-01	女	111
49	安流福江	陈二妹	1911-03	女	105
50	安流葵樟	古复妹	1913-12	女	103
51	安流福岭	朱亚英	1910-01	女	106
52	安流学少	黄七妹	1903-01	女	103
53	安流五联	李桂英	1913-09	女	103
54	安流上布	冯松龙	1910-05	男	106
55	安流福龙	李乃道	1914-10	男	102
56	安流福华	吕麻	1915-03	女	101
57	安流东礼	陈二妹	1915-09	女	101
58	安流吉水	胡二妹	1915-11	女	101
59	安流低坑	陈三云	1916-03	女	100
60	安流双径	胡子云	1916-09	女	100

续表 7

序号	镇　村	姓　名	出生年月	性别	年龄
61	安流半径	汤复妹	1916–06	女	100
62	棉洋唐纯	张六妹	1913–06	女	103
63	棉洋绿水	吴香浮	1911–12	男	105
64	棉洋联西	谢日妹	1914–07	女	102
65	棉洋黎洞	张定基	1914–09	男	102
66	棉洋棉洋	古四妹	1914–09	女	102
67	棉洋葵岭	胡亚育	1914–10	男	102
68	棉洋竹坑	彭群二	1916–09	女	100
69	棉洋双璜	宋四妹	1916–11	女	100
70	梅林优河	周二妹	1912–09	女	104
71	梅林新城	古满妹	1912–03	女	104
72	梅林宣优	古惠群	1910–07	女	106
73	梅林梅林	李七妹	1914–07	女	102
74	梅林梅东	古丙妹	1915–01	女	101
75	梅林梅林	古三妹	1915–09	女	101
76	梅林梅南	古健玉	1916–07	男	100
77	华阳红洞	古娇二	1914–02	男	102
78	华阳连高	廖尽华	1915–07	女	101
79	华阳华新	古长增	1915–07	男	101
80	华阳大坪	邓满妹	1915–10	女	101
81	华阳太坪	余三妹	1915–12	女	101
82	龙村水口	陈友妹	1914–05	女	102
83	龙村柏溪	彭招妹	1914–11	女	102
84	龙村龙村	邹五妹	1915–04	女	101
85	龙村塘湖	林茂生	1915–01	女	101
86	龙村樟华	何宗强	1915–05	男	101
87	龙村云溪	叶损妹	1916–05	女	100
88	龙村湖中	温青妹	1915–09	女	101
89	龙村居委	刘亚宣	1916–09	男	100
90	龙村南洞	邹惠英	1916–10	女	100

人力资源和社会保障

劳动就业工作

【就业服务管理】 2016年，全县城镇新增就业人员5113人，占任务数100.25%；下岗失业人员实现再就业3568人（其中困难人员就业582人），占任务数101.94%；城镇登记失业率2.43%。积极搭建劳动力供需对接平台,举办各类招聘会72场，发布招聘信息566条，502家招工企业提供就业岗位46635个，成功介绍13607人次就业，积极组织劳动力输出到番禺转移就业536人；全年新增发放创业担保65户，贷款金额321万元，累计发放创业担保贷款349户1657万元，落实财政贴息126万元，全年创业带动就业1868人；积极实施就业帮扶，确保优惠政策落地生根，全年使用就业专项资金637.95万元，落实社会保险补贴、创业担保贷款贴息、高校毕业生创业资助等就业优惠政策，2016年中央、省下拨专项资金401.23万元100%使用，并消化历年结余236.73万元；加强就业失业管理，全年办理就业失业登记7090次。全面开展镇村公共服务平台建设，为全县446个村（居）劳动保障服务站支付17.71万元信息网络经费，实现县、镇、村实现三级联网，确保就业信息畅通。

【劳动力培训转移就业】 2016年，全县培训各类劳动力12832人次,完成任务数108.7%，其中劳动力技能晋升培训3184人；转移就业12986人（次），完成任务数103.9%。新成长劳动力实现100%培训，100%转移就业。

【推进县技工学校建设】 2016年，县人社部门推进县技工学校建设。学校规划占地面积10.17公顷，建筑面积8.93万平方米，总投资2.45亿元。

人事人才工作

【人事人才管理】 2016年，县人社部门为3074名（本科653人、专科2421人）高校毕业生办理报到手续；接收各类流动人员人事档案2422卷，转出各类流动人员人事档案560卷，接受人事代理委托131人次；推荐6名实用人才到县内企业工作。全年录（聘）用各类人员603人，其中公务员130人，事业单位473人；工作调动558人，其中公务员60人，事业单位413人，工人85人。对“关、停、并、转”困难企业退休军转干部按市直标准发放生活困难补助，养老金加上生活困难补助每人每月平均4275.5元。从2016年10月1日起，将县机关事业单位工作人员住房公积金实行按比例缴存。从2015年7月1日起，全面规范机关事业单位工作人员津贴补贴，取消“双轨制”发放。全年为全县机关事业单位工作人员办理正常工资晋升工作，其中在职人员22731人、离退休人员9332人。全面实行公务员职务与职级并行制度，有71人实现职务职级晋升，其中科员晋升副科待遇37人；副科晋升正科待遇21人；正科晋升副处待遇13人。

【专业技术人员管理】 2016年，县人社部门根据《广东省事业岗位设置管理实施意见》要求，不断规范事业单位岗位设置和人员聘用工作。在全县事业单位岗位有空缺的前提下，按岗位聘用原则，完成247个专业技术人员岗位聘用工作。

【干部培训】 2016年，县人社部门分23期对全县2560名公务员进行全员培训，全面推进公务员队伍思想道德建设、履职能力建设和作风建设；组织全县9867名专业技术人员通过面授和网络参加继续教育公需科目培训，全面提升专业技术人员业务水平和整体素质。

劳动保障工作

【劳动保障监察、劳动人事争议仲裁和退管】 2016年，县人社部门积极开展劳动保障监察和劳动人事争议仲裁工作，抓好安全生产和综合治理工作，劳动保障监察共监督检查用人单位110户，涉及职工3290人；受理各类信访件142件，其中网上信访116件，来访23件，梅州民生12345热线电话2件，省来信访件1件；为287名劳动者追回工资、经济补偿金599.4万元，全年结案率100%；受理劳动人事争议案件10件，其中调解7件，裁决3件，涉及劳动者13人，涉案金额49.5万元；劳动保障监察和劳动人事争议案件均在法定审限内结案，审结案10件，结案率100%；投入65万元的劳资纠纷应急处置中心平台完工使用。

【职业技能鉴定和劳动关系】 2016年，全县经鉴定考核通过并取得职业资格证书1943人，合格率62%。办理签订劳动合同手续1141人，鉴证劳动合同2282份，办理终止、解除劳动合同关系备案369件，劳动合同签订率94%，已建工会的企业集体合同签订率78%，均完成年度目标任务；评定“五华县劳动关系和谐企业”2个，参加创建示范工程企业占79%，符合示范区标准的示范点71%，符合要求的达标企业67%。

社会保障工作

【推进社保经办服务标准化大厅建设】 2016年，县社保经办标准化大厅建设项目顺利推进，社保经办服务大厅标准化设计以提供“高效、便捷、优质”服务为宗旨，建设“一站式办公、一条龙服务”标准化窗口，设计“咨询服务区、柜台受理服务区、接待洽谈区、综合服务区、自助服务区、等候休息区”6大功能区，于12月建成。

【社会保险】 2016年，全县参加职工养老保险86267人，失业保险31174人，职工医保53585人，工伤保险36019人，生育保险33958人；社保五险收入实现7.77亿元，完成市下达任务173%，完成情况在全市各县排名第二；社保五险支出6.61亿元，比上年增支5,566万元；城乡居民养老保险参保人数实现432374人；一次性补缴职工养老保险人数达10263人，入库金额3.96亿元。2016

年底，全县 60 周岁以上享受城乡居民养老保险有 136782 人，被征地农民参保人数达 4805 人，享受养老保险待遇 2985 人。全面完成全县机关事业单位养老保险信息采集工作，采集信息机关事业参保单位 305 个，参保人数 31553 人，其中在职 22275 人，退休 9278 人。

【养老与失业保险】 2016 年，县人社部门按政策要求规定，审批机关事业单位、特殊工种提前退休、因病提前退休人员 216 人；解决落实早期离开国有和县以上集体企业人员、机关事业单位人员，一次性补缴养老保险费 50 人；按照县委县政府的要求，协助做好国土征地报批以及被征地农民养老保障工作。报批 2 批次，涉及保障人数 635 人，涉及建设用地 486.14 公顷；同时，落实被征地农民养老保障人数 5226 人。

【工伤认定和劳动能力鉴定】 2016 年，县人社部门受理工伤认定申请 46 件，认定工伤 42 件。受理职工因病完全丧失劳动能力申请鉴定 9 人，鉴定 8 人；受理工伤伤残鉴定申请 18 人，鉴定 16 人。

（李文慧、黄志文）

县人力资源和社会保障局 2016 年度负责人名录

局　　长： 李作华（任至 3 月）
黄永响（3 月任）
副 局 长： 李千山　胡小立
卓力平　周运芳
古光华
党组成员： 温木新　魏剑玉
曾发明

社会保险基金管理

【社会保险扩面征缴】 2016，县社保局围绕社保扩面征缴目标任务，主要采取四条措施：一是定期召开联席会议，下达各镇各单位扩面任务，落实各部门工作职责，及时解决扩面工作中存在问题。二是部门通力协作，形成合力。县地税局、人社局、财政局等部门按照各自工作职责做好社保扩面征缴工作。三是县人社局党组成员及社保局领导班子落实挂钩责任制，对挂钩镇、单位的扩面征缴进展情况进行每周跟踪指导，落实社保扩面征缴工作任务。四是精心组织做好一次性补缴养老保险工作。通过向各镇下达征缴任务、增加办理窗口和工作人员、设立咨询窗口和热线咨询电话、加强业务培训、多举并措扩大宣传等一系列措施，让全县有意愿参保的社会灵活就业人员踊跃参保。一次性补缴职工养老保险人数达 10263 人，入库金额 3.96 亿元。通过上述四条措施，全年社保五险收入实现 7.77 亿元，完成市下达任务 173%，完成情况在全市各县排名第二。其中，企业职工养老保险收入 6.36 亿元，职工医疗保险收入 1.23 亿元，失业保险收入 706 万元，工伤保险收入 536 万元，生育保险收入 553 万元。结合城乡居保业务纳入全省大集中管理工作契机，大力宣传城乡居民养老保险政策，新增参保人 1.1 万人。五是全力推进城乡居民医疗保险征缴工作，全年参保人数 1159580 人，100%完成全年任务数。

【业务审批和基金支付管理】 2016，社保“五险”支出 6.61 亿元，比上年同期增支

5,566 万元，增幅 9.2%。其中：企业职工养老保险支出 5.31 亿元，比上年同期增支 3,863 万元，增幅 7.8%；失业保险支出 208 万元，比上年同期减支 14 万元，减幅 6.3%；职工医疗保险支出 1.23 亿元，比上年同期增支 1,607 万元，增幅 15%；工伤保险支出 295 万元，比上年同期增支 54 万元，增幅 22.4%；生育保险支出 239 万元，比上年同期减支 56 万元，减幅 30.6%。一是准确核发职工养老待遇，全年新增退休人员 2669 人，至年末，全县享受养老待遇人员 30455 人。做好按时足额支付养老待遇，同时做好离退休人员领取资格认证工作，全年认证 27934 人，认证率 99.21%，对未认证的 223 人暂停发放养老金。二是做好城乡居民养老保险参保和待遇核发工作，全年新增参保人 1.1 万人，参保人数达到 432374 人，全县享受养老待遇人员达到 136782 人。被征地农民参保人数达 4805 人，享受养老保险待遇 2985 人。三是做好职工医保和城乡居民医保经办和管理工作，主要采取三条措施：严格审核医院住院报销费用，对违规用药住院的医疗机构暂停结算，特别是对按人次均结算的病种，进行认真核对，发现有不符合规定报销医药费，坚决不予支付，全年扣减不符合医保基金结算人次 7393 人次，扣减金额 1,156.89 万元；与县财政、审计、卫计局联合发出《关于规范基本医疗保险基金结算管理的通知》《关于切实加强医疗保险基金监督管理的通知》，要求定点医疗机构必须在参保人入院治疗当天将身份信息录入社保信息系统，切实加强医疗保险基金监督管理；加强日常稽核巡查工作。成立两个工作组逐一调查核实医院床位数和住院管理情况，从严加强对全县定点医疗机构巡查管理。四是做好失业待遇发放工作，全年核定 248 人失业待遇，按月核发 1574 人次失业保险金 152.36 万元，核发 860 人次求职补贴 20.50 万元，核发 11 名农民工领取一次性生活补助 1.86 万元。五是严格做好工伤待遇核发工作，严格对遗属补助实行生存认证和审核，对已死亡和超过 18 周岁的予以取消待遇。全年为 1098 人次办理工伤待遇，对于新发生的工伤，特别是工亡事故会同人社部门工作人员到事故现场、单位和医院调查核实。六是切实做好生育保险待遇发放工作，全县享受人次 1819 人。

【推进社保经办服务标准化大厅建设】 2016，县社保经办标准化大厅建设项目顺利推进，社保经办服务大厅标准化设计以能够为全县 150 多万居民提供“高效、便捷、优质”社保经办服务为宗旨，以建设“一站式办公、一条龙服务”标准化窗口为目标，设计 6 大功能区，分别是“咨询服务区、柜台受理服务区、接待洽谈区、综合服务区、自助服务区、等候休息区”，于 2016 年 12 月建成。

【机关事业单位工作人员养老保险改革启动】 一是积极争取落实人员编制，增设 2 个内设股室：机关事业单位养老保险参保管理股、机关事业单位养老保险待遇核发股。二是做好信息数据采集、核实、录入和上传工作。五华县采集信息机关事业参保单位 305 个，参保人数 31553 人，其中在职 22275 人，退休 9278 人。三是开展机关事业单位养老保险制度改革前个人缴费本息清退工作。明确清退范围、清退流程、申请及退费要求，并于 2016 年 12 月底分期分批发放至各参保单位。

【社保政策宣传工作】 2016年，县社保局充分利用五华县人民政府公众网、县人社局网站、县电视台、微信公众平台、LED显示屏、制作大幅广告牌、宣传墙、印制发放宣传资料等形式，将社会保险优惠政策、办理流程、待遇兑现等内容，进行多形式、多视觉、广覆盖宣传，确保政策宣传延伸到社会各层面，使社会保险政策家喻户晓、深入人心。全年接待咨询群众3.5万多人次，制作大型广告牌30个，制作广告墙40面，印发宣传单40万余份。

（廖亚带）

县社会保险基金管理局2016年度负责人名录

局　长：李千山

副局长：郭裕华、刘少波、廖雪梅

残疾人工作

【残疾人城乡居民养老保险费缴纳】 2016年，县残联、人社部门专门成立工作领导小组，为重度残疾人、精神和智力残疾人缴纳城乡居民养老保险费，领导小组下设办公室，对该项工作进行统筹、组织、监督、指导。县、镇残联认真做好宣传发动，调查核实缴费对象名单，截止2016年6月30日，符合缴纳条件的残疾人总人数为12088人，缴纳金额约891.5万元。

【残疾人就业】 一是加大残疾人就业保障金收缴力度，认真细致做好政策宣传、解释工作。残联、地税部门紧密协调，认真做好企业年审工作，全年收缴残疾人就业保障金95万多元，新增安排残疾人就业12人。二是扶持400名残疾人自主创业就业。3月以来，对应上级资金安排，分解下达各镇工作任务目标，各镇残联严格按照扶持条件和标准申报，据实名统计，自主创业有337户，资金51.2万元；自主就业有63户，资金7万元。三是扎实开展残疾人就业援助月活动，走访残疾失业人员家庭5户、登记失业残疾人员10人、实名制纳入年度培训计划残疾人10人、帮助残疾登记失业人员实现就业3人。

【残疾人康复中心建设】 2016年，县残疾人康复中心主体工程建设完成，经县政府常务会议同意引进社会技术力量合作开展残疾人康复服务，并于2016年7月26日公开招标，由五华残疾人康复医院中标。该中心正进行内部装修。

【镇级残疾人专职委员纳入公益性岗位】 2016年，县残联积极做好将镇级残疾人专职委员纳入公益性岗位工作，参照现行村干部每月2,000元待遇核定16个镇级残疾人专职委员补贴，即在省财政每人每月1,100元补贴基础上，由县财政给予每人每月900元的配套，用于镇级残疾人专职委员补助和缴交社会保险费。同时对专职委员进行岗位培训，核发补贴经费 56.72 万元，充分调动全县 462 名残疾人专职委员工作积极性，保障基层残疾人工作扎实有效地开展。

【残疾人康复工作】 2016 年，残联不断加强重点工作目标管理，不断增加康复服务内容，完成康复任务 2500 例，其中：白内障复明手术 828 例(免费复明手术 428 例)；精神病防治免费服药 800 例；脑瘫儿童康复 55 例；智障儿童康复 52 例；辅助器具供应 717 件；居家康复服务人数 20 人；装配假肢大腿 8 例，小腿及上肢 20 例。残联还积极开展康复扶贫工作：一是在安流、水寨、潭下、梅林、周江、长布、棉洋等镇免费为 400 多名白内障患者实施扶贫复明手术，减轻他们经济负担 16 万多元。通过深入到各镇（片区）基层开展免费白内障复明扶贫活动，把康复直接送到残疾人家门口。二是邀请省残疾人辅助器具资源中心专家，为 80 名低视力患者进行辅助器具检测验配服务活动，发放语音电饭煲、盲表、听书机等辅助器具 120 多件。

【“全国助残日”活动】 2016 年 5 月 15 日，县残联举办第二十六次“全国助残日”，主题是：“关爱孤残儿童，让爱洒满人间”。为弘扬人道主义精神，倡导扶残助残良好社会风尚，5 月 15 日上午，由残联、妇联、电信局工作人员，市残联康复医院医技人员、志愿者，在县残疾人康复中心及人民公园联合举办第二十六次“全国助残日”活动，通过慰问、发放辅助器具、义诊等方式，用实际行动给残疾人送上关怀和祝福。活动中，慰问残疾人 63 人，为 80 多名群众义诊，发放慰问品、慰问金、辅助器具总计价值 20 多万元。

【残疾人“津补贴”发放】 2016 年，残疾人生活津贴和重残护理补贴发放工作由民政部门牵头，残联做好发放名单的提供及初审等协助工作，核实生活津贴 9723 人、护理补贴 11117 人。

【助学优惠政策】 一是投入资金 3.6 万元，资助 12 名学前残疾儿童就学；二是进行未入学残疾儿童筛查，做好学龄儿童入学工作，使义务教育残疾学生入学率 90%；三是落实助学资金 14 万元，做好残疾人普通高考工作，帮助指导残疾本科考生 4 人，每人补助教育助学金 1.5 万元；大专考生 8 人，每人补助教育助学金 1 万元。

【特需残疾人扶持政策】 2016 年，县残联对全县特需残疾人对象认真筛查核实，保证各项专项补贴资金准确、足额发放到残疾人个人实名制账户。一是落实燃油补贴资金 31.62 万元，补贴对象 1216 人，每户 260 元；二是落实资金 35 万元，帮助 70 户残疾人进行居家无障碍改造；三是落实资金 180.14 万元，帮助 12009 名城乡重度残疾人参加医保。

【社区残疾人康园工疗中心】 2016 年，县残联在县城区和水寨、郭田、棉洋、双华等镇建设 6 个康园中心，提供 15 个社区公益性就业岗位，容纳 400 多名残疾人参加工疗康复和文化、体育活动，其中县城区社区康园中心容纳 200 多人，为这些残疾人提供一个工作、康复、娱乐、社交、就业培训平台，帮助残疾人走出家门、融入社会，保障残疾人平等参与社会生活的权利，体现政府对残疾人的特殊关爱和社会的文明进步。

【信息数据更新工作常态化】 2016年，县残联加强残疾人事业基础管理工作，掌握残疾人基本服务状况和需求，实现信息数据动态更新与有效反馈，解决残疾人在基本服务和需求方面所存在问题,根据省、市有关工作要求，采取入户调查、电话询问等方式，采用手机APP实时采集录入数据，实现无纸化调查，安排16个镇残疾人专职委员、446个村残疾人专职委员和分管残疾人工作的村（社区）民政干部参加县级组织的培训班，共计940多人。还对每个镇都进行现场手机APP下载安装、录入培训指导。此次信息数据动态更新工作时间紧、任务重，各镇、村专职委员都把自己的业余时间都用上。落户走访，做好调查工作之余，还深入了解残疾人家庭的切身需求，大力宣传各级政府对残疾人的帮扶政策。同时，在使用手机APP系统调查时，专职委员发现系统有不少的漏洞，经过上报，系统不断更新完善，专职委员也不断摸索系统、适应系统，确保调查的准确度。通过残疾人服务相关信息数据的动态更新，及时掌握该县23476名残疾人的基本服务状况和需求，为有效实现残疾人精准服务打牢基础。

【其他各项工作】 2016年，残联扎实贯彻落实县委、县政府中心工作。一是在残联机关开展“两学一做”学习教育和推进“两个责任”落实暨改进机关作风工作。二是做好精准扶贫精准脱贫工作，残联干部职工全员动员，与军营村贫困户结对帮扶，确定军营村新期精准扶贫42户贫困户名单，制定三年帮扶规划和年度帮扶计划，确保新时期精准扶贫精准脱贫工作有序推进。三是开展创“国卫”工作，主要领导前沿指挥打好攻坚战，指定分管领导专抓。每月不定期深入到水寨镇大布村东风村民小组和河东镇水寨街督促创卫和网格化管理工作；每月开展一次网格化责任地段（河东镇水寨街含横街）卫生死角清理,成效显著。四是开展“创文”工作，建立层层负责制，坚持为群众办好事实事，解决社会反映强烈，关系群众切身利益的热点难点问题，确保创建工作取得实实在在的效果。五是做好计划生育工作，完善各项报告材料、档案、证、卡、册，每季度都专题研究计生工作，及时传达贯彻县计生工作会议精神。积极帮助挂钩村完成任务，全年完成孕情检查20例，全面完成镇委、镇府下达各项任务。六是推行权责清单制度工作，4月中旬开始梳理县残联权责事项清理目录26项。同时，根据省、市县推行“互联网+政务服务”改革工作要求，扎实做好本单位推进行政审批标准化建设和“一门式一网式”政府服务模式改革工作。详细、规范编制“五华县按比例安排残疾人就业年审”“五华县申请缓、减、免缴残疾人就业保障金”“五华县第二代中华人民共和国残疾人证办理”“五华县开办盲人保健按摩机构资格认定”等4项工作的办理指南和工作手册。

（古德华）

县残联2016年度负责人名录

理 事 长：邱小梅

副理事长：鲍忠友 陈裕杰

卫计和计划生育

【简况】 2016年，县卫计局认真贯彻落实上级决策部署，坚持以创建卫生强县和改革完善计划生育服务管理机制为主线，大力推进基础设施建设，深化医药卫生体制改革，加强人才队伍建设，改善服务环境，医疗机构经济状况明显好转，业务收入同比增长22.45%，收支逐步趋于平衡；实施全面两孩政策，完善服务管理机制，卫生计生工作水平稳步提升。

【做好卫生创强】 一是实施县级医院改造建设。先后启动县人民医院创三级医院、县妇保院创二甲医院和县慢病站住院大楼、县疾控中心业务大楼等重点建设项目，推进县中医医院外科住院大楼，提升县级医院硬件设施。二是推进卫生院标准化建设。先后投入2,394.69万元用于业务用房未达标的卫生院建设；华城镇中心卫生院迁建项目和水寨、大坝卫生院整合迁建项目确定建设用地及迁建方案。三是加强人才队伍建设。出台《引进卫生技术人才和稳定医技队伍暂行办法》，通过采取年薪制、提供住房、发给安家费等方式，加强卫生人才引进，2016年度第一批招录67名卫技人员充实到基层医疗单位，第二批147名人员的录用工作正在进行；分两批派出72名技术骨干到卫生院开展技术帮扶，提升基层医技人员诊疗技术水平。四是实施村卫生站公建民营建设。按照“原则上每个行政村建设一间60平方米以上的公建民营卫生站”要求，各镇积极筹措资金，扎实推进卫生站建设任务的落实。全年完成村卫生站建设112间，占村委总数27.18%。五是开展省市卫生镇村创建活动。2016年新增省级卫生村75个、市级卫生村96个村；成功创建省级卫生镇2个、省级卫生村89个、市级卫生村216个，分别占三年目标任务12.5%、28.71%和57.45%。

4月21日，县委书记范宜军、县长吴晖同志到县妇保院调研创建“卫生强县”工作

【深入推进县级医改】 2016年，县卫计局巩固县人民医院、县妇保院、县中医医院3间县级公立医院取消药品加成政策的工作成果；逐渐理顺财政补偿机制、医保报销衔接、医疗服务价格调整，严格控制医药费用不合理增长；降低药品收入占业务收入的比重，人均门急诊费用、住院费用增长率对比上年有所下降。全年投入医改资金1.98亿元，用于基本建设、医疗设备购置、实施基

本药品制度改革、出生缺陷防控和基本公共卫生服务项目等工作。

【加强卫生服务能力】 一是落实公共卫生服务项目。每半年开展一次绩效评估，及时通报评估结果，限期抓好问题整改。全年投入 4843.36 万元，用于基本公共卫生服务项目补助，确保儿童免疫规划疫苗接种率达到上级要求，无重大传染病疫情的暴发流行。二是加强医疗质量管理和护理。对一级医院机构开展医疗质量专项检查，促进医疗质量提升和医疗安全保障；郭田、棉洋、华城等 3 间卫生院被国家卫计委授予“建群众满意的乡镇卫生院”称号；开展基层岗位练兵和技能竞赛活动，选派护理骨干参加市级竞赛，其中社区护理组、农村全科组均代表梅州市参加全省竞赛；对县属医院开展“优秀护理管理工作者”“优秀护士”评选活动，对镇级卫生院开展护理技能操作竞赛，县人民医院李伟霞、县中医医院刘满和获得梅州市“最美护士”的荣誉称号。三是无偿献血工作成效明显。全年参加无偿献血 3162 人，采集血量 63.24 万毫升，占县下达任务 108.5%，连续三年超额完成年度献血任务。四是卫生监督执法全面加强。全年立案调查 110 宗，结案 80 宗，取缔 105 间机构，罚款 19.22 万元，没收药品器械价值 5.6 万元，有效维护医疗市场秩序。五是开展“优秀乡村医生”评选活动。综合网络投票、平时考评、年度考核等三方面的情况，横陂镇坝头村卫生站李添容、转水镇蛇塘村卫生站张亮、安流镇东礼村西坑卫生站刘奇兰、龙村镇柏溪村卫生站温兆雄、周江镇利河村卫生站李俊山等五位同志被评选为“五华县 2016 年度优秀乡村医生”。六是中医药工作得到提升。完成镇级卫生院中医诊疗区（中医馆）建设项目，强化中医药“治未病”服务网络建设。七是民营医院加快发展。已运营的民营医院达 6 间，其中明鑫医院由一级医院升为二级医院管理，病床位增至 150 张；琴江医院开业运行；福康医院病床位增至 50 张；康泰精神病医院新址建设项目确定建设用地。

【逐步完善计生服务管理机制】 一是深入开展计生政策宣传。利用网站、微信公众号、大型宣传牌、文艺演出等形式，宣传计划生育新政策，确保全面两孩政策顺利实施。二是推进层级责任管理。严格执行计划生育“一票否决”制度，落实目标管理责任制，县政府分别与各镇、各单位签订工作责任书，实行层级动态管理，严格兑现奖惩。2016 年度计生工作成效显著的 6 个镇、4 个村、22 个县镇计生综治单位及 62 名干部得到表彰奖励，责任不落实、工作不到位的 3 个单位、15 名责任人受到相应处分。三是提高妇幼健康服务能力。加快产科服务能力建设，县妇保院住院大楼建成投入使用，新增产科、儿科床位 95 张；成立县级危重孕产妇和新生儿救治中心，完善应急救治工作机制，有效保障母婴安全；县级出生缺陷综合干预中心建成投入使用，孕前优生检查和地贫防控工作深入推进。2015 年 10 月至 2016 年 9 月，孕前优生健康检查 7900 对，覆盖率 102.44%；孕妇地贫初筛 16438 人，初筛率 98.37%；新生儿疾病筛查 16341 人，筛查率 98%，检出地贫 1759 人，强化预防出生缺陷的孕前、孕期、新生儿“三道防线”。四是开展计生家庭养老照护试点工作。制订试点工作方案，实施以弘扬孝亲文化为主题的百合计划，大力弘扬孝亲文化，全面促计生家庭居家养老照护支持体系的建立完善。五是全面优化办事服务。全面公开计生行政执法事项、程序和标准，改革生育登记服务管理机制，取消申请两孩生育审批制度，推行网上受理生育登记，做到简政便民。六是落实流动人口双向服务管理。加强区域协作，落实双向服务管理，完善流动人口信息互通、服务互补、管理互动的工作机制；落实信息监测预警通报制度和流动人口出生通报制度；精心组织开展流动人口专项清理清查活动，提升流动人口服务管理水平。

（朱华鹏　龙竞波）

县卫生和计划生育局2016年度负责人名录

局　　长：温志清（任至12月）
　　　　　刘旭伦（12月任）
副 局 长：曾运华
　　　　　曾洪波（任至11月）
　　　　　江运梅　曾梅花　温汉深
　　　　　李金文　曾豪达　曾国强
党组成员：薛奕良　赖伟钧　张锡文

安全生产监督管理

【简况】 2016年，县安监局认真贯彻落实党的十八大，十八届三中、四中、五中、六中全会和习近平总书记关于安全生产工作的系列重要讲话、批示指示精神以及国家、省、市关于安全生产的决策部署，坚持“安全第一、预防为主、综合治理”的方针，牢固树立以人为本，生命至上理念，积极探讨经济新常态下加强安全生产监管新措施、新办法，创新工作机制，强化责任落实，促进全县安全生产形势持续稳定好转，为加快建设“工业新城、宜居五华”创造安全有序环境。全县发生各类生产安全事故14起，死亡4人。其中生产经营性道路交通事故12起，死亡2人，工商贸生产安全事故1起，死亡1人，特种设备生产安全事故1起，死亡1人，其他行业领域实现零事故、零死亡，全县未发生较大以上生产安全事故。各项安全生产控制指标没有突破市下达的控制指标。

【完善安全生产责任体系】 2016年，县安监局完善并落实安全生产责任书、责任制考核、“一票否决”、约谈和预警等制度，通过持续推进企业标准化创建、安全生产示范创建、“平安企业”创建和对企业主面对面谈心对话等活动，有力推动企业完善安全监管机构和人员，主动履行“五落实五到位”主体责任。全年完成全县规模以下企业“五落实”120家，覆盖率100%，9家参与平安创建企业并顺利通过验收。

【建立安全生产督查检查长效机制】 2016年，县安监局组织开展岁末年初、“五一”和为期四个月的安全生产大检查活动，采取“双随机”抽查和“四不两直”暗查暗访等方式，对各镇和负有安全监管职责单位的安全生产责任制落实情况进行督查检查，并不定期组织综合督查和“回头看”活动。县党政五套班子成员分别带队，多次到挂点镇或部门、企业生产一线和人员密集场所检查安全生产；全县出动检查组 1286 组次，检查企业 3100 家次，排查一般隐患 5363 项，整改 5363 项，排查重大隐患 13 项，整改 13 项；依法取缔无证经营 10 户，停产整顿企业 5 家，处罚企业一批。全年开展综合督查 5 次，发现整改隐患 108 处，发出督查通报 5 份。

【隐患排查治理】 2016 年，县安监局继续坚持各镇、各有关单位每月一排查、县安委办每月一汇报、县政府常务会议每月一研究、县安监执法大队每月督办治理，建立完善“每月一主题、每月一行业（镇）汇报、每季一跟踪反馈”和“每月一排序”工作机制工作机制。全年有 8 个镇和 6 个单位在政府常务会议上作工作汇报，县安委办对其解决重点难点问题落实情况进行跟踪并作书面反馈。各镇各有关单位上报隐患 493 宗，整改 486 宗，其中，列为县挂牌督办 120 宗，整改 120 宗，跟踪督办责任单位治理隐患 285 人次。

【全面开展城市风险点危险源排查管控工作】 2016 年，五华县下发《五华县人民政府办公室关于印发五华县集中开展城市风险点、危险源排查整治专项行动方案的通知》（华府办函〔2016〕183 号），进一步明确各有关部门工作职责，严格落实安全生产主体责任，扎实推动城市安全风险管控工作有序开展。全年排查城市风险点、危险源 286 个，其中橙色风险 7 个，黄色风险 137 个，蓝色风险 142 个。

【打非治违和安全专项整治】 一是组织各镇各部门协同开展道路交通、建筑施工、学生接送车、船舶安全、成品油等重点行业领域联合执法行动 12 场次，依法取缔无证经营烟花爆竹 26 户，查获非法烟花爆竹 1500 多件、市值 13.6 万元，并集中销毁；查处非法加油站（点）11 家，立案调查 1 宗；查处非法经营燃气店 6 家；查封非法提炼生物燃料油窝点 1 处；查处违法接送学生车辆 60 辆；暂扣许可证 20 份，处罚企业一批；解决群众举报电话或其它形式投诉 15 宗。二是深化主管行业领域安全专项整治，开展节后复工复产、汛期防汛度汛检查和“打非治违”等专项行动。检查企业 21 家，发现整改隐患 145 处，发出整改指令 46 份，整改 136 处，处罚 4 宗违法违规行为，累计罚款 8.5 万元，有效打击矿山企业违法违规行为。加强对加油站、工业企业使用危化品的安全监管，检查加油站 59 家，发出整改指令 32 份，发现整改隐患 213 处，行政处罚 3 宗，处罚金额 1.4 万元。对全县 423 家烟花爆竹经营零售户和 4 家批发企业开展 2 轮次的“横到边、纵到底”拉网式全覆盖安全专项检查和复查，发现整改隐患 213 处，行政处罚 2 宗，处罚金额 8.3 万元，暂扣零售许可证 15 份，取缔无证经营零售点 26 户，查获非法烟花爆竹 1300 多件并进行集中销毁。扎实开展粉尘涉爆企业专项整治行动，做到“五查五必须”，排查粉尘涉爆企业 21 家，出动执法检查人员 48 人次，发现整改隐患 32 处，行政处罚 1 宗。三是组织棉洋镇、水寨镇、郭田镇等 3 个镇和县安监、工商质监、公安消防等牵头部门成立工作机构，制定具体实施方案，扎实推进消防、简易升降机、烟花爆竹治理攻坚工作。县安监、城综、工商质监分别牵头危险化学品、燃气安全、特种设备专项整治，明确各级各部门责任，全力推进专项整治工作。

【安全宣传教育培训】 2016年，县安监局充分利用横额标语、宣传车、广播电视、报纸网络、手机终端等宣传媒价和载体，形成全方位立体覆盖宣传攻势，提升全民安全生产意识。增设安全生产宣传专栏13个，建成消防宣传“七进”工作示范点11家；发放《安全生产法》《广东省安全生产条例》小册子1万余份及其他宣传资料5万余份，举办消防、防溺水、交通安全法制课等263场次；引导1万多人关注“消防微信公众号”。出动咨询人员360多人，设置咨询台18个，悬挂横幅36条，发放宣传资料1.2万余份，现场接受企业、群众咨询1100多人次，发出短信2.5万余条，举办各类应急演练19场次。强化从业人员安全教育培训，累计举办各类安全生产宣传教育培训班30期，培训人员3280人次，其中“三项岗位”人员960人次，其他从业人员2320人次。

【队伍建设】 五华县招聘镇级（工业园区）专职安全员53人并全部纳入事业编制管理，组建一支稳定性强的专职安全员队伍，充实基层安全监管队伍，组织新招录专职安全员参加由市安委办举办的“全市镇街园区专职安全员业务培训班”。全年组织全县安监人员举办各类执法监察业务专题培训4场次。同时，进一步发挥446名村（居）级安全巡查员参与安全管理作用。

【应急管理】 2016年，县安监局积极开展工贸行业应急预案编制、评审和报备工作，排查企业128家，查出各类安全隐患88处，其中一般隐患67处，较大隐患21处，全部完成整改。开展非煤矿山坍塌事故、工贸企业触电事故、建筑施工高空坠落、学校应急疏散安全生产事故应急救援综合演练4场次，其他部门、企业开展不同类型的演练365场次，直接参加人员10万多人，出动消防救援设备和医务救援车50台次。

【事故联网直报和调查处理工作制度化】 全年接报生产安全事故14起，均严格按照相关法律法规规定录入全国事故联网直报系统，并成立事故调查组进行调查处理，对相关责任人员进行严肃追责。

【安全生产执法监管】 2016年，县安监局以开展“安全生产执法年”为主线，认真执行年度安全生产监管执法工作计划，注重以县带镇的“传帮带”方式积极开展安全生产执法监管工作，推进“依法治安”步伐。全县立案查处安全生产违法案件12宗，同比增加33%，行政处罚金额32.06万元，同比增加311%，委托执法18宗。

【职业卫生监管】 2016年，县安监局开展职业卫生执法监察联合行动，对使用危险化学品、有机溶剂和耐火材料生产等重点行业企业进行职业病危害专项整治，排查全县存在职业危害企业158家，发现整改隐患150处，处罚企业1家。继续开展企业职业病危害申报，实施职业病合同告知制度，全年新增职业病危害项目申报企业23家。

（黄同文）

县安全生产监督管理局2016年度负责人名录

局　长：古 文

副局长：谢如锋　曾放群　徐安优

执法监察大队长：温怀康

党组成员：何元清

信　访

【简况】 2016年度，群众到县上访370批683人次，对比上年分别下降1.3%和2.8%；群众到市上访60批280人次，对比上年分别下降16.7%和21.6%；群众到省上访75批156人次，对比上年批数上升15.4%、人次下降10.9%；群众进京非正常上访8批8人次，对比上年人次相同、批数上升33.3%。梅州民声网上信访受理群众来信3066件，按时办结率100%；梅州市信访业务管理系统共受理上级批转信访案件563宗，信件均能在规定时间内办结。扎实化解社会矛盾纠纷，多措并举协助解决疑难复杂信访案件25宗。全县信访形势趋稳趋好，社会总体平稳，被省信访工作联席会议评为"通报表扬"单位。

【狠抓责任落实，形成工作合力】 2016年，县委、县政府高度重视信访，落实信访"一岗双责"制度，县党政主要领导带头协调督办信访突出问题，带头阅批群众来信，形成主要领导负总责、分管领导具体抓、党政领导一齐抓、基层党政部门主动抓的工作局面。坚持开展县领导定期接访、专题接访、重点约访、带案下访活动，县五套班子成员坚持分组分类于每月15日、30日在县综治信访维稳中心接待群众来访；县委书记坚持每两个月主持召开一次信访维稳分析研判会，分析研判信访案件，强化领导包案责任，对信访突出问题、重点稳控对象等落实县领导、镇党委书记和涉及部门负责人包案办结和稳控责任，上下联动、部门协作，集中全力解决信访突出问题。

【狠抓矛盾化解，加大调处力度】 2016年，县信访部门坚持每月排查社会矛盾纠纷，并将排查出来的矛盾纠纷根据"属地管理、分级负责，谁主管、谁负责"原则，逐一落实到各镇各单位依法依规、依情依理妥善化解社会矛盾纠纷。大力开展信访积案化解活动，印发《五华县开展化解信访积案集中攻坚工作方案》，查清信访问题成为积案的前因后果，调整思路，努力探寻化解良方，多措并举，积极发挥亲情、友情、乡情等情感作用，采取行政、经济、法律、思想教育、人文关怀、法律法规等处置方法，严格按照"九个一"的要求办理，落实主体责任，明确包案领导、承办人员、化解措施和办结时限，做到有领导负责、有专人处理、有调处方案、有解决时限，一案一档，逐案解决，切实做到"三到位一处理"，从根本上减少信访存量和增量，营造和谐稳定的社会环境。办结省交办五华县信访积案5宗、市交办信访积案2宗。

【狠抓宣传教育，规范信访秩序】 2016年，县信访部门积极开展“6·15”《广东省信访条例》系列宣传活动，在县府广场开展“6·15”信访条例宣传日咨询活动，接受群众咨询。印制《广东省信访条例》小册子3000多份、信访法律知识问答1万多份发至各镇各单位及信访人。在人口密集地方、公共场所悬挂标语；在五华政务网、五华政报、五华信访网页、五华信访微信公众号等各种媒体广泛宣传国务院《信访条例》《广东省信访条例》《信访工作责任制实施办法》等信访有关法律法规政策，引导群众以理性合法的方式表达利益诉求，自觉遵守信访秩序。

【狠抓稳控措施，确保社会稳定】 2016年，县信访部门对每月排查出来的可能越级到市到省进京上访的重点人员，逐一建立台账，落实包案责任，按照“包思想教育、包解决问题、包就地稳控、包劝返接返、包息诉息访”要求，全力调处化解。制定重点人员应急处置工作预案。对排查出来容易择机越级到省进京上访的重点人员和重点群体牵头人员、骨干分子，逐宗制订应急处置工作预案，落实县领导包案，明确责任单位责任领导、责任人稳控化解工作责任，实行“人盯人”稳控措施，进行24小时严密监控，全力确保绝对稳控，不脱离视线范围。严格落实领导带班值班制度和信访信息“零”报告制度，加强情报信息收集，密切关注重点人员和重点群体串联聚集的动向，做到“五个不发生”（不发生严重“街头政治”事件，不发生重大群体性事件，不发生暴恐事件和个人极端恶性事件，不发生重大安全生产事故，不发生规模性到省进京上访事件），确保特殊敏感时期全县不发生群众大规模聚集到省上访和群众进京非正常上访。

【狠抓督促检查，强化责任落实】 2016年，县信访部门加大督查督办和责任追究力度。县联席办每月对县领导接访日批示件、上级交办信访案件、重大疑难信访积案和群众到县、到市、到省、进京上访案件的调处化解情况进行督查，次月通报办理情况。通过督促检查，确保交办信访事项得到及时受理办理，减少越级上访、重复上访。制定《五华县信访工作考核实施方案》（华办函〔2016〕47号），进一步完善信访责任考核工作机制。对工作不负责、推诿扯皮、上交矛盾，有可能造成大规模群众集体上访、重复上访的，追究有关领导的责任；对发生大规模群体性事件后贻误时机、处置不当造成矛盾激化、事态扩大，影响全县稳定大局的，严格追究相关领导和工作人员的责任。

【狠抓专项整治，确保工作成效】 2016年，五华县信访秩序总体平稳，但群众重复和集体到省进京上访问题比较突出。对此，县联席办于8月26日制定《五华县关于对重复和集体到省进京上访开展专项重点整治的工作方案》，发至各镇各单位，要求认真抓好专项整治工作。各镇各单位按照专项重点整治工作方案要求，结合基层治理和信访积案化解工作，对本辖区内重复和集体到省进京上访开展专项重点整治工作，实现到省进京上访双下降目标。

（陈满红）

县信访局2016年度负责人名录

局　长：钟彩扬

副局长：温平康　周焕光

乡镇概况

年五
鉴华

2017

潭下镇采摘鹰嘴桃

水 寨 镇

【简况】 水寨镇地处县城，总面积 99 平方公里，辖 23 个村委会和 4 个居委会。2016 年，有 48585 户 166440 人；全镇有耕地面积 1420.8 公顷，其中水田 1030.07 公顷，旱地 390.4 公顷。全镇农村经济总收入 19.5 亿元，农村居民人均纯收入 10,558 元，分别比增 8%和 9%，镇级一般公共财政预算收入 2.43 亿元，国地税收入 1.25 亿元。

【镇域经济发展】 2016 年，水寨镇积极发展实体经济，加快产业结构优化升级，加大扶持小五金产业，推动产业创新；借力扶贫帮扶，打造以电子配件、特色农业为支撑的高效精致产业，重点整合提升中洞宝兰新农业资源，助推城乡经济发展。注重抓好招商引资，成功引进广东南凌电器有限公司，计划投资 1.8 亿元。

【人居环境建设】 2016 年，水寨镇积极抓好城乡人居环境建设，完成征地 181.53 公顷，拆迁房屋 138 座 4.64 万平方米，迁移地坟、阴亭 261 座、金神 614 个，清理地面附着物一大批，为项目建设提供用地保障。老河道公园二期、公园路建成使用，奥园广场建成开业，高级中学如期开始招生，足球文化公园无障碍施工，琴江公路（水寨部分）春节前实现临时通车。开展创卫、创文和美丽乡村创建工作，投入 350 万元，购置垃圾桶 823 个、垃圾车 20 辆、新建垃圾收集点 361 个，制作卫生保洁宣传牌 256 块，清理卫生死角 522 处，填埋老粪坑 207 个，清理污水塘 75 个；投入资金奖补 75 万元，支持各村在元旦、春节、国庆等重大节日开展大扫除；设立卫生保洁基金 87 万元，除上坝、坝美、大布等 8 个村纳入县环卫所保洁区外，其它村均自筹资金聘请专职保洁员实现上门收集垃圾，“村收集转运、县处理”长效机制得到落实、优化。

【国土资源管理】 2016 年，水寨镇完成老城区、琴江新城控制性详细规划；设立奖补资金完成 36 户削坡建房户改造；整顿农村土地“六乱”和重点项目征地拆迁红线规范区内抢建行为，全年制止违章建筑 127 宗，拆除违章建筑 65 宗 9876 平方米，整顿违法填土 10 宗。

【生态文明】 2016 年，水寨镇开展森林围城工程，在平湖、高车、中洞、善坑等村造林 266.67 公顷、抚育 533.33 公顷。加强森林防火宣传，提高群众防火意识；组建半专业扑火队 50 人，投入 12 万元完善扑火设备，开展应急演练 6 场次；强化巡查监管，组建整治野外违规用火执法队 3 支，全年查处野外违章用火 17 宗，擅自改变林地用途 6 宗、处罚 7.8 万元。

【平安村居】 2016 年，水寨镇发挥综治信访维稳中心和各村治保组织作用,调处矛盾纠纷74宗，办结73宗，解决十年以上历史积案10宗，处置可能引发群体事件的突发事件2宗；以“十大专项整治”活动为抓手，开展“打黑除恶”“百日行动”“净土行动”等专项行动，抓获违法犯罪嫌疑人173人，破案35宗，打掉犯罪团伙5个，收缴非法枪支9支、刀具33把，查扣违法车辆22辆。投入5万元在大沙、榕树村建设法制宣传栏，引导干部群众学法、懂法、守法。

【民生实事】 2016年，水寨镇筹资262.11万元，慰问困难群众3690人、资助贫困学子267名、为困难群众购买医保1.08万人；筹集1024万元，新建村道13.6公里、水圳23.9公里，加固水库1个，安装路灯523盏、治安监控60个，村级硬件设施得到完善。27个村（居）便民服务站建成并投入使用，35名镇、村代办员通过上岗培训及考核，全年受理群众办事449件，为群众代办业务433件，服务群众工作机制进一步完善。

【精准扶贫精准脱贫】 2016年，水寨镇核定贫困户1586户4986人；坚持分类指导，按照“一户一策”制定帮扶措施和脱贫计划，组织培训劳动技能，通过种、养殖等方式发展生产项目。投入25.6万元用于实施惠民工程、160多万元启动产业帮扶项目8个；有682户贫困户1634名贫困人口实现脱贫。

【文教卫生事业】 2016年，水寨镇创建“教育强镇”工作通过省复核验收；全镇共投入496万元完善教育硬件设施，教育现代化先进镇创建工作有序推进。做好民办代课教师自查认定工作，全镇自查出原民办教师294名，代课教师252名。做好宣传文化工作，全镇实现“喇叭村村响”全覆盖，河尾、上坝、坝美等10个村完成标准文化广场创建，上坝村儒林第成功创建为“市文化俱乐部”。加强道德教育，倡导培育文明家风；发挥村民理事会、老人会作用，制定村规民约，禁止露天焚烧秸秆、禁止不文明上街送葬等工作成效明显。全年组织开展戏曲、晚会表演88场次，会同梅州市广播电视台、县委宣传部在元宵节举办“欢乐梅州行——走进水寨”大型文艺晚会。做好卫生、计生工作，开展“二孩”政策宣传和申报，组织开展免费孕前检查591例，大沙、平湖、上坝、河尾等村已按标准建成公建民营卫生站；做好无偿献血工作，被县政府授予“无偿献血先进单位”。

【社会保障】 2016年，水寨镇超额完成社保扩面征缴任务；落实最低生活保障政策，发放救助金307.7万元，发放高龄津贴2065人；投入17万元完善水寨镇敬老院消防设施；大岭公益性生态公墓园投入使用。

【安全生产】 2016年，水寨镇开展安全生产大检查122场（次），排查、整改烟花爆竹、建筑施工、公共娱乐场所等重点行业、重点领域安全隐患259宗，有效控制安全事故发生。

【党风廉政建设】 2016年，水寨镇深入开展“两学一做”学习教育活动，严格落实中央八项规定精神，深入开展作风整顿，大力整治“慵懒散”“蛮横硬”“吃拿卡要”等作风问题，扎实推进法治政府建设，全面完成权责清单清理，廉政建设得到加强。

（林锐鑫　黄帼欢）

水寨镇2016年度领导名录

党 委 书 记： 陈　逸（任至12月）
温　锋（12月任）

党委副书记： 陈春宣（任至3月）
温　锋（3月任，任至12月）
彭龙华（2月任）
黄文尖（7月任）
刘丽霞（挂职，3月任）

党 委 委 员： 陈　逸（任至12月）
陈春宣（任至3月）
温　锋（3月任）
彭龙华　黄文尖
刘丽霞（挂职，3月任）
魏耿华
何昭辉（7月任）
张仲坤（任至7月）
戴　勇（3月任）
张其柑（任至3月）
曾汉强　陈建辉（7月任）
朱清辉（7月任）
曾永红（7月任）
林锐鑫（7月任）
刘远新（任至7月）
陈瑞成（任至7月）
廖彩琼（任至7月）
钟　伟（任至12月）

人 大 主 席： 陈　逸（任至9月）
张仲坤（9月任）

人大副主席： 钟水清（9月任）
张定环（任至9月）

镇　　长： 陈春宣（任至3月）
温　锋（3月任，任至12月）

常务副镇长： 魏耿华

副 镇 长： 曾永红（3月任，任至7月）
戴　勇（任至3月）
张定环（9月任）
周展红
刘远新（9月任）
饶　科（任至7月）

纪 委 书 记： 何昭辉（7月任）
张仲坤（任至7月）

河　东　镇

【简况】 河东镇位于五华县中部，地处县城，总面积236平方公里。辖43个行政村和3个居委会。2016年，全镇耕地总面积4870.47公顷，其中水田3361公顷，旱地1493.4公顷。全镇有25282户、151943人，其中农业人口56082人，非农业人口95861人。全镇农村经济总收入13.57亿元，农村居民人均纯收入9618元，分别比增9%和11%。

【农业】 2016年，河东镇打造宝瑞、黄湖等12个村万亩水稻高产示范片区，恒星畜牧、茶亭岗、英特泰等10个果蔬畜牧基地，以及河东茶亭岗柚类、河平烟叶种植等精致高效农业特色品牌，开展土壤肥力及环境质量调查，提升农产品品质。实施森林围城工程，完成碳汇造林351.87公顷、森林抚育920公顷；强化森林防火管理，投入20多万元在油田片、平南片各增设一支森林防火专业应急队，组建巡查执法队 3 支。

【基础设施建设】 2016 年，河东镇完成河东工业区征地 128.13 公顷、平整土地约 66.67 公顷。全面完成兴华高速公路河东段征拆任务。投入 3100 多万元完成 116 公里村道路基建设、硬底化工程，实现村村通硬底化。完成梅江、五华河河东段治理和大嵩河、蕉洲河“三清”工作任务的 70%，投入 80 多万元完成抢修加固水毁堤围浮湖村河西水闸堤和布头村水闸堤。河东、平南、油田圩镇光纤宽带、4G 网络信号实现全覆盖，建成 8 个阿里巴巴“农村淘宝”村级服务站。完成河东北堤 2.4 公里、3.73 公顷征地和琴江广场（二期）8.73 公顷征地；完成寨顶巷历史商街文化旅游项目保护开发概念规划及古村修复总体效果图设计。投入 200 多万元购置标准垃圾桶 1000 个及添置清运保洁工具一批，重新组建保洁队伍，建立农村生活垃圾收集清运机制。

【科教文卫事业】 2016 年，辖区内琴江中学荣获县委、县政府 “高考大奖”、“高考优胜奖”和“高考最大增幅奖”，5 间初级中学有 109 名学生考入市重点线。完成县对镇“一村一文化广场”建设指标任务，改造、新建下一、油田、黄坑村等 17 个文化广场，高榕村“忠厚传家”楼被评为市农村文化俱乐部示范点。完成全镇 274 套“喇叭村村响”设备安装。启动 43 个行政村 93 个自然村落历史人文普查工作。大力推进全国基层中医药工作先进单位、“卫生强县”创建，完成县人民医院油田院区第一期综合住院楼 6 层、6850 平方米建设，河东卫生院投入 50 万元对素英门诊楼及门坪进行升级改造，25 个村级卫生站通过考核验收，成功创建“省卫生村”4 个、“市卫生村”11 个。坚持免费孕前优生健康检查，大力宣传“全面两孩”政策，办理符合“全面两孩”政策育龄夫妇登记手续 1286 对、完成育龄夫妇免费孕前优生健康检查 437 对，完成无偿献血 232 人次。

【精准扶贫】 2016 年，河东镇完成精准识别扶贫对象、贫困户核查、一户一档、年度计划、三年规划等各项工作，全镇核定贫困户 2126 户 6773 人，选取高车塘、下陶、黄坑、林石、高榕、黄湖村为示范村，实施产业帮扶、基础设施建设帮扶、劳动力就业扶贫，8 个省定帮扶单位自筹资金 608 万元，帮扶 543 户贫困户，贫困户人均纯收入 6800 元，全面完成年度脱贫任务。

【社会保障】 2016 年，河东镇按照上级政策提高城乡居民基础养老金、城乡居民医保补助、农村五保供养等标准，城乡居民医保参保 12.52 万人，受益群众 3.9 万多人。“两免一补”政策全面落实，城乡低保“提标扩面”工作扎实推进，全年发放低保款 1371.2 万元、五保款 250.2 万元，为低保户、五保户和重度残疾人缴交医保金 84 万元，并通过医疗救助、临时救助等方式救助困难群众 653 人次。

【平安建设】 2016 年，河东镇集中开展禁止露天焚烧秸秆、违法占用耕地建房和非法买卖（转让）土地等“十大专项整治”行动，城乡建设管理秩序不断规范。推进“平安村居”创建，强化排查稳控措施，维护社会稳定。全年投入资金100多万元，安装公共监控摄像头118个、数字家庭报警监控设备300多户，全镇3个派出所立案58宗、破案24宗，化解矛盾纠纷49宗。全面落实安全生产责任制，扎实开展“八打八治”专项行动和“安全生产日”活动，切实加强对河道采砂、建筑工地、烟花爆竹、加油站等重点区域、重点行业的专项整治，全年未发生重大安全生产事故。

【党的建设】 2016年，河东镇加强“两学一做”专题学习教育。扎实推进“基层党建四项重点工作”，推进基层民主建设，抓好发展党员和后备干部培养工作。执行民主集中制、“三会一课”、民主生活会、组织生活会、民主评议党员等制度。强化党建工作督查，继续将村（居）党建工作纳入年度目标考核，继续做好驻点直接联系群众工作、抓好软弱涣散村整顿转化，开展“为民服务好村官”评选活动，加强镇驻村干部管理，提升基层党支部凝聚力、执行力和战斗力。落实党委主体责任和纪委监督责任，强化“三资”平台监管，不定期开展重点项目建设征地拆迁、农村低保五保对象确定、危房改造、种粮直补等惠农资金发放等工作检查，切实抓好农村基层党员干部违纪违法线索集中排查和涉农领域腐败问题专项整治活动，惩防并举治理涉农贪腐问题。加强党员干部“八小时以外”监督管理，落实“三个区分”原则，把工作失误与个人腐败、缺乏经验与明知故犯、出于公心与以权谋私区分开来，努力锻造一支信念坚定、为民服务、勤政务实、清正廉洁的高素质干部队伍。

（张勇鹏　张百文）

河东镇2016年度领导名录

党委书记：江锦城（任至4月）
魏　婷（4月任）

党委副书记：魏　婷（任至4月）
叶定思（4月任）
卓伟强
邓日新（挂职，3月任）
徐伟权（7月任）

党委委员：江锦城（任至4月）
魏　婷　叶定思（4月任）
卓伟强
邓日新（挂职，3月任）
徐伟权（7月任）
张志英（任至9月）
宋更杰　江志彤（7月任）
张锦贵
陈菊英（任至7月）
曾桓雄（任至7月）
谢福全　张赛新
朱建强（任至7月）
张裕琴　刘　斌（7月任）
魏智华（7月任）
邹定芳（7月任）
黄坤荣（任至7月）

人大主席：江锦城（任至4月）
魏　婷（4月任，任至9月）
张志英（9月任）

人大副主席：曾汉东（任至7月）
黄坤荣（7月任）

镇长：魏　婷（任至4月）
叶定思（4月任）

常务副镇长：宋更杰（任至7月）
江志彤（7月任）

副镇长：邹川勇（任至7月）
陈锦源（任至7月）

张建明（任至7月）
戴文平（7月任）
胡高文（7月任）
曾世田（7月任）

纪委书记：张志英（任至9月）
张裕琴（9月任）

转 水 镇

【简况】 转水镇位于五华县北部，离县城13公里，东北与兴宁刁坊、福兴镇相连，辖区面积158.5平方公里，辖21个村委会和1个居委会。2016年年末，全镇有耕地总面积2568.8公顷，其中水（旱）田1969.27公顷，旱地599.53公顷；有17747户73666人，其中农业人口45216人，非农业人口28450人。2016年全镇经济稳步增长，财政一般预算收入3569万元，同比增长10%；实现地税收入665万元；完成国税收入230万元，同比增长12%；全镇居民人均可支配收入8717元，同比增长9%。

【农业发展】 2016年，转水镇在巩固发展輋柯村蔬菜基地、益塘水产养殖基地等原有基地的基础上，新增百亩连片示范基地2个，其中，种植金柚、蜜柚的輋维柚类基地面积13.33公顷，种植茶树的新丰寨茶树基地面积14.66公顷。在维龙村种植优质烤烟20公顷，产值100多万元。

【基础设施和重点项目建设】 一是加强与交通部门沟通协作，多方筹集资金，积极推进辖区内省道、县道、旅游公路、桥梁和村道硬底化等建设，进一步改善镇域交通路网，凸显区位优势。全年，全镇共完成道路（含绿道）扩宽改造和水泥硬底化铺设工程38公里，维龙村龙湖桥建成通车，动工建设黄龙村黄龙桥。二是对辖区内7座水库、40座山塘和44.9公里堤坝进行多方面、多层次巡查整改，投入近100万元，对隐患水利工程进行除险加固，并通过市检查组验收。如矮车水库、三源麻竹凹山塘、下潭芋坡塘山塘、益塘灌区流洞渡槽等隐患部位得到整改排除。积极开展山区中小河流域治理工程，在做好矮车河流域治后管理的同时，投入1300多万元完成长约11公里的练溪河流域治理工程，生态固脚3.4公里，附属设施相应升级改造。完成村村通自来水前期设计规划、招投标等准备工作，镇级污水处理设施确定选址。三是采取措施，做好县重点项目征地的宣传发动、防“三抢”（防止在拟征地上抢搭、抢建建〈构〉筑物和抢种农作物）等前期准备工作，坚持“四个统一”（统一政策标准、统一工作程序、统一公开数据、统一发放补偿），扎实推进重点项目征拆进程，全程监管征地拆迁补偿款发放。全年，完成县城工业园区（五星）红木二期产业园征地166.66公顷，完成兴华高速公路（转水段）补征地任务约23.33公顷，拆迁房屋11座；

同时，配合做好热矿泥景区基础设施升级改造工程的相关前期工作。

【精准扶贫】 2016年，转水镇会同县有关部门对建档立卡相对贫困户进行反复比对、核查，经核实，全镇有建档立卡相对贫困户1301户4056人，其中7个省定相对贫困村有贫困户429户1478人。在做实精准识贫、建档立卡等前期工作基础上，实施"靶向疗法"，引导配合省、市、县帮扶单位从基础设施建设和产业、就业、教育帮扶等方面着手，分别在里塘村铺设村道2公里、机耕路2公里，修建三面光水渠2公里，兴建自来水饮水工程，发展黄牛养殖业等；在旱塘村铺设村道3公里，安装路灯50盏；在维龙村兴建村级卫生站和老人活动中心；在峯维村新开垦种植沙田柚、蜜柚6公顷；在新华村兴建文化活动广场；在流洞村发展鱼塘养殖；在五星村开展华南美国商会精准扶贫帮扶活动。全面启动实施黄龙、矮车、流洞、维龙、益塘、新丰等村的分散贫困人口产业帮扶示范点工作。积极推进与邮储银行合作开展"政银企农"模式扶贫小额信贷业务工作。加快推进农村低收入住房困难户住房改造工作，并将166户相对贫困户纳入危房改造对象。对建档立卡相对贫困户落实城乡居民医疗保险、60周岁以上贫困对象参加城乡居民养老保险退费等工作，扎实落实建档立卡相对贫困家庭学生生活费补助等各种扶贫政策、措施。

【人居环境整治和美丽乡村建设】 一是多措并举，推行村规民约，积极发动群众缴交每月5—10元垃圾处理费，落实农村生活垃圾收集处理长效机制，建立清运队伍、配足清运车辆、放置足够垃圾桶、建设垃圾池和中转站，做到日产日清。坚持每周五组织镇村干部、各村（居委）、企事业单位，发动党员群众进行卫生大清扫，对各村（居委）"五边"垃圾和圩镇"六乱"问题开展持续整治，强化治后管理。二是投入700多万元，打造"益塘流域·十里水乡"县级美丽乡村示范点，完成 "六村八景"、矮车河东岸10公里绿道工程建设；投入近200万元完成水潭线13公里198盏路灯安装，并以点带面，推进22个村（居委）美化、亮化工程建设，村容村貌明显改善。

【国土资源管理和生态建设】 一是结合县委县政府"十大专项整治"，依法开展土地"三乱"整治，严厉打击违法用地、违章建筑、非法采矿等行为。完成削坡建房重点威胁户整治或转移避让114户，超额完成年度任务数。打好"控违""拆违"攻坚战，全镇共清理、复耕非法推填土14宗2466平方米，依法拆除违法占耕建房11宗1090平方米，拆除乱堆乱放、乱搭乱建点100余处约3000平方米,强制拆除违章建筑37处约1450平方米。拆除非法采砂船 11 艘、非法经营河砂点5宗，扣押运输车辆3台、铲车2台、挖掘机2台，抓获非法采砂人员8名并移交公安机关处理。二是以建设生态旅游镇为抓手，加强地块绿化，严控森林防火，完成碳汇造林666.67公顷、森林抚育2000公顷，发动社会造林253.33公顷，全面完成年度植树造林和碳汇林改造任务，查处违法占用林地行为 25 起。积极开展森林防火宣传月活动、"严防严管严打"行动，成立森林防火巡查队伍和镇、村半专业扑火队伍，配齐扑火物资，并在梅河高速、水华公路两侧开割防火带 40 多公里，投入数十万元向农户回收干禾秆，采用“疏赌结合”整治野外违规用火和露天焚烧秸秆行为，查处野外违规用火案件 13 宗，罚款 2,400 元。

【文教卫生和社会保障】 一是完成县对镇“一村一文化广场”建设任务，新建或改造黄龙、长源、下潭、新民、新华、居委等 6 个文化广场，新建黄梅村老人活动中心。完成全镇各村（居委）“喇叭村村响”设备安装，启动 21 个行政村 66 个自然村落历史人文普查工作。完成县下达兵役登记和征兵送检任务。开展妇女“两癌”筛查等工作。二是优化教育资源，小学升初中考试在全县乡镇综合水平测试中排名前列；初中升高中水中线达标率逐年提高。三是创新计生工作思路，落实“全面两孩”“免费孕前优生健康检查”政策，依法征收社会抚养费，筹资 600 万元建设转水卫生院新住院大楼和中医馆，全面铺开“公建民营”村卫生站规范化建设工作。四是开展底线民生保障工作。2016 年底，全镇在册低保户 755 户 2366 人，五保户 247 人，优抚定补对象 336 人，残疾人两项补贴对象 1196 人，全年医疗救助 301 人，发放救助金 140 多万元。落实救灾救济和老年人优抚政策。发动群众参加城乡居民医疗保险和养老保险，其中医疗参保人数达 57994 人（贫困人员有 4414 人），受理城乡居民医疗报销业务 6685 宗。镇公共服务中心和 22 个村级公共服务站均已建成使用。

【民生实事和社会治安】 一是新建五星、流洞 2 个村文化活动中心和维龙村龙湖桥、马河大桥两侧引桥及侧旁法治长廊，铺设新丰村村道 2 公里，创建矮车村“九思楼”文化俱乐部。开展农村土地确权登记工作。二是落实 安全生产“一岗双责”制度，深化安全专项整治和隐患排查治理工作，取缔无证燃气代充点 38 家、烟花爆竹零售点 6 家，对 6 家使用特种设备企业、21 间中小学校进行安全隐患排查和整治，全年全镇未发生安全事故。三是深入推进“平安村居”创建活动，在各交通要道路口和部分村安装视频监控系统，指导各村成立村级联防队伍。四是强化领导包案制度，化解历史积案 8 宗，受理、参与调处各类矛盾纠纷 67 宗，调处成功 63 宗。五是加强对不稳定人群的稳控化解，协助公安机关开展专项行动，打击各类违法犯罪活动。

【作风建设】 2016 年，转水镇扎实开展“两学一做”学习教育，落实全面从严治党要求，严格贯彻落实中央八项规定，实行财务“一支笔”审批制度，实施“村账镇代管”管理模式，推行低碳节能环保工作，利用镇、村微信平台大力推进政务、村务公开。落实党风廉政建设责任制，深入推进反腐倡廉工作。

（魏秀玲　谢福宏）

转水镇 2016 年度领导名录

党 委 书 记： 李文伟

党委副书记： 严季岳

古菊开（任至 5 月）

张思雄（7 月任）

魏碧尧（7 月任）

党 委 委 员： 李文伟　严季岳

古菊开（任至 5 月）

张思雄　魏碧尧

李月容（任至 7 月）

邓文斌（7月任）
林冠雄 田润民
钟育钦
戴俊浩（7月任）
魏明星
徐凤娇（7月任）
朱连辉（7月任）
张林海
张远生（任至3月）
李明新（任至7月）

人大主席：李文伟（任至7月）
李月容（7月任）

人大副主席：张晨辉

镇　　长：严季岳

常务副镇长：张思雄（任至7月）
林冠雄（7月任）

副 镇 长：陈文锋 曾远洋
徐坤华（9月任）
江元青（任至7月）

纪委书记：李月容（任至7月）
邓文斌（7月任）

华 城 镇

【简况】 华城镇地处五华县北部，是老县城，全国重点镇之一，距县城水寨27公里。全镇辖34个村和3个居委会，总面积247.5平方公里，耕地面积3686.67公顷，山地1.60万公顷。2016年总人口127750人（其中农业人口83386人、非农业人口44364人）。2016年全镇实现生产总值14.46亿元，比增8.4%；财政收入1239.3万元，比增8.9%，农村人均收入达8741元，比增5%，国地两税收入4,022万元。

【镇域经济发展】 2016年，华城镇积极发展实体经济，加快产业结构优化升级，加大扶持工业、农业等产业协调有序发展，重点整合提升交通路网、农田水利完善，助推城乡经济发展。广东冠华传导科技有限公司500KV输变电器材项目二期厂房、仓库建设有序推进，辉安矿业发展有限公司、深圳神牛摄影器材有限公司及投资9000万的梅州市天庄生态农业科技发展有限公司顺利落户华城。

【人居环境建设】 2016年，华城镇召开12场专题会议，发放公开信3万多份、倡议书2万多份，与各村（居）签订环境卫生整治和美丽乡村建设责任书，发放整治“六乱”和实行定时定点投放垃圾的通告各2000多份，征收生活垃圾处理费宣传资料2万多份；在各主要路段及公共场所张贴标语800多条、悬挂横幅150多条。同时，加大资金投入，购置3辆垃圾压缩车、垃圾铲车2部、三轮摩托车20部，环卫垃圾桶600个，环卫设施设备不断完善，农村环境卫生综合整治成效显著，村容村貌得到改善。

【国土资源管理】 2016 年，华城镇严厉打击各类违法违章建设、乱搭乱建、乱摆乱卖等行为，发现一处查处一处，拆除一处，全年发停工通知书 36 份，拆除通知书 17 份，强制拆除 17 处，共计 1890 多平方米，查处违法占耕填土 4 户，并要求复耕，复耕面积 516 平方米。全镇削坡建房 1420 户，削坡建房可能引发灾害隐患点 634 户，其中重点户 20 户（含省跟踪重点户 6 户），发放地质灾害防灾责任卡和防灾避险明白卡 3000 余份，全年完成削坡建房整治和搬迁 183 处，其中搬迁 4 处，整治 179 处。

【生态文明】 2016 年，华城镇开展森林围城工程，加强森林防火宣传，提高群众防火意识；严格执行森林防火行政领导负责制和森林防火网格化管理，成立五支执法组进行巡查执罚。对 13 宗违规野外用火行为进行处罚，处罚 4,400 多元。

【平安村居】 2016 年，华城镇司法所被评为"全国模范司法所"。全年群众来信、来访 43 批 207 人次，受理各类矛盾纠纷案件 79 宗（其中信访 36 宗，来访 43 宗），调处 66 宗（其中信访 28 宗，来访 38 宗），未解决案件全部落实包案负责正在调处中，有效地维护华城镇社会治安稳定。

【民生实事】 2016 年，华城镇大力发展"一村一品"，鼓励特色种养基地建设和连片规模开发，不断做强特色优势产业，扩大特色种养规模。董源红肉柚基地、塔岗民生一号农业基地、1000 亩葵富火龙果等农业示范项目建设初具规模。下乌陂桥至华西桥道路、东山一路完成道路硬底化改造工程；西湖金桥路完成 400 米柏油路铺设；投资 1000 万元的 3.3 公里黄埔村状元路完成路基建设；观源至狮雄山旅游公路进场施工。五华河华城段、新桥河等中小河流进行综合治理完成主体工程建设；圩镇附城内涝外排工程、维西村泵站建设完成总工程量 70%；华城水质净化站运营稳定，日处理污水 1000m / d；村村通引水工程（益塘引水工程）完成招投标等前期工作，进场施工；除险加固老场水库、老姐坑水库；对万子河进行清理，畅通行洪和排灌。

【精准扶贫精准脱贫】 2016 年，华城镇打响新时期精准扶贫精准脱贫攻坚战，省直、市直、县直 15 个精准扶贫精准脱贫对口帮扶单位全面进入华城镇挂点村开展工作，按照公开、公平、公正原则，经过四轮精准识别，确定扶贫对象，并逐户建立信息档案，全镇 34 个村有相对贫困户 1685 户 5085 人，重点村 514 户 1599 人，面上村 1171 户 3486 人，全年实现 804 户 1740 人相对贫困人口顺利脱贫。

【文教卫生事业】 2016 年，华城镇获得县级以上表彰奖励的教师 19 名，获得"叶剑英基金优秀教师奖"2 名；高考重点本科入围 10 人，本科入围 183 人，专科 3A 线入围 562 人，全面完成县委、县政府下达的管理目标。华城镇小学毕业班水平测试全镇排名居全县各镇第一，华小排名居全县学校第一；华城 U12 足球队获全国冠军并代表国家赴瑞典参加国际青少年足球赛，华东中学参加梅州市"市长杯"足球赛，获得男子初中组冠军。全年结合教育强镇复评工作，继续加大投入，为打造教育强镇打下坚实基础。

完成新桥卫生院综合大楼建设，城乡居民医疗保险参保率97%，农民群众看病就医问题得到有效解决。

【安全生产】 2016年，华城镇开展安全生产大检查108场（次），排查、整改烟花爆竹、建筑施工、公共娱乐场所等重点行业、重点领域安全隐患158宗，有效控制安全事故发生。

【党风廉政建设】 2016年，华城镇深入开展“两学一做”学习教育活动，严格落实中央八项规定精神，深入开展作风整顿，大力整治“慵懒散”“蛮横硬”“吃拿卡要”等作风问题，扎实推进法治政府建设，全面完成权责清单清理，廉政建设得到加强。

华城镇2016年度领导名录

党委书记：黄国标（任至12月）
张晓山（12月任）
党委副书记：王培金　吕中华
党委委员：黄国标（任至12月）
张晓山
王培金　吕中华
池宇华（7月任）
黄伟权　曾庆青
温捷兴　黎碧青
李茂青（任至7月）
李小娟（2月任）
李俊标（7月任）
康　炜（7月任）
李东升（7月任）
人大主席：黄国标（任至9月）
叶晨曲（9月任）
人大副主席：钟志通（7月任）
钟国畴（任至7月）
镇长：张晓山
常务副镇长：黄文柱（任至7月）
池宇华（7月任）
副镇长：徐伟权（任至7月）
李茂青（7月任）
李　勇　曾振培
纪委书记：黄伟权（7月任）
叶晨曲（任至7月）

岐岭镇

【简况】 岐岭镇地处梅州市西部，五华县西北部，距县城49公里，总面积154.5平方公里，辖25个村民委员会和2个居委会。2016年年末，全镇有19592户、79356人，其中非农业户口6933人，农业户口72423人；山地面积1.10万公顷；耕地面积1783公顷，其中水田1515.93公顷、旱地267.07公顷。全镇农村经济总收入6.85亿元，同比增长12.7%；镇级财政收入5,689万元，同比增长6.7%；国、地两税收入2,919万元，同比增长29.3%；农民人均纯收入9,015.43元，同比增长10.1%。

【农业发展】 2016年，该镇继续以发展精致高效特色农业为主导，在巩固扩大原有种植基地基础上，加大“名优特稀”水果新品种引进、示范和推广力度，重点抓好油茶、无核黄皮等特色农业基地建设。全镇新建立百亩以上耕山致富基地1个、专业合作社2个；6个烟区村全年种植烤烟116.67公顷，烟叶产量125吨；投入140多万元新建烤烟房35座，被县政府评为“烤烟先进镇”，华源、荷梅被县政府评为“烤烟先进村”。福悦芭蕉芋深加工项目建设有序推进，种植芭蕉芋66.67公顷；至2016年末，已投入1,500万元完成厂房、生产线等配套设施建设，并已实现投产。农村土地承包经营权确权登记颁证工作基本完成。

【乡镇企业】 2016年，该镇继续按照创建“酒类特色产业”名镇发展思路，以酒类经济发展带动个体私营企业发展壮大，推动经济社会发展。广东长乐烧酒业股份有限公司“72度高度尊贵”和“53度长乐玉液”两个优秀品系产品分别荣膺美国巴拿马太平洋万国博览会“金奖”；其他酒类企业不断推出新品种，研究制定新策略，产业规模不断壮大，有力地提升该镇酒类企业影响力。眉山水泥有限公司投入8,000多万元进行转型升级，进一步降低生产成本，提高水泥产品质量，销售市场不断扩大；同时，该公司投入2,000多万元建成年生产30万立方的搅拌站，扩宽销售途径，提升产品知名度。

【基础设施】 2016年，岐岭镇各村共铺筑修建道路5公里，完成圩镇涝区整治、国家农业综合开发、万亩农田高标准建设工程，扎实推进岐岭中小河流域整治工作，积极开展河道“三清”工作，结合“一村一景”“一村一公园”思路，美化一河两岸风景，提高防洪减灾能力，改善生态环境。

【文教卫生】 2016年，该镇扎实推进“普九”“普高”工作，巩固教育“创强”成果，优化教育资源，提升教学质量，严抓校园安全，加强学校火灾隐患排查等，教学成绩突出，中考、高考再创佳绩。高考方面，皇华中学本科线入围人数26人，完成县下达任务216%，省三A线入围71人，完成县下达任务数182%；中考方面，皇华中学和双头中学考上东山中学、曾宪梓中学线以上有38人，水寨中学线以上有113人。该镇以五华创建“广东省卫生强县”为契机，按照每个村5000元的标准下拨村级卫生站建设启动资金，全力以赴做好创建“卫生强镇”各项工作。至2016年末，建成并投入使用村级卫生站11间。完成总投入500多万元的双头卫生院升级改造项目建设并投入使用，有效解决双头片群众看病难问题。

【生态环境】 2016年，该镇生态建设稳步推进，城乡环境不断优化。一是强化森林防火的预防、管护及责任落实，不断加大森林防火工作经费投入，投入50多万对全镇沿高速山林清割防火带和购置一批防火设备；同时，投入6万元购置宣传喇叭300个；成立由镇林业站、派出所组成的执法队3支，严查野外用火行为，提升山火防控能力。二是加大对各村（居委）环境整治经费投入，先后投入50多万元，大力开展卫生环境治理工作，着重从建立垃圾收集清运长效机制入手，建立“户集村收，村运镇处理”卫生处理模式，实现垃圾日产日清。同时，积极筹集资金购置垃圾收集桶500个、建设垃圾收集池50个，实现各村主干道沿线全覆盖，确保垃圾统一收集处理。

【民生保障】 2016年，岐岭镇做好5个省定贫困村、20个分散贫困村帮扶对接工作，且经多次反复审核，精准识别确认全镇相对贫困户1004户、3303人。按照“一村一策”“一户一法”工作思路，从集体产业帮扶、贫困户脱贫措施着手，5个省定贫困村完成集体产业帮扶及贫困户脱贫项目引进工作，主要涉及百香果种植、养牛、光伏发电等项目，帮扶金额578万元；其他分散贫困村脱贫项目有序推进。全面完成2016年度贫困人口30%脱贫目标。实施“双提双带”工程，培训各类劳动力680人（次）以上，转移就业1650人（次）以上。积极开展低保、五保清理核查工作，共清退不符合条件低保户315户、1032人，实现“应保尽保，应退进退”动态管理。

2016年1月27日，梅州市政府陈建青副市长（右一）到岐岭镇朝阳村慰问贫困户。（张想 摄）

【平安创建】 2016年，该镇全面开展一村（社区）一法律顾问工作，为困难群众提供法律援助。积极开展法治文化先进镇创建活动，投入10多万元建成法治文化公园1个，着力加大宣传，强化法治意识，提高依法治镇水平。“平安村居”创建工作有序推进，落实综治信访“一岗双责”和领导包案制度。积极开展打黑除恶专项整治，大力支持公安部门开展“百日行动”，上报打黑除恶线索12条，破获黑恶势力案件8宗，化解积案5宗。严格落实安全生产“一岗双责”制，针对安全生产工作季节性特点，每月定期组织开展对企业、烟花爆竹、消防、交通、食品等安全检查，对存在安全隐患的企业发放整改通知书，要求其按时、按质整改完毕，着力加强对从业人员上岗培训工作。同时结合上级部署要求，严厉打击安全生产领域非法违法行为，保护群众生命财产安全，全年未发生重大安全生产事故。

【基层治理】 一是以基层治理“十项重点工作”为抓手，坚持示范带动、分类指导、整体推进思路，提升治理成效。在县下拨经费基础上，镇村给每户再配套1500元地质灾害整治经费，完成削坡建房整治113户，超额完成县下达任务数20%。全力推进镇村公共服务中心“一站式办理、一条龙服务”，累计为群众代办业务1838件。建成镇级“三资”管理平台，完成农村集体资产交易中心项目招投标13宗，交易金额450多万元。多渠道筹集资金590万元做好升级改造双头卫生院等5项民生实事。二是以推进县“十大专项整治”工作为抓手，重点对露天焚烧秸杆、违法占用耕地建房和非法买卖（转让）土地以及镇村生活垃圾等进行专项整治，发放禁止焚烧秸杆宣传单1.2万份，镇与村、村与户分别签订责任书；强制拆除违章建筑7处、700多平方米，耕地复绿15处、

3000多平方米。三是创新工作方法，强化驻点干部管理，使直联制工作规范化、常态化、制度化，采取“定期检查、随机抽查”方式，对各村（居委）开展驻点联系工作进行专项督查和考核，推动全镇直联制工作深入开展。

（翁颖明　张想）

岐岭镇2016年度领导名录

党 委 书 记：张汉章

党委副书记：张景山　翁颖明
刘志标（8月任）

党 委 委 员：张汉章　张景山
翁颖明　刘志标
邓　讯　钟耀荣
张雄光
张　燎（任至7月）
张子建（任至7月）
魏青山
钟奇云（8月任）
曾益锋（2月任）
刘宝雄（8月任）
张宏娟（8月任）
孔荣（8月任）
邓玉先（任至7月）

人 大 主 席：张汉章（任至7月）
梁桂华（8月任）

人大副主席：梁桂华（任至7月）
邓玉先（8月任）

镇　　长：张景山

常委副镇长：刘志标（任至7月）
钟耀荣（8月任）

副 镇 长：张　燎（8月任）
张子建（8月任）
钟录梅

纪 委 书 记：钟耀荣（任至7月）
邓　讯（8月任）

潭　下　镇

【简况】　潭下镇地处五华县西北部，距县城35公里，总面积258平方公里。辖20个村委会、1个居委会。2016年末，全镇总人口63409人，有耕地面积2256.53公顷，其中水田1757.4公顷,年总产粮食1.75万吨以上，素有“五华粮仓”之美誉；山地面积2.07万公顷，占全县山地面积的1/10，森林资源丰富，森林覆盖率75%。全镇农村经济总收入7.94亿元，同比增长10%；镇级财政预算收入1,846万元，其中国、地两税收入195万元，比增5%；农民人均纯收入9,067.71元，同比增长9%。

【基层治理】　2016年，潭下镇全力推进基层综合治理各项工作。一是巩固拓展“十大专项整治”成果，完成基层治理工作清单任务。坚持示范带动、分类指导、整体推进思路，结合驻点普遍直接联系群众工作，从管好资金、资源、资产入手，完善相关制度，全力推进基层治理工作。加强镇村公共服务平台规范化建设，全面推进“一站式办理、一条龙服务”，投入30多万元完成21个村（居）公共服务站升级改造。深入开展村级服务群众代办业务工作，提升服务能力和水平。执行普遍直接联系群众制度，坚持每周二到驻点村约访、走访群众。全年镇村两级便民服务网络累计为群众办理事项5300余件，惠及群众1000多人次；直联制共接访、走访、约访群众4965人（次），收集各类意见建议235条；帮助群众化解山林、土地和农村资产等矛盾纠纷203件，全镇共9915户已入户走访9915户，入户率100%，从源头上减少基层矛盾纠纷发生，规范基层社会治理秩序，提升基层治理水平，维护社会稳定。二是坚持落实“党政同责、一岗双责、失职追责”安全生产责任制。加强重点行业、重点领域日常监管和长效治理，特别是加强对石场、非煤矿山、公共场所安全巡查监管，保障人民群众生命财产安全。三是深入推进“平安村居”建设。投入32万元设立“平安潭下”视频监控中心，在桃花源新农村建设示范片区主要路段安装8个视频监控点。发挥镇村两级人民调解组织作用，加大矛盾纠纷排查调处力度，全年镇综治中心登记案件23宗，同比下降11%；新受理案件17宗，同比下降9%；办结案件18宗。积极开展打黑除恶专项整治，大力支持公安部门开展“百日行动”，上报打黑除恶线索3条，破获黑恶势力案件2宗，化解积案2宗。四是开展法治文化先进镇创建活动。投入10多万元，建成2公里法治文化路，加大宣传力度，强化法治意识，提高依法治镇水平。五是开展涉农惠农资金自查自纠工作。组织全镇上下开展自查自纠工作，确保涉农惠农资金政策落到实处；专门成立以党委书记为组长、镇长和纪委书记为副组长的专项工作领导小组，统筹推进自查自纠工作。对自查出的问题及时汇总，按照程序逐一解决，并严格落实整改，确保全镇涉农惠农资金依法依规使用。全镇全年取消不符合条件低保户386户，死亡注销五保户3户，新增低保户44户。

【美丽乡村建设】 2016年，潭下镇坚持以产业推动旅游理念，突出发展特色农业、绿色产业，全力推进桃花源新农村示范区建设，打造休闲娱乐乡村生态旅游区。一是坚持规划先行。完成潭下镇桃花源新农村示范片发展建设总体规划，启动五村详细性具体规划，分步实施。积极争取上级有关新农村建设的政策、资金支持，加大基础设施建设力度，并根据五村规划定位，加大招商引资力度。二是发展特色农业。在新布片五个村大力发展鹰嘴桃特色产业，连片种植鹰嘴桃，建设十里桃花堤，扶持群众300户以上，每户建成10亩以上的小庄园，打造连片鹰嘴桃基地。示范片区已种植鹰嘴桃950亩，建有10亩以上小庄园9个，鹰嘴桃种植初具规模。全年新种植鹰嘴桃450亩（其中布坪村200亩、新田250亩）。三是发展绿色产业。大力倡导“扛起锄头搞生产，放下锄头搞旅游”，将发展特色农业和开发旅游产业有机结合起来，以鹰嘴桃产业为主导，挖掘潭下镇历史文化、习俗典故等，丰富旅游文化和增加旅游乐趣，把绿色产业和五个村的特色风景、文化习俗结合起来，打造休闲娱乐为一体乡村生态旅游区。四是全面加快美丽乡村建设步伐。按照“示范带动、突出特色、全民参与”工作思路，重点打造“布坪、模石、柏洋、金石、新田”五个新农村示范点。结合中小河流综合整治工程，积极谋划“一村一景”“一村一公园”。中小河流综合整治工程全面动工，新建 6 个沿河小公园。进一步加强国土、村建管理工作，严厉打击乱占耕地建房等违规用地行为，进一步规范农村建房管理。全年依法拆除违章建筑 11 宗、1000 多平方米。做好地质灾害防范工作，加强削坡建房专项整治，引导转变群众削坡建房劣习。全年整治削坡建房 156 户，全面完成年度任务。对新布坪片五个村公路沿线进行清理清障，拆除沿路旧厕所、旧牛棚、茅房等，并进行绿化美化。五是全面推进林业生态建设。按照“造林就是造景，绿化就是美化”工作思路，加快造林绿化步伐。巩固碳汇造林成果，提高造林抚育质量。落实森林防火工作责任制，以零容忍的态度严厉打击山林失火案件，保住绿水青山。重点开展“森林防火宣传月”“特殊人群监控月”“野外火源执罚月”等活动，发出致全镇人民的一封信，成立森林防火巡回宣传队伍和野外火源执法队伍，努力实现宣传全覆盖，全力做好森林防火工作，全年无山火发生。

潭下镇发展“一村一品”特色产业——品畲村无花果种植基地

【精准扶贫】 2016 年，潭下镇按照省、市、县精准扶贫工作部署，全面总结前两轮帮扶工作成效和经验，加强领导、精心组织、扎实推进，按计划完成 32%的脱贫目标，通过省、市、县的年度考核验收。一是坚持四抓四促，扎实推进扶贫工作。创造性开展“四抓四促”工作方法，即抓动员培训促工作落实、抓宣传发动促氛围浓厚、抓人力物力促措施得力、抓督查公开促精准识贫。组织镇村干部深入各村各户进行细致调查摸底，精准核查识别，精心统筹各级资源，切实推进全镇 5 个省定贫困村和 15 个分散贫困村精准扶贫工作。全镇有相对贫困户 938 户，贫困人口 3082 人。二是创新“互联网+扶贫”模式助推农业产业发展。与梅州市电子商务协会签订电商扶贫战略合作协议，与多家优秀电商企业签订购销合作协议，以电子商务为着力点，大力发展扶贫产业红薯、无花果等。成立潭下镇电商创业孵化基地，整合优质资源，帮扶困难群众，精准创业就业；举办扶贫开发“每月一节课”免费培训讲堂，邀请专家教授免费为贫困户和广大群众讲授农业种植、电商培训等知识。三是坚持多方监管，确保扶贫资金合规使用。采取村委会、帮扶单位、镇驻点团队、镇人民政府多方监督管理扶贫资金的方式，从规划立项到资金申请、资金使用等方面，层层

潭下镇“五村联动”新农村建设示范区宣传示意图

严格审批把关，确保扶贫资金落到实处、精准合规使用。

【环境整治】 2016年，潭下镇积极开展卫生环境治理工作，制订卫生保洁机制，按照“四个强化”工作思路，全力推进农村人居环境综合整治工作。一是强化农村人居环境综合整治宣传工作。多方式、多途径进行环境综合整治相关知识和相关法规政策的宣传，多次召开专题工作会议，全面落实工作责任。二是强化农村人居环境综合整治制度建设。制定《潭下镇农村人居环境综合整治工作的实施方案》，实行镇管村、村管片、片管户层层落实责任，进行网格化管理，实行责任和区域包干制。建立健全保洁队伍和管理制度，严格落实“三个一”卫生清洁机制（圩镇范围每天清扫一次，21个村（居）和各企事业单位对本区域环境卫生每周大扫除一次，全镇上下每月组织环境综合整治行动一次），全面加强环境卫生综合整治。三是强化农村人居环境综合整治专项活动。通过定期环境综合整治行动来营造“美丽乡村”建设的氛围，明确阶段性任务，抓好当前主要工作，切实治理好“脏、乱、差”现象，通过整治行动来实现以点带面，逐步推开，不断美化全镇人居环境和生态环境，逐步提高广大群众文明素质和环保意识，着力打造一个整洁优美、安全文明、秩序井然的优美乡镇。全年，在圩镇范围开展为期一个星期的全面整治，清理拆除违规搭建的雨棚和户外立体广告牌。四是强化农村人居环境综合整治督查。成立环境综合整治专项督查工作领导小组，按照区域分布分成四个小组，定期或不定期对人居环境综合整治工作网格化责任单位进行督导检查，对存在的问题和不足，督促其限期整改；镇村建办跟踪落实整改效果，对整改不到位的，在镇微信公众号“曝光台”进行曝光。

【社会事业】 一是教育工作。按照争创“广东省推进教育现代化先进县”工作要求，推进全镇教育事业持续发展。2016年，率先在全县成立镇级教育基金会，募集资金200多万元；8月20日，基金会在镇府四楼会议室举办2016年度奖教奖学金发放仪式，表彰全镇152名教师和202名学生，颁发奖教奖学金16万多元；号召各村壮大教育基金，每村筹措基金力争达到5万元以上。同时，积极组织镇村干部、各企事业单位和社会各界人士以实际行动支持“五华县教育发展基金会”发展，募集认捐资金40多万元。二是“卫生创强”工作。以创建“广东省卫生强县”为契机，结合实际，做好创建卫生强镇各项工作。至年末，完成潭下镇卫生院医技大楼主体工程；辖区内90%的村完成村级卫生站建设。三是招商引资有效开展。按照“资源发挥、市场引导、乡情联系、改革推动”理念，广泛开展联心联谊活动，大力实施“乡贤回乡投资兴业工程”，结合五村联动整体规划，全面开展招商引资工作。引进台商企业一家，助力发展精致高效旅游产业。四是实行重点项目班子成员负责制度，全力推进重点项目建设。加快推进移民新村（一期）规模化试点工程。总建筑面积2万平方米，概算投资约3500万元的移民新村规模化建设工程，于5月18日动工建设，至年末，完成主体工程建设任务70%。积极推进烟叶收购站建设工程。加强对该项目的对接联系及做好征地等相关工作，加快兴建占地面积6000平方米的烟叶收购站建设步伐。五是各项事业持续发展。文体活动有声有色，“每月一台戏”文艺晚会在柏洋村成功举办；新农合参保实现全覆盖；农村劳动力培训有新成效；无偿献血完成县下达指标任务；综治信访、组织人事、广播电视、妇女儿童、民兵兵役、消防安全、应急管理、侨务统战、食品药品安全、物价、档案、民政、团委等各项工作取得新的成绩。

（吴恺平　李广优）

潭下镇2016年度领导名录

党委书记： 李雄青（任至4月）
李杜强（5月任）

党委副书记： 翁俊峰（2月任）
温智坚（任至7月）
刘汉灵（7月任）
李美华（7月任）

党委委员： 李雄青（任至4月）
李杜强（5月任）
翁俊峰（2月任）
温智坚（任至7月）
刘汉灵（7月任）
李美华（7月任）
陈国平　李常青
吴恺平（2月任）
张文明（7月任）
邓丽琼（7月任）
翁近明（7月任）
张育柱（7月任）
钟奇云（任至7月）
魏自权（任至6月）

人大主席： 李雄青（任至4月）
李杜强（5月任，任至7月）
温智坚（7月任）

人大副主席： 钟宪华

镇长： 翁俊峰（2月任）

常务副镇长： 李常青

副镇长： 罗胜东　刘新良（7月任）
刘汉灵（任至7月）

纪委书记： 陈国平

长布镇

【**简况**】　长布镇地处五华县西北部，距离县城65公里，总面积284.1平方公里，辖25个村委会、276个村民小组和2个居委会。2016年末，有耕地面积2267.13公顷，其中水（旱）田1793.13公顷，旱地473.53公顷。有13426户，77942人，其中农业人口74308人，非农业人口3634人。镇级财政收入4260万元；农民人均纯收入6,758元，同比增长4.5%。

【**农业**】　2016年，该镇在太平、横江、源潭、长生等村种植烤烟55.06公顷，亩产高达272斤，收购烟叶2247担，总产值达296.6万元，烤烟经济效益逐步提高。全镇共种植果合柿566.67公顷，大田柿花柿果年产量近150吨，成品柿花约30吨，总产值超500万元，种植户年人均收入增加3000元。为改进包装和深加工，建成镇级柿饼加工厂1家，扶持农户建设柿饼加工厂5个，使大田柿花由礼品市场转向商品市场，提高柿花经济价值。

【基础设施建设】 一是抓好交通基础设施建设。筹资390万元，建成粘坑、蓝塘、横江、源潭、红旗等15个村近82公里村道机耕路，升级改造部分破损镇域道路。投入74万元，大力实施主要村道亮化工程，在红旗、长安、太平、五彩等17个村安装维修路灯594盏。筹资87.1万元，修缮横江、红旗等12个村委办公楼，建成各村公共服务站，添置一批办公设备。二是抓好水利基础设施建设。筹集50万元，加快粘坑、石础、长安、琴塘4个村饮水工程建设，解决涉及8530位村民的饮水安全问题。投入62万元，对蓝塘、栋岭、福兴、梅塘等12个村的水圳、水陂进行维修改造，新增有效灌溉面积133.33公顷，改善灌溉面积近200公顷。投入12万元，扎实推进河道"三清"整治，对大客、大径2个村河道进行全面清理，增强河道疏通和防洪能力。

【社会治安综合治理】 2016年，该镇坚持重心下移、关口前移，每季度召开综治信访专项研判会，及时掌握维稳工作的矛盾隐患和薄弱环节，动员社会各方力量，化解历史积案5宗。全年调委会受理案件104宗，调处、办结成功88宗，调处成功率84.6%。受理市信访业务系统案件20宗，满意度评价信访案件1宗，已按照信访条例办结14宗；受理网上信访、电话信访（民生820）案件35宗，调处成功率达到100%。全年未出现到省进京上访案件。

【民生发展】 一是扎实推进精准扶贫工作。以"争当先进、争当示范村"为目标，按照"一村一品、一户一策"原则，动员社会力量参与扶贫工作，积极做好"造血型"帮扶项目的引进和发展，增加村集体经济收入，改善村庄面貌，保障建档立卡贫困户如期实现脱贫目标。2016年，全镇完成脱贫攻坚任务648户1864人。二是稳步推进卫生创强工作。以县创建"广东省卫生强县"为契机，结合本镇实际，求实效、创举措、主动作为，筹集50多万元用于镇级卫生站建设，优化提升医疗硬件设施设备，推动镇内资源共享。因地制宜为每村制定村卫生站"公建民营"建设方案，其中，源潭、青岗等14个村完成选址；加大投入力度，提高长布、大田卫生院硬件设施水平，其中占地面积300平方米、建筑面积1720平方米的大田卫生院门急诊大楼动工建设；做好长布卫生院医技大楼项目动工前期准备工作。

（万嘉奇　张怡龙　曾丽婵　廖璇）

长布镇2016年度领导名录

党委书记： 陈炳章（任至12月）
曾繁展（12月任）

党委副书记： 邱明峰
张春祥（任至7月）
张善初（7月任）
吴振乐（7月任）

党委委员： 吴振乐（任至7月）
钟志通（任至7月）
张文明（任至7月）
徐捷礼（任至9月）
张丽芬（任至7月）
陈志纯（任至7月）
曾国军（任至9月）

李桂宗（1月任）
黄小勤（7月任）
赖伟国（7月任）
万新文（7月任）
张立云（7月任）
张海军（7月任）
陈展芳（7月任）
罗善文（7月任）
人大主席：陈炳章（任至7月）
张春祥（7月任）
人大副主席：张旭华
镇长：邱明峰
常务副镇长：张善初（任至7月）
李坤源（7月任）
副镇长：张贺枢（任至7月）
徐捷礼（9月任）
戴荣忠
曾国军（9月任）
纪委书记：吴振乐（任至7月）
李桂宗（7月任）

周 江 镇

【简况】 周江镇位于五华县西南部，距离县城38公里，总面积199.4平方公里，其中山地面积1613.33公顷，耕地面积2105.13公顷。辖22个村委会（新良、甘茶、冰坎、早成、龙堵、狮潭、兰鱼、溪口、黄布、黄华、蓝坑、联太、良宁、崀头、桂子、红源、中兴、龙洞、三河、利河、增洞、利洋）和2个居委会（周江、中兴居委）。2016年年末，全镇有13212户64471人，其中农业人口61862人，非农业人口2609人。全镇农村经济总收入4.38亿元，对比上年增长8.9%；镇级财政收入1,964万元，对比上年增长2.3%；农民人均纯收入8,072.58元，对比上年增长4.9%。

【经济发展】 2016年，周江镇全力促进农民增收，发展高效农业。全年粮食产量达1.63万吨，种植烤烟51公顷，收购烟叶114.5吨。大力发展精致高效农业，进一步擦亮“周江百香果”“周江鹰嘴桃”品牌。加大茶叶种植面积，引进外出乡贤返乡创业办茶叶基地，实行“公司+基地+农户”模式，组织成立“茶叶种植合作社”，采取统一开发、集中管理、分散种植方式，在联太、红源等地带领农民种植茶叶26.67公顷。大力实施“乡贤回乡投资兴业工程”，全年招商引资总额1.5亿元。

【基础设施建设】 2016年，周江镇积极完善以交通水利设施为主的基础设施建设。完成周江冰坎至华阳新田二级公路周江境内16公里的征地拆迁工作，已投入8,000多万元，完成路基桥涵工程量60%；扎实推进X031线横陂至周江公路升级改造工作，周江境内水泥路面铺设全面完工。稳步推进3宗中小河流治理工作，中兴河完成工程量90%，周江河河口段完成工程量60%，周江河圩镇段完成工程量20%，完成良宁支流治理良宁村段；完成洪湖水库、鼎乐水库除险加固工程；加快推进镇级自来水厂建设，周江片、中兴片村村通自来水工程土建部分进场施工，完成管道采购招标，净化设备招标工作有序推进；继续做好狮潭（周江）110千伏变电站建设工作，扎实做好农村电网改造升级工作。

【生态环境建设】 2016年，周江镇积极改善镇容村貌，人居环境持续优化。一是人居环境综合整治成效明显。建立健全生活垃圾收集处理长效机制，制定周江镇《关于农村人居环境综合整治建设美丽乡村三年行动计划》及13个配套方案。落实群众定点投放，以及环卫工人定时收集装运垃圾制度。坚持每周环境卫生整治行动，着重对圩镇“六乱”、农村“三边”及卫生死角进行全面整治和清扫。筹集60多万元购置洒水车1部和三轮垃圾清运车18辆以及环保垃圾桶和保洁工具一批。投入10多万元整治中兴街“六乱”行为，促进中兴片扩容提质。投入资金50多万元对周江文化广场进行升级改造。完成投资450多万元的兰鱼垃圾填埋场首期升级改造工程60%。完成4个垃圾运输中转站规划选址工作。二是造林抚育护林防火常抓不懈。以“一消灭三改造”为重点，全面推进森林碳汇基础工程建设。积极消灭宜林荒山，改造疏残林、低效纯松林，逐步改造结构不合理、低效的速生林。全年全镇完成示范点碳汇造林80公顷。印发护林防火宣传资料1万多份，全镇中小学校开展护林防火知识讲课，镇每天出动护林防火宣传车，同时利用垃圾清运摩托车和“喇叭村村响”广播系统进行防火宣传，做到宣传到户到人。严格落实森林防火“网格化”管理要求，明确责任区范围，镇与村、村与户签订责任书（承诺书）。组建野外火源管理查处执法队伍3支。投入资金10多万元购置镇村扑火队员森林防火服、宣传喇叭、电动扑火水枪、扑火把、胶桶等扑火、宣传装备。

周江文化广场（周炎君摄于2016年12月28日）

【精准扶贫】 一是按照“四看、五优先、六进、七不进”（“四看”：一看房、二看粮、三看劳力强不强、四看家中有没有读书郎。“五优先”：五保户和低保户优先、无房户和危房户优先、重大疾病和残疾户优先、因病返贫和因灾返贫户优先、因教和因老致贫户优先。“六进”：一是家庭主要劳动力死亡、孩子未成年的农户要进；二是不符合五保条件的孤寡农户和单亲家庭要进；三是家庭主要劳动力长期生病、不能从事基本劳动的农户要进；四是丧失劳动能力的残疾人口占家庭人口一半以上的农户要进；五是住房不避风雨的农户要进；六是因自然灾害、突发事件造成家庭特别困难的农户要进。“七不进”：一是近三年内有标准住房或在城镇购买商品房的农户不能进；二是子女有赡养能力但不履行赡养义务的农户不能进；三是家庭拥有小汽车或大型农机具的农户不能进；四是直系亲属有吃财政饭的农户不能进；五是长期雇佣他人从事生产经营活动的农户不能进；六是对举报或质疑不能作出合理解释的农户不能进；七是有劳动能力但好吃懒做、抹牌赌博导致贫困的农户不能进。）原则，对全镇贫困户进行了精准识别，核定贫困户 882 户 3085 人。二是完成贫困户“一户一档”台账建立工作，对 22 个村扶贫办公室、“一户一档”、“一户一策”、三年规划及年度计划等台账资料进行查漏补缺，逐一完善。三是选定三河、狮潭、增洞村作为示范村，并对其进行高标准打造，成为其他村的学习模范。四是结合实际，探索产业帮扶和社会帮扶新路子，变“输血式”为“造血式”，确保贫困户按期实现稳定脱贫。

县委书记范宜军到周江镇调研精准扶贫工作（黄文摄于 2016 年 12 月 26 日）

【文教卫生】 一是统筹兼顾文化教育事业。规划建设新良、冰坎、早成、龙堵、狮潭、良宁、红源村和周江居委的文化广场；完成全镇 24 个村（社区）“喇叭村村响”广播系统安装并对镇村播放员进行操作培训；完成桂子村文模楼农村文化俱乐部创建；成功举办汉满爱心基金教育奖学金颁奖会和缪培基教育基金颁奖会；做好教育基金筹集工作，共筹集基金 51 万元。二是协调推进卫生计生工作。坚持计划生育目标管理责任制，实行“一票否决”，完善计划生育常态化管理工作制度，依法做好生育登记、依法行政，特别是社会抚养费征收等工作，强化服务关怀，扎实推进优生优育、优生健康等科普知识宣传咨询和孕前优生健康检查工作，同时做好流动人口卫生计生服务管理。扎实开展卫生“创强”工作，完成中兴卫生院医务综合大楼和汉满爱心大楼建设，进一步充实周江、中兴卫生院医疗设备器械，改善就医环境，提高急诊急救整体水平；多方集资建设村级卫生站（室），建成新良、联太、崀头、桂子、增洞、黄华村等级卫生站。积极完成献血工作，全年献血 80 人次，超额完成县下达任务。

【民生保障】 一是安全生产维稳工作常抓不懈。严格落实安全生产“一岗双责”，加快推进洋塘矿尾矿库清库治理工作。投入 20 多万元对全镇重点安全隐患进行整治，同时认真落实非煤矿山、校园安全、交通、消防、危险化学品、企业特种设备、重点项目建设、食品药品等安全领域的监督管理。扎实推进“平安村居”建设，做好冰坎、红源、周江居委“群防群治服务队”示范点创建工作。做好信访积案化解、稳控工作，及时排查、主动化解矛盾纠纷，落实涉法涉诉信访依法终结制度，依法处置缠访、闹访行为，成功化解 4 宗信访历史积案。全力抓好危房改造和地质灾害专项整治工作，扎实做好地质灾害隐患点排查，按照“先缓后急”“可能可行”原则，将专项整治行动与精准扶贫有机结合起来，多渠道发动群众做好削坡建房边坡整治，超额完成县下达的削坡建房年度整治任务，全面提高抵御地质灾害风险能力。二是统筹社会各项事业发展。做好社会救助和城乡低保工作，落实低保五保清理核查工作，做到应保尽保、应退尽退，进一步完善各项社会救助工作。积极推进供销社升级改造工程。三是认真谋划落实城乡贫困妇女“两癌”免费筛查工作，免费筛查妇女 736 名。联太、狮潭村在挂钩帮扶单位支持下，党支部凝聚力、战斗力得到加强，村级公益事业发展步伐加快，村级集体经济收入和群众收入得到发展壮大。

【党的建设】 2016 年，周江镇全面加强党的建设，为发展提供坚强政治保证。深入开展镇领导干部驻点普遍直接联系群众工作，做到面对面、点对点、心连心联系，实现镇领导干部和群众双向直接联系全覆盖。全年解决群众反映热点难点问题 174 件。全镇投入资金 250 多万元解决民生实事，包括中兴村亮化工程，三河、冰坎、蓝坑村兴建文化活动中心，良宁村饮水工程建设，修筑水泥硬底化道路 4.5 公里，24 个村（社区）均办有一件以上民生实事。通过“三资”平台招投标项目 11 个，金额达 293.5 万元。组织“三资”培训 1 次；配合县做好村级财务审计工作；扎实做好村账镇管工作，每月 10 日前完成对各村（社区）上月财务审核，并在各村（社区）公开栏和村级微信公众平台公示。进一步完善全镇 24 个村（社区）村级公共服务站软硬件建设，加大村级代办员培训力度，开展村级代办员培训会 2 次，提升代办员业务能力。全年代办业务 1309 件。推行镇领导班子成员轮流授课制度，全年开展培训 21 场次、1700 多人次。积极与挂点单位联系，投入 20 多万元用于联太、狮潭村软弱涣散党组织整顿工作，并顺利通过验收。做好为民服务好干部（支书）评选工作，通过民主评议及结合平时工作表现，评选出好支书 2 名，好村干部 3 名。健全反腐倡廉工作长效机制，着重增强全镇党员干部拒腐防变能力，对 24 个村（社区）村账镇代理工作进行督查，定期对“三农”、低保、救济、种粮直补、农资综合补贴等专项资金及发放情况进行监督，保障人民群众合法权益。完成村级微信公众平台搭建工作，严格发布程序、内容，将村级财务及其他有关内容公开到村级微信公众平台，便于群众监督。

（刘玲）

周江镇 2016 年度领导名录

党 委 书 记： 刘现松（任至 3 月）
吴浪标（3 月任）

党委副书记： 古文柳
古志宗（任至 7 月）
李力文（7 月任）
谢如旺（7 月任）

党 委 委 员： 吴浪标（3 月任）
古文柳
古志宗（任至 7 月）
李力文（7 月任）
谢如旺
古惠雄（7 月任）
李国山
陈国雄（任至 6 月）
程东雄　翁强民
缪翠兰
徐凤娇（任至 7 月）
黄国忠
汤燕雄（7 月任）

人 大 主 席：刘现松（任至3月）
吴浪标（3月任，任至7月）
曾志雄（7月任）
人大副主席：李国平
镇　　　长：古文柳
常务副镇长：李国山
副 镇 长：李国山
李力文（任至7月）
曾志雄（任至7月）
陈国雄（任至6月）
薛　威（7月任）
廖航如（7月任）
纪 委 书 记：古惠雄（7月任）

横 陂 镇

【简况】 横陂镇位于五华县城西南8公里，总面积236平方公里，辖35个村委会、3个居委会、569个村民小组。2016年年末，全镇有总人口25991户、116001人，其中农业人口75686人，非农业人口40315人。有耕地面积3286.13公顷，其中水田2314.13公顷，旱地940.93公顷，水浇地31.07公顷。全镇农村经济总收入9.95亿元，同比增长9%；国税收入640万元，地税收入509万元；农民人均纯收入9,346元，同比增长11.2%。

【农业生产】 2016年，横陂镇积极实施农业经济结构调整，大力发展精致、高效、生态特色农业，加快农业产业化进程，扎实推进高标准基本农田建设和农业综合开发建设，创建国家级粮食高产示范片。全年粮食种植4658.4公顷，总产2.83万吨，水稻种植4016.27公顷，总产2.54万吨；种植优质烤烟面积87.53公顷，烟叶总产380吨；种植旱粮107.73公顷，总产430吨；薯类377.07公顷，总产2310吨；豆类179.47公顷，总产638吨。抓好畜牧防疫，全年牛存栏4100头；生猪存栏3.51万头，出栏5.24万头；山羊存栏835头，出栏902头；家禽存栏15.35万羽，出栏25.50万羽，肉类产量4607吨。

【工业化城镇化建设】 2016年，横陂镇紧抓省“双转移”机遇，实施“乡贤回乡投资兴业”工程，成效初现。与意向项目深圳福金鹰电子有限公司加强沟通洽谈。引进梅州市宝创投资有限公司建设双龙山旅游景区，基本完成景区道路、木屋别墅、景观林和菜园种植等建设，初步具备开园条件。引进蓝海华休闲狩猎有限公司打造华南第一家新型狩猎文化旅游产业，该企业在深圳新三板挂牌融资。引进深圳市博思科特能源有限公司落户五华县城工业区，并动工建设。

【人居环境】 2016年，横陂镇投入100多万元新购置垃圾运输车1台、垃圾桶500只、保洁车1批等，聘请保洁员，坚持考核，强化各村环境卫生综合治理工作，巩固“户投放、村收集、镇转运”垃圾集中处理模式，指导各村全面建立长效机制。以整治“六乱”

为抓手，推进横陂、夏阜、锡坑、小都等圩镇升级改造工程；拓宽路面，铺设街砖、铺陈排水沟、整治六乱，推行进店经营，S120线焕然一新。积极推进连片污水处理场和垃圾收集处理中转站征地工作。按照“示范带动、突出特色、全民参与”工作思路，整合资源、动员各方力量，巩固示范点建设，加快推进美丽乡村建设。借助中小河流域综合治理，推进横陂、崇文、罗陂等村沿河绿道美化、亮化建设，努力打造一村一景、一村一韵。进一步规范农村建房管理，坚决打击“未批先建”。贯彻落实“县城周边3万亩群山森林围城”工程，严格落实森林防火工作责任制，创新开展森林防火“严防严管严打”行动和“每月一主题”活动，落实责任，加强监管，以零容忍态度严厉打击引发山林火灾等破坏森林资源的人和事。宣传车每天到重要山口、路段、村庄进行宣传，发放宣传袋20000只、公开信40000份，学校开展主题班会和发放致家长的一封信，营造家喻户晓工作氛围，严厉打击野外用火及焚烧秸秆行为，全年全镇无山火发生。

【社会保障】 2016年，横陂镇加大“五大险种”扩面参保宣传力度，动员参加农村小额保险2821人；参加新型城乡居民合作医疗95505人，完成率97%；全年培训劳动力1014人。扎实抓好低保、五保、优抚工作，重视关心残疾、孤寡人员等弱势群体，完成危房改造204户。强化组织领导，认真开展精准识贫、扶贫、脱贫工作。层层动员，逢会必讲精准扶贫，投入30万元在各村树立固定宣传牌350块，设立宣传栏36个，印制简报等加大宣传力度。落实责任，摸底调查，严格甄别贫困户，建档立卡，完成精准识别工作，完成全镇精准扶贫户1828户5443人结对帮扶。有针对性制定脱贫方案，本年度实现脱贫946户2198人。开展扶贫济困工作，全镇筹集扶贫济困医疗基金13万元。

【文教卫生事业】 横陂镇有完中1间，初中4间，小学19间，教学点16个。该镇进一步巩固教育创强成果，优化学校教学环境，努力提高教育教学质量。全镇有省级重点文物保护单位1个（李惠堂旧居）、县级文物保护单位5个（都督府、儒林第、新月桥、李南馨墓、能一庄）、县级非物质文化遗产1个（石楼伯公坛）。夏阜村“贤九宫祠”创建农村文化俱乐部，满足群众多形态文化需求。全镇文化市场繁荣，民间文化氛围浓厚，成立有体育协会、足球协会、太极拳协会、文艺乐队等群众性文体团队。全镇38个村（居）委会均建立多功能文化室，有文体协管员35人；建成“农家书屋”35个（书籍补充到位的有34个），老人康乐会15个，文体社团9个。该镇全面完成“喇叭村村响”广播建设工程，各村超高速无限局域网建设稳步推进。有7个村居完成一村一文化广场建设，全年利用文化广场、村级文化室、“农家书屋”等载体，不定期举行作品展览、球类比赛、健身舞、太极拳、象棋比赛、民俗展示等文化活动，充分发挥文化引领风尚，教育人民、服务社会、推动发展作用。体育场每周举行足球友谊赛，提升足球运动影响力。同时还充分发挥球王李惠堂的影响，保护开发李惠堂旧居，筹建足球博物馆和足球训练基地，擦亮足球品牌。开展“计生服务村村行”活动，做好各种传染病知识宣传工作，全面完成县下达的计生及献血年度工作目标。

【基层组织建设】 2016年，该镇党委下设党支部63个（“两新”组织5个），党员3092名，其中农村党员2303名，社区党员131名，机关企事业单位党员658名。该镇一是巩固党的群众路线教育实践活动成果，深入开展“两学一做”专题教育活动。二是全面完成镇、村级公共服务平台建设，推行镇村代办服务，转变工作作风，提升政府效能。三是切实推进基层治理工作，深入开展领导干部驻点普遍直接联系群众工作，整顿软弱涣散基层党组织。四是抓好镇、村（居）、企事业单位干部学习培训、管理工作，努力提升干部科学执政、依法行政能力。五是深入推进反腐倡廉建设，严格落实中央“八项规定”，全面开展农村党员干部“五大”问题自查自纠。六是加强“三资”平台建设，健全完善“村账镇管”机制，各村（居）“三资”报表每月对群众公开。

【平安创建】 2016年，横陂镇加大“六五”普法宣传，推进“一村一法律顾问”工作。扎实推进“平安横陂”建设，加强“打、防、控”一体化体系建设；开展“净土”百日行动中，抓获逃犯7名，打击处理涉黑团伙案件4宗，严厉打击黑恶势力和偷、抢、骗等各类违法犯罪行为。 充分发挥综治信访维稳中心作用，加大矛盾纠纷排查和化解力度，全镇综治信访维稳中心受理矛盾纠纷40宗，镇村组织成功调处39宗，成功率97.57%，妥善解决“3·13”等一批疑难信访积案。落实“一岗双责”、“管行业必须管安全”制度，深化安全领域隐患排查综合整治，全镇安全生产形势保持总体平衡，积极开展烟花爆竹、燃气、建筑工地、网吧、食品安全等专项检查，全镇无重特大安全事故发生。

（李秋燕　魏国斌）

横陂镇2016年度领导名录

党委书记：温定基（任至12月）
　　　　　李国昌（12月任）
党委副书记：李国昌（任至12月）
　　　　　刘梅英（挂职，任至6月）
　　　　　饶　科（7月任）
　　　　　李志忠（任至6月）
　　　　　陈思德（7月任）
党委委员：温定基（任至12月）
　　　　　李国昌
　　　　　刘梅英（挂职，任至6月）
　　　　　饶　科（7月任）
　　　　　李志忠（任至6月）
　　　　　陈思德　陈少波
　　　　　钟伟东
　　　　　李明新（7月任）
　　　　　魏少辉　李乃林
　　　　　朱利锋（任至6月）
　　　　　朱塏伊（任至12月）
　　　　　黄小勤（2月任，任至6月）
　　　　　张恕根（7月任）
　　　　　李展培（7月任）
　　　　　李秋燕（7月任）
　　　　　张　健（任至4月）
人大主席：温定基（任至6月）
　　　　　刘梅英（6月任）
人大副主席：周新辉
镇　　长：李国昌（任至12月）
常务副镇长：陈少波
副 镇 长：李茂浩
　　　　　朱志雄（任至6月）
　　　　　邹干友
　　　　　陈志纯（7月任）
纪委书记：钟伟东

郭 田 镇

【简况】 郭田镇位于五华县东南部，距离县城 25 公里，与丰顺县、兴宁市相邻，是全县三个革命老区镇之一，也是古大存入党介绍人、五华县第一个共产党员黄国梁的故乡。全镇总面积 142 平方公里，下辖 12 个村委会（湖华、礤下、布美、碜南、龙潭、郭田、横塘、双光、坪上、三坑、蕉州、石团）和 1 个居委会、250 个村民小组。全镇耕地面积 1179.93 公顷，其中水田 886.93 公顷、旱地 293 公顷，山地面积 1.09 万公顷。2016 年，全镇有 5924 户、43645 人，其中农业人口 42246 人，非农人口 1399 人。全镇农村经济总收入 3.15 亿元，同比增长 8.2%；农民年人均纯收入 8,118 元，同比增长 10.2%。

【农业】 2016 年，郭田镇农产品推广展示中心挂牌成立并对外开放，主要经营宣传推广蜂蜜、茶叶、番薯等特色农产品 50 多种；注册农产品商标 16 个，有 5 个商标验收达标，并获县政府奖励。鸿图嶂茗茶专业合作社被评为 2016 年县级示范农民合作社；鸿图源农林生态发展有限公司以 13.33 公顷油茶基地、3.33 公顷鱼塘为基础，发展集观光、饮食、娱乐为一体的农家乐 1 间；完善碜南和横塘村共 33.33 公顷沉香基地示范园配套基础设施建设。实施科技入户、配方施肥项目，组织举办各类农业科技培训班近 20 期，培训 600 多人次。完成土地确权 5000 多户，测量面积 800 多公顷，占耕地面积 80%以上。

【基础设施建设】 2016 年，郭田镇推进蕉州河下游段防汛堤拓宽加固工程，完成该段河道治理 80%以上。多方筹措资金对蕉州水库、大塘肚上山塘、黄泥塘山塘进行除险加固。完成郭田至双华公路征地 4.8 公里，占征地任务 80%，工程同步开工建设。完成大丰华高速地质勘察及环评意见征询等工作。动工建设湿地公园、梅子阁森林公园（一期），其中湿地公园完成休闲步道、绿化亮化工作，并开放使用，森林公园一期已完成登山道、森林抚育等建设。布美、坪上、石团村村级文化广场正在建设推进中。

【生态建设】 2016 年，郭田镇贯彻落实森林防火“三严”行动部署，突出“预防为主、重在巡查”，建立巡查机制，加大宣传力度，开展“野外用火执罚”“特殊人群管控”“文明祭祀”等每月一主题活动；加大经费投入，购置高清摄像机、无人机等器材设备；加强护林员队伍建设，组织护林员开展电信“哑终端”业务培训会，进一步提高森林防火工作水平；被五华县评为“无山火镇”。稳步推进重点造林工程建设，完成碳汇造林抚育面积 533.33 公顷，发动社会各界在三坑、坪上、郭田、石团等村进行社会捐资造林 600 公顷。以蕉州河为主线，积极推进“一河两岸”绿化美化建设。

【科教文卫】 2016年，郭田镇通过市“教育创强”复评验收，郭田中学中考考生入围水中录取分数线以上57人，初中升学考试乡镇综合排名前列。贯彻落实全面放开二孩政策，深入开展计生服务“村村行”活动，为广大育龄群众提供政策咨询、优生指导等服务，完成免费孕前优生健康检查133人次，促进人口计生工作健康发展。“卫生强镇”创建工作有序推进，6个村完成公建民营村级医疗卫生站建设；郭田卫生院筹资近100多万元购置新生儿抢救台、制氧机、电解质分析仪等设备，新设立口腔科，有效提升医疗服务水平。积极组织开展无偿献血、H7N9禽流感、登革热等疫情防控和爱国卫生行动，切实保障群众身体健康。郭田村建设120平方米的多功能文化活动室，辐射带动全镇12家“农家书屋”建设。全面完成“喇叭村村响”工程建设，全镇安装喇叭82套164个。坪上村成达楼被列为梅州市第二批历史建筑。

【安全生产】 2016年，郭田镇以市政府挂牌督办火灾隐患重点地区整治为契机，投入400多万元，重新铺设市政消火栓16个，组建兼职消防队，建设镇村两级微型消防站，全面排查“三小”场所114家，对需进行物理分隔的55户全部安装防火门，消除火灾隐患。坚持安全生产每月一排查，重点对非煤矿山、烟花爆竹、危化品、特种设备等进行检查，整改各类安全隐患282宗。开展非法堆放经营河沙专项打击行动，打击非法采砂行为2宗。打击违法占用耕地建房行为，开展削坡建房专项整治行动，不断规范农村建房行为。

【民生保障】 2016年，郭田镇扎实开展低保、五保户核查工作，全年累计取消低保户190户，五保户12户。超额完成2017年城乡居民医疗保险参保缴费工作任务，全镇参保人数35104人，上缴款额526.56万元。组织481名农村妇女进行“两癌”免费筛查，保障广大妇女健康。加大农村劳动力培训、新增就业和劳动力转移力度，共计培训2300多人次。全面建成镇、村两级“三资”管理服务平台，严格执行“村账镇管”制度，生态公益林补偿款、种粮直补款、低收入住房困难户住房改造补助款等涉农补贴资金均按要求规范发放。投入30多万元建成镇级公共服务中心1个、村级公共服务站13个，经常性开展代办业务培训，进一步明确代办事项、代办流程等，受理代办业务1832件，受理群众办事2096件。

【精准扶贫】 2016年，郭田镇按照“识别到人、帮扶到户、落实到位”要求，以精准识别贫困户为重点，由镇纪委牵头组成专项核查组，对全镇所有贫困户进行拉网式核查，核定贫困户670户2044人。同时，以硿南、横塘、坪上三个村为示范点，发挥广州水投集团、县委宣传部、县检察院、县电视台、鸿图嶂林场等帮扶单位资源优势，实行产业帮扶，基本确立以分布式光伏项目为主导产业，以苗木和沉香等特色品种种植、绿色休闲旅游基地建设为辅的帮扶模式，增强“造血”功能。全年实现脱贫283户656人，完成当年度30%贫困人口的脱贫任务。

【社会治安】 2016年，郭田镇以创建“平安村居”为契机，选取坪上、郭田、布美三个重点村，购置警务器械，建立警务工作室，安装视频监控 30 多个，覆盖村交通要道和人口密集场所。深化“一村一法律顾问”工作，推进农村基层各类矛盾纠纷排查化解，做到“小事不出村、大事不出镇”，确保全镇社会治安和谐稳定。全年全镇发生刑事案件 14 宗，查处治安案件 26 宗；镇综治信访维稳中心受理案件 27 宗，成功化解 24 宗，调处成功率 89%；未发生群众越级上访和重大群体性事件；郭田镇获 2016 年度“社会治安综合治理暨平安创建先进单位”。

（李冬强　张国荣）

郭田镇 2016 年度领导名录

党 委 书 记：曾繁展
党委副书记：刘伟炎
谢龙飞（任至 2 月）
黄育辉（7 月任）
戴天平（3 月任，任至 7 月）
薛永坚（7 月任）
党 委 委 员：曾繁展　刘伟炎
谢龙飞（任至 2 月）
戴天平（3 月任，任至 7 月）
薛永坚（7 月任）
黄育辉（7 月任）
张美茹　李冬强（7 月任）
朱志雄（7 月任）
魏道波（7 月任）
谢晓玲（7 月任）
黄文华（7 月任）
江锦文（2 月任）
江志彤（任至 7 月）
江　育（任至 7 月）
魏春荣（任至 7 月）
池宇华（任至 7 月）
人 大 主 席：曾繁展（任至 9 月）
黄梅坤（9 月任）
人大副主席：黄梅坤（任至 9 月）
田志平（9 月任）
镇　　　长：刘伟炎
常务副镇长：江志彤（任至 7 月）
李冬强（9 月任）
副　镇　长：陈标坤
江　育（9 月任）
纪 委 书 记：张美茹

双　华　镇

【简况】　双华镇位于五华县东南部，距县城 28 公里，总面积 141 平方公里，辖 16 个行政村和 1 个居委会。2016 年年末，全镇有 5903 户 42970 人，其中农业人口 41194 人，非农业人口 1776 人；全镇耕地面积 1363.2 公顷，林地面积 1.25 万公顷；农村经济总产值 3.48 亿元，农民年人均收入 8233 元，对比上年分别增长 8.75%和 9.05%。当年，双华镇被省林业厅评为“2013—2015 年年度全国森林防火先进单位”，被省农业厅授予“广东省休闲农业与乡村旅游示范镇”称号。

【农业发展】 2016 年，双华镇积极实施“一村一品”战略，其中在竹山、福全、虎石、矮畲等村种植板栗；在华东、华南、华拔等村种植三华李、桃驳李；在军营、冰塘、黄径、禾沙、苏区、公平等村种植茶叶；在大陂、双华、富美等村种植烤烟。鼓励农民专业合作社抱团发展，不断壮大特色农业规模，辖区内板栗、三华李、巴戟、茶叶等特色农产品种植面积大幅提升，特色经济发展势头良好。

【文教卫生】 2016 年，双华镇通过广东省“教育强镇”复评验收。双华中学被省教育厅评为“依法治校示范学校”，中考成绩全县综合排名第 5 名，入围重点中学人数 163 人，荣获“五华县初中升学考试乡镇排名第 3 名”。大力发展公共文化事业，推进村级文化广场建设，创建一批农村文化俱乐部。积极开展“长乐大舞台”、送戏下乡等各类群众喜闻乐见的文体活动，丰富群众精神文化生活。卫计事业发展加快，镇、村两级卫生机构软硬件硬件不断完善，卫生强镇建设不断推进。开展“计生服务村村行”等活动，卫计管理工作和服务水平得到提升。加强农村改水改厕整治工作，完成改厕 490 户。做好重大传染性疾病的预防控制，全年无重大疫情发生。

【乡镇企业】 2016 年，双华镇发挥水电、红木加工、石板器材等传统产业优势，鼓励企业改进技术，树立品牌。34 间中小型水电站产能逐年增加，年上网收入超过 1,000 万，6 间红木家具企业年销售收入超过 3,500 万，12 间石板加工企业年销售收入达 2,000 万元以上。

【基础设施建设】 2016 年，双华镇坚持小财政办大民生，狠抓基础设施建设，累计撬动资金 3,000 多万元，新建府前小公园、园竹桥、环河堤道路硬底化等民生重点项目。大力推进圩镇饮水保障工程，双郭公路、学前桥建设，农村土地承包经营权确权登记颁证，虎石村围背地质灾害治理等项目有序推进。实施县城饮用水源保护、中小流域综合治理（大都至华东段）、生活污水处理厂、生活垃圾中转站等项目建设。健全镇、村生活垃圾“日清日运”长效机制，扎实开展“六乱”整治，农村人居环境明显改善，居民环境卫生意识显著提高。大陂、黄径村成功创建市级卫生村，大陂、华拔、军营村成功创建市级生态村。

【公共服务】 2016 年，双华镇按照上级统一标准对全镇 17 个村（居）委公共服务站进行升级改造，发挥公共服务站代办功能，实现群众办事不出村。至年末，镇、村两级服务平台分别受理群众办事 617 件（项）和 2920 件（项），为群众到县代办业务 183 件（项），咨询 712 人次和 3200 人次，办结率 100%。完善镇级政府子网建设和微信公众号平台建设，及时更新、发布镇级动态和信息，配合上级部门完成网上办事平台筹建工作。

【社会综合治理】 一是社会治理成效明显。巩固辖区“五无”成果（无重大刑事案件、无进京到省上访事件、无群体性事件、无吸毒人员、无邪教“法轮功”人员），深入推进“平安双华”创建，获评“广东省无邪教示范镇”。2016 年，全镇各村（居）新增平安摄像头 100 多个，有效震慑各类违法犯罪行为。落实镇村干部包案责任制，采取定时接访、重点约访和带案下访等多种形式相结合，深入排查化解矛盾纠纷。受理各类民事纠纷 83 宗，调处 79 宗。 二是“十大专项整治”有序推进。全面落实属地责任，开展非法堆放经营河砂、违法占用耕地建房和非法买卖（转让）土地、削坡建房、镇村生活垃圾、露天焚烧秸秆等整治工作。全镇组织开展各类专项整治 50 多场次，打击破坏林地资源行为 1 宗，整治露天焚烧秸秆 92 宗。三是国土资源管理规范有序。加强圩镇规划区和农村建房用地管理，严格按照土地利用总体规划审批用地，全力打击非法占用耕地建房和非法堆填土等破坏耕地行为，全面开展削坡建房专项整治活动。全年共制止违法占用耕地建房 2 宗，强制拆除复耕 2 宗，制止非法堆填土 12 宗，完成削坡建房整改 46 户。积极响应县委、县政府关于非法经营堆放河砂专项整治工作，整治非法经营堆放河砂 1 宗。加强矿产资源巡查监管，未发生非法开采瓷土等矿产资源行为。

（陈少才 宋远娣）

双华镇 2016 年度领导名录

党委书记：陈远云
党委副书记：胡国坚
戴天平（7 月任）
陈菊英（7 月任）
党委委员：陈远云 胡国坚
戴天平（7 月任）
陈菊英（7 月任） 张平锋
邓焕均（9 月任）
汤宇雄（9 月任）
钟 亮 孔治南（9 月任）
邓玉芳（7 月任） 杨想青
李清华（2 月任，任至 9 月）
魏伟雄（2 月任，任至 9 月）
人大主席：陈远云（任至 7 月）
陈标文（7 月任）
人大副主席：古耀青（9 月任）
镇长：胡国坚
常务副镇长：张平锋
副镇长：李清华（9 月任）
魏伟雄（9 月任）
纪委书记：邓焕均

安 流 镇

【简况】 安流镇地处五华县南部，距县城 33 公里，总面积 238 平方公里。辖 42 个村民委员会、735 个村民小组和 4 个社区居委会。2016 年年末，全镇有 34979 户、160433 人，其中农业人口 117273 人，非农业人口 43160 人；有耕地面积 4430.67 公顷，其中水（旱）田 3354.07 公顷，旱地 1017.8 公顷。农村经济总收入实现 11 亿元，同比增长 10%；国税收入 2,030 万元，地税收入 2,072 万元，分别比上年增收 630 万元、592 万元；农民年人均纯收入 8,500 元，同比增长 9.9%。

【农村经济发展】 2016 年，安流镇以科技兴农为抓手，农村农业稳步发展。全年粮食种植 4333.33 公顷，烤烟种植 186.67 公顷；通过推广绿色、有机、特色农产品和生猪、肉牛、水产品集约规模化生产，全年粮食产量 3.5 万吨，交售烟叶 355 吨。同时鼓励专业合作社创建和扩展。

【基础设施建设】 2016 年，安流镇全力加强基础设施建设，“一核两区三组团”行动开局良好。一是工业园规划、征地顺利推进。抓好工业园区土地、地坟、建筑物等调查摸底，配合县有关部门做好园区规划、调规和园区防“三抢”工作。组织力量做好征地和招商引资工作，至年末，完成征地 46.67 公顷，有数家企业意向明确落户安流工业园。二是扩容提质成效明显。围绕建设可容纳 25 万人的县域副中心城镇目标，投资近 6 亿元的青江新城项目完成征地任务，进入基础设施建设阶段；完成新兴街升级改造；原 S238 线镇府至蛇头印 2.3 公里扩宽改造工程有序推进；S120 线惠天地加油站至蓝田桥 1.7 公里升级改造工程加快建设。安流戏院综合市场改造，司前街升级改造，福江、青江亲水公园等工程均完成测设并动工建设。三是削坡建房整治扎实推进，全年完成削坡建房整治改造任务 440 户。

【民生保障】 2016 年，安流镇重点做好 479 户“五保户”生活保障、1356 户低保户复查、832 户优抚对象补助发放，做好 12.5 万名城乡居民医保、到龄老人养老待遇审核、高龄老人敬老补助发放。精准扶贫精准脱贫工作扎实推进，加强与挂钩帮扶单位沟通联系，对扶贫对象户进行全面逐户核查，核查后全镇有贫困户 2481 户、8070 人，制订三年规划方案和年度计划。11 个省定贫困村已投入扶贫资金 302.58 万元，实施项目 12 个，扶持贫困户 48.55 万元，扶持集体 254.03 万元，帮助 1117 户贫困户实现脱贫。抓好农村人居环境综合整治工作，全镇投入资金 300 多万元完善卫生设施、工具用具，加强镇、村生活垃圾清运清扫。对大都河、三江桥河段进行重点整治。7 个省卫生村、7 个市卫生村均顺利通过上级验收。加大森林防火投入，筹资 30 多万元购置防火宣传和扑火装备、用具；镇组建 60 人扑火队，村组建 15 人以上扑火队；加强森林防火宣传，派发防火宣传资料 3 万多份、树立宣传牌 150 个、悬挂横额 50 多条，张贴标语 320 多条，利用村村通喇叭、村公共服务站 LED 滚动显示森林防火法律法规，加强野外火源、特殊人群管理，处罚违规用火 4 宗，制止野外用火 3 例。做好镇村公共服务中心（站）建设工作。全年镇公共服务中心为群众办理各种事项 1103 件，村（居）服务站办理事项 5086 件。

【文教卫生】 2016 年，安流镇积极开展群众文化体育活动，完成 14 个村文化广场建设，承办长乐大舞台群众文艺大型演出，开展网吧、歌舞厅治理，组织发放低保户文化消费补贴，喇叭村村响实现全覆盖。做好教育“创强”复评工作，抓好教育均衡化工作，做好困难学生生活补贴发放。义务教育普及率、巩固率实现达标，安流中学考场连续 9 年实现零失误。抓好医疗卫生“创强”工作，投资 5235 万元，新建安流医院住院大楼、门急诊大楼、综合楼，改善医疗条件。村级卫生站建设方面，河沿、学园村已建成投入使用，已动工新建 7 个村，已动工改建 9 个村。抓好人口计生法规、优生优育知识宣传、计生优质服务、计生村村行活动，抓好人口计生工作责任落实，突出社会抚养费征收、孕前优生健康检查。认真做好流行性传染病防控工作，开展灭犬防病、H7N9 人感染禽流感防控工作，提高群众健康水平。

【平安创建】 一是抓好综治信访维稳。落实领导干部包案，抓好矛盾纠纷排查，做好信访、网访答复，全年调处民事纠纷 58 宗，治安纠纷 325 宗，破获刑事案件 57 宗。全年未发生重大刑事案件和非正常集体上访。二是抓好农村集体“三资”和涉农资金自查自纠。建立镇级农村集体资产管理平台，做好村账镇管工作，开展农村集体“三资”清查核实。开展涉农资金自查自纠，对全镇危房改造户、种粮补助、生态林补助等进行全面自查,取消危房改造户 11 户,清退资金 20.35 万元。三是大力开展十大专项整治。大力整治辖区内非法采砂堆砂、露天焚烧秸秆、非法建房、非法买卖（转让）土地等行为。全年签订禁止露天焚烧秸秆承诺书 2.6 万份；拆除违法建筑 8 宗 930 平方米，复耕 930 平方米，清理违法填土 11 宗 3508 平方米。四是落实安全生产“一岗双责”责任制。实行安全生产网格化管理，加强对加油站、煤气库、煤气店、烟花炮竹批发零售商、饭店酒家、旅店、歌舞厅、网吧、交通运输、建筑工地等重点行业、重点部位的安全检查，全年对存在安全隐患的企业、门店发出整改指令 33 份，督促整改安全措施 100 多项。全年未发生重大安全责任事故。

（古坤彪 陈周祥 李娟 张强 陈敏）

安流镇 2016 年度领导名录

党委书记： 刘现松（3 月任）
吴浪标（任至 3 月）
党委副书记： 温全瑞（5 月任）
万均辉（任至 5 月）
汤 华
李巧文（7 月任）
党委委员： 刘现松（3 月任）
吴浪标（任至 3 月）
温全瑞（5 月任）
万均辉（任至 5 月）
汤 华
李巧文（7 月任）
古爱常
冯文琴（7 月任）
陈志坚（7 月任）
陈伟华（7 月任）
林建辉
宋锦棠（7 月任）
黄志平（7 月任）
张伟鹏（7 月任）
李彩凌（7 月任）
李世忠（任至 7 月）
李华中（任至 7 月）
陈爱兰（任至 7 月）
戴文平（任至 7 月）
古惠雄（任至 7 月）
张宏南（任至 7 月）
李自雄（任至 7 月）
人大主席： 吴浪标（任至 3 月）
刘现松（3 月任, 任至 7 月）
古志宗（7 月任）
人大副主席： 古远方（7 月任）
万茂新（任至 7 月）
镇长： 温全瑞（5 月任）
万均辉（任至 5 月）
常务副镇长： 李巧文（任至 7 月）

冯文琴（7月任）
副 镇 长：李自雄（7月任）
张宏南（7月任）
古坤彪
古玉轩（任至7月）
纪委书记：古爱常

棉 洋 镇

【简况】 棉洋镇位于县城南部 45 公里，总面积 254 平方公里。辖 26 个村委会、685 个村民小组和 2 个居委会。2016 年年末，全镇有耕地面积 2911.8 公顷，其中水（旱）田 2328.73 公顷，旱地 578.27 公顷；总人口有 25618 户、113190 人，其中农业人口 108236 人，非农人口 4954 人。全镇农村经济总产值实现 9.01 亿元，同比增长 7.9%，其中工业总产值实现 7,200 万元，同比增长 6.6%，农业总产值实现 6.1 亿元，同比增长 7.6%；镇级财政一般预算收入 510 万元，同比增长 6.2%；农民年人均纯收入 7834 元，同比增长 8.3%。

【农业发展】 2016 年，该镇一是做好烤烟生产指导工作，确保全年烤烟种植规模产量和质量。全镇种植烤烟 86.67 公顷，总收入达 507 万元。二是抓住市、县耕山致富和“茶叶产业带”政策，重点抓好以茶、桃驳果、鹰嘴桃及红肉蜜柚等棉洋特色农业的发展，新增茶叶、水果种植面积 133.33 公顷。“七畲径”绿茶被评为省名牌农产品，松岗嶂被评为省“富硒企业生产基地”。棉洋茶叶、桃驳果、禾李干等产品已形成品牌规模，走向市场。三是积极鼓励农民创建专业合作社，增强示范带动能力，提高农民生产专业化程度。

【文教卫生】 一是全面发展文教事业，公共文化服务体系逐步建立，规划筹建一村一文化广场。至本年末，建成村级文化活动广场 8 个，为丰富群众精神文明生活提供硬件保障。二是重教兴学，教育设施不断完善，教育教学成绩逐年提高。棉洋镇中心小学狠抓教学质量，坚持书法教育特色办学模式，师生参加国家、省、市、县各类书法、书写比赛多次获奖，本年度被评为“县先进单位”。棉洋中学本年高考成绩显著，完成县下达任务 300%，又是全县同类学校中高中招生唯一完成县招生任务的学校。桥江中学获得县 2015–2016 年度表扬学校、年度进步一等奖。平安中学在 2016 年升中考试南部排名第一，全县进步排名第一。三是扎实推进卫计工作。积极抓好优生健康检查、征收社会抚养费等重点工作；全年完成优生健康检查 312 例，超额完成任务。投资 160 多万元兴建棉洋服务所；大力改善农村医疗卫生条件，推动各村加快村级卫生站建设。全面做好重大传染性疾病的预防控制，全年无重大疫情发生。

【基础设施建设】 一是圩镇管理不断规范。2016年，棉洋镇投入60多万元组建城监队和卫生保洁队。城监队在维护圩镇秩序、专项整治和重要节日期间交通安全管理疏导、敏感时期社会维稳等方面发挥重要作用。卫生保洁队每天对圩镇垃圾进行清运，圩镇卫生状况得到良好改善。二是道路建设不断完善。棉七线公路是该镇主干道之一，涉及该镇棉洋片8个村4万多人交通出行。在多方努力下，棉七线于本年末完成升级改造，大大缓解交通压力。三是人居环境不断改善。2016年，棉洋镇全面开展“美丽乡村”创建工作，全年镇村共投入垃圾治理经费100多万元，购置环卫作业设备一批，聘请卫生保洁员40名，全面推进农村生活垃圾收集整治，广泛开展 “三边”整治，积极探索建立城乡环境卫生管理长效机制，着力改变农村“脏乱差”现象，人民群众保护环境意识增强，人居环境得到改善。四是林业生态不断改观。棉洋镇按照县部署要求，坚持绿色发展，充分发挥生态优势，抓好绿化造林和生态管护等基础性工作。全年种植树木666.67公顷，森林覆盖率不断提高。抓好森林防火工作，严厉打击野外违规用火行为，2016年秋进入森林防火期以来至本年末，全镇未发生山火。

【公共服务】 2016年，棉洋镇按照上级统一标准对全镇28个村（居）村级公共服务站进行升级改造，并充分发挥公共服务站代办功能，实现群众办事不出村。完善镇级政府网站建设和微信公众号平台建设，及时更新、发布镇级动态和权威信息，积极配合上级部门完成网上办事平台筹建工作。

【社会综合治理】 一是社会治理成效明显。2016年，棉洋镇依托综治工作平台中心，认真落实定期排查、领导包案、责任追究等制度，坚持常规排查、专项排查和重点时段排查结合，全年全镇化解重点历史积案5宗，排查受理调处各类矛盾纠纷96起，调处成功95起，成功率达98.9%。深入推进“平安村居”创建，全镇各村（居）新增平安摄像头100多个，有效震慑各类违法犯罪行为。严格执行安全生产“一岗双责”制度，与重点单位签订安全责任书，落实安全生产责任。组织相关职能部门不定时对辖区重点场所进行安全检查。切实加强消防安全工作，对登记在册商户全部实行“网格化”管理，确保全镇无重大安全生产事故发生。二是“十大专项整治”有序推进。该镇全面落实属地责任，全力开展非法堆放经营河砂、违法占用耕地建房和非法买卖（转让）土地、削坡建房、镇村生活垃圾、露天焚烧秸秆等整治工作。全镇组织开展各类专项整治，其中拆除违法占用耕地建房6宗，打击破坏林地资源行为4宗，整治露天焚烧秸秆150多宗，依法取缔非法经营堆放河砂4宗，打击非法采砂5宗。三是国土资源管理规范有序。该镇加强圩镇规划区和农村建房用地管理，严格按照土地利用总体规划审批用地，打击耕地建房和非法堆填土等破坏耕地行为，全面开展削坡建房专项整治活动。积极响应县委、县政府关于非法经营堆放河砂专项整治工作。加大对矿产资源巡查监管力度，全年全镇未发生非法开采瓷土等矿产资源行为。

（周益恒 李吉辉 胡海标）

棉洋镇2016年度领导名录

党委书记：胡育灵（任至5月）

万均辉（5月任）
党委副书记：彭国阵（任至5月）
古菊开（9月任）
刘翠玉（7月任）
吴国华（7月）
党委委员：胡育灵（任至5月）
万均辉（5月任）
彭国阵（任至5月）
古菊开（9月任）
刘翠玉（7月任）
吴国华（7月任）
廖赛增
罗灵敏（2月任）
李　玲（7月任）
李汉文
廖远枢（7月任）
陈捷灵（7月任）
古晋怀（7月任）
谢宁华（7月任）
人大主席：胡育灵（任至5月）
万均辉（任至9月）
陈展略（9月任）
人大副主席：杨帆豪（9月任）
镇　　长：彭国阵（任至5月）
古菊开（9月任）
常务副镇长：廖赛增
副　镇　长：张广秋
谢乃溪（9月任）
周益恒（9月任）
纪委书记：罗灵敏（7月任）

梅　林　镇

【简况】　梅林镇位于五华县城西南部51公里，总面积128.4平方公里。辖18个村委会和1个居委会。2016年年末，耕地总面积1826.2公顷，其中水（旱）田1489.53公顷，旱地332.2公顷。全镇有14283户、60924人，其中农业人口57798人，非农业人口3126人。全镇农村经济总收入3.91亿元，同比增长13.1%；农民人均纯年收入7,890元，同比增长11%；镇机动财力达到278万元，同比增长12.6%。

省老区建设促进会副会长谭世勋（右前二）到梅林镇开展调研活动（廖许新摄于2016年6月29日）

【农业】　2016年，梅林镇巩固发展壮大具有梅林特色的松桂园名贵树木育苗基地、凯亿达油茶基地、琴江园油茶基地、梅东蔬菜基地，不断扩大规模，加强管理和经营，形成一批辐射带动能力强的示范基地。鼓励和引导企业突出特色，提高农产品竞争力和影响力，充分利用农产品电子商务平台，助推农业产业化经营。

五华县人大常委会主任邓伯锦（左四，时任五华县政协主席）率队到梅林镇调研山塘水库防汛工作（廖许新摄于 2016 年 5 月 6 日）

广东省教育基金会秘书长许怀升（右三）带队到梅林镇开展教育扶贫调研工作（廖许新摄于 2016 年 5 月 14 日）

【基层治理】 一是规范村级招投标工程，全年办理村级招投标 9 宗，涉及金额 457 万元；严格执行村账镇管制度，做到账账相符、账实相符，符合农村财经纪律要求。二是加快推进削坡建房整治工作，全镇完成削坡建房整治 55 户，超额完成县下达任务；加大打击违法占耕建房和填土力度，拆除非法占耕建房 2 宗共 310 平方米，清理非法占耕填土 10 宗共 1952 平方米，全部复耕。三是开展矛盾纠纷大排查，及时化解矛盾纠纷，全年调处民事纠纷 76 宗，调处成功率 98%。四是抓好生态公益林补偿款、危房改造资金、低保五保资金、种粮补贴、城乡居民基础养老金等 16 项涉农资金自查自纠整改工作，清退上缴生态公益林补偿款 54 万元，剔除不合条件低保户 233 户，清退上缴危改资金 1 户 1.85 万元。五是扎实开展服务群众代办业务，19 个村（居）代办员共受理群众办事 2467 件，为群众代办业务 1936 件。

【基础设施建设】 一是推进兴华高速公路建设，完成兴华高速公路梅林段征拆工作，配合做好工程各项建设。二是加快 X003 线升级改造工程，落实专门工作组负责征拆工作。三是推进 S120 线升级改造工程，全面完成征地任务，施工单位已进场施工。四是推进梅南示范路建设，完成路基、填土、边坡砌巩等工程。

【文教卫生】 2016 年，梅林镇完成孕前优生健康检查 336 人次，超额完成任务；创建卫生村工作扎实推进，梅林、华光卫生村创建工作经市县验收，成功达标省级卫生村，宣优、琴口、新塘成为市级卫生村；春节期间组织球队参加五华县元宵节篮球比赛，荣获冠军。组织专业人士按时按质完成 60 多个自然村落历史人文普查工作，得到上级好评。成功创建琴口村侨光庐农村文化俱乐部，梅北、金坑、优河、宣优等村大力推进村级文化广场建设，丰富群众精神文化生活。

【精准扶贫】 2016 年，该镇经核实有贫困人口 1032 户 3182 人，其中低保贫困户 542 户 1689 人，五保贫困户 165 户 169 人，有劳动能力贫困户 655 户 2580 人。该镇通过找准致贫原因，精心编制贫困村、贫困户脱贫规划到村到户到人，整合资源，精准资金投入，健全包户责任帮扶长效机制。全年落实帮扶资金 526.42 万元，脱贫 532 户、1203 人，全面完成年度脱贫任务。

【人居环境】 2016 年，梅林镇投入资金近 150 多万元，完善垃圾收集、转运等配套设施；建立健全村级卫生保洁机制，启动生活垃圾处理费征收工作；严格执行每周五开展环境卫生大扫除工作机制；规范经营秩序，落实“门前三包”制度，遏制圩镇乱摆乱卖等“六乱”行为；做好宣传报道，将做得比较好的村在镇、村微信公众号上宣传报道，以点带面，辐射全镇，起到激励促进作用。

【党建】 2016 年，梅林镇认真执行组织生活相关制度，严格履行党章规定的党费交纳义务，补缴党费 2,5458 元。同时，加大对宣优、福塘软弱涣散党组织整顿力度，使全镇基层党组织凝聚力和战斗力得到提升，并经县委组织部验收达标，成功摘帽。狠抓驻村干部管理，坚持每周二到村接访、走访，全年 19 个驻点团队走访、接访群众 9853 户，达 100%，解决涉及群众生产生活问题 117 个。

（张小玲　邹汉森）

梅林镇 2016 年度领导名录

党委书记：张国标
党委副书记：李万年
温全瑞（任至 5 月）
张小玲（7 月任）
廖旭辉（7 月任）
党委委员：张国标　李万年
温全瑞（任至 5 月）
张小玲（7 月任）
廖旭辉（7 月任）
张坤祥（任至 7 月）
李华中（7 月任）
古汉红
李来泉（任至 7 月）
陈活祥（7 月任）
吴志平（任至 7 月）
宋振团（7 月任）
邓玉芳（任至 7 月）
张秀华（7 月任）
刘发胜
陈志坚（任至 7 月）
温肖华
人大主席：张国标（任至 9 月）
张坤祥（9 月任）
人大副主席：陈慎清（任至 7 月）
廖仲权（7 月任）
镇长：李万年
常务副镇长：古汉红
副镇长：吴志平（7 月任）
黄学道（7 月任）
温云青（任至 7 月）
古晋怀（任至 7 月）
纪委书记：张坤祥（任至 7 月）
李华中（7 月任）

华 阳 镇

【简况】 华阳镇位于县城西南部，距离县城 62 公里，东邻梅林镇、南邻龙村镇、北连周江镇、长布镇，西与河源市紫金县接壤。下辖 13 个村委会（坪南、太坪、高塘、叶新、红洞、小拔、华阳、华南、华新、莲高、大拔、社径、陂坑）和 1 个居委会（华阳居委），166 个村民小组。总面积 153.5 平方公里，其中山地面积 1.2 万公顷，耕地面积 1728.93 公顷，境内主要有花岗石、大理石、稀土矿和水晶石等矿产资源。2016 年，全镇工农业总产值 5.9 亿元，同比增长 5.3%；其中工业总产值 2.29 亿元，同比增长 5.2%；农业总产值 3.43 亿元，同比增长 4.6%；全镇财政收入 376 万元;农民人均纯收入 7,554 元，同比增长 5%。

【农业】 2016 年，华阳镇优质稻种植面积 2230.56 公顷，粮食总产量 14894 吨。本年下半年因受台风“海马”影响，全镇水稻受损面积有 436.92 公顷；耕地地力保护补贴群众 6817 户；种植李果 288.33 公顷，李果总产量 1480 吨，总产值 730 多万元；烤烟种植面积 53.33 公顷，种植油茶 106.67 公顷，名贵树木 333.33 公顷，经济林 7200 公顷；耕山致富示范点效益凸显，总投资 5000 万元的大拔村千顷农业发展基地初具规模；高塘 20 公顷无公害蔬菜基地巩固发展；以华阳供销社和泰安养猪场为代表的生猪养殖示范基地不断壮大。农业机械化取得新突破，全镇拥有收割机 14 台，机收率 45%；各种农业机械 1030 台，机耕率 82%。

【民生事业】 2016 年，华阳镇积极抓好各项民生事业建设，完成华阳镇污水处理设施建设和小拔、红洞两个村小河流域治理工程；加强督促落实精准扶贫工作，组织全体镇村干部开展扶贫政策落实情况入户核查，走访核查群众 2716 户，取消精准扶贫 144 户，低保、五保户 56 户，不折不扣落实好惠农政策。

【基础设施建设】 一是交通路网不断优化，Y304 线、华周公路完成征地任务 100%，房屋拆迁 100%；X960 线华南村至龙村公路建成通车，S120 线升级改造征拆工作扎实推进；完成圩镇金华路 1.6 公里街道升级改造；实现村村通硬底化道路约 50 公里。二是中小河流治理任务涉及北琴江华阳沿线已完工 17.2 公里，河口段 6.1 公里治理工程已全面启动；疏通各村农田灌溉水渠总长约 28 公里；重点堤围、病险水库除险加固和供水管道改造、饮水安全等水利工程有序推进。三是清理 12 座桥梁的淤积杂物；复耕灾毁农田 32 公顷，实施河堤抢修、加固 110 处，圳道维修 4.3 公里。

【计划生育】 2016 年，华阳镇坚持以“抓票抓点抓人抓检”为原则，采取政策鼓励、资金支持、广泛宣传等措施，认真开展季度计划生育集中服务活动，积极创建人口计生管理服务示范镇。全年完成结扎 63 例，放环 44 例，补救措施 24 例；征收社会抚养费 158 万，生殖健康普查 1820 例，免费孕前优生健康检查 356 人次，“两癌”筛查 317 例；政策内多孩出生征收社会抚养费计划立案 9 宗，已征收 4 宗。积极推进“卫生强镇”创建工作，华阳镇卫生院建设项目顺利推进，完成小拔、坪南、社径、华新、华南等 5 个村卫生站建设。

【平安创建】 2016 年，华阳镇坚持“村每半月集中排查一次矛盾纠纷，镇每月集中排查一次矛盾纠纷，节庆日等重点时间段进行专项排查”的工作方式，做到经常性排查与集中性排查相结合，重点排查与专项排查相结合；充分发挥“微信工作群”和基层一线民情信息员队伍作用，及时了解群众关注的难点、热点问题，发现和掌握重大集体性矛盾和不稳定因素。对排查出的矛盾纠纷及时落实到具体包案责任人，使不稳定因素化解在萌芽、控制在基层。全年全镇排查矛盾纠纷问题 73 宗，99 人次，成功化解 69 宗，办结 69 宗，全镇没有出现一起因调处不当而发生民转刑事件，也没有发生群众集体越级上访现象。全面落实“党政同责、一岗双责”，每月召开安全生产例会，建立完善消防管理制度、重点行业（领域）应急预案等，集中开展安全生产领域“危险化学品”“非煤矿山”“风险点、危险源”等打非治违专项行动，着力加强重点行业、餐饮服务业食品安全巡查监控，抓好消防安全主题宣传教育活动、“平安校园”等活动开展，构建安全宣传教育工作长效机制，全面加强节假日期间重点行业领域的巡查监管，共排查安全隐患 38 处，整改 38 宗,整改率 100%，其中上报县安委办 12 宗。全年全镇未发生重特大安全事故。

【基层治理】 2016 年，华阳镇社保、医保、民政、国土、计育等部门全面进驻镇公共服务中心，实现服务群众“进一扇门、办一系列事”；14 个村级服务群众代办业务运行良好，自助服务平台及办事柜台有序开展。全年接受群众咨询 1663 人次，为群众代办业务 1403 件，办结率 100%，群众满意度 99.8%。全镇 14 个村（居）委成功开通村级微信公众号，实行每月村务、重大决策、惠农资金等公开制度，接受群众监督。全年共实现网上公开招标 9 宗，涉及建设资金 173.65 万元。

【专项整治】 2016 年，华阳镇严格按照“专项整治”任务安排，突出重点，强化责任落实，采取有力措施，较好完成各项整治任务。全年整治打击非法盗采河砂行为 18 宗；违规用火行为执罚 12 宗；叫停和拆除违法占用耕地建房行为 32 宗，涉及建筑面积 9512 平方米，填土复耕 8733.25 平方米；严厉打击“黄赌毒“及“黑恶势力”，排查线索 18 条，依法依规处置案件 18 宗，依法处置 36 人；完成圩镇农贸市场改造，疏导临时摊贩经营地点，规范经营行为。

【行政效能建设】 2016 年，华阳镇有党总支 1 个，党支部 27 个，党员 1155 名。该镇强化党委领导核心作用、基层党组织战斗堡垒作用和党员先锋模范作用。深入开展党的群众路线教育实践活动，注重党风廉政建设，推进政府职能转变。领导干部驻点普遍联系群众制度形成常态化，14 个驻点团队累计接访群众 270 次，走访群众人均约 105 户，发放亲情连心卡 7000 多张，记录驻点日记人均 105 篇，征集意见建议 397 条，解决群众反映的困难和问题 392 件（次），行政效能不断提升。

【教育创强】 2016 年，华阳镇教育办学条件得到进一步改善，优质教育资源不断扩大，教师队伍结构不断优化，整体素质和教学质量得到提高。本年中考，华阳中学有 16 人考入梅州市东山中学、曾宪梓中学录取分数线，达县重点中学分数线有 119 人，单科全县前十名有 3 人次。华阳中学被评为五华县先进学校、县进步一等奖，被授予“广东省师教先进单位”称号。

【森林防火】 2016 年，华阳镇造林抚育 400 公顷，景观林带 37.33 公顷，组织义务植树 4000 株。组建护林防火队按时按点进山巡查，出动队员进山巡查 684 人次；通过喇叭“村村通”、微信、有线电视、悬挂横幅、标语等方式，大力宣传森林防火工作，悬挂横幅 30 多条、标语 4000 多条，发放宣传单 10000 多份，同时，有效制止露天焚烧秸秆等行为。

【其他工作】 2016 年，华阳镇积极开展自来水“村村通”建设工作，完成自来水厂厂址平整及管网铺设，引水及相关配套设施建设有序进行；积极开展拥军优属活动，全面完成夏、秋季征兵工作；积极帮助社会弱势群体，落实孤寡、残疾等特困人员帮扶救济措施，加强华阳福利院、五保老人规范化管理，保障底线民生；倡导文明新风，推行殡葬改革，破除丧葬陋习；同时，“三防”、气象、打私、应急、团委、妇女儿童等各项工作取得新发展。

（练思宇、谢丽丽）

华阳镇 2016 年度领导名录

党 委 书 记： 刘锐锋（任至 3 月）
陈春宣（3 月任）
党委副书记： 钟文锋　邹焕模
李来泉（7 月任）
党 委 委 员： 张学政（任至 9 月）
温向奎（任至 7 月）
廖旭辉（任至 7 月）
邹定芳（任至 7 月）
甘惠明（任至 9 月）
赖志宏（7 月任）
甘远玲（9 月任）
刘伟枢　张丽娟
严汉云
古玉轩（7 月任）
李汉高（7 月任）
人 大 主 席： 刘锐锋（任至 3 月）
陈春宣（3 月任，任至 9 月）
张学政（9 月任）
人大副主席： 甘远玲（任至 9 月）
甘惠明（9 月任）
镇　　　长： 钟文锋
常务副镇长： 张学政（任至 9 月）
甘远玲（9 月任）
副　镇　长： 古展军（9 月任）
曾志辉（9 月任）
曾桓钦（任至 7 月）
纪委书记： 温向奎（任至 7 月）
赖志宏（7 月任）

龙 村 镇

【简况】 龙村镇地处五华县最南端，距离县城65公里，距离汕湛高速华阳出口8公里，毗邻揭阳市揭西县上砂镇，河源市紫金县龙窝镇、水墩镇、南岭镇，汕尾市陆河县罗溪镇，区域面积349.1平方公里，是广东省第二大乡镇，下辖37个村委会、3个居委会、709个村民小组。梅州市"一号工程"——梅州（五华）抽水蓄能电站项目及龙狮殿风电场项目落户该镇黄狮村。2016年年末，全镇有山地面积2.8万公顷，耕地面积3791.47公顷，其中水（旱）田2944.67公顷、旱地836公顷。人口有21006户、110232人，其中非农业人口5259人，农业人口104973人。全镇工农业总产值6.44亿元，同比增长6.8%；镇级财政总收入5,301.91万元，同比增长2.39%。农民人均纯收入6,997元，同比增长6.29%。

龙村镇宫前村邹潜斋公祠（又称"寿相第"），别称"九天十八井"

（戴伟良摄于2016年12月8日）

【梅州（五华）抽水蓄能电站项目建设】 梅州（五华）抽水蓄能电站项目于2015年7月29日获省发改委批准建设，并于9月30日开工建设。龙村镇抽调骨干力量开展梅蓄项目筹建期征地，落实征地主体责任，按照用地需求，千方百计完成征地拆迁任务，并确保交付使用土地"零障碍"施工，完成断掌凹移民安置区征地，加快推进库区大面积征地进度。完成100亩公墓山建设用地征收，加快推进进入规划建设。坚决落实移民政策，宣传好政策法规，做细做实群众工作，加强沟通协调，及时解决好施工过程中引发的各种影响群众生产生活问题，维护群众合法权益。坚持严格执行"封库令"，严厉打击库区"三抢"行为，巩固好实物指标调查成果；保护好进库公路沿线及库区内外生态环境，为旅游开发奠定生态资源基础。至年

2016年7月20日，县委书记范宜军（左前三）到龙村镇调研梅蓄项目

（钟友清 摄）

末，完成征地 162.85 公顷（其中 2016 年度征收 67.22 公顷），迁移地坟和金神 245 座，拆除房屋 12 座，临时安置 23 户，并完善征地手续和数据录入。

【基础设施建设】 2016 年，龙村镇全面完成 X003 线龙村段升级改造路面硬底化建设工程，由原来 7 米路面扩大到 9 米，并加快完善排水、绿化工程建设。全面完成 Y304 线龙村段征拆任务及路面硬底化建设。加快推进 2013 年“8·17”水毁桥梁及危桥重建，积极推进吉祥桥和独岭大桥重建工作；重建洞口洋高洞沥口危桥。继续推进农村道路建设。实现 11 公里 200 人以上自然村道路硬底化建设。

【水利电网建设】 2016 年，龙村镇完成 15.6 公里龙村河和 16 公里硝芳河河道“三清”整治，扎实推进琴江河龙村段和硝芳河等河道综合治理工程，本年度完成龙村河三湖段、龙村段和硝芳河兴民段的综合治理工程，其它河段正加快推进建设。结合中小流域综合治理，建设硝芳亲水休闲绿道、柏溪公园，进一步优化一河两岸景观。完成 110kV 龙村变电站至 35kV 硝芳变电站输电线路和通讯光纤改造，配合梅蓄项目增容升级 35kV 登畲变电站，完成下滩、登畲、留畲、大梧、硝芳、兴民、水南、三湖、湖中、塘湖、金龙、龙村、梧溪等 13 个村农网改造，农村用电更加安全稳定。完成龙村居委、龙村村、金龙村安全饮水工程建设。

【现代农业】 2016 年，龙村镇立足丰富山地资源，因地制宜，科学规划，大力实施耕山致富，推进现代农业品牌发展战略，做大做强区域特色品牌。进一步扩大登云嶂茶园、营田三市生态园、三红柚园等现代农业规模，引进梅州市龙狮殿旅游发展有限公司在翻新村雷公肚种植 86.67 公顷云雾茶，名鼎茶业、天然湖农业、南泉湖休闲农业等 7 个企业共种植 128.6 公顷绿茶，梅州市良机农业科技发展有限公司在三湖村打造 92 公顷农业综合开发基地,完成三红柚种植 16.67 公顷。通过加大招商引资力度，进一步做大做强茶叶、油茶、三红柚具有地方特色的农业品牌。农村土地确权登记颁证工作积极稳妥推进，完成 18 个村高标准农田建设规划。为充分发挥龙村丰富山地资源优势，县委、县政府在构建县域发展新格局时，将龙村镇规划为“三组团”之一的绿色能源和生态文化旅游组团片区镇，该镇强化森林防火责任，通过抓宣传、抓防控、抓队伍做实做细森林防火工作，全镇上下已形成保护生态、大力发展生态旅游共识，守好得天独厚的“金山银山、绿水青山”，走绿色发展之路。

龙村三红柚种植基地（温汉锦摄于 2016 年 9 月 6 日）

【科教文卫】 2016 年，该镇继续加大科教文卫事业投入力度，投入 350 万元在龙村中心卫生院建成一栋五层医技楼；筹集 700 万元建设登畲卫生院五层综合大楼，至年末，完成护坡挡土墙建设，正在建设主体第三层。完成宫前、睦贤、梧溪、水南等 18 个村卫生站建设，留畲、湖中、大梧等8个村卫生站加快建设，其他8个村已动工建设。认真落实计生新政策，完成免费孕检任务，超额完成献血任务，积极组织贫困妇女参加“两癌”筛查。完成龙村中学综合大楼建设，建成龙村中学、登畲中学足球场及环形跑道。建成兴民村农村文化俱乐部，完成樟华、水口、榕溪等15个村文化广场建设。成立龙村足球协会，组织5支球队举办“贺岁杯”足球友谊赛，足球水平得到提升。成立龙村书法家协会和志愿者协会，弘扬传统文化，弘扬社会正气正能量。

【民生保障】 2016年，该镇加大对五保、低保救助对象核查力度，落实“应保尽保、应退尽退”的低保救助政策，实行动态管理；严格执行低保救助对象申请、调查、核实、审批等环节规定要求，落实挂村领导和驻村组长负责制，做到公平公正公开，全镇取消低保690户2103人、五保12户12人、优抚对象31人，取消率41.6%，有低保户1108户3245人。敬老院添置12套床、桌椅、空调等居住设备。摸排出212户精准扶贫危房改造户，并开工建设，完成2015年度危房改造核查验收工作，清退2户不符合条件的危房改造对象。全面清理生态公益林补贴资金管理使用，查处问题1032宗，退回上缴生态公益林效益补偿款75,000多元。认真做好医疗救助和医疗保险报销工作，完成2017年度城乡居民医疗保险征缴任务。积极开展“广东扶贫济困日”活动，超额完成上级下达指标。抓好农村社会养老保险扩面征缴和城乡医疗保险工作，全镇有34358人参加农村养老保险，享受人数10436人，城乡医疗保险参保人数89596人，参保率100%。全力做好精准扶贫精准脱贫工作，成立新时期精准扶贫精准脱贫工作领导小组办公室和县驻镇扶贫工作队办公室，落实镇村挂村领导和驻村干部挂村包户责任，完成相对贫困村三年帮扶规划和年度帮扶计划制订，大力实施2016年750户、2557人30%贫困人口脱贫任务。统筹兼顾推进村级集体项目建设，完成洞口村街道雨污水工程改造、加快建设河堤路，加快推进留畲村河道综合治理工程、三湖村农村安全饮水工程，留畲、大梧、湖中、营田等村按标准建成公建民营卫生站，重点帮扶村建立生活垃圾处理长效机制。加快推进平安村（居）建设，打造留畲示范点，大力宣传诉访分离机制，结合“直联制”工作落实驻点团体坚持每月滚动摸排矛盾纠纷，落实重点信访案件领导包案责任制，全镇受理矛盾纠纷115宗，成功调处113宗；其中接受处理群众网上信访96件，处理答复96件；成功化解一批矛盾积案。

【基层治理】 2016年，该镇大力推进基层治理工作，一是完善平台建设。完成农村集体“三资”清查，正常运行镇级农村集体“三资”交易平台，完成招标项目15宗，涉及交易金额424.1万元，强化农村“三资”监管；全面完成村级公共服务平台建设，代办业务步入正轨。二是完善村务公开制度。完成全部村居财务审计和问题整改，新建40个村居党务村务公开栏，实现村务财务上墙公开，充分利用微信公众平台及镇政府信息网站公开低保救助补助、五保供养补助、优抚对象补贴、医疗救助、生态公益林补偿、泥砖危房改造补贴等涉农补贴有关信息，广泛接受社会监督，并充分发挥村(居)村务监督委员会监督作用，重点监督村务决策、村务公开、村级集体“三资”管理、村工程建设项目等方面，确保村务财务管理公开阳光透明。三是深入开展“直联制”工作。全镇40个驻点团队共走访群众17237户，累计入户率115.50%，接访群众824人次，解决群众反映问题753多件,化解矛盾纠纷144件。将驻村干部“直联制”考核纳入平时考核(占40%)和年度考核(占60%)，解决干部平时不作为，年终考核侥幸过关思想。强化监督，坚持在每周镇干部职工例会上通报督查情况。四是坚持开展党员干部违纪违法线索排查。加强对全镇党员干部严格遵守“8小时”以外活动监督管理，加大对中央“八项规定”执行情况监督，多渠道接受群众举报，及时发现、查处党员干部违纪违法行为。每月严格集中排查党员干部违纪违法线索，排查出20条线索并依法查处，查处违纪党员2名，脱岗离岗、责任不落实的驻村干部1名，并接受纪委立案审查；持续改进机关作风，排查出问题清单7条并落实整改，处理作风散漫、工作不力驻村干部5名。

【十大专项整治】 一是大力整治农村人居环境。以人居环境综合整治作为美丽乡村建设的重要抓手，投入100万元建设柏溪垃圾填埋场，升级改造龙村垃圾填埋场道路，投入近20万元统一采购800多只垃圾桶放置于主干道沿线，全面推进“户投、村收村运、镇处理”垃圾集中处理模式，重点做好“五边”垃圾清理，推动垃圾管理长效机制运行。10个省定重点扶贫村率先建立垃圾处理长效机制，其他村加快建立长效机制。同时，成立城管综合执法队，组织镇村干部开展整治圩镇“六乱”行动，铁腕整治乱搭乱建、乱摆乱卖、乱停乱放、乱拉乱挂现象，注重圩镇秩序长效规范管理。二是打击违法占地建房行为。通过落实各村及驻点团队巡查监管责任，违法占耕建房填土形势得到有效控制，进一步规范农村建房秩序。全年打击违法占耕建房7宗、795平方米，其中3宗共415平方米建筑物已被拆除，2宗保持原状，另外2宗被核实为村镇规划区内可建设用地。摸查出3宗共485平方米占耕填土行为得到整治并复耕复绿。三是整治削坡建房地质灾害。制作地质灾害宣传栏，利用政府信息网、微信公众号、喇叭村村响、镇村工作群等媒介推送地质灾害防治知识，发放宣传资料和1万份防灾告知书、防灾避险明白卡，全面落实隐患点和削坡建房户在强降雨期间“不住上堂住下堂”、“不住一楼住二楼”的防范避让措施。全镇排查出削坡建房户1292户，其中重点威胁户540户，经过政策宣传， 积极引导群众进行地质灾害整治，全年完成削坡建房户边坡整治65户。四是打击非法采砂行为。砂场整治专责巡查队加强巡查监管，依法打击非法采砂行为，开展河道内非法营运船舶专项整治，整治非法采砂点3个，吊离采砂船8艘，非法河道采砂行为得到有效遏制。五是严禁露天焚烧秸秆。镇与村、村与农户层层签定责任书，落实各方责任，加强宣传教育，积极引导群众秸秆还田，在夏收和秋收季节坚持全天候巡查监管，全力禁止、遏制露天焚烧秸秆现象。六是整治道路交通安全。制作《龙村镇道路交通安全法制宣传栏》《龙村镇道路交通安全常识宣传栏》。镇府与全镇1万多名中小学生家长签订安全责任书，落实其监护人责任，防止未成年人驾驶摩托车。镇村干部认真教育引导好所驻村群众，对无证驾驶、酒后驾驶、超员超载、不戴安全头盔等违法行为进行劝阻纠正。查处酒驾5人，无牌无证驾驶12人，不戴安全头盔28人，超速超载超限运输53人，依法行政拘留无牌无证驾驶8人。七是打击社会“黑恶势力”。每月坚持做好线索滚动摸排，严格落实挂村领导、镇村干部包户责任，全面摸查涉枪、涉赌人员，排查登记废弃厂房、荒废养殖场、外县交界处等制毒隐患点，加强监控“十类重点对象”，严防发生涉枪、涉毒、涉赌等违法犯罪行为，一经发现有“黑恶势力”阻挠、干扰中小流域综合治理、交通公路建设、水利电力建设等工程，立即联合公安机关介入调查，依法从重从快打击肇事者。排查“黑恶势力”线索32条，依法查处阻挠梅蓄项目施工和破坏电力设施案件各1宗，依法行政拘留2人；立案查处打架、故意伤害案件2宗；抓获涉赌人员16名，依法行政拘留3人；捣毁制毒窝点1个，抓获并治安拘留吸毒人员16名，其中1人移交戒毒所强制戒毒。八是做好安全生产工作。落实安全生产“党政同责、一岗双责”责任制，坚持每月研究部署，每月开展以非煤矿山、危险化学品、燃气、特种设备、建筑工地等重点领域和行业安全生产大检查，并建立台账，一经发现安全隐患，责令企业立即停业整改，动态管理工作台账，实行挂销号制度。全年检查大小企业、商户300多家（次），其中：非煤矿山企业90家（次），危化从业单位10家（次），食品经营户30多家(次),建筑工地10多家(次),个体工商户140多家（次）。下发整改指令50多份，提出整改意见达100多条，完成重点安全隐患整改14宗，全年全镇未发生安全生产事故。

【基层党建】 一是加强基层党组织建设。一是2016年顺利完成乡镇领导班子换届工作。经过努力，分别于本年7月26日和9月28日圆满完成镇党委、政府换届工作，足额配备党政领导班子，班子结构更加合理、优化，履职能力、主动担当精神更强，班子凝聚力和战斗力明显提升。二是扎实抓好基层党建7项重点工作。加强思想建设，每月召开一次支部书记座谈会及每月召开一次班子会专题研究党建工作，每周到驻点村联系群众，开展“两学一做”学习教育。抓好党员发展关，全年发展预备党员28名，党员转正21名。抓“两新”党组织管理考核，撤销不合格“两新”党组织8个，新建党组织2个。落实“三会一课”及组织生活会制度，实施“123”工程，培养77名村后备干部，举办基层党组织书记、后备干部专题培训班4期，调整2个村支部书记，选派3名优秀镇干部兼任村支部书记。想方设法查找联系失联党员5名,完成往年党费补缴工作。加强干部管理，制订《龙村镇加强镇驻村干部管理的实施方案》《2016年龙村镇干部职工绩效考核办法》等。加强培训学习，根据《龙村镇2016年干部教育培训工作方案》，举行有针对性的党员干部学习培训5场，举办镇村干部教育培训6场次，开展“两学一做”学习教育13次，收看远程教育11次。三是认真整顿转化软弱涣散党组织。坚持“一村一策”，对症下药，对先河、大坑、南中3个软弱涣散村党组织，调整2个党支部书记，有针对性地开展谈话谈心、培训教育和督促指导。通过整顿，村“两委”干部不团结问题得到解决，改变软弱涣散村干部精神面貌，增强村党组织战斗力和凝聚力。四是抓党风廉政建设。一方面，落实党风廉政建设“两个责任”。把党风廉政建设工作纳入全镇经济社会发展规划统一部署、统一实施，定期研究、分析党风廉政建设情况，把责任分解落实到人到岗，形成合力抓落实的工作格局，确保廉政建设落到实处。另一方面，加强对制度执行情况的监督检查。重点加强对财务、征地拆迁、项目建设、低保救助、建房补贴、惠民资金等廉政风险点督查，有效预防发生违反党风廉政规定行为。严格履行“一岗双责”，在工作决策和“三重一大”事项上，严格坚持民主集中制，各项决定、人事安排、重大决策等事项，均通过党政班子会议集体讨论研究，充分发挥民主科学决策。

（钟友清、戴伟良）

龙村镇 2016 年度领导名录

党委书记：郑遂方

党委副书记：曾映贤（4 月任）
龙夏辉（7 月任）
李世忠（7 月任）
黄文柱（挂职，2 月任，任至 7 月）
李杜强（任至 4 月）
陈宗书（任至 6 月）

党委委员：郑遂方
曾映贤（4 月任）
龙夏辉（7 月任）
李世忠（7 月任）
黄文柱（挂职，2 月任，任至 7 月）
李杜强（任至 4 月）
陈宗书（任至 6 月）
刘晓宇　田细文
温跃胜（7 月任）
田永青（2 月任）
宋红扬（7 月任）
黄　堃（7 月任）
黄兴福（7 月任）
李嘉彬（7 月任）
刘锡贤（7 月任）
龙夏辉（任至 7 月）
黄益宁（任至 7 月）
廖天华（任至 7 月）
刘文锋（任至 7 月）
张秀华（任至 7 月）
曾桓钦（7 月任，任至 7 月）

人大主席：胡荣华（任至 3 月）
郑遂方（3 月任，任至 9 月）
黄文柱（9 月任）

人大副主席：黄赐奎

镇长：曾映贤（9 月任）
李杜强（任至 4 月）

常务副镇长：刘文锋（任至 7 月）
温跃胜（9 月任）

副镇长：温跃胜　黄伟雄
黄益宁（9 月任）
廖天华（9 月任）
刘文锋（任至 7 月）
温舜初（任至 7 月）

纪委书记：张秀华（任至 7 月）
刘晓宇（7 月任）

统计资料

五華年鑒

2017

狮雄山古塔

社会经济统计资料

2016年五华县国民经济和社会发展统计公报

2016年，全县人民在县委、县政府的正确领导下，积极适应经济发展新常态，抢抓“两大振兴政策”机遇，扭紧“三大抓手”，加快项目建设，大力发展实体经济，扎实推进“一核两区三组团”建设，全县经济总体呈现稳中有进、稳中向好的态势，人民生活水平不断提高，实现了“十三五”的良好开局。

一、综合

经省、市核定，初步核算，2016年全县实现生产总值140.2亿元（当年价，下同），比上年增长9%，其中第一产业增加值31.45亿元，增长4.2%，拉动生产总值（GDP，下同）增长1个百分点；第二产业增加值38.75亿元，增长11.7%，拉动生产总值增长3.2个百分点，其中工业增加值30.39亿元，增长11.6%；第三产业增加值70.0亿元，增长9.6%，拉动生产总值增长4.8个百分点。第一、二、三产业增加值占生产总值比重由上年的21.9:29.1:49调整为今年的22.4:27.6:50。县内人均生产总值12937元，比上年增长8.4%。

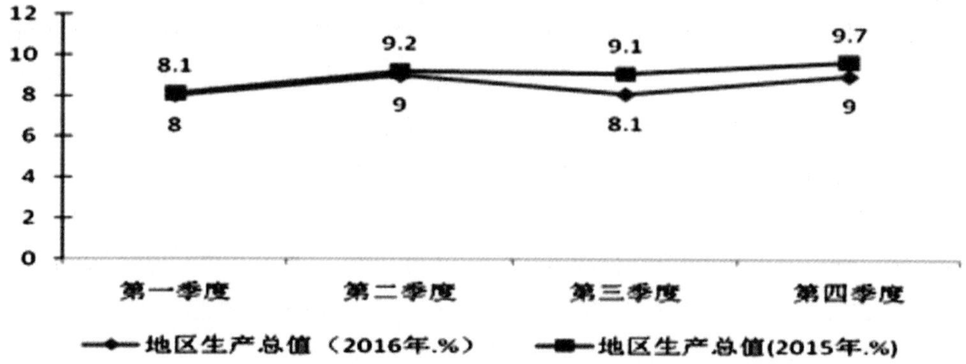

年末全县总人口为1516426人，比上年增加52497人，其中城镇人口为455154人，占总人口的30%；乡村人口为1061272人，占总人口的70%；男性人口为789835人，女性为726591人,性别比为108.7%。常住人口为1086795人，常住人口城镇化率为34.41%，比上年末提高1.2个百分点。出生率为16.36‰，比上年提高2.94个千分点；死亡率为5.76‰,比上年提高0.11个千分点；自然增长率为10.6‰。

表 8　2016 年年末人口数及构成一览表

指　标	年末数（人）	比重（%）
全县总人口	1516426	100.0
其中：城镇	455154	30
乡村	1061272	70
其中：男性	789835	52.1
女性	726591	47.9
其中：0–17 岁	445476	
18–34 岁	474477	
35–59 岁	422004	
60 周岁及以上	174469	

据抽样调查，2016 年全县居民消费价格指数为 102.3%，上涨 2.3%，其中食品类上涨 7.9%，居住类价格下跌 0.6%。固定资产投资价格上涨 0.3%。工业品出厂价格指数下降 0.6%。商品零售价格指数为 100.2%，上涨 0.2%。

全年新增个体工商注册 4486 户，比上年增长 17.1%；注册资金 3.1 亿元，增长 39.9%；新增从业人员 7023 人，增长 28.1%。新增私营企业 609 家，增长 9.9%；注册资金 39.1 亿元，增长 79.2%；新增从业人员 24534 人，增长 84.6%。全社会从业人员 47.68 万人，增长 1.8%。年末城镇登记失业人员 2443 人，比增长 0.1%；城镇登记失业率 2.42%，与去年持平。

虽然当前五华经济社会发展总体保持较快的增长态势，但也存在不少问题和不足，主要表现在：经济基础薄弱，人均生产总值、人均可支配收入排在全市末位；产业层次低，经济结构不合理、自主创新能力不强；工业发展短板突出，五华县工业发展还处于起步阶段，重大项目和优势企业少，园区产业聚集程度不高，创新创业的氛围还不够浓厚；财政增收困难，收支矛盾突出；城乡建设管理水平不高，全县城镇化率排在全市末位，中心城区辐射带动能力不强，城市功能和承载力亟待提升。

二、农　业

2016 年全县农业总产值 56.01 亿元，比上年增长 3.3%。其中，种植业产值 32.46 亿元，增长 4.6%；林业产值 2.94 亿元，增长 6%；牧业产值 15.76 亿元，下降 1.4%；渔业产值 1.79 亿元，增长 5.4%；农林牧渔服务业产值 3.06 亿元，增长 9.2%。

全年粮食总产量 33.13 万吨，比上年增长 2.4%。其中：稻谷 28.37 万吨，增长 1.1%；甘蔗 7836 吨，增长 7.2%；烤烟 2719 吨，增长 12.6%；花生产量为 8019 吨，增长 5.8%；大豆产量为 3962 吨，增长 4.5%。

表9 主要农产品、畜产品产量和牲畜存栏头数一览表

指　　标	2016年实绩	比上年增长 %
谷物	290408 吨	1.0
其中：稻谷	283744 吨	1.1
花生	8019 吨	5.8
大豆	3962 吨	4.5
甘蔗	7836 吨	7.2
烤烟	2719 吨	12.6
木薯（鲜）	27022 吨	-1.3
茶叶	1685 吨	66.5
水果	87374 吨	7.8
肉类产量	56671 吨	-1.4
其中：猪肉	41638 吨	-3.1
生猪年末存栏头数	444817 头	-0.7
牛年末存栏头数	70024 头	-3.7

全年肉类总产量56671吨，比上年下降1.4%，其中：猪肉产量41638吨，下降3.1%。生猪年末存栏444817头，下降0.7%，牛年末存栏70024头，下降3.7%。全年淡水产品产量18153吨，下降3.0%。

全年林业完成人工新造林15.9万亩，年末森林覆盖率70.74%，比上年提高0.59个百分点，林木蓄积量累计达822万立方米，增长5.0%。全县共有自然保护区11个，县级森林公园2个。

三、工业和建筑业

工业经济较快增长。2016年全县全部工业总产值104.87亿元，比上年增长7.8 %；完成工业增加值30.39亿元，增长11.6%。其中：规模以上工业企业30家，实现总产值66.73亿元，增长10.8%，实现增加值11.91亿元，增长13.9%。

表 10　主要工业产品产量一览表

产品名称	单位	2016 年实绩	比上年增长（%）
发电量	万千瓦时	24872	53.8
涤纶纤维	吨	72577	11.0
饮料酒	吨	4418	12.0
中成药	吨	6759	33.1
家用电热器具	万台	451	11.6

全年规模以上工业企业实现销售收入 62.5 亿元，比上年增长 12%，实现利润总额 1.36 亿元，下降 65.6%。全年工业用电量 20365 万度，增长 8.9%。

全县资质等级以上建筑企业 13 个，实现总产值 37.73 亿元，比上年增长 19.4%，建筑质量进一步提高。

四、固定资产投资

固定资产投资大幅增长。全年完成固定资产投资 97.21 亿元，比上年增长 39%。其中，交通投资 32.63 亿元，增长 33.4%；工业投资 46.0 亿元，增长 34.4%，其中技改投资 20.96 亿元，增长 50.4%；房地产投资 4.92 亿元，下降 48%；其他投资 13.66 亿元，增长 6.5 倍。

表 11　2016 年固定资产投资及其增长速度一览表

名称	本年实际（万元）	去年同期（万元）	对比增减（%）
总计	972102	699440	39.0
交通业	326309	244620	33.4
其中：高速公路	211293	203095	4.0
工业投资	460009	342181	34.4
其中：技改投资	209633	139425	50.4
房地产业	49173	94517	–48.0
其他投资	136611	18122	653.8

五、交通、邮电和旅游业

全年交通运输、仓储和邮政业实现增加值4亿元，比上年增长4.3%。

交通运输业较快发展，基础设施不断完善，各种运输形式竞争有序，综合运力进一步提高。各种交通运输方式完成货物周转量16.95亿吨公里，比上年增长10.4%，完成旅客周转量4.5亿人公里，增长7.6%。年末，全县公路通车里程3131.2公里，公路密度为96.7公里/百平方公里。

全县城乡固定电话用户62215户，比上年下降23.7%，计算机互联网用户达41400户，下降5.2%。

旅游事业是五华县重点发展的新兴特色产业，近年来已成为拉动第三产业发展的一个新的增长点。在紧紧抓住城市化进程和深梅旅游路线扩展的契机，全力打造集“休闲度假、乡村旅游、客栈民宿、特色餐饮”为一体的休闲度假养生保健美丽乡村旅游，擦亮“五华客天下、球王故里、热矿泥浴”等特色旅游品牌。吸引了大批国内外游客来五华县旅游观光和休闲度假，接待人数、收入双双大幅增长。2016年共接待游客532万人次，比上年增长15.8%，全县旅游业总收入达37.66亿元，增长16.9%。

六、商业、外贸、财政

国内消费品市场稳定发展，2016年全县实现社会消费品零售总额90.47亿元，比上年增长10.7%。社会消费品零售总额中，按行业分：批发零售贸易业实现86.44亿元，增长10.7%；住宿和餐饮业营业额4.03亿元，增长9.2%；按城乡分：城镇实现零售总额65.33亿元，增长14.2%，农村实现零售总额25.14亿元，增长2.5%。

全年外贸进出口总额17,941万美元，比上年下降8.2%，外贸出口总额13951万美元，下降24.2%。其中“三资”企业出口额1444万美元，增长49.3%；一般贸易出口12507万美元，下降32.7%。实际利用外资实现801万美元，增长50.3%。

2016年财政收入较快增长，地方一般公共预算收入实现6.9亿元，比上年增长24.3%；地方一般公共预算支出为58.25亿元，增长3.3%。

七、金融

金融业快速发展，存贷款余额实现同步较快增长。2016年末，全县国家银行各项本外币存款余额245.74亿元，比上年末增长11.1%。城乡居民储蓄存款余额173.58亿元，增长9.2%。各项本外币贷款余额82.97亿元，增长18.3%。

八、教育、科技、文化

顺利通过“全国义务教育发展基本均衡县”国家复查验收。启动“广东省推进教育现代化先进县”创建工作，高级中学如期建成开学，县第六小学和特殊教育学校基本建成，县技工学校建设扎实推进。设立县教育发展基金，募集认捐资金1.35亿元。基础设施不断完善，教育投资进一步加大，办学条件继续改善，办学质量持续稳定提高。全年教育财政拨款15.32亿元，比上年增长10.5%。全县有各类中等专业学校2所，在校学生450人，减少59.1%；普通中学54所，在校学生72960人，减少5.4%，其中：高中学生29001人，减少8.6%；职业中学3所，在校学生2880人，比上年减少39.8%。全县共有小学160所，在校学生95973人，增长3.8%；适龄儿童入学率100%，与上年持平；小学毕业生升学率为100%，与上年持平；初中毕业生升学率为100%，与上年持平，高中毕业升学率89.9%，下降3.1个百分点。在2016年高考中，全县入省3A线以上人数达4363人，入围率为44.6%，入本科线以上人数2019人，入围率20.6%。

科技事业取得新的进展。全年完成市科学技术奖项目3个、县科学技术奖项目7个；完成五华县人民医院和五华县中医院等2家单位共6个项目的市级卫生科技立项结题验收工作；完成省级科技计划项目1个。专利申请总量达到250件，其中，其中发明24件，实用新型72型，外观设计154件，同比增长76.4%；授权量220件，其中发明6件，实用新型94件，外观设计120件，去年同期比增61.5%。

文化事业欣欣向荣，各种文化设施不断完善，广场文化丰富多彩。2016年两个专业剧团和县文化馆一条龙业余剧团送戏下乡演出160场，为山区群众送上丰富多彩的精神食粮。电影行业在多种文化竞争的情况下，想方设法调动电影队的积极性，出动宣传车广泛宣传，送影下乡，全县合计共放电影4932多场。图书馆现有藏书13.3万册，进馆读者13万人次，图书流通量13.3万册次。完成大型采茶戏《月照城乡》创作。

广播电视事业稳步发展。至2016年末，全县共建调频广播电台1座，有线电视台1个，有线电视站8个，卫星电视地面接收站1个，有线电视用户11.3万户，广播、电视人口覆盖率为98%，实现“喇叭村村响”广播系统全覆盖。对推动五华县两个文明建设，丰富群众的业余文化生活起到了积极作用。

九、卫生、体育

医疗卫生事业有新的发展，卫生技术人员队伍不断壮大，医疗设备日益先进，医保网络逐步扩大，防范意识不断提高。年末全县拥有卫生机构43个，床位3198张。各类卫生技术人员3544人，其中：执业医师1021人，增长1.2%；执业助理医师1009人。

一年来，全县积极开展群众性体育竞赛活动，充分利用重大节日或双休日在县城举办大型的足球、篮球、乒乓球、棋类、健身竞走等大型群众活动28场次，积极发展足球事业，设立县青少年足球发展基金，启动新球王人才培养工程，荣获6个市级以上足球赛事冠军。认真组织中甲主场赛事，积极打造文明赛场，组建球迷协会、设立球迷服务中心，协助引导球迷和观众文明观赛。一年来，五华县已承办15场中甲赛事和1场足协杯赛事，吸引省内外前来观看比赛的人数达12万人次。

十、环境保护

年末全县有环境监测站1个，环境监测人员18人。共有生活污水处理厂3座，主要江河水质达到功能水质要求，水质达标率100%，固体废物综合利用率达99.7%，全年城区空气质量优良以上347天。

县级自然保护区和县镇森林公园加快建设，启动实施“县城周边3万群山森林围城”工程，完成碳汇造林15.9万亩、森林抚育43.2万亩，建成乡村绿化美化工程54个。严格落实森林防火责任制，创新开展森林防火“严防严管严打”行动和“每月一主题”活动，有效遏制森林火灾的发生。坚持重点环境问题县政府挂牌督办制度，完成重点环境问题整治38宗。加大高污染、高耗能企业监管及淘汰力度，淘汰改造高污染燃料锅炉11台，全面完成节能减排任务，空气质量优良率、饮用水源地水质达标率分别达98.6%、100%。

十一、人民生活与社会保障

城乡居民收入进一步增加，生活水平稳步提高。据抽样调查，五华居民人均可支配收入 13,478.5 元，比上年增长 8.8%，扣除价格因素，实际增长 6.4%。其中：城镇居民年人均可支配收入 18,780 元，增长 7.1%，剔除价格上涨因素，实际增长 4.7%。农村居民年人均可支配收入 11,145.4 元，增长 9.9%，剔除价格因素实际增长 7.4%。

年末，全县参加城乡居民医疗保险的人数 115.94 万人，比上年下降 4.6%。参加农村养老保险的人数 43.24 万人，增长 6.2%。年末，全县 28239 人参加失业保险，比增 1.5%；参加基本养老保险的职工人数 32546 人，下降 25.4%；参加工伤保险人数 32521 人，比增 1.9%；有 30445 名离退休人员享受了社会养老保险，增长 8.3%。

全县享受最低生活保障的困难群众 42669 人，其中城镇 471 人，农村 42198 人。全年共发放医疗救助 4,067.34 万元，救助了 58406 人次，发放临时救助资金 154.21 万元，救助了 615 人次。

表 12　2016 年五华县国民经济和社会发展主要指标一览表

项　　目	单　位	2015 年度	2016 年度	2016 年比 2015 年 ± %
一、人　口				
当年出生人口	人	36526	52497	43.73
出生率	‰	13.42	16.36	提高 2.94 个千分点
年末总人口	人	1463929	1516426	3.59
男	人	762338	789835	3.61
女	人	701591	726591	3.56
二、国民经济核算(当年价)				
县内生产总值	亿元	126.43	140.21	9
第一产业增加值	亿元	27.66	31.45	4.2
第二产业增加值	亿元	36.78	38.75	11.7
第三产业增加值	亿元	61.99	70.01	9.6
人均县内生产总值	元	11722.00	12937	8.4
三、农　业				
农业总产值(当年价)	亿元	50.57	56.01	3.3
主要农产品产量				
粮　食	万吨	32.36	33.13	2.39
水　稻	万吨	28.06	28.37	1.12
水　果	万吨	8.11	8.74	7.8
茶　叶	吨	1012.00	1685	66.5
烟　叶	吨	2414.00	2719	12.68
水产品	吨	18153.00	18845	3.8
年末生猪存栏	万头	44.80	44.48	-0.7
年末耕牛存栏	万头	2.81	2.63	-6.41
造林面积	万亩	16.4	15.90	-3.0
森林覆盖率	%	70.15	70.74	0.59
森林蓄积量	万立方米	783	822	5.0

续表 12

项目	单位	2015 年度	2016 年度	2016 年比 2015 年 ± %
四、工业				
工业总产值(当年价)	亿元	91.30	104.87	7.8
主要工业产品产量				
发电量	万千瓦时	16173.00	24872	53.79
饮料酒	吨	3945.00	4418	11.99
中成药	吨	5080.00	6759	33.05
五、交通、运输、邮电				
公路通车里程	公里	3246.00	3334.50	2.73
客运量	万人	563.00	—	—
货运量	万吨	1366.00	—	—
电话装机用户	户	80276	62215	−22.50
六、全社会固定资产投资	亿元	69.94	97.21	39
七、商业				
社会消费品零售总额	亿元	81	90.47	10.7
商品批发销售总额	亿元	77.39	86.44	10.7
八、对外经济贸易				
外贸出口总额	万美元	18270.00	13951.00	−24.2
“三资”企业出口	万美元	1584.76	1444.00	49.3
实际利用外资	万美元	533.00	801.00	50.3
九、财政、金融、保险				
财政收入(同口径)	亿元	5.55	6.90	24.3
财政支出	亿元	57.07	58.76	3.3
年末银行存款余额	亿元	221.25	245.74	11.1
年末银行贷款余额	亿元	70.19	83.0	18.24
各类保险保费收入	亿元	1.42	1.44	1.4

续表 12

项　　目	单　位	2015 年度	2016 年度	2016 年比 2015 年 ± %
十、教育、卫生				
在校学生总数	人	219288	215930	–1.53
中等专业学校学生	人	1100	450	–59.09
普通中学学生	人	77123	72960	–5.4
小学学生	人	92483	95973	3.77
学前教育	人	43720	43544	–0.40
特殊教育	人	78	123	57.69
职业中学学生	人	4784	2880	–39.8
卫生技术人员	人	2950	3544	20.14
医　生	人	1973	1543	–21.79
病人床位数	张	2565	3198	24.68
十一、人民生活				
城镇居民年人均收入	元	17537	18780	7.09
农民年人均纯收入	元	10138	11145	9.93
城乡居民年末储蓄余额	亿元	158.89	173.58	9.25

说明：本表内数字均为五华县统计局提供

表13 2016年五华县主要经济指标占梅州市比例一览表

主要指标项目	单 位	五华县	梅州市	县占市(%)
地区生产总值(当年价)	亿元	140.21	1045.56	13.41
人均地区生产总值	元	12937.00	24031.00	53.83
工农业总产值(当年价,下同)	亿元	160.88	646.28	24.89
农业产值	亿元	56.01	343.02	16.33
工业产值	亿元	104.87	303.26	34.58
粮食总产量	万吨	33.13	123.97	26.72
全社会固定资产投资	亿元	97.21	650.36	14.95
社会消费品零售总额	亿元	90.47	619.77	14.60
实际利用外资	万美元	801	5710.00	14.03
地方财政收入	亿元	6.90	105.46	6.54
农民人均年纯收入	元	11145	12991.20	—
城乡居民储蓄存款余额	亿元	173.58	1147.07	15.13

名录

五華年鑒

2017

英烈庙

先 进 名 录

表 14　2016 年度五华县获国家级先进单位一览表

单位名称	授予单位	荣誉称号	授予时间
五华县司法局	中共中央宣传部 中华人民共和国司法部	2011—2015 年全国法治宣传教育先进县	2016 年 5 月
五华县人力资源和社会保障局	国家人社部	全国人力资源和社会保障系统 2014—2016 年度优质服务窗口	2016 年 12 月

表 15　2016 年度五华县获省级先进单位一览表

单位名称	授予单位	荣誉称号	授予时间
五华县人民检察院	省委、省政府	2013—2015 年扶贫开发“双到”优秀单位	2016 年 4 月
中国电信股份有限公司五华分公司	广东省人民政府	巾帼文明岗	2016 年 4 月

表16 2016年度五华县获市级先进单位一览表

单位名称	授予单位	荣誉称号	授予时间
广东井得电机有限公司	梅州市人民政府	2016年梅州市科学技术奖	2016年12月
五华县农业科学技术研究所、五华登云嶂云雾茶叶有限公司	梅州市人民政府	2016年梅州市科学技术奖	2016年12月
五华县林业科技推广站	梅州市人民政府	2016年梅州市科学技术奖	2016年12月

表17 2016年度五华县获省级先进个人一览表

姓名	单位及职务	授予单位	荣誉称号	授予时间
古伟炎	五华县蓄能办主任	中国共产党广东省委员会	广东省优秀共产党员	2016年7月

文献选编

五華年鑒

2017

球王李惠堂雕像

文 件 选 登

中共五华县委　五华县人民政府
关于印发《关于建设卫生强县的实施意见》的通知

华委发〔2016〕2号

各镇党委、人民政府，县直部委办局和中央、省、市属驻五华各单位：

《关于建设卫生强县的实施意见》已经县委、县政府同意，现印发给你们，请结合实际认真贯彻执行。

中共五华县委
五华县人民政府
2016年4月6日

关于建设卫生强县的实施意见

为深入贯彻党的十八大和十八届三中、四中、五中全会精神，树立创新、协调、绿色、开放、共享的发展理念，着力构建与小康社会相适应的医疗卫生服务体系，加快建立基本医疗卫生制度，建设卫生强县，打造健康五华，促进县域医疗卫生事业协调发展，根据《中共广东省委、广东省人民政府关于建设卫生强省的决定》、《中共梅州市委、梅州市人民政府关于建设卫生强市的意见》和深化医药卫生体制改革的相关部署，结合我县实际制定本实施意见。

一、总体目标

紧紧围绕省、市建设卫生强省、卫生强市的决策部署和县委、县政府“一核二区三组团”发展战略，以保障人民群众健康为中心，以公平可及、群众受益为出发点和落脚点，坚持预防为主、防治结合、中西医并重，坚持政府主导、社会参与，坚持三医联动、协同推进，坚持固本强基、创新发展，统筹推进医疗服务、医疗保障、公共卫生、医药供应、监管体制综合改革，实施强基创优行动计划，增强医疗卫生服务水平和综合实力，力争在2018年前基本达到卫生强县要求，2020年前基本建成卫生强县，2025年前全面建成卫生强县。

到2018年，建立基本医疗卫生制度，人民群众健康水平明显提升，医疗卫生服务能力较大幅度提升，主要健康指标达到全市中等以上水平，县域内住院率提高到90%左右，基本实现大病不出县。

到2020年，基本医疗卫生制度进一步完善，整合型医疗卫生服务体系基本建成，总体实现基本医疗卫生服务均等化，县级医疗卫生服务能力和水平明显提高，卫生综合实力和主要健康指标水平进一步提升，基本建成卫生强县。

到2025年，基本医疗卫生制度完善，医疗卫生服务体系健全，卫生资源配置合理，医疗设施和技术先进，疾病控制科学高效，人才队伍结构优化，科技创新和学科建设水平提升，主要健康指标和医疗服务水平接近全市先进县（市、区）水平，全面建成卫生强县。

二、主要指标

居民健康水平：人均期望寿命77岁以上，孕产妇死亡率和婴儿死亡率分别控制在10/10万和3‰以下。

卫生资源配置水平：每千常住人口执业（助理）医师数、公共卫生人员数、注册护士数和床位数分别达到2.8、1.0、3.5和5.4。每万常住人口全科医生3名以上。医护比达到1:1.25。本科以上卫生技术人员占比40%以上。15分钟内可到达医疗机构住户占比90%以上。

医疗保障水平：全民医保体系健全完善，基本医保与大病保险、医疗救助、应急救助等制度有效衔接，个人卫生支出占卫生总费用比例25%以下。

疾病预防控制水平：当年甲乙类法定报告传染病发病率不超过近5年的平均发病水平，以镇为单位适龄儿童免疫规划疫苗接种率达到95%以上，高血压、糖尿病、严重精神障碍患者规范管理率达到国家要求。

城乡环境卫生水平：城区病媒生物密度控制水平达到国家标准，农村自来水普及率90%以上，农村无害化卫生厕所普及率90%以上。

群众健康意识状况：居民健康档案规范化电子建档率90%以上。产妇产前检查率98%以上，城乡居民健康素养水平比国家要求高5个百分点。

三、主要任务

（一）建立健全城乡医疗服务体系。

1.优化区域医疗资源配置。坚持统筹规划、分步实施，结合实施“强基创优”三年行动计划和医疗卫生重点项目规划建设方案，对全县医疗卫生资源数量、规模、布局和功能定位进行优化配置，加大政府投入，引进社会资本，集中力量抓好医疗卫生重点建设项目落实，加强县人民医院、中医院、妇幼保健院建设，对接梅州市建立市县医疗联合体，建立县镇医疗联合体，推进县镇村一体化管理。深入推进提升卫生院综合服务能力建设项目，确保全县30间卫生院均达到标准化建设要求。全面优化县、镇、村医疗卫生服务网络，构建区域医疗卫生事业协调发展新格局。重点抓好县城医疗资源扩容提质，2016年县妇幼保健院住院大楼建成投入使用；2017年前县中医医院外科综合大楼和手术室投入建成使用；2018年前康泰精神病医院新院区建成投入使用；2020年前建成梅州谷城医院（民营三级医院），完成县人民医院升级改造，打造技术领先、设施先进、功能完善的县域健康医疗服务中心。

2.积极探索建立现代医院管理制度。2017年，完成县级公立医院规范化标准化建设。加快政府职能转变，推进管办分开，完善法人治理结构和治理机制。逐步取消公立医院行政级别，逐步实行公立医院编制备案管理，落实公立医院用人、分配、管理等自主权。坚持公立医院公益属性，破除逐利机制，落实政府办医责任，建立公立医院科学补偿机制。以破除以药补医机制为关键环节，取消药品加成。理顺药品价格，降低药品、医用耗材费用和大型医用设备检查治疗价格。深化医保支付方式改革，规范药品使用和医疗行为。建立健全医疗服务价格动态调整机制，在保证公立医院良性运行、医保基金可承受、群众整体负担不增加的前提下，合理调整提升医疗服务价格，充分体现医务人员劳动价值。建立符合医疗行业特点的薪酬制度，力争到 2018 年，人员经费支出占业务支出比例达到40%以上。建立以社会效益、工作效率和质量安全为核心的绩效评价机制。

3.全面建立分级诊疗制度。坚持以提高基层医疗卫生服务能力为切入点，加快构建分级诊疗医疗服务模式，提高医疗服务体系整体运行效率，形成合理就医秩序。制定完善相关疾病诊疗指南和临床路径，逐步完善双向转诊标准和程序，形成连续性健康管理和服务模式。完善不同级别医疗机构医保差异化支付政策，适当拉开不同级别医疗机构的起付线和支付比例差距，发挥医保对群众就医行为的引导作用。到 2017 年，分级诊疗政策体系逐步完善，医疗卫生机构分工协作机制基本形成；到 2020 年，分级诊疗服务能力全面提升，保障机制逐步健全，基层首诊、双向转诊、急慢分治、上下联动的分级诊疗制度全面建立。

4.推动建立紧密型医联体。支持市级公立医院以医疗联合体形式，与县级医疗卫生机构建立利益共享、责任共担的对口帮扶体系，鼓励实行县、镇一体化管理，引导优质资源下沉基层。鼓励整合县域医学检验、病理诊断、医学影像检查和消毒资源，建立县级医学检验检查中心，提高资源利用效率。

5.大力发展健康服务业。充分调动社会力量的积极性和创造性，重点在优化准入与审批、规划与用地、投融资与财政、税收与价格、信息与技术、人才与就业、载体与创新、监管与推广等方面，落实支持和优惠政策措施，大力发展医疗卫生服务、健康养老服务、中医药医疗保健服务、残疾人健康服务、商业健康保险、医疗设备制造、医疗保健旅游等健康服务相关产业。到 2020 年，基本建立覆盖生命周期、内涵丰富、结构合理的健康服务业体系。

（二）全面提升县级医疗综合服务能力。

6.加快县级公立医院改革创新。围绕实现县域内住院率达到 90%左右的目标，进一步巩固县级公立医院综合改革成果，统筹推进县级医院管理体制、补偿机制、人事分配、价格机制、医保支付制度、药品采购机制、监管机制等综合改革。落实政府的领导、保障、管理和监督责任。建立起维护公益性、调动积极性、保障可持续的运行机制。所有县级公立医院推行医药分开，积极探索多种有效方式改革以药补医机制，取消药品加成。按照“总量控制、结构调整、有升有降、逐步到位”的原则，理顺医疗服务价格。

7.加强县级医院硬件设施建设。继续推进县级公立医院标准化建设。按照填平补齐的原则，从 2016 年起，充分用好省市支持政策，发挥地方主动性，加大投入，加强县级医院基础设施建设和设备装备配置。重点实施县人民医院门急诊医技住院综合大楼建设，为县级医院配置开展影像、检验、手术、病理、重症监护、远程医疗服务和信息服务所需的关键设备，全面优化提升医院硬件设施设备，推动县内资源共享。

8.加强县级医院医疗技术人员培养。积极对接广州市番禺区对口帮扶五华县、城市三级公立医院对口支援县级医院的制度安排，积极探索推动不同类别、层级医疗机构建立医疗联合体或托管关系，提高县级医疗机构医疗服务水平。实施住院医师规范化培训，全面提高医师队伍的综合素质和临床能力。开展县级医院医务人员轮岗培训，重点对县级医院专科不同层级人员，安排到上级三级医院进行轮训，切实提高医疗技术能力和临床综合素质，提升各临床专科和护理的服务能力。

9.加强县级医院专科服务能力建设。切实加强县级龙头医院的临床重点专科、临床薄弱专科、中医特色专科建设以及病理、医学影像科、医学检验科、手术室和消毒供应室等支撑专科建设，重点提升常见病、多发病相关专业的医疗服务能力。实施县级医院专科特色岗位计划，在综合分析三年县外转诊率较高的病种及疾病谱变化等因素基础上，综合考虑县域医院实际情况，重点加强建设所需的临床专业科室及相关辅助科室，有针对性地提高县级医院服务能力。

（三）改革完善基层医疗卫生机构运行机制。

10.加快基层医疗卫生机构标准化建设。继续大力支持乡镇卫生院和村卫生站标准化建设。结合开展提升卫生院综合服务能力建设项目，在全县范围内开展基本医疗和基本公共卫生服务示范镇创建活动，千方百计筹措资金，加强基层基础设施设备建设。到2018年底，全县所有镇达到基本医疗和基本公共卫生服务规范化建设标准，40%以上的镇达到示范镇标准。

11.巩固完善基本药物制度。适应基层医疗卫生机构业务需求，完善基本药物配备使用政策措施，合理确定基层医疗卫生机构配备使用药品品种和数量，加强县级医院与基层医疗卫生机构用药衔接，保障群众用药需求。

12.完善基层医疗卫生机构补偿机制。实行核定任务与定额补助挂钩、适时动态调整等办法，鼓励基层医疗卫生机构提供更多更优质的服务。镇卫生院可不实行收支两条线管理。落实基本公共卫生服务补助经费，加强督导检查，保障资金规范使用。

13.建立健全基层医疗卫生机构激励机制。鼓励通过院办院管、公建民营等多种方式，推进基层医疗卫生机构管理体制改革，激发基层医务人员积极性，提高基层医疗卫生机构管理效益。改革创新人事制度，实行院长聘任制，完善岗位管理，落实基层医疗卫生机构用人和分配自主权。

14.加快建立家庭医生制度。转变基层服务模式，鼓励县级医院资深医师下基层，与基层医疗卫生机构（镇卫生院、村卫生站）组建全科医生服务团队，采取签约服务模式，为居民提供基本公共卫生服务、健康管理、初级诊断和双向转诊等全科服务。

（四）加快中医药事业发展。

15.加强中医药管理。继续全面落实建设中医药强省的决定。加强中医药管理体系建设，争取 2017 年底前创建成为“全国基层中医药工作先进单位”。

16.完善中医药服务体系。巩固和提升中医药服务能力，加快构建区域中医药服务体系，县中医医院加强基础设施和内涵建设。继续实施基层中医药服务能力提升工程，建设和完善一批中医药适宜技术推广基地，逐步开展“治未病”服务网络建设。基层医疗卫生机构全面推进中医综合诊疗服务区（中医馆）建设，推进中医药进农村、进社区、进家庭。

17. 鼓励中医药传承创新。充分发挥中医药服务的特色优势。推进名中医评选和名中医研修项目，推进名老中医药专家学术经验传承。理顺中医非药物治疗的服务价格。支持中医医疗机构院内中药制剂的研制和使用，放宽医院制剂调剂使用范围。

（五）促进社会办医加快发展。

18.改革社会办医行政审批制度。将社会办医纳入区域医疗资源规划，取消对社会办医疗机构的具体数量和地点限制。加快落实非公立与公立医疗机构在设置审批、运行发展等方面同等对待的政策。对具备相应资质的非公立医疗机构，按照规定予以批准，加快办理审批手续，简化审批流程，提高审批效率，实现民营医疗机构和公立医疗机构在准入、运营和监管等方面的公平待遇。

19.加大社会办医政策支持力度。创造条件落实好国家和省、市有关财政补助、筹资融资、税收优惠、医保定点、职称评定、等级评审、技术准入、重点学科建设、科研立项、行政事业性收费等政策。鼓励公私合作办医，公立医院以品牌、技术、人员、管理等与民营医疗机构合作办医，政府或以土地参股形式进行合作。社会资本举办三级医院或现有三级以下（不含三级）医院改建或扩建为三级医院的，可享受医疗用地地价优惠或无偿划拨土地等扶持政策，达到一定床位数的民营医院可给予一次性基本医疗服务床位奖励。制订和完善优惠激励机制，尽快形成多元办医格局。

20.提高非公立医疗机构床位数和诊疗量占比。落实执行医师、护士多点执业政策，促进医师、护士多点执业。2016年年底前，根据省、市工作进度安排，实行所有类别的医师及护士第一执业地点报备制、省域注册制、多点执业注册网络备案制。力争到2018年，非公立医疗机构床位数和诊疗服务量分别占总量的30%左右，其中社会办中医类医院床位数占中医类医院床位总量的15%左右。

（六）加强公共卫生安全体系建设。

21.完善公共卫生安全体制机制。将公共卫生安全纳入各级党委、政府公共安全体系总体部署，建立健全政府主导、预防为主、防治结合的公共卫生安全体制。建立健全重大传染病联防联控机制，加强疾病预防控制、健康教育、精神卫生、职业卫生、急救、采供血、综合监督执法、食品安全风险监测评估、妇幼保健和计划生育服务等公共卫生服务能力建设。建立健全财政经费保障机制，确保疾病预防控制、健康教育、妇幼保健、精神卫生、应急救治、采供血、卫生监督和计划生育等专业公共卫生机构的单位性质为公益一类。强化公立医院和基层医疗卫生机构的公共卫生职能，建立健全与专业公共卫生机构之间密切协作、互联互通的工作机制。

22.全面提升突发公共事件卫生应急能力。健全重大疾病及健康危害因素监测网络和突发事件信息报告网络，提高评估研判和预警能力。加强疾病预防控制机构基础设施和实验室能力建设，重点建设县疾病预防控制中心洁净度1000级无菌实验室和P2实验室。到2018年，全县疾病预防控制综合水平达到省有关要求。加强卫生应急队伍职业化、专业化建设。强化各级公立医院卫生应急处置能力建设。强化突发急性传染病医疗救治能力，依托县人民医院建设突发急性传染病隔离病房，配置负压救护车等转运设备。

23.增强重大疾病防控能力。加强传染病、慢性病、地方病等重大疾病综合防治和职业病危害防治，通过多种方式降低大病慢性病医疗费用。实施重点传染病控制、重点慢性病防控、爱国卫生以及全民健康生活方式等行动计划。全面启动“预防接种安全工程”，实施扩大免疫规划。针对艾滋病、结核病、病毒性肝炎、登革热、人畜共患病等重点或新发传染病、地方病采取干预措施，降低重大传染病健康危害。健全覆盖全县的慢性病防治服务网络，开展慢性病综合防控示范区建设，提高慢性病防治能力，降低慢性病发病率。加强精神卫生体系建设，成立县级精神卫生中心，统筹辖区精神卫生防治工作，强化县级慢性病防治站科建设，建立完善县级精神疾病诊疗机构。完善职业病防治体系，提升县职业病预防控制能力。建立健全爱国卫生运动长效机制，落实“三个一”（每年一个“爱国卫生月”，每月一次环境卫生整治，每周一次单位、社区、村庄大扫除）环境卫生整治制度，加强环境污染健康风险监测评估，深入开展卫生城镇创建工作，加强病媒生物防制，提高饮用水安全水平和无害化卫生厕所普及率。加强心理健康服务、健康教育和健康促进，将健康知识宣传普及纳入国民教育体系，提高城乡居民健康素养。

24.提高妇女儿童健康保健水平。优化整合幼保健和计划生育技术服务资源。县妇幼保健院达到二级水平。全面实施出生缺陷综合防控项目，降低出生缺陷发生率。加强产科、儿科建设，配强妇幼保健技术人员，强化高危孕产妇、新生儿管理和服务。

25.促进公共卫生服务均等化。继续实施基本公共卫生服务和重大公共卫生服务项目，逐步提高人均基本公共卫生服务经费标准，积极拓展服务内容，深化服务内涵。加强公共卫生服务项目绩效考核，强化资金管理和使用。缩小城乡、区域和不同人群之间的服务差距，落实流动人口基本公共卫生服务，提高服务可及性和均等化水平。

（七）建立健全城乡医疗保障制度。

26.提高医疗保障水平。建立完善城乡一体的基本医疗保险体系。逐步提高基本医保筹资标准和待遇水平。健全完善城乡居民大病保险制度，提高重特大疾病患者保障水平。建立健全疾病应急救助制度。完善城乡居民医疗救助制度，到2020年，全县医疗救助水平达到全省平均水平。建立健全基本医保、大病保险、医疗救助和疾病应急救助等相互衔接机制。大力推动发展补充医疗保险和商业健康保险，鼓励城乡居民在参加基本医疗保险的基础上，积极购买家庭或个人健康保险。

27.深化医保支付方式改革。健全医疗保险稳定可持续筹资和报销比例调整机制，充分发挥基本医保的基础性作用，强化对医疗服务供需双方的引导和医保控费作用。全面开展基本医疗保险付费总额控制，门诊统筹实行按人头付费，住院和门诊特定病种保障推行按病种付费、按服务单元付费等复合式付费方式。建立和完善医保经办机构和定点医疗机构之间的谈判协商机制和风险分担机制，推动形成合理的医疗服务保障格局。

28.提高基本医保管理服务能力。完善基本医保管理运行机制，改进管理办法和服务手段，创新服务模式，提高管理效率和服务水平。引入竞争机制，在确保医保基金安全和有效监管的前提下，鼓励以政府购买服务的方式，委托具有资质的商业保险机构经办医疗保障管理服务。做好医保跨地区就医费用核查和结报工作。

（八）完善药品供应保障体系。

29.改革完善药品集中采购办法。坚持政府主导、市场运作，积极配合省进一步完善药品集中采购平台功能，深化实施药品集中采购、分类采购。督促公立医疗卫生机构使用的所有药品（不含中药饮片）和医用耗材均通过省第三方药品电子交易平台采购，降低药品、医用耗材虚高价格。完善药款结算方式，缩短结算时限，提高资金运作效率。

30.加强药品供应配送管理。配合拓展省第三方药品电子交易平台功能。加强药品配送管理，提高配送集中度。鼓励县镇村一体化配送，实行基层医疗卫生机构以县为单位配送药品，保障偏远、交通不便地区药品供应配送。开展短缺药品动态监测，及时掌握药品短缺情况，主动向省供应平台提出建议，进一步健全短缺药品供应保障机制，确保群众基本用药需求。建立完善药品供应保障监督管理体系，强化综合监督管理，严格执行诚信记录和市场清退制度，严肃查处医疗卫生机构和药品生产经营企业违法违规行为。

31.推进药品生产流通领域改革。严格市场准入，深化药品注册审批制度改革，推动医药产业结构优化和转型升级，鼓励发展药品现代物流和连锁经营，促进医药产业健康发展。建立严格的覆盖全过程的药品监管制度，落实主体责任，严厉打击危害药品安全的违法行为，提高药品质量。完善药品风险监测网络，加强药品检验检测体系建设，建立健全药品预警和应急处置机制，确保人民群众用药安全。

（九）加强医药卫生科技创新和人才队伍建设。

32.推动医药领域科技创新。实施临床重点专科培育计划，集中力量在一些重点领域、关键技术上取得突破。依托市人民医院、嘉应学院医学院等医疗卫生机构及省级医学院校，加大科研攻关力度，加强医学教育科研合作，推动医学科技创新和成果转化。加大适宜技术研发转化力度，每年推广一批特色鲜明、疗效确切、价格适宜的技术。创造条件培育省、市临床重点专科，在全县医疗机构培育 3—5 个市级临床重点专科。五华县人民医院力争培育 1 个省级临床重点专科。力争到 2018 年，在特色专科、重点专科、医学科研等方面，数量上有较大突破，质量上有较大提升。

33.加大高层次卫生人才培养力度。制定实施卫生高层次人才发展规划，通过加强人才引进、完善选拔机制、建立研修制度、资助重大学术活动等措施，提升卫生人才队伍素质。各类医疗卫生机构按照绩效工资总量的 5%统筹安排高层次卫生人才培养经费并逐年增加，逐步达到绩效工资总量的 10%左右，用于高层次卫生人才的培养、奖励和引进。引进高层次人才工资待遇由用人单位与被引进人才协议确定。实施人才品牌战略，开展“长乐名医、长乐青年拔尖医学人才”命名活动，通过命名和推介一批医德高尚、技术精湛、服务优质、群众认可，能够代表五华水平和形象的“长乐名医”和“长乐青年拔尖医学人才”，大力营造尊重人才、尊重知识、尊重劳动、尊重创造的浓厚氛围，激励广大医务人员岗位建功、岗位成才，全面提升各级医疗机构的知名度和美誉度。同时，每年评选县级“优秀乡村医生”3—5 名，激励表彰扎根基层服务群众的医务工作者。

34.完善医学人才教育培训体系。全面实施住院医师规范化培训，到 2020 年，全县所有新进医疗岗位的本科及以上学历临床医师 100%接受住院医师规范化培训。通过全科医生规范化培训、在岗医师转岗培训、农村订单定向培养、提升基层在岗医师学历层次等渠道，加强基层卫生人才队伍建设。到 2018 年，全县每万人口全科医生达到 2 名以上；2020 年达到 3 名以上。加强农村卫生人员学历教育，力争到 2018 年，全县镇级卫生院专科以上学历比例提高到 45%以上。建立健全医学终身教育制度，充分利用各种卫生和教育资源，发挥远程教育的技术优势，开展形式多样的继续医学教育活动。

35.提高基层卫生人员待遇。实施县级医院专科特设岗位计划，继续落实基层医疗卫生机构事业费和边远卫生院医务人员岗位津贴补助政策，并建立调整增长机制。落实基层医务人员养老保险、医疗保险等待遇，对高层次专业技术人才到基层医疗卫生机构工作，可按特设岗位给予聘用。设立基层全科医生特殊岗位津贴。完善基层医疗卫生机构绩效工资制度，基层医疗卫生机构可从单位上年度收支结余部分自主提取一定比例用于增发奖励性绩效工资，自主调整基础性和奖励性绩效工资比例。奖励性绩效工资重点向临床一线、关键岗位、业务骨干和作出突出贡献的人员倾斜。落实卫生系列高级专业技术资格评审制度改革，建立完善基层卫生人才职称评审制度。

（十）提高医疗卫生信息化水平。

36.加快建设全民健康信息服务体系。采用政府主导、社会参与的模式，积极推进全民健康信息化建设，着力构建覆盖公共卫生、医疗服务、医疗保障、药品供应、计划生育和综合管理业务的医疗健康管理和服务大数据应用体系。2017 年，力争建成基层医疗卫生机构管理信息系统；到 2018 年，根据全市推进情况，力争实现 80%县、镇医疗卫生机构与市级互联互通，全民健康信息服务体系初具规模；到 2020 年，力争全县医疗卫生机构 100%实现与市级互联互通，推动全行业信息共享和业务协同。

37.大力发展互联网+医疗。积极应用移动互联网、物联网、云计算、大数据等新兴技术，大力发展远程医疗、移动医疗、智慧医疗和个性医疗。推进实施互联网+健康服务和健康医疗信息惠民行动计划，积极挖掘和应用医疗健康大数据，大力发展健康信息服务普惠项目，扩大健康信息服务和智慧医疗服务的广度和深度。支持医疗卫生机构、健康管理服务机构与 IT 企业、网络运营商、社会资本合作创新智慧医疗、智慧健康服务模式，发展面向广大城乡居民的新型增值健康服务项目。

（十一）着力提升医疗卫生法治化水平。

38.提高依法治理医疗卫生事业的能力。强化法律法规落实情况的监督检查，推动以法规规章形式规范医疗卫生机构补偿机制、管理运行机制等，实现政府依法办医、部门依法管医、医院依法行医。推进依法行政、依法监管。进一步简政放权，推进政府职能转变。

39.建立协调统一的医疗卫生管理体制。加快推进属地化和全行业管理。所有医疗卫生机构，不论所有制、投资主体、隶属关系和经营性质，均由卫生计生行政部门实行统一规划、统一准入、统一监管。推进医疗卫生管理体制改革，进一步转变政府职能，卫生计生行政部门主要承担卫生发展规划、资格准入、规范标准、服务监管等行业管理职能，其他相关部门按照各自职能进行管理和提供服务。要切实强化各级政府对医疗卫生工作的领导、保障、管理和监督责任，各镇要整合卫生计生资源，有效行使基层政府卫生计生行政管理职能，推动医疗卫生工作重心下移、医疗卫生资源下沉，提高基层居民健康水平。

40.强化卫生计生综合监督执法。理顺卫生计生综合监督体制，整合监督执法力量和资源，强化行政执法责任制，进一步加强行政许可和行政处罚等制度建设，建立健全规范统一、运转高效、执法有力的综合监督执法保障机制。强化医疗服务要素准入管理，规范医疗服务行为。加强公共卫生监督，定期向社会公布监督检查情况，依法打击危害人民群众身体健康和生命安全的违法行为。探索构建部门、行业、社会协同监管机制，支持培育、规范发展卫生监督行业，提高行业自律管理能力。

41.构建和谐医患关系。进一步健全和落实医疗卫生行风管理制度，强化职业道德教育，树立和表彰先进典型。全面推进创建“平安医院”活动，加强医患纠纷人民调解制度和医疗责任保险制度建设，到 2018 年，医疗责任险基本覆盖全县二级以上公立医院。严厉打击涉医违法犯罪行为，优化医务人员执业环境，维护正常医疗秩序。加强医疗卫生宣传，倡导尊医重卫和理性就医观念，增进医患之间相互理解和信任。

四、保障措施

（一）加强组织领导。五华县成立以县长为组长，分管县领导为副组长，县级卫生计生、机构编制、发改、科工商务、民政、财政、人社、住建、水务、文化广电新闻、国土资源、工商和质监、地税、食品药品监管等部门主要负责人为成员的创建“卫生强县”工作领导小组，下设办公室，专门抽调人员，安排办公场所，配备办公设备，全面督促和指导卫生创强工作的落实。各镇党委、政府一把手是卫生创强工作的第一责任人，要亲自抓、负总责、亲自研究解决卫生强县建设中的重大问题；要成立相应机构，明确分管领导，安排具体人员，落实责任分工，制定工作方案，尽快抓好实施。各镇各有关单位要齐心协力相互配合，共同推进深化医药卫生体制改革和卫生强县建设工作，确保我县如期实现“卫生强县”目标。

（二）加大投入力度。坚持政府在提供公共卫生和基本医疗服务中的主导地位，积极调整支出结构，健全卫生投入保障机制。各级政府财政卫生支出占经常性财政支出的比例应逐年提高，新增政府卫生投入重点用于支持公共卫生、基层医疗服务和基本医疗保障，加大对公立医院改革、卫生科技、人才队伍建设等方面的投入。完善财政卫生投入资金绩效考评监督机制，将资金投入与使用效益挂钩。积极推进PPP模式建设项目，鼓励社会力量投资发展医疗卫生事业，形成政府主导、社会参与的多元投入格局。

（三）加强宣传动员。各镇各有关单位要充分利用报纸、电视、网站等媒体，采取灵活多样的形式，广泛深入地开展卫生创强宣传工作。各镇必须在交通要道、重要路口等显要位置设置规格为3m×6 m的卫生创强宣传牌，其中总人口 8 万人以上的镇设置不少于 3 块，8 万人以下的镇不少于 2 块；各单位要利用显示屏、悬挂横幅等方式，大力宣传卫生创强工作，积极营造全社会关心支持卫生事业发展的良好氛围。要积极动员乡贤捐资支持镇卫生院、村卫生站建设，着力解决建设资金。

（四）强化督促考核。各镇各相关部门要强化抓落实意识，建立台账制度，逐条逐项推动各项工作落到实处。从 2016 年起，将全县医药卫生体制改革和卫生创强工作纳入县委、县政府全面深化改革总体工作中统筹部署、重点督查。扎实开展卫生强县、基本医疗和基本公共卫生服务示范镇创建活动，制定科学的考核办法和指标体系，并将创建活动纳入各镇党委、政府年度工作考核评估，促进健康五华建设，推动全县医疗卫生事业的发展。

五华县人民政府
关于印发五华县社会公示制度的通知

华府〔2016〕24 号

各镇人民政府，县府直属和省、市属驻五华各单位：

《五华县社会公示制度》业经 2016 年 9 月 8 日县政府常务会议同意，现印发给你们，请认真贯彻执行。执行过程中遇到的问题，请径向县法制局反映。

五华县人民政府
2016 年 9 月 18 日

五华县社会公示制度

第一条　为推进政务公开，让广大人民群众充分享有对国家政治和社会生活的知情权、参与权和监督权，制定本制度。

第二条　社会公示内容应与法律、法规及党和国家有关政策相一致，坚持公开、公平、公正及实事求是的原则，依法应当公示的政务事项一律向社会公示。

第三条　县政府及其部门信息公示内容如下：

（一）政府及其部门制定的规范性文件；

（二）本县的国民经济和社会发展规划、专项规划、区域规划及相关政策；

（三）政府组成部门管理职能及其调整、变动情况；

（四）国民经济和社会发展统计信息；

（五）财政预算、决算报告；

（六）政府及其部门集中采购项目的目录、标准及实施情况；

（七）重大项目的审批和实施情况；

（八）征收或者征用土地、房屋拆迁及其补偿、补助费用的发放、使用情况；

（九）矿产资源开发利用情况；

（十）税费征收和减免政策的具体项目、依据、标准及执行情况；

（十一）行政事业性收费的项目、依据、标准及涉及民生的重大价格调整；

（十二）公务员招考、录用及干部选任情况；

（十三）扶贫、教育、医疗、社会保障、促进就业等方面的政策、措施及其实施情况；

（十四）突发公共事件的应急预案、预警信息及应对情况；

（十五）环境保护、公共卫生、安全生产、食品药品、产品质量的监督检查情况；

（十六）城乡建设和管理的重大事项；

（十七）社会公益事业建设情况；

（十八）抢险救灾、优抚、救济、社会捐助等款物的管理、使用和分配情况；

（十九）法律、法规、规章规定必须公开的事项和其它需要公示的事项。

镇级人民政府信息公示内容如下：

（一）贯彻落实国家关于农村工作政策的情况；

（二）财政收支、各类专项资金的管理

和使用情况；

（三）本镇土地利用总体规划、宅基地使用的审核情况；

（四）征收或者征用土地、房屋拆迁及其补偿、补助费用的发放、使用情况；

（五）本镇的债权债务、筹资筹劳情况；

（六）抢险救灾、优抚、救济、社会捐助等款物的发放情况；

（七）乡镇集体企业及其他乡镇经济实体承包、租赁、拍卖等情况；

（八）执行计划生育政策的情况。

第四条 公示的形式如下：

（一）通过政府公报、政报、通报、简报等形式公示；

（二）通过报刊、电视、广播、政府网站等形式公示；

（三）通过印发办事指南、发放便民手册等形式公示；

（四）其他便于公众知晓的方式公示。

第五条 公示期限为自该政府信息形成或变更之日起 7 个工作日内，法律、法规对公示期限另有规定的，从其规定。

第六条 本县行政机关要根据政务事项变动情况，及时更改公示内容，确保政务公开的时效性、准确性，使焦点、热点问题及时向社会各界和广大群众公示。

第七条 本县行政机关要主动接受社会和群众的监督，及时收集群众的主要意见和建议，并应在每年 3 月 31 日前公布本行政机关的公示工作年度报告。公示报告应当包括以下内容：

（一）公示的基本情况；

（二）收集的主要意见、建议及理由；

（三）对群众主要意见、建议的改正及采纳情况，对人民群众和社会各界提出的意见和建议，如决策中未采纳的，应说明理由，并及时向社会公告；

（四）其他需要报告的事项。

第八条 行政机关违反本制度的规定，凡应公示而没有公示以及公示不规范的，或者因政务公开工作不力而出现违法违纪问题的单位和个人，由政府监察部门按照管理权限追究其行政责任，造成重大影响和不良后果的，依据有关规定给予相应的处分；构成犯罪的，依法追究刑事责任。

第九条 县属媒体对涉及社会公示内容的应免费给予刊登。

第十条 本制度自印发之日起实施。

五华县人民政府关于印发五华县国民经济和社会发展第十三个五年规划纲要的通知

华府〔2016〕26号

各镇人民政府，县府直属和省、市属驻五华各单位：

《五华县国民经济和社会发展第十三个五年规划纲要》业经县十四届人大六次会议审议批准，现印发给你们，请认真组织实施。

五华县人民政府

2016年10月13日

五华县国民经济和社会发展第十三个五年规划纲要

本规划纲要根据《中共五华县委关于制定国民经济和社会发展第十三个五年规划的建议》编制，主要明确政府工作重点，引导市场主体行为，是战略性、纲领性、综合性规划，是政府履行经济调节、市场监督、社会管理和公共服务职责的重要依据，是未来五年我县经济社会发展的宏伟蓝图。

第一篇　新起点　明确发展方向

“十三五”时期（2016—2020年），是我国协调推进“四个全面”攻坚，实现“两个一百年”奋斗目标的决胜阶段，是我省实现“三个定位、两个率先”的关键时期，也是我县实现振兴发展目标、建成“工业新城、宜居五华”的攻坚时期。科学规划未来五年国民经济和社会发展，对推动我县转变经济发展方式取得实质性进展、全面深化改革取得决定性成果、全面推进依法治县取得重大进展、实现振兴发展意义深远。

第一章　发展基础与发展环境

“十二五”时期是五华县发展不平凡的五年，县委、县政府主动适应新常态，采取有效措施积极应对，经济社会发展取得可喜的成绩。“十三五”时期，实现“两个百年”奋斗目标承前启后，具有重大的里程碑意义，我县将迎来振兴发展的重要机遇和挑战。

第一节　发展基础

“十二五”以来，在梅州市委、市政府的正确领导下，五华县始终紧扣振兴发展主线，落实原中央苏区振兴发展和促进粤东西北振兴发展“两大政策”，“三大抓手”持续发力，积极对接梅州市委、市政府“梅兴华丰产业集聚带”政策规划和大力实施“两新两特两重点”、惠民生、促和谐、强队伍等经济社会发展思路，坚守生态保护和维护稳定“两条底线”，全县经济社会实现平稳较快发展。“十二五”规划总体实施情况良好，为“十三五”时期的发展奠定良好基础。

（一）经济实力稳步增强。2015年，全县地区生产总值达到126.4亿元，“十二五”期间年均增长11%，2015年人均地区生产总值达到1.18万元，“十二五”期间年均增长10.3%。一般公共预算本级收入由“十一五”末的1.98亿元增至2015年的5.55亿元，年均增长25.74%。产业结构不断优化，三次产业结构比例由2010年的29.6：22.8：47.6调整为2015年的21.9：29.1：49，初步形成了以五金机电、汽车配件、医药制造、食品饮料、再生资源利用为主的五大特色产业，文化旅游产业和特色高效农业发展迅速。

——农业保持良好发展态势。“十二五”时期，农业生产得到快速发展。2015年，全县农业总产值达到48.1亿元，“十二五”期间年均增长8.8%。粮食产量基本稳定，优质稻、烤烟、油茶、南药、肉类等农产品实现大幅增长，烟叶生产保持平稳健康发展，畜牧业、水产业走上了规模养殖的健康发展轨道。“十二五”期间，新增农业龙头企业52家，其中省级9家、市级15家、县级28家。

——园区扩能增效扎实推进。2015年，全县完成工业总产值91.3亿元，“十二五”期间年均增长16.5%；规模以上工业总产值完成59.04亿元，“十二五”期间年均增长29.5%；规模以上工业增加值完成13.2亿元，“十二五”期间年均增长24.5%。广州番禺（五华）产业转移园纳入省级产业转移园管理，扩园步伐不断加快，基础设施不断完善，加大闲置土地清理，大力开展招商引资，园区效益不断提升。加快扩园步伐，完善了园区道路、供水、供电、排污等一批基础设施，至2015年底，累计投入9.3亿多元，逐步拉开了园区架构，园区规模渐成雏形。至2015年底，园区落户企业达91家，新增规上企业4家，累计达到17家，实现工业总产值53.2亿元、工业增加值11.9亿元、税收1.71亿元，分别比增18.5%、20.2%、33.6%，比2010年分别增长3.2倍、2倍、5.5倍。总规划面积25平方公里、首期4平方公里的河东工业园已启动建设，为我县工业经济打造新的发展平台。

——第三产业较快发展。2015年，全县社会消费品零售总额达81亿元，“十二五”期间年均增长10.5%。客货物运输、现代物流业、房地产业等均得到快速发展，旅游业发展势头良好。

——固定资产投资高速增长。“十二五”时期，全县五年累计完成固定资产投资达179.25亿元，其中2015年固定资产投资完成69.9亿元，“十二五”期间年均增长44.2%。

——交通基础设施建设进一步加快。“十二五”期间，我县以高速公路建设为抓手，推进对外快速联通，系统谋划全县交通路网的提升改造，实现县内互通串联。汕湛、平兴高速五华段建成通车，兴华高速五华段实现无障碍施工，预计于2017年年底建成通车。完成了环城大道、工业大道、省道S120线河东圩镇至油田再新段公路、省道S228线华城高速出口至河东段、枫林至平安寺公路、旅游专线公路等一批省县道改造和建设，动工建设琴江公路。同时，加快推进高速公路出口与县内主干道的连接线建设，有序推进一批县乡道路建设。通过交通路网的优化提升，为产业发展和公共服务水平的提升创造条件。“十二五”期间，我县累计投入31.2亿元，规划建设6条国、省道共121.7公里，18条县、乡道255.3公里；新建农村公路550公里，至“十二五”期末，我县公路通车里程为3246.7公里，公路密度达每百平方公里101公里，分别比“十一五”期末增加512公里和16.2公里，基本实现镇级有站、村级有亭和有通客运班车条件的行政村通客车，客运通达率100%。

——城乡建设成效初显。以“工业立县”为依托，实施“交通拉动、项目带动、产城联动”，稳步推进城乡建设。按照48平方公里、48万人口的规模，对县城重新布局，提升功能，完成县城第三次总体规划修编，做好县城中心城区27平方公里的控制性详细规划和13.5平方公里的琴江新城规划编制及重点镇规划修编。以打通“两江四岸八桥”等制约县城建设发展的瓶颈和关键节点为突破口，实施一批民生工程和重点城建项目，改善了市政配套和公共服务设施。完成了9.8公里的环城大道、3公里的工业大道等道路建设，县城增加有效通车里程20多公里；升级改造了总长12.2公里的员瑾堤、澄湖堤、水中堤等8条县城堤路建设；完成了水寨大道、水潭路、华一路等县城主要街道的升级改造。建成总占地面积19万多平方米的琴江公园、狮山公园、上坝公园和琴江广场。完成华裕、华园、前进等农贸市场的升级改造和建设任务；完成县城污水处理厂、生活垃圾无害化处理场升级改造等一批市政配套工程。启动人民公园人居环境改善工程（引进碧桂园集团投资10亿打造五华高档住宅小区、引进奥园集团首期投资6亿元建设首个城市综合体项目），动工建设环城大道东延线，拉开新城架构，拓展城市空间。投资1.79亿元的长乐大桥等一批市政工程加快实施。成功创建“广东省卫生县城”工作，县城人居环境逐步改善，华城、安流二个中心镇城镇化进程明显加快。大力推进特色乡村建设，重点打造一批美丽镇村、名镇名村，加快镇村配套设施建设，实施一批圩镇市场、街道改造和休闲健身广场建设工程。城镇建成区面积不断扩大，城镇土地集约利用水平不断提高，县城扩容提质取得显著成效，“和谐美丽镇村”创建初见成效。2015年五华城镇化率达到31.5%。

（二）社会事业稳步发展。

——人口发展总体平稳。2015年末五华县户籍总人口为137.7万人，比上年增长10.4‰。非农人口为18.3万人，占总人口的13.3%；农业人口为119.4万人，占总人口的86.7%。在总人口中，男性人口为70.7万人，女性人口为67万人，性别比为105.6:100。“十二五”期间年均人口自然增长率6.2‰。

——社保覆盖面进一步扩大。至2015年末为止，全县参加城乡居民医疗保险的人数121.65万人，增长6.3%。全县享受最低生活保障的困难群众61664人。全县各乡镇已建立了农村社会保障网络，劳动关系更加和谐稳定，2015年城镇新增就业人数5111人。各类企业全面实施劳动合同制度，集体协商和集体合同制度普遍建立，企业劳动合同签订率达到93%。

——城镇居民收入稳步提升。2015年五华县城乡居民人均可支配收入12586元，其中城镇居民人均可支配收入17537元，农村居民人均可支配收入10138元，剔除价格因素，分别比上年增长7.5%和6.1%，“十二五”

期间年均分别增长 11.9%、13.4%。“十二五”期间，文化、教育、医疗、卫生事业稳步发展，积极开展 “广东省文明县城”创建。投入 7.58 亿元发展教育和改善教学条件，实现教育强镇全覆盖，成功创建“广东省教育强县”和“义务教育发展基本均衡县”；扶贫开发“双到”工作取得显著成效，各级帮扶单位共投入资金 21.56 亿元，帮助有劳动能力的贫困户实现了稳定脱贫，贫困村落后面貌有根本改观；加快医疗卫生基础设施建设和镇级卫生院升级改造。2013 年被列入原中央苏区范围县。县文化馆被国家文化部评为国家县级一级文化馆，南越王赵佗行宫被列为“广东省八大遗址”之一。

（三）生态文明建设稳步推进。

“十二五”期间，我县坚持环保优先方针，加强生态环境建设，服务绿色经济崛起，节能减排工作扎实推进，生态环境质量总体保持稳定，有效支撑了社会经济的持续、快速、健康发展。2015 年县城集中式饮用水源水质良好，水质达标率为 100%，城镇供水水源地水质全面达标，农村生活饮用水水质合格率均达到 88%以上，全年 360 天城市空气质量均达到国家环境空气质量二级标准。城镇生活污水处理率达 39.1%，工业废水排放达标率达到 70%，城镇生活垃圾无害化处理率达到 40.2%。大力推进绿化造林，完成造林 55.7 万亩，完成沿江沿路绿色景观廊道、省级自然保护区七目嶂、蒲丽顶森林公园、环城大道及县城主要进出口绿色通道建设，森林覆盖率达 70.15%，城镇绿化覆盖率达到 18%，城镇人均公共绿地面积 12 平方米，活立木总蓄积量为 748.35 万立方米，林木绿化率为 77.67%。“十二五”期间，全县累计投入环境污染防治资金和生态公益林建设经费约 6.6 亿元。

表 18 五华县“十二五”规划主要目标完成情况表

类别	指标	2010 年	“十二五”规划目标	2015 年	“十二五”年均增长	属性
经济发展	地区生产总值年均增长（%）	15.1	13	9.7	11	预期性
	人均地区生产总值年均增长（%）	14.3	14	9	10.3	预期性
	全社会固定资产投资（亿元）	11.21	20	69.9	43.3	导向性
	万元 GDP 能耗（吨标煤）	0.343	−16.5	−4	−3.55	约束性
	社会消费品零售总额（亿元）	49.16	16	81	10.6	预期性
	城镇化水平（%）	23.38	—	31.5	1.6	导向性
社会发展	常住人口（万人）	105.35	—	108.28	0.6	预期性
	人口自然增长率（‰）	6.32	7	4.44	6.2	约束性
	城镇登记失业率（%）	<3.5	3	2.42	0.03	预期性
	城镇职工基本养老保险参保人数(万人)	2.54	2.61	4.2	10.58	导向性

续上表

类别	指　标	2010年	“十二五”规划目标	2015年	“十二五”年均增长	属　性
	城镇职工医疗保险参保人数（万人）	2.95	2.98	4.2	7.32	导向性
	城乡居民医疗保险覆盖率（%）	80	100	100	4.56	约束性
	高中阶段教育毛入率（%）	85.8	90	92.5	—	预期性
人民生活	城镇居民人均可支配收入年均增长（%）	—	10	10	12.3	导向性
	农村居民人均可支配收入年均增长（%）	16.4	10	8.5	13.5	导向性
	城镇生活污水集中处理率（%）	—	35	39.1	20	预期性
	二氧化硫排放总量（吨）	1500	–28	1100	–5.3	约束性
	森林覆盖率（%）	65.57	69.9	70.15	1.01	预期性

说明：1. 2010 年全社会固定资产投资按新口径统计，由 22.42 亿元修订调整为 11.21 亿元。

2. 城镇居民人均可支配收入在 2010 年下半年才开始统计，故无 2010 年的增长速度。

第二节　发展环境

“十三五”期间，世情、国情、省情将继续发生深刻变化，经济社会发展将呈现新的阶段性特征。

从全球看，世界经济仍处于国际金融危机后的深度调整期，国际分工格局加快调整，产业经济升级加速，科技革命和产业变革步伐加快，世界正在进入以信息产业为主导的新经济发展时期，我国周边环境中不确定、不稳定的因素增多。

从全国看，国内经济发展进入新常态，正处在增长速度换档期、结构调整阵痛期、前期刺激政策消化期“三期叠加”阶段，经济发展呈现速度变化、结构优化、动力转换为特点的新常态，经济发展从要素驱动、投资驱动转向创新驱动，发展动力从传统增长点转向新的增长点，产业组织方式、生产要素、市场竞争呈现新特征，产业结构优化升级持续发展，新兴产业、服务业、小微企业作用更加凸显。

从全省看，当前全省经济运行潜在风险加大、经济结构战略性调整紧迫、资源环境约束更加趋紧、社会领域矛盾凸显等问题，制约了发展，迫切需要改变。“十三五”时期，我省将继续转变生产方式，深刻认识新常态、积极适应新常态、主动引领新常态，深入实施加快发展粤东西北战略，全省经济将保持略高于全国平均速度的稳定增长。五华县国民经济和社会发展将面临新的机遇和挑战。

发展机遇：

——新一轮科技创新为五华提供新的发展引擎。全球新一轮的科技革命和产业变革蓬勃兴起，绿色工业革命方兴未艾，科技创新和产业变革加快，催生出全新的生产方式和发展模式，推动经济发展由要素驱动、投资驱动向创新驱动发展，新一轮产业革命浪潮为五华经济社会发展提供新的发展引擎。

——政策叠加效应为五华注入发展新动力。五华同时享有国家“原中央苏区振兴发展政策”、省“促进粤东西北地区振兴发展政策”、“广州全面对口帮扶政策”等政策扶持，市“一区两带”发展战略确定五华为“梅兴华丰产业集聚带”主战场，政策叠加效应显著，为五华“十三五”振兴发展指明了方向，注入了强大的发展动力。

——重大基础设施建设为五华夯实新的发展基础。按照国家、省、市发展规划为五华确定的发展定位和规划布局，五华县“四横两纵”的高速公路网的规划建设将从根本上改变五华的交通区位条件，成为梅州市对接珠三角经济区、潮汕揭经济区的重要门户节点。梅州（五华）抽水蓄能电站、益塘水库引水工程、兴汕高速、大丰华高速、龙川—梅州—龙岩高铁等重大能源、水利、交通设施项目的规划建设也将为五华振兴发展夯实基础。

面临挑战：

——交通设施滞后，区域竞争压力大。五华地处山区，交通方式单一，以公路交通为主导，公路密度较低、道路等级较低，公路密度为广东省平均水平的16%、梅州市平均水平的14%，内联不畅，外接不强，区位劣势较为明显。交通设施落后直接影响和制约五华参与区域竞争和合作的能力和水平。面对珠三角地区、潮汕地区周边县市快速发展过程中的区域一体化发展格局，五华县区域竞争压力越来越大。

——经济总量偏小、财政自给能力不强。2015年全县地区生产总值126.4亿元，经济总量排全市第 3 位。人均地区生产总值为1.18万元，仅为全市2.19万元的53.9%，全省6.35万元的18.6%。一般公共预算本级收入5.55亿元，本级财力小，自给能力差，财政收支矛盾突出。基础设施薄弱的现状没有改变。

——产业层次偏低、产业结构不合理。全县现阶段产业发展层次仍比较低，传统初加工行业比重高，高新技术行业规模小，产业链短，产业配套能力水平低，园区集聚发展效应不强；业态不丰富、特色不鲜明，技术含量与关联度较低，产业竞争力落后。工业结构仍以资源型工业为主，新兴产业、高新技术产业发展不快。工业经济发展水平偏低，整体竞争力较弱，园区规模小，缺乏支柱型大型骨干企业，规上工业经济占比小，工业对县域经济的拉动作用小；农业基础设施落后，特色农业优势不明显，农业产业化水平较低；农民增收渠道较少，收入水平依然较低；第三产业发展“多、小、散、弱”等不利问题突出，市场管理不够成熟、不够规范，缺少统一的产业布局规划。全县科技创新人才匮乏，产业研发能力弱，严重制约新兴产业发展和现有主导产业发展。

——城镇化进程滞后，公共服务欠账压力大。城镇化发展水平偏低，滞后于社会经济发展。城镇基础设施建设资金短缺，基础设施建设滞后，欠账严重，城镇配套功能不健全，公共服务设施不够完善。城乡发展不平衡，城乡公共服务供给的失衡程度较大，乡村公共服务供给总量不足。

——社会可持续发展能力较弱，民生事业发展压力大。五华是人口大县，人口总体素质不高，人口结构性矛盾较为突出。人口的持续增长给文化、教育、医疗、卫生、社保、公共服务、社会管理带来较大压力，社会可持续发展能力较弱，公共管理和公共服务等民生事业发展压力大。

——人地矛盾突出，环境容量压力大。五华人多地少，人地矛盾突出，人口、资源、环境、发展问题矛盾依然尖锐。2015 年五华人均耕地仅 0.64 亩/人，低于全国平均水平的一半。尽管五华水资源丰富，空气环境质量良好，但由于可利用土地资源缺乏、土地资源利用方式粗放，水资源利用效益低下、水环境容量超载，能源消费需求持续增长、大气污染排放增加，五华经济社会发展的资源环境约束越来越大、环境容量压力持续加大。

第二章　总体要求

党的十八大以来，中央和省委、市委提出了一系列重大决策部署，为我县国民经济和社会发展“十三五”规划确立战略方向、重点领域和主攻目标，为推进我县经济社会加快发展指明方向。

第一节　指导思想

“十三五”时期，我县将以邓小平理论、“三个代表”重要思想和科学发展观为指导，深入贯彻落实党的十八大和十八届三中、四中、五中全会及习近平总书记系列重要讲话精神，坚持“四个全面”战略布局，践行“创新、协调、绿色、开放、共享”发展理念，围绕省“三个定位、两个率先”总目标，以全面深化改革为根本动力，以供给侧结构性改革为主线，按照市“一区两带”发展格局，实施“梅兴华丰产业聚集带”发展战略，扭紧“三大抓手”，坚守“两条底线”，在深入贯彻落实“两大政策”的同时，抢抓国家实施“一带一路”战略的新契机，聚焦产业和项目建设，突出发展实体经济，扎实改善民生事业，保护生态环境，维护社会稳定，推进法治建设，加强党的领导，努力实现建成全面小康社会的总体发展目标，加快建设“工业新城、宜居五华”。

第二节　发展理念

坚持发展为第一要务，围绕贯彻落实“两大政策”，坚持改革创新，更加注重质量效益，率先转换经济增长动力，推动要素驱动、投资驱动向创新驱动转变，加快实现转型升级，推动经济结构优化和结构增效，力争经济快速稳定增长，加快五华县经济腾飞和振兴发展。

创新发展。坚持改革创新，实现创新发展，向创新要动力、增活力，注重改革的系统性、整体性和协同性，大力推动创新驱动发展，使市场在资源配置中发挥决定性作用和更好发挥政府作用，形成大众创业、万众创新的良好局面，实现改革引领、创新驱动、转型发展。

协调发展。统筹城乡协调发展、社会经济协调发展、人与自然和谐发展，协同推进经济社会发展、城乡发展、区域发展、人与自然和谐发展，协同推进经济、政治、文化、社会和生态文明建设，促进新型工业化、信息化、城镇化、农业现代化、绿色化同步发展，协调各方面利益，着力扩大公共服务，促进社会公平，推进基本公共服务均等化，切实增进民生福祉，充分调动人民群众积极性，努力实现五华县经济社会有序协调发展。

绿色发展。树立生态文明理念，全面贯彻节约资源和环境保护的基本国策，实行严格的环境保护制度，把生态文明建设融入到经济、政治、文化和社会建设，推进绿色发展、循环发展、低碳发展，构建绿色生产方式和低碳生活方式。

开放发展。统筹考虑和综合运用国际国内两个市场、两种资源、两类规则，积极参与“梅兴华丰产业聚集带”建设，积极构建开放型经济，加快构建对外开放新格局，深化区域分工与区域合作，推动形成分工合理、优势互补、具有特色的区域经济发展新格局。

共享发展。把保障和改善民生作为经济社会发展的根本出发点和落脚点，建立和完善社会公平保障体系，营造公平的社会环境，保证人民平等参与、平等发展的权利，强化政府公共服务职能，增加公共服务供给，实施脱贫攻坚工程，提高教育质量，促进就业创业，提高居民收入，缩小收入差距、建立更加公平更可持续的社会保障制度，增进民生福祉，使人民群众更加公平地共享改革开放发展的成果，在共建共享中更多获得感，推动共同富裕。

第三节 发展目标

坚持以“创新、协调、绿色、开放、共享”五大理念为指导，围绕全市“一区两带”的发展战略，立足“梅兴华丰产业聚集带”主战场的定位，全力谋划“一核两区三组团”的发展新格局，坚持发展第一要务，加快转变经济发展方式，全力加快振兴发展，全面提升治理水平，大力推进新型工业化、新型城镇化和三次产业协调发展，县域经济实现跨越发展，社会事业全面进步，人民生活水平显著提高，生态环境持续改善。努力打造“梅州城市副中心”、“工业新城、宜居五华”。

——全面建成小康社会。到2020年，基本公共服务均等化水平进一步提高，全县地区生产总值、人均地区生产总值和城乡居民可支配收入实现比2010年“翻一番”目标，确保与全省同步全面建成小康社会。到2020年，全县地区生产总值力争突破200亿元大关，年均增长10%左右，人均地区生产总值约1.86万元，年均增速为9.5%左右，一般公共预算本级收入突破10亿元，年均增长15%左右，社会消费品零售总额达到144亿元，年均增长12%，工业总产值达到184亿元，年均增长15%，工业增加值达到60亿元，年均增长15%，固定资产投资保持年均增长38%以上。我县新时期精准扶贫标准下的贫困人口全部脱贫。城乡一体化建设迈上新水平，“一核两区三组团”的格局基本形成，新农村建设水平不断提高，全县城镇化率提高到45%以上。

——产业结构进一步优化。现代产业体系更加完善，三次产业协调发展，新型工业主导地位突出，现代服务业比重明显提高，战略性新兴产业加快发展，现代农业结构更加合理；三次产业比例实现17：33.5：49.5，工业增加值占县内生产总值的比重达30%以上；进出口总额达到2.4亿美元以上，实际利用外资保持在2000万美元以上；区域经济布局更趋合理，城乡经济协调发展；经济增长质量与效益明显提高，增长方式进一步转变，安全生产水平不断提高，全面完成万元生产总值能耗控制指标。到2020年，全社会科技研发经费支出比“十二五”明显提高，占地区生产总值的比重达到0.5%以上。

——民生社会事业稳步发展。到2020年，城镇居民人均可支配收入和农村居民人均可支配收入在实现“翻一番”的基础上，分别增长10%和11%，增速高于全省平均水平，城乡居民人均可支配收入达到2.03万元，其中城镇居民人均可支配收入达到2.8万元，农村居民人均可支配收入达到1.7万元，二元结构进一步改善；城镇失业人员、进城务工人员、新成长劳动力接受基本职业技能培训实现全覆盖，就业比较充分。“十三五”期间，人口自然增长率控制在6‰以内；基本养老保险覆盖率达到85%以上、基本医疗保险参保率达100%，城乡一体化的社会保障制度更加完善。教育、文化、科技、卫生、体育等各项社会事业全面发展，小学适龄儿童入学率保持在100%，高中阶段教育毛入学率达到95%以上。五年累计新增城镇就业岗位2.5万个以上，新增转移农村富余劳动力7.8万人以上，城镇调查失业率控制在3.5%以内；城乡基本公共服务体系逐步完善，全县城镇常住人口保障性住房（含棚户区改造住房）五年累计基本建成2000套以上；农村饮水安全问题得到全面解决。社会主义精神文明建设更加完善，城乡文明程度显著提高，创建“广东省文明县城”。

——加快生态文明建设。按生态城市目标完善及实施县城总体规划；初步建立森林生态体系，森林覆盖率提高到72%以上，城镇绿化覆盖率达45%，城镇人均公共绿地面积达15平方米；辖区内河流水质继续改善，空气质量保持稳定，敏感生态区域得到严格保护，形成比较健全的清洁生产和绿色消费机制；落实各类用地建设指标，切实保护耕地，优化土地利用结构，加快推进永久基本农田划定工作；到2020年，万元生产总值综合能耗和二氧化碳、二氧化硫、化学需氧量排放总量、主要污染物排放总量比“十二五”期末进一步降低，达到上级下达的控制目标要求；加大水利基础设施建设投资力度，到2020年，全县集中式饮用水源水质达标率达到100%，城镇供水水源地水质全面达标，农村生活饮用水水质合格率均达到90%以上；实现70%以上的建制镇建成污水处理厂，已建成的污水处理厂的污水集中处理率和生活垃圾无害化处理率达90%以上；省控优良水质断面比例、城市建成区黑臭水体比例达到上级下达的控制目标要求，跨县河流交接断面水质达标率达到100%，全县基本消除劣Ⅴ类水体。持续开展PM2.5、PM10和臭氧监测，强化建筑扬尘控制，不断降低PM2.5和PM10浓度；城市空气质量达二级的天数占全年比例保持在96%以上，大气环境质量达到国家二级标准。

——打造特色旅游产业。围绕打造“梅州城市副中心”的发展定位，擦亮“球王故里”“热矿泥”旅游品牌，挖掘“长乐古镇”历史文化底蕴，加快名人故居、古民居的保护性开发性开发。全力打造“休闲度假、乡村旅游、客栈居宿、特色餐饮”为一体的乡村生态休闲度假旅游景点。发挥生态优势，大力发展特色休闲旅游，倾力打造五华县城郊休闲旅游中心，建设特色旅游景点，创建A级景区，培育精品旅游线路，围绕旅游产业布局和发展规划做好生态环保、休闲农业、交通建设、城镇建设、购物中心建设和通讯设施完善等方面的配套，全面提高五华旅游产业整体素质和旅游业综合效益。到2020年实现全县年游客接待900万人次以上，旅游总收入年均增长15%以上，突破80亿元；争取建成要素完善、功能齐全的旅游景区5个以上，其中4A级景区2个，3A级景区2个；争取创建“广东省优秀旅游县”。

表19　五华县“十三五”规划主要指标表

类别	序号	指　　标		单 位	2015年	2020年	年均增长（%）	属 性
经济发展	1	地区生产总值（GDP）		亿元	126.4	200	10	预期性
	2	人均地区生产总值		万元	1.18	1.86	9.5	预期性
	3	居民消费价格指数（CPI）		%	≤102.5	≤103		预期性
	4	服务业增加值比重		%	49	49.5	—	预期性
	5	宽带接入能力	城市宽带接入能力	Mbps	20	100	38	预期性
			农村宽带接入能力	Mbps	8	60	50	
	6	一般公共预算本级收入		亿元	5.55	10	15	预期性
	7	全社会固定资产投资		亿元	69.9	339	38	预期性
	8	社会消费品零售总额		亿元	81	144	12	预期性
	9	进出口总额		亿美元	1.93	2.4	4.8	预期性
	10	常住人口城镇化率		%	31.5	>45	—	预期性
创新驱动	11	研究与发展经费支出占地区生产总值比例（%）		%	—	0.5	—	预期性
	12	每万人发明专利拥有量		件	—	0.1	—	预期性
	13	新增劳动力平均受教育年限		年	—	12	—	约束性
	14	高中阶段教育毛入学率		%	92.5	95	—	预期性
	15	九年义务教育巩固率		%	—	95	—	预期性
社会民生	16	基本公共服务支出占一般公共预算本级支出的比重		%	—	63	—	预期性
	17	常住人口		万人	108	112	0.74	预期性
	18	人口自然增长率		‰	4.44	6	—	约束性
	19	城镇就业	城镇调查失业率	%	2.42	<3.5	—	预期性
			城镇新增就业人数	万人	—	>0.45	基本持平	预期性
	20	基本养老保险参保率		%	67	85	—	约束性
	21	城乡居民基本养老保险参保人数		万人	40.7	48	—	约束性
	22	城乡基本医疗保险参保率		%	100	100	—	约束性
	23	城镇保障性安居工程建设		套	—	>2000	完成省市下达任务	约束性

续上表

类别	序号	指标		单位	2015年	2020年	年均增长（%）	属性
	24	城乡居民人均可支配收入		元	12586	20288	10	预期性
	25	贫困发生率		%	—	完成省市下达任务	—	约束性
生态文明	26	耕地保有量		万公顷	—	3.9042	—	约束性
	27	单位工业增加值用水量降低		%	—	完成省市下达任务	—	约束性
	28	能源消费控制	能源消费总量	万吨标煤	—	完成省市下达任务	—	约束性
			单位 GDP 能源消耗降低	%	—	完成省市下达任务	—	约束性
	29	温室气体排放控制	碳排放总量	万吨二氧化碳当量	—	完成省市下达任务	—	约束性
			单位 GDP 二氧化碳排放降低	%	—	完成省市下达任务	—	约束性
	30	主要污染物排放减少	化学需氧量	万吨	—	完成省市下达任务	—	约束性
			二氧化硫	万吨	—	完成省市下达任务	—	约束性
			氨氮	万吨	—	完成省市下达任务	—	约束性
			氮氧化物	万吨	—	完成省市下达任务	—	约束性
	31	县优良水质断面比例		%	100	100	—	约束性
	32	PM10 浓度		微克/立方米	—	<70	—	预期性
	33	城镇生活污水集中处理率		%	39.1	>70（县城、中心镇 90%）	—	预期性
	34	城镇生活垃圾无害化处理率		%	—	>90	—	预期性
	35	森林增长	森林覆盖率	%	70.15	72	—	约束性
			森林储积量	亿立方米	—	完成省市下达任务	—	约束性
	36	城市人均公园绿地面积		平方米	12	15	5	预期性

说明：第25项指标，2015年贫困发生率按照4000元新时期扶贫标准计算，2020年以当年扶贫标准衡量。

第三章　空间结构与功能布局

为了协调多规发展矛盾，在多规融合的基础上确定城镇增长基本控制线、基本生态控制线、农业发展基本控制线，划定生态、农业、城镇三类空间，确定功能布局。

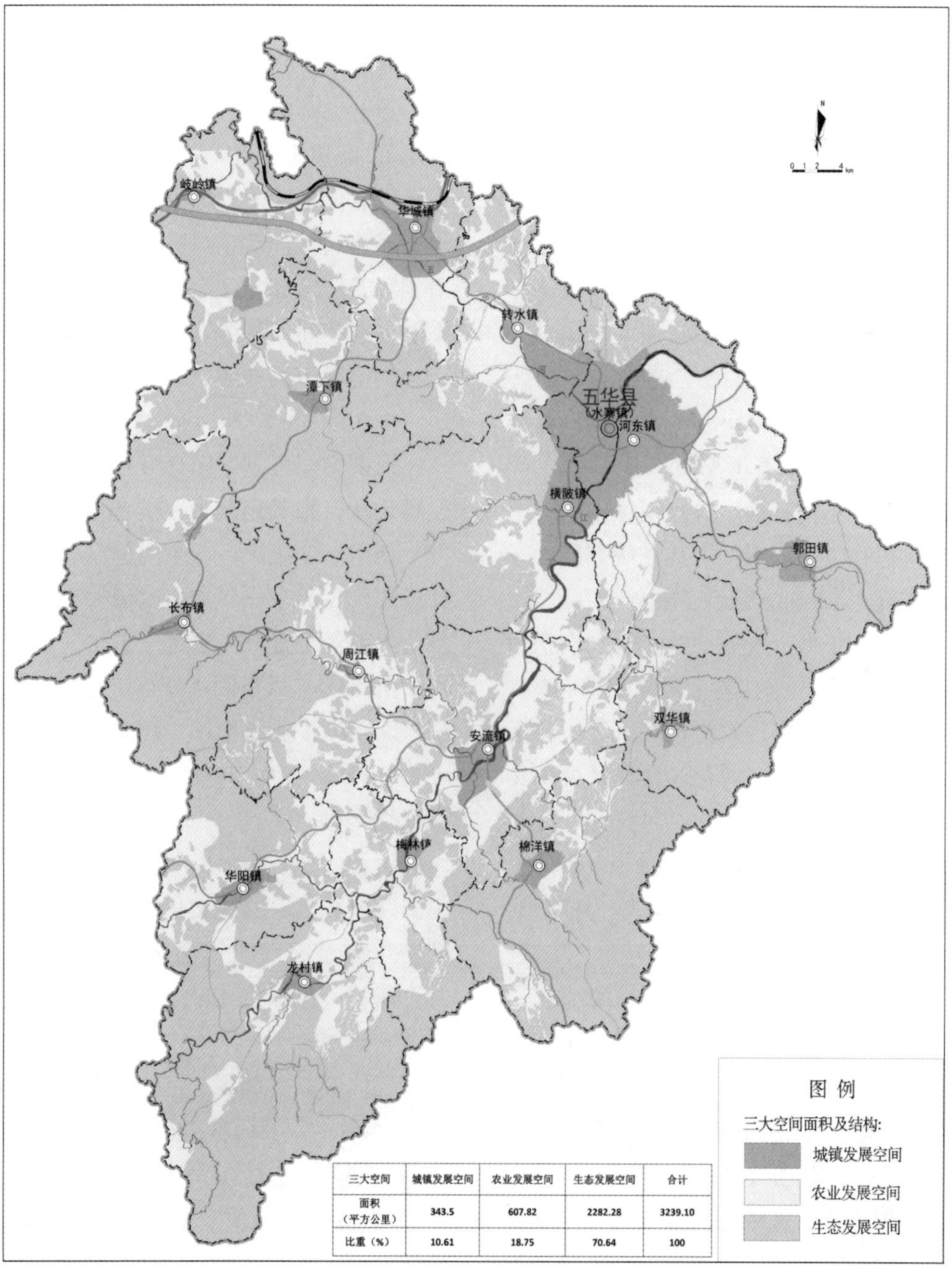

三大空间	城镇发展空间	农业发展空间	生态发展空间	合计
面积（平方公里）	343.5	607.82	2282.28	3239.10
比重（%）	10.61	18.75	70.64	100

图 1　五华县“十三五”规划三类空间布局示意图

第一节 空间结构

根据区域总体功能定位、各乡镇资源环境承载能力和发展潜力，将五华县分为城镇空间、农业空间和生态空间。在实际建设中，按照节约集约用地的原则和转变土地利用方式的要求，统筹协调各产业和各区域发展，科学安排各项用地。

城镇空间。主要为工业集中区和城镇建设区，作为推进工业化、城镇化的国土空间。在符合城市总体规划和土地利用总体规划的区域，发展现代工业、建设人口居住区和交通及其他基础设施，引导各类工业向优势地区集中转移，人口向城镇集聚，分别发展具有五华特色的以生态型工业为主导的产业带，打造成为梅州城市副中心、特色优势农产品生产加工基地、广州市（番禺区）产业扩散和转移承接基地、梅州市休闲旅游中心。主要包括以下范围：①县城规划区；②各镇建成区；③工业园区。主要分布在水寨、河东、横陂、华城、安流等镇，规划面积为343.5平方公里，占全县国土面积的10.61%。

农业空间。主要为农村居民区和农业生产区，作为推进农业产业化和建设社会主义新农村的国土空间。主要包括琴江河、五华河河谷两侧和蕉州、小都、棉洋等12条二级支流的山间谷地，以及益塘水库为核心的低丘缓坡地，包括河东、水寨、转水、华城、潭下、华阳、龙村等地，为广东水稻粮食作物主产区和南方亚热带水果产区，主导生态功能为提供农林产品，以打造生态休闲型农业为主导的绿色产业带为目的，发展特色高效农业，促进农产品生产向优势产区集中，实现专业化、规模化、机械化和基地化，建设宜居村庄，保护基本农田。规划农业空间面积为607.82平方公里，占全县国土面积的18.75%。

生态空间。主要为禁止开发区和重要的饮用水源、森林与野生动植物资源保护区域，作为构筑生态安全屏障的国土空间。主导生态功能为水源涵养、生态恢复、生物多样性保护，禁止从事不符合生态功能定位的各类开发建设活动，主要分布在莲花山脉五华段北坡（包括郭田、双华、棉洋、龙村等镇）和七目嶂山地（包括长布、周江、岐岭等镇），海拔多在350m～1000m之间，多为各类自然保护区（森林公园）、生态公益林、水源涵养（水土保持）林、生态受损区域（矿山）和五华河、琴江河河谷湿地生态廊道，规划生态空间面积为2282.28平方公里，占全县国土面积的70.64%。

第二节 功能布局

根据空间区划，结合五华县经济社会的发展现状，将其划分为三类功能区。

新型产业集聚区。主要分布在琴江生态经济走廊（河东—横陂—安流—龙村）和五华河生态经济走廊（水寨—转水—华城—岐岭）上，形成两条带状分布。包括3个功能区：即新型工业集聚区〔河东工业园、广州番禺（五华）产业转移园、安流工业园和华城电线电缆产业园〕、现代商贸集聚区（县城商贸宜居区、华城商贸集聚区、安流工贸集聚区）和客家特色文化旅游区（华城镇古邑文化旅游、转水镇温泉养生度假文化旅游、横陂镇足球文化旅游、水寨特色饮食和石雕文化旅游）。

现代农业发展区。主要包括潭下、周江、棉洋、华阳，以及河东、转水、华城、龙村、梅林的一部分。本区主要功能：加强粮食主产区建设与保护，适度发展柚类（河东、周江）、桃驳李（棉洋）、百香果（周江）、桃（潭下）等经济果树作物，建立现代特色种养基地，引导发展现代农业，构建现代物流信息平台。

森林生态发展区。包括河东、潭下、龙村、长布、郭田、双华、梅林以及周江、岐岭等镇的一部分。该区主要目标：①构建绿色森林生态屏障，保护水土资源，涵养水土，建设保护好自然保护区，建设管护好生态公益林和水源涵养林；②适度发展果合柿（长布）、板栗（双华）等经济林果；③开展茶叶（龙村）、高山油茶、南药等林下经济作物和特色养殖（草食兽、特种水产）及地方品种（五华三黄鸡）保护与开发等；④适度发展森林生态休闲旅游（长布、棉洋、龙村、双华）和休闲农业旅游（转水、周江、龙村、梅林）。

第二篇　新跨越　加快振兴发展

按照创新、协调、绿色、开放、共享五大发展理念，立足生态发展区的功能定位，正视经济发展短板，大力实施“一核两区三组团”布局，探索和实践绿色崛起新路径、新动力、新空间，争取早日实现全面建成小康社会目标。

第一章　突出重点，打造振兴发展平台

按照创新、协调、绿色、开放、共享五大发展理念，立足促进产城融合、城乡互动，按照生态优先、集约高效的发展原则，坚持以建设中心城区引擎，大力实施“一核两区三组团”布局，整合交通、土地等要素资源，加快新型工业化，补齐五华发展短板，努力建设成为“一区两带”产业集聚发展的新高地，区域经济合作的新平台，生态宜居宜业的新城区。

第一节　推动“一核两区三组团”建设

围绕市建设“一区两带”的发展战略，结合实际，在加快发展的基础上，以推进县城中心城区扩容提质为引擎、做强做大工业经济为支撑、构建外联内畅的快速交通体系为基础，坚持产业集聚和城市建设并重、琴江新城开发和老城区建设并重、县域南部和北部发展并重，优化空间布局，谋划“一核两区三组团”的县域发展格局，打造“工业新城、宜居五华”。

“一核”，就是加快县城中心区扩容提质步伐。包括14.6平方公里的老城区和13.5平方公里的琴江新城建设，按照“两江四岸、东扩西移、重点向南”的总体思路，围绕“梅州城市副中心”的定位，重点开发建设琴江新城，适度拓展至横陂、转水镇，着力打造商贸物流、现代化办公、商住、金融、现代服务业协调互动发展、市政基础设施完善、功能布局合理和沿江堤商、堤景、堤路有机结合的“生态碧水长廊”，全面推进重大交通、市政基础设施建设，将五华县城打造成为梅州市重要的人口经济密集区、县域经济合作重点区、现代产业和商贸集聚区的宜居城区，为产业集聚提供全方位、综合性的城市服务。到“十三五”期末，县城建成为人口30至50万、建成区面积达35平方公里的中等城市。

“两区”，就是加快建设广州番禺（五华）产业转移工业园（广东五华经济开发区）、加快开发河东工业园。依托县城服务功能配套，借助交通区位的改善和人力资源优势，集中策划、争取和建设一批规模大、科技含量高、带动力强的大项目、好项目，通过产业集聚为发展壮大县域经济提供强有力的引擎。产业转移工业园重点培育发展

五金机电、食品饮料、医药制造、家居建材和再生资源利用等主导产业；河东工业园重点培育发展先进装备制造产业。与周边县（市、区）产业聚集区形成错位发展、良性互补的产业发展布局。

“三组团”，就是县域北部、南部和绿色能源和生态文化旅游组团。其中，北部组团主要包括华城、岐岭、潭下等周边镇，大力发展新型工业、制酒制药、城郊型农业和文化休闲度假旅游业，重点打造以冠华传导、环兴电力为龙头的华城电线电缆产业园，把华城镇加快建成县城副中心。南部组团主要包括安流、棉洋、周江、双华、郭田等周边镇，大力发展农产品深加工、现代服务业、竹木加工、家具制造等产业，重点打造以新型建筑材料为龙头的安流工业园，把安流镇加快建成县城副中心。绿色能源和生态文化旅游组团主要包括龙村、华阳、梅林、长布等周边镇，大力发展游览观光、休闲娱乐等生态旅游业，重点打造以抽水蓄能电站为核心的绿色能源和生态旅游片区。

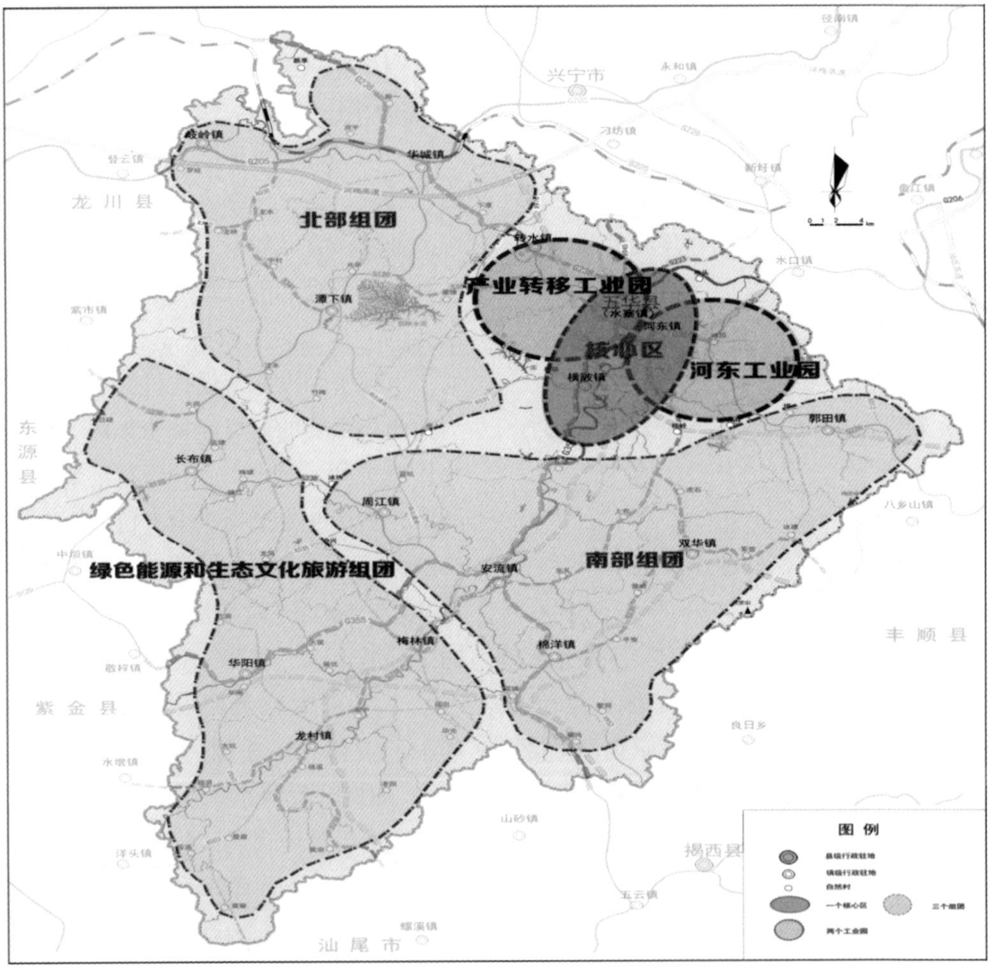

图2　五华县“一核两区三组团”发展格局示意图

图3 五华县"一核两区"示意图

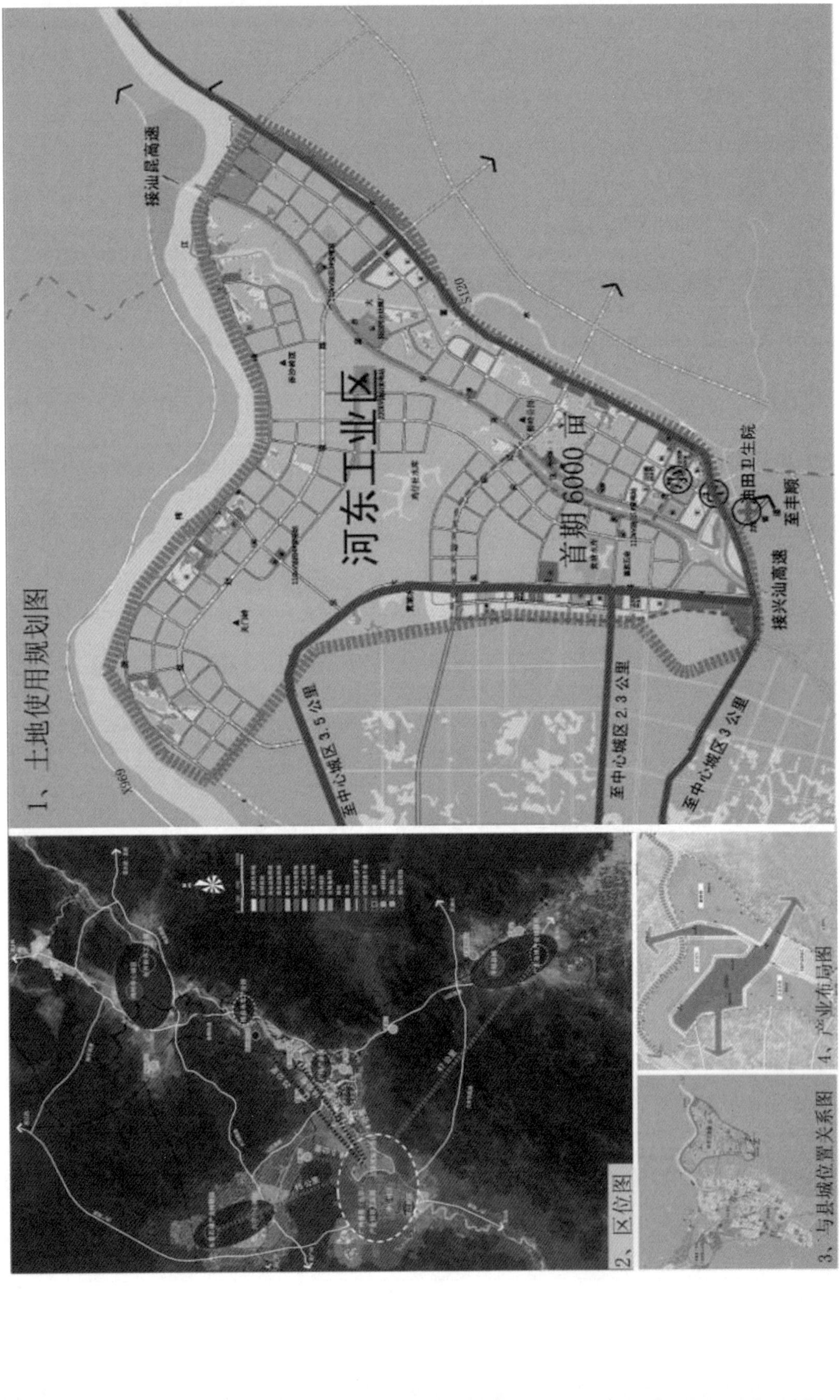

图 4　五华县河东工业园示意图

第二节 积极融入“一区两带”建设

贯彻落实全市“一区两带”战略，以广州（番禺）产业转移园、河东工业园为核心，联动丰顺、兴宁、梅县的产业园，全力推动“梅兴华丰产业集聚带”的建设。充分发挥财政专项资金的扶持、导向作用，拉动社会资金和金融机构加大对园区基础设施的投入，加快管网、路网等基础设施和教育、医疗等公共服务配套设施的建设，进一步加速企业转型升级；加快园区征地和加大开发力度，扩大工业园开发面积，提高园区综合承载力，实现联动发展。力争到 2020 年，工业园规模以上企业 40 家以上，3 家以上企业在“新三板”挂牌上市，工业总产值、工业增加值年均增长 30%以上，建成珠三角产业扩散和转移承接地。

第二章 壮大实体经济，增强振兴发展实力

振兴发展实体经济，加快产业结构优化升级是我县县域经济发展的内在要求，也是我县实现全面建成小康社会总目标的客观要求。加快推进符合五华特色新型工业化进程，抓住新一轮科技革命和产业变革的重大机遇，全面优化产业布局，深入推进信息化与工业化深度融合，加快产业结构的优化升级，推进产业集聚化、链条化、高端化、智慧化发展，加快形成现代产业体系。

第一节 加快发展新型产业

把转型升级作为创新驱动发展的重要途径，坚定不移推进经济结构战略性调整，坚持增量提升与存量优化并举，调结构和促发展并重，坚持工业化与信息化、城镇化、产业结构调整、生产性服务业发展、可持续发展相融合。大力发展新型工业，加快发展服务业，不断壮大实体经济。

明确产业定位。广州番禺（五华）产业转移工业园：以五金机电、食品医药、再生资源利用为主导产业；河东工业园：重点发展先进装备制造业，兼顾发展五金机电、新材料、农副产品加工主导产业。主动对接广州（番禺）等地区的产业转移，打造梅兴华丰产业集聚带承接珠三角产业转移的桥头堡。

加快发展新型工业。落实《中国制造2025》和省实施意见，通过重点工业项目的实施，以两个园区为平台，大力发展五金机电、汽车配件、医药制造等主导产业；着力培育发展先进装备制造业、电子信息、新材料、新能源和新医药等战略性新兴产业，力争将其打造成产业特色明显、产业链条完善、辐射带动能力强的新的支柱产业；推动互联网、云计算、大数据、物联网与现代制造业结合，促进电子商务、工业互联网健康发展。力争“十三五”期间培育 1 个产值上百亿元产业。

扶持中小微企业发展壮大。加快民营经济多元化发展，完善中小微企业公共服务体系，大力改善金融环境，鼓励企业上市融资，支持中小微企业发展壮大，培育一批有创新能力、有发展潜力和竞争力强的中小微企业。完善和优化产业链，鼓励供应链整合与协作，形成以大企业为龙头，中小微企业专业化配套的协作体系。

专栏1　五华县现代工业重点项目（15项）

1.梅州大汇红木家具产业园	9.梅州市胜大科技空气净化项目
2.广东辉骏科技电脑主机板和路由器生产项目	10.深圳（五华）诺华硅橡胶制品项目
3.五华如翼包装材料生产项目	11.梅州兴旺源家具生产项目
4.五华润兴肠衣加工项目	12.五华嘉富包装智能装备项目
5.广州（五华）九鼎包装项目	13.五华南方智能精密机械设备项目
6.深圳博思科特（五华）环境能源科技制造项目	14.五华鸿益兴五金项目
7.梅州富鑫通机械设备生产项目	15.五华深信塑胶模具制品项目
8.广东碧菲亚（五华）工艺品珠宝项目	

第二节　改造提升传统产业

支持制酒、制药、汽车配件、五金机电、食品饮料、家居建材和再生资源利用、特色农产品加工等传统特色产业转型升级，提高技术水平和竞争力；支持企业广泛采用新技术、新工艺、新设备、新材料对企业设施、工业条件及生产服务等进行改造提升，推进智能升级改造，形成产业发展新格局；大力实施品牌战略和技术标准发展战略，不断提高企业整体素质，提高产品质量，建设质量强县；进一步优化工业布局，推动工业园区向专业化、特色化方向发展，以专业园区带动产业集聚发展。

专栏2　五华县优势传统产业升级重点项目（11项）

1.香雪制药保健品药品生产项目	7.五华华阳包装技改项目
2.广东富胜数字电视产业园建设项目	8.五华辉胜达技改项目
3.五华源参泰中药饮片生产项目	9.五华康奇力技改项目
4.五华神牛摄影器材生产项目	10.五华冠华传导技改项目
5.五华石雕工艺文化产业园项目	11.五华长乐烧技改项目
6.五华创盛工贸技改项目	

第三节　发展特色优势现代农业

发展优质高效特色现代农业，调整优化农业结构；建设特色优质水果基地、优质名茶基地、南药生产基地、优质蔬菜基地、特色养殖基地、发展现代休闲农业；培育新型经营主体，提高农业产业化、规模化水平和农产品质量安全水平，扎实推进品牌创建。

发展特色精致高效农业。大力发展大宗农产品和精深加工，提升农产品附加值，按照高产、优质、高效、生态、安全的要求，加快转变农业发展方式，推进农业产业化、规模化、集约化；以市场为导向，以生产基地为依托，调整优化产业结构，推进农业产业化，打造耕山致富典型，促进农旅融合发展；实施科技兴农、品牌富农、政策扶农三大战略，推动经营主体创新、发展载体创新和服务方式创新，做优做强柚子、鹰嘴桃、油茶、百香果、南药、茶叶等特色产业；培育生态农产品品牌，围绕七目嶂、双龙山、五洲阳光等主要景区景点建设一批兼顾参观价值的现代生态农业生产基地兼观光园，实现农业与旅游业的协调发展；以“一镇一品”的发展思路，培育名优特新农产品品牌，争取创建 10 项省级以上农业品牌。以现代烟草农业为统领，促进烟叶生产平稳健康发展。通过五年努力，把五华建设成特色优质水果基地、优质名茶基地、南药生产基地、优质蔬菜基地、特色养殖基地和休闲农业旅游区。到 2020 年实现农业总产值 60 亿元以上，“十三五”期内年均增长 4.5%以上。

扎实推进农村综合改革。积极稳妥推进农村土地确权登记颁证工作，引导农村土地经营权有序流转；以家庭农场为基础，发展壮大农业龙头企业、农民专业合作社种养大户等多种形式经营主体，倡导适度规模生产，加快构建立体式、复合型现代农业经营体系；突出科技应用，大力发展优势产业和林下经济，提升农业综合生产能力、市场竞争能力和可持续发展能力；扎实推进林权制度改革，加快林业发展步伐；落实良种补贴和粮食最低收购价等政策；加强农业生产生活环境治理，建设生产、生活废弃物利用和处理设施，优化农村居住环境；加大监管力度保护生态环境。

探索创新农村金融制度。完善信用体系，推进普惠金融，着力解决“三农”融资问题；加强农业基础设施建设，促进农业科技创新，健全公益性农业技术推广体系；加强粮食生产的基础地位，严格保护耕地，稳定粮食播种面积，提高口粮保障能力；加强土地整理，抓好农田水利基础设施建设，增加有效灌溉面积，明显提高粮食综合生产能力；注重病虫害治理，建设无公害水果生产示范基地；逐步实现畜禽养殖方式现代化、生产方式标准化、经营方式产业化；大力发展以农产品加工为主的食品加工业，培育冷链物流和农电商产业，形成新的经济增长点。

专栏 3 五华县现代农业重点项目（7 项）

1.五华有机云雾茶建设基地	5.五华农产品冻库
2.五华七个镇“一镇一品”特色优质水果基地	6.五华茶亭岗特色生态休闲农业示范区
3.五华南药生产与深加工基地	7.五华第二粮库仓储项目
4.五华现代农业科技示范基地	

第四节 提升现代服务业发展水平

“十三五”时期，重点发展面向民生的消费性服务业（包括商贸、旅游、房地产业等），积极发展为制造业配套的生产性服务业（包括物流、信息服务业、金融保险业、中介服务业等），进一步增强五华的综合服务功能，逐渐形成“高增值、强辐射、广就业”的第三产业发展新格局，不断提升第三产业的整体发展水平和竞争力，实现第三产业的跨越式发展。进一步优化商业布局，加快商贸设施建设，引进和发展大型专业物流，建立各种运输方式有效衔接、多层次、社会化、专业化的现代交通物流网络体系。积极整合全县旅游资源，大力发展休闲旅游，构建以狮雄山秦汉遗址、球王李惠堂故居为代表的历史文化旅游，以热矿泥温泉为代表的特色养生文化旅游，以梅州抽水蓄能电站库区、益塘水库、七目嶂等为代表的生态旅游，以客家特色饮食、石雕艺术为代表的特色文化旅游四大精品旅游品牌；大力推动房地产业的发展，按照因地制宜、合理布局的原则，运用市场手段运作，通过招商引资，开发建设一批具有不同特色、不同档次、适应各层次人群需求的房地产项目；推进信息技术的广泛应用，不断提高信息化水平；大力发展适应城乡需求的金融保险业；积极发展管理咨询、培训、审计、会计、工商代理、税务咨询、资产评估、法律服务、专利代理服务等社会中介服务。到 2020 年，第三产业增加值达到 99 亿元，年均增长 10%。

专栏 4　五华县现代服务业重点项目（12 项）

1.五华客天下文化旅游产业园项目	7.五华营田农业生态旅游项目
2.五华双龙山生态休闲旅游项目	8.五华热矿泥温泉景区升级改造项目
3.梅州龙狮殿农业观光旅游项目	9.五华物流产业园项目
4.五华七目嶂省级自然保护区生态旅游项目	10.五华城乡集贸市场新建和升级改造项目
5.五华双华英烈庙生态旅游项目	11.梅州威利达“互联网+ ”智慧五华建设项目
6.五华双华天堂山生态旅游项目	12.中国供销粤东（五华）农产品电商批发城项目

第三章　加强基础建设，夯实振兴发展支撑

按照适度超前、合理布局、突出重点、协调发展的原则，贯彻落实“三大抓手”，坚持以需求为引导，统筹推进综合交通运输体系、水利、能源、信息、环保等各类基础设施建设，为增强经济社会发展后劲提供基础支撑。

第一节　构建现代交通运输网络

完善“对外快速联通、对内全面畅通”的区域交通网络，以立体化、快速化、信息化为导向，以高速路网、县内公路网为基础，建设快捷的综合客运系统和高效顺畅的货运系统，着力构建便捷、安全、高效的现代综合交通运输体系。统筹布局高铁站、汽车运输纽站、物流园区，建设多等级的汽车客运站，注重与中心城区、产业园区、各县（市、区）的对接；积极推进区域内高速公路和高速铁路建设，形成“四横两纵”的高速公路、高速铁路网；加快推进国、省干线改造和重点对外通道的升级改造（改建）工程；加快县域互通道路、重点经济网络公路、旅游公路及工业园区道路建设，优化乡镇道路网络，促进城镇点轴连线，建设琴江生态经济走廊（河东—横陂—安流—龙村）和五华河生态经济走廊（水寨—转水—华城—岐岭）快速通道；发展城市公共交通，加快构建全县一体化公共交通体系，解决群众“最后一公里”出行难问题；积极争取龙川—梅州—龙岩高铁设立五华站，力争五华通用机场动工建设，加强与梅州机场、潮汕机场、梅州高铁站、汕头港、广梅汕铁路货运站等区域性交通枢纽的衔接，形成更加开放的区域交

通网，实现对外快速联通，使五华成为粤东北地区重要的区域交通枢纽。

表 20 五华县“十三五”交通公路规划情况表（公里）

道路级别 规划形式	高速	国道	省道	县乡	合计
新　建	203.74	35.8	11.4	331.08	582.02
改　造	0	114.031	281.201	85.594	480.826
合　计	203.74	149.831	292.601	416.674	1062.846

专栏 5 五华县交通公路重点项目（24 项）

1.兴汕高速公路兴宁至五华段（含畲江支线）建设项目
2.兴汕高速公路五华至陆河段建设项目
3.大（埔）丰（顺）（五）华高速丰顺至五华段建设项目
4.五华县河梅高速岐岭互通至七目嶂二级公路新改建工程
5.五华县河东经平南、大都至安流段改建工程（国道 G238 改线工程）
6.省道 S228 线五华县绕县城段公路新建工程
7.国道 G355 线五华县安流至县城段建设工程
8.国道 G355 线五华县绕县城段建设工程
9.省道 S508 线五华县棉洋至双华段公路改建工程
10.省道 120 线五华县华阳至安流段公路改造工程
11.五华县河梅高速岐岭出入口至汕湛高速华阳出入口快速通道道路建设工程
12.五华县琴江生态景观大道（琴江公路）建设工程
13.五华环城大道至县城连接线公路
14.五华县龙村至棉洋公路
15.五华县郭田至双华公路
16.五华工业大道至罗湖堤路新建工程
17.五华县兴华高速梅林互通至抽水蓄能电站二级公路改建工程
18.五华县汕湛高速华阳互通至长布二级公路新改建工程
19.五华县省道 S238 线五华县长布至安流段公路改建工程
20.五华县省道 S239 线华城至长布段改造工程
21.省道 S228 线五华县油田至郭田段公路改建工程
22.五华县河东工业区道路建设工程
23.五华县华兴东路（华兴大桥到 S120 线）建设工程
24.梅州五华通用航空机场建设项目

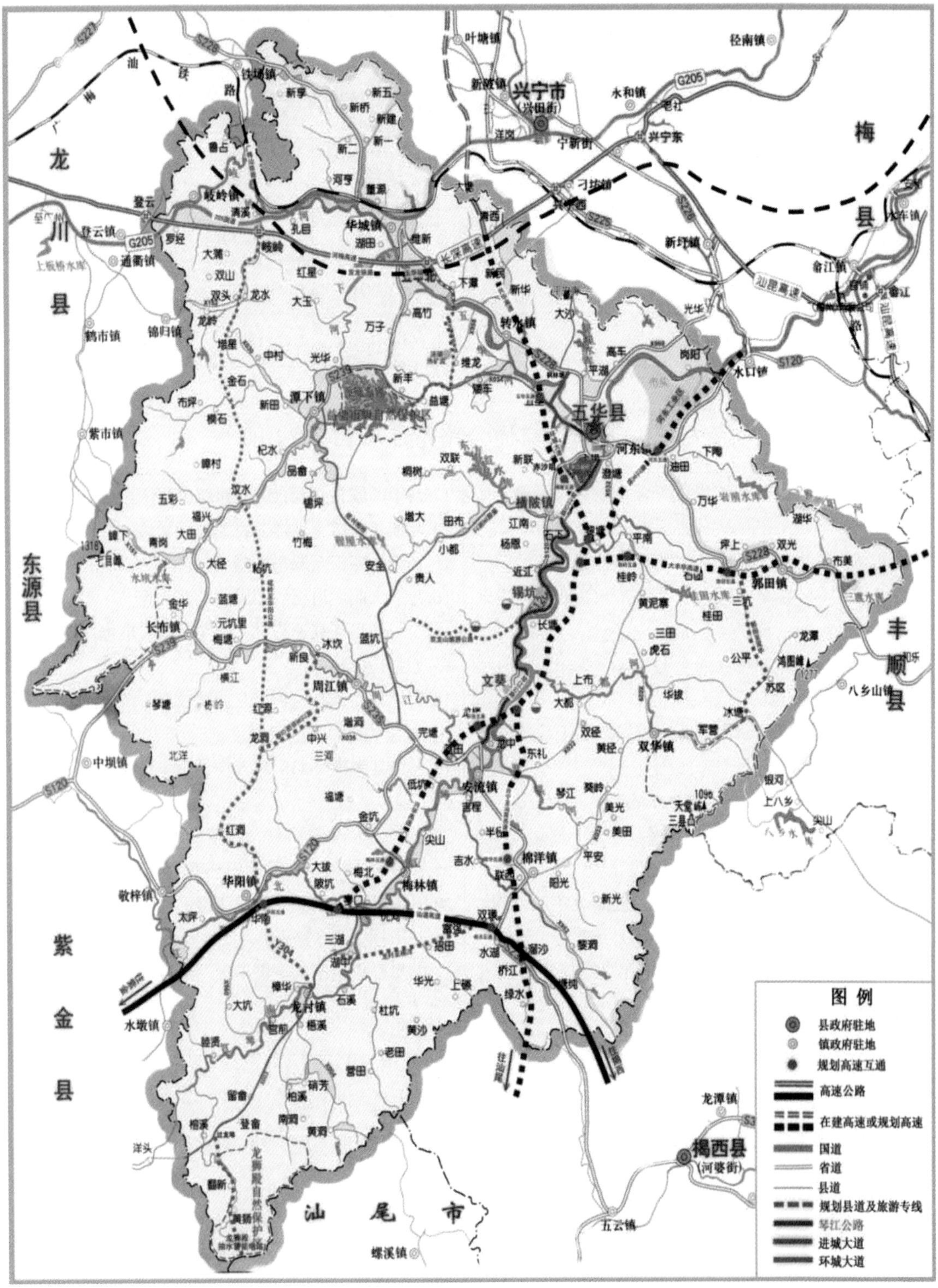

图5　五华县“十三五”交通公路规划示意图

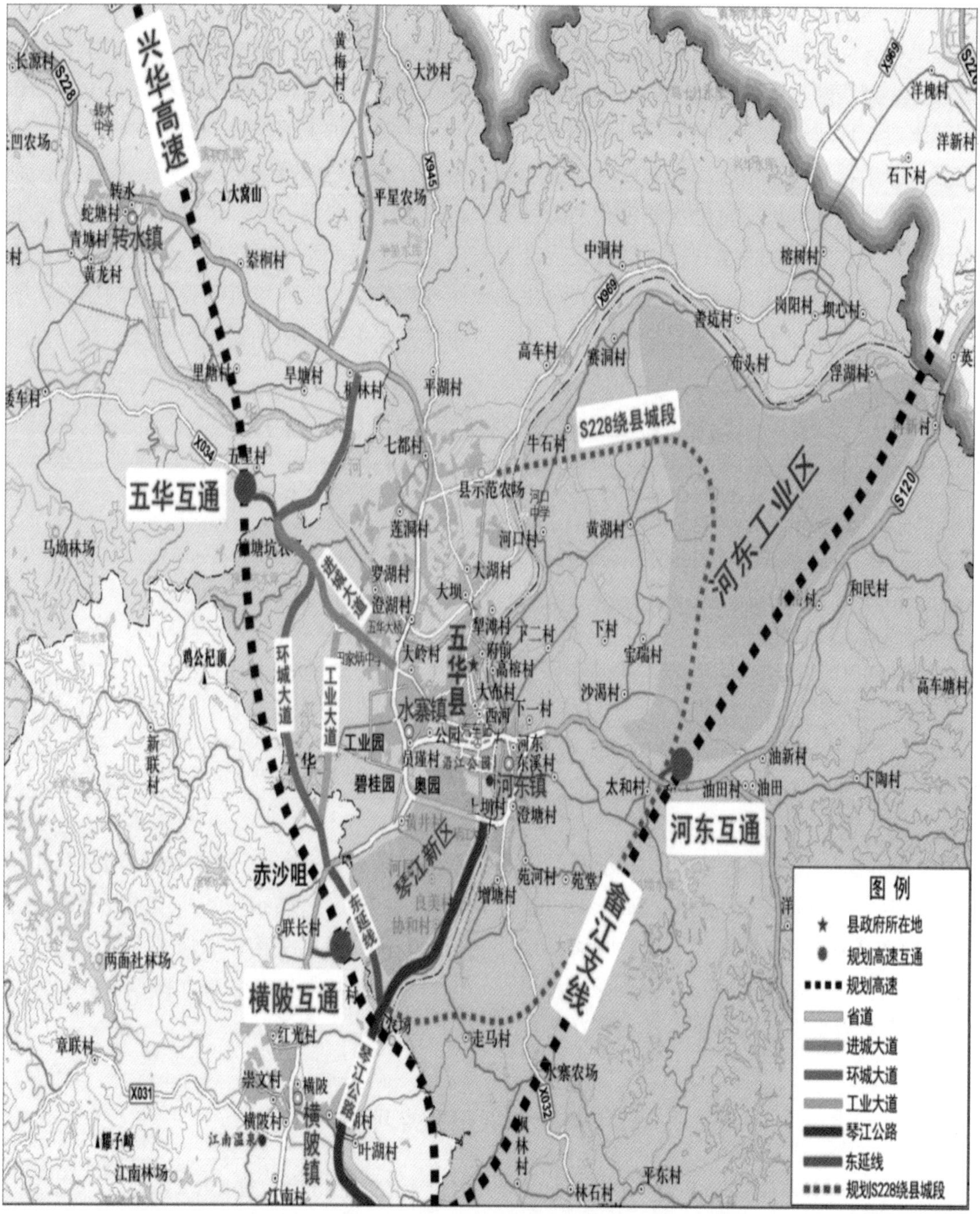

图 6 五华县城周边道路规划示意图

第二节 推进水利基础设施建设

加强水资源保护，落实“节水优先、空间均衡、系统治理、两手发力”的治水思路，建立水利综合保障体系。加快五华抽水蓄能电站、益塘水库引水工程等重点水利工程建设，合理利用五华河、琴江河、山塘等水利资源规划建设水库、水电站；推进中小河流治理工程，完善防洪减灾和排涝工程体系；推进中小型病险水库除险加固、中小型灌区配套改造，形成较为完善的灌排工程体系；完善水源工程和城镇供水工程建设，加强水源地保护；加快县城应急供水体系和消防供水设施建设；强化农田水利设施建设，提升特色高效农业持续发展能力；积极开展水生态环境综合整治和水生态修复工程建设，加快完善县城污水管网设施，推进重要城镇污水处理设施建设；加强水土保持与生态修复、崩岗侵蚀治理、库区水源区水土流失整治和水源保护工程建设；加大农村水利保障力度，加快建设镇级自来水厂，推进村村通自来水工程建设，进一步改善农村群众饮水质量；完成水库移民安居工程建设、城乡排涝规划整治；加强水行政管理体制建设，努力完善水灾害防治预警预报系统。

专栏6　五华县水利重点项目（17项）

1. 五华2016年度山区中小河流治理工程	9. 五华村村通自来水工程
2. 五华县治涝工程（包括农村易涝区中小型机电排灌工程）14宗	10. 五华新建小型水库工程项目
3. 梅州（五华）益塘水库引水工程	11. 五华华城镇兴中水电站建设项目
4. 岩前水库除险加固工程	12. 五华曲湖水电站建设项目
5. 五华河东工业园区自来水厂建设工程	13. 五华龙村镇金龙水电站建设项目
6. 五华水厂二期扩容建设工程	14. 五华安流镇龙源水电站建设项目
7. 华城自来水厂工程	15. 五华梅林镇梅林水电站建设项目
8. 安流自来水厂工程	16. 五华梅林镇尖山水电站建设项目
	17. 五华安流镇秋前湖水电站建设项目

第三节　推进能源基础设施建设

以电力建设为重点，完善“油、气、电”三大能源供给体系建设。大力发展清洁能源，推进梅州抽水蓄能电站、五华龙狮殿风电场、光伏发电、LNG能源、热电联产等电源项目建设；完善天然气、成品油管网和储备库、油站、气站布局，加强能源储备设施建设；优化电网结构，加强城乡电网升级改造，推进电网智能化和输配协调发展。

专栏7　五华县能源保障重点项目（6项）

1.梅州（五华）抽水蓄能电站项目	4.110千伏枫林（转水）输变电工程
2.国电电力五华龙狮殿风电场项目	5.10千伏及以下基建配网工程
3.110千伏狮潭（周江）输变电工程	6.500千伏五华开关站项目

第四节　加快信息基础设施建设

充分发挥电信和广播电视运营商的主体作用，调动全社会资源参与信息基础设施建设。积极实施《广东省信息基础实施建设三年行动计划》，坚持“统一组织、分级负责”的原则，突出光纤网络、移动通信基站、公共区域无线局域网（WLAN）等建设重点，加大建设投入，推动公共通信管道共建共享，提升网络宽带化和应用智能水平，努力提高城乡4G基站覆盖范围；“十三五”期间，计划投资4.2亿元，用于宽带骨干网提速改造、光纤到户网络及4G网络等信息基础设施建设，计划新增建设光网端口25万，实现县城、圩镇及乡村全光覆盖，响应“宽带中国”战略；计划新增800个4G无线基站，实现全县4G网络信号的100%深度覆盖，让移动互联网走进千家万户。实施“互联网+”行动计划，实施宽带普及提速工程，推进电信网、广播电视网和互联网三网融合；大力发展信息公共服务平台，积极发展信息服务业，推进物联网、云计算示范应用，加快信息技术向制造业、农业、服务业的渗透拓展和深度融合，提升城镇公共基础设施智能化水平。“十三五”期间，计划投资1.5亿元用于互联网+电子政务、互联网+教育、互联网+医卫、互联网+电子商务等领域的平台建设。

第五节　完善环保基础设施建设

加大环境保护资金投入力度，加强重点环境工程建设，强化污水收集和生活垃圾的分类收集体系建设，加强生活垃圾无害化处理、固体废物安全处置等环保基础设施建设。到2020年，70%以上的建制镇实现生活垃圾无害化处理。加强危险废物的收集、收运以及处置制度建设，强化运营监管，加强放射源管理，确保环境基础设施完善、配套设施健全、运行管理规范，效益充分发挥。建立严格监管所有污染物排放的管理制度，实施污染物排放总量控制，探索独立开展环保监管执法完善碳排放管理和交易制度。探索建立节能量、林业碳汇等市场化生态补偿机制，完善区域内环境污染治理和控制机制。

专栏8　五华县环保基础设施重点项目（5项）

1. 五华污水处理设施及管网建设项目（含县城、乡镇、园区）	3. 五华水环境综合整治项目
2. 五华城镇生活垃圾无害化处理设施项目	4. 五华农村污染治理工程
	5. 五华垃圾减量厂建设项目

第四章　协调城乡发展，推进新型城镇化

坚持总体规划、分类指导、产城联动，优化城镇空间布局，以琴江新城建设为龙头，加快建设中心城区和县城扩容提质，重点建设好安流、华城等2个中心镇，用地指标适当倾斜中心镇建设，增强中心镇的辐射带动作用，促进人口和产业集聚，推进城乡一体化进程，提升新型城镇化水平。重点发展“岐岭—华城—县城（河东）—安流—棉洋”一条一级经济发展轴带和“华城—潭下—长布—周江—安流—梅林—龙村”“长布—潭下—河东”“华阳 —安流—双华”三条二级经济发展轴带，形成两纵两横的“井”字型城镇空间格局。

第一节　加快中心城区扩容提质

积极探索“多规合一”，推动县域空间“一张图”管理，统筹城乡一体化发展，以有序推进农业转移人口市民化为核心，统筹推进户籍制度改革；加大对教育、医疗、文化、社会保障等方面的财政投入，优化城镇建设、村落分布、产业集聚、农田保护和生态涵养空间结构，实现中心城区、县城、中心镇、乡村经济发展、基础设施、公共服务有序过渡、有机对接。科学有序推进琴江新城开发建设，统筹中心城区扩容提质与产业集聚发展，以城聚产，以产兴城。以碧桂园三期、奥园广场二期、人民公园、布新南路、足球文化公园、民营三甲医院、长乐大道、华兴东路、五华客天下文化旅游产业园等重大城市综合体和产业项目为抓手，全面推进重大交通、市政等公共服务和基础设施建设。加快旧城改造步伐，完善城镇功能和城镇管理，统筹建设县城水、电、路、园、林等基础设施，加强市容整治，以新型城镇化拉动县域经济发展，深入开展“和谐美丽镇村”行动，重点打造安流、华城两个中心镇，规划一批工业型、农业型、商贸型、旅游型、生态型专业镇，建设一批新的农业开发综合体、美丽乡村市级示范点，促进城乡协调发展。到 2020 年，县城新区基本建成，城镇化率达到 45% 。

第二节　力促产业园区扩能增效

主动顺应区域融合与合作新趋势，打造区域发展新格局。积极融入市“一区两带”建设，积极构建以县城中心区为核心，以两个园区为依托，以中心镇（安流、华城）为骨干、一般城镇为重要节点的“一核两区三组团”的城镇发展空间布局，完善中心城区规划体系，按照“重点向东、向南，适度向北、向西融调”县城空间发展定位，以新型城镇化拉动县域经济发展，进一步拉开框架，实现向东以河东工业园、向南以琴江新城、向西融合产业转移园的县城发展新格局。围绕建设效益园区目标，按照省级产业转移园管理的标准和要求，健全完善“一站式”、“保姆式”服务企业的机制体制，不断规范园区管理和服务。深入实施“乡贤回乡投资兴业工程”，落实县党政领导招商引资责任制，通过专业招商队伍以情招商、以商引商、产业链招商。完善园区建设管理机制，全力做好征地拆迁、基础设施建设、园区服务管理，推动园区扩能增效。至“十三五”期末，力争有 1 个产值超百亿元的产业，有 4 家以上产值超 10 亿元的企业，有 1 家以上税收超亿元的企业。

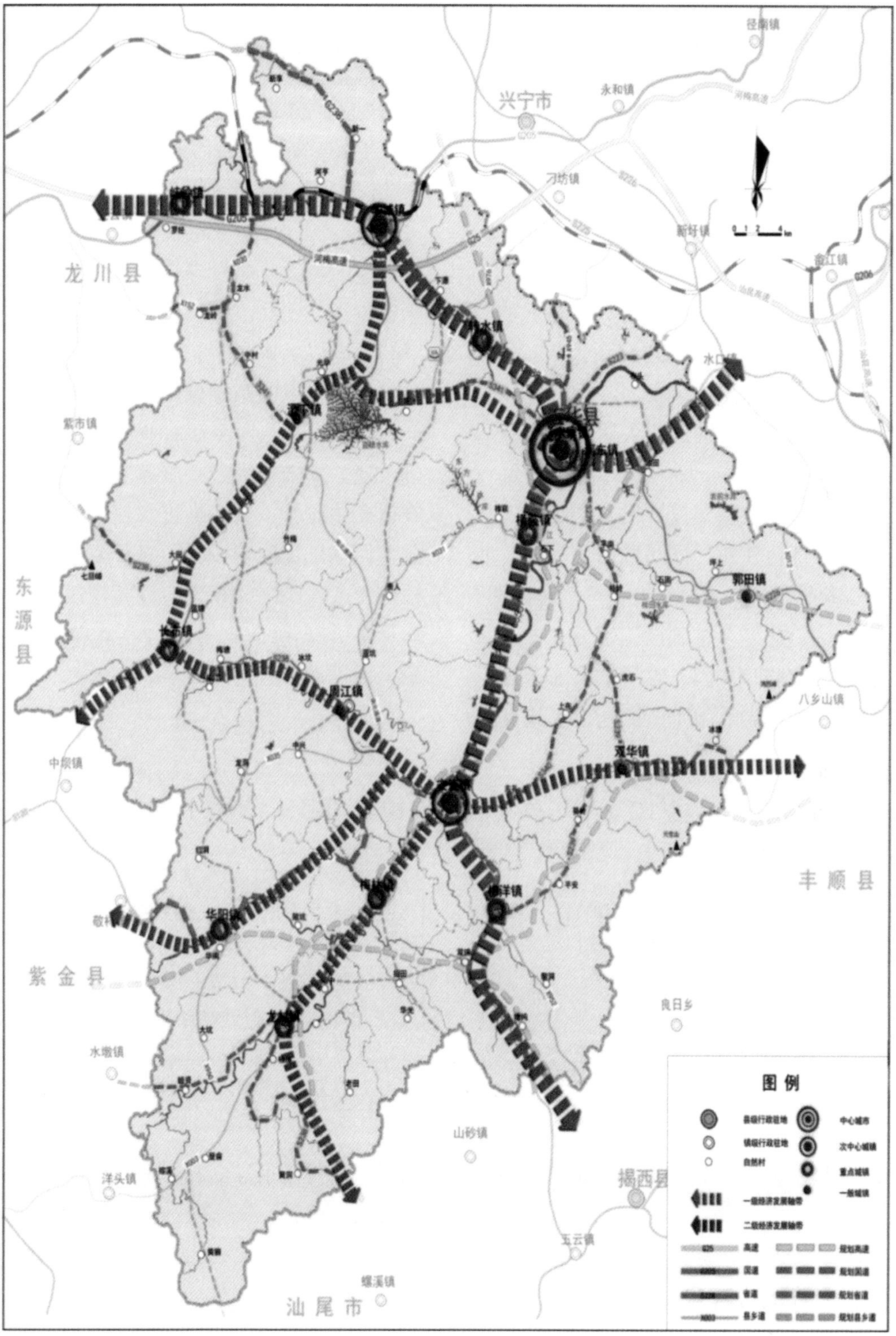

图 7 五华县“十三五”规划城镇空间结构示意图

专栏9 五华县园区基础设施重点项目（5项）

1. 广州番禺（五华）产业转移工业园基础设施项目	3. 五华安流工业园基础设施项目
2. 五华河东工业园基础设施项目	4. 五华华城电线电缆产业园基础设施项目
	5. 五华物流产业园基础设施项目

第三节 扎实推进宜居城乡建设

建设宜居城市、宜居农村、宜居乡镇，深入开展洁净乡村和城镇绿化行动，将水寨、河东打造成重点示范镇，并延伸到横陂、安流、转水等地，持续优化人居环境，打造“宜居五华”。进一步加大农村危房、保障性住房和棚户区改造建设力度，加快“三旧”改造，推广绿色建筑，推动城镇化建设。加快以“路网、水网、电网、电视网、通信网”等为重点的宜居城乡基础设施建设，推进农村道路、水库除险加固、农村饮水安全等工程建设和沼气能源、卫生改厕建设，建立城乡一体的垃圾收集处理体系，探索农村污水综合治理，不断改善集镇和农村人居环境。继续开展以农田水利、农村交通和农产品流通渠道为重点的基础设施建设。设立大型农产品批发市场，对乡镇农业商贸市场进行提升改造。加强村级公共服务中心建设，完善农村文化设施，有序推进农村“一事一议”公益性基础设施建设。同时，要紧绷环保这根弦，进入园区的相关项目要依法严格把好环保关，做到企业发展与环境保护相得益彰，促进地方可持续发展。

专栏10 五华县宜居城乡重点项目（13项）

1. 五华琴江新城建设项目	7. 五华政府保障性住房项目
2. 五华人民公园人居环境改善工程项目	8. 五华县城第三小区改造项目
3. 五华奥园综合体首期建设项目	9. 五华河东下坝小区改造项目
4. 五华碧桂园三期工程项目	10. 五华“三旧”改造（棚户区）建设项目
5. 五华增塘堤升级改造项目	11. 五华农村泥砖房改造项目
6. 五华河东北堤（华兴大桥至长乐大桥）升级改造项目	12. 五华县城三坑移民安置点建设项目
	13. 五华天燃气利用工程建设项目

第五章 推进全面创新，加快创新驱动发展

创新驱动是实现转型升级的必然选择，也是落实国家战略的历史使命。要充分发挥“两大政策”的叠加效应，大力实施创新驱动发展战略，积极创新发展方式，推进全面创新，坚持需求导向和产业化方向，加强创新链与产业链、资金链的深度融合，强化企业创新主体地位，大力培养和引进创新型人才，努力实现振兴发展目标。

第一节 大力培育创新型企业

要坚持企业主体、政府引导，点面结合、

分类指导，省市联动、协同推进的原则，充分发挥市场机制在配置科技资源中的基础性作用。大力实施创新型企业培育工程，强化企业在技术创新中的主体地位，引导企业健全技术创新机制，促进企业成为研发投入的主体、创新活动的主体和成果应用的主体，进一步引导创新型企业提高建设水平。加大财税和金融等方面的支持力度，鼓励企业增加研发投入，建立研发机构，开展研发活动。发挥企业在整合全社会技术创新资源中的核心作用，鼓励和支持企业主动与高校、科研院所开展多种形式的产学研合作，重视发挥民营科技企业和科技型中小企业在自主创新中独特的生力军作用。

第二节　加快创新型平台建设

通过组织创新推动科技创新，逐步建立社会化、市场化和专业化公共服务体系。积极争取省重要科技基础设施和重要创新能力项目落户我县。支持企业与高校采取多种合作方式建设行业创新平台。改造提升五金机电、汽车零配件、制酒制药、农副产品深加工等传统产业，着力提升传统产业技术创新。以市场为导向，积极搭建以企业研发中心为主体的技术推广应用平台，以科技咨询与评估、技术市场为主体的信息咨询服务平台，以银行融资、信用担保机构为主体的科技投融资服务平台，推动建立以科技成果转化为重点的科技服务体系。

第三节　推进创新体系建设

进一步加强和发挥政府的统筹协调作用。放宽新兴产业市场准入，实施产业准入负面清单制度。创新机制体制，努力营造良好的创新服务环境。切实发挥知识产权促进创新创业的重要作用，有效激发全社会大众创业、万众创新的热情。鼓励金融机构加快业务范围内金融产品和服务方式创新，探索为企业创新活动提供股权和债权相结合的融资服务方式。着重加强“一核两区三组团”、新型城镇化、农业现代化、中小微企业和创业企业的金融创新产品和服务的研发及应用；推动企业股权、知识产权、专利权、商标权、农村土地经营权等多种抵押担保融资模式。加强金融生态环境建设，建立金融稳定协调机制；鼓励发展创业投资，加强创新链与产业链、资金链的深度融合。充分发挥广大华侨乡贤的支撑作用，有效利用境外资本投向创新领域，营造借助外力、激发内力的万众创新格局。

第四节　培养创新型人才

坚持人才规划与科技创新、产业规划紧密对接，深入实施人才强县战略，推动人才优势向产业优势和竞争优势转化。深入实施“引进高素质人才计划”。创新人才教育机制，加大对创新创业人才的培养支持力度，以提高人才创新能力和综合素质为导向，改革职业教育，加快实用技术性人才的培养。探索与省市高等院校进行对口培训及挂职培训的新型人才培养方式，推进职业技术学校对接产业园工作。大力培养科技创新型人才。不断加大青年创业扶持力度。增强社会公共创新创业意识，加强科普基础设施建设，开展多种形式的科普宣传工作，努力营造勇于创新、保护创新、支持创业的良好环境。

第五节　深度融合信息化与产业发展

以融入“数字梅州”建设为契机，加快信息技术向制造业、农业、服务业的渗透拓展和深度融合，促进经济转型升级，更好服务县域经济发展。积极推进建设数字化城市管理平台，着手推进电信网、互联网和广播电视网“三网融合”与“互联网+”行动计划，创新服务模式。加快产业集聚区信息化建设，建设完善面向中小企业的公共服务信息平台，促进中小企业信息化工作健康持续发展。加快电子商务支撑环境建设，构建信用、认证、标准、支付体系，推进五华大中小企业积极融入“互联网+”。

第六章　传承客家文化，打造特色文化体育产业

坚持社会主义文化发展方向，把弘扬优秀传统客家文化与发展现实文化有机统一，推进文化体制改革创新，加快实施文化强县战略，实施重大文化工程，完善公共文化服务体系，文化产业体系，文化市场体系，大力发展文化事业和文化产业，打响“足球之乡”“球王故里”“文化之乡”“石匠之乡”品牌。打造岭南客家先民“秦汉建筑遗址文化产业园”的文化旅游特色产业。

第一节　构建公共文化服务网络体系

以人民群众基本文化需求为导向，围绕看电视、听广播、读书看报，参加公共文化活动等群众基本文化权益，根据国家基本公共文化服务内容、种类、数量和水平，保障基本、统一规范原则，推进基础设施全覆盖，加快完善公共文化设施网络，建成城市“十分钟文化圈”和农村“十里文化圈”。积极开展文化下乡和进社区活动，积极开展申报第五批广东省古村落，创建“中华诗词之乡”活动，保护、利用客家古民居、古村落，打造国家、省公共文化服务示范点50个以上，推动公共文化场所免费开放。健全政府向社会力量购买公共文化服务机制，不断完善志愿者服务、管理评价和激励保障机制，加强公共文化产品和服务供给。不断加快县文化馆、博物馆、图书馆、城市规划展览馆等“多馆合一”县文化活动中心的项目建设步伐。继续做好物质与非物质遗产的保护、利用工作，至“十三五”期末，争取新增1处国家文物保护单位、3处以上省级文物保护单位。大力弘扬红色文化，加大对地方剧种的扶持力度，推动客家文化传承创新。积极开展农家书屋提升工程，完善村级文化设施，开展国家级客家文化生态保护实验区建设，积极探索开展基层农村“一村一文化中心”建设。继续组织实施广播电视“户户通”工程和无线覆盖工程，整合全县广播电视网络，实现全县广播电视“一张网”和“分步实施”“双向网”改造，解决边远山区群众收听看难问题。

第二节　加快发展现代文化产业

着力提升传统文化产业，加快发展新兴文化业态，努力传承、创新好客家优秀传统文化。积极促进文化、科技和旅游融合，提高文化产业规模化、集约化、专业化水平。大力推动文化创意产业与其他产业融合发展，推动文化产业结构优化升级，发展骨干文化企业和创意文化产业，培育新型文化业态，扩大和引导大众文化消费市场。广泛开展广场、社区、家庭等群众性文化活动，大力推进机关事业单位、企业、学校定期开展经常性文化活动，继续举办群众品牌文艺会演、春节元宵等节日文化体育群体活动，扎实开展全民读书活动，建设文化五华。净化社会文化环境，保护未成年人身心健康。深入挖掘五华历史文化、民族文化、红色文化、名人文化、石雕文化、酒文化及茶文化等文化资源，保护和弘扬民族优秀文化遗产，丰富五华文化内涵。实施文化精品战略，重点培养国家级、省级文艺人才、办好文艺刊物支持繁荣文艺创作，凸显文艺流派，培育文化名镇、名村、名馆、名人和名品，重点精心打造狮雄山秦汉遗址公园、李惠堂足球博

物馆、五华石雕工艺文化产业园、古大存故居、李威光故居、寨顶巷古村落等具有地域特色的文化品牌，着力提升“木偶戏”“采茶戏”“石雕工艺”的知名度、影响力。着力推进人文社科普及示范基地建设，将“社科评奖”列入人文素质提升工程中。加大地方志编制工作力度。实施文化惠民工程，加快县图书馆、文化馆、体育馆、档案馆、方志馆等场馆和综合性文化服务中心建设，提高文化资源信息共享效率，建设学习型社会。

第三节 大力促进足球事业发展

积极实施《梅州市振兴“足球之乡”十年规划》和《梅州市关于加快发展足球运动实施意见》，打响“足球之乡”“球王故里”品牌，以足球事业带动体育事业的全面发展。加大职业足球俱乐部建设力度，支持五华客家足球队“冲超”。做好校园足球工作，争取建设国家足球特色学校2所，省级5所。加大对足球文化产业园、足球训练基地、李惠堂足球博物馆、中国内地现代足球发源地（元坑）纪念馆、中国甲级联赛比赛标准化足球场等公共体育设施建设的投入力度，争取每个乡镇建设1个11人制标准足球场。加强建设社区健身场地，提高体育场馆使用效率。发展体育产业，完善公共体育服务体系，促进体育消费。

专栏11 五华县文化体育重点项目（7项）

1.五华狮雄山秦汉建筑遗址公园	5.五华文化综合项目
2.五华状元故里文化产业园	6.中国内地现代足球发源地（元坑）纪念馆
3.五华足球文化公园	7.五华寨顶巷古村落改造项目
4.五华足球训练基地	

第七章 坚持普惠共享，建设宜居五华

坚持把改善民生福祉、提高人民群众生活水平作为出发点和落脚点，进一步完善基本公共服务体系，提高基本公共服务的均等化水平，坚持民生优先，发展惠民工程，推进社会管理模式创新，探索出适合五华实情的社会管理模式。

第一节 提高就业和收入水平

以促进就业、增加收入为主要途径，不断提高人民生活水平。建立统一规范灵活的人力资源市场，完善城乡统筹的公共就业创业服务体系，拓宽就业渠道，实施更加积极的就业政策，着力推动大众创业、万众创新，鼓励高校毕业生、失业人员、失地农民、退伍军人等实现自主创业，通过创业带动就业。积极引导社会资本进行创业投资。完善收入分配制度，努力实现居民收入增长和经济发展同步，劳动报酬增长和劳动生产率提高同步，中低收入群体收入显著提高，城乡居民收入差距逐步缩小。

第二节 推动教育事业优先发展

深化教育领域综合改革，统筹优化教育资源配置。探索建成以公办园和普惠性民办园为主体的学前教育服务网络，进一步提高学前教育三年入园率。推进义务教育均衡优质标准化发展，缩小我县南北教育差距，科学调整学校布局，解决县城学校“大班额”

问题。提升水寨中学、高级中学、田家炳中学、安流中学、五华中学等普通高中教育水平，打造水寨中学的名校品牌。强化校企合作，进一步发展职业教育，提升我县职业教育的规模和层次。积极发展继续教育和终身教育，加快发展特殊教育，建立教育、卫计、残联等多部门联动的残疾人教育体系。进一步巩固教育“创强”成果，进一步加强标准化学校建设，完善校园“三通两平台”，加快教育信息化建设步伐，创建“广东省推进教育现代化先进县”。进一步加强师资队伍建设，发挥“名师”效应，强化师资培养培训，立德树人，打造爱岗敬业、乐于奉献、与时俱进的师资队伍，为全县教育质量的大提升提供师资支撑和保障。完善教育督导工作机制，健全完善督政、督学和教育评估监测三位一体的教育督导体系。全面推进依法治校，完善学校章程建设。建立法治化的教育行政、校务管理、矛盾调解、校园安全等工作机制，提升教育治理能力现代化水平。

第三节　完善社会保障体系

坚持社会保障与经济发展同步提升，全面建立制度化的民生保障体系。积极推进城乡社会保障体系统筹并轨，推进机关事业单位养老保险制度改革，鼓励民营机构参与养老体系建设。完善各类养老保险制度转换衔接办法，扩大参保缴费覆盖面，建立社会保险综合“一站式”服务平台，实现社会保障“一卡通”全覆盖。实施统一的城乡居民医保制度推进医疗保险付费方式改革，完善大病保障制度。健全低保、五保标准动态调整机制，推进公办养老机构体制改革。保障妇女儿童合法权益，促进妇女儿童健康发展，大力发展福利慈善事业，做好优抚安置工作，完善孤儿、残疾人保障机制和医疗救助审核机制。加大宣传力度，进一步推进殡葬改革步伐，加快公益性生态公墓建设，“十三五”期末，每个建制镇至少建有1个以上公益性生态公墓。完善以公租房为主要保障方式的住房保障制度，改进住房公积金提取、使用监管机制。

第四节　提高人民健康水平

继续深化医药卫生体制改革，科学规划公立医院布局，坚持公立医院面向城乡居民提供基本医疗卫生服务的主导地位，建立可持续的政府卫生投入机制，确保公立医院的公益性。全面提升医疗机构综合服务能力，逐步建立投资主体多元化、投资方式多样化的办医体制，不断满足人民群众多层次、多样化的医疗卫生服务需求。统筹配置城乡卫生资源，推进公共卫生服务均等化，扎实开展爱国卫生工作。提高基本医疗保障水平，建立并完善覆盖城乡居民的基本医疗保障体系，加强县镇村三级卫生服务网络建设，重点抓好县人民医院、中医院和妇幼保健院升级改造，县人民医院达到三甲综合医院标准；加强乡镇卫生院标准化建设，标准化建设率达 100%；实现村卫生站规范化、信息化管理。积极鼓励和引导社会资本兴办三甲医院。进一步健全卫生应急管理体系，完善突发公共卫生事件应急信息平台，建立统一协调的卫生应急指挥系统，提高处置重大突发公共卫生事件的应急能力。以基层卫生监督为重点，以卫生监督基础建设为核心，全面加强卫生综合执法能力建设。进一步完善县镇村三级疾病预防控制体系及妇幼保健体系建设，加强传染病、重大疾病和地方病防控力度，计划免疫、艾滋病、结核病等各项指标控制在上级规定标准范围内。大力加强慢性非传染性疾病和职业病的防治工作。

推进中医药强省建设，提高中医药服务能力。加强以全科医生为重点的基层医疗卫生队伍建设，完善全科医生和住院医师规范化培训制度。新增3个孕妇及哺乳妇女专用加碘食盐品种。加强健康教育体系建设，逐步建立政府领导、多部门合作、全社会共同参与的健康教育与健康促进体系和网络。改革完善计划生育服务管理，全面落实一对夫妇可生育两个孩子政策，完善计生机构和信息网络，稳定人口基数，提高生育质量。

专栏12　五华县教育卫生重点项目（11项）

1.五华职业技术学校	7.五华华城镇中心卫生院整体搬迁项目
2.五华新城中学	8.五华水寨镇卫生院升级改造项目
3.五华人民医院三甲医院达标建设	9.五华120急救指挥中心升级改造项目
4.五华谷城医院建设项目	10.五华疾病预防控制中心业务用房建设项目
5.五华安流镇华南医院建设项目	11.五华慢性病防治站精神病区建设项目
6.五华村卫生站标准化建设基本项目	

第五节　实施精准扶贫、精准脱贫

全面落实“扶持对象精准、项目安排精准、资金使用精准、措施到户精准、因村派人（第一书记）精准、脱贫成效精准”等“六个精准”，分类扶持，大力推进新时期精准扶贫工作。至2018年，实现贫困县摘帽，全面完成全县新时期精准扶贫相对贫困户、相对贫困人口的脱贫攻坚任务。

实施精准扶贫、精准脱贫。因人因地施策，对有劳动能力的支持发展特色产业和转移就业，“对一方水土养不起一方人”的实施扶贫搬迁，对生态特别重要和脆弱的实行生态保护扶贫，对丧失劳动能力的实施兜底性保障政策，对因病致贫的提供医疗救助保障，提高扶贫实效。改变扶贫模式，从“输血型”传统扶贫模式向“造血型”精细化扶贫模式转变，从点对点扶贫模式向集中连片扶贫模式转变。鼓励贫困村、贫困户发展特色农产品及其加工业，扶持带动性强的农业龙头企业，做强做大农产品精深加工，发展“一镇一品”，走差异化发展道路，打造有客家特色的长寿品牌。提高农业生产力科技化水平，同步推进增产增质。深入实施乡村旅游扶贫工程，开拓乡村旅游、观光休闲农业、美丽乡村开发等农旅结合的新业态发展，拓展农民致富的新增长点，合理有序开发优势能源矿产资源。对贫困地区农民工返乡创业给予政策支持。鼓励企业吸纳相对贫困户劳动力就业。实施低保政策兜底脱贫。实施健康扶贫工程，提高贫困地区基本医疗和公共卫生服务水平，把新农村大病保险支付、医疗救助等结合起来，使患大病者得到兜底保障。五保户、无劳动能力低保户、丧失劳动能力的残疾人、低收入家庭中的老年人和未成年人分别纳入社会救助体系和城乡居民基本医疗保险体系，享受最低生活保障和基本医疗保障，实行低保政策和扶贫政策有效衔接，对贫困人口应保尽保。

扩大相对贫困地区基础设施覆盖面。加快相对贫困地区交通、水利、电力和物联网建设。对相对贫困地区重大水利工程和中小水利项目要强化建设。对相对贫困地区水电

开发、农田改造升级、光伏发电工程要大力推进。加大“互联网+扶贫”力度，加快实现相对贫困村宽带网全覆盖，实施电商扶贫工程，促进相对贫困地区大众创业、万众创新。推进相对贫困村生活垃圾处理、污水处理、农户改厕、村庄绿化，推动农村环境综合整合，支持山、水、田、林、路建设及中小流域综合治理。探索资产收益扶贫。探索对相对贫困人口实行资产收益扶持制度。

推进相对贫困地区基本公共服务均等化。提高相对贫困地区基础教育质量。“扶贫需扶智”。要实施教育扶贫全覆盖工程，让相对贫困家庭子女都能接受公平的有质量教育。全县教育经费继续向相对贫困地区、向基础教育倾斜。建立保障农村学生上重点高校的长效机制。建立健全留守儿童和妇女、老人以及残疾人关爱体系。加强对未成年人的监护和困境儿童福利保障，帮助特殊贫困家庭解决实际困难。加强建立健全困难残疾人生活补贴和残疾人护理补贴制度。丰富贫困群众文化生活。集中实施一批文化惠民扶贫项目，重点是广播电视服务网络、数字文化服务、乡土人才培养、流动文化服务等。

完善精准扶贫工作机制。建立扶贫脱贫工作责任制，强化扶贫工作责任考核，真正把扶贫责任开发作为“一把手”考核来抓。积极做好广州市番禺区对五华对口帮扶工作，完善对口扶贫开发机制。实施精准扶贫考核机制，建立常态化的督导考核机制。办好“扶贫济困日”等社会扶贫活动，充分调动社会各界参与扶贫开发积极性。落实相对贫困户、相对贫困人口进出调整机制等精准扶贫动态调整机制。加强相对贫困村党支部建设，发扬党在扶贫工作中的核心作用。强化扶贫开发投入保障。健全扶贫“双到”工作机制，激励各类企业、社会组织、个人自愿采取包干方式参与扶贫。

第八章　改善生态环境，提升持续发展能力

加快推进生态文明建设，树立优良生态环境是人口优势、资源优势、竞争优势、发展优势、社会优势的新理念，决不以牺牲生态环境为代价换取一时的经济增长，把加强生态建设、推进节能减排、合理开发利用土地资源等作为重点内容，大力发展低碳经济、倡导绿色消费、培育生态品牌、打造优美环境，把五华打造成为宜居、宜业、宜游的生态县。

第一节　优化生态功能

基于环境规划目标，根据资源禀赋、环境容量和生态状况进行生态与环境功能分区，结合生态环境保护、污染防治、资源合理开发利用以及社会经济可持续发展的需要，优化生态、水环境、大气环境以及声环境功能分区，明确不同区域的功能定位、发展方向及污染防治要求，实施分区分类管理。根据生态系统服务重要性和监管级别，将生态控制线范围分为一级管制区和二级管制区。一级管制区：对维护自然生态系统服务、保障城市生态安全具有关键作用的生态保护空间，是生态控制线的核心区域，实行最严格的管控措施。二级管制区：对维护自然生态系统服务、保障城市生态安全、构建健康城市发展格局具有重要作用，需要进行保护和管控的重要区域。重点保护七目嶂省级自然保护区、插天嶂自然保护区、益塘自然保护区（益塘水库）、鸿图嶂自然保护区、桂竹园自然保护区、天堂山自然保护区。

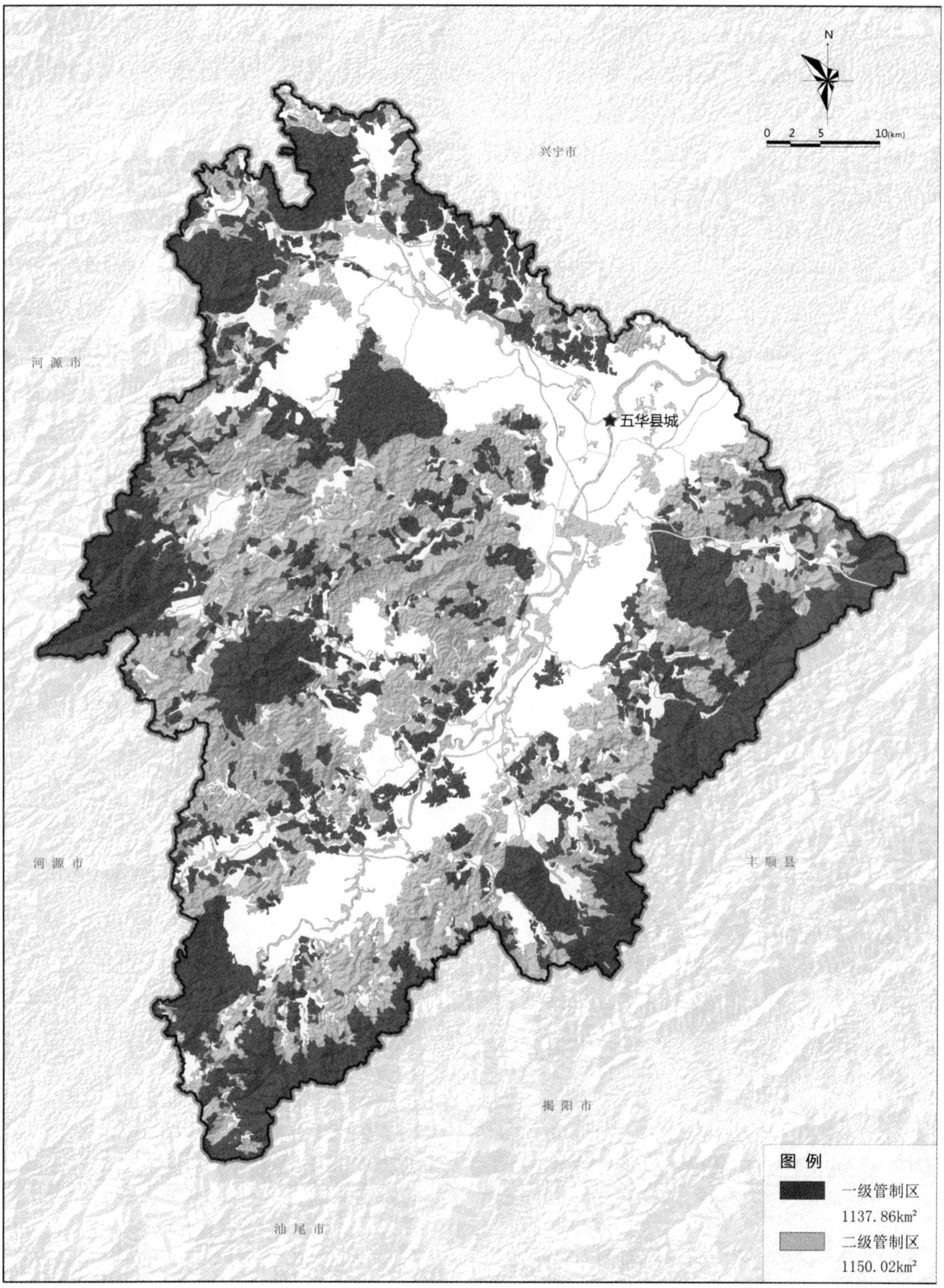

图 8　五华县生态控制线分级管制图

第二节　强化生态修复建设

坚持生态建设与经济社会发展和国土整治同步推进，把推进工业化、城镇化与建设生态文明有机统一起来，建设生态五华。持续开展“绿满梅州”大行动，加快重点生态工程建设，加强森林和湿地保护管理，实行森林资源保护和发展目标责任制考核。加强重点生态功能保护区建设和管理，保护生物多样性，构建生态安全屏障。加大森林公园、生态公益林、通道绿化带、县城周边 3 万群山绿化以及镇村绿地的建设力度，增强涵养水源、保持水土、防风防潮能力。大力发展生态高效农业，建设多个市县级生态农业示范点。大力改善水环境，营造水景观，加强饮用水资源保护。加强土壤污染防治，推进大气污染综合治理，加大对工业源、尾气排放、扬尘、噪声等治理力度。加快污水收集处理、生活垃圾无害化处理、固体废物安全处置等环保基础设施建设，对供水、供电、道路、通信等公共基础设施实施绿色化改造。改善农村能源结构、资源利用方式与居住环境。加强生态环境监测、预警和应急能力建设，构建地质灾害防治体系，加强城乡重大地质灾害区的生态恢复与治理。加强生态法制建设，严格生态执法监督，进一步加大生态环境整治力度。

专栏 13　五华县生态建设重点项目（4 项）

1.五华废旧矿山的复绿复垦项目	3.五华市级自然保护区建设项目
2.五华县级森林公园项目	4.县城周边 3 万群山绿化工程建设项目

第三节　推进资源循环利用

坚持预防为主、源头控制、综合整治、强化监管，扎实开展节能减排攻坚战，深入推进区域污染防治。建立健全工业污染防控体系，加强工业集中区的环境风险防范。实施重点节能工程，大力推广先进节能技术和产品，加快推行合同能源管理，大幅度减少工业污染物的产生和排放量。大力发展循环经济，促进工业园区循环化改造。开展节能减排执法监督，严格落实重点用能单位目标责任，坚决依法淘汰落后产能。实行最严格的水资源管理制度，建设节水型社会。完善县城、乡镇、工业园区排污管网建设，推进辖区城镇、工业园区污水厂和垃圾填埋场建设。全面开展农村环境综合整治，继续推进畜禽养殖业污染防治，加快推进村镇集中式饮用水保护工程，大力普及农村卫生厕所。加大琴江河、五华河及大中型水库水污染防治力度，加强重金属、危险废物、土壤污染治理。强化执法监督，健全重大环境事件和污染事故责任追究制度，建立健全污染付费制度。发展清洁生产，优化资源能源利用方式，积极发展绿色经济，加快形成低碳型生产方式、交通方式和消费方式，建设“低碳五华”，大力推进清洁生产和节能减排。加强绿色低碳产品的推广与应用，倡导低碳出行、绿色居住。

第四节　节约集约用地

在严格保护耕地和农民利益的基础上，优化城、镇、村用地布局，切实加强建设用地空间管制，合理控制城镇建设用地扩展边界。严格城乡土地利用总体规划修编与调整管理，健全各类建设用地标准体系，抓紧编制公共设施和公益事业建设用地标准。加快“三旧”改造进度，严肃查处土地违法违规和闲置土地行为，推进节约集约用地，积极争取土地利用年度计划指标，以满足全县经济快速发展需求，重点保障县城、工业园区发展用地，在用地上向重点设施、重点项目倾斜。积极争取重点项目进入国家、省、市重大项目库，从而获得国家、省用地指标支持。合理安排农村居民点用地，逐步推进农村居民建设综合整治。建立统筹城乡土地节约利用制度体系，合理安排和动态调控城乡用地布局，大力推进节约集约用地，坚持最严格的节约用地制度，调整建设用地结构，严格土地用途管制。规范土地经营权流转，探索农村土地确权制度改革。

第五节　促进工业生态化转型

加强产业结构调整与产业布局优化，以市场为导向，以循环经济为指导，以环境容量为要求，将区域环境保护和环境污染综合整治充分融入到产业体系的构建中，提升环境准入门槛，严格环境审批，结合区域特色，推动制酒、制药、汽车配件、五金机电、工艺品加工、新能源及可再生资源等重点工业行业实施清洁生产和生态化转型，大力发展生态文化旅游业、现代高效农业、高新技术产业和现代服务业，促进环境保护对区域经济发展的优化。

第九章　坚持深化改革，增创发展新优势

围绕中央“去产能、去库存、去杠杆、降成本、补短板”五大任务，以经济体制改革为重点，加大各领域改革攻坚力度，从制约经济社会发展最突出的问题改起，优先推进具有结构支撑作用的基础性改革，重点突破关键领域和环节，通过改革增创发展新优势。

第一节　推动“供给侧改革”

在经济新常态下，从“三驾马车”的社会需求拉动经济发展方式，转变为以推动“供给侧改革”寻求经济增长新动力。从供给、生产端入手，提高全要素生产率，创新并扩大有效供给，引导企业更加积极主动适应市场需求变化，提升竞争力促进经济发展。全面深化改革，加快简政放权，通过改革一系列低效率、阻碍社会活力与发展的体制，进一步放宽准入。进一步加快产业的转型升级，实施企业技术改造提升行动计划，增加优质新型产品和生活服务等有效供给，通过减税减费，为企业经营创业活动“松绑”、“减负”；加快城乡之间土地、资金、人员等要素的流动，实现资源的合理化配置。以高效的制度供给和开放的市场空间，激发微观主体创新、创业、创造的潜能。大力实施教育改革和创新驱动战略，培育高水平人才。

第二节　完善现代市场体系

完善现代产权制度。以理顺产权关系、确定产权归属为重点，推进产权制度改革和创新，依法保护各类市场主体产权和合法权益。健全公有制经济产权管理制度体系，规范国有产权流转。支持非公有制经济健康发展，鼓励非公有制企业产权制度创新，消除对非公有制主体的差别待遇和各类隐性壁垒，建立平等的竞争环境。

建立健全市场准入与监管制度。打破行政垄断和市场分割，培育发展商品、资本、

土地、知识、技术、信息等要素市场。落实国家市场准入负面清单制度，探索对外商投资实行准入前国民待遇加负面清单的管理模式。健全优胜劣汰市场化退出机制，完善企业破产制度。重点推进市场监管执法方式改革，健全市场监管行政执法与刑事司法相衔接机制，完善网上市场监管机制，推进跨部门、跨行业综合执法。推动社会共治，利用社会化监督来取代单纯的行政监督，形成信息充分共享的全方位监管，做到企业自律、政府监管、社会监督的有机统一。

深化价格体制改革。落实国家和省关于加快价格改革的政策措施、非居民用水超定额加价政策。加快制定价格改革具体落实措施，深化水、电、气等资源环境以及交通、医院等重要公用事业和公益性服务价格改革。深化行政事业性收费改革，继续清理取消收费项目和降低收费标准。

加快商事登记制度改革。加强工商登记前置审批事项目录和前置改后置审批事项目录的动态管理。加强商事登记制度改革后续事中、事后监管，强化质量监督管理工作。全面实施工商营业执照、组织机构代码证、税务登记证、社会保险登记证和统计登记证“五证合一、一照一码”登记制度，推进全程电子化工商登记、电子营业执照和同城通办等工作。“十三五”期间，新增驰名商标和省著名商标10件。

加快社会信用体系建设。全力推动社会信用体系建设，宣传《梅州市社会信用体系建设规划（2014—2020年）》，加快推进公共信用信息管理系统建设，搜集各行业、各部门信用信息，建设对外发布查询平台；加快推进农村社会信用体系建设，积极培育和有序引进信用服务机构，推动第三方机构开展信用征集、信用调查、外部信用评级等业务，加快建设“信用五华网”。到2020年，县公共信用信息管理系统全面建成投用，信用服务市场进一步壮大。

第三节　逐步建立现代财政制度

深化预算体制改革，实行全面规范、公开透明的预算管理制度，探索建立跨年度预算平衡机制，按新预算法要求编制全口径预算，按保障基本业务开展需要安排定员定额公用经费新标准和车辆运行费预算编制。建立事权与支出责任相适应体制，完成部分事权和支出责任在县级政府及其部门间的科学、清晰、合理配置，实现事权与财政支出责任相适应。完善政府性债务管理体系，建立债务风险评估和预警机制、应急处置机制以及责任追究制度。加大财政保障基本公共服务的投入力度，进一步调整和优化公共财政支出结构。建立以政府债券为主体的地方政府举债融资体制，加强县政府债务管理。落实国家税制改革措施，加强地方税源管控，清理和规范税收优惠政策。积极推进行政事业性收费改革，进一步减轻企业和社会负担。

第四节　加快金融改革

大力发展资本市场，加快推动创业投资、股权投资等多层次投资体系的形成。建立健全金融为实体经济服务的体制机制。加快发展服务小微企业的中小金融机构，推动设立民营银行。加快农村信用社改革步伐，推动县农村信用社整合改制为县农村商业银行。大力发展普惠金融，推动开展普惠金融“村村通”。完善金融创新服务体系。推动银行、证券、保险等金融机构的融合创新，开展政、金、企互动合作创新，充分发挥创投服务中心平台功能，做好项目对接和资源共享。强化科技创新驱动发展。完善技术研发、转化的市场化机制，出台科技成果产权制度改革、股权和分红激励等政策。建立完善金融突发事件应急机制和风险处置长效机制，实现金融风险监测、分析、预警、处置与区域经济风险监测的无缝对接，维护区域金融稳定。

第五节 深化投融资体制改革

加快政府职能转变，提高政府对各类公共资源交易的监管效能，合理配置公共资源，创造公平开放、竞争有序的市场交易环境，实现公共资源交易全流程透明化管理。深化企业投资管理体制改革，强化事中事后监管，落实“非禁即入”投资政策，配合省推进企业投资项目管理系统建设，对企业投资项目实行准入负面清单、行政审批清单、政府监管清单“三单”管理，进一步放宽企业投资准入，实现企业投资项目网上全程办理、并联核准。整合政府资源，推进县投融资平台建设，通过政府性债务剥离，资产重组和股权结构调整优化，使其发展成为国有资本投资运营的主体、PPP 合作模式的政府授权载体，进一步提升其支持县域新型城镇化、基础设施建设、战略性新兴产业的现代化服务业发展的投融资能力，为县域经济社会持续健康发展提供有力支撑。加强政府与社会资本合作以创新运营模式，融资模式，积极推广 PPP、基金合作、融资租赁、资产证券化等为着力点，积极探索开展政府和社会资本合作融资模式试点。鼓励民间资本通过设立私募股权投资基金、并购基金等形式投向实体经济领域，继续推动开展重大项目面向民间投资招标活动。大力发展债权投资、股权投资、资产证券化等融资工具，引导社保资金、保险资金和其他社会资本投入，大力发展创业投资基金、产业投资基金及股权投资基金。

第六节 推进行政体制改革

加快政府职能转变，强化机构和职责整合，规范机构设置，理顺权责关系，完善决策权、执行权、监督权既相互制约又相互协调的运行机制。推行县政府工作部门权责清单制度，实现统一事项清单、统一审批标准、统一项目编码、统一网上办公。深化行政审批制度改革，优化审批流程，推进“一审一核”制，压减前置审批环节，推进审批后监管制度化建设。拓展完善网上办事大厅建设，加快推进镇村便民服务中心（站）建设。深化乡镇行政体制改革，理顺基层政府条块关系，推进消防安全网格化管理和村民自治，探索开展以自然村和村民小组为基本单元的村民理事会制度，完善基层治理体系。全面推进政务公开。深入推进行政事业单位改革，建立各类事业单位统一登记管理制度，推进政事分开、管办分离和法定机构试点。推进行政事业性收费改革。

第十章 促进法治建设，完善社会治理体制

坚定不移贯彻“依法治国”方略，全面推进依法治县，全面深化改革，加快建设法治五华、平安五华、文明五华，为实现振兴发展营造良好的社会环境。

第一节 完善社会治理体制

进一步转变政府职能，依法管理公共事务，全面提升社会治理能力。深化行政审批制度改革，公布县级权责清单，规范行政许可行为。深化行政执法体制改革，在重点领域推进综合执法。加强镇村法治机构建设，保证司法公正，提高司法公信力，进一步强

化社会治安综合治理领导责任制和目标管理责任制。充分发挥镇村在基本公共服务提供、平安建设、社会稳定维护中的作用，积极推进城乡社区建设，健全新型社区管理和服务体制，深入推进镇村治理，进一步发挥县、镇综治信访维稳中心（站）作用。积极预防和妥善处理社会矛盾，统筹推进城乡社区建设，促进社会团体、民间组织健康发展，推进社会管理重心向镇村层转移。

第二节　健全公共安全保障体系

建立健全安全生产监管体系。坚持“安全第一，预防为主，综合治理”的方针，严格执行“一岗双责”，以非煤矿山、交通运输、建筑施工、危险化学品、烟花爆竹、民用爆炸物品、公众聚集场所、特种设备、农业机械等行业和领域为重点，全面加强企业安全生产工作。加强食品药品监管系统基础设施与能力建设，加强职业病防治，加强食品药品检验监测体系、安全监管体系和应急体系建设，加大“打非治伪”力度。进一步健全社会治安防控体系和治安视频监控系统建设，充分利用社会各方面的治安力量，加强群防群控体系建设。加强城市公共消防设施基础建设与管理，深化消防安全的监管力度。加强禁吸戒毒工作，依法严厉打击各种犯罪活动。预防青少年犯罪，促进青少年成长发展。加强应急平台体系建设，提升气象预报、防灾减灾能力；健全和完善公共突发事件的预警和应急处理机制，提高政府应对突发事件和风险的能力，维护正常的社会秩序。

第三节　加强社会主义民主法治建设

切实加强政府自身建设，建设“法治政府”。完善民主决策机制，公开决策事项，建立健全公众参与、专家咨询、政府决定相结合的行政决策机制。着力推进廉政建设，继续强化廉洁自律，大胆创新反腐倡廉机制，逐步健全教育、制度、监督并重的惩治和预防腐败体系。健全行政权力监督机制，加强人大监督，强化社会监督。贯彻依法治县基本方略，全面推进依法行政，坚持严格执法、规范执法和公正执法。推进司法体制改革，优化司法职权配置，规范司法行为。深化全民普法教育，提高全民法律素质。

第四节　加强社会主义精神文明建设

加强党的建设，大力推进学习型党组织建设。加强思想道德建设，实施公民道德建设工程，大力培育和践行社会主义核心价值观。继续开展社会主义道德教育和全民科学素质教育，大力弘扬中华民族传统美德，大力倡导个人品德、社会公德、职业道德和家庭美德建设。加强未成年人的思想道德，建立健全青少年活动中心等校外活动基地，营造有利于青少年健康成长的社会环境。加强对新闻媒体、社会文化等各种思想文化阵地的管理，规范文化市场。加强网络新闻宣传，强化网络舆情监控与疏导。加强新闻队伍建设，提高对外宣传能力。深入开展形式多样的群众性精神文明建设活动，健全各类文明规范，形成科学、文明、健康的生活方式。加快推进农村精神文明创建活动，积极创建“广东省文明县城”。巩固提高军民共建和做好“双拥”及国民经济动员工作。

第三篇　新机制　强化规划实施保障

本规划纲要经过县人民代表大会审议批准，具有法律效力。要充分发挥规划对资源配置的导向作用，加强和改善宏观调控，强化监督检查，确保规划有效实施。

第一章 加强规划组织实施

完善规划保障体系，强化政策引导和要素保障，制定规划年度实施方案，建立保障规划实施的长效机制。

第一节 制定年度实施方案

各部门要站在全局和战略的高度，切实加强领导，统筹安排部署，明确职责分工，完善工作机制，研究落实各项政策，统筹协调推动重大项目的实施，确保规划落到实处。围绕规划目标任务，定期研究解决国民经济和社会发展中的重点难点问题，及时制订相关配套措施，有计划、有重点、有步骤地推进五华县社会经济发展。

第二节 加强规划衔接

强化国民经济和社会发展总体规划的纲领性和指导性地位，做好城乡建设规划、土地利用规划等规划与国民经济和社会发展总体规划之间的衔接，做好专项规划、区域规划与总体规划的协调，确保各类规划总体要求一致，空间配置和时序安排协调有序，形成以国民经济和社会发展规划为统领，各类规划划定位清晰、功能互补、统一衔接的规划体系。

专栏 14 五华县“十三五”重点专项规划（18 项）

1. 五华县综合交通运输体系发展“十三五”规划（县交通运输局）	10. 五华县科技发展“十三五”规划（县科工商务局）
2. 五华县新型工业化发展“十三五”规划（县科工商务局）	11. 五华县教育发展“十三五”规划（县教育局）
3. 五华县水利发展“十三五”规划（县水务局）	12. 五华县人力资源和社会保障事业发展“十三五”规划（县人社局）
4. 五华县农业发展“十三五”规划（县农业局）	13. 五华县卫生发展“十三五”规划（县卫计局）
5. 五华县商务发展“十三五”规划（县科工商务局）	14. 五华县新型城镇化规划（2015-2020 年）（县住建局）
6. 五华县旅游发展“十三五”规划（县旅游局）	15. 五华县生态文明建设规划纲要（县发改局）
7. 五华县文化发展“十三五”规划（县文广新局）	16. 五华县城区市政公用事业发展“十三五”规划（县城市综合管理局）
8. 五华县安全生产“十三五”规划（县安监局）	17. 五华县金融改革发展“十三五”规划（县金融办）
9. 五华县食品药品安全“十三五”规划（县食药监局）	18. 五华县环境保护“十三五”规划（县环保局）

第三节 加强指标约束

规划纲要确定的约束性指标具有法律效力。约束性指标要分解落实，实行规划目标责任制。县有关部门要将约束性指标、预期性目标和各项任务分解到年度，纳入经济社会发展年度计划。

第四节 加强评估监督

完善发展规划指标体系的评价和统计制度，确保统计数据的权威、准确和及时，加强规划实施的跟踪分析。完善规划评估机制，组织开展规划实施中期和期末评估，分析检查规划实施效果，找出规划实施中存在的问题，提出解决问题的对策措施。拓宽规划实施监督渠道，发挥监察、审计、统计等部门对发展规划实施的监督作用，完善政府重大决策事项向人大报告和向政协通报制度，及时汇报、通报规划执行情况，充分听取人大、政协的意见和建议。加强发展规划实施的社会监督，开展规划宣传和展示工作，及时公布规划实施进展情况，让社会公众通过法定程序和渠道参与规划的实施和监督，营造全社会共同参与和支持规划纲要实施的氛围。

第二章　强化重大项目支撑

积极推进规划所确定的项目建设，通过项目的开发建设保障规划的贯彻落实，发挥规划对重点项目布局和建设的指导作用。

第一节　科学谋划重点项目

坚持以规划带动项目建设，以项目促进规划落实，确立中长期规划对重大项目布局的指导作用。加强前期工作，健全重大项目储备库，将规划的重大项目具体落实到年度重点项目计划实施中，形成“竣工一批、启动一批、储备一批”的滚动机制。力争更多的重点项目列入省市的年度重点项目计划。“十三五”期间规划建设的重点项目共191项，总投资1305.79亿元，“十三五”期间投资1068.69亿元。

专栏15　五华县“十三五”规划重点项目分类汇总表

交通基础设施：45项，总投资332.09亿元，“十三五”投资301.48亿元

园区扩能增效：10项，总投资151.24亿元，“十三五”投资96.22亿元

城市扩容提质：20项，总投资87.27亿元，“十三五”投资73.07亿元

实体经济：76项，总投资519.75亿元，“十三五”投资384.49亿元

重点民生：40项，总投资215.4亿元，“十三五”投资213.44亿元

第二节　强化要素支撑能力

按照规划纲要确定的目标和任务，研究制定规划实施的相关配套政策。积极争取用地指标，盘活存量建设用地，为大项目、大建设提供用地保障。建立统筹安排全县重点项目用地计划指标调节分配制度，完善节约集约用地评价考核机制。实施一批重大项目，优化重大项目投资结构，健全重点项目储备库。需安排建设用地的重大项目，其新增建设用地指标由县国土资源局、县重点办统筹向省、市申报解决。加强与财政性资金、信贷资金的衔接和引导工作，积极探索政府以资源入股参与开发建设的模式。优先保障重大项目环境容量。

第三节　加强项目管理

强化项目建设全过程管理，严格建设程序。落实项目建设多项监管制度，确保安全生产，保障工程质量，保证建设工期，降低工程成本，提高投资效率。优化建设环境，落实征地拆迁责任主体，实施考评和奖惩激励制度，排除影响项目建设进度的各种障碍。

附件：五华县“十三五”规划重点建设项目计划表

五华县人民政府办公室关于印发五华县推进一门式一网式政府服务模式改革实施方案的通知

华府办函〔2016〕179号

各镇人民政府，县府直属和省、市属驻五华各单位：

《五华县推进一门式一网式政府服务模式改革实施方案》已经县人民政府同意，现印发给你们，请认真组织实施。实施过程中遇到的问题，请径向县政管办反映。

五华县人民政府办公室
2016年8月23日

五华县推进一门式一网式政府服务模式改革实施方案

为贯彻落实省、市关于全面推进简政放权、放管结合、优化服务工作会议精神，根据《梅州市人民政府办公室关于印发梅州市推进一门式一网式政府服务模式改革实施方案的通知》要求，结合我县实际，特制定本实施方案。

一、总体目标

一门式一网式政府服务模式改革工作的总体目标是落实"一门在基层，服务在网上"理念，依托各级实体办事大厅和网上办事大厅，运用大数据移动互联网等技术手段，强化标准化成果的应用，深入推进一门式一网式政府服务模式改革，打造行政许可和公共服务事项"前台综合受理、后台分类审批、统一窗口出件"的政务服务模式，实现"一个转变"、"三个减少"、"两个基本完成"的目标（"一个转变"即推动政府服务由"空间集中"向"服务集成"转变；"三个减少"即减少办事程序和办理时限，减少群众和企业办事跑腿次数，减少行政负担和制度性交易成本；"两个基本完成"即2016年底前基本完成县、镇、村（居）自然人事项一门式一网式政府服务模式改革工作，2017年上半年基本完成法人事项一门式一网式政府服务模式改革工作）。为群众提供一站式、全天候、零距离的政务服务，解决好服务群众最后一公里问题。

二、主要任务

（一）加大简政放权力度，以方便群众就近办事原则推进事项下放办理。

1. 围绕"一门在基层"的原则，凡国家、省、市未作规定必须依法在县级办理的审批事项，通过委托或下放下级部门实施。

2. 社会保险、公积金、不动产登记、户籍、出入境等面向自然人的事项以及个体工商户相关事项原则上下放到镇公共服务中心办理。

3. 县公共服务中心主要办理法人和其

他组织申请的事项，专业性强、业务复杂程度高的事项，跨部门、跨区域事项以及其他不可委托基层办理的自然人事项；镇公共服务中心主要办理自然人事项，以及上级委托或下放办理的法人和其他组织申请的事项；村（居）公共服务站重点提供政务、党务、村务、财务等各类生活生产等服务。

（二）推进行政许可和公共服务事项标准化建设。

1. 根据法律法规有关规定，参照《广东省行政许可事项通用目录（2016 年版）》及我县公布的权责清单，梳理公开行政许可和公共服务事项目录以及事项标准，严格按标准规范事项名称、实施依据、服务对象、服务类别等基本要素，并按照应进必进的原则，全部进驻实体办事大厅和网上办事大厅，实现“目录之外无事项，大厅之外无审批”。

2. 制定行政许可和公共服务事项统一申办受理标准。在申办环节重点规范受理范围、申请材料、审批条件、办理时限等要素内容。依法科学合理减少申请材料，对申请材料带有“法律、行政法规规定的其他条件”、“其它有关材料”等“兜底条款”的进行细化量化，为群众办事提供清晰指引。在受理环节重点明确受理条件及其裁量标准，明晰量化“模糊条款”，明确批准或不批准的标准和依据，压减自由裁量空间，减少群众重复提交申请和到现场办理的次数。

3. 大力推进办事流程简化优化和服务方式创新。最大限度精简办事程序，减少办事环节，缩短办理时限，改进服务质量。坚决砍掉各类繁琐无谓的证明和手续。凡没有法律法规依据的证明和盖章环节，原则上一律取消。办事部门可通过与其他部门信息共享获取有关信息的，不得要求申请人提供证明材料。

（三）推动“一门式”政府服务建设。

1. 完善各级实体办事大厅综合服务窗口设置。调整县、镇、村（居）三级公共服务中心（站）现有服务窗口建设服务模式，将实体办事大厅按部门分设的办事窗口整合为综合服务窗口，变多窗受理为一窗受理，并与网上统一申办受理平台无缝对接。

2.建立“前台综合受理、后台分类审批、统一窗口出件”的服务模式。综合服务窗口前台主要负责各部门审批服务事项的咨询导办、接件受理、进度跟踪、结果发送等前台服务内容，相关职能部门后台负责实质性审查以及事项的事中事后监管，并承担相应的法律责任和行政责任。相关职能部门也可根据审批服务事项的管理性质和复杂程度，通过委托形式授权综合服务窗口开展实质性审查，提高综合服务窗口即办率。建立健全前后台服务无缝对接的运行机制，各级政务服务中心管理机构应在综合服务窗口日常培训、业务衔接、公章使用、容错服务、责任追究等方面加强制度建设，组织、协调和监督各部门为前台服务提供业务和技术支撑。

3. 按照业务关联度大、专业性差异小的原则，科学划分服务主题，设置社会民生类、注册登记类、经营许可类、投资建设类等综合服务窗口。

4. 加强综合服务窗口前后台人员的配备。

（1）综合服务窗口前台人员按集约化配置原则，通过政府购买服务聘用临时人员等方式解决。积极探索按照“编随事转、人随编走”原则，调配划转编制，统一调整到政务服务中心管理机构。

（2）各审批职能部门应按照选优配强

的原则，把优秀人才和年轻后备干部选派进驻政务服务中心后台，并保持人员相对稳定。进驻的行政审批股（室）负责人原则上应为部门中层正职，承担行政许可事项审批工作的人员原则上必须为具有公务员身份的业务骨干。

5. 拓展多种服务渠道。整合 12345 政府服务热线、移动客户端、自助终端等资源开辟政务服务渠道，有条件的地方可逐步探索证照邮政速递、远程视频咨询等服务方式，实现有形的门与无形的门有机结合。

（四）打造“一网式”政府服务体系。

1. 将基层公共服务综合平台建设纳入一门式一网式政府服务模式改革范畴，整合现有基层公共服务场所、设备、人员、信息化系统等资源，切实提高资源使用效益，避免出现多头建设。

2. 按照市级统一部署，建成覆盖全县的网上办事大厅统一申办受理平台，与部门审批系统无缝对接，重点推进使用国家、省垂直或自建业务系统审批职能部门的系统对接。设定便捷的审查技术手段和时限提醒功能，变多网受理为一网受理。积极探索将部门审批系统整合到网上公共申办审批系统，实行一个系统办理审批。

3. 根据省、市的统一布置，做好网上办事大厅、窗口办事导航功能拓展和界面创新等有关工作，按实体办事大厅综合服务窗口的分类设置划分专栏，将同类或相关的办理事项进行整合集中，实行“一网通办”。与实体办事大厅综合服务主题相一致，重新梳理网上办事大厅服务事项和服务流程，按标准化模版统一网上申请入口，实行“一表式”申请，根据表单信息自动按部门、层级、区域进行后台分派流转，提高网上办事效率。

4. 加快推进电子证照库建设。按照全市统一规范要求，基本建成电子证照系统，逐步实现各审批职能部门业务系统与电子证照系统对接，开展电子证照试点应用。减少办事群众提交纸质证照和到现场次数，吸引企业和群众广泛开展网上办事，提高网上办事大厅使用率。

5. 推进进驻事项网上全流程办理。推动各部门业务系统改造，优化业务流程、精简申报材料、压缩审批时限，以各部门即办件、承诺件事项为切入点，采用“信任在先、审核在后”的后置审核方式，推进线上线下融合对应，逐步减少办事人到现场次数，提高网上全流程办理率。

6. 构建统一身份认证体系。以自然人身份证号、统一社会信用代码等作为办理行政许可和公共服务事项的统一标识号码，实现群众和企业办事多种渠道、一次认证、一号申办、无缝切换。

7. 按照省、市标准规范完善市民个人网页和企业专属网页，完善服务性栏目，为公众提供信息查询、信息提醒、网上缴费等服务。按照省、市统一手机版建设指南相关规范，对我县分厅手机版系统进行开发完善，推动各部门办事服务接入手机版。将各部门所有即办事项作为试点进行改造，实现手机在线办理。

8. 推动网上统一申办受理平台与效能监察系统无缝对接，加强对行政许可和服务事项申办、受理环节的实时监控。对擅自增加、改变申请材料、违规设置办理条件等行为，进行红牌警告、强制停止实施；实施办事工作日制度，对即将超时办理的事项，进行实时预警和黄牌警告，并及时提醒相关单位加紧办理；对超时仍未办理的事项进行红牌警告和督办；对同一事项要求群众多次申办、反复提供材料的，加强监督检查。建立全程留痕、过往可溯、进度可查的办事记录与督查机制，确保所有行政许可和服务事项办理流程、结果信息即时可查可管。

（五）构建统一的政务服务信息共享体系。

1．按照省、市统一部署，建设全县科学统一、逻辑清晰的政务大数据库。建设县、镇两级政务信息共享平台，建立健全信息采集、归类、储存、维护机制，推动县、镇、村（居）三级共享交换体系建设，为政务数据资源实现跨层级、跨区域、跨部门交换和共享提供有力支撑，夯实一门式一网式政府服务模式信息化基础。

2.建立健全政务信息交换、使用、管理机制。通过政务信息资源共享平台，整合、打通网上统一申办受理平台与各部门审批系统、事项目录管理系统、电子证照系统，实现各系统、各环节、各时段行政许可和公共服务数据的互联互通，促进部门服务相互衔接，变群众奔波为信息服务，变“群众来回跑”为“部门协同办”。

三、组织实施

（一）发动阶段。

1．成立机构。成立一门式一网式政府服务模式改革专责工作小组，抽调专职人员，明确分工，落实责任。（责任单位：县政管办、编办、科工商务局。完成时间：2016年8月）

2．动员部署。召开全县“互联网+政务服务”改革工作会议，对改革工作进行部署。（责任单位：县政管办、编办、科工商务局。完成时间：2016年8月）

3．加强宣传。2016年8月份起，通过电视、报纸、用户终端和网站等媒体，广泛宣传我县一门式一网式政府服务模式改革工作，营造浓厚的改革氛围。（责任单位：县政管办、编办、科工商务局）

（二）实施阶段。

1．加大简政放权。在依法依规前提和方便群众就近办事原则下，推进事项委托、下放工作。（责任单位：县编办、法制局、政管办等单位，各镇人民政府。完成时间：2016年9月底前）

2．推进审批标准化。推进各部门做好行政许可和公共服务事项标准编制工作并录入统一申办受理平台和审批系统。（责任单位：县编办、政管办、科工商务局等单位，各镇人民政府。完成时间：2016年11月底前）

3.制订综合服务窗口设置工作方案。（责任单位：县政管办，各镇人民政府。完成时间：2016年9月底前）

4．理顺综合服务窗口人员管理体制。加强管理队伍建设，配齐综合服务窗口前台工作人员，在晋职晋级、奖惩考核等方面健全完善相应的激励措施。（责任单位：县政管办、财政局、编办、人社局，各镇人民政府。完成时间：2016年10月底前）

5．制订综合服务窗口运行管理办法。（责任单位：县政管办。完成时间：2016年12月底前）

6．完成全县网上统一申办受理平台建设。（责任单位：县科工商务局、政管办、监察局等单位，各镇人民政府。完成时间：2016年10月底前完成全县网上统一申办受理平台建设；2017年12月底前完成统一申办受理平台与各部门审批系统和效能监察系统的无缝对接工作）

7．完善一网式服务功能。完善网上办事大厅、窗口办事导航功能拓展和界面创新，推进电子证照库建设，推进进驻事项网上全流程办理，构建统一身份认证体系、规范完善市民个人网页和企业专属网页。（责任单位：县科工商务局、政管办等单位，各镇人民政府。完成时间：2016 年 11 月底前）

8．组织综合服务窗口人员培训。（责任单位：县政管办，各镇人民政府。完成时间：2016 年 11 月底前）

9．统筹整合一门式一网式服务平台建设。基本完成县、镇、村（居）自然人事项一门式一网式政府服务模式推广工作。（责任单位：县财政局、政管办、科工商务局，各镇人民政府。完成时间：2016 年 12 月底前）

10．构建统一的政务服务信息共享体系。分别建设县、镇两级政务信息共享平台，建立健全信息采集、归类、储存、维护、交换、使用、管理机制，推动县、镇、村（居）三级共享交换体系建设，整合、打通网上统一申办受理平台与各部门审批系统、事项目录管理系统、电子证照系统，实现各系统、各环节、各时段行政许可和公共服务数据的互联互通。（责任单位：县科工商务局、政管办，各镇人民政府。完成时间：2016 年 12 月底前）

（三）提升阶段。

在 2016 年底基本完成县、镇、村（居）自然人事项一门式一网式政府服务模式改革工作的基础上，力争在 2017 年上半年基本完成法人事项一门式一网式政府服务模式改革工作。同时，通过建立健全一门式一网式政府服务绩效评估、信息公开和投诉举报机制，开展督促检查和绩效评估工作。（责任单位：县政管办、科工商务局、编办、监察局，各镇人民政府。完成时间：2017 年 7 月底前）

四、保障措施

（一）加强组织领导。成立五华县一门式一网式政府服务模式改革专责工作小组，加强对改革工作的统筹协调，专责工作小组办公室设在县政管办，负责改革的日常工作。各镇参照县里的做法，相应成立组织领导机构，认真抓好改革的相关工作。各镇、各相关部门要充分认识一门式一网式政府服务模式改革的重要意义，将其列入重要改革日程，主要领导亲自抓，负总责，确保各项改革措施落实到位。

（二）加强资金保障。县财政部门要做好资金安排，支持一门式一网式政府服务模式改革有关工作，保障和落实改革所需的经费，确保改革顺利推进。

（三）加强宣传督查。全县推进一门式一网式政府服务模式改革工作纳入县政府重点督查项目。各牵头责任单位要按照分工安排和时限要求，加大工作督导落实力度，并于每月 5 日前将工作进展情况报送县政管办（电话：8116858，传真：8116813）。遇到确需县政府或县府办协调解决的事项随时报告，确保各项工作任务按时保质完成。

五华县人民政府办公室关于印发五华县自然村落历史人文普查工作实施方案的通知

华府办函〔2016〕133号

各镇人民政府，县府直属和省、市属驻五华有关单位：

《五华县自然村落历史人文普查工作实施方案》经县政府同意，现印发给你们，请认真组织实施。实施过程中遇到的问题，请径向县地方志办公室反映。

五华县人民政府办公室
2016年6月15日

五华县自然村落历史人文普查工作方案

根据《广东省人民政府地方志办公室关于印发〈广东省自然村落历史人文普查工作方案〉的通知》和《梅州市人民政府地方志办公室关于印发〈梅州市自然村落历史人文普查工作方案〉的通知》要求，为做好我县自然村落历史人文普查工作，结合实际，特制订本方案。

一、充分认识普查工作的重要意义

自然村落是指小农经济基础上自然形成的农村居民点，由人类聚居而自然形成，积淀着人类发展演变的历史及文明。我县主要以客家文化为主，是岭南文化的重要表现之一。自然村落保存的历史人文印记，是岭南文化、客家文化基本的组成元素，是一笔宝贵的物质和精神财富。为挖掘与保护自然村落历史文化资源，在社会主义新农村建设中留住村貌、记住乡愁、延续历史文脉提供依据，为社会科学研究提供全面翔实资料，为华人华侨与港澳同胞了解家乡、联系乡情、寻根问祖提供指引与帮助，对提升我县文化软实力，具有重要的现实意义和深远的历史意义。

二、普查对象与内容

（一）普查对象

据县民政部门的统计，我县有2002个自然村落。此次普查，以镇为普查责任单位、自然村为普查对象，坚持“能查则查”的原则，实行“一村一档、村村过关”的办法，包括现存的自然村、“城中村”和虽已改为居委会但普查内容仍基本清晰的原自然村（村名采用改居委会前的最后名称）。

（二）普查内容

主要包括：名称、地理环境、历史沿革、姓氏源流、人口、民族、民系、方言、民居、宗祠、风俗习惯、家谱族谱、家规祖规、宗教信仰、文物遗址、掌故传说、历史事件、人物、华人华侨与港澳台同胞等。列入国家、省级历史文化名村、古村落、传统村落名录和特色明显的自然村，应突出自身特色。

三、目标任务

（一）全面摸清自然村落历史人文状况

各镇要认真组织，按照普查内容，搜集整理以自然村为单位的文字资料（包括家谱族谱）、图片、音像资料等，并按省统一的模块，认真负责，实事求是地填写好省下发的《广东省自然村落历史人文普查表》，组织人力编写《自然村简介》条目的初稿。经主要领导签字确认后送县普查办审核，验收通过。

（二）编纂出版《五华县自然村落历史人文调查》

县地方志办公室按统一的规范与体例，编纂《广东省五华县自然村落历史人文调查》（以下简称《调查》）。

（三）建立五华县自然村落历史人文数据库

依托广东省情数据中心，建立五华县自然村落历史人文数据库，宣传推介五华自然村落历史人文风貌。

（四）提出挖掘历史人文资源，保护自然村的建议

结合普查情况，撰写专题调研报告，提出挖掘历史人文资源、保护自然村落、开展新农村建设等方面的建议。

四、工作步骤与时间安排

（一）动员部署

2016 年 5–6 月，县地方志办公室进行调查研究，制定工作方案，县、镇召开会议动员部署，明确任务要求与责任分工，启动普查工作。

（二）开展试点工作

根据省有关领导的指示精神，在 2016 年 6 月底前优先做好本县境内遗迹保存较好的古驿道沿线自然村落历史人文调查，并作为普查工作的试点，总结经验，进一步完善工作方案和业务规范。

（三）全面实施

2016 年 6 月底前，县召开动员会议并组织业务培训，全面推进普查工作。11 月底前，各镇完成自然村落历史人文普查的资料收集、审核、编纂、上报《广东省自然村落历史人文普查表》和《自然村简介》（初稿）。2017 年 7 月底前，县完成《调查》分卷总纂、送审。2018 年 12 月底前，完成《调查》出版印刷和自然村落历史人文数据库建库，完成普查资料存档。2020 年 12 月底前，完成专题调研报告。

五、组织实施

要高度重视此项工作，做到领导到位、人员到位、资金到位，形成合力，狠抓落实，加大宣传力度，按时间节点要求，扎实做好普查工作的各项目标任务。

（一）加强领导

县政府成立五华县自然村落历史人文普查工作领导小组，负责全县普查工作的组织与协调。县政府副县长邓秋香同志任组长，县政府信息中心主任李炎香和县地方志办公室主任彭国阵任副组长，各镇镇长和县财政局、民政局、国土资源局、教育局、林业局、住建局、文广新局、文联等单位负责人任成员。领导小组下设办公室（简称县普查办），办公室设在县地方志办公室，由彭国阵同志兼办公室主任，江连辉、缪德良同志任办公室副主任，具体负责普查的日常工作。

各镇要把普查工作提上重要议事日程，组织有关部门参与普查工作，及时研究解决普查工作中遇到的突出问题，按照统一要求和格式上报普查资料，填写《广东省自然村落历史人文普查表》，完成《自然村简介》

条目的初稿编写等工作，确保按时按质完成普查任务。

（二）经费保障

普查工作经费按照财政分级负担的原则给予保障。我县普查工作和《调查》编写、验收所需经费列入县级财政预算解决。各镇要将普查经费列入相应的年度财政预算，及时安排，按时拨付，确保普查工作正常开展。

（三）明确职责

县普查办负责制定具体实施方案，组织业务培训，开展业务指导，加强督促检查，做好资料存档；要成立《调查》编辑部，聘请 6 至 7 名文字功底好，热爱方志工作的退休干部和 1 名熟悉信息技术的同志负责普查资料的复核、《调查》总纂和资料上传入库工作。

各镇是本次普查工作实施主体，镇党委、政府要高度重视此项工作，指定专人负责，由政府“一把手”牵头，成立普查工作领导小组，负责本镇普查工作的组织实施，下设办公室，做好资料搜集，填报和《自然村简介》条目的初稿编写与初审，要落实普查工作人员，广泛发动各村在校大学生、中小学教师、熟悉情况的村民和热心人士、志愿者参与普查工作。

本次普查工作涉及面广、任务重，要充分利用现代新兴媒体宣传工具，广泛宣传普查工作，争取社会各界的关注、支持与参与。县、镇普查工作机构和工作人员要以对党和政府负责、对人民负责、对历史负责的高度责任感开展普查工作，做到客观全面、认真审核，不少报、不虚报、不假报；在《调查》编纂中做到严谨规范，实事求是，严格把关。

中共五华县委　五华县人民政府
转发《县委宣传部、县司法局关于在全县公民中开展法治宣传教育的第七个五年规划（2016—2020年）》的通知

各镇党委、人民政府，县直部委办局和中央、省、市属驻五华各单位：

《县委宣传部、县司法局关于在全县公民中开展法治宣传教育的第七个五年规划（2016—2020年）》已经县委、县政府同意，现转发给你们，请结合实际认真贯彻执行。

中 共 五 华 县 委
五 华 县 人 民 政 府
2016年11月21日

县委宣传部、县司法局关于在全县公民中开展法治宣传教育的第七个五年规划（2016—2020年）

党的十八大以来，以习近平同志为总书记的党中央对全面依法治国作出了重要部署，对法治宣传教育提出了新的更高的要求，明确了法治宣传教育的基本定位、重大任务和重要措施。为深入开展法治宣传教育，增强全民法治观念，对于服务协调推进“四个全面”战略布局和“十三五”时期经济社会发展，具有十分重要的意义。为做好我县第七个五年法治宣传教育工作，根据中央和省、市相关文件精神，结合我县实际，特制定本规划。

一、指导思想、工作目标和工作原则

（一）指导思想。以邓小平理论、“三个代表”重要思想、科学发展观为指导，深入贯彻习近平总书记系列重要讲话精神，牢固树立和贯彻落实创新、协调、绿色、开放、共享的发展理念，按照全面依法治国新要求，深入开展法治宣传教育，扎实推进依法治理和法治创建，弘扬社会主义法治精神，建设社会主义法治文化，围绕党委和政府中心工作，充分发挥法治宣传教育在全面依法治县中的基础作用，深入开展法制宣传教育，为我县“十三五”时期经济社会发展营造良好的法治环境。

（二）工作目标。法治宣传教育新格局基本形成，“谁执法谁普法”主体责任落到实处，法治宣传教育渗透社会生活各方面，“党委领导、人大监督、政府实施、部门负责，全社会共同参与”的领导体制和工作机制不断健全，法治宣传教育体系基本完备，依法治县进程全面推进，全县公民法律意识和法律素质不断提升，公务员特别是领导干部社会主义法治理念不断增强，依法执政、依法行政的能力和社会法治化管理水平不断提高，力争创建广东省、国家“法治先进县”。

二、主要任务

（一）深入学习宣传习近平总书记关于全面依法治国的重要论述。党的十八大以

来，习近平总书记站在坚持和发展中国特色社会主义全局的高度，对全面依法治国作了重要论述，为全面依法治国提供了科学理论指导和行动指南。要深入学习宣传习近平总书记关于全面依法治国的一系列新思想、新观点、新论断、新要求，增强走中国特色社会主义道路的自觉性和坚定性，增强全社会厉行法治的积极性和主动性。深入学习宣传以习近平同志为总书记的党中央关于全面依法治国的重要部署，宣传科学立法、严格执法、公正司法、全民守法和党内法规建设的生动实践，使全社会了解和掌握全面依法治国的重大意义和总体要求，更好地发挥法治的引领和规范作用。

（二）突出学习宣传宪法。坚持把学习宣传宪法摆在首要位置，在全社会普遍开展宪法教育，弘扬宪法精神，树立宪法权威。深入宣传依宪治国、依宪执政等理念，宣传党的领导是宪法实施的最根本保证，宣传宪法确立的国家根本制度、根本任务和我国的国体、政体，宣传公民的基本权利和义务等宪法基本内容，宣传宪法的实施。认真组织好“12·4”国家宪法日的集中宣传活动，实行宪法宣誓制度，推动宪法家喻户晓、深入人心，提高全体公民特别是各级领导干部和国家机关工作人员的宪法意识，教育引导一切组织和个人都必须以宪法为根本活动准则，增强宪法观念，坚决维护宪法尊严。

（三）深入宣传中国特色社会主义法律体系。坚持把宣传以宪法为核心的中国特色社会主义法律体系作为法治宣传教育的基本任务，大力宣传宪法相关法、民法商法、行政法、经济法、社会法、刑法、诉讼与非诉讼程序法等多个法律部门的法律法规。大力宣传社会主义民主政治建设的法律法规，提高人民有序参与民主政治的意识和水平。大力宣传保障公民基本权利的法律法规，推动全社会树立尊重和保障人权意识，促进公民权利保障法治化。大力宣传依法行政领域的法律法规，推动各级行政机关树立“法定职责必须为、法无授权不可为”的意识，促进法治政府建设。大力宣传市场经济领域的法律法规，推动全社会树立保护产权、平等交换、公平竞争、诚实信用等意识，促进大众创业、万众创新，促进经济在新常态下平稳健康运行。大力宣传有利于激发文化创造活力、保障人民基本文化权益的相关法律法规，促进社会主义精神文明建设。大力宣传教育、就业、收入分配、社会保障、医疗卫生、食品安全、扶贫、慈善、社会救助和妇女儿童、老年人、残疾人合法权益保护等方面法律法规，促进保障和改善民生。大力宣传国家安全和公共安全领域的法律法规，提高全民安全意识、风险意识和预防能力。大力宣传国防法律法规，提高全民国防观念，促进国防建设。大力宣传党的民族、宗教政策和相关法律法规，维护民族地区繁荣稳定，促进民族关系、宗教关系和谐。大力宣传环境保护、资源能源节约利用等方面的法律法规，共建“工业新城、宜居五华”。大力宣传互联网领域的法律法规，教育引导网民依法规范网络行为，促进形成网络空间良好秩序。大力宣传诉讼、行政复议、仲裁、调解、信访等方面的法律法规，引导群众依法表达诉求、维护权利，促进社会和谐稳定。在传播法律知识的同时，更加注重弘扬法治精神、培育法治理念、树立法治意识，大力宣传宪法法律至上、法律面前人人平等、权由法定、权依法使等基本法治理念，破除“法不责众”、“人情大于国法”等错误认识，引导全民自觉守法、遇事找法、解决问题靠法。

（四）深入学习宣传党内法规。适应全面从严治党、依规治党新形势新要求，切实加大党内法规宣传力度。突出宣传党章，教育引导广大党员尊崇党章，以党章为根本遵循，坚决维护党章权威。大力宣传《中国共产党廉洁自律准则》、《中国共产党纪律处分条例》等党内法规，注重党内法规宣传与国家法律宣传的衔接和协调，坚持纪在法前、纪严于法，把纪律和规矩挺在前面，教育引导广大党员做党章党规党纪和国家法律的自觉尊崇者、模范遵守者、坚定捍卫者。

（五）深入推进社会主义法治文化建设。以宣传法律知识、弘扬法治精神、推动法治实践为主旨，积极推进社会主义法治文化建设，充分发挥法治文化的引领、熏陶作用，使人民内心拥护和真诚信仰法律。把法治文化建设纳入现代公共文化服务体系，推动法治文化与地方文化、行业文化、企业文化融合发展。利用重大纪念日、民族传统节日等契机开展法治文化活动，组织开展法治文艺展演展播、法治文艺演出下基层等活动，满足人民群众日益增长的法治文化需求。把法治元素纳入城乡建设规划设计，加强基层法治文化公共设施建设。推进法治文化建设与道德教育相结合，大力弘扬社会主义核心价值观，弘扬中华传统美德，培育社会功德、职业道德、家庭美德、个人品德，强化规则意识，倡导契约精神，提高公民思想道德水平，为法治五华建设营造良好人文环境。

（六）深入推进多层次多领域依法治理。坚持法治宣传教育与法治实践相结合，深化基层组织和部门、行业依法治理，深化法治县等法治创建活动，提高社会治理法治化水平。深入开展民主法治示范村（社区）创建，进一步深化一村（社区）一法律顾问工作，教育引导基层群众自我约束、自我管理。发挥市民公约、乡规民约、行业规章、团体章程等社会规范在社会治理中的积极作用，支持行业协会商会类社会组织发挥行业自律和专业服务功能，发挥社会组织对其成员的行为导引、规则约束、权益维护作用。

（七）全力打造普法教育网。以完善“谁执法谁普法”责任制为首要措施，进一步健全法治宣传教育机制。以完善法治公益媒体宣传工作制度为着力点，推动大众传媒落实公益普法社会责任。以“法治先进县”创建为抓手，深入推进依法治理。以建设青少年学生法治教育基地为示范，带动全省法治宣传教育阵地规范化建设。以省基层以案释法工作平台为契机，实现基层普法全覆盖。以“梅州五华普法”微信公众号为平台，为五华创建“法治先进县”和打造司法行政“学普高地、法治高地、服务高地、平台高地”四大高地提供良好的信息支撑，实现全天候普法教育目标。

三、对象和要求

法治宣传教育的对象是一切有接受教育能力的公民，重点是领导干部、青少年以及外来务工人员。

（一）培育领导干部法治思维和法治方式。坚持把领导干部带头学法、模范守法作为树立法治意识的关键。制定五华县国家工作人员学法用法制度，把宪法法律和党内法规列入各级党委（党组）中心组学习内容；把法治教育纳入干部教育培训总体规划，纳入国家工作人员初任培训、任职培训的必训内容，在其他各类培训课程中融入法治教育内容，保证法治培训课时数量和培训质量，切实提高领导干部运用法治思维和法治方式深化改革、推动发展、化解矛盾、维护稳定的能力，切实增强国家工作人员自觉守法、依法办事的意识和能力。加强党章和党内法规学习教育，引导党员领导干部增强党章党规党纪意识，严守政治纪律和政治规矩，在廉洁自律上追求高标准，自觉远离违纪红线。健全日常学法制度，创新学法形式，拓宽学法渠道。健全完善重大决策合法性审查机制，积极推行法律顾问制度，各级党政机关和人民团体普遍设立公职律师，企业可设立公司律师。把尊法学法守法用法情况作为考核领导班子和领导干部的重要内容。把法治观念强不强、法治素养好不好作为衡量干部德才的重要标准，把能不能遵守法律、依法办事作为考察干部的重要内容。

（二）坚持从青少年抓起。切实把法治教育纳入国民教育体系，依照国家制定的青少年法治教育大纲，在中小学设立法治知识课程，确保在校学生都能得到基本法治知识教育。在小学普及宪法基本常识，在中考中增加法治知识内容，使青少年从小树立宪法意识和国家意识。充分利用县青少年法治教育实践基地、第二课堂和社会实践活动开展青少年法治教育，在开学第一课、学期结束会、毕业仪式等活动中有机融入法治教育内容。加强对中学生的法治教育，增强其法治观念和参与法治实践的能力。强化学校、家庭、社会“三位一体”的青少年法治教育格局，加强县青少年法治教育实践基地建设和网络建设，青少年学生在小学、初中、高中阶段分别到基地接受1次以上的法治教育。深入开展依法治校创建活动，打造一批依法治校示范学校。完善法治副校长的选聘、培训和考核机制，推动中小学校法治副校长聘请率达到100%，并每年培训1次。完善“一校一法律顾问”工作，强化学校法律顾问的法治宣传教育作用。

（三）坚持对外来务工人员的重点教育。加强外来务工人员的法治宣传教育，推行外来务工人员岗前普法教育制度，依托用工单位和社区开展普法教育，着重培育外来务工人员的民主法治意识和依法维权意识，进一步增加遵纪守法的自觉性。帮助、引导他们依法维权，自觉运用法律手段解决矛盾纠纷。

各镇各单位要根据实际需要，从不同群体的特点出发，因地制宜开展有特色的法治宣传教育。突出加强对企业经营管理人员的法治宣传教育，引导他们树立诚信守法、爱国敬业意识，提高依法经营、依法管理能力。加强对农民工等群体的法治宣传教育，帮助、引导他们依法维权，自觉运用法律手段解决矛盾纠纷。

四、工作措施

第七个法治宣传教育五年规划从2016年开始实施，至2020年结束。各镇各单位要根据本规划，认真制定好各自的规划，深入宣传发动，全面组织实施，确保法治宣传教育的第七个五年规划各项目标任务落到实处。

（一）健全普法宣传教育机制。县委、县政府要加强对普法工作的领导，宣传、文化、教育部门和人民团体要在普法教育中发挥职能作用。把法治教育纳入精神文明创建内容，开展群众性法治文化活动。各镇各单位和人民团体、社会组织要在法治宣传教育中发挥积极作用，健全完善普法协调协作机制，根据各自特点和实际需要，有针对性地组织开展法治宣传教育活动。积极动员社会力量开展法治宣传教育，加强我县普法讲师团建设，选聘优秀法律和党内法规人才充实普法讲师团队伍，组织开展专题法治宣讲活动，充分发挥讲师团在普法工作中的重要作用。鼓励引导司法和行政执法人员、法律服务人员、大专院校法律专业师生加入普法志愿者队伍，畅通志愿者服务渠道，健全完善管理制度，培育一批普法志愿者优秀团队和品牌活动，提高志愿者普法宣传水平。加强工作考核评估，建立健全法治宣传教育工作考评指导标准和指标体系，完善考核办法和机制，注重考核结果的运用。健全激励机制，认真开展“七五”普法中期检查和总结验收，加强法治宣传教育先进集体、先进个人表彰工作。

（二）健全普法责任制。贯彻落实国家机关“谁执法谁普法”的普法责任制，建立普法责任清单制度。

1．建立法官、检察官、行政执法人员、律师等以案释法制度。在执法司法实践中广泛开展以案释法和警示教育，使案件审判、行政执法、纠纷调解和法律服务的过程成为向群众弘扬法治精神的过程。加强司法、行政执法案例整理编辑工作，推动相关部门面向社会公众建立司法、行政执法典型案例发布制度。

2．落实“谁主管谁负责”的普法责任。实行国家机关“谁执法谁普法”责任制，贯彻落实《关于进一步完善国家机关“谁执法谁普法”工作机制的意见》（粤司〔2015〕258号）和《五华县“谁执法谁普法”责任制方案》（华司字〔2016〕5号），确立普法工作属地管理责任和落实各部门单位及各行业、社会组织的普法责任，强化地方党委政府和法治宣传主管部门对普法责任制的监督考核，切实把普法教育贯穿立法、执法、司法和社会治理的全过程、融入各部门单位的管理服务之中、寓于公共法律服务之中，构建大普法工作格局。

3．打造媒体法治宣传教育平台。发挥立法、执法、司法机关法治宣传资源，融合新媒体与传统媒体，借助报刊杂志、电视广播、网络、微信微博、移动客户端等手段，着力打造全媒体、全覆盖的法治宣传教育平台。利用电视、电脑、手机屏幕，户外和公交移动显示屏、公共场所LED显示屏、楼宇显示屏等，在政府机关、社会服务机构的服务大厅和服务窗口增加法治宣传教育功能。在主要街区、车站等公共场所大型显示屏等媒介高密度、多角度地宣传法律法规、传播法治资讯、引导法治舆论。

4．各级党组织要坚持全面从严治党、依规治党，切实履行学习宣传党内法规的职责，把党内法规作为学习型党组织建设的重要内容，充分发挥正面典型倡导和反面案例警示作用，为党内法规的贯彻实施营造良好氛围。

（三）推进法治宣传教育工作创新。创新工作理念，坚持服务县委、县政府的中心工作，坚持服务人民群众生产生活，努力培育全社会法治信仰，增强法治宣传教育工作实效。

1．法治文艺演出下基层。进一步加强普法文艺宣传队队伍建设，创新宣传内容和形式，注入新的元素，打造我县普法宣传特色品牌，开展法治文艺演出下基层等活动，满足人民群众日益增长的法治文化需求，提升我县普法宣传队的品牌影响力。

2．积极推行政府法律顾问制度。党的十八届四中全会明确提出“积极推行政府法律顾问制度”，为推动政府依法行政指明了方向。在深化一村（社区）一法律顾问的基础上，县（镇）人民政府和县直部委办局各单位推行设立政府法律顾问制度。由公职律师担任政府法律顾问，加强政府法律顾问规范制度性，调动政府法律顾问参与政府依法行政的积极性，全面推进依法治县进程。

3. 推进“互联网+法治宣传”行动。充分运用互联网传播平台，加强新媒体新技术在普法中的运用，开展新媒体普法益民服务，组织新闻网络开展普法宣传，更好地运用微信、微博、微电影、客户端开展普法活动。加强普法网站和普法网络集群建设，建设法治宣传教育云平台，实现法治宣传教育公共数据资源开放和共享，加强法治宣传工作。

4. 推动建立“以案释法”制度。由县委宣传部、县司法局协调县法院、县检察院、县公安局、市律师协会等相关部门和单位，通过编写“以案释法”系列普法读本等形式，精选有社会影响力、媒体关注度、群众关切度的案件，进行释法说理、开展法治宣传教育的活动。成立县普法宣讲团并利用县普法宣讲团优势，广泛开展“以案释法”模式的宣讲活动。组织法官、检察官、行政执法人员、律师、仲裁员、基层志愿者队伍，经常性开展法律进机关、进乡村、进社区、进学校、进企业、进单位的“法律六进”和公益性以案释法活动。

（四）健全法治文化建设社会扶持机制。将法治文化作品、法治文化活动纳入全县公共文化服务、文化主题活动、文化艺术评比，纳入艺术、出版扶持和奖励基金内容，对其适度倾斜，并逐步提高获奖比例，培育法治文化精品。把法治教育纳入精神文明创建内容，整合现有的法治教育基地，健全参观、动作的机制。按照市的统一要求，到2018年，县至少建成1个以上法治文化主题公园。将基层以案释法平台和法治文化阵地纳入全县公共法律服务实体平台建设体系中，以县场馆、镇街中心、村居站点为载体，开展全县法治文化示范点创建活动，实现县、镇、村（社区）三级法治文化阵地基本实现全覆盖，培育县级法治文化建设示范基地。

（五）深入开展法治创建活动。县结合实际创新载体阵地，推进法治文化阵地建设，扎实推进“覆盖城乡、便捷民众、设置合理、功能多样”的法治公园、法治长廊、法治一条街建设。打造一批起点高、创意新、特色明、功能全的法治文化阵地，在提升质量、增强效能上下功夫。各镇以镇街中心、村居站点等为载体，开展法治文化示范点创建活动。2016 年全面推开法治城市创建工作，力争创建广东省、国家“法治先进县”；计划到 2016 年全县 30%以上乡镇法治创建达到省级标准；组织开展向省申报命名法治文化建设示范企业工作，力争到 2018 年底，全县 40%以上 500 人以上规模企业达到省级企业法治文化建设标准。指导和推动工会、行业协会等社会组织积极开展诚信守法、和谐劳动关系企业创建工作。

（六）推进普法社会化运行机制。组建“七五”普法讲师团，建立面向公众的管理信息平台，开展全县普法讲师团普法公益行活动。广泛开展普法志愿者行动，发挥村（社区）法律顾问、法治副校长、人民调解员的普法作用，鼓励社会组织和法学专家、法律工作者及其他社会专业人士、义工社工以多种方式参与法治宣传教育活动，支持行业组织、社团组织开展群众性法治文化活动。实施省的普法队伍“双百计划”。鼓励、引导、扶持文化企业、团队参与法治文化作品的创作生产，培育打造富有五华特色的法治文化品牌。

（七）推动法治宣传教育工作创新。围绕构建五华普法教育网，实施“互联网+法治宣传”行动，充分运用互联网传播平台，加强新媒体新技术在普法中的运用。推进我县公共法律服务体系和12348法律服务热线平台建设，打造以报刊、电视、网络、手机客户端、广告宣传媒体为载体的法治宣传平台，建设法治宣传教育云平台，实现法治宣传教育公共数据资源开放和共享。

（八）打造五华普法特色品牌。充分发挥先进典型的示范和带动作用，推动全县法治宣传教育工作均衡发展、全面升级。确定一些镇、县直单位为法治宣传教育工作示范单位，推动示范单位将各级规定文件要求细化落实，形成可操作性的规范流程、配套的规范性文本、可复制的经验措施，形成可看可学的示范经验，逐步在全县推广。进一步深化“法律六进”主题活动，推动重点人群、重点区域创新形式普法，进一步整合法律服务队伍资源，充分运用法律服务过程提升服务对象的法律意识和法治水平。围绕五华经济建设，突出抓好企业经营管理者和员工的普法，普遍建立企业工会法律顾问制度。围绕基层治理法治化，充分发挥“一村（社区）法律顾问”作用，开展常态化基层普法教育，开展“法治体检”实践活动。加强全县禁毒教育阵地建设，充分运用县青少年法制宣传教育基地广泛开展涉毒品违法犯罪的普法教育。开展“一县一法治文化品牌”培育，不断挖掘普法先进经验，打造五华特色品牌。

五、组织领导

（一）切实加强领导。县委、县政府要把法治宣传教育纳入当地经济社会发展规划，定期听取法治宣传教育工作情况汇报，及时研究解决工作中的重大问题，把法治宣传教育纳入综合绩效考核、综治考核和文明创建考核内容。县人大要加强对法治宣传教育工作的日常监督和专项检查。健全完善县委领导、人大监督、政府实施的法治宣传教育工作领导体制，加强各级法治宣传教育工作组织机构建设。各镇各单位要高度重视法治宣传教育队伍建设，切实解决人员配备、基本待遇、工作条件等方面的实际问题。

（二）加强工作指导。各镇各单位法治宣传教育领导小组每年要将法治宣传教育工作情况向各镇各单位的党委（党组）报告，并报法治县创建工作办公室。加强沟通协调，充分调动各相关部门的积极性，发挥各自优势，形成推进法治宣传教育工作创新发展的合力。坚持问题导向，深入基层、深入群众调查研究，积极解决问题，努力推进工作。认真总结推广各地区各部门开展法治宣传教育的好经验、好做法，充分发挥先进典型的示范和带动作用，推进法治宣传教育不断深入。

（三）加强经费保障。各镇各单位要把法治宣传教育相关工作经费纳入本单位财政预算，切实予以保障，并建立动态调整机制。把法治宣传教育列入政府购买服务指导性目录。积极利用社会资金开展法治宣传教育。

（四）加强考查评估。开展“七五”普法中期检查和总结验收，对各地各单位法治宣传教育工作情况进行通报。树立典型，激励先进，注重考查结果运用。

新闻回眸

五华全力构建“一核两区三组团”发展新格局

集聚产业建设　壮大县域经济

在市委六届六次全会分组讨论上，梅州市市委书记黄强对五华的未来发展提出了“聚焦产业发展、壮大县域经济、提高经济发展水平”的目标和要求。1月27日，五华召开县委十二届六次全体（扩大）会议，县委全会将针对这一目标，对五华上一阶段的工作进行认真总结，并下一步的工作进行详细部署。

回顾过去，五华最后冲刺，2015年是“十二五”的收官之年，五华实现全县经济社会保持平稳较快发展。全年实现生产总值126.4亿元、比增9.7%；公共财政预算收入5.6亿元、比增28.8%；固定资产投资69.9亿元、比增60%。

2016年是“十三五”的开局年，亦是实现全面小康的关键时期，作为人口大县、贫困县的五华，贯彻落实市委全会精神，集聚产业建设，壮大县域经济，全力构建“一核两区三组团”的发展新格局，确保与如期建成小康社会，努力建设“工业新城、宜居五华”。

聚焦产业　构建“一核两区三组团”格局

近年来，五华县委、县政府抢抓原中央苏区和粤东西北振兴发展两大政策机遇，紧紧扭住“三大抓手”，全面实施一批打基础、利长远的项目，交通基础设施日益改善，城乡人居环境日益向好，县域经济实力不断壮大，但落后的面貌还没有得到根本性的改变，特别是对照“到2020年如期建成小康”这一目标，五华任重而道远。

五华经济规模偏小、产业结构不合理、财政自给能力不强、基础设施薄弱的现状没有改变，在全省、全市长期处于落后位置，在市委全会分组讨论上，县委书记范宜军明确表态，五华将不断优化产业结构、壮大工业经济总量、增强自身财政保障能力，进一步加快发展、实现后发赶超，不拖全省后腿。

五华贯彻省、市委全会精神，结合县情，提出把发展的聚焦点和发力点集中在“一核两区三组团”建设上，以建设“工业新城、宜居五华”为核心，推进县城中心城区扩容提质为引擎，做强做大工业经济为支撑，构建外联内畅的快速交通体系为基础，统筹县内资源，全面对接国家和省扶持苏区、老区发展的政策，推动城区与乡村、县域北部与南部、工业与生态文明均衡发展，把五华建设成产城融合、城乡一体、宜居宜业的苏区振兴发展示范县。

打通脉络　推进四横两纵“两高”建设

路通方能财通，随着汕湛、平兴高速五华段建成通车，五华高速公路通车里程增加至 77.1 公里，成为梅州对接珠三角的桥头堡，让五华人看到了发展的机遇。

2015 年底，汕湛、平兴高速五华段建成通车，兴华高速五华段实现无障碍施工。大丰华五华至丰顺段、兴汕高速五华至陆河段前期工作有序开展。省道 S120、S238、S228 升级改造整合为 G355、G328 国道，国道通车里程增至 213.2 公里。加快琴江公路水寨至锡坑段等一批道路建设。完成农村公路硬底化 95.4 公里。

在接下来的交通大战中，五华将围绕建成外联内畅的综合交通体系，统筹推进“四横两纵”的“两高”建设和县内交通路网的提升改造，加快建成梅州乃至粤东地区西出珠三角、南下潮汕揭的交通枢纽城市，缩短与周边发达地区的时空距离。为此，五华将服务保障兴华高速五华段无障碍施工，动工建设大丰华高速五华至丰顺段、兴汕高速五华至陆河段。并积极跟进龙川至梅州至龙岩高铁线路走向，争取途经五华并设站。

高速公路与县内主干道路的连接线建设能进一步打通五华与周边地区的联系通道。完成兴华高速五华互通至县城（X034）、汕湛高速华阳互通至龙村（Y304）、兴华高速梅林互通至龙村（X003）连接线建设。加快推进汕湛高速华阳互通至周江冰坎等连接线建设。积极谋划其他在建高速公路与县内主干道路的连接线。

此外，五华还积极开展省县乡道建设和升级改造工作。加快 G355 华阳至安流、X031 横陂至周江等道路的升级改造。推进华城观源至狮雄山、郭田至双华以及工业大道北延线等道路建设。

精准扶贫　全面小康力争不掉队

贫困人口全部脱贫、由人民共享发展成果，是“十三五”规划中的出发点和落脚点，也是全面建成小康社会的最根本要求，当全面建成小康社会的任务日渐紧迫，“不容一个人掉队”的“全面建成”目标的实现与扶贫成败与否有巨大的关联。

五华是省级贫困县，扶贫工作的完成质量关系着全市乃至全省的小康建设。在第二轮扶贫“双到”工作中，五华取得了显著成效。顺利完成新一轮 103 个重点帮扶村扶贫“双到”工作任务，贫困户实现稳定脱贫，村集体收入大幅增长，村容村貌发生较大变化。但是距全面小康仍有很长的路要走，据统计，新时期相对贫困村仍有 92 个、人均可支配收入低于 4000 元的相对贫困户有 17222 户、60752 人，脱贫任务仍然很重。

作为全市精准扶贫主战场，五华要全面总结前两轮的帮扶成效和工作经验，继续借力帮扶单位支持，制定实施方案，因地制宜采取产业扶持、技能培训、转移就业、异地搬迁等多管齐下的方式，重点突出产业帮扶，改以往的“输血”式扶贫为“造血”扶贫，科学规划项目，强化政策扶持、龙头带动，促进帮扶点产业连片开发，确保各项政策落到实处，实现精准脱贫。同时调动各方力量，把脱贫措施精准落实到村、到户、到人。对完全或部分丧失劳动能力的贫困人口，要纳入低保覆盖范围，提高低保标准，实现社保政策兜底脱贫。要积极探索多元化解决精准脱贫的方式方法，推进户籍制度改革、土地流转经营、改善农村人居环境、金融支持“三农”发展、深化农村集体产权制度改革，确保打赢扶贫攻坚战。

打好扶贫开发攻坚战，五华要找准“贫”根、抓住“困”源，因村施策、因户施法，对症下药、靶向治疗，不搞大水漫灌、走马观花、大而化之。

■链接　“一核两区三组团”

◎一核

县城中心区扩容提质的新引擎。按照“宜居五华”的发展定位，该县县城扩容提质以琴江河和五华河“两江四岸”建设为抓手，进一步优化县城14.6平方公里建成区的人居环境。围绕打造“市域副中心城市”的定位，重点开发13.5平方公里的琴江新区，着重推进环城大道东延线、奥园城市综合体、人民公园、足球训练馆等项目建设，着力打造成集商贸物流、现代化办公、商住、金融、现代服务业协调互动发展，市政基础设施完善、功能布局合理的宜居城区，为产业园区建设和产业集聚提供全方位、综合性城市配套服务。

◎两区

县域经济壮大发展的新支撑。该县按照广东梅兴华丰产业集聚带建设主战场和“工业新城”的发展定位，聚焦产业建设，建好广州番禺（五华）产业转移园的同时，集中力量全面推进河东工业区建设，打造新的发展平台，并明确河东工业区重点培育发展先进装备制造产业的布局，依托县城服务功能配套，借助交通区位的改善和人力资源优势，集中策划、争取和建设一批规模大、科技含量高、带动力强的大项目、好项目，通过产业集聚，为发展壮大县域经济提供强有力的支撑。

◎三组团

县域经济协调发展的新舞台。县域北部、南部以及绿色能源和生态文化旅游组团发展。其中，北部组团重点打造以冠华传导、环兴电力为龙头的华城电线电缆产业园，把华城镇建成“县域副中心”。南部组团重点打造以新型建筑材料为龙头的安流工业园，把安流镇建成“县域副中心”。绿色能源和生态文化旅游组团重点打造以抽水蓄能电站为核心的绿色能源和生态旅游片区。“三组团”抱团发展，能促进五华县域发展实现从“一家独大”到“多点开花”均衡协调转变。

（《南方日报》2016年1月27日　陈萍　张炳锋　廖伟军）

五华县委第十二届六次全会召开，提出构建“一核两区三组团”发展格局

建设“工业新城宜居五华”

中共五华县委第十二届六次全会今日召开。该县提出今后五年发展的总体思路：围绕省“三个定位、两个率先”总目标和市“一区两带”发展战略，落实原中央苏区和粤东西北振兴发展“两大政策”，立足梅兴华丰产业集聚带主战场的定位，集聚产业建设，壮大县域经济，全力构建“一核两区三组团”的发展新格局，确保如期建成小康社会，努力建设“工业新城、宜居五华”。

1　构建“一核两区三组团”发展格局

近年来，五华县委县政府抢抓原中央苏区和粤东西北振兴发展两大政策机遇，紧紧扭住“三大抓手”，全面实施一批打基础、利长远的项目，交通基础设施日益改善，城乡人居环境日益向好，县域经济实力不断壮大，但落后的面貌尚未得到根本性改变，五华面临着新问题和新挑战。

五华结合实际，对今后五年发展进行系统谋划，把发展的聚焦点和发力点集中在“一核两区三组团”建设上，以建设“工业新城、宜居五华”为核心，推进县城中心城区扩容提质为引擎，做强做大工业经济为支撑，构建外联内畅的快速交通体系为基础，统筹县内资源，全面对接国家和省扶持苏区、老区发展的政策，推动城区与乡村、县域北部与南部、工业与生态文明均衡发展，把五华建设成为产城融合、城乡一体、宜居宜业的苏区振兴发展示范县。

一核，县城中心区扩容提质的新引擎。按照“宜居五华”发展定位，该县县城扩容提质以琴江河和五华河“两江四岸”建设为抓手，进一步优化县城14.6平方公里建成区的人居环境。围绕打造“市域副中心城市”的定位，重点开发13.5平方公里的琴江新区，着重推进环城大道东延线、奥园城市综合体、人民公园等项目建设，着力打造成集商贸物流、现代化办公、商住、金融、现代服务业协调互动发展，市政基础设施完善、功能布局合理的宜居城区，为产业园区建设和产业集聚提供全方位、综合性城市配套服务。

两区，县域经济壮大发展的新支撑。该县按照梅兴华丰产业集聚带建设主战场和“工业新城”的发展定位，聚焦产业建设，建好广州番禺（五华）产业转移园（广东五华经济开发区），重点培育发展五金机电、食品饮料、医药制造、家居建材和再生资源利用等主导产业；同时，集中力量全面推进河东工业区建设，打造新的发展平台，并明确河东工业区重点培育发展先进装备制造产业的布局，依托县城服务功能配套，借助交通区位的改善和人力资源优势，集中策划、争取和建设一批规模大、科技含量高、带动力强的大项目、好项目。

三组团，县域经济协调发展的新舞台。县域北部、南部以及绿色能源和生态文化旅游组团发展。其中，北部组团重点打造以冠华传导、环兴电力为龙头的华城电线电缆产业园，把华城镇建成“县域副中心”；南部组团重点打造以新型建筑材料为龙头的安流工业园，把安流镇建成“县域副中心”；绿色能源和生态文化旅游组团重点打造以抽水蓄能电站为核心的绿色能源和生态旅游片区。“三组团”抱团发展，促进五华县域发展实现从“一家独大”到“多点开花”均衡协调转变。

2 把握三个关系实现协调发展

把握好县城与南部、北部乡镇协调发展关系。近年来，五华以打通“两江四岸八桥”关键节点为突破口，实施了一批重点市政项目，县城面貌发生了较大变化，但全县整体落后、城乡发展极不平衡、南北差距大的现状没有得到根本改变，农村地区生产条件和人居环境还相当滞后。面对这一现状，对照“全面小康”建设目标，五华坚持县城、南部、北部发展三个并重，把握好三者之间的关系，加速城乡一体化协调发展。在抓好县城扩容提质的同时，充分发挥县城集聚人口、项目、人才、资金和信息的优势，辐射带动乡镇发展，并用发展县城的思路，谋划乡镇发展，逐步把基础设施建设和公共服务，由县城向县域南部、北部乡镇延伸，实现县城和乡镇的协调发展。

把握好县城建设与园区建设的关系。今后，五华将按照“功能做实、内涵做深、质量做优”的理念统筹推进城区建设，完善功能配套设施，提升产业服务水平，增强县城对人口、产业的集聚力和吸引力，更好地服务产业发展，实现以城促产。在园区建设和招商引资过程中，全力扶持生态环保、市场前景广阔、带动能力强、功能性转移的大项目，带动上下游产业项目转移，促进产业集聚发展，实现以产兴城。

把握好加快振兴发展与维护稳定的关系。五华发展已经到“等不起、慢不得”的关键时期，但县域面积大、人口多，社会基层问题比较集中且极为复杂的现实，制约着发展的速度和质量，要想实现后发赶超，就必须准确把握加快发展和维护稳定的关系。唯有坚持在稳定中求发展、在发展中保稳定，全面推进社会基层治理，妥善化解矛盾纠纷，才能为加快发展营造和谐稳定的环境。同时，坚持改善民生不动摇，通过加快振兴发展，把发展成果更好地惠及民生，满足群众日益增长的新需求、回应新期待，消除不稳定因素。

3　打好五场硬仗实现良好开局

如何把美好的蓝图变成现实，把工作任务和发展思路转化为实实在在的发展成效，为“十三五”开好局、起好步，考验着五华全县上下干部群众“啃硬骨头”的能力和毅力。五华将紧紧扭住“三大抓手”，全面推进基层治理和精准扶贫两大任务，全力以赴打好“五场硬仗”。

打好产业发展硬仗。该县力求在园区扩容、基础设施、招商引资和促建促产上取得新突破，加快广州番禺（五华）产业园和河东工业区建设的同时，启动华城、安流工业区的规划；持之以恒实施“乡贤回乡投资兴业工程”，聚集一批先进装备制造业企业落户河东工业区，带动上下游产业项目转移，集聚好发展要素，加快形成产业集聚发展态势，发挥梅兴华丰产业集聚带主战场作用。

打好交通基础设施建设硬仗。该县抢抓交通建设主战场的机遇，围绕市委“四横两纵”的“两高”建设，统筹推进近200公里高速公路建设，并争取高铁在五华设站。同时，加快县内交通路网的提升改造，加快建成外联内畅的综合交通体系，着力将五华建设成梅州乃至粤东地区西出珠三角、南下潮汕揭的交通枢纽城市。

打好城区扩容提质硬仗。推进城区交通、市政等公共服务和基础设施建设，完善优化建成区，开发建设琴江新区。当前要解决好原有的城区、城中村等问题，并通过“两江四堤”的建设，完善好学校、医院、示范小区、足球公园等配套设施，加快县城提质扩容。

打好精准扶贫硬仗。作为全市精准扶贫的主战场，五华在精准帮扶、开发式扶贫、农村社会保障体系建设、社会扶贫长效机制及农村基层组织建设上下功夫，突出产业帮扶，科学规划项目，强化政策扶持、龙头带动，促进帮扶点产业连片开发，把脱贫措施精准落实到村、到户、到人，确保各项政策落到实处，实现精准脱贫。

打好基层治理硬仗。该县把抓基层、打基础作为长远之计和固本之策，以基层治理“十项重点工作”为抓手，规范城乡管理，强化安全监管，维护社会稳定，特别是把维护群众利益贯穿基层治理的全过程，进一步提高服务群众的水平，为加快振兴发展营造良好氛围。

（《梅州日报》2016 年 1 月 27 日 张炳锋 廖伟军）

五华及早谋划部署 2016 年重点工作

初步敲定 85 个重点项目

近年来，五华以重点工作和重点项目建设引领全县经济社会发展，取得了明显成效。在今年开春之际，该县及早谋划，围绕“一核两区三组团”的发展战略，初步敲定了全年 85 个重点工作项目，推动产业集聚，全力加快振兴发展。

续建项目陆续复工

大年初八是各行各业复工的第一天，五华各企业厂区和在建工程项目迎来了“开门红”。在琴江公路琴江河堤玉茶段项目施工现场，笔者看到十多部推土机、泥头车、挖掘机和 20 多名工程技术人员顶着寒风，抢抓汛期前河水水位较低的时机，全力加快施工进度，确保安全度汛。而在进城大道和罗湖堤工程项目现场，项目业主组织的养护工人忙于修整刚种下的绿化树木，同时加快管线、路面、边沟等扫尾工程进度。截至昨日，罗湖堤、进城大道、琴江公路、长乐大桥、高级中学等去年未完工、今年续建的工程项目或扫尾工程陆续复工建设。

在广州番禺（五华）产业转移园内广东辉骏科技集团公司的门口，前来复工的工人排着长队签到，回到了熟悉的工作岗位上；而临时设置的招工工作台前，也围着一大批求职者。“去年还在东莞务工，回家过年时听说辉骏科技集团引进了一条高科技生产线，急需招聘大批工人，就特地过来看看有没有合适的岗位。”一名求职者如是说。据悉，该生产线是辉骏集团从东莞黄江裕元高新工业园区的精成电子科技集团引进的，承接高端电子的产业转移，目前正进行设备安装调试，并对首期新招录的 1500 个新工人进行正规培训，预计近期可正式投产。据广州番禺（五华）产业转移园管委会统计，开工首日，园区内去年投产企业的开工率和工人回工率均达 80%以上。

新项目增强发展后劲

随着一大批续建工程复工，五华今年的重点工作和项目安排也摆上了议事日程。继年初八的开春工作会议之后，该县召开重点工作会议，围绕初步拟定的 70 多个重点项目进行了热烈讨论。笔者在会上获悉，85 个重点项目分为“三大抓手”、水利电力基础设施建设、生态文明建设、社会各项事业、党的建设共五大类，分布在全县各乡镇和相关职能部门。

“我们将全力做好防‘三抢’，确保安流工业园区征地拆迁工作顺利推进。”安流镇党委书记吴浪标表示，将组织全体干部职工抓好县委县政府重点工作的落实。据了解，安流是五华南部中心镇，也是该县“一核两区三组团”中南部组团的核心。该组团以安流为中心，开发建设安流工业区，着重发展新建筑材料主导产业，并在今年的重点工作安排中，下达了首期 1000 亩以上的征地任务。和安流同样面临新机遇的还有北部组团的核心华城镇，也领到华城电线电缆产业园征地 1200 亩的任务。

“力促井得电机等 3 家以上企业在‘新三板’挂牌上市；培育发展高新技术企业 3 家以上”，这是五华在往年“扶持企业上规模”的基础上，新增的两项壮大工业经济的做法，旨在通过融资平台和技术创新，为壮大工业经济提供创新驱动服务。同时，该县也更加注重全县各地和社会各项事业的协调发展，把足球产业、精准扶贫、生态林业、美丽乡村等四大项 8 个工作纳入今年的重点工作。

（《梅州日报》2016 年 2 月 18 日 张炳锋 廖伟军）

五华坚持共享发展理念着力改善民生福祉

今年继续办好十件民生实事

五华围绕如期建成小康社会的目标，坚持共享发展理念，更加注重改善民生福祉，集中更多的财力投向民生领域，在继去年完成十件民生实事的基础上，今年继续谋划办好十件民生实事，着力提升群众幸福感和获得感。

全面提升底线民生水平

五华是我市人口最多的县，贫困人口数量庞大，如何提升低保、五保、残疾等弱势群体的底线民生保障水平，是如期全面建成小康社会急需解决的问题。在今年的十件民生实事中，该县把“提高底线民生水平”和“帮扶弱势群体”两个大项放在前列，城乡居民基本养老保险基础养老金标准、城镇低保人均月补差水平、五保对象供养标准、孤儿供养标准、城乡医疗救助标准等都有不同程度的提高，最大提高幅度达 622 元。

该县还创新帮扶弱势群众的工作模式，将镇级残疾人专职委员会列为社会公益岗位，并给予每人每月 1100 元的补贴。“不仅可以为残疾人提供一个就业岗位，还可以为其他残疾人提供专职的服务保障。”该县残疾人联合会理事长邱小梅介绍。据了解，该县在完善镇级残疾人专职委员会的同时，还逐步向村一级铺开，力争在全县各村均设立一个村级专职委员会，届时将为全县残疾人提供 400 余个就业岗位，增加残疾人的生活保障来源。

此外，该县在继去年投入 8160 万元完成 4413 户贫困户的危房改造后，今年继续推进 2640 户农村危房改造，并开工建设 500 套保障性住房、棚户区改造 432 套，着力加强低收入困难群众住房保障。

多途径培育技工人才

今年，五华将充分发挥适龄就业人口多，劳动力资源丰富的优势，以培训电工、电焊、汽修、美发、家政服务、农艺工等实用性技工人才为重点，通过职校全日制脱产培训、县就业服务管理局实训中心等专职培训，实现培训劳动力 1 万人以上，转移就业

1.25 万人以上，新增城镇就业人员 4900 人以上，城镇失业人员再就业 3500 人以上的目标，为广大适龄青年增加就业机会，为当地园区和企业输送劳动力。

据悉，该县还将进一步创新人才培训方式，全面启动技工学校建设，加强实用型技工人才培训。“五华县技工学校规划占地 111 亩，建筑面积 6 万平方米，在校生约 3000 人，不仅有助于加强劳动力技能培训，还便于校企合作，解决园区企业用工难问题。”该县就业服务管理局局长魏剑玉表示，县技工学校建设任务争取今年底完成，计划明年开始正式招生，并围绕打造成硬件设施完善、师资力量雄厚、学生实操能力和创新能力较强的广东省示范性技工学校的目标定位进行努力。

文化惠民向乡镇普及

近年来，五华经济社会发展取得了明显成效，城乡居民的物质生活水平得到了极大改善，充分满足居民的文化娱乐需求也随之提上日程。据悉，实施文化惠民工程被列为该县今年的十件民生实事之一，将建成 16 个村文化俱乐部和一批村级文体广场，把文化惠民工程从县城逐步向乡镇普及。

自去年五华 U12 足球队获得全国冠军赴瑞典参加哥德堡杯、梅州五华足球队成功冲甲以及足球振兴发展规划出台，全县上下掀起了一股足球运动热潮。逐年增加群众体育活动场所、学校等体育设施逐步向群众免费开放等诉求，成为今年该县“两会”期间众多人大代表和政协委员热烈讨论的话题。为此，该县今年将动工建设足球文化公园和足球训练基地，并将在华城等 6 个镇各新建 1 块标准足球场列为今年的具体目标任务。

（《梅州日报》2016 年 3 月 3 日 张炳锋 廖伟军）

五华全面推进“广东省卫生强县”创建工作

3 年统筹 11 亿打造健康五华

五华紧紧围绕省、市建设卫生强省、卫生强市的决策部署，结合自身实际，以“强基创优”和“卫生两基（基本医疗和基本公共服务）示范镇”创建工作为抓手，计划从今年起，用 3 年时间统筹 11 亿元，全面推进“广东省卫生强县”创建工作，加快建立基本医疗卫生制度，着力构建与小康社会相适应的医疗卫生服务体系，打造健康五华，促进县域医疗卫生事业协调发展。

建立健全医疗服务体系

连日来，五华县人民医院院长李惠涛正为门急诊医技综合大楼建设项目忙得不可开交，不仅要动员医院职工搬迁，还要与当地镇、村两级协调项目用地征拆。“项目将围绕三甲医院的配套标准进行建设，总投资约 4 亿元，建筑面积约 7 万平方米。”李惠涛介绍道。据悉，项目建成后还将配置开展影像、检验、手术、病理、重症监护、远程医疗服务和信息服务所需的关键设备，全面提升医院的硬件设施设备，为镇村两级医疗机构提供资源共享。

笔者从五华县卫计局获悉，五华县人民医院门急诊医技综合大楼建设，只是该县创建“广东省卫生强县”其中的一个建设项目，也是该县建立健全县镇村三级医疗服务体系的一个缩影。未来3年，该县将全面实施“强基创优”三年行动计划和医疗卫生重点项目规划建设方案，对全县医疗卫生资源数量、规模、布局和功能定位进行优化配置，对县人民医院按照三甲医院标准进行升级改造，加快推进县妇幼保健院住院大楼、中医院外科综合大楼和手术室建设，加强中医药服务体系和县级医院设备装备建设，充分利用现代网络技术、通信技术、多媒体技术以及现代医疗技术，建成县级人民医院与三级甲等医院互联互通的远程医疗平台，使其具备远程会诊、病理诊断、影像诊断、重症监护、继续教育等功能，让县域内群众享受更加便捷的优质医疗服务，实现县域内住院率达90%左右。

25间乡镇卫生院业务用房缺口面积41683.2平方米、30间镇级卫生院缺少基本设备172台（套）、46个卫生“空白村”……五华在加快提升县级医院医疗卫生条件的同时，镇村一级的医疗卫生条件改善也迫在眉睫。为此，该县开展基本医疗和基本公共服务示范镇创建活动，按照基础建设、设备配置、科室设置、人员配置以及医疗服务“五个标准化”建设，计划至2018年底，全县16个乡镇“两基”全部达标，40%以上镇达到示范镇标准。同时，按照每个行政村都有1个标准化卫生站、卫生用房面积不低于60平方米的要求，全面有效解决“空白村”群众看病难的问题。

3年新招810名医务人员

据五华县卫计部门统计，该县现有执业医师2760人，注册护士1673人，全科医生60人，按照创建卫生强县的目标要求核算，分别缺少1240人、2077人、240人，技术人员数量严重不足。“外面很多大医院也邀请我去坐诊，但这里的村民太需要我了，我走了，村里的群众怎么办？”安流镇东礼村西坑卫生站的乡村医生刘奇兰的一席话，道出了五华医务人员严重不足的现实。“硬件问题可通过财政投入在短时间内解决，人才匮乏才是头等大事，这些看不见的软实力，是健康和强县的根本保证。”刘奇兰深有感触地说。

针对这一现状，五华把加强医药卫生科技创新和人才队伍建设，作为创建卫生强县的重要工作来抓，按计划在3年内面向全社会新招录810名卫生技术人员，含临床、护理、药剂、影像、检验、口腔、放射、助产、公共卫生等专科，并将其中的560名招录名额分配给乡镇一级卫生院，重点加强乡镇卫生院的人才队伍建设，并与有资格参加执业医师考试的大中专毕业生签订5年的合同，给予执业乡村医生同等补助的待遇，聘请到医疗卫生“空白村”，以解决边远山区群众看病难的问题。同时，还将对新招录的人员进行规范培训，把拟晋升或晋职的医务人员安排到乡镇一级卫生坐诊6个月对口帮扶，邀请中山医、省医、市医等上级医疗机构的专家教授进行全员培训，全方位提升医技水平。

（《梅州日报》2016年3月17日　张炳锋　廖伟军）

今年五华积极构筑地质灾害群测群防体系

将地灾防治列为专项整治工作

近期，五华县根据《地质灾害防治条例》《广东省地质环境管理条例》和省委、市委关于加强地质灾害防治工作的指示批示精神，将地质灾害防治工作列为今年十大专项整治工作之一，通过专项整治行动，构筑起地质灾害群测群防体系，有效防范山体滑坡、崩塌等地质灾害发生，扭转地质灾害多发势头。

万余户农房　被列为整治对象

五华地质环境非常脆弱，绝大部分地表为花岗岩风化坡和残积粘性土体，风化层厚度较大，土质松散，遇水极易软化。同时，当地村民普遍存在削坡建房且坡度较大、没有工程治理的现象，导致在今年的两次持续降雨中，发生了多起人员伤亡的地质灾害。

五华从今年1月起，开始对地质灾害防治工作进行部署，在全县范围内对山体坡度大于45°或削坡高度大于3米的建房户等地质灾害隐患开展全面摸底调查，对削坡建房的山体坡度、削坡坎高、屋后墙至坡脚距离、山上有无截水沟、有无发生过地质灾害等情况进行一一造册登记。至目前，全县共排查削坡建房11248户，削坡坡度都在50°至85°，边坡基本上没有形成台阶，没有砌筑挡土墙等工程措施，涉及70023人，出现过险情的有1712户。

以奖代补　鼓励群众整治边坡

地质灾害防治工作被列为五华县今年“十大专项整治”工作之一。该县按照“以人为本、政府引导、部门联动、群众参与、防治并举、分类指导、先急后缓、削坡减载、治理搬迁、降低风险”的原则，围绕整治分别占隐患点、削坡建房总数15%以上的目标，通过一年的时间，对群众削坡建房削坡高度5米至12米，削坡坡角大于60°的边坡进行整治，对削坡高度大于12米，坡角大于60°，且无治理价值的，引导群众进行搬迁。

五华采取“以奖代补”的方式鼓励群众自觉参与并投入资金进行边坡整治。经“削坡减载”达到边坡治理要求的，以每座房屋为单位给予1000元的奖励；通过边坡整治后，采取砌筑挡土墙、锚杆构格等工程治理措施，彻底消除隐患的，给予2000元的奖励。各镇在完成在册隐患点和削坡建房户两个整治目标达到15%以上的，给予奖励10万至30万元。

有的放矢　开展防灾减灾宣传

“不住上堂住下堂”、“不住一楼住二楼”……日前，由五华县国土局和气象局联合举办的防灾减灾进校园科普活动在五华马汕中学举行。活动旨在提高师生应对突发地质灾害的应急反应、处置和自救能力，并通过学生把学到的防灾减灾知识带回家庭、单位和农村。在开展专项整治的同时，五华全面落实24小时值班制度，通过电视广播、手机短信、发布地质灾害气象风险预警、印制地质灾害防治知识资料等方式，引导群众自觉参与防治工作。

至目前，该县已印制 23 万份《地质灾害防治知识》折页画册和单页宣传画，发放至各镇和各中小学校，全面扩大气象风险预警信息发布范围，实现全县所有手机用户的全覆盖。同时，向受威胁的群众发放防灾告知书和防灾避险明白卡，明确在紧急情况下的撤离路线、安置单位和救护单位等。

（《梅州日报》2016 年 4 月 7 日　张炳锋　廖伟军　严朋）

五华打响精准脱贫攻坚战

计划 3 年内 9.5 万多相对贫困人口全部脱贫

五华是我市新一轮精准脱贫攻坚战的主战场，全县 28881 户 95020 人的相对贫困人口数约占全市贫困人口总数的 49.5%，贫困面最广、脱贫任务最重。该县日前召开全县扶贫工作会议，全面动员部署新时期精准脱贫工作，吹响了打赢精准脱贫攻坚战的号角。

制订脱贫路线图

今年初，在五华县委全会上，该县就把“打赢精准脱贫攻坚战”和“三大抓手”“基层治理”一起，列为今后一段时期内必须要打好的“五场硬仗”之一。“攻得下要攻，攻不下也得想办法完成它，假如我们这帮人没办法攻下来，换另外一帮人也要把它攻下来。”在日前召开的全县精准脱贫攻坚战动员会上，县精准脱贫攻坚工作小组组长、县委书记范宜军的一席动员讲话，犹如一纸“军令状”，立在全县人民面前。

为确保这一场“攻坚战”开好局起好步，该县坚持“四看”“五优先”“六进”“七不进”，逐户登门核查，核清农户家庭资产、收入支出等情况，认真细致地做好相对贫困户的精准识别工作。至目前，该县统计的相对贫困户有 28881 户，相对贫困人口 95020 人，相对贫困人口数量约占全市的 49.5%，其中有劳动能力的有 19270 户 74108 人。为此，该县结合实际，制订了按年度分“三步走”的攻坚路线图：到 2016 年底，2.9 万名相对贫困人口实现脱贫；到 2017 年底，3.3 万名相对贫困人口实现脱贫；到 2018 年底，3.3 万名相对贫困人口实现脱贫，全部相对贫困村“出列”。

开好方子下猛药

经过摸底，该县把产业帮扶和就业帮扶作为精准脱贫攻坚战的“先锋部队”，全力实施一村一品、一镇一业以及劳务对接工程，拓宽造血型帮扶路子。

五华是农业大县，发展农产品加工业、搭建好农产品交易平台，让贫困户增产增收，是该县实施产业帮扶开出的第一个“方子”。“预计 5 月中旬就可以开放 40 多个摊位的临时市场，日后还将引进更多有实力的批发商，把五华的农产品销出去。”市中农批农产品批发市场有限公司副总经理黄国瞻介绍说。据了解，该项目去年 10 月落户五华，规划用地 360 亩，其中首期建设 180

亩，计划总投资 15 亿元。项目建成后，将成为集农副产品批发零售展销、农特产品展示展销、质量检测、加工配送、冷链物流等功能为一体的现代化大型综合服务平台，不仅能解决农产品的展销问题，还可以为当地群众提供大量的就业岗位。

“优先安排贫困劳动力在公益性岗位中和扶贫开发项目建设中就业、优先照顾贫困人口在各类企业中就业、鼓励各类企业吸纳贫困劳动力。”五华在谋划精准脱贫工作中开出了就业帮扶的“方子”。据悉，该县把精准脱贫工作和产业发展有效地结合起来,全力加快招商引资和 4 个产业园区建设，引进项目落地，为当地群众提供就业岗位，增加劳务收入。“发展工业经济是最好的脱贫手段，不仅可以增加县财政收入，还为贫困户提供了大量的就业岗位，增加劳务收入，一举两得。”省政协委员、五华县外出乡贤、清远市嘉福工业城有限公司董事长彭国猛也为家乡的精准脱贫点“赞”。

典型引路坚定信心

打赢精准脱贫攻坚战，信心比黄金还重要。如何开局、开好局、起好步，决定着今后 3 年帮扶工作的成效。“按照县有示范镇、镇有示范村、村有示范点的工作思路，抓好示范村、示范点的建设，集中人力、财力、物力，率先打造一批在全县、乃至全市都叫得响、有特色、出经验的新典型，通过典型引路、以点带面，辐射带动精准扶贫工作的全面铺开、纵深开展。”在日前召开的全县精准脱贫工作动员会上，抓点带面、典型引路的创新思路给出了明确的答案，也更加坚定了全县上下打赢攻坚战的信心和决心。

目前，该县结合各村地域、产业基础、交通区位条件和基层组织建设等情况，初步确定 19 个村作为精准脱贫的示范村进行重点打造。

村村都有工作组

五华全县有 412 个行政村，除前两轮和新时期精准帮扶村以外，还有 102 个村没有安排结对帮扶，而且还存在着一部分分散的贫困人口。“102 个村全部都安排县直和省、市属驻华单位结对帮扶，前两轮帮扶后的 218 个村的分散贫困人口由当地镇政府、村‘两委’，以及各级派驻该镇、村的人员组成工作组共同负责帮扶，实现各村全覆盖。”县扶贫局办公室工作人员介绍说，各单位的帮扶责任、工作标准和考核标准都一样，并于近期全部进驻到村到户，全面开展帮扶工作。

据悉，五华还组建了以县委书记为组长的精准脱贫工作领导小组，每个镇成立了一个以挂点县领导为队长的工作队，全力加强工作保障，全面统筹三年的精准脱贫工作。

（《梅州日报》2016 年 4 月 21 日 张炳锋 廖伟军）

五华县基层公共服务平台建设实现各村全覆盖

村干部帮群众跑腿办事成常态

推进基层公共服务平台建设以及村级服务群众代办业务，是五华县基层治理“十项重点工作”之一。该县自去年下半年开展试点工作以来，不断完善硬件设备和服务群众代办业务制度，提升服务群众能力和水平。至目前，该县全县446个村（居）公共服务平台建设已经全部完成，村级服务群众代办业务有序开展，村干部帮群众跑腿办事成常态。

公共服务事项一站式办理

宽敞的服务大厅、崭新的办公设备、规范的台账记录、清晰的办事流程指南、有序等候的办事群众、滚动播放业务动态的LED显示屏……这是笔者在五华县安流镇司前社区公共服务站看到的一幕。在此之前，办公大楼在2013年“8·17”特大洪灾中受浸，群众办事得到社区干部家中去。“去年，县上高标准建设公共服务站，改善了办公条件，同时开展为群众代办业务。”司前社区干部钟红梅介绍说。

去年，五华县把建设公共服务平台为群众代办业务列为基层治理“十项重点工作”之一，统筹安排8,340万元，以县行政服务中心为载体，在整合原有硬件设备、软件系统、网络资源的基础上，建成了16个镇级公共服务中心和446个村（社区）公共服务站，实现各镇各村全覆盖。并将与群众联系较为紧密的68项业务下放到村一级公共服务站，由村代办员收集后送到上级相关部门办理，其中有14项可在镇公共服务中心办结。同时，该县行政服务中心还通过网络链接到镇村公共服务平台，实现县镇村三级联网，使镇村一级平台具备了网上信息查询、业务办理和投诉举报等“一站式”服务功能，集“服务、管理、监督”三位于一体。

为群众代办业务列入考核

日前，笔者在横陂镇红光村办事大厅里见到了村干部魏爱华，他右脚绑着绷带拄着拐杖。“今天轮到我值班，腿脚稍微利索点，就过来看看有没有什么事可以帮忙的。”当被问及为带伤还要上岗时，魏爱华说道。据了解，红光村自建好公共服务平台以来，7个村干部又多了一个共同的身份——代办员，除每周二全体村干部集中办公以外，逢三、六、九圩日则轮流值班，收集好群众要办理的业务，送到镇政府办结后带回给村民。

“我们建立了微信平台、QQ群，并开通了电子邮箱，群众办理业务遇到困惑、每月办理事项统计等，都可以及时沟通。”安流镇党委委员林建辉解释说，这一创新不仅提高了办事效率，还减轻了代办员的工作量。“我从4月份开始就通过微信平台报告办理业务情况了。”钟红梅感觉工作强度比以前轻松了不少。

和安流镇相比，毗邻的华阳镇则在人员配备和服务质量上下了不少功夫。据该镇党委书记陈春宣介绍，全镇14个村（社区）中都选择一个后备干部做代办员，并结合直联制工作的开展，进村入户把代办业务送到行动不便的群众及孤寡老人家中。“幸亏有村干部上门帮忙，再也不愁入户口的事了。”说起代办员上门帮助解决孙子入户口的事，陂坑村67岁的古喜祥欣慰之情溢于言表。据古喜祥介绍，儿子外出务工，他自己不仅要照顾90多岁的老母亲，还要照顾好孙子，根本抽不出时间去办理。今年3月底，代办员了解到他家的情况后，就主动上门收集好资料，解决了他两年多来的烦心事。

据了解，随着镇村一级为群众代办业务的有序开展，五华县正着手制订村级服务群众代办业务绩效考核办法，从制度执行、日常管理、服务质量、监督管理等方面进行细化考核，并将考核结果作为评先、评优、评奖的依据。“硬件完善了，制度也要跟上去，有制度保障才能把这项业务持之以恒地做下去，让老百姓得到长久的实惠。”五华县社工委专职副主任曾繁泼说。

（《梅州日报》2016年5月15日 张炳锋 廖伟军）

梅州最大围龙屋如何续写辉煌?

五华瓃公祠年久失修，专家建议纳入非遗申报，提升保护力度

几根木头安静地斜靠在一面长满了苔藓的墙壁下，旁边还有倒塌下来的泥砖，已经碎得不成形，一群鸡在断壁残垣间上蹿下跳，扑腾着翅膀安逸地觅食，昔日成群孩子遍地奔跑的景象只留在老人的回忆里了。

这是五华坝美村的瓃公祠，据中国客家博物馆有关专家考证，它是目前为止发现的梅州市最大的围龙屋，在国内也实属罕见，建筑整体气势恢宏，有左右各“六横六围”，建于明朝初年，距今已经600多年的历史。

在漫长的岁月里，这座古老的围龙屋有过傲人的辉煌，曾经住过一整个村1500多人，也经历过劫难，如今一步一步走向衰败。“看着老祖屋一天天的破败，我们心里也很不是滋味，但又无能为力，希望更多的人关注到它，救救它！”瓃公祠的周氏子孙周叔芳望着破败不堪的景象怅然若失。

历史 高峰时住下一个村 曾是革命根据地

文化，是人类告别蒙昧，走向文明世界的产物；而建筑，则为人类文化灵魂提供栖身之地，是人类凝固的历史。千百年来，文化不断碰撞交流，演变出万种风情，建筑则从诞生之日起便将那个民族的文化牢牢铭刻在一砖一瓦之间。

客家人从中原而来，一路颠沛流离，通过勤劳的双手在客都地区开辟出一片属于自己的天地。围龙屋，就是客家人精神文化的象征，方中有圆，圆内有方，汇聚了“方圆”“凝聚”“家国”“和谐”等客家人的智慧。为了在陌生的土地上扎根，团结族人，抵御侵略，客家人通常群居而生，一个大家族的人生活在一座围龙屋里，易守难攻的围龙屋成为最坚固的堡垒。

在全国第三次文物普查中，五华水寨镇坝美村一座大型的围龙屋揭开了神秘面纱：

周家七世的开基祖屋——瓒公祠。据中国客家博物馆有关专家考证，它是梅州迄今为止所发现的最大的围龙屋。

瓒公祠始建于明朝初年（1368 年），距今已 648 年，损毁前建筑的房间共有 398 间。经现场测量，这座围龙屋为六横六围结构，直径长 126 米、深（含门口半月形池塘）278 米，整个建筑占地面积达 3.5 万平方米，该古围龙屋是客家标准的大围龙，包括上七下九、上中下三栋大厅、左右各“六横六围”。围屋祖祠大厅为石柱梁架结构，悬山瓦顶，灰沙夯墙，完好保留着明显的明代建筑特色。

整座围龙屋有 6 条天街，第六层围龙屋前的天街长达近 500 米，村民漫步从头走到尾几乎要二三十分钟。而祖祠后的花头（围起来的空地）有一个足球场那么大，围龙屋正门的晒谷坪也有 1000 多平方米，其规模相当于早先发现的梅县区最大的客家围龙屋丙村仁厚温公祠的 3 倍。

“听长辈们讲，以前我们整个坝美村都是住在这座围龙屋里的，高峰时住下了 1500 多人，一个房间甚至可以睡六七个人，床下面还养猪、养鸡，天热的时候就大家一起睡到花胎上，场面好壮观的。”今年 81 岁的周叔芳老人说。

这座围龙屋不仅是标准的古围龙屋，还是红色革命故地。大革命时期，革命家古大存曾在这里指挥战斗，与周氏子孙周汉屏在此商讨革命事宜，一度成为五华革命根据地的秘密点。上厅的后室，就是当时地下党组织交接情报的秘密室。“周汉屏留在五华县从事地下活动，因叛徒出卖，不幸在上厅后室被捕，解放后还被追认为烈士。”周叔芳介绍说。此外，由于周氏家族有革命血统，该村的周鑑祥于 1934 年参加长征，在祖国需要的时刻积极做出自己的贡献。

在瓒公祠幽幽长长的巷子里，夕阳斜斜地洒在青苔上，仿佛还能听到当年孩子们奔跑嬉戏的笑声，厨房里的主妇们在忙碌着，炊烟袅袅，忙了一天的男人们结伴回家，围龙屋里一片热闹。

现状　年久失修盛况不再　老屋面临保护困局

从瓒公祠正门进去，白色的墙面和水泥地面是明显的修整痕迹。在一面墙上，刻着 2007 年重修的捐款芳名榜，都是周氏子孙几百块、几千块凑的。“当时筹集了 100 多万元，对祖祠的天面、门楼的大小门宇等进行修整，属于抢救性维修，再不修都要倒了。”村干部周展平说，除了修整过的部分，有些房间的墙壁已经倒下没法修了。

原来 398 间房间，由于年久失修，现在剩下 386 间，当年“六横六围”现在变成了“五横五围”，横屋的不少房间倒塌的倒塌，有些甚至没有了，完好的房间里面也比较破旧，空荡荡的，成为了老鼠的安乐窝。

当年 1500 人的盛况现在还剩 6 家人坚守，其他人都搬了出去，留在老屋的都是生活相对困难无力建新房的。73 岁的李凤秀在瓒公祠住了 50 年了，自嫁到周家，便一直住在这里，简单的几件家具在幽暗的房间里显得非常寂寥，“破是破，但是我们也没有办法去修，只能一直住在这儿了，这几间房间还是我向弟媳借来住的。”老人无奈地说，遇到下雨天，房子里的有些房间便滴滴答答地漏雨。

“周氏子孙后代富裕的并不多，有能力的不多，想要拿出一大笔钱把祖屋修整一遍是不可能的，只能大家凑钱抢救性维修。

2014年政府有拨款小修了一下，但仍杯水车薪。”村干部周禄球说，每年大年初二，周氏子孙都会回到这座祖屋祭祖，人数多达3000人，看着老屋一天天破败，作为周氏家族的子孙也很着急。

经历了种种磨难，瓓公祠从当年的气势恢宏逐渐走向了衰败，像个迟暮的老人，在时间的旅途上步履蹒跚。

“这虽然是我们周氏的祖屋，但它也是梅州最大的围龙屋，对于客家文化具有重要意义。我们希望政府能更重视它，评上了文物保护单位也至少给它挂个牌，要重新修整是不太可能的，但是至少每年拨一些维修金，一点一点地减缓它消失的速度，我们想把它留下来！”说起保护祖屋，周叔芳老人动情地说。

对于保护这座古老的围龙屋，政府也说出了他们的难处。“主要还是资金困难，我们也有努力过为这座围龙屋申请省级文物保护单位，但是失败了，市、县一级对于维修方面的资金是比较紧张的，我们只能努力做到不让它被拆掉，五华还有其他的古民居需要保护，因此也有先急后缓的顺序。”五华县文广新局文物股翁照全说。

无论是老屋的子孙后代，还是政府的相关部门，都对老屋的衰败表示出了无能为力的态度。从周氏子孙的话语里，能听得出他们的无奈和期望。他们把希望寄托在了政府和社会上，但是，大笔的维修费用对于本来就经济不发达的地区来说也是巨大的负担。

出路　挖掘文化保护价值　期盼多方共建共享

围龙屋的客家文化内涵十分丰富，从建筑风格到民风民俗，处处展示了客家的人文历史，是客家文化的重要象征，被众多国内外专家誉为东方璀璨的明珠、世界上的民居建筑奇葩。按照世界文化遗产的评定标准，只要具备六项条件之一即可获得批准，而梅州的客家围龙屋经比对符合其中四项，完全具备“申遗”条件，为了让围龙文化长盛不衰，梅州市正在积极将围龙屋申报世界文化遗产。

作为梅州最大的围龙屋，瓓公祠具有不可替代的重要意义，嘉应学院客家研究院副院长肖文评教授提议，可以从文化价值、建筑风格、代表性等方面入手，将瓓公祠打造成相对独立的围龙屋范本，“也可考虑将其纳入到非遗申报内容里，将对其日后的维修保护产生积极的促进作用。”

有价值的古建筑不仅仅是该屋屋主的财富，更是全社会宝贵的财富，因为它承载着那个时代的文化印记，具有不可复制性，消失了就再也没有了。为此，政府有承担起保护和开发的责任，“首先要提高当地政府的认识、村民的保护意识，政府和村民可以共同合作，一同承担起保护责任，共同开发。”肖文评教授说。

除了政府和个人外，社会资本参与古建筑的保护和开发也愈发成为趋势。在阴那山五指峰的西麓，有个如诗如画的村庄，叫桥溪村，村内有16座保存完好的明、清时期的客家传统民居建筑，如世德堂、朱氏祖祠、守庆公祠、善庆楼等，当中最有特色的客家民居建筑是继善楼。继善楼于清光绪二十八年（1902年）动工兴建，历时12年才建成，其建筑艺术及其营造的文化氛围为粤东地区少见而名闻遐迩。小桥、溪水、古树、民居构成一幅秀美的客家山村风情画卷，该村被评为广东省十大最美古村落，而以该村为主体的桥溪古韵景区是广东梅州文化旅游特色区的重点项目。

桥溪村的山水和建筑的美之所以能被世人了解，其保护和开发模式值得借鉴。桥溪古韵景区在开发与建设过程中形成了“政府主导，企业运作，村民参与，共建共享，多方共赢”的发展模式，政府通过政策措施鼓励、引导企业参与景区运作，桥溪村村民可以参与桥溪古韵景区门票收入的分红，古民居主人可以获得房屋补贴，村民可在景区内就职，还可在景区内或周边出售农副产品和经营农家乐。2012 年 9 月，桥溪村“桥溪古韵”参加省旅游扶贫大型重点项目评审竞标，喜获 300 万元扶贫资金，由雁南飞茶田景区进行保护性开发，于 2013 年 8 月 28 日正式对游客开放。桥溪村变身桥溪古韵景区后，村里 16 座古民居变成了旅游景点，每年按门票收入的 10%分红；而 250 多名村民则按门票收入的 15%分红。

■话题

如何突破围龙屋保护困境

在梅州，有许许多多的围龙屋，对于每一个从围龙屋走出去的人来说，它们是家；而对于博大精深的客家文化来说，它们是一颗颗璀璨的星星。

城市化的快速推进打破了围龙屋内几百年的平静，世世代代生活在围龙屋里的客家人也纷纷走出了围龙，只留下了空荡荡的房间和越来越淡薄的家乡情怀。回不去的故乡，记不住的乡愁，让人们心无所依，不知何处是家。在围龙屋保护的这条路上，应该如何走得更稳妥，对此，嘉应学院客家研究院副院长肖文评教授提出了他的看法。

南方日报：梅州的围龙屋数量较多，但是真正保护起来的并不是很多，这是什么缘故？

肖文评：看一座建筑是否值得保护和开发，主要从文化内涵、建筑艺术、保存状况、是否出过名人等几个方面去考察，结合当地的实际情况，综合考虑是否值得保护与开发。

首先是房屋主人，他是否认为需要保护，得征求他们的意见和看法。然后是当地政府的认识，保护这座围龙屋对经济、文化发展的促进作用，具有积极意义可以与房主共同合作。保护围龙屋是一项艰巨的任务，需要多方合作才能完成。

南方日报：目前保护围龙屋有哪些路可以走？

肖文评：政府可以指定相应的保护政策，帮助围龙屋申报文保单位，争取上一级部门的支持和资金扶持；对于有能力的屋主，可以自己出资修缮房屋，像兴宁的磐石围、花螺墩等就做得很好，倘若屋主没有实力保护，则可以充分挖掘围龙屋的附加值，为其确定一个项目，可以作为景区，邀请企业前来投资打造，或者老板投资将其打造成古色古香的酒楼、民宿等，梅州城区的万秋楼、星园酒家便是这样的运营模式，既保护了古建筑，又盘活了资源，一举多得。

■样本

万秋楼：废弃客家民居变身热门餐厅

万秋楼是一座有 80 年历史的中西合璧的客家民居，是旅居马来西亚的华侨夏万秋先生于上世纪 30 年代聘请国外建筑大师精心设计，在他的家乡广东梅州建造的一座中西合璧的客家建筑。整座建筑占地约 4000 多平方米，巧妙地将西方尖屋顶的大钟楼和客家围龙屋融为一体。由于它的建成创下了中西合璧围龙屋的建设先河，也令它蜚声海内外。

然而，随着岁月的侵蚀，使得原本清秀脱俗的万秋楼慢慢变得晦涩暗淡，门前一度杂草丛生，楼内一片颓败景象。要想让它焕发昔日的闪耀光芒就得花费巨资重新修缮，而这笔巨资对于政府来说也是无能为力。

2003年，来自台湾新竹的台商龙振水先生和陈秀锦女士来梅州旅游，他们先后参观了梅州的许多名胜古迹，最终被万秋楼隐藏的魅力所吸引，对其一见钟情，但看到楼房衰微破败、腐蚀严重，他们感到非常惋惜，于是动了修复万秋楼的念头，先后多次来到梅州考察万秋楼。当年10月，他们毅然买下了万秋楼，组建了万秋楼客家文化有限公司，全面整修万秋楼，总投资高达800多万元。在修缮工程中，龙振水先生从台湾请来知名建筑师，精心检视万秋楼的各个环节，细心地进行拆卸、修补。他们抽换了万秋楼内的100多根腐朽的栋梁，并在每一个房间里装上了自动消防系统。所有的工程都是在保持原有布局、结构不变的前提下进行的。为了采购合适的材料，他们跑了广东省不少地方，还到过福建、广西等省选购原材料。

如今，万秋楼已建成为茶艺、客家小食等充满客家民俗风情的休闲、旅游观光景点，吸引四方游客慕名而来。同时，万秋楼也成为台湾同胞的接待站以及梅县台属联谊会会所，这是梅州市首家由台商投资修葺的客家民居。

在梅州地区，类似万秋楼这样著名而又各具特色的客家围龙屋、圆形土楼、石楼不下20处，它们都是客家文化的瑰宝，而且目前都亟待修缮。而当地旅游、文化、文物部门一直苦于没有资金而无法进行修缮。龙振水把餐厅经营和文物保护相结合的商业模式是一种大胆的创新，为今后客家民居的保护提供了一种崭新的思路。

（《南方日报》2016年6月1日 陈萍 张炳锋 何森垚）

五华努力优化农村人居环境规划“一村一景、一村一韵”

建设“四大生态”打造特色乡村

美丽乡村建设被列为五华县今年的重点工作之一。在日前召开的全县农业农村暨美丽乡村建设工作会议上，该县提出通过开展美丽乡村建设，大力实施“生态人居、生态环境、生态经济、生态文化”工程，计划从今年起，力争通过3至5年的时间，打造一批“一村一景、一村一韵”的特色美丽乡村。

因势利导 一村建一公园

清澈的河水、宽敞的河面、崭新的健身器材、嫩绿的花木、古朴的凉亭、一群在公园里嬉戏的孩子……这是笔者在五华县转水镇矮车村文化广场看到的一幕。一年前，这里还是河滩地，经过实施中小河流治理，实现了华丽转身。在公园里健身的钟清泉老伯见证了其中的变化，他切身的感受不仅是环境改善了，老百姓的生活习惯也跟着改变了。“村里开始收集生活垃圾，群众再也不会把生活垃圾丢进河里了，全村的环境都变美了，晚上出来散步的次数也多了。”

近两年来，五华县在推进中小河流治理过程中，因势利导，整合资源，在人口比较密集的地方修建一批小公园、休闲小广场，配套完善相关健身设备设施，全力改善村容村貌，打造“一村一景、一村一韵”，得到了广大群众的拥护，钟清泉一家在矮车河治理中,就主动腾出4分地来建公园和修河堤。今年，转水镇在矮车河治理成功的基础上，充分利用益塘水库下游矮车河流域的地理优势，专门邀请了中山大学魏清泉教授进行规划设计，将矮车河流经的益塘、新丰、矮车、流洞、黄龙、维龙共6个村，通过沿河绿道和休闲广场建设串联起来，打造成集农业观光、养生度假、生态休闲旅游、彰显客家文化特色的美丽乡村示范区，建设富有特色和亮点的“益塘流域·十里水乡”美景。

化朽为奇　一村塑一美景

五华县把农村产业发展作为美丽乡村建设的出发点和着力点，深入挖掘特色农业资源，把美丽乡村建设和农民致富紧密结合起来。水寨镇大湖村作为美丽乡村建设的县级示范村，已经迈出了一大步。该村毗邻县城，地势较为低洼，村里一部分农田因排水不畅长年被水浸，不仅影响群众的耕作，还因污泥长年累积臭气冲天。今年初，大湖村“两委”干部征求群众意愿，把水浸田集约起来，4月份开始连片开发种下莲藕。“现在已经投入了11万元，集约了46户群众的水田共33亩，每年每亩2000元租金支付给农户。”大湖村党支部书记曾伟平介绍说，种植莲藕并非一时冲动，而是有充足的理由：“村庄毗邻县城，莲藕销售不愁，村里已经有干部和村民种植莲藕的成功例子。”

笔者在莲藕种植基地布心岭自然村看到，一大片莲叶已经浮出水面，往日黑臭的水体也变得清澈，水质得到了净化，再也闻不到臭味，路过的群众还不时拿起手机拍照。“我家有4亩半水田租给村里种植莲藕，成效还不错。”村民曾祥惠告诉笔者，感觉村里的面貌已经有了新的变化。据了解，大湖村在种植莲藕的同时，还将种植基地旁的老水塘、老祠堂进行翻新改造，修建了村民文化广场，打造一个赏荷、休闲的观景平台。“待到荷花盛开时节，这里将会是一处最美的风景，不仅望得见山、看得见水，还能看见老屋，勾起你的乡愁。”大湖村村民向八方游客发出了邀请。

（《梅州日报》2016年6月2日　张炳锋）

梅州五华打好“乡贤牌”推进产业园区扩能增效

产业转移园落户企业超百家

坚持工业立县，壮大工业经济，是梅州五华加快县域经济振兴发展既定的方向。特别是省实施粤东西北地区振兴发展和市规划建设“梅兴华丰”产业集聚带以来，五华产业园区扩能增效就走上了提档增速的快车道。17日，笔者从五华县经济开发区管委会获悉，2015 年 2 月被纳入省级产业园管理的广州番禺（五华）产业转移园的进园企业突破了 100 家的大关，总共达 101 家，五华推进产业园区扩能增效迎来新的里程碑。

乡贤回归企业达八成

日前，五华县召开县政府常务会议，对深信塑胶模具制品（深圳）有限公司等 13 家乡贤企业的进园资格进行审议，并最终同意这 13 家乡贤企业落户广州番禺（五华）产业转移园。五华县招商局局长陈群添介绍，五华有 150 多万人口，有很大一部分乡贤在珠三角等发达地区发展实业经济，是五华招商引资的主要目标。

至目前，五华共整理出 456 个在外乡贤以及上下游产业链相关企业的信息资料，用心打好“乡情牌、友情牌、亲情牌”，最终有 101 家企业落户产业转移园，其中乡贤企业达 81 家，占比达 80%。

广东瑞华集团公司董事长卓定华是五华乡贤回乡投资的典范，他于去年底将集团公司的地产项目注册为五华县瑞华房地产开发有限公司，以总部经济的方式运作。

园区产值去年突破 50 亿

在环城大道与进城大道的交界处，梅州中农批农产品批发市场有限公司 500 平方米的大棚和 48 个临时批发商铺，正在进行紧张的收尾工程。公司执行总经理张金连介绍，从去年 10 月份签约进驻至今，项目基本实现无障碍施工。

“我们坚持一个项目、一个领导、一个部门、一跟到底，为项目建设排忧解难。”五华县经济开发区管委会主任赖伟胜为项目实现无障碍施工揭开了谜底。

去年，广州番禺（五华）产业转移园被列入省级产业转移园管理，至目前共获得 1.9 亿元的扶持、奖励资金。五华成立了产业园区建设投资开发公司，筹集资金 6.9 亿元，完善了园区的配套服务功能。至目前，101 个落户企业中，63 家实现投产，另有 38 家加快建设，去年园区产值也突破 50 亿元大关，达 53.2 亿元。今年 1 至 5 月，园区实现工业产值 17.42 亿元、工业增加值 3.78 亿元、税收 2,385 万元，分别比增 16.67%、13.84%、20.13%。

（《南方日报》2016 年 6 月 18 日　陈萍　张炳锋　张育光　杨依杰）

产城联动建设工业新城宜居五华

如今说起五华，不再只有辉煌的球王故乡历史，它正逐渐成为梅州工业发展的一支主力军、“梅兴华丰产业聚集带”的主战场。

近年来，五华立足县域大、人口多、产业弱的县情，抢抓原中央苏区、粤东西北地区振兴发展的政策机遇，围绕省“一个目标、三大抓手、两条底线”的部署，推动全县经济社会平稳较快发展。2015 年，全县固定资产投资比增 60%、增速居全市第一；公共财政预算收入比增 28.8%、增速居全市第二；生产总值比增 9.7%、增速居全市第四位。

在去年的县委十二届六次全会上，五华提出全力加快振兴发展，全面提升治理水平，全力构建“一核两区三组团”县域发展新格局的战略构想。“一核”即以县城建成区和琴江新区为核心，打造县城中心区扩容提质的新引擎。“两区”就是建好广州番禺（五华）产业转移园和河东工业区，打造县域经济壮大发展的新支撑。“三组团”就是打造以华城电线电缆产业园为核心的北部组团，以安流工业园为核心的南部组团，和以五华抽水蓄能电站为核心的绿色能源和生态文化旅游组团发展，打造县域经济协调发展的新舞台。

如今，新的发展理念正逐渐成为五华广大干群的共识，描绘的蓝图正逐步走向现实。

1. 产业园区：四个工业园区齐头并进

驱车在宽阔的环城大道，路的一边挖掘机、推土机正在加快项目用地平整。在环城大道与进城大道的交界处，梅州中农批农产品批发市场有限公司500平方米的大棚和48个临时批发商铺，正在进行紧张的收尾工程，而隔不远处，各种大型机械来回穿梭施工，为主体工程奠基做准备工作。

“我们 10 月份签约进驻，这个项目计划总投资 15 亿元人民币，规划用地面积 360 亩，总建设面积约 45 万平方米，目前已经拿到了 150 亩土地，下一步就等施工单位进场动工了，临时商铺计划 6 月下旬向客户开放，主体工程 6 月底举行奠基仪式。”梅州中农批农产品批发市场有限公司执行总经理张金连说，项目建成后将成为粤东地区集农副产品批发零售展销、农特产品展示展销、电子结算、质量检测，加工配送、冷链物流、涉农创业孵化、金融服务等功能为一体的现代化大型综合服务平台。该项目的建设将给粤东地区农副产品流通领域及相关产业发展带来积极的影响。

新的项目不断落户园区，五华工业迎来了蓬勃发展的良好态势。目前广州（番禺）五华产业转移园进园企业达到 101 家，其中建成投产 63 家、在建和筹建 38 家；另外河东工业区累计引进富胜实业等 10 个项目，计划投资 40 亿元。

除了“两区”的广州（番禺）五华产业园和河东工业园蓬勃发展，“三组团”中的南北组团也在原有的基础上奋力前行，北部组团的核心华城电线电缆产业园内投产的企业经济效益越来越好，让这些乡贤企业家们计划进一步把在珠三角的厂全部迁回五华，为家乡的经济发展贡献一份力。

走进位于华城镇的神牛摄影器材有限公司的生产车间，工人们正在埋头进行伞式柔光箱的缝制，每个工人旁边的箱子里都堆满了做好的产品。“家乡的劳动力成本、地价都较低，政府服务企业的水平也在不断提高，因此我们计划把在深圳的厂房逐步回迁。”该公司的董事长曾国章说。

不仅北部组团核心华城电线电缆产业园奋力前行，南部组团核心安流工业区也不甘落后。按照规划，工业园首期建设 1000 亩，以发展新型建筑材料为主导产业，带动安流中心镇加快建成县城副中心。近日，从安流镇传来了好消息，共有 4 个项目意向落户安流工业区，意向投资共 12 亿元，其中 2 家企业签订了意向协议，另外 2 家正在洽谈当中。“兴华高速和兴汕高速（五华段）建好后，安流圩镇周边 12 公里的距离内有 3 个高速出口，极大地方便了企业运输，从这里到珠三角只需要 2.5 个小时，因此有很多的企业有意向在这里落户。”安流镇党委书记刘现松说，安流工业区具备得天独厚的地理优势，通过发展工业，带动镇域经济全面发展，实现改善民生、造福百姓的目的。

五华县狠抓工业园区扩能增效，提升产业发展水平。立足广东梅兴华丰产业集聚带主战场定位，统筹抓好县内工业园区规划建设，千方百计壮大工业经济。近两年来，借力广州市对口帮扶，下大力气推动广州番禺（五华）产业转移工业园和河东工业区建设，投入资金近6亿元，不断完善道路、供水、供电、排污等基础设施，园区承载能力和综合效益逐步提升，2015年实现工业产值53.2亿元、工业增加值11.9亿元、园区税收1.7亿元，分别比增18.5%、20.2%和33.6%。同时，重点抓好园区招商引资工作，实施“乡贤回乡投资兴业工程”，落实领导干部“一对一”对接联系责任，至目前，全县4个工业园区共引进企业达115家。

2. 交通建设：外联内畅走上发展快车道

五华在地图上是梅州距离珠三角最近的县城，但在以前，交通闭塞一直制约着该地区的经济发展。近年来，随着高速公路建设的快速推进，五华的区位优势日益凸显。

在刚贯通的大平山隧道，工程人员正在对隧道进行收尾施工，这是兴华高速唯一的隧道，“目前主要是做一些下台阶的开挖和仰拱的开挖，以及一些电缆沟水沟附属工程的施工，预计今年10月份到11月份能把所有的工作完成。”兴华高速二标段王工介绍。兴华高速由兴宁至五华主线和畲江支线组成，全长76.49公里，总投资73.5亿元，目前已累计投入24亿元，计划2017年底建成通车，它将为梅州经济建设增加一条“输血”功能强劲的大动脉。兴华高速建成后，将连接梅河、平兴以及汕湛三条高速，从五华出发往珠三角以及潮汕等地区的行车时间可以节省近一个小时。

除了高速公路，五华还积极争取龙川至梅州至龙岩高速铁路途经五华并设站。这样，五华将展现“四横两纵”的对外联通交通主骨架：“四横”包括梅河高速、大丰华高速（五华段）、汕湛高速、双龙铁路；“两纵”即兴华高速、兴宁至汕尾高速公路五华至陆河段，扩展外联动脉，架起与外界沟通的桥梁。“兴华高速开通后，将承接梅州到珠三角的主要车流，五华到珠三角的路程也将缩至3个小时。”

如何缩小南北差异，五华正在破局。琴江河畔，各种大型机械正在泥泞的路面紧张作业，这是建设中的琴江生态景观大道工程，这条大道起于县城琴江大桥西端，途经水寨、横陂、安流三镇16个行政村，终点位于安流，全长31.7公里，按二级公路标准设计，工程总造价11.5亿元。据了解，这条新建的县域主干道建成通车之后，将极大缓解县城通往南部的交通压力，惠及五华近半乡镇的七八十万群众。

此外，郭田至双华、周江至华阳、华阳至龙村等3条全长42公里的联通镇与镇的县乡公路，以及高速公路出口连接县城和乡镇的快速干线也已经全部进场施工。省道升级改造工程将让五华境内的国道通车里程增至200多公里。新建扩建的环城大道、华兴东路等将实现园区、城区的顺畅连接。内畅外联的交通网络正在让五华的发展驶进“快车道”。

3. 扩容提质：产城联动宜居宜业更宜人

对于住在县城的市民来说，近年来城市的变化可谓翻天覆地，公园多了，街道干净了，商铺更有序了，生活的幸福指数也越来越高了。在刚建好一期的人民公园里，几个老伯正在悠闲地散步赏鱼，湖面水波荡漾，水里的鱼儿“空游无所依”，湖边绿草如茵，花开得五彩缤纷。

“从没想过这里会建这么漂亮的公园，以后每天都多了一个好去处，老年人可以散散步，小朋友可以在这里玩耍，住在附近很舒适。”一位正在散步的市民说。

规划用地 435 亩、投资 2.6 亿元的五华足球文化公园从一开始建设就受到了社会各界的关注，这是琴江新城建设的一个重点项目。“准备建成一个可容纳 2.7 万人的国际标准足球场、可容纳 3000 人的体育馆以及社区康复中心、图书馆等公共文化设施。”五华足球文化体育公园项目负责人表示，目前该工程进入了打基础阶段，计划 2017 年底交付使用，供中甲的梅州客家队作为主场使用，项目建成后将加速推进琴江新城建设，极大提升县城的品位，丰富了当地群众和外来投资商的休闲娱乐生活。

围绕建设“宜居五华”目标，着力打通“两江四堤八桥”等关键节点，完善城区农贸市场、公园广场等市政配套，加快中心城区和琴江新城规划建设，拉开县城发展架构，不断提高城区集聚辐射能力，努力打造梅州市副中心城市。3 年来，投入 7 亿多元，建设河堤 7.6 公里，打通关键节点 11 个，建设 3 个城市公园，现有城镇化建成区面积 18 平方公里，城镇化率 43.6%，比 2013 年提高了近 3 个百分点。同时，以成功创建“广东省卫生县城”为契机，启动创建“全国卫生县城”和“广东省文明县城”，不断改善宜居环境。广州番禺（五华）产业转移园和五华县城只有一路之隔，日益完善的城市功能配套，不仅大幅提升了五华的服务水平和能力，也有力地促进了产业、人才和资金的集聚，而产业的集聚发展反哺城市的扩容提质。

■观察

招商选资显特色　项目为王增效益

五华近年来在工业发展上取得长足的进步，并针对工业特色不明显的问题在招商方面特别进行了调研，开展补链招商，打造产业集聚。

“通过深入调研产业发展情况，主动从招商引资向招商选资转变，寻找和弥补产业链的薄弱环节，力争在产业链上做文章。特别是围绕我县的五金机电、医药制造、电线电缆、先进装备制造业等特色主导产业和重点发展产业，有针对性地进行补链招商，着力引进一批适合我县发展，带动力强的项目，打造产业集群。”五华县招商局局长陈群添说。

为了增强招商能力，五华县成立了招商引资专业队，提升产业承载力，力争招大引强。“充分发招商引资专业队的作用，落实招商引资任务，安排驻外招商，密切联系在外知名乡贤，打好打活乡情牌，通过他们牵线搭桥，引进社会资本，推进 PPP 合作项目，补齐我县在基础设施、公共服务配套设施、产业园区开发等方面的短板。”广州（番禺）五华产业园管委会主任赖伟胜说，同时积极落实惠企政策，引导鼓励企业巧借资本市场发展壮大，通过改善投资环境，提升产业承载力，筑巢迎风，吸引大型国企、央企、上市公司和总部企业等大型优质项目落户。

充分利用上级政策，争取财政支持也是五华发展产业园扶持企业做强做大的一个手段。据了解，去年，广州番禺（五华）产业转移园被列入省级产业转移园管理，至目前共获得 1.9 亿元的扶持、奖励资金。为了将这笔资金发挥到最大的经济效益，五华成立了五华县产业园区建设投资开发公司，

“通过多种融资方式筹集资金 6.9 亿，完善了园区的配套服务功能，为落户企业发展壮大提供了全方位的服务，加快了企业的发展”，赖伟胜说。

至目前，广州番禺（五华）产业转移园 101 个落户企业中，63 家实现投产，另有 38 家加快建设，去年园区产值突破 50 亿元大关，达 53.2 亿元。今年 1 至 5 月，园区实现工业产值 17.42 亿元、工业增加值 3.78 亿元、税收 2,385 万元，分别比增 16.67%、13.84%、20.13%。

五华推进“三大抓手、两条底线”重点工作，关键是坚持项目为王，把握住原中央苏区和粤东西北地区振兴发展两大政策“机遇”。去年以来，该县共争取原中央苏区项目资金 4.87 亿元。今年，争取省对粤东西北地区的倾斜支持，总投资 956.82 亿元的 30 个重大项目列入省“十三五”规划。在切实用好省财政原中央苏区财政补助基金的同时，积极争取国开行、农发行的政策性贷款，去年成功申请土地储备贷款 5 亿元和国家专项建设基金 5,000 万元，今年提出了三批 15 个约 37 亿元的申报贷款项目，目前第一批 4 个项目 7.64 亿元贷款已启动申报工作，为“三大抓手”重点项目建设提供了有效保障。

数读

2015 年:

全县固定资产投资比增 60%、增速居全市第一；

公共财政预算收入比增 28.8%、增速居全市第二；

生产总值比增 9.7%、增速居全市第四位。

2016 年:

第一季度全县生产总值比增 8%，增速居全市第四位；

1—5 月，地方公共财政预算收入达 2.57 亿元，比增 40.5%；

固定资产投资 30.6 亿元，比增 13.1%。

（《南方日报》2016 年 6 月 22 日 陈萍 张炳锋）

五华统筹推进水利示范县和中小河流治理两大项目

治水成效显著 造福一方百姓

近三年来，五华县统筹实施广东省水利建设示范县和中小河流治理两大工程项目，因地制宜把河道治理与中心城区扩容提质、乡镇小流域治理与美丽乡村建设有机结合起来，通过逐年实施一批项目，扭转了治水被动的局面，提高了防灾减灾能力，达到了完善基础设施与改善人居环境相互促进、协调发展的目的。目前，五华县城防洪标准达 50 年一遇，中心镇防洪标准达 30 年一遇。在上半年雨水频发的情况下，五华境内的各中小河流经受住了考验。

“十二五”治水投入 17.5 亿

2013 年“8·17”洪灾刚过，五华就迅速成立河道综合整治工作领导小组，每一宗水利项目都落实挂钩领导，镇、村、水务部门、技术和现场管理责任人各司其职；以县城“两江八堤”综合整治为突破口，发动乡贤乡亲投资投劳，形成“政府主导、水务负责、部门配合、镇村支持”的水利建设格局。当年，该县就投入6,000多万元，完成了241宗水毁河堤、水闸、山塘等的重建修复工程，抗灾复产在社会各界的支持下取得了阶段性成效。

五华财政收入有限，但当地政府对治水投入却毫不吝啬，特别是在资金筹集方面下了不少功夫。“每年都按照上级部署和计划，争取把一批水利建设项目列入省市重点项目，同时用足用活原中央苏区政策，争取部分项目列入了中央财政资金扶持范围。”五华县水务局一位负责人说。

据统计，“十二五”期间，五华县开工建设水利项目198宗（投资2,000万元以上的项目20宗），完工180宗，投入水利建设资金17.5亿元（2013年以来的投资占80%以上），比“十一五”期间大幅增加70%，其中上级项目资金9.8亿元，县级自筹4.2亿元，社会投资3.5亿元。

“十三五”治水项目373宗

在五华县城，人们最熟悉的就是经历了半个多世纪风雨、承受住了“8·17”洪灾冲击的水寨大桥。站在大桥上，可见悠悠琴江水缓缓流淌，河滩上依水而建的长乐公园、沿江绿道以及琴江广场代替了昔日成排的“鱼生船”，人们从四面八方赶来，或悠闲漫步、或体育锻炼、或随着音乐翩翩起舞，欢声笑语回响在琴江河畔。这是近年来五华治水成效的真实写照。

由于治水成效显著，在广东省及梅州市分别召开的加快推进山区中小河流治理专题工作会议上，五华三年治水经验被介绍推广；梅州市中小河流治理建设现场会两次走进五华；琴江河横陂段治理工程被列为广东省山区五市中小河流治理项目……

目前，五华制订了《五华县水务发展“十三五”规划》，计划在“十三五”期间投入水利建设资金61.55亿元，开工建设水利项目373宗（其中中小河流治理工程32宗，治理河道415公里，投资匡算8.26亿元），五华河、琴江河主要支流的防洪标准达到20年一遇，进一步提升五华河和琴江河流域的防灾减灾能力。同时，将中小河流治理和美丽乡村建设结合起来，在被治理河段流经的村庄均修建一个小公园或小广场或一条绿道，完善乡村的公共基础设施，改善城乡人居环境。“生态理念治理河道融入美丽乡村建设改善城乡人居环境，是最大的民心工程，所以最受百姓欢迎和认可。”市水务局局长陈伟建对五华县治水治河的做法给予了充分肯定。

如今，从县城到乡村、从平原到山区、从大水库到小鱼塘，五华掀起了一场全民参与水利建设的热潮。

治水见成效　百姓看得见

说起五华治水成效，最值得一提的就是堤路结合、利用河滩地建公园的做法。五华的水利工程不仅提高了防洪能力，还变水患为水利，打造了水景观。今日的琴江两畔，不仅河里有景、河堤有景、堤后也有景。

“景外有景”的背后，是五华近3年投入7亿多元、建设7.6公里河堤、在堤岸上建成4个城市公园的大规划大手笔。

治水工作中，五华将河堤建设与县城扩容提质，与县内公路升级改造结合起来，充分整合项目资源，让水路与陆路并驾齐驱，起到了“四两拨千斤”的作用。与此同时，五华从 2013 年起严格执行河道采砂公开招投标制度，全面规范河道采砂行为；根据各项目“三清”（清淤、清障、清违）进度情况，优先安排项目落地和建设资金，加快项目建设进展。随着河堤的建设，新桥梁的架起，五华县城不仅变得更美丽宜居，还解决了经常堵车的问题。

县城“景外有景”让人流连忘返，乡镇“梦里水乡”也让百姓纷纷“点赞”。

走进转水镇矮车村，矮车河畔世外桃源般的乡村美景图便映入眼帘：宽阔的水面、清澈的流水、绿色的生态河堤、依山傍水建设的休闲小公园、古朴的凉亭、太阳能路灯……

“治水利国利民，大家都非常支持，我还捐出了一块地。”矮车村村民钟清泉回忆说，矮车河河道治理前，村民就围着治理效果图看了一遍又一遍，翘首以盼能早日建成。

不仅是矮车村，矮车河流经的益塘、新丰、流洞、黄龙、维龙等村庄，也纷纷通过沿河绿道和休闲广场建设，打造集农业观光、养生度假、生态休闲旅游、彰显客家文化特色的美丽乡村示范区，建设富有特色和亮点的“益塘流域·十里水乡”美景。与矮车河治理一样，龙村河、蕉州河、棉洋河、小都河等中小河流治理工程也快速推进，一幅幅小桥、流水、人家的美丽画卷在五华各乡村徐徐展开。

（《梅州日报》2016 年 7 月 7 日　张炳锋 陈勇）

纪念党建 96 周年特别报道

用足用好苏区政策建设宜居五华

五华县是具有光荣传统的红色苏区、革命老区。近年来，该县立足县域大、人口多、产业弱的县情，认真贯彻习近平总书记关于老区建设的重要指示精神，抢抓原中央苏区、粤东西北地区振兴发展的政策机遇，围绕市“一区两带”建设的部署，破难攻坚，坚持项目为王，推动经济社会实现平稳较快发展。2015 年，该县固定资产投资比增 60%，在去年省粤东西北地区振兴发展考核 74 个县（市、区）中排名第一。

今日五华　年均实施近 70 个重点项目

沿着省道 S228 线从五华县城出发穿过郭田圩镇后，便可见蕉州河崭新的容貌：宽阔的水面、清澈的流水、绿色的生态河堤、河堤边上依水而建的休闲小公园、在公园里休闲的乡亲、远处袅袅炊烟……构成了一幅世外桃源般的乡村美景图。

笔者在采访中获悉，蕉州河治理工程并没有列入广东省山区五市中小河流治理范围。两年多来，五华县抢抓该县被列入原中央苏区县的机遇，争取中央支持，把蕉州河治理工程列入中央规划项目库，投入 2,800 万元（其中中央和省补助资金 1,680 万元）对蕉州河 12 公里的河道进行全面治理。五华以蕉州河治理为契机，动员沿河各村群众自觉参与美丽乡村建设，开展生活垃圾收集，修建休闲文化公园，全力改善老区人民的生活水平。

一个项目，一笔投资，造福一方百姓。坚持项目为王，抓项目建设就是抓经济社会发展的理念，在五华全县干部群众心中已经形成了一种共识。“2012 年至 2016 年县重点项目分别有 68 项、56 项、63 项、79 项、75 项。”五华县委督查室负责人杨清华向笔者列出了一组直观的数字。据悉，五华每年的县重点项目都涉及交通、水利、工业、城建、生态、文化、民生改善、社会事业等领域。

项目建设离不开资金的投入。五华作为广东省重点扶贫开发县之一，在挖掘税源提高自身财政供给能力的同时，用好原中央苏区和粤东西北地区振兴发展政策，专门成立了五华县振兴发展领导小组，结合自身实际，对照中央苏区政策进行梳理分析，并向中央和省争取中央苏区政策财力补助，弥补自身财力不足的问题，去年以来共向上级争取中央苏区项目资金 4.87 亿元。据了解，五华在切实用好省财政原中央苏区财政补助金的同时，积极争取国开行、农发行的政策性贷款，去年成功申请土地储备贷款 5 亿元和国家专项建设基金 5,000 万元，今年又列出了 3 批 15 个约 37 亿元的申报贷款项目。

原中央苏区政策财力补助最直接的效益就是项目落地，总投资 2,500 万元的五华县中医院外科综合大楼就是最好的例子。据五华县财政局相关负责人介绍，如果按照以往的途径争取的上级投资资金只有 30%至 40%，通过梳理中央苏区政策，加强与上级发改部门的沟通，争取到了上级 2,000 万元的资金支持。

和中医院外科综合大楼项目一样，产业园区污水处理厂、中心镇水质净化站、总投资 120 亿元的梅州（五华）抽水蓄能电站、兴华高速、中小河流治理、病险水库除险加固、农村饮水检测中心、棚户区改造等一批批重点项目建设明显加快，经济社会效益日益凸显。据统计，至“十二五”期末，五华县地区生产总值由“十一五”期末的 70.5 亿元增加到 126.4 亿元，年均分别增长 11.0%；公共财政预算收入由“十一五”期末的 2.0 亿元增加到 5.6 亿元，年均增长 25.7%。

雄关漫道真如铁，如今迈步从头越。今年是“十三五”的开局之年，也是深入贯彻落实原中央苏区和粤东西北地区振兴发展政策的关键之年，加强政策研究和项目对接，仍然是五华加快振兴发展的重要抓手。目前，五华专门制订了《五华县构建“一核两区三组团”三年行动计划（2016–2018）》，谋划了 199 项重点建设项目，总投资 1277.87 亿元。尤其是今年来，争取省对粤东西北地区的倾斜支持，总投资 956.82 亿元的 30 个重大项目列入了省“十三五”规划，以项目建设引领革命老区实现加快发展的举措，得到了全县上下 130 万群众的一致认可。

红色记忆　革命烈士全市最多

1925 年 3 月，广东国民革命军第一次东征到达五华后，就为五华播下革命火种。1925 年夏初，中共五华地方组织在安流中学秘密诞生，同年 7 月，中共五华县特别支部成立，是粤东地区较早成立地方党组织的县份之一。同时，受海陆丰农民运动的影响，五华人民在古大存的领导下，农民运动蓬勃开展，全县农会会员发展到 4 万多人，位居广东省第四。

1927 年 8 月，为策应南昌起义大军、迎接朱德部队南下广东，古大存带领五华农军武装四处出击，还奔赴五华、丰顺的交界地配合南昌起义军作战。期间，中共五华特别支部改组为中共五华县委，及时整合了经暴动锻炼的赤卫队，组建了有 2000 多人的“广东工农讨逆军第七团”，成为创建五华苏区的主要武装力量，有力地打击了反动武装。

1928 年 7 月，为开展武装斗争和红色区域割据，在古大存的策动下，粤东北地区先后组建了“五县（五华、丰顺、兴宁、梅县、大埔）暴动委员会”和“中共七县（五华、丰顺、兴宁、梅县、大埔、揭阳、潮安）联合委员会”。此后，中共五华县委与邻县的兴宁、龙川、丰顺等县党组织联合，共同创建了以龙川大塘肚为中心的“五（华）兴（宁）龙（川）”和以八乡山为中心的两块红色割据区域。在 1929 年 6 月召开的东江第一次党员代表大会上，古大存被推选为军委书记，同年 10 月，东江红军总指挥部成立，古大存任总指挥。此时，朱德率红四军部队从江西进驻梅县、大埔一带，重创了国民党反动武装，撤离时还给东江特委留下一个连约 120 人及一批武器装备，充实到东江红军。

1930 年 5 月，东江红军改编为中国工农红军第十一军，下辖 6 个团共 3000 多人，古大存任军长兼政委。正当革命武装力量走上正轨时，受党内“左倾路线”的影响和国民党武装的重兵围剿，红十一军遭受了严重损失，到 1932 年秋仅存 80 多人。

在党和红军面临严酷考验的险恶环境中，古大存依然顽强地高举革命旗帜，带领突围的红军战士在丰顺、梅县、揭阳一带开展游击战争。至 1933 年 10 月，东江红军队伍发展到 400 多人，并成立了东江红军总指挥部，古大存任政委。但在此时，受国民党反动武装的轮番重兵围剿，分散在各地的红军游击小队被逐一击破，古大存仅带 17 名战士杀出重围，离开丰顺辗转到大埔百侯、高陂一带隐蔽坚持革命斗争。在 1934 年 10 月中央苏区主力红军长征后，在难以想象的困境中，18 颗革命种子经过 2 年多不屈不挠的斗争，先后发展了 13 个地下党支部，保存了一批官兵，不仅始终保持了东江的红旗不倒，一部分官兵还成为抗日战争和解放战争的主要骨干。

纵观整个新民主主义时期，五华人民在中国共产党的坚强领导下，浴血奋战，不屈不挠取得了胜利。这一时期全县被评为革命烈士的有 1333 名，占梅州同时期烈士总数 4513 名的 29%。其中五华在土地革命战争时期牺牲的有 1140 名，为梅州各县区之最。

红色故事　朱德总司令接见五华造枪工人

五华有“铁匠之乡”称誉。1929 年 8 月中旬，为解决苏区武器紧缺的困境，五兴龙县苏维埃政府设立兵工厂，由古汉忠（五华县梅林镇人）兼任兵工厂厂长，工人从五华招募 40 名铁匠组成。

1930 年初，五华县河东镇河口村万屋、转水镇吴姓、油田村马屋、丘姓等地擅长铁业的 42 名工人，从五华出发，途经兴宁、寻乌、赣州，于 1931 年 9 月到达瑞金，在沙洲坝的大榕树下，得到了朱德总司令的接见。朱总司令说：“首先表示欢迎！中国工农红军要继续发展，还要很多武器，还有几万支枪要修理，你们一批会造枪修枪的人到来，有如旱禾见水啊!”当晚，朱德总司令还宴请他们，举行欢迎大会，组织他们看戏。第二天，42 名铁匠分成四个组，开始了 7 天夜以继日修造枪杆、枪膛、枪锴、扳机等铁器部件。中央苏区时期五华铁匠先后分三批进入江西、福建。

红色人文　古大存：“带刺的红玫瑰”

在众多革命先贤当中，著名的革命家古大存（1897—1966）的贡献尤为突出。古大存，字永鑫，出生于五华县梅林镇优行径村，是中共五华地方组织创始人之一，被毛泽东主席誉为“带刺的红玫瑰”。

1924 年古大存毕业于广东公立法政专门学校，同年，在广州加入中国共产党，任广州五华青年同志会委员长。1925 年参加东征，任战地宣传员。参加革命后受党组织委派，几度回乡传播革命真理，发动乡亲父老、兄弟姐妹共同参加革命，先后组织了五华乡、区、县农会、赤卫队和苏维埃政府，是广东省最早一批农民运动领导人之一，是东江革命根据地的开创者和领导者。建国后担任广东省人民政府副主席、中共中央华南分局副书记。

在血腥的白色恐怖时期，古大存有 10 位亲属被残忍杀害，被群众誉为“一门忠烈”。

革命史迹　三多齐公路木桥旧址

1933 年，国民党军队对我中央苏区腹地实行第五次围剿，为减轻中央苏区腹地的军事压力，同年 11 月，闽粤赣边区游击纵队司令员罗屏汉指示兴龙县委，想方设法破坏交通，切断敌人运输增援线。兴龙县委书记蔡梅祥立即组织兴龙游击队驳壳枪队队长古汉忠（五华县梅林镇人）率 10 多名游击队员配合赣南游击队，先后烧毁了广州经龙川至五华县的三多齐公路木桥、龙川通衢鱼子渡公路木桥等 4 座桥梁。极大地破坏了国民党粤军陈济棠部北上江西围剿中央红军交通运输线，牵制了其北上围剿中央苏区的兵力，减轻了中央苏区腹地的压力。

因经济社会发展需要，国道 G205 线改造时在旧桥址下游约 100 米处修建了混凝土公路桥，但旧桥的两根木桩桥墩依然竖立在两岸。

（《梅州日报》2016 年 7 月 14 日　张炳锋　谢伟贤　周扬）

五华授牌“广东中华诗词之乡”

7 月 30 日上午，广东中华诗词之乡授牌仪式在五华县举行，该县正式被广东中华诗词学会授予“广东中华诗词之乡”荣誉称号，是继“工匠之乡”“足球之乡”“文化之乡”之后，再添“诗词之乡”新名片。华阳中学、五华县第三小学被授予“广东省诗教先进单位”称号。

五华素有文化之乡的美誉，古往今来诗才辈出，清有客家四大才子之一的温训，当代有完成 60000 行大型历史文化长诗《中华史诗》的佛山市作协主席张况，以及张荣辉、古求能、丁思深、陈金和等一批知名诗人和作家。五华于 1998 年成立了五华诗社，现已吸收社员 100 多人，出版社员作品集 48 部，编印出版了收录近万首古典诗词的《长乐诗汇》（上、中、下三卷）。

2013 年，五华正式启动“诗词之乡”申报工作，发展诗词分社，壮大诗词队伍，开展“诗词六进（进学校、进社区、进企业、进乡村、进机关、进旅游景点）”活动，办好诗词刊物，出版诗文书画专集，收集、整理民间优秀诗词，培养新人等，营造了浓厚的诗词文化氛围。至目前，该县已有各类诗词组织 20 多个，全县上下初步形成了学诗词、用诗词的良好氛围。

（《梅州日报》2016 年 8 月 2 日 张炳锋）

五华郭田镇大力推进美丽乡村建设见成效

革命老区焕发靓丽新姿

今年以来，五华县郭田镇以蕉州河治理为契机，在河道两旁修建了一大批休闲广场、绿道、公园，辐射带动全镇 13 个村（社区）一齐参与美丽乡村建设，极大改善了老区人民的生活环境。

一河带十村　村村有美景

郭田镇是五华县最东边的一个小镇，也是革命老区镇。沿着省道 228 线从五华县城出发穿过郭田圩镇后，美丽的蕉州河便映入眼帘：宽阔的河道、清澈的河水、绿色的生态河堤、河堤边上依水而建的湿地公园……构成一幅世外桃源般的乡村美景图。“这些年变化很大，到处鸟语花香，大家都喜欢来这里散步。”在湿地公园里管理花草的江振强聊起这两年的变化时赞不绝口。

笔者在采访中获悉，五华县抢抓被列入原中央苏区县的机遇，争取中央支持把蕉州河治理工程列入中央规划项目库，投入 2,800 万元（其中中央和省补助资金 1,680 万元）对蕉州河河道进行全面治理。郭田镇结合沿河带状的地形地貌，以“一河两岸”绿化、美化、亮化为规划主线，以湿地公园、森林公园和文体广场等民生工程为重点，动员各村参与美丽乡村建设。

“通过对蕉州河进行治理，在河道两旁修建休闲文化广场、绿道、小公园等，串珠成链把沿河 9 个村带动起来，辐射全镇 13 个村（社区）一齐参与美丽乡村建设。”郭田镇党委副书记薛永坚说。据悉，蕉州河治理一期工程 12 公里已经完工，沿河各村环境得到明显改善，处处风景如画。

垃圾不入河　百姓享实惠

为美化环境、解决生活垃圾问题，郭田镇专门研究制定了生活垃圾整治实施方案，采取“户投放、村收集、镇转运、县处理”的模式，在全镇建设了 6 个村级垃圾堆放场和 1 个镇级填埋场，各村均聘请了保洁员对生活垃圾进行定期收集转运。

“保洁员每两天就进村入户收集一次垃圾，再也没有人乱丢垃圾了。”今年 81 岁的横塘村村民江道琼老伯向笔者表示，自从实施生活垃圾集中收运以来，村民们的生活习惯有了很大改变，以往乱丢垃圾的情况一去不返。

据了解，郭田镇还专门成立了党员志愿者服务队，不定期开展“垃圾不入河、不用塑料袋”为主题的清洁活动，组织志愿者、镇村干部对公路沿线、蕉州河进行卫生保洁，引导村民转变观念，提升环保意识，自觉参与美丽乡村建设。“我是真正感受到了家乡的变化，尤其是卫生治理方面。”江水平是横塘村的外出乡贤，曾在肇庆工作几十年，刚退休不久就回到老家。得知村里开展生活垃圾收集时，他二话没说就拿出 2,000 元支持该项工作开展。

据横塘村村支书江春华介绍，该村共有 305 户 1700 多人，在向村民收取垃圾收集费时计划每户每年收取 60 元，但收到的费用却远远超出了他们的意料。

“冯俊平 5,000 元、冯少文 2,300 元、张旭超 1000 元……”江春华如数家珍。他说，乡贤的义举不仅是对他们工作的肯定，也是一种鞭策和鼓励。

（《梅州日报》2016 年 8 月 18 日 张炳锋 江锦文）

五华县高级中学建成启用

投资 2.3 亿元历时 3 年打造，4100 名学生全部到校

五华县高级中学占地 208 亩、建筑面积 7.6 万平方米，2013 年 9 月份开始动工，投资达 2.3 亿元。今年以来，五华围绕“9 月 1 日如期开学”的目标，赶时间、抢进度，最终于 8 月 26 日完成了各项建设任务和开学准备工作。目前，该校 90 个教学班 4100 多名学生、283 名教职员工全部到校。

新学年开始，五华县高级中学以全新面貌迎来了首批学子。这座由五华县委县政府历时 3 年、投资 2.3 亿元打造的五华唯一一所全寄宿制学校，彰显了五华坚持教育优先的发展战略，肩负着全县上下近 150 万父老乡亲的重托。

4100 名学生聚首新殿堂

“我决定了，就留在这里读了。”8 月 30 日下午，横陂镇学生魏秀红在父亲和妹妹的陪伴下，一起来到学校参观。在和其他同学、老师交流意见后，她毫不犹豫地缴费注册了。魏秀红的父亲透露，女儿中考取得高分被高级中学录取，但因各种原因，一直没有决定是否在高级中学就读。在参观完校园后，她被这里完善的教学设施和浓厚的学习气氛吸引，决定报名入读。“我完全尊重女儿的意愿，这里的环境确实是最好的。”魏秀红的父亲说。

笔者 8 月 30 日看到，高一级的 1500 名新生已经基本到校，他们忙着收拾宿舍、领取新课本、办理饭卡、购置生活用品，忙碌中带着喜悦。“环境比较好，特别是食堂。”高一（26）班新生陈彬彬表示，好环境对学习会有帮助。

据了解，五华县高级中学占地 208 亩、建筑面积 7.6 万平方米，2013 年 9 月份开始动工，投资达 2.3 亿元。今年以来，五华围绕“9 月 1 日如期开学”的目标，赶时间、抢进度，最终于 8 月 26 日完成了各项建设任务和开学准备工作。如今，运动区、教学区、办公区、生活区错落有致，崭新的教学楼、宿舍楼、办公楼拔地而起，投入 3000 多万元购置的教育教学设备和功能室、实验室一应俱全，90 个教学班 4100 多名学生、283 名教职员工全部到校。

爱心教育孕育大爱精神

“今天我们茁壮成长，明天我们要做家邦栋梁。”畅游在校园里，五华县高级中学校歌《向往的殿堂》一直响彻耳旁。“我们结合学校实际编写歌词，并邀请著名作曲家、中国音乐家协会会员秦望东作曲，以优美旋律激励学生成人成才。”五华县高级中学校长钟声辉说。

学校是培养人才的地方，五华县高级中学作为该县倾力打造的一间全新重点中学，肩负着全县上下近 150 万父老乡亲的重托。如何办学，要办成什么样的学校？校门上方“崇德尚学臻于至爱”八字校训给出了答案。

据查证，“崇德”一词语出《论语》“主忠信，徙义，崇德也”，是孔子思想的核心，意思是要重视道德修养与道德实践。“我们把崇德列于校训首位，意在告诫师生彰明伦理、完善品德，体现了‘育人为本、德育为先’的办学指导思想。”钟声辉解释道，尚学即崇尚学问和学习，要求师生立志高远，喜爱和注重学习，学会学习，学会生活，学生做人。“臻于至爱”则是要把培养具有大爱精神的优秀公民作为最终办学目标，使每一位学生走向成功，让每一位教师体现价值。

“校训包含了做人和为学两大主题，蕴含深厚的哲学、历史和文化底蕴，比较贴切地体现了学校的价值追求。”钟声辉说。

儒家文化客家文化融合

走进校门，纳贤楼屹立眼前、及第广场宽阔洁净，立礼楼、志道楼、崇德楼、仁爱楼以及知辛堂、雅馨园、思贤园分立两旁。“爱心教育不是干巴巴的训话，也不是冷冰冰的说教，而是充满情感的宣传，我们要为学生创造一个爱的环境。”钟声辉说。

据介绍，该校将儒家文化和客家文化高度融合。四栋教学大楼的命名出自孔子《述而》，“立礼、志道、崇德、仁爱”喻示学生成人、成才的四个阶段；学生食堂命名“知辛堂”出自古诗《悯农》，告诫学生珍惜粮食，尊重劳动成果；雅馨园作为女生宿舍的命名，就是希望她们把客家妇女温雅、刻苦耐劳、勤俭朴实、坚毅顽强、自力自强、聪明进取等优秀品质传承下去；思贤园作为男生宿舍的命名，告诫他们要有见贤思齐的进取精神，以及谦虚、实干、硬打硬的务实精神。

该校还设立了名师阁和名人墙，为教学成绩突出的老师和孙中山、叶剑英、李惠堂、李威光等客家籍名人一起树碑立传，激励全体师生。

“我们广纳贤才，不仅要有更多高水平的教职员工，也要培养更多的优秀人才，着力把五华县高级中学打造成国家级示范性普通高中。”钟声辉介绍说，围绕这个目标，学校从筹建开始就谋划制度建设，明确了校训和办学目标，完善了各项规章制度，坚持“以人为本、彰显特色、和谐发展”的办学理念，培育“志存高远，追求真善”的校风、“博学善教润无声，尊重差异扬个性”的教风、“勤学乐学奠基人生，自觉自信完善自我”的学风，培养具有中国情怀、国际视野的优秀学子。

（《梅州日报》2016 年 9 月日 张炳锋）

李惠堂故居——球王蛰伏地 心魂绕绿茵

【关键词】李惠堂

李惠堂（1905–1979），字光梁，五华县人，著名足球运动员。1905年出生于香港。其父李浩如是香港石料行业巨贾。李惠堂5岁那年，随父母回到家乡五华县锡坑乡(现属横陂镇)老楼村居住。他天性喜爱足球，苦练球技，还把家门侧的狗洞当成球门练习射门。八九岁时，李惠堂回到香港读书。1921年，考入足球运动比较普及的皇仁书院，接受了系统的足球训练。先后参加香港、上海的足球俱乐部。随中国足球队夺得东亚运动会足球比赛冠军，代表中国队参加柏林奥运会足球比赛。李惠堂球风正派，脚下功夫深，个人比赛射门进球达到1000多个。1976年，联邦德国一家权威足球杂志曾组织过一次评选活动，将中国的李惠堂与巴西的贝利、德国的贝肯鲍尔、阿根廷的迪斯蒂法诺、匈牙利的普斯卡什并列评为“世界五大球王”。

【问迹寻踪】

五华县横陂镇，悠悠的琴江河边，省道S120线上，车辆川流不息。道路一旁是片片开阔地。记者前往采访时，正值夏收时节，在一片稻香和劳动者的喧嚣中，很少人会留意到公路旁有一座略显沧桑的老屋。这老屋存世已逾百年，它有个喜庆的名字叫“联庆楼”，更有个响亮的名字叫“李惠堂故居”。熟悉足球的人都知道，李惠堂在中国近现代足球史上是座令人仰止的高山，被誉为一代“球王”。

“石行伟人”家乡建起华厦

当年的锡坑圩老楼村如今属横陂镇管辖，李惠堂故居“联庆楼”静静地矗立在那里，百年的岁月沧桑，即便它容颜老去，但高大挺拔的英姿依然屹立不倒。这座省级文物保护单位见证了李惠堂家族的兴衰，还被评选为梅州客家古民居的杰出代表。

这座高大的府邸是李惠堂的父亲李浩如（又名乌痣五）一手建造的。起初，李浩如家境贫寒，生活艰辛，五华锡坑一带盛产花岗岩，他跟随师父打石，因聪明勤奋学有所成。此时恰逢香港开埠，他赴港谋生后，从事建筑业，自组“联生营造公司”，承办港埠各大建筑工程及粤汉铁路（英德至曲江路段），成为巨商，名噪一时，被粤港两地同行称为“石行伟人”，并担任香港五华同乡会和嘉应会馆的会长，及香港石行会馆会长。

李浩如虽然常年在香港定居，但是客家人叶落归根及在家乡建屋光宗耀祖的观念还是深入骨髓。清光绪十八年（1892），腰缠万贯的李浩如决定回家乡五华锡坑建造一座大屋，取名为“联庆楼”，供整个庞大的家族居住。据说为了建造这个大屋，李浩如还专门请来了香港的设计师进行设计，并在屋内安装了发电机，李家成为当地首个用上电灯的家庭。

远远望去，如今的联庆楼在当地依然是个“明星”，它像一座城堡镇守着琴江。站在联庆楼门前，看着这座府邸，脑海里浮现出当年李氏家族富贵荣华的影像。

见证“球王”两段梅州岁月

李惠堂的一生大多在香港生活，回来家乡五华居住的时间不长。1910 年，李惠堂 5 岁时被父亲李浩如带回锡坑老家联庆楼，住在右廊房。6 岁时，李惠堂就读于秀才张双招开办的私塾，并对足球产生了浓厚兴趣。据当地老人回忆，李惠堂儿时酷爱踢球，但是他的父亲一开始却持反对意见，李浩如望子成龙，希望李惠堂能够专攻学业，金榜题名，踢球这些旁门游戏被李浩如视为不是正道。不过，李惠堂却也不为所动，宁愿挨打挨饿也照样踢球不误。

李惠堂在老楼村联庆楼待了 3 年后，便返回香港继续学业，他幼年生活的许多美好回忆都留在了老家，家乡的一草一木对他来说都记忆深刻。他在日后的著作《球圃菜根集》中谈到："童年学习，全赖一壁短墙，一只皮球，一颗见贤思齐的向往心，一股百折不挠屡仆屡继的精神去苦练。有时仗着自家一张嘴巴去问难，一双耳目去观听，几滴脑汁去研究，一点求知大欲去潜思，才有今日渺小成就。"

客家人爱国爱乡、坚忍不拔、团结友爱的精神在李惠堂的足球生涯中体现得淋漓尽致。1942 年香港沦陷后，李惠堂拒绝在汪伪政府担任要职，而是在友人帮助下辗转数月回到了五华锡坑联庆楼。

阔别 30 年后，李惠堂再次踏足家乡的热土，此时的他在亚洲足球界早已声名在外，一回到家乡就受到了乡亲父老的热情欢迎。随后的几年，抗日战争异常胶着，有一年过春节，远在五华山区的李惠堂写了一副"认认真真抗争，随随便便过年"的对联贴在联庆楼门口。他发挥自己在足球界的影响力，积极组织家乡球队操练，四处进行义赛，宣传抗日，赈济灾民。他率队到梅县参加比赛，在梅县民众教育馆发表《读书不忘体育，体育不忘读书》的演讲，以自己的实际行动带动了家乡足球的发展。

抗战胜利后，李惠堂携家人从五华返回香港，1948 年选择退役。一生踢进 1800 多粒进球的神射手在日后回忆时仍不忘勉励青少年足球运动员，他在《球坛退休感作》中写道："白驹过隙惜良时，卅载球坛话别离。为语青年诸俊秀，后来居上创新基。"

人去楼空威名长存

球王故去距今 37 年，联庆楼里的居民全部外迁。从靠近路边的斗门进去，映入眼帘的是宽阔的门坪（又称晒谷坪），门坪外是一个半月形水塘，水塘与门坪之间被围墙隔开了，墙脚下还种有几棵柚子树。青青的柚子，总让人产生球王与足球结缘的遐想。

在房屋的正门，门额上"联庆楼"三字端庄肃穆。正门左右两边还设有侧门，门额分别写有"派衍松风""家传蓉镜"。据当地镇政府工作人员介绍，联庆楼是一座典型的客家"四点金"式建筑，其最大的特点是房屋四角分置炮楼。联庆楼整座房屋占地约为 4400 平方米，建筑面积约为 3590 平方米。它面宽五间、三进深四合院式布局，左右各置一幢两层横屋，背后筑一层围屋，左右设置转斗门。房屋墙体用灰沙夯筑，屋顶是悬山式木桁桷瓦顶，整座房屋共有 106 个房间，在当时建造这么个"庞然大物"，想必耗费了李浩如不少心血。

当你走进屋内，感受到的是一种非凡的文化气息。李浩如这等富贾在用料选材上不会"小料"，房屋上、中、下厅的梅花石柱，左右横屋的圆木柱，门窗、屏风等物件都有精美的雕刻，还有那些狮、凤、鳌鱼、花草、人物等木雕工艺品，这些物件让人依稀能感受到当时这个富贵家族的荣华。

虽说李浩如是“打石”出身的商人，但是客家人尊重文化的传统依旧能从其建造的房子上窥见一二。如果你细心观察，正门、侧门、转斗门均有楷书题刻，屋外四周墙上雕刻的鱼、蝙蝠等石雕也都体现了这位屋主人对文化的向往。

走进屋内，中厅门额两边分别有“修礼”“陈义”的匾额。上厅正中则挂着一个“福厚延龄”大匾，这是李浩如70多岁时，乡绅送给他的匾额，可见这位“香港商贾”在当地声望颇高。“福厚延龄”牌匾下方供着屋主人李浩如夫妻（妾）四人肖像。

环顾这个两层楼高的上厅，四周墙面还能见到十多枚铁钉，这些生锈的铁钉应是当年挂匾所用，只可惜岁月已逝，匾额早已不见了踪影。目前，上厅内还存放有李惠堂肖像及其珍贵的踢球、生活照数帧，手迹几许，语录诗歌三两。据了解，这是李惠堂妻子廖月英在李惠堂逝世后，从香港带回来的，这些珍贵的图片文字，是李惠堂留给家乡少有的几件纪念品。

在李惠堂曾经居住过的右横屋第一间房内，还挂着一幅李惠堂的肖像，此外别无他物。自称是李惠堂侄女的一位老太向记者介绍，她会不时来到房内打扫卫生。她说：“自己也没事干，来老屋扫扫地，偶尔有人来参观，还像个样子。”百年之后，斯人已逝，这座曾经风光无限的大屋正在等待打造成为纪念球王的场馆。

【专家视角】

球王精神　助推梅州足球发展

在20世纪中叶，“亚洲球王”李惠堂的威名已名扬海内外，在当时的上海坊间就有传言“看戏要看梅兰芳,看球要看李惠堂”。虽然李惠堂在家乡居住生活的时间不是很长，但是他的精神却一直激励着五华人民。为此，记者采访了嘉应学院体育学院的卢志成博士，请卢博士介绍和评价李惠堂对五华足球的发展所起到的作用。

记者：卢博士您好，李惠堂作为一代球王，他对梅州足球的发展起到了什么带动作用？

卢志成：改革开放后，中国各地对李惠堂的研究活动有很多，出版的纪念文集也不少，他作为中国足球历史上有名的人物，对家乡足球的发展也是功不可没的。1942年李惠堂回到家乡后，四处挑选青壮年，组织球队到我国西南各地及我市兴梅地区巡回比赛。不仅如此，他自己也言传身教，指导球员球艺,带动家乡足球运动的普及。有资料显示，李惠堂在返港后依旧惦记家乡足球运动的发展，常常把一些有关足球方面的书籍等寄回家乡，推动了当地足球运动的蓬勃发展。

记者：当今，足球运动在我市生根开花，梅州五华客家队更是全国唯一一个县级的中甲球队，球王的哪些精神值得我们学习？

卢志成：李惠堂一生与足球结缘，他不但踢球，还做过教练，当过裁判，并在亚洲足联和国际足联任职，为推动现代足球的发展，特别是带动我国足球运动的发展鞠躬尽瘁。他在球员时代一直信奉敢于拼搏不畏强敌的精神，提倡运动员要有良好的体育道德；而在抗战期间，他以足球为平台，积极展现国人精神面貌，激扬民族精神，更是为人称道。挂靴后在担任国际足联及亚足联官员期间，积极发展侨胞体育，推动了足球运动的发展，他的许多著作如《球圃菜根集》《杂果盘》《足球裁判》《足球读本》等相关书籍为我国足球运动发展提供了宝贵的理论和经验。

【逸闻轶事】

带着皮球上私塾

李惠堂出生在香港铜锣湾大坑村，从小嗜球如命，5 岁被父母接回五华锡坑老家时也是揣着小皮球回来的。6 岁那年父亲带着他上私塾，他也是带着皮球去拜的孔夫子。据李惠堂的儿孙辈回忆，李惠堂在家乡五华居住了 3 年，长辈们视他为掌上明珠，甚为溺爱。他虽然爱玩皮球，但是读书也很认真，从不逃学，教授的《三字经》《千字文》等一读即会，放学后离不开皮球，不是跟村里的小孩玩就是独自在禾坪、草地自己耍——也许李惠堂那左右飘忽的盘带技术就是从小练就的吧。如今李惠堂对着联庆楼狗洞练习射门的故事早已传为佳话了。

（《梅州日报》2016 年 10 月 10 日 罗诚浩 张炳锋对本文亦有贡献）

长乐学宫——宫墙闳以壮　经纶绵且长

【关键词】

长乐

长乐是五华县的原名，因境内有秦汉时期南越王赵佗兴建的长乐台而得名。建县于宋神宗熙宁四年（1071），先隶属于循州府，后于雍正十一年（1733）改属嘉应州，为嘉应五属之一，民国二年（1912）更名五华县。在 1954 年以前，长乐或者五华的县治，除宋元时期的 1149 年至 1292 年设在今天水寨镇的九龙冈外，主要设在今天的华城镇，因此华城长期以长乐镇而闻名。

县学

县学又称儒学，因古代教育以儒家为正统，故名。而县学和古代教育家孔子庙合二为一，又称孔庙。县学是旧时供生员读书的学校，科举制度童试录取后准入县学读书，以备参加高一级之考试，谓之“进学”、“入学”或“入泮”，士子称“庠生”、“生员”，俗称“秀才”。其中的棂星门、泮池、戟门、大成殿、崇圣祠等建筑是奉祀孔子、儒家先贤以及乡贤、名宦的场所，而明伦堂、尊经阁、魁星楼、司训署和教谕署等，则是士子进修的学习场所和教育机构。

【问迹寻踪】

梅州孔庙的历史可以上溯到北宋，而建制完备于明朝初年。明太祖朱元璋尊孔崇儒，实行科举八股取士，当年的梅州各县分别隶属于潮州和循州，县城也分别建起孔庙，作为颂圣宣谕的教化场所。

时过境迁，今天的梅州境内保存的孔庙只剩三座，其中一座位于乡镇，显得颇为独特而弥足珍贵，它就是位于五华县华城镇的长乐学宫。仲夏之日，记者踏访这座独特的文化建筑，了解它的悠久历史与现状。

长乐由来久　学宫蕴藉幽

华城是五华县的一个大镇，据介绍有 10 多万人口。长乐学宫位于镇中心的十字街附近，旁边是教学大楼林立的五华中学。

长乐学宫之所以建在华城，是因为历史上，华城长期是五华县治的所在地，是五华县当年政治与文教的中心。南越王赵佗曾在学宫西北处建朝汉台，又名长乐台。古时这里是龙川县的一部分，后来又曾是兴宁县的辖区，直至北宋时期独立建县，历史悠久。作为县级一级的孔庙，长乐学宫北枕紫金山，坐北向南，与国内大部分孔庙的朝向是一致的。予人眼前一亮的是学宫有高高的围墙，涂成朱红色，与整座学宫的黄色琉璃瓦面一起形成红墙碧瓦的气派场面。

学宫正面有照墙一座，上书“宫墙万仞”四字。一般情况下，孔庙的照墙书为“万仞宫墙”，但其意义实际相同，乃形容儒家学说的创始人孔子学问与道德之高。而《程乡县志》《乾隆嘉应州志》等亦记载，梅城学宫上原照墙所书也是“宫墙万仞”，可见两种写法并行不悖，只是现存的梅州学宫、兴宁学宫因时空沧桑，此迹不存。

进入仪门，传统的学宫建筑规制呈现眼前，棂星门、泮池、戟门依次而立。据管理员孔叔介绍，长乐学宫建于明朝成化五年（1469），距今已经有 500 多年历史。学宫在历史上曾多次遭遇战争、水灾的破坏，目前的格局是清末同治年间水毁后重建的。由于经费不足，大成殿后的明伦堂、崇圣祠未再恢复。如今，这些建筑旧址已经成为五华中学的校园，紫金山巍巍，树木葱茏，衬托出学宫的庄严与雍穆。

据管理人介绍，今天的长乐学宫，大成殿是原来的旧制，而戟门和泮池因为周边地形的变化，在 1999 年维修时，基础进行了抬高。而棂星门、东西庑则是在维修时重建。大成殿前，两旁修竹两丛，娟秀翠绿，名为“观音竹”，生机盎然，也许在昭示，这座历史建筑具有坚韧挺拔的存在价值和文化意义。

圣王貌雍容　名贤德化人

在长乐学宫中，最具文化意象的部分，是大成殿和东西两庑，特别是大成殿，拥有历史建筑和文化教育的重要价值。梅州的其他学宫，孔子的塑像是重塑且非传统的风貌，均为立像，是常人形象的孔夫子。而长乐学宫修复的孔子像，则是明清时期孔庙中传统的帝王形象坐像。

走到大成殿前，抬头仰望，可以看到大成殿内孔夫子端坐在神龛之内。他头戴十二旒冠冕，身穿十二章王服，手捧镇圭，完全是一副帝王的仪容。原来，在宋代以后，孔子地位进一步被封建王朝不断升高，被确认为君王之“王”。所以孔子身着的服装是《周礼》礼制中的十二章服（天子之制）。

元大德十一年（1307），元武宗加称孔子为“大成至圣文宣王”。于是，孔子塑像的服饰被赋予特殊的象征意义和神圣色彩。孔子冠冕服饰按照清雍正时定制，从周代帝王最华贵的服饰标准，冕十二毓、服十二章、玄衣纁裳。冕旒即帝王戴的冕冠，其顶端有一块长形冕板，叫“延”，用以象征天圆地方。

孔子像左右两旁，是著名的四配坐像，分别奉祀复圣颜子、宗圣曾子，述圣子思、亚圣孟子。今天的大殿两侧修复的石底座则分别供奉着颛孙、冉求、冉耕、朱熹、言偃、宰予；冉雍、端木赐、有若、闵损、仲由、卜商等东西哲的木主牌位。在这些儒家先贤的上方梁上，悬挂着历代帝王对他们褒扬的匾额，有“万世师表”“生民未有”“斯文在兹”等比较常见的题字，也有“与天地参”“圣协时中”“圣神天纵”等王朝神圣化的赞语。不管如何，游人可以在此种情景下，体会儒家学说对中国文化乃至民族思维的重大影响。长乐学宫的大成殿又称圣殿，或许由此而来。

东西两庑原是供奉孔门先贤和地方乡

贤名宦的场所。长乐学宫的两庑经复建后，设计了详细介绍科举制度的展室，东庑安放有孔子向弟子讲学的塑像，西庑安放有梅州唯一的状元李威光塑像。华城人李威光是乾隆年间的武状元，像前摆放一把巨型关刀和一对练武石，乃当年旧物，弥足珍贵。内尚有一块“世受国恩”匾，是晚清重臣李鸿章题写的墨宝，赞誉的对象应该是五华籍人士。这里的展室设有专栏，介绍五华县历史名人温训、李威光、魏成汉、陈槩、缪培南等的生平事迹，弥补了先贤名宦祠缺乏的遗憾，起到资政育人的教化作用。

长借儒风　乐迎俊士

在学宫的戟门，石柱上张贴有红纸浓墨书写的长联：“长借儒风长流花水长教新春开画境；乐迎俊士乐蔚人文乐观古邑展宏图。”内嵌长乐二字，而学宫的确起到推动五华县文教的坐标作用。

学宫的影响以具象而言，可以在华城镇内遍布的姓氏祖祠和书香家族的人才辈出得以体现。

翻阅《民国五华县志》，可以发现，在当时面积不大的县城内，分布有 21 座姓氏祖祠。据了解，祖祠的建立，除了崇宗敬祖的溯源心理，凝聚团结族人的重要目的外，也是为了方便邑内的读书士子，在前来县城参加考试或者读书时驻足歇脚之用。

在民国时代，华城姓氏祖祠保存完好的有 18 座。记者向华城镇政府工作人员了解到，经过多年的城市建设，有些祠堂已经不复存在。但经过一些姓氏族人的努力，也有10座左右的姓氏祖祠得到修复，像曾氏祖祠——宗圣祠，总体保持原来的风格，还被评为文保单位。这些祖祠不少位于十字街一带，它们的存在与学宫有一种休戚相关的命运联系。它们为求学子弟提供协助，子弟的事业成功为祖祠带来荣耀象征的匾额。

学宫浓郁的书香氛围，也对华城一些书香家族的诞生起到促进作用。在老城十字街北门附近，有一座“秋官第”，是清代咸丰年间的拔贡生陈模所建。由于陈模曾任刑部主事，刑部主掌刑律，有秋天气象肃杀的气象，所以“秋官”就成为刑部官员的代称。

陈模深知家族要保持长期鼎盛，子弟读书接受教育是关键，除了选址在城内孔庙附近建住宅外，还在北门外建“怀新家塾”一座。陈模的七个儿子，有三位中式举人，两位成为贡生。最为知名者是长子陈元焯，14 岁中秀才，17 岁与黄遵宪、胡曦一起考中拔贡生，是近代粤东诗人群体成员。黄遵宪有诗赞誉他：“拔萃当年十五余，倾城看煞好头颅。”

晚清军机大臣戴鸿慈曾经为“秋官第”撰联：“教化宜师龚渤海，风流好比谢宣城。”这何尝不可用作形容长乐学宫推动五华县文教发展所起的历史作用。

【专家视角】

学宫代表了长乐的古代文化精品

对于长乐学宫，在古建筑艺术和文化旅游建设上，有哪些重要价值和意义？记者采访了嘉应学院丁思深教授。

记者（以下简称“记”）：你如何看长乐学宫在五华文教上的影响与地位？

丁思深（以下简称“丁”）：长乐学宫的影响和地位，可以从学宫的三大作用来显现：首先，学宫是祭祀孔子的地方。供祀的作用，在于树立典型、对生徒进行教育，以达到劝诫规励、见贤思齐的目的。其次，学宫是封建时代的官方学校所在地，县学设在学宫内，是中国历史上特有的庙学合一的教育场所。孔子的儒家学说，需要学校来推行，这就是所谓的“庙有学，所以传道也”。第三，学宫为科举考试进行县试的场所。

记：长乐学宫在建筑工艺上有没有呈现一些五华县的特色？ 丁：长乐学宫和全国各地的文庙一样，其建筑形制大致相同，按规制都坐北朝南，极少数有例外。

长乐学宫是梅州保存比较完好、规模最大的学宫。我曾经到外地参观过几处学宫，总体感觉都不如长乐学宫那样闳以壮。这可能有如下原因：一是五华山川雄骏猛厉。长乐学宫“顾脉源于龙川之霍山，冀方中镇，名适相符”（黄佐语）。其背倚的迎龙山是三台山的中出者紫金山，高大雄威，故与其相接的建筑需高大宏壮才能相匹配。二是五华是工匠之乡，富于传统的工匠精神和工艺技术。由于受经济条件的制约，从总体上说，五华的民居民用建筑是比较简陋粗鄙、满足实用需求的。然而长乐学宫因为是圣地，呈现出来的是结构紧凑、布局合理、工艺精巧的精美建筑，称得上美轮美奂，是五华建筑工艺的代表作。学宫代表了长乐的古代文化精品，记载了长乐的历史变迁，具有较高的科学、历史及艺术价值。

记：学宫与县城的地理位置，对五华县传统社会下的人才培养影响如何？

丁：学宫与县城，地理位置处在五华的东北部，这样的地理位置对社会管理、政令传递来说，可能较为迟滞不顺，不是很有利。但对誓志求取功名荣显之士来说，尽管求学之路途远一点，也不是克服不了的问题，一样会汇聚到县城来求学。

传统社会的人才培养，与当地的经济发展水平、社会风气、价值崇向以及乡村首领的推动有极大关系。在地理分布上，人才出得比较多的乡镇有县治所在的长乐镇，其次是龙村、华阳、安流、棉洋、横陂、转水这几个镇。

五华的县治于 1953 年经广东省人民政府批准，搬迁到地理位置较为中间的水寨镇。水寨镇从行政区域上来说，是处在较为中心的区位上，管理上也较为方便些。可是，五华的文化积淀、文化传承因子会随着政治、经济中心的转移而转移吗？几百年的文化积淀和文化传承因子会不会因而被斩断、掉链？人们能在新县城这张贫薄的白纸上画出新美的图画来吗？在我看来，五华的文脉和文化积淀受到了一次重创，新县署一切都在零的基础上艰难从头起步。

【逸闻轶事】

华城独特的“三孔”

众所周知，在孔子的故乡有著名的“三孔”，即孔庙、孔林、孔府，而在五华华城镇，也有独特的“三孔”，分别是孔庙、孔源和孔氏家庙。 长乐学宫的孔庙已经作了介绍，兹不赘述。在长乐学宫里大家都能看到一座泮池，里面水质仍算较好，锦鲤游弋。其实历史上，长乐学宫的泮池是跟源源不断的泉水相通的。这要从明代嘉靖年间说起，当时的广东佥事施儒来到长乐，看到学宫泮池水源枯竭，便派人开凿圳道，疏通桂子岭源坑水，穿过城墙引到学宫。次年，该县的士子颜端容考中进士，成为长乐建县后的第一位进士。有人归功于施儒，但施儒澄清这一说法，表示自己疏通水源，除改善学宫环境外，只是为了激励学子要像泉水一样，源源不断吸取知识，增进学问。因为桂子岭源坑泉眼附近，有两块大石，颇似孔子与颜回在讨论学问的样子，后人就将这一水源称为“孔源”。

孔庙以前每个县城都有，但附近有孔氏家庙的，在梅州恐怕只有华城拥有了。华城的孔氏家庙始建于明代，由孔尚明倡建。后在清康熙年间扩建为三进，坐北朝南，大门除刻“孔氏家庙”，尚有刻石门联：“泗水尼山公府派，门墙俎豆圣人祠。”之所以有这座家庙，皆因华城、岐岭一带是梅州孔氏族人的聚居地，早在明代成化年间，就出了贡生孔仲礼，入清出了不少文武举人。即使到了民国时期，还培养出留德医学博士孔锡鹏、县议员孔圣裔等。

（《梅州日报》2016 年 10 月 12 日 刘奕宏）

五华县第十三次党代会今日开幕

砥砺前行话变化 振兴发展看今朝

“面对困难破难攻坚、不甘落后奋勇争先，走出了一条符合五华科学发展的新路径，圆满完成了第十二次党代会确定的各项目标任务。特别是在主要经济指标方面，五年来均保持两位数以上增速，实现逆势上扬发展态势。”五华县第十三次党代会今日开幕，县委书记范宜军客观阐述了五年来全县经济社会发展取得的瞩目成绩。

透过字里行间，结合在街头巷尾的所见所闻，笔者认为“变化”一词是对五华这五年来砥砺前行的最好诠释。是的，五年来，变化，时刻发生在身边、在县城、在乡村、在工厂、在园区、在路上、在老百姓的心里面。

数据说变化（对比 2010 年末增长）

2015 全县 GDP 总量 126.93 亿元，增长 68.6%。财政预算收入 5.6 亿元，增长 1.8 倍。固定资产投资 69.94 亿元，增长 5.2 倍。规上工业增加值 13.2 亿元，增长 2 倍。

五年来，共引进项目 154 个，其中 10 亿元以上项目 14 个。

今后五年主要目标任务：到 2020 年，力争地区生产总值突破 200 亿元大关，年均增长 10%左右；县级公共预算收入突破 10 亿元，年均增长 15%左右；固定资产投资年均增长 38%以上。

【变化篇】

工业经济取得新成效

广东富胜实业股份有限公司是五华一家乡贤回归的代表企业，从 2003 年落户五华工业区至今已有 13 年，从最初生产 DVD 小作坊起家，2014 年底开始实施增资扩产转型升级生产一线品牌电视机后盖板，今年初又上马自主品牌电视机生产线，至目前完成股份制改造，一路拼搏一路芬芳。该公司董事长李云凤是一名老工业人，她表示，公司能有今天大好的发展局面，完全得益于五华工业经济快速发展的大环境、大背景。

五华一直以来坚持工业立县的发展战略，提出建设工业新城的战略目标，举全县之力发展工业经济，办好工业园区。2013 年，五华经济开发区从华城镇调整到县城工业园，2015 年 2 月被纳入省级产业园管理，正式更名为广州番禺（五华）产业转移园，借助广州番禺对口帮扶的机遇，大力实施产业共建。五年来，累计投入10.6亿元，加快征地拆迁和基础设施建设，建成区面积扩大至5.5平方公里，入园企业达103家，规模以上企业17家。2015年，实现产值53.2亿元、工业增加值11.9亿元、税收1.7亿元，分别比2010年末增长3.9倍、2.9倍和6.9倍，五华财政的钱袋子更实了。

城乡建设呈现新面貌

“我一有时间就背着相机出去拍，感觉怎么拍也拍不完。”五华县摄影家协会会员蓝文辉是摄影发烧友，他所拍摄的对象是五华近年来城乡建设呈现的新面貌、新风景。“有创作的对象，再也不用舍近求远了。”

正如蓝文辉所言，五华县城中心城区扩容提质工程每年都有一批施工的项目和下一年谋划的项目，随之而来的是每年都有一处处美景、一个个公园、一条条市政道路陆续建成向群众开放。尤其是中心城区提质升位，以打通“两江四岸八桥”等关键节点为突破口，五年来高标准建成7段12公里的市政堤路，增加城区有效通车里程20公里，建成了19万平方米的休闲公园和健身广场，并于2015年底成功创建为广东省卫生县城。

在抓好县城中心城区扩容提质的同时，该县结合山区中小河流治理工程，全面推进美丽乡村建设，沿河修建休闲文化广场、绿道、公园等基础设施，一幅幅看得见山、望得见水的乡村美景图徐徐展开。

交通公路实现新突破

交通公路建设一直是五华加快振兴发展急需突破的瓶颈，项目进不来，农产品出不去，曾是五华交通落后的真实写照。在五华，加快交通公路建设，改善出行条件，提升区位优势，带动经济社会跨越发展的愿望尤为强烈。

“3个月的时间征下近10000亩的建设用地，在我们工程建设史上是少有的。”广东宁华高速公路建设有限公司有关负责人说。他认为，由此可见，五华干部群众改善交通条件的心情是多么的急切。

据了解，2015年底汕湛高速五华段正式通车，该县南部各镇近80万群众结束了上高速公路必须绕道县城的历史，生活、出游都走上了快车道。五华顺势而为，围绕“对内全面畅通、对外快速联通”的理念，着手谋划一批县、乡道等县内交通路网建设项目，尤其是打通高速公路出口至县城及圩镇的快速连接线，将高速公路建设带来的实惠延伸到边远山区群众的家门口。据不完全统计，五年来，五华累计投入40.9亿元，升级改造交通道路18条总长318.7公里，新建县乡道路9条共97.9公里，完成村道硬底化512公里。

“来五华投资，看中的就是该县的交通区位优势和日益完善的交通路网，可以辐射整个粤东，连接珠三角也更快了。”央企项目粤东农批农产品批发市场有限公司执行总经理张金连说。据介绍，去年，该公司先后考察了周边好几个县（市、区），最终还是选址五华，总投资15亿元建设中国供销粤东（五华）农产品电商批发城。

幸福指数有了新提高

生活美不美，幸福指数高不高，老百姓说了算。

五华县县府广场大家唱合唱队是一支老年人公益组织，每天早晨7时许，一首首歌颂党、歌颂幸福生活的嘹亮歌声伴随着优雅的二胡演奏准时在五华县长乐公园响起。“我们这一代人经历过苦难生活，深深懂得今天的幸福生活来之不易。”合唱队领队魏春锦的一席话，让人感受到了他们深深的满足感和获得感。

穿梭于城乡间，不论是在夕阳下或晨曦中，还是在河堤上、广场边或是老人活动室，市民们参加篮球、乒乓球、羽毛球、散步、健身等休闲娱乐活动的身影随处可见，欢声笑语响彻耳旁，感受到的是市民们一种健康向上的快乐生活。

笔者获悉，强化基本民生保障，聚焦重点民生领域出实招、办实事，让广大群众共享振兴发展的成果，是五华县委县政府加快振兴发展的出发点和落脚点。五年来，该县每年财政用于民生领域资金占财政总支出的80%左右，投入7.6亿元改善教育教学条件，2.48万户12.14万贫困人口稳定实现脱贫。

【展望篇】

工业新城　宜居五华

“全面深化改革，聚焦产业发展，壮大县域经济，守住绿水青山，增进民生福祉，加强基层治理，落实从严治党，努力建设‘工业新城、宜居五华’。”第十三次党代会描绘了未来五年的发展蓝图：“不忘初心、继续前行，继续以推进县城中心区扩容提质为支撑、以发展壮大工业经济为引擎、以构建外联内畅的快速交通体系为基础，统筹县内外资源，推动城区与乡村、县域北部与南部、工业与生态、物质文明与精神文明均衡发展，努力构建‘一核两区三组团’县域发展新格局。”

卯足了干劲全力加快振兴发展，已经在全县上下形成了一致共识。今后五年，五华将围绕打造“梅州城市副中心”的目标，抓好中心城区和琴江新城建设这“一核”，提升城区综合承载和辐射带动能力，以城带乡统筹发展，提升宜居宜业水平；立足打造梅兴华丰产业集聚带的桥头堡和核心区，全力办好广州番禺（五华）产业园、全力开发河东工业区，壮大工业经济总量，促进实体经济稳健发展；按照“城乡一体、均衡发展”目标定位，依托镇域特色优势产业和资源禀赋，以构建“三组团”为抓手，推动城乡均衡发展；以改善民生为根本，围绕精准扶贫、“三就一保”等重点领域，不断提升人民群众的幸福生活指数。

【微评论】 基层稳固 发展提速

五年来，通过全县上下干部群众的不懈努力，一大批打基础、利长远、补短板的重点项目、优质项目，在五华大地上落地生根开花结果，振兴发展的基础更实了、发展思路更清了、发展的氛围也更浓了。

站在新的历史起点上，我们仍要保持清醒的头脑，整体落后、发展不平衡的现状没有得到根本的扭转，必须敢于正视存在的困难和挑战，增强忧患意识和底线思维，迈过基层治理这一道坎。

基层不牢，地动山摇。稳妥处理发展和稳定的关系，加强社会治理体系和治理能力建设，是新常态下的一道新课题。在振兴发展的进档提速阶段，营造一个风清气正的干事创业氛围，更是不可忽视的关键保障要素。可喜的是，下大力气加强基层治理，集中精力，采取更有针对性、更大力度的措施，突破基层治理中碰到的深层次问题，尤其是涉农惠农领域违法乱纪乱象，扎实推进基层治理迈上新水平，已经被提到和加快振兴发展同等的高度。

我们相信，只要基层矛盾少了，人心也就齐了，发展的“绊脚石”也就搬掉了，五华的振兴发展一定会更快、更好、更顺！

基层顺，全县顺。

（《梅州日报》2016年10月18日 张炳锋）

中国内地现代足球发源地五华元坑

西来中书馆 足球薪火传

【关键词】

巴色会

1815 年，一群基督徒在德、法、瑞交界的瑞士北部城市巴色城（巴塞尔）成立了一个传道会，因巴色会城是全球七大教区之一，从而起名为巴色差会。它不是一间教会，而是一个国际性的超宗派的机构，最初由改革宗和信义宗组成。1846 年，差会派遣宣教士韩山明、黎力基来华，创立了中国内地、香港及北婆罗洲等地的教会。1847 年，韩山明牧师及黎力基牧师来到中国广东客家地区传教，巴色差会确定了客家地区为传播重点对象，在华人信徒的协助下，长乐县（今五华县）属的樟村成为巴色会一个重要的传教基地，并于 1858 年成立教会。

从此，巴色会便将广东的工作分成两区：一是南区，以香港、李朗为中心；一是北区,以樟村及元坑（1866 年建立教堂）为中心，各自向外扩展。至 1900 年为止，巴色会共建立了 13 个传教根据地(或称区堂)。

现代足球

足球有“世界第一运动”的美誉，是全球体育界最具影响力的单项体育运动。古时候，在中国汉代有一种游戏叫做蹴鞠，是训练士兵的手段，当时制定了较为完备的体制。蹴鞠在中国唐宋时期达到高潮，目前，被世界公认为古代足球的发源地是在中国山东。此外，据说希腊人和罗马人在中世纪以前就已经玩一种足球游戏，这种游戏在当地被称为“哈巴斯托姆”。

到了 1848 年，英国剑桥大学分院曾尝试创立一部有关足球比赛的规则，虽未受公众认可，但统一规则已经成为共识。1863 年 10 月 26 日，来自 11 个伦敦俱乐部和学院的代表们在共济会酒馆召开会议，制定规则并创立权威的足球组织，这一天也被公认为现代足球的生日。

【问迹寻踪】

地处梅州市西南部的五华县长布镇，与河源市紫金县相邻，周围崇山峻岭，环境宜人，朴实的客家人在此世代耕作，繁衍不息。不过，这个看似边远的山区，却是梅州基督教徒最为集中的区域之一。100 多年前，外国传教士来此布道，建教堂，办学校——中书馆，传播近现代西方文化，同时把在欧洲刚刚兴起的足球运动带到中国。不知不觉间，足球运动从元坑（又作源坑）的中书馆，这片中国南方的穷乡僻壤散播四方。

历史就是如此的巧合。闻名于世的亚洲球王李惠堂，他的故居就在离长布镇不远的横陂镇锡坑村，他在那里度过了少年时光，并且结缘足球运动。岁月流逝，如今的五华县依然是中国南派足球的重镇，百年前，传教士们无意间带入的足球种子，已经成为包括五华在内的梅州人的文化核心之一。

中西文化交流印记犹在

驱车行驶在长布镇街道上，不时能见到基督教堂的影子，这种与客家民居截然不同的建筑，让人感到此地浓厚的基督教氛围。从清朝同治年间有牧师来此布道开始，基督教信仰在这个地方已经存在150多年了。

在长布镇，最出名的莫过于由瑞士巴色会设立的元坑教会，这是一个属于基督教新教的差会。许多不知情的人以为元坑教会设在城市里，其实它地处偏僻的小山村。细数基督教新教在元坑村的历史，不得不提中国基督徒徐复光。1852年，他从樟村的张复兴那里聆听福音，于1853年5月在深圳布吉韩牧师那里领了洗礼，并留在布吉读书，学成后出道传教。1855年11月，徐复光来到元坑传教。随后，基督新教教义在粘坑、元坑、猪坑等地逐渐传播开来。

到了1862年，德籍牧师韦永福来到樟村，元坑区共有百余名信徒跋山涉水30多里，来到樟村正式接受洗礼。1863年，黎牧师在元坑下屋背建起教堂。

1864年秋，对元坑足球发展非常重要的人物出现了，德国传教士边得志决定于每月的第二个礼拜日到下屋讲书。1865年，毕安牧师也来到樟村，同年秋，元坑的新教堂建成了，边得志、毕安两位牧师每礼拜轮流到元坑讲道。

1866年3月15日，毕安牧师决定到元坑的新教堂常驻。因此，当地人把这一天定为元坑教会成立的日子。从此，前来接受洗礼的人络绎不绝，在短时间内，基督教的福音便从元坑传播到龙川、紫金、梅县、兴宁等地。如今，偏僻的元坑山脚依然矗立着一座教堂。

国内现代足球的祥兴地

在元坑有一种说法，旧时邮寄信物，只要在包裹上写着“广东元坑”，信物就一定能寄到。为何“广东元坑”能如此出名？这与教会创办的一所中书馆有关。1866年，瑞士巴色教会在元坑村建立教堂后，创办了一间初等学校。

1873年，教士们创建了中书馆，课程开设文学（包括德文、经史、八股试帖、诗词）、科学（包括物理、化学、数学、测量、几何、三角）、哲学、神学、体操、音乐等六科。这所学校以别开生面的课程和优越的办学环境深深吸引了周边地区的青少年。当年负笈前来求学者，遍及东江、梅江客属十数县和东莞、惠阳、宝安等地。

在当地村民曾立宁的带领下，记者一行来到了元坑村。元坑村地处一片低丘缓坡之间，绵延不绝的丘陵地把这个小乡村包裹在其中。教会的教堂——福音堂位于一处山丘脚下，它身后的山上就是曾经的元坑教会及中书馆的旧址。

沿着小路上山，探访中书馆旧址，沿途山花飘香，景色宜人。曾立宁介绍，中书馆后更名萃文中学，他与父亲都是这所学校的学生，村里人对中书馆及其教堂有着极深的感情。交谈间，采访组来到了一处小山坳，这里三面环山，中间有个宽阔的场地，两端有木质球门，周围已杂草丛生，山边有政府竖立的“足球发源地元坑足球场旧址”的牌子。曾立宁说，这就是当年的小球场，毕安、边得志等传教士就是在此传授足球运动的。“后面的山上，还有一条400多米的环山跑道，当年为供学生锻炼而修建的。”

从小球场旁边的山路上山，来到元坑中书馆的旧址内。这个依山而建的学校，原址上的建筑早已荡然无存，荒草间还能见到一些断壁残垣。从政府竖立的标识牌可以感受到这所学校当年的非凡气势。曾立宁向记者出示了家中保存的一幅中书馆的全景图复制照片，这是 1933 年传教士撤出元坑时，请一位远嫁横陂的教徒拍下的。从图片上可以看出，中书馆的建筑体现了浓郁的欧式风格。

俯瞰整座中书馆，整体呈北南向，东西两个大门间有一条数十米宽的小路，把整座山分成上下两段。牧师楼、宿舍等建筑处于下段的山腰间，其后面有广阔的树林供人休憩。真教堂、敬业斋、图书馆、教室等则处于山顶。

漫步中书馆旧址，感受到的是那些残垣断壁所透露出的历史厚重感。细看那些仅存的建筑，墙体有约 60 厘米厚，由坚固的石头打造而成；浅藏于地下的自来水供水管道就更令人吃惊了，百多年前，传教士及当地村民用红砖砌成暗涧，再用类似陶瓷的材料做成管道把山泉水引至厨房和宿舍，这在当时极大方便了学生生活。

时光流逝竖碑见证初心

时光易逝，中书馆后来改名为萃文中学，校址也从元坑村的小山上迁至红旗村黄牛山背。如今，萃文中学依旧延续着中书馆良好的教学传统，其中影响后世最为深远的当属传教士在此开设的体育课程，他们带来的现代足球的游戏规则，影响了整个粤东地区。

据 1991 年出版的《五华县志》记载，“同治十二年（1873），德国、瑞士巴色传道会在长布区元坑乡开办中书馆，开设了体育课，设置单双杠及体操、球类等项目，并有篮球场、足球场设施”。当时传教士教授学生踢足球，本意是想通过这样有趣的体育活动，增强学生对传教士的好感。

广州日报资深记者陈伟胜通过长期研究中文史料，远赴欧洲调查，参考了大量外文典籍，最终得出结论：现代足球运动最早于清朝同治十二年(1873)，由德国传教士毕安、边得志两人在五华长布元坑传教期间，正式传入。这个结论也得到了国家体育总局和广东省体育局不少足球专业人士的认可。

据五华华城华西中学校史，边得志还是该校前身乐育小学及乐贤中学（1898 年创办）的负责人。可以想象，当时的元坑中书馆不论课程、学校设施应已较为完善，包括足球在内的体育课程应已广泛展开。该校培育出的魏锦新、江爱其、魏灵圣、李伟容、李华瑞、李其美、李兴横、李法春等中国内地第一批足球运动员，成为了足球运动在梅州地区传播的火种。

站在元坑中书馆旧址，举目远眺，七目嶂、石马山绵延起伏，雄伟峻峭。望着眼前的风景，遥想当年传教士来此宣扬教义和办学的场景，禁不住吟起古人咏石马山的诗句：“借问牧童何处宿,天地为栏夜不休。”2013 年，梅州市体育部门及体育界人士齐聚元坑村，为“中国内地现代足球发源地”竖碑揭幕，这块纪念碑是后辈对先贤们最好的纪念。

【逸闻轶事】

足球推手曾被“二合一”

作为将足球运动带入中国内地的两位历史性人物，巴色会的传教士毕安、边得志在内地的事迹，因种种原因，经历一场历史误会，一度被误作同一个人，在地方文献里成为“毕安延得志”。

经广州日报资深体育记者陈伟胜的缜密考证，特别是他专门远赴欧洲考察后，毕安、边得志不为人知的生平才慢慢揭开神秘的面纱。致力于劳心劳力的“足球考古”，陈伟胜远赴国际足联和欧洲多国取证，甚至在德国找到了足球传教士边得志的墓碑，以及珍贵的历史照片。

陈伟胜通过查阅档案发现，毕安之名如按照现在的译法应是“皮通”。在 19 世纪至 20 世纪间，许多精通中国文化的外国传教士都有自己的中国名字，起名时讲究“信、雅、达”，所以，毕安之名实是取自北宋名相毕士安之讳。边得志现译为“本德”或“本特”，粤语音译为“宾达”，均与“边得志”的意境甚至相差十万八千里。

边得志早在 1862 年来华，较早深入梅州地区进行传教，第一站传教地点是五华县的樟村。1865 年毕安接管了樟村的教区，边得志再做“开荒牛”，转移到了距樟村 40 公里的五华县长布镇元坑村传教，并一到元坑就兴建教堂，吸引当地民众入教。从他们的行迹看，他们是不同的两位传教士，既有分工也有合作。

从有关记录看，毕安更有语言天赋，喜欢阅读中国历史，胆略过人。他较快掌握了客家话，用客家话音节注解《新约全书》，使信徒中文化层次较低的人能够读经。1905 年 8 月，毕安牧师在德国威颠山病故。而边得志则到华城的乐育小学（现华西中学）继续推动教学和足球运动。

【专家视角】

传教士办学拉开中国现代足球运动序幕

作为西方传教士进入内地的重要据点，梅州受到的影响有多大？记者采访了嘉应学院客家研究院周云水博士。

记者（以下简称记）：近现代以来，外国传教士纷纷来到中国内地传教，他们在梅州留下了哪些印记？

周云水（以下简称周）：粤东客属地自古以来经济落后，民众的思想较为闭塞。基督教的传教士来到中国，并于清朝同治年间深入到五华县长布镇，在那里建教堂，宣扬基督教义，传播福音，教化民众。同时还创办学校，把西方的科学和哲学思想带入了中国，开启了民智，为梅州的发展作出了积极的贡献。其中，以五华长布萃文中学、梅州黄塘乐育中学为代表的教育机构，延续了传教士在当地办学，促进客家地区教育发展，开启了梅州客家人从传统学堂教育向现代多学科教育的先河。另外，传教士将西医的理念带入梅州，创办的黄塘医院一直以来有着良好的口碑，至今仍是粤闽赣边区著名的医院。

记：元坑村虽然不是西方传教士进入五华的第一站，但是元坑教会却成为广东各地教会当中影响较为深远的一个。您对此有怎样的解读？

周：元坑教会作为基督教巴色会在广东的重要分支，有很多东西值得今人追忆及发扬。基督教的传教士在元坑建立中书馆（今萃文中学）后，把体育运动当作一门课程来传授给学生，这体现了西方人通过体育锻炼来达到健身强体的理念。在体育课程中把足球引进来，拉开了中国现代足球运动的序幕，而这种将竞技游戏与教学互相促进的思想，为客家地区学校文体并重的模式奠定了基础。

（《梅州日报》2016 年 10 月 19 日　罗诚浩）

狮雄山遗址：秦时明月在 汉瓦证沧桑

【关键词】

赵 佗

赵佗，恒山郡真定县（今河北正定县）人。赵佗原为秦朝将领，曾与任嚣一起率领50万大军平定岭南，后来被秦始皇任命为龙川令。秦末大乱时，赵佗割据岭南，于公元前203年（一说公元前204年）建立南越国，自立为王。公元前195年，赵佗接受了刘邦赐给的南越王印绶，臣服汉朝，南越国成为汉朝的一个藩属国。公元前137年，赵佗病逝，享年逾百岁。在执政期间，赵佗实行“与越杂居”“和辑百越”的政策，促进了汉越民族的融合，并把中原地区的先进文化和生产技术带到了南越之地，使南越得到了更好的发展；岭南也开始有了文字，发展冶铁业，社会经济发展进入了新的历史时期。一般认为，赵佗是引导岭南百越部落从原始氏族社会迅速走向文明时代的文化先驱和伟大政治家。

长 乐

如今的梅州市五华县，在秦朝、南越国（约西汉早期）时属龙川县辖地。华城镇自北宋天禧二年（1018）始称长乐镇，熙宁四年（1071）设长乐县，置县治于长乐镇，到民国三年（1914）长乐县更名为五华县，长乐镇也改名为华城镇。根据当地民间传说，长乐县、长乐镇之名均得自西汉前期南越王赵佗在如今华城镇一带所修筑的“长乐台”。据史料记载，赵佗统治南越国时在岭南地区筑了 4 个行宫（台），分别是广州朝汉台、广州越秀山越王台、新兴白鹿台、五华长乐台。明末清初学人屈大均在其著作《广东新语》中曾记载：“（四台）在长乐县五华山下者，曰长乐，佗受汉封时所筑。长乐本龙川地，佗之旧治。”

【问迹寻踪】

“五华山下越王台，故址犹存卓氏宅。传闻基石大专车，乃令毁弃无遗迹。”这是清道光《长乐县志》编纂者、举人温训所作的《越王台怀古》。诗中的“越王台”，便是位于五华县华城镇由南越王赵佗所建的“长乐台”。如今长乐台杳不可寻，但在附近的狮雄山上，两千多年前中原汉人在岭南留下的足迹，昭示古老长乐的历史底蕴。

秦汉旧城址 狮山汉瓦多

距离五华县城水寨20多公里的华城镇，是一个历史悠久的千年古镇。两千多年前，南越王赵佗在五华山下建筑长乐台，所以五华县古称“长乐县”，而如今的华城镇旧名“长乐镇”，曾为长乐县治所。

“华城古迹长乐宫，狮雄古塔在城东；西边有座城隍庙，东征遗址落城中。”这是流传于华城镇的一首民谣，唱出了千年古邑的厚重人文历史。狮雄山位于华城镇塔岗村，由南北两个高岗组成，侧视宛若蹲伏的雄狮，因而得名“狮雄”。著名的秦汉城址就坐落在南部的高岗之上，为了避免破坏，目前狮雄山遗址被考古专家技术处理后回填了。据了解，该处遗址发现于 1982 年的文物普查，后经广东省文物考古研究所 4 次调查、发掘，初步将其定性为南越国时期的宫殿建筑遗址。2011 年，为明确狮雄山遗址的年代、布局、结构和性质，广东省文物考古研究所对狮雄山遗址进行了第五次调查、勘探和试掘，发现了新石器、商周、春秋战国、秦汉、唐宋、明清等六个时期的文化和自然遗存，出土了大量秦汉时期遗物，发掘的遗迹面积扩大到 28 万平方米。专家认为，该遗址是战国晚期到西汉早期建筑；从结构上看，遗址是由壕沟和建筑遗迹共同构建的城址，是岭南城址的新类型；而对遗址性质的判断则尚无一致的意见。

记者站在狮雄山上看到，曾经被挖掘过的遗址面积约有 500 平方米。听着狮雄山管理处主任翁照全介绍，“某一处曾被清理出房屋基址、木构望楼基址，另一角曾有夯土墙体、排水沟、壕沟、陶窑……”两千多年前的秦汉古城似乎穿越时空，呈现在眼前。

据了解，狮雄山遗址出土的秦汉时期遗物十分丰富，包括封泥、建筑材料、陶器、石器、铁器以及碳化植物标本等物品，如今多馆藏于五华博物馆。县博物馆馆长张汉彬介绍，建筑材料是秦汉时期遗存中出土最多的遗物，以板瓦、筒瓦为最，瓦当居次，砖类最少。板瓦、筒瓦表面均饰绳纹，内面以凸麻点纹为主，瓦当纹饰主要为涡树纹。陶器有瓮、罐、壶、瓿、盆、盅、釜、熏炉、钵、器盖、盒、三足小盒、纺轮、网坠、杈、丸等。石器则有石凿、石锛、石刀、石矛、磨盘、磨棒等，均为打制和磨制成器。从这些出土的文物，可窥见多元一体的南北文化交相辉映，相互融合，共同孕育了粤东北的秦汉文化。

狮雄山遗址出土的秦汉遗物如今多馆藏于五华县博物馆。

狮雄山遗址出土的秦汉遗物如今多馆藏于五华县博物馆。

最具意义的出土物品当属封泥。封泥又称“泥封”，主要用以封缄文书和封存货物，是古代封缄用泥的遗存。狮雄山遗址出土的有字封泥共 54 品。在五华博物馆内，记者看到，部分封泥上印有“定楬之印”、“定楬丞印”等文字。“定楬”应是地名，史书上没有记载。文献记载秦汉时期粤东有揭岭（揭阳岭），揭岭以南有揭阳，而“揭”通“楬”。专家认为，“定楬”当为“平定楬岭”的意思。秦汉时令、长为县级行政单位的主官，因事务庞杂，往往设置丞、尉协助令、长处理公务，因此“定楬丞印”应该是“定楬”这个地方副官的印章钤印。这也从另一个角度说明，“定楬”应该是一个县级的行政机构，等级与南海郡其他县相当。此外，有一枚封泥上钤有“蕃”字，这说明狮雄山秦汉城址与秦时南海郡郡治“蕃禺”有联系往来。广东省文物考古研究所考古专家尚杰在《五华狮雄山》一书中认为：“文字材料的发现，确定其（狮雄山遗址）为秦和南越国时期所设‘定楬道’之治所，纠正了过去将狮雄山秦汉城址整体作为赵佗所筑‘长乐台’的认识；同时，也为探索岭南地区南越国建立之前的历史提供了新的线索。”

城址扼要冲　攻守睨粤东

狮雄山遗址极有可能是秦朝和南越国时期“定楬”城址所在，那么它选址建于狮雄山便绝非偶然。

展卷五华华城地图，清楚可见五华河贯穿河谷，与潭下河交汇。考察古代交通方式，从秦汉到清初，岭南出行无外乎水陆舟车。长乐所在的五华河河谷位于韩江上游，自古从长乐到潮阳，陆路路途遥远、瘴疠袭人，水路交通虽然速度快，但因韩江波急水恶而行船异常艰险。相比之下，长乐与龙川、兴宁地缘相近，交通相对安全、便利。龙川与长乐之间虽然横亘着连绵的高峻山岭，但横陈岭中的天然路隘一直是勾连东江流域和韩江流域的主要通道。长乐与位于东江上游的龙川雄踞于山岭两侧的水路要冲，形势险要，从军事地理的角度来看，如果突破长乐，即可西叩“粤东锁钥”——蓝关，入蓝关抵达龙川顺东江径直行船可到惠州、番禺；反之，如果龙川失守，过长乐顺韩江而下，可以反控潮、梅。于地理位置而言，“定楬”城址狮雄山地处五华河中游，也在岐江、潭江、乌陂河交汇之处，向东可扼制梅江-韩江上游水道，向西可迅速抵达东江上游的龙川县，向北可以直达兴宁盆地，是粤东地区的交通节点。

从长乐县的建制沿革史也可以看出，长乐与东江上游的交往更为密切，两千年来长乐受珠江三角洲及东江流域影响更大。自从秦始皇三十三年至宋熙宁五年长乐建县的1286年内，长乐共有545年直接隶属于龙川县；从熙宁五年到清雍正十三年的663年里，长乐虽独立置县，但仍被行政中心位于东江流域的循、惠等州府所管辖。因而有考古专家推断，狮雄山遗址应该是秦时为征服和统治揭岭地区少数民族而营建的城址，到南越国时仍然沿用。

古塔仍巍峨　文士且流连

狮雄山上还有一处著名古迹，那便是始建于明万历四十年（1612）的狮雄山塔。站在塔下仰望，狮雄山塔坚实浑厚，雄伟壮观。塔底用石砖砌筑，塔身用青砖砌筑，外观为八角九层楼阁式。塔门额嵌着一块“万代瞻仰”的题额，由建塔时的长乐县令詹子忠所撰。塔里各层开有拱形或火焰形窗，出檐构件工艺精细，风格独特。走进塔内，一层现供奉着观音、关公和财神，沿着蜿蜒的阶梯走上第八层，站在平台上可尽收狮雄山风光，向西南方远眺可看见五华河及大片田野。清代五华诗人张铁珊曾为塔题联：“山作屏，地作毡，月作灯，烟霞作楼阁，雷鼓风箫，长庆升平世界；塔为笔，天为纸，云为墨，河瀚为砚池，日圈星点，乐观大块文章。”

据了解，狮雄山塔由明万历年间的守道蔡国炳、署县事通判蒋杞和县令詹子忠倡建，历经五年建成。这座塔建成后，山与塔倒影河中，尤其春季景色宜人，“塔冈春涨”便成为古长乐八景之一。明朝长乐县佥事雍澜游览后，曾赋纪游诗：“塔冈浮高俯入湾，流霞沉碧撼三澜。泛槎何处寻仙子，消息盈虚指顾间。”

明清至民国期间，塔冈醮会也是盛名在外。醮会每5年举办一次，时间为中元节（农历七月十五），各姓群众除在山上搭起祖先宫设坛祭祖外，还大摆山歌擂台，山歌师纷纷登上塔顶作擂主，与四方歌手赛唱客家山歌。其时，就连龙川、紫金、河源等地的群众也赶来参加，历时五六天，场面极为热闹。

【专家视角】

遗址是研究南越国初期粤东文化的实物标本

记者：自上世纪八十年代始，狮雄山遗址的发现震惊了广东乃至全国考古、史学研究界，为什么它的地位如此重要？

嘉应学院政法学院蒋波博士：从已经挖掘、发现的狮雄山遗址的情况来看，毫无疑问，先秦时期已经有族群在五华生活蕃息，并与中原文化有所交融。狮雄山遗址是一座秦汉时期与南越国密切相关的大型城址，它的历史文化价值不亚于广州的南越国宫署等遗址，按著名考古学家麦英豪的话来说，就是“狮雄山遗址填补南越国早期历史的缺”。

对于狮雄山遗址的性质，我个人偏向于认定狮雄山遗址为秦汉定楬县治遗址，大约建于秦朝平定岭南的时候，扩建完善于南越国初期，大约到汉武帝平越时毁弃。据相关文献记载，秦朝平定岭南后，设桂林、象郡、南海三郡。南海郡下辖四县（番禺、四会、博罗、龙川），另一说为六县（番禺、四会、博罗、龙川、浰江、揭阳），郡治在番禺（今广州）。那么根据目前狮雄山遗址出土的文物来看，“定楬”应是文献记载之外的一个县。这不仅为探究南越国粤东郡县制演变提供了新路径，也对粤东文化圈乃至客家先民的进一步研究提供了可能。

记者：从史学研究角度来说，狮雄山遗址对客家文化的研究有哪些影响？

蒋波： 我们知道，汉初实行郡国并行制，赵佗也采用了这一制度，目的是“和辑百越”。定楬县设立后，政令划一，中原传入的先进生产工具和耕作方式也逐渐传开。定楬县治位于狮雄山这个河网密布的地方，交通便利，因此接受汉文化较早的龙川所带来的中原文化和闽越文化在这里会聚，并与当地越族文化交融，形成了富有特色的粤东文化圈。由于地理环境使然，粤东文化圈又呈现出一定的封闭性和保守性，其中具有合理内核的传统习惯为后来文化所沿袭，这在当今客家文化中也有佐证。再者，狮雄山遗址当中不仅有秦汉城址，还有唐宋明清等时期的文化和自然遗存。尽管学界对客家民系的形成尚有争议，但客家文化中“崇文重教”“重农轻商”“尊祖敬宗”“重孝悌薄强权”“重名节薄功利”等传统价值观念，都可以在秦汉南越国文化中找到它的基因。从这个意义上说，狮雄山遗址作为粤东目前唯一被发现的秦汉遗址，对于研究前客家文化是非常重要的。

【逸闻轶事】

扑朔迷离长乐台

赵佗所建的长乐台，是五华之前长乐县命名的由来，一直备受关注。它的选址在何处？清代的地方志书一般认为，它位于县城（华城）西北的五华山下，但是目前却缺少佐证。

1982 年，狮雄山建筑遗址的发现，加上初步的考古挖掘，这里一度被认为是长乐台的所在地，如此一来，原来志书所云的位于五华山一说就被否定了。1992 年 6 月，华城镇华新街 103 号店铺改建拆除石墙时，发现一块花岗岩石碑，上阴刻行书体“越王台故址”五字，但未署明立碑年代。由于已被挪移成了砌墙材料，这块石碑原来竖立的地址也无法确定。

2011 年至 2012 年间，狮雄山再次进行考古勘探，根据一系列文物的出土，不少专家认为这里是秦代就已经存在的城址，而不是始于赵佗为迎接汉朝使者而建的长乐台或朝汉台。虽然有云，唐代崔铉炜、韦隐曾游长乐台，并作有登台诗句，但诗文已经难以窥见，内容不详。长乐台的详细地址以及遗存文物如何，仍待未来的考古发现。

（《梅州日报》2016 年 10 月 31 日刘晓娟 张炳锋协助）

谭君铁率队到五华调研和督导经济发展工作时强调

扭紧三大抓手 夯实基层治理基础

本报讯 市委书记谭君铁25日率队到五华调研和督导经济发展工作时强调，要始终扭紧“三大抓手”不放松，抢抓机遇补齐短板，乘势而上持续发力，确保顺利完成全年目标任务；要切实强化党性观念、群众意识和责任担当，突出抓好风险防控、脱贫攻坚、城乡规划建设和环境综合整治、基层党建等工作，不断夯实基层治理基础，让群众有更多获得感。

谭君铁一行首先来到工业园区、重点项目建设现场，实地考察经济发展和城区扩容提质、交通基础设施建设等情况。在郭田、周江、棉洋、双华等镇，谭君铁深入田间地头、重点河段，检查指导救灾复产、环境综合整治、地质灾害防治、削坡建房整治等工作；走访镇级办事服务中心，了解为民办事、便民利民等工作落实情况。结束现场调研后，谭君铁主持召开座谈会，与五华县、部分镇负责同志座谈交流。

谭君铁充分肯定五华加快振兴发展呈现的良好态势。他指出，要实现2018年与全省同步全面建成小康社会，核心就是紧紧扭住“三大抓手”不放松。随着交通基础设施不断完善，五华区位优势日益凸显，希望五华认真贯彻落实市委市政府的决策部署，按照县党代会提出打好“五场硬仗”的思路，充分发扬“硬打硬、实打实”的拼搏精神，承认落后又不甘落后，一项一项抓谋划、一件一件抓落实，不断增强县域经济综合竞争力和发展后劲，探索欠发达地区振兴发展新路子，为全市经济社会发展作出应有贡献。

谭君铁指出，基层治理关乎稳定大局，在党委政府工作全局中始终占有重要地位。五华地域广、人口多，要坚持问题导向，特别注重撤并乡镇管理末梢的群众服务工作，加快补齐公共服务短板，让群众感受到党委政府就在身边，用优质高效服务赢得群众认可和支持。要站在维护社会长治久安的高度，花大力气、下苦功夫，狠抓生态环境保护、削坡建房、森林防火、防风防汛等风险防控工作。要消除等靠要思想，坚持精准识别、精准施策，注重关爱失管失控精神病患、留守儿童等特殊群众，用目标任务倒逼工作落实，确保如期完成脱贫攻坚任务。要以铁的决心、铁的手腕，强势推进城乡规划建设和环境综合整治，探索建立健全长效监管机制，确保城乡建设规范有序可控。要把基层党建工作作为“牛鼻子”工程，不断加强队伍建设，特别是要选好配强村“两委”班子，充分发挥基层党组织战斗堡垒作用和党员先锋模范作用,为抓好工作落实提供坚强组织保证。

市委常委、秘书长彭耀新，五华县委书记范宜军、县长吴晖，市直有关单位负责人参加调研。

（《梅州日报》2016年10月27日 刘世锦）

五华47岁民警曾妙龙病逝捐眼角膜 曾勇斗身绑炸药的歹徒救出40名乘客

“明眸”留在人间 继续守望平安

11月8日，天空飘起了毛毛细雨。伴随着低沉的哀乐，五华县公安局治安大队政治教导员曾妙龙的遗体告别仪式在殡仪馆举行。

曾妙龙的亲属、生前好友和同事等含着泪沉痛向曾妙龙的遗体告别。

“等我战胜疾病，再和战友们一起战斗。”半年前，曾妙龙刚做完胃部切除手术时说的话，再也没能兑现了。

11月4日，曾妙龙走了。这位曾勇斗身绑炸药劫持大巴的歹徒，救出40名乘客的“五华硬汉”“拼命三郎”，与病魔抗争了7个月后，永远地离开了，年仅47岁。生命的最后时刻，他亲自在捐赠协议上签下自己的名字按下手指模，将眼角膜捐献出去。

这是曾妙龙最后的遗愿。即使离开，也留下“双眼”在人间继续守望平安。

生命到尽头 最后的遗愿是捐赠器官

五华县公安局7楼，走廊尽头的一间办公室大门紧闭着，推开大门，已不见往日忙碌的身影。

这是曾妙龙生前的办公室。

走进办公室，一个警用装备包斜靠在墙角，像是刚被匆匆放下，一旁的柜子里塞着一件警服，警帽留在桌子上。办公桌上整齐地摆放着一叠文件，最上面的一份文件日期显示是4月22日，这是曾妙龙查出疾病的前几天。

翻开办公桌上曾妙龙的工作日志，上面细致地记录着每一项需要完成的工作。然而工作细心的他却忽略了自己身体上的变化。

今年4月初，曾妙龙到梅州市公安局参加会议。会议结束后，他在食堂用餐突然呕吐不止，自认为身体一直不错的他以为只是吃了让胃部不适的饭菜，没把这件事放在心上。

当时，因为五华县公安局治安大队大队长的位置空缺，作为教导员的曾妙龙兼顾起业务工作和队伍建设，恰逢“飓风2016”专项行动、“扫黄禁赌”“治爆缉枪”等专项行动同时推进，曾妙龙忙得焦头烂额。直到身边的领导和同事看到他呕吐现象加剧，身体愈来愈消瘦，三番四次催他去医院检查，他才去县里的一家医院作了检查。诊断结果还未出来之前，他又回到岗位上。

分管副局长刘柏青看在眼里，急在心里，根据曾妙龙的症状，他专门去找专家咨询，专家建议马上到肿瘤专科医院检查。然而曾妙龙执意不肯去，希望等治安大队长到任后再去检查。

面对固执的曾妙龙，五华县副县长、公安局长赖勤“黑着脸”给他下“命令”：“立即放下工作到医院做进一步的检查”，并于4月27日派人派车将曾妙龙送至广州中医院大学第一附属医院。经检查，曾妙龙的胃部已是患上幽门梗阻、十二指肠球部溃疡和反流性食管炎多种疾病，必须安排手术，否则将危及生命。

5 月 5 日，为了不让家人担忧，曾妙龙瞒着家人在手术通知书上本该家属签名的一栏签下了自己的名字，手术进行了整整 8 个小时。从手术室出来苏醒过后的他才知道自己的胃部已被切除了三分之二。

手术后，曾妙龙回到家乡五华疗养。平日忙碌惯了的他，疗养期间也“不安分”。“他手术刚回来的第二天，我因有事需要赶回单位一趟，临走前叮嘱他好好在家休息。可是我刚离开家没多久，就接到电话说，他一个人开着车去看望他八旬的母亲。”曾妙龙的妻子张文英流着泪说，工作上丈夫是“拼命三郎”，生活中是孝顺父母的好儿子。

10 月底，曾妙龙病情恶化，他跟妻子提出要捐赠器官。张文英刚开始难以接受，曾妙龙耐心地说服妻子，“他跟我说，这么多年来，我都一直支持他的工作，支持的他选择，这是他最后的遗愿，希望我支持他……”张文英泣不成声。最后，张文英同意了，并帮助丈夫说服了家人。

“最后一次在医院见到他的时候，他已经很虚弱了，问他的有什么要求，他只说希望帮他完成捐赠器官愿望……”赖勤说，曾妙龙生前从未向组织上提过任何要求，“甚至去广州化疗大部分都是他自己坐大巴去”。

11 月 4 日晚上 8 时 35 分，五华县人民医院住院大楼 816 号病房的房门缓缓打开，广州军区总医院的周医生拿着刚摘取下来的眼角膜走了出来。曾妙龙实现了他最后的愿望。

在生命最后的时刻，曾妙龙亲自在捐赠协议上签下自己的名字，按下手指模。“亲自签名，可见他捐赠的意愿非常坚定，捐赠者生前签名的例子十分少见。”广州军区总医院的医生黄海新说。

“五华硬汉” 曾勇斗身绑炸药劫持大客车歹徒

205 国道穿岐岭镇罗经村而过，村里一派和谐景象。让人难以想象，20 年前，这里曾发生一起骇人听闻的重大案件。

1996 年 12 月 3 日的傍晚，一辆载有 40 名乘客、从梅州驶往广州的大巴车遭到劫持，更可怕的是，劫持者身绑炸药，手持启爆开关装置，随时可能引爆！

当客车经过岐岭镇罗经村路段时，司机以车辆出故障找人修理为由将车辆停在了罗经饭店门前。“司机进门后，悄悄把我拉到房间说有劫匪让我帮助报警，为了避免被劫匪发现，我赶紧把房门关上，然后报了警。”罗经饭店的罗老板回忆起 20 年前的一幕仍记忆犹新。

时隔 20 年，不少人提起这起案件仍心有余悸。

熊志君与王志敢正是这辆客车的司机。忆及这个案件，熊志君已不愿过多描述：“这么多年过去了，想起当年的事情我还是会做噩梦。”

很快，五华县公安局值班领导接到辖区岐岭派出所的请求援助电话。面对突如其来的警情，时任五华县公安局副局长、现已退休的张德初介绍，那天晚上，他带着 3 名民警驾乘吉普车先期赶往岐岭镇处置，路途中商定了各自的伪装身份，由他乔装成副县长，曾妙龙是其中一员，当年这个 1.8 米个头、20 多岁的小伙子假装是岐岭镇分管民政的副镇长。

到达现场时，危险气息扑面而来。虽然情况紧急，但是临危受命的 4 位民警都保持冷静，与歹徒斗智斗勇，伺机寻找救出乘客的机会。当年一同参与行动的刑警大队副队长周文说，经过此前司机和乘客的劝说，加上他们几个以乔装的身份与歹徒“谈判”，最后歹徒答应让旅客离开，坐他们的吉普车前往广州，但他们4人必须作为人质一起前往广州。

据周文回忆，他们与歹徒周旋了两三个小时，每一秒都面临着炸药爆炸的危险，“歹徒的右手一直插在裤兜里，紧紧捏着连接电线的启爆器，只要他轻轻一按，后果将不堪设想。”为了解除危机，4位民警带着歹徒吃宵夜，过程中一直企图让歹徒的手离开启爆器，随即擒住其胳膊将其制服，“可是歹徒太狡诈，我们便想办法拖住他，等待下一步的行动。”

在这一过程中，歹徒的情绪不稳，几次扬言要引爆炸药，曾妙龙以当地分管民政负责人的身份不断安抚他，与同事一步一步将歹徒带入布置好的圈套内，“面对危险的时候，外表看起来大大咧咧的曾妙龙却粗中有细，沉着勇敢地与队友相互配合，毫不畏惧与歹徒通过语言、动作展开周旋。”张德初说。

最后在梅州市、五华县两级公安机关协同作战下击毙歹徒，成功处置了这起歹徒身绑炸药劫持客车的恶性案件，保护了全车40名旅客的生命安全。

事后，警方从歹徒身上卸下TNT烈性炸药五筒及雷管一枚，据爆破专家介绍，这种烈性炸药仅用两筒足以致全车旅客伤亡。

随后，五华县公安局“12·3”案件处置小组被公安部授予集体一等功。

“拼命三郎” 无论在哪个岗位都那么拼命

1997年3月，曾经与死神擦肩而过的曾妙龙，以其过人的胆识、干练的作风和优秀的综合素养，被提拔为五华县华阳镇派出所所长。

据五华县公安局督查室主任、曾在华阳派出所与曾妙龙一起共事过的邹洪安讲述，曾妙龙的到来很好地扭转了当地治安乱象，“因地处五华边缘，当时华阳镇的治安不是很好，比如华阳车站，经常发生摩托车司机盗抢案，群众对此颇有怨言。”邹洪安说，曾妙龙任华阳派出所长后，重拳出击整治社会治安。经过一年多的整治，当地的治安状况有了很大的好转，“华阳车站盗抢现象基本消失了。”

更让人敬佩的，曾妙龙曾经两次赴任安流镇派出所所长一职，这在五华公安局是仅有的例子。

安流镇既是五华南部经济发展的重点镇，也是社会治安相对复杂的重点镇，2003年、2004年邻近的文葵镇和大都镇因机构改革先后并入安流镇，文葵和大都派出所也先后撤所，因此安流派出所管辖范围陡然增加，增至42个村委会和4个居委会，辖区人口15万多人。当地人性格多彪悍，宗族观念强，警情多发，警力不足，维稳压力重。直至2011年末，文葵和大都派出所才相继恢复，重新挂牌，安流派出所的维稳压力才有所缓解。

“曾所长嗓门大，性子直，敢于碰硬，敢啃‘硬骨头’，在任时调解了不少疑难纠纷、参与破获了不少大要案。”安流派出所副所长、曾与曾妙龙共事多年的张远洪说。他对曾妙龙参与调解纠纷、破获的案件如数家珍。

2010年11月22日，安流镇龙中村村民陈某珍与陈某生因地方争执引起打架，陈某珍的家人李某新、陈某辉被陈某生、陈某环等人打伤（经法医鉴定为轻伤）。本着“宽严相济”原则，曾妙龙带着同事，会同镇、村干部辗转于双方之间做“和事佬”，然而双方矛盾激烈，互不相让，甚至双方纠集人员有准备发生械斗的苗头。为了不让矛盾进一步激化，曾有一段时间曾妙龙经常食无定时、睡无定量。通过近 2 个月的不懈努力，2011 年 1 月 28 日终于成功地调解了这起土地纠纷，让双方得以化干戈为玉帛，握手言和；又如 2011 年 9 月 16 日，安流镇东礼村 2 个小孩在家中被害，案发后，曾妙龙带领派出所民警第一时间赶赴现场，利用人熟、地熟、情况熟的优势，很快锁定疑犯，为快速成功抓获疑犯破获案件赢得了先机。

“同时，曾所长为人无城府，人缘好，待同事如手足。”安流派出所副所长张远洪说，记得有一次，曾妙龙与他聊天时说，若是哪天有什么意外他要将器官捐出去。“没想到被他言中……”张远洪留下了泪水。

2013 年，曾妙龙因长期劳累导致腰椎盘突出，严重的时候几乎走不了路。但他仍然坚守岗位。赖勤在检查工作时看到他日渐消瘦，担心他身体吃不消，遂将他调到五华县公安局任治安大队政治教导员，“我的本意是想给他安排一个轻松一些的岗位，可是他无论在哪个岗位都那么拼命。”赖勤说。

2014 年 10 月 16 日下午，曾妙龙带队率先出动，在其他警种配合下，在距离县城 70 多公里的五华县龙村镇，成功捣毁一个隐藏于梅州市五华县、汕尾市陆河县和揭阳市揭西县三地交界处、地处深山相当隐蔽的聚众赌博窝点，抓获涉赌人员 20 名。2015 年 5 月 8 日，曾妙龙带队外出到广州市追捕涉嫌非法占用农用地潜逃在外的甘某辉，经连夜摸查查明甘某辉的落脚点，于次日在广州某医院将其抓获，随即不顾一夜未合眼马不停蹄地将甘某辉押解回五华审讯。

曾妙龙被追记二等功

“曾妙龙同志把满腔热情倾注于自己挚爱的公安工作，在许多个危急的关头，为群众送去人民警察的温暖和支撑，用行动诠释着人民警察的职责。他的英雄事迹和正面形象应该大力弘扬，值得我们全体党员干部学习。”11 月 8 日上午，曾妙龙遗体告别仪式上，五华县委书记范宜军说。曾妙龙的亲属，生前好友和同事，五华县委书记范宜军，县长吴晖等县五套班子领导等参加了遗体告别仪式。

告别仪式上，梅州市公安局副局长李元祥宣布了市公安局追记曾妙龙同志二等功的决定，并报请省公安厅批准。

妻子深情回忆——

“结婚 25 年，直到他病了才有机会天天在一起”

看着曾妙龙的遗像，曾妙龙的妻子张文英泪流不止。她至今难以接受丈夫已经永远离开的事实。

“我们结婚 25 年，可是真正在一起的日子很少。从警以来，他大部分的时间在基层上班，经常不着家，直到他生病了我们才有机会天天在一起……”张文英说。在丈夫生命最后的日子，她一直陪伴在他的身边，这样陪伴让她心力交瘁。看着丈夫被病魔折磨，她常常忍不住躲在病房外面哭，然后抹干眼泪才又回到丈夫的病床前。

因为怕家中老人受不了打击，从曾妙龙患病到去世，张文英和家人都瞒着他年近八旬的母亲和年过八旬的丈母娘。

“他离开了，我觉得天都塌下来了，可是想到他离开时对我的叮嘱，我觉得我必须要坚强。”张文英说，丈夫离开时叮嘱她日后要替他对八旬的母亲尽孝，把孩子抚养成才。

张文英说，当初她选择嫁给曾妙龙，就是因为他的责任感。对于丈夫从事的工作，她说除了理解支持，就是做好“后方”的工作，让丈夫心无旁骛地投入“前线”工作。孩子出生后身体比较弱，感冒发烧是常事。有时半夜孩子发烧，看到办完案子回到家疲惫不堪的丈夫，张文英便默默地自己背着孩子去医院，打完针拿了药回到家怕孩子哭吵着丈夫休息，就背着孩子走出家门，直到把孩子哄睡才回家睡觉。

曾妙龙在安流派出所任职期间，作为妻子，张文英心里多了份隐忧。因为娘家就在安流镇，丈夫在安流镇任派出所长，打击处理人员多，曾经害怕过报复，但是最后还是选择了坦然面对现实。“因为组织相信他，信任他，作为家人只能理解和支持他。”张文英说。

（《南方日报》2016 年 11 月 9 日 唐林珍 陈萍 魏清芳 许文凭 张炳锋）

五华多管齐下加强源头监管查处基层贪腐

构筑涉农贪腐防火墙

近年来，五华全力加快基层治理工作步伐，在充分调研的基础上，从源头上、监督上、制度上拓展预防涉农职务犯罪工作领域，着力搭建好村级微信公众平台和农村集体“三资（资金、资产、资源）”网络监管平台，主动向村民和社会公开村账、惠农资金发放等村级事务，接受群众的监督，让村级权力在阳光下运行。同时，加强线索排查，从源头上遏制和减少涉农职务犯罪的发生，进一步构建不敢腐、不能腐、不想腐的有效机制，以此突破基层治理工作中碰到的深层次问题。

1. 建微信公众号扩大知情权

近年来，随着国家不断加大扶贫开发、危房改造等强农惠农富农等专项资金的投入，监督的手段和措施也不断加强，但涉农职务犯罪、侵害群众利益的事情仍时有发生。“主要还是群众的知情权不够，涉农事项的发布渠道单一，甚至是走过场，带来群众的监督不够。”五华县检察院预防职务犯罪科科长魏京宁向笔者表示。

为此，五华县检察院把搭建村级微信公众平台预防涉农职务犯罪，作为贯彻落实省委基层工作会议和五华县《关于加强基层治理的实施意见》精神的一项重要抓手。今年 8 月份，五华县专门制定了搭建村级微信公众平台预防涉农职务犯罪工作实施方案，选取转水镇和郭田镇作为试点单位，探索采用现代通讯技术和网络媒体平台，构筑新的涉农贪腐防火墙。

郭田镇胡华村村级微信公众号是运营比较成功的。据该村微信公众号推送人罗丽娟介绍，公众号自开通以来，已经有近 400 用户关注，80%都是年轻人和在外关心家乡发展的乡贤，所发布内容的点击量都在 200 以上，是比较受欢迎的。“主要推送涉农惠农领域的内容，还有就是村级账务情况，都是和百姓息息相关的。”罗丽娟表示，在运营好微信公众号的同时，还根据村里留守老人多、对网络不熟悉的实际，每一项涉农事务还通过横幅、宣传单等传统模式进行公告，与微信公众号同步推出。“运用微信公众号不仅丰富了公开渠道，能让外出的乡贤也知道家乡发生的事，扩大了群众的知情权，也提升了监督效率。”罗丽娟说。据悉，前段时间村里的生态公益林补偿款发放情况公示后，收到了外出乡贤的反馈，郭田镇和五华县直相关部门进村入户逐一核查，最终堵住了近10万元补偿款的发放漏洞。

2. 完善“三资”平台强化监管

农村集体资金、资产、资源（简称“三资”），一直以来都是群众最关心最关注的，同时也是基层干部违法乱纪紧盯的“肥肉”，加强农村“三资”监管显得极为迫切。

“去年以来，我们投入300多万元完成了农村‘三资’平台建设，现在实行村账镇代理，建成了农村集体资产资源交易平台。”五华县财政局农财股股长邓育辉说。据介绍，加快建设“三资”平台，已被列为基层治理“十项重点工作”之一。

今年8月份，五华县财政局加大了“三资”平台建设方面的投入，对网络系统进行升级完善，实现了省、县、镇、村联网，镇级农村集体资产资源交易平台与省级“三资”清查系统也实现有效对接，并借助“三资”平台增设了农村产权流转服务平台，工程项目招投标也在“三资”管理服务平台内进行，对“三资”交易进行动态监控和管理。据统计，到9月底，全县共有99宗工程项目进行公开招标，交易金额达2830万元。

横陂镇红光村是农村“三资”平台建设先行先试者，同时也是受益者。去年，该村决议在全村主要路口安装监控摄像头。消息传出后，共有三家公司前来对接，报出的预算均在10万元以上。“大家商量以后觉得价格偏高，后来我们村公开招标，共有五家单位来投标，预算从7万元到15万元不等，最后预算为7万元的单位中标。”村监委会成员魏茂华说，27个300万像素监控摄像头、主机、显示屏、一年保修以及人工费等，共花费8.9万元，公开、公平、公正做成了事，为村里节省了1万多元。

据了解，今年下半年以来，五华主动发声、自我加压，借助“三资”监管平台，率先在全市公开生态公益林补偿金、农村危房改造等涉农资金发放情况，接受社会和网民的监督。“我们不回避问题，拿起自我革命的勇气，以此来突破基层治理工作中碰到的深层次问题。”五华县相关负责人说。

3.加强线索排查大力惩贪腐

加强源头监管，坚持打防结合，五华在构筑农村基层贪腐防火墙上打出了一套组合拳。该县全面开展农村基层党员、干部违纪违法线索排查和专项整治活动，把线索排查工作列入“两个责任”清单、县委常委会议决定事项以及基层治理“十项重点工作”，狠抓重点问题线索审查，将案件查办工作作为推进排查工作的重要抓手，重拳整治群众反映强烈的农村基层问题。

“对在排查工作中发现的个别镇村党员干部纪律散漫、不作为、慢作为等苗头性、倾向性问题，及时约谈教育、督促整改，避免小错铸成千古恨。”五华县纪委一名工作人员说。据介绍，线索排查不仅把违法乱纪现象控制在萌芽状态，也挽救了不少干部。据统计，今年至9月底，全县各级各部门开展谈话提醒共1330人次。至10月底，全县共排查线索548条,已初步核实线索528条，立案128宗，结案105宗，谈话函询20条，给予党纪政纪处分104人，组织处理1人。

（《梅州日报》2016年11月3日 张炳锋）

五华吹响农村人居环境综合整治号角

三年完成90%自然村整治任务

日前，五华县召开全县农村人居环境综合整治工作大会，制订下发了三年行动计划及13个配套方案，全面吹响了农村人居环境综合整治的号角。该县制定整治攻坚路线图和时间表，计划三年内完成90%以上的自然村环境综合整治任务；提出在治脏、治污、治乱中力求标本兼治；加大财政投入，动员群众参与到整治工作中。

“以整治农村垃圾、水体污染、镇村‘六乱’为突破口，点线面结合，推进村庄人居环境综合整治，健全村庄规划管理、公共服务、文体活动场所、民主自治管理、基层组织建设，力争通过三年努力，农村人居环境和村容村貌实现根本改观。”日前，五华县召开全县农村人居环境综合整治工作大会，制订下发了《关于农村人居环境综合整治建设美丽乡村三年行动计划》及13个配套方案，全面吹响了农村人居环境综合整治的号角,计划三年内完成90%自然村的整治任务。

制定整治攻坚时间表

“县城区全市第三、镇建成区全市倒数第一、村域全市倒数第二、综合测评全市倒数第一。”这是今年10月市对五华城乡环境测评结果的通报。“五华已经到了后无追兵、非干不可、非干好不可的时候，必须痛下决心，强行入轨，铁腕整治!”在日前召开的专项工作会议上，县委书记范宜军动员全县上下要以决战的姿态、必胜的信心，打赢这场环境综合整治攻坚战。

据统计，五华全县居住20户以上的自然村有2313个，点多面广线长。为此，该县结合实际，专门制订了《关于农村人居环境综合整治建设美丽乡村三年行动计划》及13个配套方案，对农村生活垃圾收集、污水处理、镇村“六乱”、村巷道硬底化、村庄规划编制、自来水工程、民居外立面、畜禽污染、土地综合整治、绿化美化亮化、休闲度假旅游产业、特色生态农业产业、文化下乡等整治任务和目标进行分解细化，以镇为责任主体，以20户以上自然村为基本单元，整县全域推进。按计划，2016年整治20%、2017年整治35%、2018年整治35%的自然村，三年内完成90%以上的自然村环境综合整治任务。到2020年，全县农村公共卫生、基础设施、人居环境、公共服务、社会事业、生态文明等方面建设成效明显。

标本兼治清除脏污乱

农村人居环境综合整治千头万绪。五华在治脏、治污、治乱中寻求突破，既堵又疏，力求标本兼治。

连日来，五华各镇各村都掀起了一场环境综合整治的热潮，山边、路边、河边的积存垃圾逐一被清理，河水慢慢变清了，空气中混杂的异味也少了。当前，该县各镇各村开展了为期一个月的生活垃圾集中整治行动，成立了专门机构和保洁队伍，逐步建立起了“户投放、村收集、镇转运、县（镇）处理”的农村生活垃圾处理模式。

华城镇是五华县较早建起污水处理厂的乡镇之一，在该镇塔岗村，潭下河、乌陂河、五华河三河的交汇处，总投资980万元的污水处理厂已于今年上半年投入运行，有效解决了圩镇周边污水横流的难题。“日处理污水1000吨，能惠及整个圩镇的百姓。”华城镇党政办主任张惠宁说。据了解，雨污分流和污水处理设备是五华治污的重点建设项目，农村人居环境综合整治中，该县计划投入4.9亿元，完成县城生活污水综合治理项目，新建11个镇级以及412个行政村及自然村的污水处理设备。目前，已建成投入使用的华城、安流、棉洋镇级污水处理设备将实施配套管网延伸工程，提高处理能力，惠及更多群众百姓。

省道S120线横陂圩镇、锡坑以及夏阜段，一直以来都是“六乱”整治的重点地段，但历来整治完后死灰复燃的顽疾却没有根除。前段时间，五华县把该路段的整治上升到县委县政府的一项重点工程来抓，整合横陂镇、县公路局、住建局等单位的资源，对该路段按照市政建设标准进行升级改造，以环境的提升改善，促进“六乱”整治从根本上得到扭转，按计划将在明年春节前完成升级改造，彻底根除死灰复燃的顽疾。据了解，横陂圩镇的“六乱”在全县各镇的圩镇来说具有一定的代表性，同时以环境改善提升促整治深入推进的创新做法，也很有借鉴意义。目前，该做法已经在安流、华城等镇推广。

据悉，为保障“六乱”整治有序推进，该县还建立了联合执法制度和考核奖惩制度，尤其是对阻挠、围攻、辱骂、殴打执法人员和妨碍管理人员依法执行公务的行为，将对照相关法律法规给予惩处或追究法律责任。

县财政年投入超千万元

做好农村人居环境综合整治工作，资金保障是关键。据不完全统计，3000至4000人的村（居），每年垃圾收集整治投入的费用就要10万左右，对村集体收入匮乏、精准扶贫任务艰巨、公共基础设施普遍落后的农村来说，资金已经是困扰五华农村人居环境综合整治的一大瓶颈。

“建立农村生活垃圾收集转运奖补增长机制，对各镇按照常住人口给予定额奖补，其中2016年标准为每人每年10元，2017年标准为每人每年15元，2018年标准为每人每年20元，2019年以后视实际情况进行适当调整。”据五华县相关负责人介绍，仅垃圾收集费用，该县财政每年投入的资金就超千万元，同时，该县还采取PPP模式捆绑打包、争取上级补助资金、自筹资金和发动社会资本投入等模式，计划投入8.5亿元推进村村通自来水工程建设、投入5亿元推进镇村生活污水处理设施建设、投入1.8亿元完成高标准农田建设、投入1.2亿元推进“一事一议”惠民项目建设、投入3,400多万元推进自然村庄规划编制、投入2,500万元完成农村地籍调配、投入2,000万元加快削坡建房整治、投入1,200多万元推进土地整理复垦等。

据悉，五华在加大财政投入的同时，也

积极动员群众参与，向每户群众每月收取5—10元的垃圾收集费，以收费促群众观念、生活习惯和干部作风转变，加强宣传，动员群众一齐参与到整治工作中。

（《梅州日报》2016年12月8日 张炳锋）

面对困境百折不挠　勇于担当积极向上　共筑文明孕育新风

他们是“最美五华人”

面对艰难挫折依然坚强乐观、每年暑假都打工赚取自己的学费、无微不至照顾下半身瘫痪的婆婆……今年上半年以来，五华县委宣传部、县文明办、县妇联、县教育局在全县范围内开展2016年五华县“自强不息好少年”和“孝老敬亲好媳妇”评选活动。日前，经过综合评审，10名“孝老敬亲好媳妇”和10名“自强不息好少年”名单出炉，另有6人获市表彰。他们被誉为“最美五华人”，是践行社会主义核心价值观，引领社会主义新风尚，培育良好乡风、民风和家风的楷模、践行者、阐释者。

朱梅　好媳妇撑起一个家

素面朝天的主妇、照顾病瘫老人的“熟手”、田间地头的好手……这是笔者初见朱梅的第一印象。就是这个1993年出生的年轻媳妇，于12月11日站在了我市“德耀梅州·善行天下”道德模范“自强不息好少年”“孝老敬亲好媳妇”颁奖典礼的领奖台上。

“这么好的媳妇真是少见了，打着灯笼都难找啊。”68岁的古远香是五华县安流镇学少村人，她口中所说的好媳妇正是朱梅。提起朱梅，街坊邻居都赞不绝口。

从老人口中获悉，21岁的朱梅经亲戚介绍，认识了现在的丈夫古羌林。古羌林家一贫如洗，有患癌症晚期的母亲，体弱多病的父亲、奶奶，且年龄比朱梅大了12岁，还曾误入歧途坐了班房。“他对我很好。经过深入了解，感觉他的本性并不坏。”朱梅说。她不顾家人反对，和古羌林结婚了。婚后，朱梅撑起了这个家，把照顾公公、婆婆和奶奶的重担接了过来，并在身怀六甲之时动员丈夫到深圳务工补贴家用。

“遇上朱梅是我这辈子最大的幸运。”古羌林感恩道。正是在朱梅的鼓励下，古羌林慢慢走出了阴影，克服了自卑，决定外出打工挣钱，朱梅则借来亲朋好友2万多元，将自家200多平方米的老宅子拆除改造成猪栏，并租了1亩多地种植番薯，准备养殖豪猪。“好在有这么个儿媳妇，是她撑起了这个家。”朱梅的公公古昌南含着泪说。

据了解，朱梅一家已被列为精准扶贫对象，并和挂钩帮扶单位签订了帮扶协议，由挂钩帮扶单位为其提供无息贷款养殖豪猪。“待资金到位后就去购买豪猪种开始养殖。”古昌南说，朱梅获评“孝老敬亲好媳妇”荣誉的1万元奖金已拿出来还债了。

李素珍　悉心照顾瘫痪婆婆

走进安流镇福龙村黄利乃老人家中，她正坐在轮椅上由儿媳妇李素珍推着，一圈一圈地转悠着。

李素珍是当地十里八乡群众口口相传的好媳妇。据村里 82 岁的刘桂友老人说，15 年前，李素珍的丈夫因病逝世，抛下年仅 36 岁的她和四个嗷嗷待哺的孩子。“一定要把四个孩子拉扯大，还要替死去的丈夫尽孝。”李素珍就是抱着这样的想法，既当爸又当妈，当儿也当媳，打理好家中的田地，在五福中学旁边开了间小店，为住校的孩子们提供新鲜蔬菜，补贴家用。如今，四个孩子都已长大成人。“妈妈的爱是写不完的。”李素珍的小儿子李志峰这样评价道。他说，在起草母亲的申报材料时，他是流着泪写完的。

四个孩子长大成人，眼看可享天伦之乐之际，家里再生变故——70 岁的婆婆腰椎手术后瘫痪在床。从此以后，为婆婆刷牙、喂饭、洗澡、按摩、泡脚等护理活，便成了她每天的功课。她用行动兑现自己当年心中默许的誓言。“看着她这里痛那里痛，自己心里都过意不去，况且自己也有老去的一天。”李素珍淡淡地说。为此，她还去请教医生，学会了关节按摩，购买了电疗仪，在婆婆的床上安装了手臂拉伸机，尽量减轻婆婆的病痛。在她的悉心照料下，黄利乃老人的双臂慢慢恢复了知觉，说话也流利多了，气色也渐渐好了起来。

“住院的时候巴不得放弃治疗，现在能慢慢好起来，正是亏了她。如果不是她，我早就死了。”黄利乃老人对儿媳称赞道。

李小媚　面对挫折仍乐观向上

李小媚，是五华县五福中学九年级一班的学生，坐在三组二排的座位上显得有些矮小。周二上午的第四节课上，就是她流利、自信、从容的对答，赢得了老师的肯定和同学的赞许。

说起李小媚，她的班主任李学念对她赞誉有加。“她的成绩一直保持前列，比很多同学都更加自觉自爱。”据李学念介绍，李小媚能保持这么好的状态实属难得。

据了解，去年 9 月，李小媚的父亲不幸去世，今年 7 月母亲也离家出走，李小媚如今住在叔叔家里。“刚开始时，李小媚的情绪有波动，学习成绩也受到影响，但她很快就调整过来，学习比以前更加认真了。”李学念说，“晚自习结束后，她还躲在被窝里打着手电筒在温习功课。面对艰难挫折，她能坚强面对，保持乐观向上的心态。”

社会各界　“他们有用不尽的力量”

“他们的一言一行都是社会主义核心价值观的体现，他们在细小之处培育良好的家风，塑造良好的家教。”五华县妇联主席张玉珍表示，举办“自强不息好少年”和“孝老敬亲好媳妇”评选，有助于良好村风民风的培育，影响更多的人。

“90 后”的李小琴是安流镇干部。她了解朱梅的事迹后，感叹道：“她给我一种说不出的感触，感觉她有一股用不尽的力量。”

“他们在逆境中没有自暴自弃，不抛弃、不放弃，阐释着自强不息的精神。”共青团五华县委书记黎辉文说，他们树立了榜样。

“他们在培育良好的村风、民风、家风中带了好头。”安流镇福龙村支部书记李翠霞说，将通过“喇叭村村通”广播宣传推广他们的事迹。

“自强不息好少年”“孝老敬亲好媳妇”

类别	姓 名	就读学校
获市表彰	周振锋	五华县第二小学
	何俊涛	五华县特殊教育学校
	甘柳嫦	五华县太坪学校
获县表彰	曾清瑜	兴林学校
	陈 锐	转水镇官桥小学
	李小媚	五福中学
	叶恒丽	周江第一小学
	陈 辉	夏阜中学
	黄天圣	皇华中学
	廖振乐	蒲江中学
	古淑灵	安流中学
	甘国兴	南山小学
	陈香兰	油田中学

类别	姓名	单位或住址
获市表彰	朱 梅	安流镇学少村
	张志娴	华城镇观源村
	曾小莲	水寨镇澄湖村
获县表彰	王 芳	梅林镇梅南村
	李彩霞	水寨镇政府
	罗利利	岐岭镇罗经村
	魏美花	长布镇北洋小学
	张亚毛	安流镇学少村
	廖会嫦	长布镇红旗村
	廖贵芳	双华镇富美村
	李素珍	安流镇福龙村
	李红梅	潭下镇布坪村
	周碧红	工商和质监局

（《梅州日报》2016 年 12 月 22 日 张炳锋）